KB176238

톨스토이(1828~1910)

▲니콜라이 1세(1796~1855, 재위 1825~1855) 크뤼거. 1852. 1825년 12월 13일 전임 알렉산드로 1세 뒤를 이어 즉위했다. 본디 맏형 알렉산드로 1세에 이어 둘째 콘스탄틴이 우선권이 있었지만 그는 황위를 고사했다. 이렇게 되자 셋째인 니콜라이가 후계자로 제위에 올랐다.

◀데카브리스트의 난 1825년 12월 14일 신임 황제 충성 서약식에서 비밀결사 장교(데카브리스트)들이 황제 즉위 반대, 농노제 폐지 등을 기치로 세우고 반란을 꾀했으나 실패했다. 그림은 반란 용의자들이 체포되어 끌려오는 장면이다. 바실리 페로프 그림

▲크림전쟁−세바스토
폴 포위전(1854~1855)
프란츠 로보
톨스토이는 세바스토
폴 공방전에 참전하여
프랑스군 포격을 마주
하게 된다. 《세바스토
폴 이야기》는 그의 실
전을 바탕으로 쓰여진
작품이다.
세바스토폴 공방전이
한창 벌어지는 가운데
갑자기 니콜라이 1세
가 서거하고 알렉산드
로 2세가 즉위한다.

▶말라코프 공격(1855년
9월 7일) 윌리엄 심슨

▲알렉산드로 2세(1818~
1881, 재위 1855~1881)
크림전쟁 실패의 충격으로
갑자기 서거한 부황 니콜
라이 1세 뒤를 이어 제위
에 올랐다. 1861년 '농노제
폐지'로 계급차별을 없애
고, '국민징병제'를 실시해
귀족과 평민에게 군복무
를 하게 만들었다.
1881년 의회제도를 마련하
기 위해 마차를 타고 궁으
로 향하던 중 혁명파 테러
리스트가 던진 폭탄에 의
해 목숨을 잃었다. 아들 알
렉산드로 3세가 그 뒤를
잇게 되었다.

◀알렉산드로 2세가 암살되
는 현장

러일전쟁 쓰시마 해협에서, 러시아의 발틱함대가 일본연합함대에게 격침되는 장면. 가리에니
1904년 2월 8일 일본함대가 뤼순군항을 기습공격함으로써 시작된 러일전쟁은 러시아의 패배로 강화를 맺는다. 러시아는 패배 결과 혁명운동이 급속히 진행되었다.

▲니콜라이 2세(1868~1918,
재임 1894~1917)
부황 알렉산드로 3세에 이
어 제위에 올랐으나 마지막
황제가 되었다. 니콜라이 2
세는 선친의 정책을 계승하
여 구체제 속에 제국을 보
전하고자 했으나, 러일전쟁
의 패배, 1915년 상트페테르
부르크에서 일어난 '피의
일요일' 사건에 이어 '10월
선언'으로 황제의 독점적
권한이 제한되었으며 1917
년 '2월혁명'으로 폐위되기
이른다. 1918년 예카테린부
르크 이파티예프 저택에
감금되었던 황제와 가족들
은 모두 볼셰비키에 의해
처형되었다. 이로써 왕조시
대는 막을 내리게 된다.

◀이파티예프 저택

▲《전쟁과 평화》(1865~
69) 〈모스크바 화재〉
알브레히트 아담
1912년 9월 14일 나폴
레옹군의 입성을 눈앞
에 두고 불타오르는
모스크바. 러시아군
쿠투조프 장군의 일
명 '초토화 작전'에 말
려든 나폴레옹은 텅
빈 도시에서 추위와
굶주림 속에 국민군의
끊임없는 공격을 받아
10월 19일 마침내 퇴
각하기에 이른다. 퇴
각하는 도중에도 많
은 병력을 잃고 출정
에 나선 45만 병력이 3
만 명만이 겨우 살아
남아 돌아왔다.

▶〈나폴레옹 후퇴〉바
실리 베레시차긴

《코사크》(1853~63) 〈마리아나와 오레닌의 첫 만남〉 알렉세이 플라스토프

세계사상전집087
Lev Nikolaevich Tolstoy
A CALENDAR OF WISDOM
인생이란 무엇인가 II
톨스토이/채수동 고산 옮김

동서문화사

디자인 : 동서랑 미술팀

인생이란 무엇인가 I II
차례

인생이란 무엇인가 II

인생이란 무엇인가 I

머리글―래프 톨스토이

7월

7월 1일

1

인간의 마음에는 신성이 깃들어 있다.

2

모든 진리의 근원에는 신이 있다. 진리가 인간 속에 나타난다고 해도 그것은 진리가 인간으로부터 만들어진 것이 아니라, 다만 인간에게 진리를 비추는 거울과 같은 성질이 있기 때문이다.　　　　　　　　　　파스칼

3

빗물이 홈통을 따라 흐를 때 마치 홈통 속에서 흘러나오는 것처럼 보이지만, 실제로는 하늘에서 떨어지는 것이다. 성자들이 우리에게 얘기하는 신성한 가르침도 그와 같아서, 성인에게서 나오는 것처럼 보이지만 사실은 신에게서 나오는 것이다.　　　　　　　　　　라마 크리슈나

4

자신의 정신력을 신의 힘과 따로 떼어놓고 생각하는 것은, 노자의 가르침에 의하면 마치 풀무는 단순히 공기를 통과시키기 위한 도구가 아니라 그 자체가 공기를 만드는 독자적인 원천이며, 진공 속에서도 바람을 일으킬 수 있다고 믿는 것과 같다.

5

인간이 어떤 위대하고 훌륭한 일, 착한 일을 하거나 할 수 있는 경우, 그것은 단순히 그가 자신보다 높은 어떤 존재나 누군가의 도구에 불과하다는 것

을 나는 특별히 강렬하게 느낀다. 이때 느끼는 감정이 바로 신앙이다. 신앙이 깊은 사람은 이 같은 "자신에 의해서가 아니라 자신을 통하여" 나타나는 기적을 볼 때, 신성한 기쁨에 전율하게 된다.

그는 자신의 사업을 수행하기 위해 잠시 그를 이용하는 신의 귀중한 사업을 가능한 한 왜곡하지 않도록, 적극적으로 자신을 비우고 자신의 의지를 그 기적을 위해 바친다. 그의 자아는 소멸되면서 무(無)로 돌아간다. 그는 성령이 이야기할 때, 바꿔 말하면 신이 활동할 때, 그의 '자아'는 소멸되어야 한다는 걸 느낀다.

이와 같이 예언자는 신의 목소리를 듣고, 젊은 어머니는 그 태내의 태아의 움직임을 느낀다. 우리가 '자아'를 느끼는 동안, 우리는 한정된 존재이고 자기애에 사로잡힌 존재이다. 이에 반해, 세계의 생명과 융합하여 신의 목소리에 응할 때 우리의 '자아'는 소멸한다.　　　　　　　　　　　　　　　아미엘

6

만일 우리가 한 순간이라도 자신의 보잘것없는 '자아'를 떠나 악을 생각하지 않고 빛을 반영하는 맑은 거울이 된다면, 우리가 비추지 못할 것이 뭐가 있을까! 만물은 당장 밝은 빛이 되어 우리의 주위에 펼쳐질 것이다.　　　　소로

7

참다운 예지는 우리에게, 위대한 인물의 사상적 바탕이 그의 겸허한 형제들 속에도 살고 있다는 것, 학자가 그 심오한 발견에서 보여주는 자질도 극히 평범한 사람이 일상생활에서 보여주는 자질과 완전히 같다는 것을 가르쳐준다.

위대한 사람들은, 지금은 비록 소수의 사람들에게만 나타나고 있지만 원래 모든 사람들의 마음속에 이미 갖춰져 있는, 우리의 공통된 본성을 드러내 보여주고 있다. 그들에게서 나오는 빛은 모든 인간 속에 잠재된 힘이 희미하게 나타나는 것일 뿐이다. 그것은 특별히 이상한 일이나 신기한 일이 아니라, 인간 정신의 당연한 발전 형태이다.　　　　　　　　　　세계의 선진사상

지상에서 인간이 해야 할 진정한 일은 자기 존재를 영원한 것과 조화시켜 살아가는 것이다. 그때 비로소 사랑과 이성의 힘이 맑은 운하를 흐르듯 그를 통해 도도히 흘러갈 수 있다.　　　　　　　　　　　　　세계의 선진사상

9

생명이 우리에게 주어진 것은, 갓난아기가 유모에게 맡겨진 것과 같다. 마태복음 제25장 14~30절의 재능에 관한 우화가 그것을 말해주고 있다.

10

신의 힘이 너의 내부를 통과할 수 있도록 너 자신을 악으로부터 순결하게 보호하라. 이 신의 힘이 통과하는 것 속에 크나큰 행복이 있다.

7월 2일

1

어떤 분야에서든, 예술작품에 대한, 특히 사이비 예술작품에 대한 평가처럼 언어가 남용되는 일은 없다.

2

예술 작품에 대해 아무리 생각해도 충분히 이해할 수 없는 무언가를 느꼈을 때, 우리는 비로소 예술 작품으로부터 만족을 경험한다.　　　　쇼펜하우어

3

예술이란 사람들의 마음속에 숨겨져 있던 것이 드러나고, 어렴풋했던 것이 선명해지며, 복잡했던 것이 단순해지고, 우연이었던 것이 필연이 되는 것과 같은, 사람의 마음에 대한 작용을 말한다. 진정한 예술가는 언제나 모든 것을 단순화한다.　　　　　　　　　　　　　　　　　　　　　아미엘

4

표상으로서의 전 세계가 눈으로 볼 수 있는 영상이라고 한다면, 예술은 그

영상의 해명이고, 사물을 더욱 순수하게 표현하며, 그것을 더욱 잘 관찰하여 파악할 수 있게 하는 암실이라고 할 수 있다. 예술은 연극 햄릿의 경우처럼 연극 중의 연극이요, 무대 위의 무대이다.　　　　　　　　　　　　쇼펜하우어

5

보통 사람은 생각을 사물에 맞추지만, 예술가는 사물을 자신의 생각에 맞춘다. 보통 사람은 자연을 불변하는 것, 고정적인 것으로 생각하지만, 예술가는 자연을 움직이고 변화하는 것으로 생각하여 그 위에 자신의 존재를 새긴다. 예술가에 대해서는, 불복종의 세계도 지극히 순종적이 되어 그의 뜻에 따른다. 그는 흙덩이나 돌멩이에 인간성의 옷을 입히고 그것을 이성의 표현으로 탈바꿈시킨다.　　　　　　　　　　　　　　　　　　　　　　에머슨

6

경쟁심으로는 어떤 아름다운 것도 만들 수 없고 오만한 마음으로는 어떤 고귀한 것도 만들 수 없다는 것을 기억하라.　　　　　　　　　　존 러스킨

7

학문과 예술이 민중에게 필요한 것은, 민중 속에서 민중의 한 사람으로서 살고 있는 사람들이 아무런 권리도 주장하지 않고 자신의 학문적, 예술적 봉사를 민중에게 제공하고, 그때 그 봉사를 받아들이고 아니고의 여부 또한 민중의 뜻에 따를 때뿐이다.

8

진정한 학문과 진정한 예술에는 두 가지 특징이 있다. 첫째는 내면적인 것으로, 학문과 예술의 봉사자는 자신의 이익을 위해서가 아니라 자기희생으로써 자신의 사명을 수행한다는 것이며, 둘째는 외면적인 것으로, 그의 학문과 예술이 모든 사람들이 이해할 수 있는 것이라는 것이다.

9

학문과 예술은 폐와 심장처럼 서로 밀접한 관계에 있다. 그러므로 한 쪽이

고장 나면 다른 쪽도 제대로 기능할 수 없다.

진정한 학문은 일정한 시대, 일정한 사회의 사람들에게 가장 중요한 것으로 여겨지고 있는 진실을 사람들에게 가르치고, 사람들의 의식에 반영한다. 한편 예술은, 그 진실을 지식의 영역에서 감정의 영역으로 옮긴다.

10

예술에 종사하는 것은 비록 그것에 종사하는 사람들이 흔히 생각하는 것처럼 굉장히 고상한 일은 아닐지라도, 사람들을 합일시키고 사람들 속에 선량한 감정을 불러일으키는 한 결코 무익하지 않은 좋은 일이다. 그러나 현대의 부유한 계급에 의해 장려되고 있는 예술, 사람들을 분열시키고 사람들의 가슴에 좋지 않은 감정을 불러일으키는 예술은, 무익하기만 한 것이 아니라 오히려 해롭다고 해야 할 것이다.

7월 3일

1

인간은 자신의 생명을 동물적 자아 속에 두면 둘수록 부자유스러운 존재가 된다.

2

인간에게 가장 큰 행복은 자유이다. 만약 자유가 행복이라면 자유로운 인간은 불행할 수 없다. 어떤 사람이 불행하고 괴로워하고 신음하고 있다면, 그 사람은 자유로운 사람이 아니라고 생각하면 된다. 즉, 그는 반드시 누군가의 또는 무엇인가의 노예가 되어 있는 것이다.

만일 자유가 행복이라면, 자유로운 인간이 스스로 노예가 될 리 만무하다. 그러므로 만일 어떤 사람이 타인에게 굽실거리며 아첨하는 것을 보거든, 그 사람 또한 자유롭지 않다고 생각하면 된다. 그는 먹을 것을 원하거나 유리한 지위를 원하고, 그 밖에 뭔가 원래 자기 것이 아닌 것을 억지로 자기의 것으로 만들려고 애쓰는 노예인 것이다.

자유로운 사람은 자신이 아무런 방해도 받지 않고 지배할 수 있는 것만 지배한다. 그런데 완전히 자유롭게 지배할 수 있는 것은 자기 자신뿐이다. 그러므로 만약 어떤 사람이 자기 자신이 아닌 남을 지배하고자 하는 것을 보거든, 그는 자유롭지 않음을 알라. 즉 그는 남을 지배하려는 욕망의 노예인 것이다.

에픽테토스

3

내면적인 자유가 없는 외면적인 자유는 아무런 가치가 없다. 설사 외적 폭력에 억압당하지 않더라도 무지, 죄악, 이기주의, 공포 때문에 자기 마음을 스스로 지배할 수 없다면, 외면적인 자유가 내게 무슨 소용이 있겠는가. 나는 자기 자신이나 자기 영역 속에 갇혀 있지 않은 사람, 오만, 분노, 게으름을 극복하고 인류의 행복을 위해 몸을 바칠 마음의 준비가 되어 있는 사람, 그런 사람만을 자유인이라고 부른다.

채닝

4

신앙 없이는 아무것도 할 수 없다. 의혹은 사람을 죽이고 민중을 죽인다. 민중의 해방은 왜 이다지도 어렵고 이다지도 오래 걸리는 것인가? 그것은 민중에게 자신들의 권리에 대한, 또 자신들의 권리를 쟁취할 수 있는 힘에 대한 믿음이 없기 때문이다. 왜 도처에서 피압박 계급은 좀처럼 찾아오지 않는 해방을 기다리며 신음하고 있는 것인가? 그것은 그들이 자기 자신에 대한, 그리고 언제나 그들을 구원할 준비가 되어 있는 신에 대한 믿음이 없기 때문이다. 그러나 신은 그들 자신이 스스로를 구원하기 위해 노력하기를 원한다. 생각건대 자유로운 존재의 특징은 자신이 스스로 그렇게 되기를 원하는 존재가 되는 것이고, 그들이 벌을 받는 것은 남의 의지에 따라 부정과 폭압의 멍에 아래 고분고분하게 굴종하는 사람이기 때문이다. 그러나 그들이 그런 멍에 아래에 있을 때도 신은 그들을 버리지 않는다. 그들을 깨닫게 하기 위해 신은 자신의 복음을 전할 사자를 보내 그들에게 계시를 내리고 자신의 권능을 부여한다. 그러면 세계는 당장 진동하며 민중은 복음을 들으려고 달려와 술렁거리고, 빵반죽이 효모에 의해 발효하듯 들끓어 올라, 더 나은 미래의 사회상이 희미하게 그들의 상상 속에 떠오른다. 그리하여 그들은 기쁨에 떨며 생명의 충만감에 잠긴다.

바로 그때 압제자인 바리사이인과 율법학자들이 나타난다. 그들은 자신들의 권력이 흔들리려 하는 것에 놀라고 당황하여, 하느님 아버지가 보낸 사자를 죽이거나, 가능하면 그 사자들의 가르침과 행위를 헐뜯는다. 그리고 그 사자들이 행한 선에서까지 그들을 비난하기 위한 구실을 찾아낸다. 그들은 말한다. "사실 우리도 그것을 부정할 수는 없다. 그들은 악귀를 몰아냈다. 그러나 그들은 악마의 우두머리의 힘으로 악귀를 몰아낸 것이다."라고. 고개를 쳐들라. 그 위선자들이 너희 주위에 길게 드리우려 하는 암흑보다 높이 머리를 들라. 그러면 너희는 곧, 너희에게 세상을 두루 비추는 빛으로 너희를 따뜻하게 해주는 태양이 동쪽 하늘에 떠오르는 광경을 볼 수 있을 것이다.   라므네

5

진정 자유롭기 위해서는 너는 항상 신에게서 받은 것을 언제라도 신에게 돌려줄 각오가 되어 있어야 한다. 너는 자신의 의지를 신의 의지와 일치시키지 않으면 안 된다. 오직 신의 의지에 어긋나는 일에서만 인간은 자유롭지 못하다. 오직 신이 바라는 것만을, 즉 진리와 사랑만을 바란다면 너는 자유를 얻을 것이다. 네가 진실과 사랑을 나타낼 수 없는 경우는 없다. 따라서 네가 자유를 빼앗기는 경우도 없다. 만일 네가 진실과 사랑을 원하지 않는다면, 설사 네가 이 세상의 모든 명예를 얻고, 또 왕이 된다 하더라도, 너는 노예의 한 사람으로서 한 평생을 살다가 인생을 마치게 될 것이다.   에픽테토스

6

자유가 없는 생활은 동물의 생활과 같다.   주세페 마치니

7

한 사람의, 또는 몇몇 사람의 노예가 되지 말고 만인의 노예가 되어라. 그러면 너는 만인의 벗이 될 것이다.   키케로

8

인간으로서의 존엄성과 자유는 우리에게 태어나면서부터 주어진 것이다. 그것을 지켜가자. 그렇지 않으면 존엄성과 함께 죽게 된다.   키케로

9

만일 네가 자신을 자유롭지 못하다고 느낀다면, 그 원인을 자신의 내부에서 찾는 것이 좋다.

7월 4일

1

형벌은 오늘날 인류가 졸업하려고 하는 낡은 관념이다.

2

예수께서 또 다른 비유를 그들에게 말씀하셨다. "하늘 나라는 어떤 사람이 밭에 좋은 씨를 뿌린 것에 비길 수 있다. 사람들이 잠을 자고 있는 동안에 원수가 와서 밀밭에 가라지를 뿌리고 갔다. 밀이 자라서 이삭이 팼을 때 가라지도 드러났다. 종들이 주인에게 와서 '주인님, 밭에 뿌리신 것은 좋은 씨가 아니었습니까? 그런데 가라지는 어디서 생겼습니까?' 하고 묻자 주인의 대답이 '원수가 그랬구나!' 하였다. '그러면 저희가 가서 그것을 뽑아 버릴까요?' 하고 종들이 다시 묻자 주인은 '가만 두어라. 가라지를 뽑다가 밀까지 뽑으면 어떻게 하겠느냐? 추수 때까지 둘 다 함께 자라도록 내버려 두어라.'" 마태복음 제13장 24~29절

3

어린애가 자기가 넘어져서 부딪힌 마루바닥을 때리는 것은 어리석은 짓이기는 하지만, 심하게 놀란 사람이 자기도 모르게 벌떡 일어나는 것과 마찬가지로 이해가 되는 일이다. 또 남에게 맞은 사람이, 고통스러운 나머지 상대에게 덤비는 기분도 역시 이해된다. 그러나, 어떤 사람이 예전에 나쁜 짓을 했다는 이유로, 그 사람에게 냉혹하게 악으로 보복하고, 그것을 이런저런 이유로 변명하려는 것은, 원래 인간이 자신의 악행을 변명하는 능력과 성향을 가지고 있는 게 아니라면 도저히 이해할 수 없는 일이다.

사람들은 자신의 복수심을 정당화하기 위해 생각해낸 이유를 완전히 믿어 버리고, 복수를 마치 정의인 것처럼 '인과응보'라는 이름으로 부르며 그것을 신에게 돌린다.

4

어떤 사람이 악을 행한다. 그러면 다른 한 사람 또는 여러 사람들이 그것에 맞서 더 큰 악으로 보복하면서, 그것을 형벌이라는 이름으로 부르고 있다.

5

모든 형벌은 결코 정의에 의한 것이 아니라, 단순히 자신이나 다른 사람에게 악을 행한 자에게 더 큰 악을 행하고자 하는 나쁜 욕망에 근거하고 있다.

6

어린이의 교육문제와 사회제도 문제, 종교 사상 문제에 가해지는 형벌은, 어린이와 사회와 내세를 믿는 사람들의 개선에 도움이 되지 않았을 뿐만 아니라, 어린이를 점점 난폭하게 만들고, 사회를 타락시키고, 지옥을 내세워 위협함으로써 선덕의 근본 원리를 파괴하는 등, 수많은 악을 만들어왔고 지금도 만들고 있다.

7

이미 오랜 옛날부터 사람들은 형벌의 불합리성을 이해해 위협, 예방, 교도 등의 여러 가지 이론을 개발해 왔다. 그러나 그 이론들은 차례차례 무너지고 있다. 왜냐하면 거기에는 복수라는 근본 원리가 있을 뿐이며, 모두들 그 원리를 숨기려 하기 때문이다. 요컨대, 사람들은 참으로 많은 것을 고안하지만, 단한 가지 꼭 필요한 행동만은 실천하지 않고 있다.

즉, 죄를 지은 자가 회개하든 말든, 다시 일어서든 말든, 아무것도 하지 않고 내버려두며, 여러 이론을 고안해 실시하려는 사람들 자신이 선하게 살려고 노력하는 것, 바로 그것이다.

8

형벌이니 형법이니 하는 것은, 현재의 우리에게 식인이나 인간을 제물로 바치는 행위가 그런 것처럼, 미래 사람들에게는 이해할 수 없는 놀라움의 대상이 될 것이다. "어떻게 옛날 사람들은 자신들이 하고 있는 행동의 어리석음, 잔인함과 그 해악을 깨닫지 못했을까?" 하고 우리의 자손들은 말할 것이다.

9

사형은 현재의 사회 제도가 완전히 비그리스도교적이라는 사실을 가장 명확하게 증명해주고 있다.

10

형벌을 가하는 것은 마치 타고 있는 불에 더욱 부채질을 하는 것과 같다. 모든 범죄는 항상 그 자체 속에 인간이 가할 수 있는 모든 형벌보다 더 엄격하고, 더 합리적이며 더 행하기 쉬운 형벌이 들어 있다.

11

감옥을 채우고 교수대 위에서 죽어가는 사람들의 대부분은, 그들을 벌줄 권리를 가진 법률 그 자체 때문에 불행해진 사람들이다.　　　허버트 비지로

12

벌주고 싶은 욕망은 낮은 동물적 감정이므로 우리는 그것을 억제해야 하며, 그것을 결코 이성적 활동의 범주에 넣어서는 안 된다.

7월 5일

1

악을 행할 수 있는 것은 본인 자신뿐이다. 인간의 의지와 상관없이 일어나는 일은 모두 선이다.

2

솔로몬과 욥은 속세의 허망함을 누구보다 잘 알고 있었고 또 그것에 대해 얘기했다. 한 사람은 가장 행복한 인간이었고, 또 한 사람은 가장 불행한 인간이었다. 한 사람은 이 세상에서의 만족이 얼마나 하찮은 것인지 체험했고, 또 한 사람은 현실의 불행을 체험했다.　　　파스칼

3

신이 주시는 것은 모든 인간에게 모두 유익하지만, 그것은 또한 그것이 주어

지는 바로 그때 가장 유익하다. 마르쿠스 아우렐리우스

4

사람의 일생은 행복을 향한 노력이다. 그가 얻고자 노력하는 것은 반드시 그에게 주어진다. 죽음이 아닌 삶과 악이 아닌 선이 그것이다.

5

도대체 언제 너의 육체가 아니라 너 자신이 너의 진정한 주인이 될 것인가? 도대체 언제 너는 모든 사람에 대한 사랑의 행복을 이해할 것인가? 또 너는 언제 남들의 희생을 필요로 하지 않고, 올바르게 인생을 이해함으로써 스스로를 슬픔과 번뇌에서 해방할 것인가? 도대체 언제 너는 진정한 행복은 언제나 네 안에 있으며, 남에 의해 좌우되는 것이 아니라는 것을 이해할 것인가?

마르쿠스 아우렐리우스

6

너에게는 너의 영혼 외에 진정한 소유물은 없다는 것을 명심하라. 단호하게 최상의 생활방식을 선택하라. 습관은 너의 생활을 쾌적한 것으로 만들어 줄 것이다.

부(富)란 믿을 것이 못 되며, 명예는 그 이상으로 믿을 만한 대상이 아니다. 육체도 권력도 이 세상의 명예도 마찬가지로 모두 허무하고 모두 무력하다. 그렇다면 인생에서 진정으로 의지할 수 있는 것은 무엇일까? 오로지 선덕만이 있을 뿐이다. 견고하고 흔들림 없는 것은 선덕뿐이라는 것이 바로 신의 법칙이며 그 밖의 모든 것은 무(無)에 지나지 않는다. 피타고라스

7

만일 네가 불행을 두려워한다면 너는 이미 불행하다. 그리고 불행할 수밖에 없는 인간은 항상 그것을 두려워한다.

중국 속담

8

인생에서 줄어드는 일이 없는 정신적 재산을 얻는 것은 참으로 인간 본성에 합당한 일이다. 이에 반해 외적, 물질적 행복에 의지하는 것은, 우리를 사람들과 우연에 대한 노예로 전락시킨다.　　　　　　　　　　　　　에머슨

9

어떤 사람들은 말한다. "자기 자신 속으로 들어가라. 그러면 너는 평화를 발견할 것이다." 그러나 이것은 아직 완전한 진리는 아니다.

또 다른 사람들은 반대로 말한다. "자기 자신에서 나와 애써 자신을 잊고 쾌락 속에서 행복을 추구하라." 그러나 이런 방법은, 이를테면 질병을 면하는 것조차 불가능하다는 것만 생각하더라도 잘못됐음을 알 수 있다.

결국 정신적인 평화와 행복은 우리의 안에도 없고 우리의 밖에도 없으며, 우리의 안과 밖에 모두 존재하는 신 가운데 있다.　　　　　　　　파스칼

10

정신력이 강한 사람에게 외적인 장애는 아무런 해가 될 수 없다. 왜냐하면, 그 경우의 해는, 장애물을 만나 미친 듯 날뛰는 동물의 경우처럼, 인간을 추하게 하고 약하게 하는 데 지나지 않기 때문이다. 자신에게 주어진 정신력으로 장애물을 받아들이는 사람의 경우에는 모든 장애가 그 사람에게 정신적인 아름다움과 힘을 준다.　　　　　　　　　　　마르쿠스 아우렐리우스

11

모든 것은 신에게서 온다. 그러므로 모든 것은 선이다. 악이라는 것도 우리의 근시안에는 보이지 않는 선일 뿐이다.

12

악은 자신의 행동 속에만 있다는 것을 깨달은 사람에게는, 어떠한 불행도 그가 누리고 있는 평화롭고 자유로운 행복에 비한다면 지극히 하찮은 일에 불과하다.

7월 6일

1

아무리 전쟁의 무서움을 묘사하고 보여주어도 사람들이 전쟁에 참여하는 것을 막을 수는 없다. 그 원인 중 하나는, 전쟁의 무서움을 보면 자기도 모르게 모두들, '이렇게 무서운 일이 일어나고 있는데 그냥 방치되고 있는 걸 보면, 아마도 우리가 모르는 숨겨진 이유가 나름대로 있을 것'이라고, 말로 표현하지는 않아도 막연히 생각하기 때문이다. 이 같은 생각에서 종종 원래는 선량한 사람들이 전쟁을 마치 자연 현상의 경우처럼 좋은 측면만 부각해 변호하는 현상이 생기는 것이다.

2

금세기 말에는 불가피하게 종말이 찾아올 것이며, 그것에 대비해야 한다는 생각은, 우리를 말할 수 없는 공포로 몰아넣는다. 지난 수십 년 동안 인간의 모든 지혜가 파괴적인 무기 개발에 투입돼 왔고, 머지않아 몇 개의 포탄으로 군대 전체를 살상하게 될 것이다. 오늘날 총을 잡는 것은, 전과 같이 돈으로 고용한 몇천 명의 가난한 사람들이 아니며, 민족 전체가 서로를 살육할 준비에 몰두하고 있다.

그들에게 살인을 준비시키기 위해서 너희는 적으로부터 미움을 받고 있다는 것을 강조해 그 적개심을 부추기면 되는데, 순진한 그들은 그것을 그대로 믿고 뭔가 이상한 국경 분쟁이나 무역 문제, 식민지의 이권에 얽힌 문제로 인해 공격 명령을 내리면, 평화스런 시민 집단은 즉시 야수처럼 서로 달려들어 죽이고 죽는 것이다.

그들은 자신들이 어디로 가는 건지 알면서도, 아내를 남겨두고 자식을 굶주리게 한다는 걸 알면서도, 마치 순한 양처럼 도살되기 위해 자발적으로 전쟁터로 향한다. 소리높이 외치는 거짓말에 완전히 속아 넘어가서, 살인을 자신들의 의무처럼 생각하며, 자신들이 벌이는 유혈의 참사를 신이 축복해주기를 기도하면서 나아간다. 자신들이 뿌린 밭작물을 짓밟고, 자신들이 건설한 마을을 불태우고, 군가를 부르면서 기쁜 듯, 둥둥둥 북소리와 함께 나아간다. 그들은 불평 한마디 없이 명령받은 대로 얌전하게 나아간다. 바로 자신들에게 힘이 있고 자신들이 서로 대화하면, 외교관들의 교활한 흥정 대신, 사람들 사이에 인간다운 양식(良識)과 우애를 확립할 수 있음에도 불구하고 나아가는 것이다.

로드

3

한 목격자는 러일전쟁 당시 와리야크함(艦)의 갑판에서 본 광경을 얘기한다. "정말 무서운 광경이었다. 이르는 곳마다 피와 살덩이, 목 없는 시체, 잘린 팔이 즐비하고, 그 피비린내에는 전쟁에 이골이 난 최고참 장병들조차 구토가 날 지경이었다. 그중에서도 사령탑이 가장 심하게 당했다. 유탄이 그 위에서 작열해 대포를 조준하고 있던 젊은 장교를 날려 보냈다. 이 불행한 장교에게서 남은 것은 조준기를 꼭 쥐고 있는 한쪽 손뿐이었다. 사령관과 같이 있던 네 명의 부하 중 두 명은 갈기갈기 살점이 찢겨져 흩어지고, 나머지 두 명은 중상을 입었다. 이 두 사람은 이미 두 다리가 절단되었지만, 나중에 한 번 더 절단하지 않으면 안 되었다. 사령관은 다행히 관자놀이에 유탄의 파편이 박혔을 뿐이다."

이뿐만이 아니다. 괴저(壞疽)와 열병 같은 전염병 때문에, 중립국 선박도 부상자를 자기 나라의 배에 수용할 수 없었다.

괴저와 그 고름에 의한 병원에서의 전염은 굶주림, 화재, 파괴, 질병, 장티푸스, 천연두와 함께 전쟁이 남긴 전리품의 일부이다. 이것이 전쟁이라는 것이다.

그런데도 조셉 메이스틀은 다음과 같이 전쟁을 예찬했다.

"인간의 정신이 나약해진 나머지 탄력성을 잃고, 무신론에 빠져, 과도한 문명의 발전을 이룩한 결과, 썩은 냄새를 풍기게 되었을 때, 그것은 오직 피에 의해서만 소생시킬 수 있다."

그러나 대포의 먹이가 되는 가난한 사람들은 거기에 반대할 권리를 가지고 있다.

그런데 불행히 그들은 자기들의 신념을 주장할 용기가 없다. 옛날부터 자기들로서는 이해할 수 없는 문제 때문에 살해당하는 것에 익숙해진 그들은, 변함없이 계속 당하며, 그 희생으로 모든 것이 평화로워질 거라고 생각하고 있다.

그렇기 때문에 지금 이렇게 시체가 바다 위에 흩어지고, 이윽고 바다 속에서 새우의 먹이가 되고 있는 것이다.

이와 같이 오늘날, 총알이 그들 주위의 모든 것을 파괴하고 있을 때, 과연 그들은 이것은 모두 자신들의 행복을 위한 것, 그리고 과도한 문명에 중독돼 탄력성을 상실한 동시대 사람들의 정신을 일깨우기 위한 것이라고 기쁘게 생각하고 있는 것일까?

불행하게도 그들은 아마 조셉 메이스틀의 주장을 모르고 있을 것이다. 나는 전쟁 부상자들이 침대에서라도 메이스틀의 책을 읽기를 권유한다. 틀림없이 그들은 전쟁은 사형 집행인과 마찬가지로 필요불가결한 것이며, 그것은 사형집행인과 마찬가지로 전쟁도 신의 정의의 발현이기 때문이라고 확신할 것이다

그리고 그 위대한 사상은 외과의사의 톱이 그들의 뼈를 싹싹 자를 때 그들에게 위안이 되어줄 것이다.   할드웬

4

전쟁은 이제 미증유의 광포성을 나타내고 있다. 이 방면의 달인이자 천재적인 살육자인 몰트케 장군은 평화 단체의 대표자들에게 다음과 같이 해괴한 주장을 한 바 있다.

"전쟁은 신성한 것, 신이 내리신 제도, 이 세계의 신성한 법칙 중의 하나이다. 그것은 사람들 속에 있는 모든 위대하고 고귀한 감정, 즉 염치, 무사(無私), 선덕, 용기를 유지할 수 있게 해준다. 한 마디로 말하면 사람들을 혐오스러운 물질주의에서 구원해준다."

그러니까 40만 명의 인간이 무리를 지어 밤낮으로 행진하면서 아무것도 생각하지 않고, 아무것도 공부하지 않고, 아무것도 읽지 않고, 누구에게도 도움이 되지 않은 채, 치매 상태에서 진창 속에 누워, 짐승처럼 부단한 광기 속에서 살며, 도시를 약탈하고, 촌락을 불태우고, 국민을 멸망시키고, 이윽고 자신들과 같은 인간의 집단을 만나 그들을 덮쳐 피바다를 이루고, 갈기갈기 찢긴 살조각으로 들판을 덮으며, 시체로 땅을 덮고, 불구자가 되어, 아무런 쓸모없이 마침내 어떤 낯선 들판에서 숨을 거둔다. 그때 그들의 늙은 부모와 처자는 굶어 죽어가고 있다. 이것이 혐오스러운 물질주의에서 사람들을 구원하는 것이라는 얘기다.   기 드 모파상

5

전쟁의 해악에 대해 이러쿵저러쿵 논할 때는 이미 지났다. 그것에 대해서는

이미 다양하게 논의가 되었다. 이제 남은 것은 단 한 가지, 각자가 이제부터 무엇을 시작할 것인가 하는 것이다. 즉, 각자가 해서는 안 된다고 생각하는 일을 하지 않는 것, 오직 그것뿐이다.

6

전쟁이 존재한다는 것 자체가 그 불가피성을 증명한다는 것은 잘못된 발상이다. 인류의 양심은 그것이 거짓이며 전쟁은 없어져야 한다는 것을 말하고 있다.

7월 7일

1

신을 부정하는 것은 정신적, 이성적 존재로서의 자기를 부정하는 것이다.

2

나는 신과 영혼을 그것을 정의하는 방법이 아니라 전혀 다른 방법으로 알고 있다. 정의는 신에 대한 나의 인식을 파괴한다. 나는 신이 존재한다는 것과 내 영혼이 존재한다는 사실을 확실하게 알고 있다. 그러나 내가 그것을 의심할 여지없이 알고 있는 것은 내 의지가 아니라 신의 의지에 의해서일 뿐이다. 내가 의심할 여지없이 신을 인식하게 된 것은, '나는 어디서 왔는가' 하는 자문에 의해서였다. 또 영혼의 인식으로 인도된 것은 '나는 도대체 누구인가' 하는 자문에 의해서였다.

그럼, 나는 도대체 어디서 온 것인가?

나는 어머니에게서 태어났다. 어머니는 외할머니에게서, 외할머니는 외증조할머니에게서 태어났다. 이렇게 거슬러 올라간 맨 마지막 사람은 도대체 누구에게서 태어난 것인가? 그리하여 나는 마침내 신에게 도달할 수 있다.

그러면 나는 도대체 누구인가?

발은 내가 아니고, 손도 내가 아니고, 머리도 내가 아니고, 감각도 내가 아니고, 사상도 내가 아니다. 도대체 나는 무엇인가? 나는 나이며 나의 영혼이다.

어떠한 측면에서 신에게 접근해도 답은 모두 마찬가지이다. 나의 사상과 이성의 본원은 신이다. 내 사랑의 본원도 신이다. 물질의 본원 역시 신이다.

영혼에 대한 인식의 경우도 그렇다. 진리에 대한 깨달음을 추구하다보면, 나의 비물질적 본원이 내 영혼이라는 것을 알 수 있다. 자신의 선을 사랑하는 마음을 생각해도, 역시 그 원천은 내 영혼 속에 있다는 것을 알 수 있다.

3

아무리 신앙이 없는 사람이라도, 원하든 원하지 않든 결과적으로 신을 인정하고 있다. 그는 자신의 생명 법칙, 그것을 따를 수도 있고 외면할 수도 있는 법칙을 인정하지 않을 수 없다. 이 같은, 인간이 가까이 다가갈 수 없는 참으로 높은 존재를 인정하는 것이야말로, 또 그의 마음속에 새겨져 있는 자신의 생명 법칙을 인정하는 것이야말로, 신의 것, 또는 신의 현현이라고 할 수 있다.

4

신은 선한 사상 속에, 올바른 말 속에, 그리고 성실한 행위 속에 모습을 드러내며, 그 숨결에 의해 세상에 최고의 행복과 영원성을 준다.　　젠다베스타

5

신은 존재한다. 우리는 그것을 증명할 의무도 없고 필요도 없다. 신의 존재를 증명하려는 모든 시도는 이미 신성 모독이며, 그 부정은 모두 광기이다. 신은 우리의 양심과 의식 속에, 우리를 둘러싼 삼라만상 속에 있다. 우리의 의식, 우리의 양심은 극도로 슬프거나 기쁜 순간, 언제나 신에게 호소한다. 별이 반짝이는 밤하늘 밑에서, 참으로 선한 사람들의 무덤 옆, 또는 순교자의 처형장에서 신을 부정할 수 있는 것은, 참으로 불쌍한 인간이거나 참으로 죄 많은 인간뿐이다.　　주세페 마치니

6

이 세계의 삶은 누군가의 의지에 의해서 이루어지고 있고, 전 세계의 삶과 우리의 삶을 통해 누군가가 자신의 사업을 수행하고 있는 것이다. 바로 그 누군가가 우리가 신이라고 부르는 존재이다.

사람들이 신을 믿지 않는 것은, 신이라는 이름을 빌려 행세하는 가짜를 믿고 있기 때문이다.

이레째 읽을거리
파스칼

　이를테면 사소한 허영심이나 공명심, 명예욕, 아무튼 어떤 형태로 나타나든, 그러한 인간적 명성에 대한 모든 욕망만큼, 사람들을 오랫동안 그 지배하에 두고, 이 세상의 거짓된 삶의 공허함을 철저히 숨기며(종종 그것은 죽음에 이를 때까지 계속된다), 사람들이 삶의 의의와 그 진정한 행복을 깨닫는 것을 방해하는 것은 없다.

　모든 욕망은 그 자체 속에 벌을 내포하고 있으며, 그 만족에 따르는 고뇌는 그 공허감을 폭로한다. 그리고 모든 욕망은 해가 갈수록 쇠퇴하지만, 명예욕은 반대로 갈수록 커진다. 또 무엇보다 인간적인 명예에 대한 욕망은 언제나 사람들에 대한 봉사라는 관념과 결부되어 있어서, 실제로는 사람들의 찬사를 구하면서, 자신은 자신을 위해 살고 있는 것이 아니라 자신을 칭찬해주는 그 사람들을 위해 살고 있는 것이라는 자기기만에 빠지기 쉽다. 그래서 가장 사악하고 위험한 이 욕망은, 다른 어떤 욕망보다 뿌리 뽑기가 어렵다. 이 욕망에서 해방되려면 그야말로 강인한 정신력이 필요하다.

　강인한 정신력은 그들에게 빠르게 큰 명예를 얻을 수 있는 가능성을 주지만, 한편으로 그러한 강인한 정신력은 그들에게 명예의 허망함을 가르쳐준다.

　파스칼이 바로 그런 사람이었다. 우리에게도 친근한 러시아인인 고골리(나는 고골리를 통해 파스칼을 이해했다고 생각한다)도 그랬다. 이 두 사람은 전혀 다른 성격과, 크기도 형태도 전혀 다른 지능을 가지고 있었으면서도 완전히 똑같은 것을 체험했다.

　이 두 사람 다 간절히 원하던 명예를 매우 일찍 얻었다. 그리고 둘 다 그것을 얻자마자 이내 그때까지 세상에서 가장 고상하고 소중한 행복으로 생각했던 것의 허망함을 깨달았다. 두 사람은 그때까지 빠져 있었던 미혹의 무서운 힘에 전율했다. 그들은 자신들이 방금 빠져나온 미혹의 공포를 사람들에게 알리는 일에 전력을 기울이며, 명예에 대한 환멸이 컸던 만큼, 누구에 의해서도 파괴되지 않는 목적 또는 인생의 사명이 필요하다는 것을 절실히 느꼈던 것이다.

　그래서 고골리와 파스칼은 신앙에 대한 열렬한 자세를 보였고, 그래서 자신들의 지난 업적을 무시했던 것이다. 그것은 모두 명예를 위해 성취했던 일이 아니었던가? 그런데 명예를 얻고 보니 거기에는 기만 말고는 아무것도 없었다. 따라서 명예를 얻기 위해 노력했던 모든 것은 전혀 필요하지 않은 하찮은 일이었던 셈이다. 중요한 것은 아직 거기에 없는 것, 세속적인 명예욕에 의해 가려져 있었던 것뿐이다. 중요하고 필요한 것은 단 한 가지, 무상한 이 세상의 삶에 의의를 부여하고, 그 모든 활동에 확고한 목표를 심어주는 신앙이다. 신앙이 없어서는 안 된다는 것과 신앙이 없이는 살 수 없다는 인식이, 이들에게 커다란 충격을 주어, '도대체 왜 나는 지금까지, 나의 가치를 설명해주고 죽음 다음의 내세에 대한 믿음을 주는 신앙이 없이 살아올 수 있었을까? 또, 일반 사람들도 왜 신앙 없이 살 수 있는 것일까?' 하고 놀라게 된다. 그것을 깨닫자마자 그들은 자신들이 방금 빠져나온 무서운 미망에서 사람들을 구원하고, 신앙 없이는 살 수 없고 신앙만이 구원해 준다는 것을 사람들에게 가르치기 위해, 몸과 마음을 다해 사람들에게서, 파스칼의 말을 빌리면, 사람들이 절벽을 향해 달려가면서 눈을 가리고 있는 눈가리개를 벗기려고 노력한 것이다.

파스칼은 그런 사람이었다. 거기에 그의 헤아릴 수 없이 위대한, 게다가 오늘날에도 여전히 충분히 평가받지 못하고 있는 공적이 있다.

파스칼은 1623년 프랑스 클레르몽페랑에서 태어났다. 그의 아버지는 유명한 수학자였다. 그는 다른 아이들처럼 아버지를 모방해 아주 어렸을 때부터 수학을 배우기 시작했고, 시작하자마자 당장 탁월한 재능을 발휘했다. 아버지는 아들을 너무 일찍부터 공부시키고 싶지 않았기 때문에 그에게 수학책을 주지 않기로 했다. 그런데 어린 파스칼은 아버지와 친분 있는 수학자들의 대화를 들으면서, 스스로 새로운 기하학의 이론을 개발해냈다. 아버지는 어린 아들의 범상치 않은 능력을 보고 놀라, 감격한 나머지 눈물을 흘렸다. 그때부터 그는 직접 아들에게 수학을 가르쳤다. 소년은 아버지가 가르쳐준 것을 재빨리 모두 소화했을 뿐 아니라, 스스로 수학적인 발견을 하기 시작했다. 그의 성공은 그와 가까운 사람들은 물론이고, 학자들의 주의를 끌기에 충분했다. 그리하여 파스칼은 아주 젊었을 때부터 주목할 만한 수학자로 명성을 얻었다. 젊은 나이에도 불구하고 뛰어난 학자로서의 명예는 그를 더욱 연구에 몰두하도록 자극했고, 그의 위대한 재능은 그에게 더 큰 명성을 얻게 해, 파스칼은 모든 시간과 노력을 학문 연구에 바쳤다. 그러나 그는 어렸을 때부터 허약체질이었다. 과도한 학문 연구는 점점 그의 건강을 해쳐, 파스칼은 급기야 청년기에 이르러 큰 병에 걸리고 말았다. 병을 앓은 후 그는 아버지의 간청에 못 이겨, 연구시간을 하루에 두 시간으로 단축하고 나머지 시간을 철학책을 읽으면서 보냈다.

그는 에픽테토스를 읽고, 데카르트를 읽고, 몽테뉴의 《수상록》을 읽었다. 몽테뉴의 저서는 특히 그에게 충격을 주었다. 종교에 대한 회의와 냉담이 그를 자극한 것이다. 파스칼은 언제나 종교적이었고, 자신을 키워준 가톨릭의 가르침을 순진무구한 아이처럼 굳게 믿고 있었다. 그런데 몽테뉴의 책이 그의 마음에 의혹을 불러일으켜, 그로 하여금 신앙의 여러 문제, 특히 인간의 이성적인 생활에 신앙이 얼마나 필요한지 깊이 생각하게 하였고, 그 결과 더욱 엄격하게 종교상의 의무를 실천하게 되어, 철학서 외에 종교적인 내용의 책도 가까이 접하기 시작했다. 그러한 책 가운데 네덜란드의 신학자 얀센이 쓴 《내면적 인간 혁명》이 있었다.

이 책에는 다음과 같은 내용이 거론돼 있었다.

인간에게는 육체적 번뇌 외에 지식욕의 만족이라는 정신적 번뇌가 있는데, 그 밑바닥에는 다른 모든 번뇌와 마찬가지로 이기주의와 자기애가 도사리고 있으며, 그러한 표면상으로 고상한 번뇌야말로 무엇보다도 인간을 신으로부터 멀어지게 한다는 것이었다.

이 책은 파스칼에게 큰 충격을 주었다. 위대한 정신에서 볼 수 있는 진실성에 의해 그 말이 그대로 자신에게 적용되는 것을 느낀 파스칼은 결심했다. 학문 연구와 그에 결부된 명예를 포기하는 것은 그로서는 매우 괴로운 일이었으나, 아니 오히려 매우 괴로운 일이었기 때문에, 그는 자신을 유혹하는 학문 연구를 과감히 포기하고, 더욱 강하게 마음을 사로잡게 된 신앙 문제에, 자신을 위해 또 타인을 위해 전력을 기울이기로 한 것이다.

파스칼의 여성 관계와 여성의 유혹이 그에게 어떤 영향을 주었는지에 대해서는 전혀 알려져 있지 않다. 그의 전기 작가들은 그의 작은 저서인 《사랑에 대하여》를 논거로(그 글 속에서 파스칼은 인간이 획득할 수 있는 가장 큰 행복은 사랑이며, 그것은 순수하고 정신적인 것으로, 모든 고상하고 소중한 것의 원천이 아니면 안 된다고 말했다), 파스칼은 젊은 시절 자신보다 신분이 높은 여자를 사랑했지만 실연으로 끝났다고 결론짓고 있다. 어쨌든 그러한 로맨스가 있었다 하더라도 그것은 파스칼의 생애에 아무런 흔적도 남기지 않았다.

젊은 파스칼의 가장 절실한 관심은 학문 연구와, 그것이 그에게 주는 명예에 대한 욕구, 그 학문의 공허함과 무가치, 명예욕의 유혹에 대한 두려움, 그리고 자신의 모든 힘을 오로지 신을 위한 봉사에 바치고 싶다는 욕구, 이 두 가지 욕구의 갈등과 투쟁에 있었다.

그런데 그가 학문 연구를 포기하겠다고 결심한 바로 그때, 우연히 토리첼리의 《진공론》을 읽게 된다. 그 문제의 해법이 바르지 않고 더 정확한 정의가 가능하다는 것을 느낀 파스칼은, 토리첼리가 한 실험을 다시 확인해 보고 싶은 욕구를 참을 수가 없었다. 그러다가 그는 그 유명한 '공기의 비중'에 관한 발견을 한다. 그 발견으로 그는 다시 학계의 주목을 받게 된다. 수많은 학자들이 그에게 편지를 보내거나 방문해 찬사를 아끼지 않았다. 이때부터 인간적 명예에 대한 유혹과의 싸움이 더욱 더 힘들어졌다.

그 싸움을 위해 파스칼은, 안쪽에 못이 많이 박혀 있는 허리띠를 차고 다녔다. 그리고 자신을 칭찬하는 편지를 읽거나 찬사의 말을 듣고 마음속에 명예욕과 자만심이 고개를 들고 일어날 때마다, 그는 팔꿈치로 그 허리띠를 강하게 눌렀다. 그러면 못이 그의 몸을 찌르고, 그때마다 그는 명예욕의 유혹에서 벗어나게 해준 사상과 감정의 흐름을 다시 상기하곤 했다.

1651년 파스칼에게 그리 중요하지 않은 것 같으면서도 그에게 큰 충격을 주고, 그의 정신 상태에 커다란 영향을 미친 사건이 일어났다. 그가 넬리 다리에서 떨어져 하마터면 죽을 뻔한 것이다. 바로 그 무렵, 파스칼의 아버지도 세상을 떠났다. 죽음에 대해 생각하게 하는 이 두 가지 사건은 파스칼을 전보다 더욱 삶과 죽음의 문제에 깊이 파고들게 한다.

종교적 감정에 더욱 강하게 사로잡힌 파스칼은, 1655년에는 완전히 은둔생활에 들어갔다. 그는 포르루아얄의 얀센 교단 본부로 옮겨서, 그곳에서 거의 수도사 같은 생활을 하면서 저서를 구상하고 준비했다. 그 저술에서 그는 첫째, 인간의 이성적 생활을 위해서는 종교가 필요하다는 것. 둘째, 그 자신이 믿는 종교의 진실성을 얘기하고 싶었다. 그러나 여기서도 인간적 명예에 대한 유혹이 파스칼을 놓아주지 않았다.

파스칼이 있었던 포르루아얄의 얀센 교단은 강대한 제수이트파(예수회)의 반감을 사고 있었다. 그 제수이트파의 음모에 의해 포르루아얄의 남녀 학교는 폐쇄되고 포르루아얄의 수도원 자체도 하마터면 폐쇄될 뻔했다. 얀센 교도들과 같이 지내면서 같은 신앙을 믿고 있었던 파스칼은, 자신과 같은 신앙을 가진 사람들이 직면한 상황에 무관심하게 있을 수 없어서, 제수이트파와의 논쟁에 끼어들어 얀센파를 변호하는 글을 썼다. 그는 그 글에 《시골사람의 편지》라는 제목을 붙였다. 그 속에서 그는 얀센파의 가르침을 변호하기보다는 그들의 적 제수이트파의 비판에 중점을 두고, 그 가르침의 비도덕성을 폭로했다. 이 책은 큰 호응을 얻었으나 그 평판도 파스칼을 유혹할 수 없었다.

그의 모든 생활은 이미 신에 대한 끊임없는 봉사로 채워지고 있었다.

그는 빈틈없이 생활의 규칙을 정해 엄격하게 그것을 지키며, 게으름에 의해서든 병에 의해서든 절대 소홀히 하지 않았다. 그는 가난이야말로 선의 기초라고 생각했다.

'가난해서 아무것도 없는 곳에는 악이 존재하지 않을 뿐만 아니라, 그 속에 우리의 행복이 있다. 그리스도는 가난했고 무일푼이었으며 머리를 누일 곳조차 없지 않았는가?'

파스칼은 가능한 한 모든 것을 가난한 사람들에게 나누어주고, 자신은 최소한 필요한 몇 가지만으로 생활했다. 그는 병에 걸려 몸을 움직일 수 없을 때만 하인의 도움을 받았다. 그의 주거지는 먹을 것, 입을 것과 마찬가지로 지극히 검소했다. 그는 손수 방을 치우고 자기가 먹을 음식은 직접 날랐다.

날이 갈수록 병이 악화돼 끊임없이 고통을 받았지만, 그 고통을 옆에 있는 사람도 놀랄 만한 인내로 참고 견뎠을 뿐만 아니라, 오히려 기쁨과 감사하는 마음으로 그것을 맞이했다.

"제발 나를 가엾게 생각하지 마십시오. 병을 앓는 것은 그리스도교도에게 어울리는 일입니다. 왜냐하면 병에 걸렸을 때야말로 그리스도교인은 그 본래의 상태에 있는 것이기 때문입니다. 질병은 우리에게 모든 세속적인 행복과 육체적 쾌락을 포기하는 것을 가르치고, 한평생 우리를 지배해 온 욕정을 억제하도록 가르치며, 명예욕과 물욕을 극복해 언제라도 죽음을 기다릴 수 있는 마음을 갖도록 도와줍니다." 그는 자신의 병을 동정하는 사람들에게 이렇게 말했다.

그를 사랑하는 친지들이 몰려와 그를 위해 제공하려 한 사치는 오히려 그를 괴롭히기만 했다. 그는 누이동생에게 자신을 가난한 불치병 환자들이 있는 병원으로 옮겨, 생애의 마지막 며칠을 그들과 함께 지낼 수 있게 해달라고 부탁했다. 하지만 누이동생이 그의 소망을 들어주지 않아 결국 자신의 집에서 숨을 거두었다.

그는 마지막 몇 시간 동안 의식을 잃고 있다가, 드디어 숨을 거두기 직전에 침대에서 일어나 앉아 참으로 기쁜 표정으로 말했다.

"주여, 저를 저버리지 마시옵소서."

이 말을 마지막으로 그는 세상을 떠났다. 1662년 8월 19일이었다.

인간이 행복하기 위해서는 두 가지 신앙이 필요하다. 하나는 인생의 의미에 대한 가르침이 '있을 것'이라는 신앙이며, 또 하나는 인생에 대한 가장 좋은 가르침을 '발견하는' 일이다.

파스칼은 첫 번째 신앙을 누구보다 잘 수행했다. 그러나 운명은, 신은, 그에게 두 번째를 허락하지 않았다.

목이 말라 다 죽어 가는 사람이 눈앞에 물이 있는 것을 보면, 그것이 어떤 물인지 생각하지도 않고 달려들 듯이, 파스칼도 그것이 어떤 것인지 분간할 새도 없이, 그가 그 속에서 자란 가톨릭에 진리와 인간의 구원이 있다고 생각한 것이다. '물만 있으면 된다! 신앙만 있으면 그만이다!'라고 생각한 셈이다.

물론 이 세상에 무슨 일이 일어날지 예측할 권리는 아무한테도 없지만, 저 천재적이며 자기 자신에게 정직한 파스칼이 가톨릭을 믿는다는 것은 약간 믿기 어려운 느낌이다. 그는 신앙의 절대적 필요성을 증명하면서 발휘해야 했던 사상의 힘으로 가톨릭을 음미할 여유가 없었고, 따라서 그의 마음속에는 가톨릭만이 완전무결한 상태로 남아 있었던 것이다. 그는 가톨릭에 대해 탐구하기도 전에 그냥 그것에 의지했다. 오직 가톨릭 속에 있었던, 그리고 영원히 이어지는, 진실한 것에 기댄 것이다. 그는 가톨릭에서 자기완성을 위한 정진, 유혹과의 투쟁, 부에 대한 혐오, 그가 임종을 맞아 자신의 영혼을 맡긴 신의 자비에 대한 굳은 신앙을 획득한 것이다.

그는 행복을 위한 신앙의 제1부는 완성했지만, 제2부는 다시 하지 못한 채, 아니 시작도 하지 못하고 죽어갔다. 그러나 제2부가 완성되지 않았다고 해서, 그것 때문에 제1부의 중요함이 조금이라도 감소되는 것은 아니다. 병들어 죽어가고 있던 파스칼이 자신의 사상을 기록해둔 여러 단편들을 모아서 편집한 《팡세》는 참으로 경탄할 만한 책이다.

이 책의 운명 또한 놀라운 것이었다.

예언적인 책이 세상에 등장한다. 그러면 군중은 그 예언적인 말의 힘에 놀라고 어리둥절하여, 도대체 자신들은 어떻게 해야 할지 가능한 한 빨리 이해하고 확실히 알고 싶어한다.

그때, 파스칼 자신의 말을 빌리면, 뭐든지 다 알고 있다고 생각하는 사람, 그런 만큼 세상을 어지럽히는 사람이 나타난다. 그런 종류의 사람은 다음과 같이 말한다.

"굳이 이해하거나 확실하게 알 필요도 없다. 지극히 간단한 이야기일 뿐이다. 이 파스칼이라는 사람은(고골리의 경우도 마찬가지지만) 보시는 바와 같이 삼위일체와 성찬식을 믿고 있었다. 그는 병에 걸려 정상적인 사람이 아니었고, 그래서 그 사상의 허약함과 병 때문에 모든 걸 거꾸로 생각하고 있었던 것이 분명하다. 무엇보다 분명한 그 증거로, 그는 자신이 이룩한 훌륭한 업적, 우리도 환영했던 그 일(왜냐하면, 그것은 우리가 이해할 수 있으므로)을 포기하고, 아니 배척하고, 인간의 운명이 어떠니, 내세가 어떠니 하는 무익한 '신비주의'에 지나치게 집착하지 않았는가? 그러므로 우리가 그에게서 섭취할 것은 그 자신이 중요하다고 생각한 것이 아니라, 우리가 이해할 수 있는 것, 우리의 마음에 드는 것이어야 한다."

그러면 군중은 기뻐서 환호한다. 군중은 파스칼을 이해하지 못했고, 그가 그들을 높이고자 했던 수준까지 자신들을 끌어올리려면 큰 노력이 필요하지만, 위에서 말한 대로 생각하면 모든 건 지극히 간단하다. 파스칼은 펌프의 원리를 발견했다. 펌프는 우리에게 매우 유익하므로 그것은 매우 좋은 일이다. 그러나 신이 어떻다느니, 영혼불멸이 어떻다느니 하는 그의 말은 모두 쓸데없는 것들이다. 왜냐하면 그는 삼위일체를 믿고 성서를 믿었기 때문이다. 우리가 그의 수준까지 스스로를 높일 노력을 할 필요가 어디에 있단 말인가? 반대로 우리는 그 정상적 기준에서, 그의 비정상성에도 불구하고 그 공적만은 관대하고 친절하게 인정해주면 된다.

파스칼은 종교가 없는 사람들은 짐승이나 정신병자와 같다고 주장하며, 그들의 추악함과 어리석음에 대해 반성을 요구했고, 어떤 학문도 종교를 대신할 수 없다고 강조했다. 파스칼은 신을 믿고 삼위일체를 믿고 성경을 믿었다. 그러므로 그들에게는 모든 것이 결정되어 있었고, 파스칼이 그들의 삶의 어리석음과 학문의 공허함에 대해 말한 것은 거짓말이라는 것이 된다. 그토록 반박할 여지없이 그들에게 분명히 밝혀진 학문과 삶의 허망함, 그리고 어리석음……. 그들은 바로 그 허망하고 어리석은 학문과 삶이야말로 진정한 생활이며 진리라 생각하고, 파스칼의 말은 그의 병적인 상태에 의한 산물이라고 생각했다. 그러면서도 파스칼의 사상과 말의 힘을 인정하지 않을 수 없었기 때문에 그의 책을 고전으로 꼽고 있지만, 그 책의 내용은 그들에게 필요하지 않은 것이었다. 그들은 사람이 다다를 수 있는 가장 높은 종교적 의식에 달한 정신상태, 바로 파스칼이 도달한 정신상태보다 자신들이 훨씬 높은 곳에 있다고 생각했기 때문에, 이 경탄할만한 책의 의의를 전혀 이해할 수 없었다. 정말이지 '아는 척하는', 그리고 파스칼의 의견에 의하면 '세상을 어지럽히는' 사람들에 의해 현대적으로 덕지덕지 치장된 언론보다, 인류의 진정한 진보에 유해하고 위험한 것은 없다.

그러나 빛은 어둠 속에 있을 때 빛이 난다. 가령 가톨릭에 대해 파스칼과 신앙을 같이 하지는 않지만, 그가 그 위대한 두뇌에도 불구하고, 무신론자가 되지 않고 적어도 가톨릭을 선택한 마음을 이해하고, 한편으로 사람들에게 신앙의 절대적 필요성을 호소하며, 신앙이 없는 인생, 바꿔 말하면 세계와 그 본원에 대한 인간의 확고부동한 관계가 결여된 인생은 불가능하다는 것을 힘차게 주장하는 그의 놀라운 책의 가치를 이해하는 사람들도 세상에는 분명히 있다.

그것을 이해하는 동시에 사람들은 또 각자의 도덕적, 지적 발달의 정도에 따라, 파스칼이 제기한 신앙문제에 대한 해답을 발견할 수 있을 것이다.

거기에 파스칼의 위대한 공적이 있다.

레프 톨스토이

7월 8일

1

사람들은 인생의 모든 모순을 해결하고 인간에게 최대의 행복을 주는 감정을 알고 있다. 그 감정은 사랑이다.

2

어떻게 불쾌한 마음을 극복할 것인가? 무엇보다 먼저 '겸허'한 태도로 극복해야 한다. 자신의 약점을 알고 있다면 다른 사람들이 그것을 지적한다고 어떻게 화를 낼 수 있겠는가? 지적하는 쪽이 친절하지 않다 하더라도 잘못된 것은 아니다. 다음은 냉정한 '판단'으로 극복해야 한다. 누가 지적하든 안하든 역시 원래 너 그대로이며, 만약 네가 자신을 지나치게 존경하고 있다면 자기 평가를 바꾸면 되는 것이다. 이웃이 아무리 불친절해도 실제의 우리는 어디까지나 실제의 우리이다. 세 번째로 가장 중요한 것은 '용서'에 의한 극복이다. 우리에게 악을 행하고 우리를 모욕하는 사람들을 미워하지 않는 유일한 방법은, 그들을 선으로 대하고 선으로 분노를 극복하는 것이다. 자신의 감정을 극복함으로써, 그들을 변화시킬 수는 없지만 자신을 통제할 수는 있다.   아미엘

3

선량함을 띠지 않은 눈길에 무슨 가치가 있으랴? 선량한 것이야말로 진정한 부(富)이다. 평범한 재산은 선인이나 악인이나 다 가지고 있다. 참된 길에 서서 선한 마음을 갖도록 노력하라. 가령, 네가 모든 종교의 교리를 다 알더라도, 너를 행복하게 하는 것은 오로지 선량함뿐이다. 선량한 마음을 지니고 사는 사람은 결코 어두운 세계, 슬픈 세계에 들어서지 않는다. 어떠한 악도 선량한 사람과 수많은 사람들을 위해 봉사하는 사람은 해치지 못한다.   인도의 쿠랄

4

사랑은 죽음을 멸하고 죽음을 즉시 사라지게 만든다. 사랑은 인생을 무의미한 것에서 의미 있는 것으로 바꾸고, 불행을 행복으로 바꾼다.

5

말없는 가운데 친절한 배려라는 향유(香油)가 아니면 상처에서 독침을 뺄 수 없다. 무엇 때문에 다른 사람의 악의와 배은망덕, 질투, 심지어는 교활함에 대해서까지 그렇게 안절부절못하는 것인가? 말다툼이나 불평, 처벌에는 끝이 라는 것이 없다. 가장 간단한 것은 마음속에서 모든 것을 지워버리는 것이다. 모욕, 비방, 분노는 마음을 어지럽힌다. 그러한 악에서 벗어날 수 있는 수단을 가지는 것이 필요하다. 불은 물질계의 모든 것을 정화하지만 사랑은 정신계의 모든 것을 정화한다.

아미엘

6

만일 네가 의식적으로 모든 사람들에 대해 친절하지 않다면, 종종 무의식적 으로 많은 사람들을 잔인하게 대할 것이다.

존 러스킨

7

사랑은 인간을 자신으로부터, 자신의 자아로부터 탈출시킨다. 그러므로 자 아가 고통스러울 때 사랑이 그 고통에서 벗어나게 한다.

8

인간은 사랑이 적으면 적을수록 고통을 많이 받고, 사랑이 많으면 많을수 록 고통을 적게 받는다. 모든 활동이 사랑으로 충만한, 완전히 이성적인 생활 에서는 고통을 전혀 찾아볼 수 없다. 인간의 고통은 사람들이 자신의 삶과 세 계의 삶을 연결하는 쇠사슬을 끊으려 할 때 느끼는 아픔이다.

9

네가 괴로울 때, 사람들이 두렵고 자기 자신이 두려울 때, 어떻게 생각하고 행동해야 할지 갈피를 잡을 수 없을 때, 스스로에게 인생길에서 만나는 모든 사람을 사랑하자고 말하고, 실제로 그렇게 하도록 노력하라. 그러면 그대는 즉 시 고통이 사라지고, 두려움도 해소되며, 방황도 사라지는 것을 알 수 있을 것 이다. 그리고 아무것도 바라지 않고, 아무것도 두려워하지 않게 될 것이다.

7월 9일

1

해박한 지식을 높이 평가하는 것은 잘못이다. 중요한 것은 지식의 양이 아니라 질이다.

2

소크라테스는 어리석음과 현명함을 양립하지 않는 것으로 보았으나, 무지를 어리석음이라고 하지는 않았다. 그러나 그는 자기 자신을 모르고, 자신이 알고 있지 않으면서도 아는 것처럼 생각하는 것은 어리석다고 했다.

3

우리는 철학과 학문과 이지(理智)의 시대에 살고 있다. 모든 학문은 인생이라는 미궁 속에서 우리가 나아갈 길을 비쳐주기 위해 한 자리에 모인 것과 같다. 그래서 대형 도서관이 완성되었고, 우리는 곳곳의 초등학교, 중학교, 대학교에서, 수천 년 동안 계승된 인간의 지혜를 이용할 수 있는 가능성이 어려서부터 주어져 있다. 흡사 모든 것이 협력해 우리의 지능을 발전시키고 이성을 강화하고 있는 것처럼 보인다. 그렇다면 과연 우리는 그런 도움으로 얼마나 현명해진 것일까? 또 우리의 갈 길을 더 잘 알고 우리의 사명이 지닌 의미를 알게 된 것일까? 과연 우리는 우리의 의무가 무엇인지, 특히 인생의 행복이 어디에 있는지 더 잘 알게 된 것일까?

우리는 그러한 모든 공허한 지식에서 적의와 증오와 애매함과 의혹 이외에 무엇을 얻은 것일까? 모든 종교상의 가르침과 각 종파가 자신들의 가르침만이 진리라고 주장하고 있고, 모든 작가들은 자신만이 우리의 행복이 어디에 있는지 알고 있다고 큰소리치고 있다. 어떤 자는 육체는 존재하지 않는다고 주장하고, 어떤 자는 영혼이 없다고 말하며, 어떤 자는 영혼과 육체 사이에는 아무 관련성이 없다고, 또 어떤 자는 인간도 결국 동물이라고, 또 어떤 자는 하느님은 말하자면 거울에 지나지 않는다고 말한다.　　　　　　　　　루소

4

어떤 사실에 대해 아무것도 모르거나, 또 매우 드문 일이지만 자신이 아무

것도 모른다는 것을 분명히 알고 있는 사람은, 그 사실에 대해 조금밖에 모르면서 다 알고 있다고 생각하는 사람보다 훨씬 훌륭하다!
소로

5

우리는 자주적으로 사색함으로써 불필요한 독서를 얼마나 많이 피할 수 있는지 모른다! 과연 독서와 학문은 같은 것일까? 어떤 사람은 도서 출판이 학문의 광범위한 보급에 공헌했을지는 몰라도, 학문의 질과 내용은 그것 때문에 훼손되었다고 주장했는데, 근거가 없는 말이 아니다. 지나친 독서는 사색의 적이다. 내가 연구한 학자들 가운데서 가장 위대한 사상가는 바로 책을 가장 적게 읽었던 사람들이었다.

만약 사람들이 무엇을 사색할 것인가에만 매달리지 않고, 어떻게 사색할 것인가를 배운다면 그로 인해 생기는 많은 오해를 미리 방지할 수 있을 것이다.
리히텐베르크

6

모르는 것을 두려워하지 말고 잘못된 지식을 두려워하라. 이 세상의 모든 악은 잘못된 지식으로부터 생긴다.

7

자신의 어리석음을 숨길 수 있는 사람이 자기의 현명함을 보여주려는 사람보다 훌륭하다.

8

도덕적 완성에 도달하려면 무엇보다 먼저 정신을 맑고 깨끗하게 유지해야 한다. 맑고 깨끗한 정신은 마음이 진리를 구하고 의지가 신성을 향해 노력할 경우에만 얻을 수 있다. 그리고 이러한 모든 것은 참된 지식에 달려 있다.
공자

9

육체가 깨끗한 공기와 오염된 공기에 의해 강해지기도 하고 약해지기도 하

듯, 지능도 독서의 질에 따라 강해지기도 하고 약해지기도 한다.   존 러스킨

10
논쟁을 불러일으키는 지식은 의심스러운 지식이다.

7월 10일

1
우리의 세계에서는 진정한 신앙은 대부분 여론으로 대체되고 말았다. 사람들은 신을 믿지 않고 세상 사람으로부터 배운 것을 믿고 있다.

2
신의 존재를 부정하는 가장 중요하면서도 가장 평범한 방법은, 항상 여론을 무조건 옳다고 인정하고, 자신의 신에 대한 의식에는 아무런 의의도 인정하지 않는 것이다.   존 러스킨

3
신은 개개인에게 진실과 안일함 중 하나를 택할 것을 요구한다. 어느 쪽이든 하나만 골라라. 두 가지를 다 가질 수는 없다. 인간은 시계추처럼 이 둘 사이에서 흔들린다. 안일함을 더 많이 바라는 사람들은 자신이 처음에 만난 신앙과 철학, 정치 강령을 받아들이고, 특히 대부분의 경우 자신의 아버지가 믿고 있던 것을 받아들인다. 그 결과, 그는 안일하고 편리한 생활과 사회적 존경을 받겠지만, 그 대신 진리에 대한 문을 닫게 된다.   에머슨

4
사람들의 불행과 악은 그들이 자신의 의무를 모르는 데서 생기기보다는, 오히려 그들이 자신의 의무가 아닌 것을 의무로 인정하는 데서 생기는 경우가 많다.

5
교회에도 국가나 사회에도, 청년의 사상을 흘려 넣는 거푸집 같은 것이 있

다. 그래서 새로운 세대의 특성을 발휘해야 할 때가 와도, 이미 그들의 사상은 그 거푸집 속에서 굳어져서 새로운 것을 받아들일 수가 없다.   류시 말로리

6

신앙은 다수결로 결정되는 것이 아니다. 찬성하는 사람이 많다는 것이 그 신앙의 진실성을 증명한다고 생각하는 사람은 신앙이 뭔지 모르는 사람이다.

7

'신은 존재하지 않는다'는 전제에서 출발한 사회는 모든 것이 예기치 않은 결과에 도달한다. 대부분 그런 사회는, 세상의 구조가 우연과 무한한 기만의 나열로 이루어져 있어서, 개개의 어떤 우연이나 기만에도 아무도 놀라지 않기 때문이다. 그래서 우리 생활에서 아무리 비참한 사건이 일어나도 아무도 놀라지 않는다. 이것은 신을 믿지 않는 사회에서 나타나는 당연한 결과이다.

8

우리 사회가 빠져 있는 비참한 상태의 원인은, 상류 계층 사람들이 전혀 신앙 없이 살면서, 그 신앙의 결여를 다른 것으로 대체하려는 데 있다. 그들은 거짓으로 외적, 종교적 형식을 믿고 있는 척하거나, 대담하게 자신의 무신앙을 선언하고, 또 이상야릇한 회의주의를 내세우거나 이기주의를 합법화함으로써 종교적 가르침을 대신하려 한다.

9

질병의 원인은 그리스도의 가르침을 그 참된 의미, 즉 전적인 의미에서 받아들이지 않는 데 있다. 질병을 치료할 수 있는 열쇠는 그리스도의 가르침을 전적으로 인정하는 것에 있다. 그것을 인정하는 것은 지금도 가능할 뿐만 아니라 반드시 필요한 일이다.

10

요즘 사람들이 괴로워하고 있는 악의 근본적인 원인은, 요즘 대부분의 사람들이 아무런 신앙도 가지고 있지 않은 것에 있다.

7월 11일

1

진정한 자선은 강자가 자신의 땀과 노력의 대가를 약자에게 줄 때뿐이다.

2

남에게 베푸는 것이 선인 것은, 그것이 노동의 결실인 경우뿐이다.

속담에서 말하기를 '메마른 손은 인색하고 땀이 밴 손은 인정이 많다'고 했다. 열두 제자들의 가르침에도 '네가 베푸는 것은 땀에 젖은 네 손을 통해 나가도록 하라'는 말이 있다.

3

인간에게 힘이 주어져 있는 것은 약자를 괴롭히기 위해서가 아니라 그들을 위로하고 도와주기 위해서이다.   존 러스킨

4

모든 선한 일은 자비이다. 목마른 자에게 물을 주는 것도 자비이다. 길에 굴러다니는 돌을 치우는 것도 자비이다. 선덕을 베풀라고 이웃에게 권하는 것 역시 자비이다. 나그네에게 길을 가르쳐 주는 것도 자비이다. 이웃의 얼굴을 보고 미소 짓는 것 또한 자비이다.   마호메트

5

달라는 사람에게는 주고 빼앗는 사람에게는 되받으려고 하지 말라. 너희는 남에게서 바라는 대로 남에게 해 주어라.   루가복음 제6장 30~31절

6

네가 준 것은 너의 것이지만, 네가 꽉 움켜쥐고 있는 것은 이미 잃은 물건이다.   동양의 금언

7

자신의 전 재산을 사람들에게 나누어 준 사람이 칭찬을 받았을 때 그는 이

렇게 말했다.

"나는 칭찬받을 만한 일을 한 것이 없다. 나는 다만 이제부터 헤엄쳐서 건너야 할 강으로 가서, 헤엄치기 편하도록 입은 옷을 벗었을 따름이다. 이제부터는 강을 어떻게 헤엄쳐서 건널 것인가가 문제이다."

8

부자가 진정으로 자비심을 갖게 되면 그는 당장 부자이기를 그만둘 것이다.

7월 12일

1

사랑의 원천은 한 사람 한 사람이 모든 사람의 마음속에 살아 있는 영적 본원의 동일성을 인정하는 것이다.

2

일반적으로 사람들을 조화롭게 하나가 되게 하는 것은 모두 선하고 아름다운 것이고, 사람들을 분열시키는 것은 악하고 추한 것이다. 이 진리는 우리 마음속에 깊이 새겨져 있기 때문에 누구나 잘 알고 있다.

3

내가 산사태 때문도 아니고 박테리아 때문도 아니고, 당연히 사랑해야 하는데도 나를 이렇게 증오하고 괴롭히고 있는 인류 형제 때문에 괴로워하며 죽어가고 있다는 것을 아는 것은 얼마나 끔찍한 비극인가! 그것은 자살하는 사람이 경험하는 감정과 비슷하다.

4

아무리 나쁜 일이라도 그것을 행한 사람만 벌을 받아야 하는 것은 아니다. 우리는 우리의 악이 퍼져가지 않을 만큼 제각각 따로 떨어져서 살 수는 없다. 우리의 행위는 우리의 자식과 같다. 그들은 우리의 의지와 상관없이 살아서 움직이고 있다.

조지 엘리엇

5

나는 인간이라는 것은 오로지 자기 자신의 이익을 위해 행동하고 있다고 믿어 의심치 않으며, 한 사람 한 사람이 육체적 생명을 유지하는 데 감각이 필요하듯, 전 세계의 생명을 위해서도 역시 그런 것이 필요하다고 믿고 있다. 우리를 창조한 자는 일부 사람들의 이해를 다른 사람들의 이해와 교묘하게 연결시켜 두어서, 우리는 이웃에게 선을 베풀지 않고는 자기 자신에게도 진실한 선을 베풀 수 없다.

리히텐베르크

6

누구도 혼자서는 진리에 이를 수 없다. 인류의 시조인 아담에서부터 오늘에 이르기까지 수백만 수천만 세대 동안 모든 사람이 참여해, 하나하나의 돌을 쌓아 올려야 비로소 위대한 신이 머물 수 있는 성전이 완성된다.

7

인간의 생명은 스스로 도는 둥근 고리와 같은 것이다. 그것은 무한히 작은 고리에서 사방으로 확대되어 점점 큰 새로운 고리가 되며, 그 확대는 무한하게 계속된다.

에머슨

8

모든 진실한 선행, 내 욕심을 버리고 오로지 상대방을 생각하면서 행동하는 진정한 봉사는, 그 근본까지 엄밀하게 파고들면, 설명하기 힘든 신비로운 행위임을 알 수 있다. 왜냐하면 그것은 살아 있는 모든 것은 원래 하나라는 신비로운 의식에서 생기며, 다른 어떠한 설명도 허락하지 않기 때문이다. 사실, 마음속에 오로지 타인을 괴롭히고 있는 가난을 조금이라도 덜어주겠다는 순수한 마음으로 자선을 베푸는 것은, 그 베푸는 사람이 지금 눈앞에서 가련한 거지의 모습을 하고 있는 자가 다름 아닌 바로 그 자신임을 깨닫고, 그 속에서 자기 자신의 존재를 인정해야 비로소 가능하다.

쇼펜하우어

9

우리는 살아 있는 모든 것과 외면적으로는 떨어져 있지만 내면적으로는 하나로 이어져 있다.

정신계의 어떤 파동은 우리가 느끼지만, 어떤 것은 아직 우리에게 도달하지 않고 있다. 그러나 그 파동은 아직 우리가 육안으로 보지 못하는 별에서 빛이 오고 있듯 끊임없이 우리를 향해 오고 있다.

7월 13일

1

현재의 사회제도를 이용하여 자신의 행위를 합리화해서는 안 된다. 현재의 사회제도는 결코 영원한 것이 아니다. 그것은 끊임없이 변화하며 악한 것에서 선한 것으로 바뀌고 있다. 이 이행은 우리가 현재의 사회제도를 반대함으로써 비로소 실현된다.

2

일부 권력자가 그 시대의 부를 독점하면서 반성하는 일 없이 무절제한 생활을 하는 동안, 한편에서는 대다수 사람들이 밤낮 없이 일하면서 그 노동의 대가를 고스란히 남에게 빼앗기고 있다는 것을 전혀 눈치채지 못하고 있는 동안은, 사람이 사람을 잡아먹는 세상은 언제까지나 계속된다. 사람들은 자주 편견이나 습관을 진리로 받아들인다. 그 경우 그것은 사람들을 괴롭히지 않는다. 그러나 일단 그들이 그 진리가 새빨간 거짓임을 깨닫게 되면, 모든 것은 그것으로 마지막이다. 그렇게 되면, 사람들이 불합리하다고 생각하는 것을 억지로 강요하기 위해서는 폭력에 의지하는 수밖에 없다.　　　　　　게르첸

3

현재의 모든 자선 시설, 모든 형법, 범죄의 방지와 근절을 위한 모든 제한 조항 및 금지 조항은 모두, 아무리 좋게 말해도, 당나귀의 한쪽 바구니에 짐을 모두 싣고 다른 바구니에는 같은 무게의 돌을 담아 그 가련한 노새를 도와주려고 했다는 바보의 생각과 같다.　　　　　　헨리 조지

4

현대문명의 한복판에서 차마 눈뜨고 볼 수 없는 비참한 가난, 거기서 발생하는 죄악과 범죄, 타락, 약탈은 미개인 중의 미개인도 알 수 있을 만큼 단순명쾌한 정의의 법칙을 인정하지 않고 있는, 현재의 토지에 관한 법률의 결과이다. 원래 우리 모두가 태어날 때부터 갖고 있는 권리인 것이 특정한 사람들의 사유재산이 되고, 자연법으로 보아도 사회 전체의 비용을 조달하기 위한 기본 재산이어야 하는 것이 몇몇 소수에게 주어진 결과, 그 소수가 같은 인간인 다수를 멋대로 지배하는 상황이 되고 말았다. 그래서 특정한 소수는 살이 찌고 기름기가 흐르는데, 한쪽에서는 수많은 사람들이 굶주림에 허덕이고 있는 동안, 사실은 다같이 풍요롭게 살 수 있는 물자가 낭비되고 있는 것이다. 헨리 조지

5

현명한 소비는 현명한 생산보다 훨씬 어렵다. 20명이 힘들여 생산한 것이 단 한 사람의 낭비로 쉽게 사라질 수 있다. 그러므로 각 개인에 있어서나 전 국민에 있어서 문제가 되는 것은, 얼마나 생산하는가가 아니라 그 생산된 것이 어디에 사용되는가이다.

사람들은 보통, 단 한 사람이 아무리 노력한들 결국 현대의 산업과 생산 수단, 무역 구조를 바꾸고 억제하는 것은 불가능하다고 주장한다.

나는 세간에서 한쪽 귀로 들어와서 한쪽 귀로 나가는 수많은 교활한 주장, 아무런 설득력도 없는 그 주장을 생각할 때, 종종, 이제부터는 평생 자신이 옳다고 생각하는 일을 묵묵히 하며 어떤 일에 대해서도 아무런 발언도 하지 않겠다는 기분을 억제할 수 없다. 존 러스킨

6

우리는 양심 있는 사람들이 자신의 사회적 지위가 높아지는 것에 매력을 느끼기보다 오히려 두려움을 느끼는, 그런 이상적인 사회를 향해 나아가야 하지 않을까? 존 러스킨

7

우리는 연구에 연구를 거듭한 결과, 최근에 분업이라고 하는 위대한 문명을

발명했다. 하지만 우리는 그것에 잘못된 이름을 붙이고 있다. 정확하게 표현하면 일이 나누어져 있는 것이 아니라, 인간이 수많은 작은 조각으로 나뉘어 부스러기가 된 것이다. 그래서 인간에게 남겨진 판단력도 줄어들어 핀 하나 못하나도 온전하게 만들지 못하고, 고작해야 핀 끝이나 못대가리만 만들 수 있게 되어버린 것이다. 사실 하루에 많은 핀을 만드는 것은 바람직한 일이다. 그러나 만약 우리가 그것을 어떤 모래로 연마하고 있는지만 안다면, 결국 인간의 영혼이라는 모래로 연마하고 있다는 것만 안다면, 우리는 이것도 별로 바람직한 일이 못 된다고 생각할 것이다.

아무리 사람들을 속박하고 괴롭히며 가축처럼 붙들어 매어 여름철 파리떼처럼 죽인다 해도, 역시 그 사람들은 어떤 의미에서, 또는 가장 좋은 의미에서 자유로운 존재일 수 있다. 그러나 그들 속의 불멸의 영혼을 죽이고, 그 인간적인 이성의 싹을 잘라버리고, 그들의 살과 가죽을 기계를 움직이는 벨트로 사용하는 것, 바로 거기에 진정한 노예제도가 있다. 그래서 인간이 유린되고 기계화되어 버리면, 노동자들은 자유의 본질을 모른 채 자유를 위한 어리석음으로 파괴적이고 무익한 투쟁을 하게 된다. 그들의 부에 대한, 그리고 지배층에 대한 증오는, 기아 때문도 아니고 상처받은 자존심 때문도 아니다(이 두 원인은 언제나 사회에 영향을 주었지만 그래도 오늘날만큼 사회의 기초가 흔들린 적은 일찍이 없었다). 문제는 사람들이 초라한 식사밖에 할 수 없는 것에 있는 것이 아니라, 그들이 생계를 의지하고 있는 그 일에 만족할 수 없다는 사실이다.

그들이 자신들을 향한 상류계급 사람들의 멸시에 괴로워하고 있다는 것이 문제가 아니라, 자신들에게 운명지어진 일이 굴욕적이며, 자신들을 타락시켜 인간 이하의 존재로 만들어버린다는 것을 느끼는 자괴감을 견딜 수 없는 것이 문제이다. 지금처럼 상류계급 사람들이 하류계급 사람들에 대해 사랑과 동정을 표시한 적은 일찍이 없었지만, 그런데도 그들이 지금처럼 하류계급 사람들에게 증오의 대상이 된 적도 없었던 것이다. 　　　　　　　　　　존 러스킨

8

한 나라가 도(道)의 기초 위에서 다스려지고 있다면, 가난하고 남루한 것을 부끄러워해야 한다. 그러나 한 나라가 도의 기초 위에서 다스려지고 있는 것이

아니라면 부귀를 부끄러워해야 한다. 중국 금언

9

우리에게 밝혀져 있는 신의 율법을 실현하는 데는 노력이 필요하다. 사람들은 그 노력을 하며 비록 느리기는 하지만 한 걸음 한 걸음 그 실현에 다가가고 있다.

7월 14일

1

신의 나라는 신의 율법이 사람들에게 계시되어 있는 한, 그것을 이 세상에 실현하는 나라이다.

2

만약 한 사람 한 사람이 무엇보다 먼저 신의 나라와 그 정의를 찾는다면 빈곤 같은 것은 어디론가 멀리 사라져 버리지 않을까? 즉, 한 사람 한 사람이 자발적으로 신의 율법에 따라 양심적으로 의무를 실천하려고 노력한다면 어떻게 빈곤이 있을 수 있겠는가?

빈곤은 부정과 탐욕의 딸이고, 인류의 신성한 의무에 대한 범죄적 배반의 딸이며, 그 전면적이고 끊임없는 배반의 결과, 우리의 양심은 무서울 정도로 마비되어 빈곤을 사회생활의 불가피한 조건으로 생각하게 되었다. 오, 주여! 당신의 나라를 이룩하게 하소서. 당신의 율법이 이 세상의 새로운 탄생의 법칙이 되게 하소서. 가난이 인류의 4분의 3의 운명이 되게 하지 말아주소서. 이 세계가 잔인하게 서로를 상처 주는 사람들의 소굴이 아니라 서로 도와주는 사람들의 집이 되게 하소서. 신의 아들들을 나날이 늘려서 악을 멸하고 악마의 소굴을 파괴하여, 그 폐허 위에 당신의 신전을 세울 수 있도록 모두 단결하게 하소서. 라므네

3

교회적인 신앙에서 반드시 보편적이고 이성적인 종교로 이행되어야 함이 공개적으로 인정될 때, 비로소 충분한 근거를 갖고 신의 나라가 왔다고 할 수 있

을 것이다. 신의 나라의 실현은 아직도 우리로부터 무한히 먼 곳에 있다. 그러나 교회적 신앙 대신 보편적이고 이성적인 종교가 확립되는 곳에는, 싹이 트고 성장하는 배아처럼 이윽고 세상을 비추고 그것을 지배할 모든 것이 준비돼 있는 것이다.

세계의 생명에 있어서 천년은 하루와 같다. 우리는 인내심을 가지고 신의 나라 실현을 위해 노력하며, 그것이 다가올 날을 기다리지 않으면 안 된다.

칸트

4

지상에서의 신의 나라는 인류의 궁극적인 목적이요, 궁극적인 희망이다('당신의 나라를 임하게 하소서'). 그리스도는 신의 나라를 우리에게 보냈지만, 사람들은 그를 이해하지 못하고 신의 나라 대신 성직자의 나라를 세우고 말았다.

칸트

5

시적인 정서와 웅장한 분위기로 사람들을 끌어들이는 데 지나지 않는 의식적인 예배와, 이 세상의 불가피한 조건으로 여겨지고 있는 폭력적 사회기구가, 인생에 대한 참다운 이해에 의해 사라질 날이 오고 있다. 모든 일에 있어서 우리의 인생이 신의 율법을 의식적으로 실천함으로써 채워지듯, 지상에서의 천국, 지상에서의 신의 나라가 다가오고 있다.

그것을 위해 중요한 것은 오직 한 가지, 종교를 그 진정한 의미에서 이해하는 것이다.

즉, 주술이나 속임수로서의 종교가 아니라, 진정한 학문, 진정한 인생관으로서의 종교를 이해하는 것, 신에 대한 봉사를 뭔가 신비적이고 초자연적이며 사제와 하늘의 특별한 도움 없이는 불가능하다고 생각하지 말고, 신에 대한 봉사는 신과 이웃에 대한 사랑이고, 이웃에 대한 봉사이며, 이웃의 행복을 위해, 모든 사람의 행복을 위해 일하는 것, 다시 말해 신을 섬기는 것은 선을 행하는 것임을 이해하는 것, 바로 그것이다.

부카

6

신의 나라는 너희 안에 있다. 그러므로 신의 나라를 마음속에서 찾아라. 그러면 그 밖의 모든 것은 우리에게 바람직한 것이 될 것이다.

이레째 읽을거리

1. 세상의 구조

이 세상은 지금도 본질적으로 예수의 시대와 다를 바가 없다. 왜냐하면 18세기에 걸친 그리스도교 역사도 이 세상의 사회적 기반을 바꾸지는 못하고, 다만 그 발현 형식을 온건하게 유지해 왔을 뿐이기 때문이다. 겉모습은 바뀌었어도, 이 세상은 도처에서 폭력과 탐욕에 의해 지배되고 있다. 권력으로 지배하고 자신의 이익을 위해 명령함으로써 사람들을 압박하고 괴롭힌다. 그런 것이 세상이다.

이 세상과 예수 사이에는 영원한 투쟁이 있다. 왜냐하면 예수가 원하는 것은 세상이 원하는 것과 정면으로 대립하고 있기 때문이다. 예수는 사람들이 자유롭기를, 한 아버지 앞에서 평등한 것처럼 서로 평등하기를, 진정한 형제애가 사람들을 결합해 한 가족이 되기를 원하고 있다. 그런데 세상은, 거의 모든 사람들이 특정한 몇몇 사람들에게 복종하기를, 모두 한 형제가 아니라 신분이 높은 사람과 그렇지 않은 사람으로 나뉘어서, 약자는 아무 권리도 없이 강자에게 예속되고, 강자는 그들을 마음대로 다스리고 싶어한다.

예수는 권력이 봉사이기를 원했다. 그런데 우리가 살고 있는 이 세상은 권력이 지배하기를 원한다. 그래서 예수는 이 세상을 비난하고 세상은 예수를 증오했으며, 그 증오가 예수의 제자들에게까지 확대되어 그들도 세상 사람들의 박해를 받았다. 만약 그들이 이 세상에서 용인된다면, 만약 세상과 그들이 무언가의 형태로 다시 손을 잡게 된다면, 그들은 예수의 제자가 아니라 그의 가르침에 대한 배신자이며, 예수에게 입을 맞추면서 팔아넘긴 유다와 공범자이다.

그러므로 예수가 소망한 것을 원하는 너희는, 그의 사명을 잇기 위해 예수에 의해 선택된 너희는, 이 세상에서 너희를 기다리고 있는 운명을 각오하지 않으면 안 된다. 그러나 세상은 결코 최후까지 강력할 리가 없으니, 언젠가 너희는 승리할 것임을 알아야 한다. 왜냐하면 세상을 극복하는 진리가 이미 모든 사람 앞에서 빛을 발하기 시작해, 그들의 양심을 움직이기 시작하고, 세상은 지난날 예수를 죽인 것처럼 그 진리를 죽이려고 헛되이 몸부림칠 뿐이기 때문이다.

때가 이르러, 불만의 소리가 다음에 올 해방의 날을 예고하고 있다. 사방에서 쇠사슬이 끊어지는 소리가 들린다. 강자는 당황해하며 자신들이 약자로 전락하는 것을 느낀다. 약자는 고개를 쳐든다. 마지막 결전이 치러지지 않으면 안 된다. 인류가 예수에 의해 약속대로 해방되느냐, 아니면 반대로 처음부터 살인자였던 자의 후손의 영원한 노예로 머물 것이냐를 가리는 이 결전에 임하여, 사람들이여! 의연한 태도를 보여주기 바란다!

2. 초기 그리스도교도의 전쟁에 대한 태도에 대하여

"이 세상은 어리석게도 항상 서로 피 흘리며 싸우고 있는데, 한 사람에 의한 살인은 범죄가 되지만 집단에 의한 살생은 명예로운 위업으로 간주되고 있다." 3세기에 저명한 키프리아누스는 군대에 관해 이렇게 말했다.

5세기까지 초기 그리스도교 단체들은 모두 전쟁에 대해 이런 태도를 취했다. 그리스도교 단체는 그들의 지도자를 통해 분명하게 그리스도교도에게는 모든 살인행위가 금지되어 있고, 그래서 전쟁에서의 살인도 금지되어 있다는 것을 인정하고 있다.

2세기에 그리스도교로 개종한 철학자 타티아노스는 전쟁에 있어서 살인을 다른 온갖 살인과 마찬가지로 그리스도교도에게는 허용되지 않는 것으로 하고, 공훈을 찬양해 씌워주는 화관 같은 건 그리스도교도에게 어울리지 않다고 생각했다. 같은 세기에 아테네의 아테나고라스는 그리스도교도는 자신이 절대로 살인을 하지 않는 건 물론이고, 살인하는 자리에 함께 있는 것도 피한다고 말했다.

3세기에 그리스의 클레멘스는 '호전적인 이교도'에 대해 '평화를 사랑하는 그리스도교도'를 대비시켰다. 그러나 그리스도교도의 전쟁에 대한 혐오감을 가장 분명하게 표현한 것은 그 유명한 오리게네스였다. 사람들이 칼을 쳐서 보습을 만들고 창을 쳐서 낫을 만들 때가 올 것이라는 이사야의 말을 그리스도교도에게 적용하면서 그는 지극히 명쾌하게 말했다. "우리는 어떠한 민족에 대해서도 무기를 들지 않을 것이며 싸우는 기술을 배우지 않을 것이다. 왜냐하면 우리는 예수 그리스도를 통해 평화의 아들로 태어났기 때문이다."

첼스가 그리스도교도들을 병역을 기피하고 있다고 비난하며, 만일 로마 제국이 그리스도교 국가가 되는 날에는 로마 제국은 반드시 멸망할 것이라고 말한 것에 대해, 오리게네스는 이렇게 대답했다. "그리스도교도는 다른 누구보다 로마를 위해 싸우고 있다, 선행과 기도와, 사람들에 대한 선한 영향으로 싸우는 것이다."

또 무기를 사용한 싸움에 대해서는 "그리스도교도는 로마의 군인들과 함께 싸우지 않으며, 황제가 아무리 강요하더라도 결코 전쟁터에는 가지 않을 것이다"라고 말했다.

오리게네스와 동시대 사람인 테르툴리아누스도 그리스도교도는 병사가 되어서는 안 된다는 생각을 분명히 했다. "그리스도의 깃발과 악마의 깃발을 함께 섬길 수는 없다. 빛의 성(城)과 어둠의 성을 함께 지킬 수는 없다. 한 마음으로 두 주인을 섬길 수는 없다. 주께서 스스로 칼을 거두셨는데 칼 없이 어떻게 싸운단 말인가? 주께서 '칼을 든 자는 모두 칼로 멸망할 것'이라고 말씀하셨는데, 어찌 칼로 사람을 죽이는 연습을 할 수 있겠는가? 평화의 아들이 어떻게 살육에 가담할 수 있단 말인가?"

4세기에 락탄티우스도 그것과 똑같은 말을 했다. "사람을 죽이는 것은 어떤 경우에도 죄악이라는 신의 율법에 어떠한 예외도 있어서는 안 된다. 그리스도교도들이 무기를 드는 것은 허용되지 않는다. 왜냐하면 그들의 무기는 오직 진리뿐이기 때문이다." 3세기경 이집트 교회의 율법과, 이른바 '우리의 주 예수 그리스도의 유훈(遺訓)'에 의하면 모든 그리스도교도는 군대에 들어가는 것이 절대로 금지되며, 금지를 어긴 자는 교회에서 파문당하게 되어 있었다.

〈사도행전〉 가운데는 1, 2세기 무렵, 로마군대에 복무하는 것을 계속 거부하여 박해를 받은 그리스도교도들의 수난사가 많이 등장한다.

예를 들면, 병역을 거부하다가 관청에 끌려온 막시밀리안은 이름이 무엇이냐는 부총독의 첫 물음에 이렇게 대답했다. "내 이름은 그리스도교도입니다. 그러므로 나는 싸움터에 갈 수 없습니다." 그럼에도 불구하고 그는 병사로서 등록되었지만 끝까지 병역을 거부했다. 그는 병역을 마치거나, 그렇지 않으면 사형을 당하거나 둘 중의 하나를 선택하지 않을 수 없게 되었다. 그는 이렇게 말했다. "차라리 죽을지언정 전쟁터에 나가 사람을 죽일 수는 없습니다." 그는 결국 사형당하고 말았다.

마르첼리는 트라야누스 황제의 군대의 백부장(百夫長)이었다. 그리스도의 가르침을 믿고 전쟁은 비그리스도교적인 것이라고 확신한 그는 많은 군인들이 보는 데서 갑옷과 투구를 벗어 땅바닥에 내동댕이치고는 더 이상 군대에 복무할 수 없다고 선언했다. 그는 감옥에 갇혔지만 옥중에서도 여전히 "그리스도교도는 무기를 들 수 없다"고 말했다. 그도 역시 처형당하고 말았다.

배교자(背敎者) 율리아누스 황제 때, 군인의 세계에서 태어나 군인의 세계에서 자란 마르틴은 군대 생활을 계속하는 것을 거부했다. 황제가 그를 심문했을 때 그는 단호하게 말했다. "나는 그리스도교도입니다. 그러므로 전쟁에서 적을 죽일 수 없습니다."

제1회 전세계 그리스도교도 회의(325년)에서는 한번 군복무를 포기한 사람의 재입대를 엄격히 금지했다. 러시아 정교회에 의해 인정받은 이 결정은 다음과 같다.

"하느님의 은총으로 올바른 믿음의 세계에 들어가 용감하게 군복을 벗어던진 자로써, 개가 자기가 토한 것을 다시 먹는 것처럼, 다시 군대에 복귀하는 자들은 10년 동안 교회에 찾아가 엎드려 용서를 빌고, 교회 문 앞에서 3년 동안 성경 말씀을 듣도록 하라."

군대에 남은 그리스도교도도 전쟁 때 절대로 적을 죽이지 않는 것이 의무가 되었다. 아직 4세기에 바실리 대제는 이 같은 의무를 어긴 병사에게 3년 동안 성찬식에 참석하지 말 것을 권유했다.

이와 같이 그리스도교도가 박해를 받았던 최초의 3세기뿐만 아니라, 그리스도교가 이교에 대해 승리를 거두고 국교로 인정되어 종교계를 지배한 뒤에도, 그리스도교 신자들 사이에서는 전쟁이 그리스도교와 양립할 수 없다는 신념이 유지되고 있었다. 페루치는 이것에 대해 다음과 같이 단호하게 말했다. 그리고 그도 그것 때문에 처형을 당했다. "그리스도교도는 아무리 정의의 전쟁일지라도, 또 그리스도교에 귀의한 황제의 명령일지라도 피를 흘리는 것은 절대로 허용되지 않는다."

4세기에 칼리야르의 주교 류치펠은 그리스도교도들에게 가장 귀중한 것은 자신의 신앙이므로, "남을 죽임으로써가 아니라 자신이 죽음으로써 신앙을 지켜야 한다"고 가르쳤다. 431년에 죽은 놀란의 주교 파울린은 "무기를 들고 카이사르를 섬긴 자는 영원히 고통을 받게 될 것"이라고 경고했다.

이상이 4세기까지 그리스도교도가 그리스도교와 병역의 관계에 대해 가졌던 견해였다.

타우바와 라인하르트

3. 병역을 거부했던 농부 올리호비크의 편지

1895년 10월 15일 나는 징병 검사를 받으라는 통지를 받았다. 나에게 심지를 뽑을 차례가 돌아왔을 때 나는 심지를 뽑지 않겠다고 말했다. 관리들은 나를 처다본 뒤 자기들끼리 얘기를 주고받더니 왜 심지를 뽑지 않으려 하느냐고 물었다.

거기에 대해 나는, 선서도 하지 않고 무기도 들지 않을 것이기 때문이라고 대답했다.

그들은 그것은 나중 일이니 우선 심지부터 뽑으라고 말했다. 나는 재차 거부했다. 그러자 관리들은 나 대신 우리 마을 촌장에게 심지를 뽑으라고 명령했다. 촌장이 심지를 뽑았다. 674번이 나왔다. 기록계 관리가 그것을 기록했다.

징병 사령관이 들어와서 나를 사무실로 불러 이렇게 물었다. "선서하지 않겠다고 했다는데, 누가 너에게 그것을 가르쳐 주었는가?"

나는 대답했다. "성서를 읽으면서 스스로 배웠습니다."

징병사령관이 말했다. "네 스스로 성서를 그런 식으로 이해했다고는 생각할 수 없어. 성서는 무척 난해한 것이거든. 성서를 이해하려면 공부를 많이 해야 해."

이 말에 대해 나는 이렇게 말했다. "그리스도는 특별히 어려운 것을 가르치려 한 것이 아닙니다. 그 증거로 가장 신분이 낮고 배우지 못한 문맹자들도 그의 가르침을 이해하고 있지 않습니까?"

그러자 징병사령관은 한 병사에게 나를 부대로 보내라고 말했다. 그 병사와 나는 그 부대의 취사장으로 갔다. 그곳에서 모두들 식사를 하고 있었다. 식사가 끝난 뒤 그들은 나에게 왜 선서를 하지 않았느냐고 다시 물었다.

나는 말했다. "왜냐하면 복음서에 절대로 맹세하지 말라고 적혀 있기 때문입니다."

그들은 깜짝 놀랐지만 곧 이렇게 물었다. "정말 복음서에 그런 것이 적혀 있다는 말이지? 그럼, 어디 한번 찾아봐."

내가 그 부분을 찾아내 읽어 주자 모두들 귀를 기울였다.

"아무리 그렇게 적혀 있어도 역시 선서를 하지 않을 수는 없어! 그렇지 않으면 고통을 받게 될 거야."

나는 이렇게 대답했다. "이 세상의 생명을 버리는 자는 영원한 생명을 얻을 것입니다."

20일에는 나를 다른 젊은 병사들의 대열에 집어넣고, 우리에게 군인 복무 규정을 설명했다. 나는 그들에게 그것을 하나도 지키지 않을 것이라고 말했다. 그들은 "어째서?"하고 물었다.

나는 대답했다. "그리스도교도로서 나는 총을 들고 적으로부터 나를 지키지 않을 것이기 때문입니다. 그리스도께서 원수를 사랑하라고 가르치지 않았습니까?"

그들은 말했다. "아니, 너 혼자만 그리스도교도란 말이냐? 우리도 다 그리스도교도란 말이야."

나는 말했다. "나는 다른 사람들에 대해서는 아무것도 모릅니다. 그리스도가 지금 내가 행동하고 있는 것처럼 행하라고 말씀하신 것을 알고 있을 뿐입니다."

그들이 또다시 "만일 네가 끝까지 병역을 거부할 경우, 우리는 너를 감옥에 가둘 것이다."라고 말하자, 나는 이렇게 대답했다. "좋을 대로 하십시오. 하지만 나는 군대에 복무하지 않을 것입니다."

오늘 군법회의가 열렸다. 장군이 장교들에게 말했다. "그놈의 애송이가 병역을 거부하다니, 대단한 신념을 가졌군 그래! 수백 만 명이 복무하고 있는 판에 저 혼자 거부해? 그자를 채찍으로 실컷 때려주면 그 어리석은 생각을 버리겠지."

올리호비크는 붙잡혀 야쿠츠크 주로 유형 당했다.

7월 15일

1

나의 육체적 생명은 고뇌와 죽음이 운명지워져 있어서, 어떠한 노력으로도 나를 고뇌와 죽음에서 달아나게 할 수는 없다. 그러나 나의 영적인 생명은 고뇌와 죽음을 초월하고 있다. 그러므로 고뇌와 죽음을 면할 수 있는 길은 오직한 가지, 자신의 의식을 자신의 영적 '자아'로 옮기는 것이다.

2

외적 세계를 인식하는 두 가지 방법이 있다.

그 하나, 가장 거칠고 선택의 여지가 없는 인식은 오관으로 인식하는 것이다. 만일 이 방법뿐이라면, 현재 우리가 알고 있는 세계상은 떠오르지 않고, 거기에 있는 것은 무의미한 혼돈뿐일 것이다.

또 하나의 방법은 자기에 대한 사랑을 통해 자신을 알고, 똑같은 그 사랑을통해 다른 존재, 즉 인간, 동물, 식물, 돌, 천체를 알며, 또 그 사랑을 통해 모든존재의 상호관계를 알고 그 상호 관계 속에서 현재 우리가 알고 있는 것과 같은 세계를 구성하는 방법이다.

이 방법이 바로 첫 번째 방법에 의해 파괴된 만물이 하나라는 인식을 부활시키는 방법이다. 이 같은 인식법은 사랑에 기초를 두고 있다. 바꿔 말하면, 자신과 다른 모든 존재의 합일, 즉 신과의 합일에 기초를 두고 있는 것이다.

3

"아버지, 아버지의 뜻에 어긋나는 일이 아니라면 이 잔을 저에게서 거두어주십시오. 그러나 제 뜻대로 하지 마시고 아버지의 뜻대로 하십시오." 루가복음제22장 42절

4

필요한 것은 오직 한 가지, 신을 인식하는 것이다.

모든 감정, 모든 정신력과 지력, 모든 외적인 인식 방법은 결국 신을 비춰내는 기쁨의 빛, 신을 숭배하는 수단에 지나지 않는다. 언젠가는 소멸할 모든 것을 떠나 오로지 영원하고 근본적인 것과 결합하여, 그 밖의 모든 것은 일시적

인 것으로 생각하고 그것을 누려야 한다. 숭배하고 이해하고 받아들이고 느끼고 주고 행동하는 것, 그것이 너의 율법이고, 의무이며, 너의 행복이자, 하늘이다. 비록 그것이 죽음일지라도 올 것은 오게 하라. 신과의 내면적인 화합을 이룩하고, 신 앞에서, 신과의 접촉 속에 살며, 저항할 수 없는 영원한 힘이 그대의 생명을 이끄는 대로 맡겨라. 아직까지 죽음이 찾아오지 않는다면 그것도 다행한 일이다. 만약 죽음이 너를 채간다고 해도 그것도 괜찮다. 죽음이 인생의 중간에서 너를 멸망시킨다 해도 역시 좋은 일이다. 그 경우, 죽음이 너의 성공의 길을 가로막는 것은, 너를 위해 무아(無我)의 위업과 헌신과 정신적인 위대함의 길을 열어주기 위한 것이다. 모든 생명은 나름대로 위대함을 가진다. 너는 어차피 신 밖으로 나갈 수 없기 때문에 오히려 의식적으로 신을 너의 동거자로 선택하는 것이 현명하다. 　　　　　　　　　　　　　　　　아미엘

5

왜 이렇게 괴로운가! 결국 한 순간 뒤에 죽는 것을, 도대체 왜 무엇에 흥미를 가져야 한단 말인가?

원래 시간은 공허하지만, 너는 생명으로 넘치고 있고, 만약 네가 바로 오늘 신을 발견한다면 그 하루는 몇백 년과 맞먹는 가치를 갖게 될 것이다.　아미엘

6

우리의 생명의 중심은, 우리가 사색하고 느끼고 의사표시를 하는 그 사상과 감정과 의사 속에도 없고, 그러한 의식 속에도 없다. 왜냐하면 도덕적인 진리는 이러한 여러 가지에 의해 일단 얻을 수 있지만, 그것은 이내 다시 우리에게서 달아나기 때문이다. 우리의 의식보다 더 깊은 곳에 우리의 본질이 있다. 우리의 본질이야말로 우리의 진정한 근원이다. 그 근원적 영역에 그야말로 우리 자체가 되어, 어느 순간엔가 문득 무의식적, 본능적으로 들어오는 진리, 그러한 진리만이 실질적인 우리의 생명, 바꿔 말하면 진정한 나인 것이다. 우리가 진리와 우리 사이에 어떤 거리를 인정하는 한, 우리는 진리의 밖에 있다. 사상과 감정, 의사, 생명의 의식은 아직 생명 자체가 아니다. 우리는 본질적으로는 오직 생명 속에서만, 영원한 생명 속에서만 평화와 안정을 발견할 수 있다. 영원한 생명이 곧 신적 생명이며 신 자체이다. 신성을 갖춘 존재가 되는 것이야

말로 생명의 목적이다. 그때 비로소 진리는 우리와 함께 있으며 사라지지 않게 된다. 왜냐하면 그것은 이미 우리의 밖에는 없고 안에도 없으며, 우리가 진리이고 진리가 우리이기 때문이다. 그때 우리는 진리이고 신의 뜻이며 신의 조화이다. 또한 그때 자유는 우리의 본성이 되고, 우리가 창조하는 것은 조물주와하나가 되어, 사랑에 의해 조물주와 결합함으로써 그 근원적인 존재가 된다. 조물주의 교육은 끝나고 최고의 희열의 세계가 시작된다. 태양은 시간을 초월하고 영원한 기쁨의 빛이 나타난다.　　　　　　　　　　　　　　아미엘

7

신에 대한 사랑의 본질은, 조물주의 숭고한 빛과 하나가 되기 위해 그것을 지향하며 거기에 이끌리는 정신 속에 있다.　　　　　　　　　　탈무드

8

만일 우주적인 '자아'의 인식에 도달하고 싶으면 무엇보다 먼저 자기 자신을 알아야 한다. 자기 자신을 알려면 자신의 '소아(小我)'를 '대아(大我)'를 위해 바쳐야 한다. 만약 정신적으로 살고 싶으면 자신의 생명을 희생시키지 않으면 안된다. 네 마음을 외적인 사물에서, 외부에서 제시되는 모든 것에서 멀어지게하라. 일어나는 모든 표상을, 그것이 네 영혼에 어두운 그림자를 던지는 일이없도록, 자신에게서 멀어지도록 힘써라.

너의 그림자는 나타나고 또한 사라진다. 네 속에 있는 영원한 것, 이해하는존재, 그것은 늘 그 자리에 있으며 변하지 않는 생명에 속한다. 이 영원한 것은과거에도 존재했고 지금도 존재하고 있으며 또 앞으로도 존재해야 하며, 그 세계에서 시간은 결코 멈추지 않는다.　　　　　　　　　　바라문의 잠언

9

우리의 '동물적 자아'에 있어서 행복이니 불행이니 하는 것은 우리의 의지밖에 있으며, 참으로 높은 분의 의지에 속한다. 그러나 우리의 '영적인 자아'에있어서의 선과 악은, 오로지 우리 자신에게, 우리가 참으로 높은 분의 의지에복종하는가 하지 않는가에 달려 있다.

7월 16일

1

쓸데없는 잡담처럼 게으름을 조장하는 것은 없다. 만일 그들이 심심풀이로 잡담하는 것을 그만두고 입을 다문다면, 그들은 그 지루함을 이겨 내지 못할 것이다.

2

말이 많은 사람은 좀처럼 자신의 말을 실천하지 않는다. 현자는 자신의 말이 행위를 앞지르는 것을 늘 두려워한다.   중국의 지혜

3

현자는 자신의 행동이 말과 일치되지 않는 것을 두려워하기 때문에, 함부로 빈말을 하지 않는다.   중국의 지혜

4

먼저 생각한 뒤 말하라! "이제 그만"이라는 말을 듣기 전에 그쳐라. 사람이 동물보다 나은 것은 말하는 능력이 있기 때문이지만, 만약 이것을 악용한다면 사람은 오히려 동물보다 못한 존재가 될 것이다.   사디

5

어리석은 자의 말에 이쪽에서도 상대방의 수준에 맞춰 똑같이 어리석게 대답하지 않는 것이 현명하다.

6

침묵 속에 사는 사람은 신의 곁으로 쉽게 다가갈 수 있다. 심심풀이로 하는 잡담은 결국 지루함과 불안의 원인이 된다.   성현의 사상

7

말하지 말걸 그랬다고 후회하는 일이 천 번일 때, 말할걸 그랬다고 후회하는 일은 한 번 있을까 말까하다.

속이 텅 빈 사람이 꼭 말이 많은 법이다.

남에게 어떤 일을 하지 못하게 하고 싶을 때는 그 일에 대한 대화에 그를 끌어들이는 것이 좋다. 사람은 말을 하면 할수록 그 일에 대한 관심이 없어지기 마련이다.

칼라일

말할 것이 적으면 적을수록 실천은 많아진다.

7월 17일

고대 사회기구의 기초는 폭력이었지만, 현대에 적합한 사회기구의 기초는 이성적인 화합과 폭력의 부정이다.

'눈은 눈으로, 이는 이로'라고 하신 말씀을 너희는 들었다. 그러나 나는 이렇게 말한다. 앙갚음하지 말아라. 누가 오른뺨을 치거든 왼뺨마저 돌려대거라.

마태복음 제5장 38~39절

겸손한 사람일수록 사람을 잘 쓸 줄 안다. 이것을 다툼이 없는 덕이라 한다. 이것을 하늘과의 화합이라고 한다.

노자

사람들의 이성을 무시하고, 그들을 지배할 수 있는 것은 오직 폭력과 강제뿐이라고 생각하는 사람은, 얌전하게 원을 그리며 걷게 하려고 말의 눈을 가리는 것과 같은 짓을 인간에게 하고 있는 것이다.

5

이른바 교양 있는 사람들, 폭력과 강제라는 문제에 대해, 이성적 존재의 인간으로서 당연히 취해야 할 태도의 모범을 보여줘야 할 사람들, 즉 학자와 자유주의자, 나아가서는 혁명주의자까지, 자유에 대해 인간의 존엄성의 대해 논의하거나, 논쟁을 하거나, 설교하려고 한다. 그러나 그것도 입에 재갈을 물리라는 호각소리가 날 때까지뿐이다. 호각소리가 나자마자 모든 논의, 모든 자유주의, 모든 자유에 대한 설교는 끝나고, 즉시 화려한 군복이 입혀지고 총칼이 주어져, 뛰고, 달리고, 서고, 모자를 쓰고, 경례를 붙이며 만세를 부르도록, 심지어 명령 한 마디에 자신을 낳아준 아버지까지 쏠 수 있는 각오를 갖도록 혹독한 훈련을 받는다.

그러면 그 자유주의자와 학자, 혁명주의자, 자유의 설교자들은, 이리저리 뛰어다니며 명령대로 누구에게든 경례를 하고, 만세를 외치며, 명령하는 대로 상대가 누구든 총살할 준비를 하는 것이다.

그리하여 본인들 자신이, 당연히 누구보다도 자신의 실생활과 의식을 일치시키기 위해 노력해야 할 교양인 스스로가, 자신들이 설교하고 있는 것, 가르치고 있는 것을 믿지 않는 것이다.

6

오직 폭력에 의하지 않고는 사람들에게 영향력을 미칠 수 없다면, 인간의 이성은 도대체 무엇을 위해 있는 것일까?

7

폭력이 행사되는 모든 경우, 어디까지나 이성적인 신념에 충실하라. 그러면 너는 세속적인 의미에서도 잃을 것이 적을 것이고, 정신적으로는 넘치는 만족감을 느낄 것이다.

7월 18일

1

영원한 생명을 믿는다는 것은, 생명의 본원은 정신적인 것이며, 그러므로 시간을 초월한다는 것을 믿는 것이다.

2

계율을 어긴 사람은 자신의 생명은 죽음과 함께 완전히 끝난다고 생각한다. 그런 사람은 어떠한 악에도 뛰어들 수 있다.　　　　　　　　　　부처의 잠언

3

우리의 마음에는 인간 본래의 영원불멸이라는 진리의 싹이 숨쉬고 있다. 그것은, 이 세상에서의 우리의 존재가 부족하다는 것을 알고, 자신의 목적을 달성하기 위해 더욱 그것이 계속되기를 바라는 우리의 의식 속에 있다. 그 싹은 또 이 세상에서는 결코 채워질 수 없는 행복에 대한 뜨거운 갈망 속에 있다. 그 싹은 바로, 우리가 노력하면 할수록 우리 속에 완전무결성과 완전한 것의 합일에 대한 회구를 불러일으키는 선에 대한 애정 속에 있다.　　　　채닝

4

사람들은 저 세상에 대해서는 아무것도 모르기 때문에 이 세상에서 오래 살기를 바란다. 즉 그들의 가장 큰 소망은 영원히 이 세상에서 사는 일이다. 하지만 꽃밭에서 살아본 적이 있는 작은 새는 새장 속에 갇히고 싶어하지 않는다. 만약 새장에 갇히면 그 새는 다시 꽃밭으로 돌아가기 위해 새장 속에서 빠져 나가고자 할 것이다. 인간도 마찬가지로 한번 육체에서 탈출하면 다시는 육체로 돌아가고 싶어하지 않는다. 과연 한번 태어난 아기가 다시 어머니의 태내로 돌아갈 수 있을까? 감옥에서 풀려났다가 다시 그곳으로 돌아가고 싶어하는 사람이 과연 있을까? 새장에서 빠져나왔다가 다시 그 새장 속에 갇히고 싶어하는 새가 과연 있단 말인가? 이와 같이 인간도 그가 육체적 생명에 집착하지만 않으면, 자신의 앞날에 기다리고 있는 육체로부터의 해방을 두려워하지 않을 것이다.　　　　　　　　　　　　　　　타블리치키 바비도프

5

인간은, 자신은 결코 새롭게 태어난 것이 아니라 항상 존재해왔고, 존재하고 있으며, 존재할 것이라는 사실을 깨달을 때, 비로소 자신이 결코 죽지 않는다는 것을 느낀다.

인간은 자신의 생명이 단순한 '파도'가 아니라, 다만 이 세상에서 '파도'로 나

타나는 영원한 운동임을 깨달을 때, 비로소 자신의 영원한 삶을 믿을 수 있다.

6

죽음에 대해 심각하게 고민할 것은 없지만, 항상 죽음을 철저하게 응시하며 살아가지 않으면 안 된다. 죽음을 응시하는 삶은 모두 엄숙하고 의미심장하며, 참으로 얻는 것이 많아 우리에게 기쁨을 준다.

왜냐하면, 그 삶은 언제 단절될지 알 수 없고, 게다가 죽음을 응시하고 있으면 아무래도 불멸의 생명을 위해, 다시 말하면 신을 위해 필요한 일만 하게 되기 때문이다. 그렇게 살 때 그의 생활은 즐거운 것이 되어, 오직 동물적인 생명만을 사는 사람들을 위협하는 허수아비, 즉 죽음의 공포는 소멸된다. 죽음에 대한 공포는 선한 생활에 반비례한다. 성스러운 생활을 할 때 이 공포는 사라진다.

7

생명은 출생과 함께 시작된 것도 아니고, 죽음과 함께 끝나는 것도 아니라는 것을 믿고 있는 사람은, 이것을 이해하지도 믿지도 못하는 사람보다 힘들이지 않고 선한 삶을 살 수 있다.

7월 19일

1

참으로 유익한 것, 참으로 선한 것, 따라서 참으로 위대한 것은 언제나 단순하다.

2

진실한 말은 간결하다.

3

선한 것은 인간의 본성과 자연스럽게 어울린다. 그러므로 선한 것은 모두 꾸밈이 없고 두드러지지 않는다.

4

인간생활에서 진정으로 위대한 것은 거의 언제나 눈에 띄지 않는다. 지금 우리 눈앞에서 조용하고 은밀하게 가장 위대한 행위, 가장 위대한 헌신이 행해지고, 가장 높고 원대한 기도가 진행되고 있지만, 다만 우리가 그것을 깨닫지 못하고 있는지도 모른다. 나는 그렇게 위대한 것은 우리가 그 이름을 들은 적도 없고, 알지도 못하는 대중 속에서 매우 잘 볼 수 있다고 믿고 있다. 나는 그러한 서민들 속에서야말로 고뇌에 대한 용감한 인내와 꾸밈없는 진실, 확고한 신앙, 자신에게도 꼭 필요한 것을 남에게 주는 참으로 진정한 도량을 자주 볼 수 있음을 믿고, 또 무엇보다도 부자에 비해 삶과 죽음에 대한 진정한 이해를 더 많이 발견할 수 있음을 믿는다. 채닝에 의함

5

종종 가장 많이 배운 사람들이 바로 그 지식 때문에, 자신뿐만 아니라 모든 사람에게 필요한 단 하나의 진리를 받아들일 수 있는 힘을 잃고 있다. 이에 비해, 가장 단순하고 배우지 못해 교양 없는 사람들이 종종 지극히 명료하게, 의식적으로, 그리고 참으로 쉽게, 진리에 합당한 인생의 가르침을 받아들이고 있다.

6

의식주를 위해 필요한 것은 아주 적다. 그 밖의 것은 다만 남의 취미에 영합하기 위해, 또는 남보다 돋보이기 위해 장만하고 있을 뿐이다. 동양 금언

7

생활, 언어, 습관이 간소함은 사람들에게 활력을 주지만, 사치스러운 생활, 가식에 찬 언어, 게으른 습관은 그들을 쇠약과 멸망으로 이끈다. 존 러스킨

8

지극히 명확한 관념이 복잡한 이치 때문에 종종 애매해질 때가 있다.

키케로

귀감으로 삼을 만한 인물을 찾고 싶으면, 소박하고 겸손한 사람들 속에서 찾아라. 그런 사람들이야말로 진실하고, 자신을 과시하지 않는 정도가 아니라 스스로 그것을 의식하지 않는 위대함이 있다.

7월 20일

1

살아 있는 것에 대한 연민은 우리의 마음에 육체적인 고통과 비슷한 감정을 불러일으킨다. 그리고 육체적 고통에 대해 무감각해질 수 있듯 연민의 고통에도 무감각해질 수 있다.

2

살아있는 모든 것에 대한 연민이야말로 그 사람의 도덕성에 대한 가장 확실하고 튼튼한 보증이다. 참으로 동정심이 깊은 사람은 결코 남을 모욕하지 않고 화나게 하지 않으며, 남에게 고통을 주지 않고 또 남을 비난하지 않으며 모두를 용서한다. 따라서 그 사람의 모든 행동에는 정의와 인간애의 각인이 새겨질 것이다. 만약 누군가가 "이 사람은 덕이 있는 인물이지만 연민이라는 것을 모른다"거나 "이 사람은 부정하고 사악한 사람이지만 동정심이 매우 많다"고 말한다면 우리는 거기서 커다란 모순을 느낄 것이다.   쇼펜하우어

3

인간들이여, 이제 정당하지 않은 음식물로 몸을 더럽히지 말라!

너희에게는 곡식이 있다. 싱싱하게 반짝이는 붉은 열매가 주렁주렁 달려 저 나뭇가지가 저렇게 휘어져 있지 않은가!

반짝반짝 윤기가 흐르는 포도가 가지에 탐스럽게 달려 있고,

부드럽고 달콤한 뿌리와 풀은 들판에 무성하다.

그 밖에도 우리의 혀에 딱딱한 것은 불이 달콤하고 부드럽게 익혀준다.

신선한 우유도,

차조기의 향을 담고 있는 달콤한 꿀도,

너희에게 모두 허락돼 있다.

대지는 넘칠 듯한 풍요를
너희에게 제공하고 있다.
잔인한 살육도 피흘림도 없이
너희를 위해 맛있는 식탁을 준비한다.
다만 사나운 들짐승들만이
날짐승의 고기로 굶주린 배를 채운다.
그렇다고 모든 짐승이 다 그런 것은 아니다.
말도, 염소도, 소도, 모두가 조용히 풀을 뜯으며 평화롭게 살아가고 있지 않
느냐!
오직 사나운 호랑이와 잔인한 사자, 또는 굶주린 이리와 곰 같은 포악한 육
식동물만이 피를 즐긴다.
이 무슨 죄 많은 습성, 이 무슨 참혹한 모습인가!
위장이 위장을 삼키다니!
우리와 닮은 생물의 피와 살로 자신의 혀와 배를 만족시키고,
다른 생물을 죽여,
그 피를 마시고 살아가도 괜찮은 것일까?
우리를 키워주는 어머니인 대지의,
그 풍요로운 은혜에 둘러싸인 우리에게,
야수가 아니라 인간인 우리에게,
갈기갈기 찢긴 주검의 살점을,
흉포한 야수처럼,
날카로운 송곳니로 탐욕스럽게 물어뜯는 것이
정말 부끄러운 일이 아니란 말인가?
인간들이여! 다른 생명을 희생시키지 않으면,
너희의 처절한 굶주림을, 채워지지 않는 위장을,
달래줄 방법은 정말 없는 것일까?
전설에 의하면 그 옛날
황금시대라고 불리던 시절이 있었다.
사람들은 온화하고 소박하게, 또 행복하게 살며,
대지가 주는 열매만으로 만족할 줄 알고,

살아있는 생물의 피로 그 입을 더럽히지 않았다.
그때 새들은 평화롭게 하늘을 날았고,
겁 많은 토끼도 두려움 없이 들판을 뛰어다녔다.
물고기도 미끼에 속아 바늘에 걸리는 일이 없었고,
심술궂은 올가미와 함정도 없었으며,
어느 누구도 공포와 배신, 악의를 몰랐다.
지상의 모든 곳을 평화가 지배하고 있었다.
그 평화는 지금 어디에 있는가?
부드럽고 온순하며 남을 해칠 줄 모르는 양들이여,
인간들의 기쁨을 위해 태어난 양들이여,
너희들은 왜 죽지 않으면 안 되었느냐?
그 풍만한 젖가슴으로 아낌없이 우리를 먹이고,
부드러운 털로 따뜻하게 감싸주는 양들
그 행복한 삶이야말로 무참한 죽음보다
우리에게 더욱 더 유익한 존재인 것을!
우리의 협력자로서 하늘이 내려준 황소여!
묵묵히 거부할 줄을 모르는 농부의 벗이여,
너희에게 무슨 죄가 있겠는가?
무거운 멍에로 털마저 닳아버린 부드러운 그 목에
잔인한 손으로 날카로운 도끼를 내려칠 수 있을 정도로
인간들은 너희에 대한 고마움을 까맣게 잊었구나.
인간들을 키워주는 어머니인 대지를
곡식을 수확할 수 있게 논밭을 갈아준 것을
그 일꾼의 뜨거운 피로 물들이다니?
오, 인간들이여!
무서운 것은 너희의 혐오스러운 습관
그것은 참으로 쉽게 범죄의 길을 연다.
죽기 전의 가련한 울음소리를 들으면서
죄 없는 송아지를 도살하는 자
그 가냘픈 울음소리가

갓난아기의 울음소리와도 닮은 어린 양을 도살하는 자
재미 삼아 하늘의 새를 쏘고
특히 자기 손으로 키운 것을 잡아먹는 자여!
너희에게는 사람을 죽이는 것도 어렵지 않으리라.
너희의 잔인한 습관은 식인의 한 걸음 앞이다!
오, 형제들이여!
삼가라, 각성하라.
우리는 너희에게 호소한다!
살해함으로써 논밭의 경작자인 황소를,
그 경작에서 떼어놓지 말라.
오히려 너희에게 묵묵히 봉사한
소로 하여금 자연사할 수 있도록 내버려 두어라.
자신의 몸을 방어할 줄 모르는 가축을 죽이지 말고
너희를 그 부드러운 털로 따뜻하게 감싸고
제 젖을 아낌없이 너희에게 마시게 하면서
너희의 목장에서 평화롭게 살다
조용히 혼자 숨을 거두게 하라.
올가미를 치우고 함정을 제거하라!
하늘을 나는 새들을 해하지 말라.
오히려 그들로 하여금 걱정 없이 날아다니며
우리에게 행복과 자유의 노래를 부를 수 있게 하라.
교활한 그물을 거두고 죽음의 먹이를 매단 바늘을 버려라!
순진한 물고기를 비겁한 속임수로 낚지 말라.
산 짐승의 피로 인간의 입을 더럽히지 말라.
죽어야 할 자여, 똑같이 죽어야 하는 존재를 동정하라!
허락된 음식만으로 살아라.
사랑으로 가득한 깨끗한 사람의 마음에 어울리는 음식으로 살아라.

오비디우스 작 아 페 바이코바야 역

4

인생에서 종교를 실천하는 첫 번째 조건은 살아있는 모든 것에 대한 사랑과 동정심이다. 　　　　　　　　　　　　　　　　　　　　　　포펜 힝치킹

5

생명에 대한 연민은 선량한 성격과 떼어놓을 수 없는 밀접한 관계이므로, 생명에 대해 잔인한 인간은 절대로 선량한 인간이 아님을 확신을 가지고 주장해도 된다. 　　　　　　　　　　　　　　　　　　　　　　쇼펜하우어

6

살생은 모두 혐오스러운 것이지만, 그중에서도 먹기 위해 하는 살생이 가장 혐오스럽다. 그리고 어떤 방법으로 죽일 것인지 생각하거나 죽인 생물을 어떻게 먹으면 가장 맛이 있을지, 또는 어떤 양념을 하면 좋을지 등등 여러 가지 취향을 시도하면 할수록 더욱 더 혐오스러운 것이 된다. 　　　　골드슈타인

7

다른 생명이 고통스러워하는 모습을 보고 괴로움을 느낄 때, 그 괴로운 광경에서 눈을 돌려, 그 장면에서 달아나고자 하는 순간적인 감정에 빠져서는 안 된다. 반대로 괴로워하는 것에게 달려가 그것을 구할 방법을 찾는 것이 옳다.

7월 21일

1

사랑은 신적 본성이 나타난 것이며, 그 본성에는 시간이라는 것이 없다. 그러므로 사랑은 오직 현재, 바로 지금, 시시각각으로 나타난다.

2

사랑한다는 것은 일반적으로 선을 행하는 것을 뜻한다. 우리는 모두 사랑을 그렇게 이해하며, 다른 방식으로 이해하려 하지 않는다.

그리고 사랑은 결코 단순한 언어가 아니라 다른 사람들의 행복을 지향하는 행동이다.

만약 어떤 사람이 미래에 더 특별한, 더 큰 사랑을 베풀기 위해서라는 명분으로, 현재의 극히 작은 사랑의 요구에는 응하지 않아도 된다고 생각한다면, 그 사람은 자기는 물론이고 다른 사람까지 속이고 있는 것이며, 결국 자신 외에는 아무도 사랑하지 않는 것이다.

'미래의 사랑'이라는 것은 없다. 사랑은 오직 현재의 행위이다. 현재 사랑을 보여주지 않는 사람에게 사랑은 존재하지 않는다.

3

사랑하는 사람에게 올바르게 행동하고, 동정과 따뜻한 관심으로 대하는 것을 미루지 말라. 그들 또는 우리가 병에 걸리고 죽음의 위협을 받을 때까지 기다려서는 안 된다. 인생은 짧다. 그 짧은 길에서 우리 길동무의 마음을 기쁘게 해줄 수 있는 시간은 결코 길지 않다. 그러니 어서 서둘러 잘해 주어야 하지 않겠는가?   아미엘

4

자신이 도와주고 있는 상대에게 자신을 드러내지 말라. 상대방이 그 은혜는 받을지라도 베푼 사람의 이름은 모르는 것이 좋다.   성현의 사상

5

가난한 사람을 만나면 그 가난의 원인이 무엇인지 따지느라 동정심이 사라지게 만들지 말고, 얼른 도와주어라.   성현의 사상

6

비록 세상이 너를 비난할지라도 너는 선량한 사람이 되어라. 그것은 네가 주위로부터 칭찬을 받으면서 사악하게 사는 것보다 좋은 일이다.   로디

7

복음서의 가르침에는 소박한 신앙, 즉 하느님에 대한 신앙과 찬양, 신의 율법에 대한 실천이 포함되어 있다. 그런데 신의 율법은 모두 네 이웃을 사랑하라는 한 가지 율법과 관련되어 있다. 자기 자신처럼 이웃을 사랑하는 것은 신의

율법을 실천하여 행복해지는 것이며, 반대로 자신의 이웃을 멸시하고 증오하는 것은, 자신의 마음을 어지럽히고 아집의 늪에 빠지는 것이다.　　스피노자

8

사랑에는 두 종류가 있다.

하나는 내가 모든 사람들 속에 숨쉬는 정신적 본원에 대한 사랑을 모르고, 단순히 사람들을 사랑하는 경우이다.

또 하나는 내가 모든 사람들 속의 오직 한 가지만을 사랑하는 경우로, 그 한 가지야말로 모든 사람들 속의 정신적 본원이다.

이 두 가지 사랑의 차이를 말하면, 먼저 첫 번째의 경우는 내가 사람들을 사랑하는 것은 그들이 나에게 있어서 유쾌한 존재인 동안뿐이지만, 두 번째 경우 즉, 모든 사람 속에 있는 단 하나의 본질적인 것을 사랑하는 경우에는, 사람들이 나에게 있어서 불쾌할지라도 역시 그들을 사랑한다는 것이다.

첫 번째 경우에는, 우리는 사랑의 대상을 아내, 벗, 남편 등으로 바꿀 것이다. 왜냐하면 우리가 사랑하는 사람들은 끊임없이 변화하고, 그들에 대한 우리의 감정도 변화하기 때문이다.

두 번째 경우에는, 우리는 자신의 도덕적 성장의 정도에 따라 점점 분명하게 모든 사람한테서 볼 수 있는 신적, 영적 근원을 더 많이 사랑하게 될 것이다.　　표도르 스트라호프

9

우리는 자신이 자선을 베풀 수 있는데도 하지 않아, 자신에게 손을 내민 사람에게 도움을 줄 수 있는 기회를 영원히 놓쳐버리고, 또 자신도 당연히 해야 할 의무를 했다는 기쁨을 놓쳐버린 것을 떠올리며, 후회할 때가 종종 있다.

이레째 읽을거리

믿음이 없는 사람

'그것을 자주 또한 오래 생각하면 할수록, 늘 새로운 감탄과 숭배와 존경으로 우리 마음을 채워주는 것이 두 가지 있다. 그것은 우리 머리 위에서 별이 빛나고 있는 밤하늘과 우리의 내부에 있는 도덕률이다.'   칸트

1852년 초, 내가 브뤼셀에 살고 있었을 때 낯선 젊은 남자가 나를 찾아왔다. 그 사람은 꾸밈없이 솔직한 미소와 마찬가지로 솔직하고 생기 있는 눈빛을 한, 무척 인상이 좋은 사람이었다. 그는 약간 멋을 낸 옷차림을 하고 있었다. 조각이 새겨진 단추가 달린 비로드 조끼를 입고 노란 장갑을 끼고 단추 구멍에 꽃을 꽂았으며 손에는 지팡이를 들고 있었다. 그리고 새하얀 셔츠를 최대한 잘 보이게 드러내고 있었다. "누구신가요?" 하고 내가 묻자 그는 성직자라고 대답했다. 그러고는 덧붙였다.

"아니, 오히려 전에 성직자였던 사람이라고 말하는 편이 낫겠군요. 나는 진실한 것을 위해 거짓된 것을 버렸습니다. 지금은 나도 당신처럼 추방당한 사람입니다."

나는 그에게 의자를 권했다.

"나는 아나톨리 료레라고 합니다." 그는 자신의 이름을 말했다.

우리는 얘기를 나누기 시작했다. 그는 나에게 반평생을 살아온 얘기를 들려주었다. 그 이야기에 따르면, 그는 스물다섯 살이 되었을 때, 왜 그렇게 되었는지 자신도 모르는 사이에 어느덧 성직자가 되어버리는, 그런 교육을 받고 자랐다. 본의 아니게 느닷없이 성직자가 되어버린 것이 그를 눈뜨게 했다. 그는 자연과 자신 사이를 가로막고 있는 빠져나갈 수 없는 어둠의 벽, 즉 성직제도의 벽을 본 그날부터, 오랫동안의 신비주의적 교육에 의한 미망에서 눈을 뜬 것이다. 첫 미사가 그에게는 임종의 순간처럼 괴로웠다. 제단을 내려오면서 그는 자기가 유령이 된 것 같은 기분을 느꼈다. 자신을 기다리고 있는 미래를 생각하니 두려움이 밀려왔다. 그때가 스물다섯 살이었다. 그는 자신의 몸 구석구석까지 피가 들끓고 있는 것을 느꼈다. 그의 내부에 있는 자연은 만족을 원하고 있었다. 그렇지만 그 자연의 요구는 그에게는 다만 번민의 불꽃처럼 느껴졌다.

요컨대 그는 성직에 적성이 맞지 않았고, 그 사실을 너무 늦게 깨달은 자신

에 대해 어이가 없었던 것이다.

성직자로서의 자신에게 부과된 의무에 대한 저항감은 점점 치열해져 몇 년 동안 계속되었다. 그는 일단 스스로 짊어진 의무는 엄격하고 충실하며 정직하게 수행했다.

하지만 그는 결국 많은 고난을 겪은 뒤 그 투쟁에서는 패자가 되어, 아니 오히려 승자가 되어 거기서 벗어날 수 있었다. 인간이 성직자를 이긴 것이다. 료레는 젊음과 생명과 신성으로, 극복할 수 없는 자연에 몸을 맡겼다. 이것은 그가 나에게 얘기했을 때 그 자신이 한 표현이다. 그는 자신의 양심에 대한 위선자가 되기보다는 로마에 대한 배교자가 될 것을 선택했다. 그리하여 그는 성직에서 물러났다. 교회를 떠난 사람에게 열려 있는 문은 오직 하나, 민주주의였다. 료레가 지닌 모든 성향이 그를 그쪽으로 인도했다. 성직자이기 전에 그는 민중의 아들이었다. 그는 브르타뉴의 한 가난한 집안에서 태어났다. 그러므로 그가 민중에게 돌아간 것은 물방울이 원래의 바다로 돌아가는 것처럼 지극히 자연스러운 일이었다. 그것은 또 그에게는 기쁜 일이었다.

그는 이러한 사연을 담담하고 솔직하며 자신감에 찬 목소리로 얘기했다. 평범한 민중으로 돌아온 그는 점점 성장해 갔다. 원래 정치사상가의 소질이 있었던 그는 몇몇 신문에 논설을 기고했고, 결국 열렬하고 극단적인 신념을 가진 혁명투사가 되었다.

자신의 지난 이야기를 끝내자, 그때부터 그는 자신의 사상에 대해 피력하기 시작했다. 나는 조용히 귀를 기울였다.

그런데 얘기 도중에 갑자기 그가 흥분해서 외쳤다.

"그래요! 우리는 그것을 교훈으로 삼아야 합니다. 민주주의를 정착시키려면 수단이 필요합니다. 인간을 개조하고 사람들을 어릴 때부터 새롭게 교육시켜야 합니다. 우리는 오직 교육을 통해서만 혁명의 논리를 가르칠 수 있습니다."

"나도 동감입니다."

내가 그렇게 말하자 그의 얘기는 더욱 열기를 띠기 시작했다.

"나는, 무릇 교육의 목표는 인간의 지혜를 모든 초자연적인 것으로부터 해방시키는 데 있다고 생각합니다."

"그 초자연적인 것이라는 말은 어떤 의미로 하는 말씀인지요?"

나는 물었다.

"요컨대 인간은 종교적인 환상 때문에 멸망할 거라는 말을 하고 싶은 겁니다. 종교적인 미망은 인류의 미래를 질식시키고 있습니다. 민중이 도도한 광신적인 분위기 속에서 호흡하고 있는 한, 인간의 이성과 지혜를 기대할 수 없습니다. 그렇습니다! 예로부터 전해내려온 인간의 지혜는 그런 미망의 어둠에 덮여 멸망하고 종교적인 환상의 바다 속에서 익사하고 있습니다. 그 바다 위에 떠있는 배에는 사방에서 물이 새어들고 있어요. 이제는 의심할 여지 없이 현실에만 의지해야 할 때가 아닐까요? 둘 더하기 둘은 넷, 이것 외에 구원은 없습니다. 오직 사실 위에 철학을 세우고, 이성으로 검증될 수 없는 것은 어떤 것도 허용하지 말아야 합니다. 현실적인 것은 오직 볼 수 있는 것, 느낄 수 있는 것뿐입니다. 모든 신앙은 자기 손바닥을 들여다보듯 명백해야 합니다. 그렇습니다, 싸움이 있을 뿐입니다. 기적처럼 보이는 모든 미망과의 필사적인 싸움이 있을 뿐입니다. 우리는 오직 자기 자신만을 믿어야 합니다. 요람 속에는 실제로 우리가 볼 수 있는 것, 즉 갓난아기 외에는 아무 것도 없고, 무덤 저편에는 멸망 외에는 아무것도 없다는 것을 깨달아야 합니다. 모든 환상과는 완전히 관계를 끊어버리자! 지구와 그 위에 살고 있는 생명 외에는 아무것도 존재하지 않습니다. 현재 우리의 머리 위에 있는 하늘 외의 다른 하늘은 없고, 우리 지구는 그 하늘을 회전하고 있습니다. 우리는 건전한 이성으로 명확하게 판단하고 모든 환상을 제거하지 않으면 안 됩니다! 열매를 원하지 않는 사람은 나무를 베어 버립니다. 종교에서도 그 모든 존재와 주장을 박탈해야 합니다."

"그럼 결국 당신의 종교는 무엇입니까?" 내가 물었다.

"신학교 학생이었다고 말씀드리지 않았던가요?"

"그래서요?"

"그러니까 나는……무신론자지요."

"그런 식의 표현에 찬성할 수 없군요. 예수회 학교라고 반드시 볼테르를 만들어 낸다고는 할 수 없으니까요. 그건 그렇고, 어쨌든 얘기를 더 들어봅시다. 말씀, 계속하세요."

"이젠 다 말씀드린 것 같습니다만. 가설을 피하고 환상의 감옥에서 탈출해, 그러한 것에서 인간의 지혜가 해방될 수 있도록 서로 힘을 합치는 것, 그것이 중요합니다."

"나는 미신에서 만들어진 가설이나 인간의 지혜를 방해하는 환상을 싫어하는 점에서는 당신과 다르지 않습니다. 그러니까, 표면상 당신과 나는 견해가 같은 것처럼 보이지만, 아무래도 꼭 그런 것 같지만은 않군요. 어쨌든 당신의 의견을 좀 더 상세하고 정확하게 들려주시겠습니까?"

"좋습니다. 결국 내가 주장하는 건, 유신론자들이 말하는 이념이라는 것을 전면적으로 배제하는 것입니다. 이념이라는 것은 초자연적인 것이고 초자연적인 것은 이 세상에서, 그리고 또 인간에게서 추방하지 않으면 안 됩니다. 이 세상에서 초자연적이라고 할 수 있는 것은 신이고, 따라서 그 신을 타파해야 하며, 인간 속의 초자연적인 것은 영혼이며, 이 영혼을 타파해야 하는 것입니다. 영원한 것이니 불멸의 것이니 하는 것은 절대로 있을 수 없습니다. 우리는 바로 이런 진실을 교육의 기본으로 삼아야 합니다. 내가 말하고 싶은 것은 그것뿐입니다."

"아니오, 당신이 한 말은 겨우 시작에 불과합니다. 당신은 이 세계가 도대체 뭐라고 생각합니까?"

"물질에 지나지 않습니다."

"그러면 인간은?"

"역시 물질이지요."

"그러면 당신은 세계라는 물질과 인간이라는 물질을 구별할 수 있습니까?"

"그런 어리석은 짓은 하지 않지요. 물질과 물질은 언제나 같습니다. 바로 그 점에 만물평등의 대원칙이 있으니까요."

"그럼 유기체의 경우는?"

"유기체? 그건 단순히 물질의 형태에 불과합니다. 필연적으로 각각의 어떤 형태를 가지고 나타나, 그 자신으로서는 맹목의 존재인 유기체가, 이른바 계단이라는 형태의 환상을 만드는데, 그 첫 번째 계단을 당신들은 '이지(理知)'라 부르고, 두 번째를 '양심', 세 번째를 '영혼' 그리고 마지막 단계를 '신'이라고 부르고 있는 것입니다. 모든 종교가 그러한 계단을 가지고 있습니다. 그러므로 우리는 그것을 타파해야 합니다. '신'이라는 계단도, '영혼'이라는 계단도, '양심'이라는 계단도, '이지'라는 계단도, 나아가서는 유기체라는 계단까지 모두 타파해야 합니다. 만약 유기체가 기적적인 것으로 보이거나, 유기체 사이에 차별을 두어, 어떤 형태의 물질이 다른 형태의 물질보다 우월하다는 결론을 내린다면, 그것은 절대로 배척되지 않으면 안 됩니다! 유기체의 귀족 제도는 타파되어야 합니다. 언젠가는 소멸하는 물질을 갖는 형태는 그 자체가 '무(無)'에 지나지 않습니다. 만물은 원자에 의해서, 불가분의 관계인 의식이 없는 원자에 의해 구성돼 있습니다. 다른 것보다 차원이 높은 원자가 있다면 그것은 신이 되어 버립니다. 물질을 말하는 자는 곧 평등을 말하는 자입니다. 물질과 물질은 언제나 평등합니다."

나는 그의 얼굴을 찬찬히 쳐다보았다.

"그러면 날아다니는 모기도, 자라나는 우엉도, 구르는 돌도 모두 인간과 같다는 말인가요?"

그는 잠시 생각에 잠겼지만, 이윽고 그는 아무리 괴로워도 자기 자신에게 정직해야 한다고 결심한 듯이 말했다.

"당신의 삼단논법은 엄격하지만, 역시 옳다고 하지 않을 수 없군요."

"정직한 사상가는 흔치 않습니다. 당신은 한결같은 성실함으로 논리정연하게 말했어요. 나는 당신의 그 성실함을 이용하고 싶진 않군요. 그러니까 조금전의 잔인하고 극단적인 논법은 삼가기로 하겠습니다. 그저 인간에 대해서만얘기합시다. 영혼이 없으면 신도 없고, 초자연적인 것도 이념도 없으며, 물질은다 똑같다는 당신의 논리를 적용해봅시다. 나는 문제의 수많은 측면 가운데단 하나에 대해서만 말하겠습니다."

"말씀해보시죠."

"당신은 이 세상에서 사는 우리 인생의 목적이 뭐라고 생각합니까?"

"행복입니다."

"나는 의무와 책임이라고 생각합니다. 하지만 지금 우리의 문제는 나의 사상이 아니라 당신의 사상입니다. 이제부터 불필요한 감상적인 논쟁은 그만두기로 합시다. 물질평등의 저울이 있다고 합시다. 어떤 한 사람의 행복은 무게와가치에 있어서 다른 한 사람의 행복에 비해 얼마만큼 우월한 것일까요?"

"전혀 우월하지 않지요."

"얘기를 계속하기 전에 묻겠습니다만, 논리적으로 말해, 모든 행동에는 반드시 그것을 결정하는 동기가 필요하다는 것을 인정하십니까?"

"물론입니다."

"그렇다면 얘기를 계속하겠습니다. 한 사람의 행복을 다른 한 사람의 행복을 위해 희생할 필요가 있을 때, 이 두 가지 행복을 저울질해 그 무게가 어느 정도일 때, 어떤 사람의 행복을 다른 사람의 행복을 위해 희생시키는 것이 불가피하고 도리에 맞는다고 할 수 있을까요?"

"그런 일은 있을 수 없습니다."

"그렇다면 당신 생각은, 예지가 잠재되어 있는 유일한 물질만 생각했을 때, 인간은 타인의 행복을 위해 자기 자신이나 자신의 행복을 희생할 필요가 없다는 것이군요."

그 점에 대해서는, 그의 마음속에 조금의 의혹도 남아 있지 않은 것 같았다. 그는 침착한 목소리로 대답했다.

"전혀 희생할 필요가 없습니다."

"그렇다면, 인류의 행복을 위해 자신의 행복을 희생할 필요가 없다는 말이군요?"

그 말을 듣고, 료레는 부르르 몸을 떨었다.

"그 상대가 인류가 되면 문제가 다르지요."

"어째선가요? 영이라는 숫자는 아무리 더해도 영일 텐데요."

그는 한순간 입을 다물었지만, 이윽고 간신히 내 말에 동의했다.

"진리는 언제나 진리입니다. 무척 신랄한 말씀이지만, 당신의 삼단논법은 옳습니다."

나는 말을 계속했다.

"나는 당신의 주의 주장을 비판하고자 하는 게 아닙니다. 다만 거기서 당연히 나오는 결론에 대해 말하고 있을 뿐입니다. 당신 자신도 한 발짝 한 발짝 그 결론에 도달하고 있어요. 당신이 상당히 논리적으로 공정하게 생각해주어서 내가 무척 수월하군요. 그래서 '인간은 물질이고 무에서 태어나 무로 돌아간다, 거기에 있는 것은 생명뿐이고 그 생명만이 인간에게 종속돼 있다'는 얘기가 되는군요. 인간의 모든 이성과 양식과 철학은 오로지 그 생명을 이용하고, 가능한 한 생명을 영원히 지속시키기 위한 것일 뿐이다. 따라서 유일한 도덕은 위생학이고, 인생의 목적은 행복이며 인생을 누리는 것이니, 요컨대 인생의 목적은 살아가는 데 있다는 얘기가 되는군요. 이 같은 결론에서 다시 여러 가지 많은 결론을 이끌어낼 수 있지만, 지금은 그 문제는 접어두고 한 가지만 묻겠습니다. 당신은 진심으로 그렇게 생각하고 있습니까?"

"예, 정말 그렇게 생각합니다."

"그렇다면 한 젊은이가 자신과 똑같은 한 사람 또는 많은 사람들을 위해 자신의 이웃, 자신과 똑같은 원자, 똑같은 물질을 위해 자신의 생명을 내던질 경우, 당신은 그 사람을 뭐라고 부르겠습니까?"

"바보라고 부르겠습니다."

우리는 냉정하게 작별했다.

아나톨리 료레는 브뤼셀을 떠나 영국에 갔다가 호주로 향했다. 항해는 다섯 달 동안 계속되었다.

배가 항구에 다가갔을 때 갑자기 폭풍이 일기 시작했다. 배는 뒤집혔고, 승객과 선원들은 거의 모두, 어떤 사람은 보트를 타고 어떤 사람은 헤엄쳐서 목숨을 구했다. 아나톨리 료레도 무사히 살아남은 사람들 가운데 한 사람이었다. 미친 듯한 파도 속에서 공포에 울부짖는 사람들, 모두가 오로지 자기만을 생각하는 처참한 생존 경쟁의 아우성 속에서, 그는 물결 사이로 숨바꼭질하며 표류하는 부서진 보트를 발견했다. 보트에는 세 여자가 타고 있었다. 바다는 아직도 거칠게 요동치고 있었다. 용감한 선원들 중에서 이 물에 빠지기 직전의 여자들을 구하기 위해 바다에 뛰어드는 사람은 아무도 없었다. 그때, 아나톨리 료레가 바다에 뛰어들어 그중의 한 여자를 간신히 구했다. 그러나 보트에는 아직 두 여자가 남아 있었다. 그는 다시 뛰어 들어가 또 한 여자를 살려냈다. 모든 사람들이 그를 향해 "이제 그만! 그만둬요!" 하고 외쳤다. 그러나 그 자신도 부상을 입고 탈진한 상태에서도 그는 다시 한 번 바다에 뛰어들었다. 그 뒤 그의 모습은 끝내 다시 볼 수 없었다.

빅토르 위고 작, 톨스토이 역

7월 22일

1

생활이 신앙과 일치하지 않는다면 그 신앙은 신앙이라고 할 수 없다.

2

"그러므로 지금 내가 한 말을 듣고 그대로 실행하는 사람은 반석 위에 집을 짓는 슬기로운 사람과 같다. 비가 내려 큰물이 밀려 오고 또 바람이 불어 들이쳐도 그 집은 반석 위에 세워졌기 때문에 무너지지 않는다. 그러나 지금 내가 한 말을 듣고도 실행하지 않는 사람은 모래 위에 집을 짓는 어리석은 사람과 같다. 비가 내려 큰물이 밀려 오고 또 바람이 불어 들이치면 그 집은 여지없이 무너지고 말 것이다."

마태복음 제7장 24~27절

3

태어난 자에게는 죽음이 불가피하다. 죽어야 하는 자에게 탄생이 불가피한 것처럼. 그러므로 어차피 불가피한 것은 한탄해도 소용이 없다. 지상에 존재하는 자의 이전의 상태는 알 수 없는 것이고, 중간의 상태는 분명하지만, 미래의 상태 역시 알 수 없다. 그러니 무엇을 생각하고 고민한단 말인가? 어떤 사람들은 영혼을 일종의 기적 같은 것으로 보고, 어떤 사람들은 외경심을 품고 그것에 대해 얘기하고 듣지만, 영혼이 어떤 것인지는 아무도 모른다.

하늘에 들어가는 문은 그대를 위해 꼭 필요한 만큼만 열려 있다. 모든 번뇌와 마음의 동요를 떠나 너의 영혼을 정신적인 것으로 향하도록 하라. 너의 행동을 다스리는 것은 너 자신이어야 하며, 결코 주변에서 일어나는 것으로부터 영향을 받아서는 안 된다. 항상 신중하게 처신하고, 자신의 의무를 다하며, 모든 일이 너에게 기분 좋은 결과가 되건 불쾌한 결과가 되건 아무 상관없다는 마음으로, 모든 결과에 대해 생각하지 않는 것이 좋다.   인도의 바가바타

4

나의 형제 여러분, 어떤 사람이 믿음이 있다고 말하면서 그것을 행동으로 나타내지 못한다면 무슨 소용이 있겠습니까? 그런 믿음이 그 사람을 구원할 수 있겠습니까? 어떤 형제나 자매가 헐벗고 그날 먹을 양식조차 떨어졌는데 여러분 가운데 누가 그들의 몸에 필요한 것은 아무것도 주지 않으면서 "평안히 가서 몸을 따뜻하게 녹이고 배부르게 먹어라"고 말만 한다면 무슨 소용이 있겠습니까? 믿음도 이와 같습니다. 믿음에 행동이 따르지 않으면 그런 믿음은 죽은 것입니다.

이렇게 말하는 사람도 있을 것입니다. "당신에게는 믿음이 있지만 나에게는 행동이 있소. 나는 내 행동으로 내 믿음을 보여 줄 테니 당신은 행동이 따르지 않는 믿음이라는 것을 보여 주시오."

그러므로 여러분은 사람이 믿음만으로 하느님과의 올바른 관계를 가지게

되는 것이 아니라 행동이 뒤따라야 한다는 것을 알아 두십시오. 이와 같이 창녀 라합도 유다인들이 보낸 사람들을 친절히 맞아 들였다가 다른 길로 떠나보낸 행동으로 말미암아 올바른 사람으로 인정받은 것이 아닙니까? 영혼이 없는 몸이 죽은 것과 마찬가지로 행동이 없는 믿음도 죽은 믿음입니다. 야고보서 제2장 14~18, 24~26절

5

법칙을 알면서 그것을 실천하지 않는 사람은 밭을 갈아 놓고 씨앗을 뿌리지 않는 사람과 같다.
동양의 금언

6

자기가 신의 법칙으로 인정하는 것을 부지런히 실행하려고 하지 않는 자는, 신도, 신의 법칙도 믿지 않는 것이다.

7월 23일

1

노력은 도덕적 완성을 위한 필수 조건이다.

2

덕행은 자신의 의무로 인정하는 것을 실천하는 것이다. 그러나 그 실천이 결코 습관이 되어서는 안 된다. 자신의 의무로 인정하는 것을 실천하는 습관이 붙으면, 그의 마음에 새로운 의무에 대한 요구가 생기지 않으면 안 된다. 칸트

3

순찰병이 주의 깊게 요새를 감시하면서 성벽 안팎을 지키듯이, 사람도 항상 정신을 차리고 자기 자신으로부터 한눈을 팔아서는 안 된다. 특히 인간관계에 있어서는 더욱 그렇다. 인생에 있어서 결정적인 순간을 놓치는 자는 결국 지옥의 길로 들어서게 된다.
부처의 잠언

4

자신이 불행할 때 자신을 나무라지 않고 운명을 탓하는 것으로 만족하는 사람은 구제할 길이 없다.

"상대가 그렇게 불쾌하게 나오지 않았으면 좀 더 친절하고 선량하게 행동했을 텐데. 그렇게 바쁘지만 않았으면 좀 더 신앙에 관심을 기울였을 텐데. 몸만 건강하다면 참을성이 더 강할 수 있었을 텐데. 더 유명하다면 세상을 깜짝 놀라게 해줄 수 있었을 텐데, 등."

만약 우리가, 자신이 지금 처한 입장을 선하고 거룩한 것으로 만들 수 없다면, 어떠한 입장이 된다 해도 그렇게 할 수 없을 것이다.

우리가 어려운 입장에 처하는 것은, 우리로 하여금 그 어려움을 자신의 선량함과 흔들림 없는 굳센 마음으로 제거하라고 주어지는 것이고, 우리의 입장이 암울한 것은, 우리의 내면적이고 영적인 노력으로 그 암울함에 하느님의 빛이 비칠 수 있게 하라고 주어진 것이다. 또 슬픔은 우리로 하여금 그것을 강한 인내심으로 끝까지 신앙을 잃지 않고 견뎌내라고 주어지는 것이고, 유혹은 그것을 자신의 신앙으로 극복하라고 주어지는 것이다.　　　　　마르티노

5

그 육체가 안일과 사치의 늪에 빠져 있을 때도 정신적으로 고상한 생활이 가능하다고 생각하는 사람들은 터무니없는 착각을 하고 있는 것이다. 육체는 언제나 영혼의 첫 번째 제자이다.　　　　　소로

6

인간에게 있어서 공적은 오직 그 사람의 노력뿐이다. 인간은 그 노력 속에서만 진정한 모습을 보여주는 법이다.　　　　　코란

7

우리는 자신이 놓인 상황에 대해 화를 내고 슬퍼하며 어떻게든 그것을 바꾸고자 한다. 그러나 모든 상황은 우리에게 그런 상황에서는 어떻게 행동해야 할 것인가에 대한 교시일 뿐이다. 만일 건강하거든 너의 힘을 사람들을 위한 봉사에 쓰도록 힘써라. 네가 병을 앓거든 그것이 다른 사람들을 방해하지 않

도록 노력하라. 네가 부유하거든 부유한 것에서 도망치도록 노력하라. 네가 가난하거든 가능한 한 사람들에게 아무것도 요구하지 않도록 노력하라. 네가 만일 수모를 당했어도 그 사람들을 사랑하도록 힘써라. 네가 남에게 잘못했으면 다시는 그런 일이 없도록 노력하라.

7월 24일

1

인간이 자신이 지켜야 법칙을 의식하는 것은 그의 내부에 사는 신이 모습을 나타낸 것이다.

2

완전히 순수한 의무에 대한 관념은, 행복에 대한 욕구에서 나오거나 그것을 전제로 한 의무의 관념(그것은 항상 적지 않은 기교와 섬세한 사색을 요구한다)보다 경우에 따라 훨씬 더 간단명료할 뿐만 아니라, 그 관념이 이기적인 동기와는 전혀 관계없이 건전한 사고를 통해 나온 것이라면, 세상의 평가를 받는 경우에도 훨씬 정당하고 유리한 평가를 받을 수 있다.

의무이기 때문에 해야 된다는 생각은, 진정한 사명의 위대함과 숭고함을 느끼게 하는 신의 깊은 뜻을 보여준다. 만일 우리가 그것을 더욱 자주 생각하며, 덕행과, 의무를 수행했다는 이유에서 돌아오는 그 덕행에 대한 대가를 단호하게 떼어놓고, 덕행 자체의 순수한 모습을 바라보는 것에 익숙해진다면, 또 개인적이고 사회적인 교육의 기초에, 덕행에 대한 부단한 훈련, 즉 지금까지 거의 항상 무시되어 온, 꾸준히 의무를 수행하는 훈련을 도입한다면 우리의 도덕적 상태는 급속히 개선될 것이다. 역사상 지금까지, 도덕 교육의 시도가 좋은 결과를 가져다주지 못한 것은, 순수한 의무의 관념에서 나온 동기는 너무 쓸데없고 귀찮은 것이며, 더 개인적인 동기, 자신의 법칙의 수행에 따른 대가로서 이 세상, 나아가서는 저 세상에서 받게 될 이익에 대한 계산에서 나오는 동기가 더 강력하다는 잘못된 사고방식 때문이다.

그런데 실제로, 인간이 자신의 내부에서 신의 원리를 의식하는 것은 모든 외면적인 대가보다 더욱 강하게 선의 법칙을 실천하도록 그를 고무해준다.

칸트

도덕성은 자신의 의지를 사회를 위해 전 세계를 위해 돌리는 것이며, 개인적인 목적을 위해 행동하는 자는 비도덕적인 인간이라고 한다. 우리는 마르쿠스 아우렐리우스 그리고 칸트와 함께 말한다. 자신의 목적과 동기가, 동시에 모든 이성적인 존재의 목적과 공기가 될 수 있는 사람이야 말로 덕성이 높은 사람이라고.

우리는 그와 같은 위대한 관념과 교훈이 모든 사람의 마음속에 있다는 것을 믿어 의심치 않는다. 이것이야말로 언젠가는 죽어야 할 우리 한 사람 한 사람 속에 있는 영원한 존재이다.　　　　　　　　　　　　　　　　　에머슨

왕에서 거지에 이르기까지, 모든 인간은 자기완성을 위해 노력하지 않으면 안 된다. 왜냐하면 자기완성만이 모든 사람에게 행복을 가져다주기 때문이다.　　　　　　　　　　　　　　　　　　　　　　　　　　공자

결국 인간은 자신이 목적한 것만을 얻는 법이다. 그러므로 가장 높은 것을 목적으로 삼아야 한다.　　　　　　　　　　　　　　　　　　　소로

선의 법칙을 따르는 것과 물질적이고 세속적인 행복은 아무런 관계가 없다. 법칙의 준수에 물질적 행복이 따르는 것은 인간의 영혼에는 오히려 해롭다. 정신적 행복과 물질적 행복의 대립 때문에 고뇌가 생기는 상황하에서, 정신은 비로소 가장 고양될 수 있다.

7월 25일

우리의 고뇌와 죄 사이에는 눈에는 보이지 않더라도 분명히 어떤 관계가 있다.

2

"나의 선행이 악으로 돌아왔다."

그러나 만약 네가 자신이 선을 베푼 상대를 사랑한다면, 너는 이미 사랑한다는 기쁨으로 충분히 대가를 받은 것이다.

그러므로 너는 사랑함으로써 항상 자신에게 선행을 하고 있다.

3

덕행에 대한 대가는 자신의 덕행을 의식하는 그 자체 속에 있다.　　　키케로

4

예수는 민중에게 내세의 구원을 설교하면서, 그것을 위해서는 어떤 조건이 필요한지를 얘기했다. 즉, 내세에서의 구제는 사랑과 자기희생, 자비, 관용에 의해 가능하다는 것이다.

그러니까 아직도 해방이 찾아오지 않고 여전히 기아와 슬픔, 박해의 시간이 계속되고 있다면, 오로지 자기 스스로를 나무랄 수밖에 없다.

너희는 그리스도의 계명을 철저히 지켰는가? 해야 할 일을 하였는가? 너희는 너희 권리를 다시 회복하고 낡은 쇠사슬을 끊은 다음, 불법의 힘이 너희를 몰아넣은 어둡고 비참한 은신처를 떠나 더 좋은 집은 지으려고 시도했다. 그러나 그 결과는 어떻게 되었는가? 도대체 왜, 너희가 그토록 고생해 쌓은 탑은 언제나 그렇게 순식간에 파괴되고 마는가? 그것은 너희가 모래 위에 집을 지은 어리석은 사람을 흉내 내기 때문이다. 강물이 넘쳐 집을 덮치고, 그 충격을 견디지 못해 무너지니, 그 무너짐이 참으로 비참하도다.　　　라므네

5

자신의 개인적인 고민의 원인을 개인적인 미망 속에서 발견하고, 그 미망을 없애려고 노력하는 사람은, 그 고민 때문에 초조해하지 않고, 오히려 쉽게 그리고 자주 기쁨으로 그것을 견딜 수 있다. 그러나 그에게, 미망과 고민의 관계가 보이지 않는 세계에서 일어나는 고뇌가 덮치면, 그로서는 원래 부당한 것이 자기에게 덮친 것 같은 억울한 생각이 들어, '도대체 왜? 무엇 때문에?' 하고 자문하면서 어찌할 바를 모른 채 그 고뇌에 대해 화를 내고, 그로 인해 그

의 고뇌는 더욱 깊어진다.

만약 자신이 경험하는 고뇌와 자신의 삶의 방식의 관계를 모르는 경우, 그가 취해야 할 태도는 두 가지 중 하나이다. 즉, 그 고뇌를 전혀 의미 없는 고통으로 생각하고 그대로 참고 견디거나, 그 고뇌는 바로 그가 범한 죄를 보여주는 것이며, 또 자기 자신과 남들을 그 죄에서 벗어나게 하는 방법을 보여주는 것이라고 인정하는 것이다.

첫 번째 태도의 경우는, 고뇌에 대한 설명이 없이, 아무것도 해결되지 않는 절망과 분노가 끊임없이 커지면서 계속될 뿐이다. 두 번째 태도의 경우는, 그 고뇌는 참된 생활을 추진하는 원동력이 된다. 다시 말해, 죄의식과 미망에서의 해방과, 이성의 법칙에 대한 복종으로 이끄는 것이다.

6

인간이 죄에 빠지는 것에 대한 전설, 그 죄와 고뇌, 죽음으로부터 구원받는 전설은, 바로 고뇌와 죄의 관계를 그림으로 보여주는 것과 같다.

7

고뇌를 경험하고 나서야 비로소 나는 인간의 영혼과 영혼의 밀접한 유사성을 알게 되었다. 스스로 철저하게 고민해 보면 모든 고민하는 사람들에 대해 잘 알 수 있고, 그들에게 무슨 말을 해야 할지도 대강 알게 되는 법이다. 뿐만 아니라, 거기에서 영감을 얻어 그때까지 알지 못했던 타인들의 입장과 경력이 분명해지고, 누구에게 무엇이 필요한지도 알게 된다. 우리에게 지혜를 내려주신 신은 참으로 위대하도다! 그런데 도대체 무엇을 통해 내려주시는 것일까? 그것은 다름 아닌 우리가 그것에서 달아나 숨으려고 하는 비애를 통해서이다. 우리는 오직 고뇌와 비애를 통해서만 책에서 배울 수 없는 지혜를 얻을 수 있다.

고골리

8

정신적인 생활을 하는 자에게 고뇌란 항상 자기완성과 깨달음과 신에게 다가갈 수 있는 자극제 역할을 한다. 그런 사람들에게는 고뇌는 항상 그의 삶의 방식과 관련되어 있다.

9

네가 괴로워하고 있는 악의 원인을 너 자신 속에서 찾는 것이 현명하다. 때로는 그 악은 단순히 네 행위의 직접적인 결과이고, 때로는 복잡한 경로를 거쳐 너에게 되돌아오지만, 어쨌든 그 원인은 너 자신 속에 있고, 거기서 해방되는 길은 네 행위를 개선하는 데 있다.

7월 26일

1

모든 신앙 가운데 진실한 것은 오직 영적인 것뿐이다.

2

예수는 사마리아인을 향해 당신들의 신앙과 전설을 버리고 유대인의 그것을 받아들이라고는 하지 않았고, 또 유대인들에게 사마리아인과 같은 신앙을 요구하지도 않았다. 그는 사마리아인과 유대인에게 당신들은 똑같이 잘못하고 있다고 말했다. 신은 영혼이며, 신을 믿는다는 것은 장소와 외면적인 형태에 사로잡히지 않는 내면적인 것이다. 중요한 것은 신전도 아니요 신전에서의 예배도 아니다. 또는 가리짐(성경에 나오는 성산의 이름)도 예루살렘도 아니다. 진정한 예배자가 영혼과 진실로서 하느님 아버지를 예배할 날이 찾아오고 있고, 이미 찾아와 있다. 왜냐하면 아버지는 바로 그러한 예배자를 찾고 있기 때문이다.

하느님 아버지는 예루살렘 시절에도 그 예배자를 찾았고, 지금도 그들을 찾고 있다. 그러면 하느님 아버지는 언제 그들을 발견할 것인가? 그것은 모든 사람이 궁극적으로 갈증을 풀어주지 못하는 샘에서 물을 긷다 지쳐 예수를 찾으며 "주여, 제가 이 샘에 와서 물을 길을 필요가 없는, 목이 마르지 않는 물을 주소서!"하고 말할 때이다. 라므네

3

그리스도는 '영원한 것은 내세적인 것'이 아니라 다만 '눈에 띄지 않는 것'이며, 영원은 사람들이 시간이라는 강의 흐름을 따라 흘러가는 바다가 아니라, 그것은 지금 그들을 에워싸고 있고, 그 존재를 느끼는 정도에 비례하여 사람

들의 진실한 생활이 있다는 것을 우리에게 알리기 위해 이 세상에 온 것이다. 그리스도는 인간에게 하느님은 저 먼 구름 위에 있는 우연적이고 추상적인 존재가 아니며, 하느님은 사람들이 그 안에서 살고 그 안에서 움직이는 것이며, 하느님이 사랑하는 예배는 교회에서 거행되는 장엄한 의식이 아니라 자비와 공정과 겸양과 사랑이라는 것을 가르쳐 주려고 온 것이다.　　　　파라르

4

하느님은 영적인 분이시다. 그러므로 예배하는 사람들은 영적으로 참되게 하느님께 예배드려야 한다.　　　　　　　　　　요한복음 제4장 24절

5

몸을 굽히거나 펴고 움직일 뿐인 종교는 격투기를 훈련하는 것보다 못하다.

마음속에서 신을 보지 못하고 말만으로 신에 대한 믿음을 과시하지 말라.

현재의 삶을 거부하는 것이 이롭다고 말하는 신앙은 거짓된 신앙이다. 영원한 삶이 현재의 삶 속에서 시작되는 것은 자명한 일이다.

완벽한 경지에 도달한 인간은 영혼과 만물 사이, 자기와 남 사이에 아무런 차별을 두지 않는다.

모든 인간 중에 자신의 마음속에서 신을 의식하는 자만을 성자라고 할 수 있다. 너 자신을 알면 너는 신이 될 것이다. 생명의 근원이 지금 네 영혼 속에 있음을 알지 못하고, 어딘가 다른 곳에 그것이 있다고 생각하고 헤매느냐? 그것은 마치 대낮에 촛불을 켜는 어리석음과 같다.　　　　인도의 푸라나

6

영혼을 구원하기 위해 반드시 육체로서의 그리스도를 인정해야 하는 것은 아니다. 그러나 영혼을 구원하기 위해서는 절대적으로 하느님의 아들을, 다시 말하면 만물 속에서, 특히 인간의 영혼 속에서, 예수 그리스도 속에 나타나고 있는 영원한 하느님의 예지를 최대한 인정하지 않으면 안 된다. 그 예지가 없으면 어느 누구도 최상의 행복에 도달할 수 없다. 왜냐하면, 그것만이 우리에게 무엇이 진실이고 거짓인지, 또 무엇이 선이고 악인지 일러주기 때문이다. 스피노자

너의 신앙에서 모든 육체적인 것, 눈에 보이는 것, 손으로 만질 수 있는 것을 버리는 것을 두려워하지 말라. 네 신앙의 정신적 핵심을 정화하면 정화할수록 그것은 너에게 더욱 확고부동한 것이 될 것이다.

7월 27일

1

지식은 수단이지 목적이 아니다.

2

사람들이 참되게 아는 것이 적은 이유는, 원래 우리에게 그것을 알 수 있는 능력이 주어져 있지 않은 것, 즉 하느님과 영원, 영혼 같은 것이나, 그다지 생각할 필요도 없는 '물은 어떻게 어는가, 수의 이론은 어떤 것인가, 어떤 질병은 어떤 박테리아와 관련이 있는가'와 같은 것을 알려고 허둥대고 있기 때문이다.

진정한 지식의 길은 오직 하나, 인간은 어떻게 살아야 하는가를 아는 것뿐이다.

3

발에 가시가 박히면 다른 가시를 가지고 그것을 뽑는다. 그리고 가시가 빠지면 둘 다 버린다. 이와 같이 지식도 신적인 '자아'의 시야를 가리는 미망을 제거하기 위해서만 필요하며, 지식 그 자체는 별로 대단한 것이 아니다. 그것은 단순히 수단에 불과하다.
바라문의 잠언

4

"아, 나처럼 불행한 사람이 또 있을까! 나는 훌륭하고 유익한 책을 읽고 싶은데 그것도 하지 못한 채, 이렇게 귀찮은 인간의 부탁이나 들어 줘야 하다니."

"하지만, 과연?" 하고 나는 거기에 대해 말하고 싶다. 누군가가 너에게 도움을 청할 때 책만 읽고 있는 것이 네가 할 일이란 말인가? 네가 진지하게 생각해야 할 것은 오직 한 가지, 신은 지금 네가 무엇을 하고, 또 무엇을 하지 않기를 원하는가 하는 사실이다. 신은 조금 전까지는 네가 고독 속에서 자기 자신과 대화를 나누며 책을 읽고 글을 쓰고 앞으로의 선행을 준비하기를 원했다. 그런데 오늘은 너에게, 네가 행동으로 도와주어야 할 사람들을 너에게 보냈다. 그 일에 대해 신은 말하자면 다음과 같이 말한 것이다. "너는 이제 고독에서 나와 그동안 배운 바를 실천을 통해 보여주어라. 왜냐하면 지금이 바로 네가 읽고 사색한 내용이 얼마나 도움이 되는지 알아야 할 때이기 때문이다."

귀찮아 하지 말라. 사람들이 네가 책을 읽는 것을 방해한다고 불평하지 말라. 만약 그들이 없으면, 도대체 너는 누구에게 봉사해야 한단 말이냐? 무엇을 위해, 어떻게 더 많은 사람에게 봉사해야 하는지에 대해 쓴 책을 읽는단 말이냐?

에픽테토스

5

학문은 종교의 확립을 위해 사용돼야 하며, 부의 획득을 위해 사용되어서는 안 된다.

사디

6

지식을 얻어도 그것을 활용하지 않는 사람은 밭을 갈아 놓고 씨앗을 뿌리지 않는 사람과 같다.

7

인생에서 지식이 가장 중요하다고 생각하는 사람은, 등불에 날아들어 자기 몸을 태워서 불을 끄는 나방과 같다.

8

학자라는 말은, 누군가가 무언가를 많이 공부했다는 것을 뜻할 뿐이지, 그 사람이 무언가를 끝까지 밝혀냈다는 것을 뜻하는 것은 아니다. 리히텐베르크

9

인생의 목적은 신의 법칙을 지키는 것이지, 결코 지식을 얻는 것이 아니다.

7월 28일

1

자기완성에는 항상 회개가 선행되어야 한다. 자신은 회개할 필요가 없다고 생각하는 사람은 화를 입게 될 것이다.

2

악의 원인을 우리 외부에서 찾는 것은 위험하다. 그렇게 되면 회개는 불가능해진다.

로버트슨

3

가장 철저하게 원수진 사람까지 네 마음속의 모든 것을 믿을 수 있는 삶을 살아야 한다.

세네카

4

자신의 잘못을 인정하지 않는 것은 결국 더 큰 잘못을 키우는 것이다.

5

만일 어떤 사람이 불행할 때, 그가 가장 먼저 해야 할 일은 무엇일까? 다른 사람을 비난하거나 자신의 처지를 한탄해야 할까? 이 세상 전체를 불평과 비난으로 채워야 할까? 물론 아니다. 도덕을 가르치는 스승들은 모두 자신 이외의 누구도 비난하지 말라고 가르친다. 불행한 사람은 무엇보다 먼저 자신이 불행한 것은 자신의 어리석음 때문이라는 것을 인정해야 한다. 그가 만약 자연과 그 법칙에 충실하다면 자연은 그 불변의 법칙에 따라 그에게 선과 행복을 줄 것이다. 그러나 그가 자연의 법칙에 따르지 않으면, 자연도 더 이상 참지 못해 그를 버리고 "그 길이 아닌 다른 길을 통하지 않으면 너는 행복을 얻을 수 없다. 그 길은 너도 잘 알고 있듯이 오직 불행으로 이끌 뿐이다. 그 길에서 떠나라"고 얘기한다. 모든 도덕 교사가 우리에게, 스스로 뉘우치면서 자신을 향해 다음과 같이 말할 것을 권하고 있다.

"그래, 내 생각이 짧았다. 나는 신의 법칙을 어기고 거짓된 법칙, 즉 악마의

법칙에 따랐기 때문에 이렇게 불행해지고 만 것이다."   칼라일

6

내 마음은 무겁다. 나는 나의 긴 인생에서 아무도 행복하게 해주지 못했다. 내 친구도 가족도 나 자신조차도. 나는 참으로 많은 죄를 지었다. 나는 세 번의 큰 전쟁에 대해 책임이 있다. 나 때문에 80만 명이 넘는 사람들이 이슬로 사라졌다. 지금 그들을 위해 그 어머니, 형제, 자매, 그리고 뒤에 남겨진 아내들이 울고 있다. ……이 모든 것이 하느님과 나 사이를 가로막고 있는 것이다.

비스마르크

7

인간은 현재 자신이 어떤 단계에 있든지 가능한 한 빨리 무한한 자기완성을 목표로 나아가야 한다.

이레째 읽을거리

1. 뉘우침

악에 저항하지 않는다는 것은 악과 싸우지 않는다는 뜻이 아니다. 오히려 반대로 그것은 악과 싸우는 것이며, 그저 그 인간과 싸우는 것이 아니라 인간 속의 악과 부정을 상대로 싸우는 것, 악의 구렁텅이에 빠져 있는 인간을 동정하고 애정을 쏟으면서 그 악과 싸우는 것이다.

인간의 말과 행동은 그 사람의 사상에 좌우된다. 그러므로 악과의 싸움은 악을 행하고 있는 사람의 사상을 바꾸도록 노력하거나 그 마음에 변화를 일으키는 것이다. 그런 의미에서 악에 대한 헌신적인 투쟁의 가능성이 열리는 것이다. 자신의 마음속에서 그러한 위대한 업적과 자기희생의 의욕을 느끼는 사람들은, 혼자 가까운 형제들과 그 동료들을 찾아 그 소굴에 들어가서, 자신의 고뇌와 굴욕은 아랑곳하지 않고 목숨을 걸고, 악에 빠져 있는 형제들 속에 하느님의 아들을 다시 깨어나게 할 수 있다. 그 방법은 자신을 신에게 바치고 자신의 생명을 악을 행하는 자의 생명과 결합시켜, 일상생활의 기쁨은 사이좋게 나누고, 그가 행하려 하는 악한 일은 생명을 걸고 저지함으로써 내 몸을 신에게 바치는 것이다. 진리에 굶주려 있는 수많은 사람들에게 진리를 전할 수 있는 지극히 간단한 방법도 있고 많은 사람들이 이미 인류애라는 의식에 눈뜨고 있는 현대에 있어서, 그것은 참으로 위대한 정신에 의한 훌륭한 행위라고 해야 할 것이다. 그래서 언젠가는 모든 사람들이 신의 가르침을 받아, 지난날의 악인 대신, 단지 버림받음으로써 악을 행할 수밖에 없었던 병든 사람과 불행한 사람들의 모습을 볼 수 있게 되는 날이 올 것이다. 어쨌든 원수라는 것은 그와의 싸움에서 선의 힘이 분출할 때 비로소 극복할 수 있다.

악과의 싸움은 언제나 인류의 가장 뛰어난 대표자들의 몫이지, 오늘날의 체제에서처럼 경찰관이나 교도관, 공무원 같은 물욕과 허영, 오만, 위선, 불공평으로 똘똘 뭉친 사람들의 몫이 아니며, 그러한 현재의 체제하에서 악과 싸우고 있는 투사들은, 현재 자신들이 받는 막대한 봉급과 부당한 검은 돈, 관직과 훈장, 사람들을 눈 아래로 내려다보며 그들의 추종을 받는 온갖 사악으로 가득 찬 특권을 빼앗긴다면, 어제까지의 열렬한 투사와 진지한 논객의 모습은 당장 꼬리를 말고 어디론가 뿔뿔이 흩어져 달아날 것이다.

인간 속의 악을 제거하기 위해서는 그의 내부에 사상의 변화를 불러일으켜야 한다. 그리 바람직한 것은 아니지만 일단 기만에 의해서라도 사상의 변화는 일어날 수 있다. 그러나 폭력에 의해서는 절대로 변화될 수 없다.

사람들이 악인에게 저항하지 않을 때 거기에 뚜렷한 이점이 나타난다. 그것은 악으로 악을 갚지 않고 선으로 갚음으로써 상대방이 반성하게 되는 일이다. 반성에 의해 정화된 영혼이 우리에게 얼마나 크게 보답해주는지는 상상도 할 수 없을 정도이다.

우리가 악인에게 폭력과 형벌을 가한다면 우리는 정의에 목숨을 바쳐줄 한 사람을 잃게 될지도 모른다. 복음서에서도 '하늘나라의 천사들에게는 뉘우칠 것이 없는 아흔아홉 명의 의인보다 단 한 사람의 죄인한테서 얻는 기쁨이 더 크다'고 하지 않았는가. 만약 지금까지 무의미하게 살해당했고 또 현재 살해당하고 있는 범죄자들 전부는 아니더라도, 비록 백 명에 한 사람이라도 복역을 통해 자신의 죄를 속죄하며 괴로워한 자, 괴로워하고 있는 자가 있다면, 비록 천 명에 한 사람이라도 자신이 저지른 악에 대해 악으로 보답 받지 않고 끝까지 선으로 보답 받음으로써 크게 뉘우쳐 스스로 자신의 죄를 속죄할 방법을 찾는다면, 그 뉘우친 영혼이 우리에게 어떤 것을 줄지는 감히 상상도 할 수 없다.

어쩌면 먼 옛날에 신의 나라가 그 영광과 권능으로 우리에게 찾아와, 우리는 이미 오래 전에 지금 우리가 괴로워하며 신음하고 있는 불행의 어둠에서 탈출할 수 있었을지도 모른다. 그런데 우리는 악에 악으로 저항함으로써, 우리의 생활을 왜곡하고 균형을 잃어 정신생활을 해치는 것은 물론이고, 얻으려고 마음만 먹으면 얻을 수 있는, 상상할 수 없이 많은 것을 잃게 되는 것이다.

부카

2. 돌

두 여자가 장로에게 가르침을 받으러 찾아왔다. 한 여자는 자신을 큰 죄인이라 생각하고 있었다. 그녀는 젊었을 때 남편을 배신하고, 그것 때문에 줄곧 괴로워하고 있었다. 또 한 여자는 한평생 율법을 지키며 이렇다할 죄를 지었다고 생각하지 않았고 자신에게 만족하며 살고 있었다.

장로는 두 여자에게 지금까지 살아온 것에 대해 여러 가지를 물었다. 한 여자는 눈물을 흘리면서 자신의 죄를 고백했다. 그녀는 자신이 저지른 죄를 참으로 크다고 생각하고 아예 용서를 바라지도 않았다. 그런데 또 한 여자는 이렇다 할 죄를 저지른 기억이 없다고 말했다. 장로는 먼저 첫 번째 여자에게 말했다.

"하느님의 종이여, 울타리 밖에 나가 당신이 들 수 있는 한 큰 돌을 찾아 가지고 오시오……. 그리고 그대는," 하고 그는 큰 죄를 저지른 적이 없다는 여자에게 말했다. "그대는 가능한 한 많은 돌을 가져오되 작은 돌만 가져오시오."

여자들은 나가 장로가 시키는 대로 했다. 한 여자는 큰 돌을 한 개 가져오고 다른 여자는 작은 돌을 가득 채운 자루를 하나 가지고 왔다.

장로는 그 돌을 보고 여자들에게 말했다.

"이번에는 가지고 온 그 돌을 다시 가지고 가서 제 자리에 놓고 오시오."

여자들은 장로가 명령한 대로 하기 위해 밖으로 나갔다. 첫 번째 여자는 돌을 있었던 곳을 금방 찾아내어 그것을 제 자리에 놓았다. 그러나 다른 여자는 어디서 어떤 돌을 주웠는지 도무지 생각나지 않아서 시키는 대로 하지 못하고 다시 장로에게 되돌아왔다.

장로가 그녀에게 말했다.

"자, 죄라는 것도 그와 같소. 저 여인은 자신이 어디서 그 돌을 주웠는지 기억하고 있었기 때문에 그 크고 무거운 돌을 쉽게 제 자리에 가져다 놓을 수 있었고, 그대는 어디서 그 많은 작은 돌을 주웠는지 기억하지 못했기 때문에 그렇게 할 수 없었던 거요. 죄의 경우도 마찬가지요. 저 여인은 자신의 죄를 기억하고 남들의 비난과 스스로 양심의 가책을 겸허하게 견뎌냈기 때문에 죄의 결과에서도 해방될 수 있었던 거요.

그런데 그대는 작은 죄를 많이 짓고도 그것을 기억하지 못해 후회하기는커녕, 죄의 생활에 익숙해져서 오히려 남의 잘못을 비난하면서 스스로 점점 깊은 죄에 빠졌던 것이오."

우리는 모두 죄인이다. 그러므로 만약 회개하지 않는다면 우리는 모두 멸망하고 말 것이다.

7월 29일

1

필요한 것일수록 그것을 악용하면 커다란 폐해가 나타난다. 사람들의 불행의 대부분은 우리 인생에서 가장 귀중한 것, 즉 이성을 악용하는 데서 생기는 것이다.

2

신이 우리에게 영혼, 즉 이성을 준 것은, 우리가 신의 의지를 이해하고 그것을 실천하라는 뜻이었다. 그런데 우리는 그것을 자기만족을 위해 자기 마음대로 이용하고 있다.

3

이성이 악의 노예, 욕망의 수단, 허위의 옹호자가 될 때, 그것은 단순한 왜곡으로 끝나는 것이 아니라 병적으로 발전되어 진실과 허위, 선과 악, 옳고 그름조차 구별할 수 없게 된다.   채닝

4

만약 사람이 그 이성을 세계는 왜 존재하고, 자신은 왜 이 세상에 살고 있는가 하는 문제를 풀기 위해 사용한다면, 그는 일종의 구토감과 현기증 같은 것을 느낄 것이다. 인간의 지혜는 그 문제에 대한 해답을 줄 수 없다. 그것은 무엇을 의미할까? 그것은 인간에게 이성이 주어진 것은, 그러한 문제에 대답하기 위해서가 아니라, 그러한 문제를 제기하는 것 자체가 이성의 방황을 의미할 뿐이다. 이성은 다만, '어떻게 살 것인가' 하는 문제를 해결할 뿐이다. 그 해답은 명백하다. 즉, 나뿐만이 아니라 모든 사람이 다같이 행복하게 살아가는 것이다. 그 가능성은 나를 포함한 살아 있는 모든 것들에게 주어져 있다. 그 문제가 해결되면 '왜' '무엇 때문에'와 같은 질문은 의미를 잃게 된다.

5

자신의 이성을 불필요한 일에 사용하는 사람은, 어둠 속에서는 앞을 볼 수 있으나 햇빛 아래서는 아무것도 볼 수 없는 야행성 부엉이 같은 존재이다. 그

들의 지능은 공허한 학문의 유희에 사용될 때는 상당히 예리하지만, 진리의 빛 앞에서는 갑자기 아무것도 볼 수 없게 된다.　　　　　　　　피타크

6

깨어 있는 이에게 밤은 길고, 지쳐 있는 자에게는 지척도 천리다. 바른 진리를 알지 못하는 어리석은 사람에게 윤회는 길다.
(역주—법구경 '바보의 장')

7

이성의 사명은 진리를 밝히는 데 있다. 그러므로 이성을 진리의 은폐나 왜곡에 이용하는 것은 크나큰 잘못이다.

7월 30일

1

자신의 허물을 알고 있는 자만이 남의 허물에 너그럽다.

2

아들들아! 만약 누군가가 너희를 모욕하는 말을 하거든, 아랑곳도 하지 말고 생각도 하지 마라. 그러나 만약 너희가 남을 모욕하는 말을 하였다면 "우리가 못할 말이라도 했단 말이냐? 아무 일도 아니지 않은가. 별것도 아닌 걸 가지고"라고 말하면서 자신의 양심을 속여서는 안 된다. 결코 그렇게 생각하지 말고 자신의 행위를 돌아보며, 너희들 자신의 기도나 친구의 중재에 의해 너희가 모욕한 자와 완전한 화해를 이룰 때까지 마음을 놓아서는 안 된다. 탈무드

3

무슨 일이든 상대방의 입장에서 생각한다면, 우리가 그들에 대해 품고 있었던 증오의 감정에서 벗어날 수 있다. 또한 남을 자신의 처지에 놓고 생각할 수 있다면, 우리의 오만한 마음은 사라질 것이다.

4

남을 용서할 줄 모르는 사람은 자신이 건너야 할 다리를 파괴하는 사람과 같다. 왜냐하면 누구에게나 용서가 필요하기 때문이다.   허버트 경

5

어리석은 사람의 말에 대한 가장 좋은 대답은 침묵이다. 우리가 대답하는 한마디 한 마디는 반드시 우리에게 되돌아온다. 모욕으로 모욕을 갚는 것은 활활 타오르는 불길에 장작을 던지는 것과 같다. 자신을 모욕한 자에게 평온한 얼굴로 대하는 자는, 그것으로 이미 상대방을 극복한 것이다.

마호메트와 알리는 어느 날 한 남자를 만났는데, 그 남자는 자신이 알리에게 모욕을 당한 것으로 생각하고 그를 욕하기 시작했다. 알리는 그것을 참을성 있게 견디면서 상당히 오랫동안 듣고만 있다가, 드디어 더 이상 참지 못하고 상대방의 모욕에 대항하기 시작했다. 마호메트는 그 두 사람의 싸움을 굳이 말리지 않고 두 사람이 마음껏 서로 욕을 퍼부으며 싸울 테면 싸우라는 듯 그 자리를 떠났다. 한동안 싸우고 나자 알리가 마호메트를 뒤따라가 섭섭하다는 듯이 말했다. "왜 내가 그 교활한 놈으로부터 욕지거리를 듣고 있는데도 나를 두고 가버린 건가?" 그러자 마호메트는 이렇게 대답했다. "그 사람이 자네를 욕하는데도 자네가 침묵을 지키고 있을 때, 나는 자네를 에워싸고 있는 열 명의 천사들이 그 남자에게 대답하고 있는 것을 보았네. 그런데 자네가 그 남자에게 같이 욕을 하며 반격을 시작하자 천사들은 모두 자네 곁을 떠나더군. 그래서 나도 자네를 두고 떠나버린 걸세."   이슬람 전설

6

우리는 남의 잘못에 대해서는 쉽게 비난하지만, 자기 안에서도 언제나 그와 똑같은 잘못과 죄를 발견한다. 설령 그것과 같은 죄를 범한 기억이 없다 해도 잘 찾아보면 그보다 더 나쁜 죄를 발견할 수 있을 것이다.

7

깊은 강은 돌을 던져도 조용하다. 모욕을 당했을 때 몹시 흥분하는 신앙인은 강이 아닌 웅덩이다. 만일 네가 모욕을 당하거든 그것을 참고 견디며 상대

방을 용서함으로써 자신도 용서할 가치가 있는 사람이 되는 것이 현명하다. 우리는 모두 흙으로 돌아간다는 것을 생각하며 겸허하게 살자. 살이 타서 재가되기 전에 머리에 재를 뒤집어쓰고 참회하자.　　　　　　　　　　사디

8

잠시만 생각해도 우리는, 자기 안에서 인류에 대한 무언가의 죄를 발견할것이다. 비록 그것이 사회적 불평등 때문에 자신이 일종의 특권을 누리고, 이에 따라 다른 사람들은 더욱 빈곤을 겪게 되는 정도의 죄라 할지라도. 그것이우리에게, 자신의 공적만 내세우며 당연한 의무를 망각하는 것을 허락하지 않는다.　　　　　　　　　　칸트

7월 31일

1

만약 그리스도교도들이 진실하게 그들의 율법을 실천한다면 부자도 가난한사람도 전혀 없을 것이다.

2

한번은 어떤 사람이 예수께 와서 "선생님, 제가 무슨 선한 일을 해야 영원한생명을 얻겠습니까?" 하고 물었다. 예수께서는 "네가 완전한 사람이 되려거든가서 너의 재산을 다 팔아 가난한 사람들에게 나누어 주어라. 그러면 하늘에서 보화를 얻게 될 것이다. 그러니 내가 시키는 대로 하고 나서 나를 따라 오너라" 하셨다.　　　　　　　　　　마태복음 제19장 16, 21절

3

부자들은 남의 고통에 비정하고 냉담하다.　　　　　　　　　　탈무드

4

부자와 가난한 사람은 서로 동전의 양면과 같은 관계에 있다. 부유한 계급이 존재한다는 것 자체가 빈곤층이 존재하는 전제조건이 된다. 어리석은 사치는 무서운 빈곤과 연결되지 않을 수 없고 가난한 사람은 그 빈곤 때문에 그

어리석은 사치를 위해 봉사하지 않을 수 없다. 부자는 빼앗는 자이며 가난한 사람은 빼앗기는 자이다. 그래서 예수 그리스도는 항상 가난한 사람을 동정하고 부자를 질타했다. 그의 가르침에 의하면 빼앗는 자가 되느니 빼앗기는 자가 되는 것이 낫다. 그가 설교한 진리의 나라에는 부자도 가난한 사람도 존재하지 않는다.　　　　　　　　　　　　　　　　　　　　　　　헨리 조지

5

정말 무서운 것은 돈에 대한 욕심이다. 그것은 우리의 눈을 가리고 귀를 막으며, 우리를 야수보다 포악하게 하고, 양심이나 우정, 인간적인 교류, 자신의 영혼의 구원에 대해서도 생각하는 것을 허용하지 않는다. 그리하여 한꺼번에 모든 것을 빼앗아 사람들을 자신의 노예로 만든다. 그러한 비참한 노예상태 중에서도 가장 무서운 것은, 사람들이 그 노예상태를 즐기게 되어 그 같은 상태가 심하면 심할수록 더욱 만족을 느끼게 된다는 사실이다. 그렇기 때문에 그 질병은 여간해서 낫지 않고 그들 속의 야수도 얌전해지지 않는 것이다.

6

매우 부유한 사람들과 매우 가난한 사람들로 구성되어 있는 사회는 권력을 장악한 자들에게 간단하게 먹혀버린다. 매우 가난한 사람들에게는 저항할 수 있는 힘이 없고, 매우 부유한 사람들은 너무 큰 도박이라 모험을 할 수 없기 때문이다.　　　　　　　　　　　　　　　　　　　　　　　헨리 조지

7

부는 똥과 마찬가지로, 그것이 한 곳에 쌓여 있을 때에는 악취를 풍기지만, 널리 거름으로 뿌려지면 땅을 기름지게 한다.

8

그리스도교 사회에서 수천 명의 가난한 사람들 앞에서 자신의 부를 자랑하는 것은, 도덕적 감정이 극도로 마비되지 않고서는 불가능한 일이다.

8월

8월 1일

1

인간을 해방할 수 있는 것은 이성뿐이다. 인간의 생활은 비이성적일수록 자유롭지 못하게 된다.

2

어떻게 하면 완전한 자유를 손에 넣을 수 있을까? 그것을 위해서는 세상 사람들에게서 배울 것이 아니라, 스스로 선과 악을 구별하는 것을 배워야 한다.

세네카

3

만약 악을 원하지 않고 명예도 원하지 않는다면, 너는 어떠한 선행도 할 수 있다.

중국 금언

4

스스로 극복하는 것이야말로 남에게 지지 않을 수 있는 가장 좋은 방법이다. 자신을 억제하는 것이야말로 자신을 지배하는 주인을 두지 않을 수 있는 가장 좋은 방법이다.

동양 금언

5

어느 특정한 사상만 고집하는 것은 땅에 세운 말뚝에 자신을 끈으로 매어 놓는 것과 같다. 인간이 자유를 누리는 정도는 그 연결된 끈의 길이와 완전히 비례한다. 그러므로 만인의 행복이라는 이념에 자신을 연결한 자야말로 최대의 자유를 누릴 것이다.

류시 말로리

인생의 길을 찾고 생각하는 사람, 두려움에서 도덕률을 따르는 것이 아니라 그것이 당연하기 때문에 도덕률을 존중하고 이에 따르는 사람, 자신의 희망과 판단 외에 어떠한 권위에도 지배당하지 않는 사람, 그런 사람만이 자유롭게 살고 있다.

키케로

자신이 원하는 대로 살아가는 사람만이 자유로운 인간이라고 할 수 있다. 현자는 언제나 자기가 하고 싶은 대로 살아간다. 그는 자기가 얻을 수 있는 것만을 바라기 때문이다. 그러므로 오직 현자만이 자유롭다.

죄인이 되고 싶어하는 사람은 아무도 없다. 미망과 부정 속에서 살려는 사람도 아무도 없다. 특히 슬픔과 고통을 부르게 될 생활을 선택하는 사람은 아무도 없다. 추악하고 타락한 생활을 하고 싶어하는 사람도 없다.

그러므로 옳지 않은 생활을 하고 있는 사람들은 모두 자기가 원해서가 아니라 의지에 반해서 그렇게 하고 있을 뿐이다. 그들로서도 슬픔과 두려움을 바라지 않는데도 줄곧 괴로워하며 두려워하고 있다. 그들은 자신이 원하지 않는 것을 하고 있다. 따라서 그들은 자유롭지 않다.

현자 디오게네스는 말했다. "언제라도 죽을 각오가 되어 있는 자만이 자유롭다."

그는 또 페르시아 왕에게 이런 편지를 썼다. "당신은 물고기를 노예로 만들 수 없는 것과 마찬가지로, 진정으로 자유로운 사람들을 노예로 만들 수는 없소. 당신이 아무리 그들을 잡아 가두어도 그들은 당신의 노예가 되지는 않을 것이오. 만약 그들이 포로가 되어 그대로 죽어버린다면, 모처럼 그들을 잡아 가둔다 한들 무슨 득이 있겠소?"

바로 이것이 자유로운 인간의 말이다. 이러한 인간이야말로 진정한 자유가 어디에 있는지 알고 있다.

에픽테토스

우리는 정신적으로나 육체적으로 인간의 본성에 반하는 생활을 날조하여, 그 속에 빠져서 자유로워지고 싶어 허우적대고 있다.

순종도 그것이 선과 진실에 대한 것이면 더할 나위 없이 좋은 것이고, 그러나 그것이 나쁘고 거짓된 것에 대한 순종이라면, 반대로 그것은 인간적으로 지극히 비열하고 부끄러운 행위이다.　　　　　　　　　　　　　칼라일

10

번뇌의 불길에 몸을 내맡기는 자, 쾌락을 갈망하는 자는, 끊임없이 육욕을 불태우며 자신과 자신의 몸을 쇠사슬로 묶는다.

오직 마음의 평화만을 생각하고 자신의 마음을 깊이 되돌아보며, 사람들이 행복으로 보지 않는 곳에서 행복을 찾는 사람은 그 죽음의 쇠사슬을 끊고 영원히 그것을 버릴 것이다.　　　　　　　　　　　　　불교의 금언

11

자유는 자유를 찾는 노력에 의해서가 아니라 진리를 탐구함으로써 얻어진다. 자유는 목적이 아니라 결과일 뿐이다.

12

자유는 누가 누구에게 주는 것이 아니다. 누구든지 스스로 자신을 자유롭게 하는 수밖에 없다.

8월 2일

1

만약 인간이 육체적 존재에 지나지 않는다면 죽음은 모든 것의 끝이다. 그러나 인간이 정신적 존재이고 육체는 그 정신적인 존재의 일시적인 집이라고 한다면 죽음은 단지 하나의 작은 변화에 지나지 않는다.

2

우리의 육체에는 우리가 영혼이라고 부르는 정신적 본원이 담겨 있다. 이 육체라는 집은 마치 그릇이 그 안에 담긴 액체와 기체에 일정한 형태를 주듯이, 거기에 사는 정신적 본원에 형태를 준다. 그릇이 깨지면 그 안에 담겨 있던 것

은 원래의 모습을 잃어버리고 흘러버린다. 그것이 뭔가 다른 것과 결합하는지 아니면 새로운 모습으로 바뀌는지 우리는 알 길이 없다. 다만 확실하게 알 수 있는 것은 육체라는 집이 부서졌기 때문에 그 안에서 살았던 때의 모습을 잃어버린다는 사실이다. 거기에 담겨 있던 것이 어떻게 되는지에 대해서는 전혀 알 수 없다. 사후의 영혼은 뭔가 지금까지와 다른 말로 표현할 수 없는 어떤 것이 된다.

3

자신은 영원히 산다고 주장하던 에머슨에게 누가 찾아와 물었다.
"하지만 세상이 끝나면 어떻게 됩니까?"
그 질문에 대해 그는 대답했다. "내가 영원히 살기 때문에 이 세계가 꼭 필요한 것은 아니다."

4

겸허는 삶에 있어서뿐만 아니라 죽음에 있어서도 필요하다. 신의 집에 들어가기 위해서는 사람들에 대해, 자기 자신에 대해 겸허하지 않으면 안 된다. 자신의 육체를 버려야만 신과 하나가 될 수 있다. 자기를 부정하면 할수록 죽음은 편안한 것이 된다.

5

죽음은 우리의 끊임없는 생성과 발전 속의 단 한 걸음에 지나지 않는다. 출생 역시 그러한 한 걸음이었다. 그 둘의 차이라고 하면, 출생은 어떤 한 존재 형태의 죽음이며, 죽음은 다른 존재 형태의 출생이라는 것이다.

죽는 자에게는 죽음은 행복한 것이다. 그는 죽음으로서 영원히 죽지 않는 존재가 된다. 나는 어떤 사람들처럼 그 변화를 두려움을 가지고 바라볼 수는 없다. 내 생각으로는 죽음은 더 좋은 것으로의 변화이다. 죽음에 대한 준비를 운운하는 것은 어리석은 일이 아닐까?

우리가 할 일은 사는 일이다. 사는 법을 아는 자는 죽는 법도 잘 알 것이다. 나는 살기를 바란다. 우리의 영혼은 우리에게 결코 죽음을 말하지 않는다. 감각은 죽는다. 그리고 그 감각이 죽음을 만들어내고 있다. 따라서 이성이 있는

사람들에게 어찌 죽음을 두려워해야 할 이유가 있을까? 파커

6

임종이 우리에게 주는 것은 사멸이 아니라 변화이다. 키케로

7

죽음은, 그 자체로 사는 정신적인 존재인 영혼을 그것이 살고 있는 육체적, 자아적인 조건으로부터 해방하는 일이다.

8

정신적인 삶을 사는 자에게는 죽음이 존재하지 않는다.

8월 3일

1

우리는 우리가 행한 선과 악에 대한 대가를 시간 속에서 찾지만 종종 그것을 찾지 못할 때가 있다. 그러나 선과 악이 행해지는 것은 원래 시간을 초월한 정신적 영역에서이며, 그 영역에서는 비록 그 대가의 표시가 겉으로 보이지 않더라도, 우리의 양심 속에는 틀림없이 의식되고 있다.

2

부끄러움을 모르는 자, 허풍쟁이, 교활한 사람, 부당한 비방을 일삼는 자, 뻔뻔하고 불손한 자, 불량배들의 생활은 편안해 보이고, 끊임없이 순결한 삶을 목표로 노력하고, 늘 온화하며, 사려 깊고, 욕심 없는 자의 삶은 고단해 보인다. 하지만 그것은 단지 그렇게 보일 뿐이다. 전자는 언제나 불안과 동요 속에 있고 후자는 언제나 평화롭다. 부처의 금언

3

아무리 사소한 일이라도 선은 서두르는 것이 좋고, 모든 죄악으로부터는 빨리 달아나는 것이 좋다. 왜냐하면 하나의 선한 일은 다른 선한 일을 부르고, 하나의 죄악은 다른 죄악을 부르기 때문이다. 즉 선한 일의 대가는 선한 일이

고, 죄악의 대가는 죄악이다.   탈무드

4

진정한 형벌은 네가 누릴 수 있었을지도 모르는 커다란 행복을 무심하게 놓쳐버렸다는 의식 속에 있다. 그 이상의 형벌은 기대하지 말라. 그것보다 더 끔찍한 형벌은 있을 수 없으므로.

5

너는 악의 원인을 찾고 있으나, 그것은 오직 네 안에 있을 뿐이다.   루소

6

너희가 남에게 행하고 있는 것은 모두 자기 자신에게 행하는 것이다. 그렇기 때문에 모든 자선 행위는 네 안에 선한 마음을 불러일으키고, 잔학 행위는 악한 마음을 불러일으킨다.   류시 말로리

7

상대를 고르지 말고 선을 행하라. 어느 누구에게 선을 베풀어도 그것은 네 스스로 그렇게 한 것이다.

8

선을 베푸는 것이야말로 틀림없이 우리에게 행복을 주는 유일한 행위이다.

9

뿌린 것은 거두어야 한다. 남을 때리면 너도 반드시 괴롭다. 네가 한평생 사람들을 위해 봉사하면서 산다면, 아무리 달아나도 그것에 대한 보상에서 끝까지 도망칠 수는 없다.   에머슨

10

네가 누군가에게 선을 베풀면 그 선이 결실을 맺을 텐데, 어찌하여 너는 선행에 대한 칭찬과 대가를 구하는 것이냐?   마르쿠스 아우렐리우스

선에 대해 눈에 보이는 대가를 바라지 말라. 그것은 네 양심 속에 이미 주어져 있다. 그리고 자신이 행한 악에 대한 대가가 눈에 보이지 않는다고 해서 없는 것으로 생각해서는 안 된다. 그것은 이미 네 마음속에 있다. 네 마음의 고통을 다른 원인으로 돌린다면 그것은 잘못된 것이다.

8월 4일

1

자기 부정은 자기 자신을 부정하는 것이 아니라, 자신 속의 동물적인 부분을 부정하는 것이다.

2

인간은 누구나 마음속에 전 인류의 삶을 의식하고 있다. 그것은 마음속 깊이 잠재된 상태로 분명히 존재한다. 그러므로 사람은 조만간에 이 더 큰 생명을 의식하지 않을 수 없다.

그의 마음에서 나오는 자아의 부정은 즉시 그가 이제부터 시작하려는 더욱 높은 삶으로 보상받는다.

사람은 고립된 자아를 부정해야 비로소 진정한 생명을 지니는 개성이 되고, 다른 존재의 생명을 자신의 생명으로 인정함으로써 자신의 내부에 무한하고 영원한 생명을 의식할 수 있다.　　　　　　　　　　　　　　　　　카펜터

3

오로지 자신만을 생각하고 무슨 일에 있어서나 자신의 이익을 추구하는 사람은 결코 행복해질 수 없다. 자신을 위해 살고 싶다면 남을 위해 살아야 한다.

세네카

4

인간이 알 수 있는 가장 큰 행복은 자기부정과 사랑의 경지이다. 이성은 이 행복에 도달할 수 있는 오직 하나의 길을 인간에게 계시하고, 감정은 인간을 그 길로 향하게 한다.

5

많은 사람들은 자신의 인생에서 자아와 그것에 대한 사랑을 빼면 아무것도 남지 않는다고 생각한다. 그들은 자아가 없으면 생명도 없다고 생각하는 것이다. 그러나 자기 부정의 기쁨을 경험한 적이 없는 사람들만 그렇게 생각할 뿐이다. 자아의 생활을 버리고 그것을 부정한다면 우리는 더 나은 삶의 최상의 행복, 즉 사랑을 알게 될 것이다.

6

참된 삶은 자기 부정과 함께 시작된다.   칼라일

7

네 마음속의 등불이 꺼지면 어둠이 너의 길을 뒤덮을 것이다. 그 무서운 어둠을 조심하라. 그대의 마음속에서 모든 이기심이 사라지지 않는 한, 이성의 어떠한 빛도 네 마음에서 생기는 어둠을 몰아낼 수 없다.   바라문의 금언

8

개인의 행복을 목표로 노력하는 것은 우리 내부의 동물적인 자아를 지속시키는 것에 지나지 않는다. 참다운 인간 생활은 동물적 자아를 부정함으로써 비로소 시작된다.   아미엘

9

사람들에게 많이 주고 자신은 적게 가지려는 사람일수록 선한 사람이고, 남에게는 적게 주고 자기가 더 많이 가지려는 사람일수록 나쁜 사람이다. 그러나 현대인들은 그렇게 생각하지 않는다. 그들은 온갖 교활한 논리를 갖다 붙여 변명하지만, 소박한 사람이라면 누구나 당연히 알 수 있는 이치를 모른다. 그들의 주장에 의하면, 사치품의 사용을 삼가야 할 필요가 전혀 없는 노동자의 처지를 동정하고, 그들의 이익을 위해 얘기하고 책을 쓰는 것은 좋지만, 그와 동시에 노동자를 파멸시키는 가혹한 노동을 계속해서 이용해도 좋다는 것이다.

우리가 자기 부정이라고 하는 것은, 동물적 자아에서 정신적 '자아'로 의식을 옮겨가는 결과에 지나지 않는다. 이렇게 의식이 옮겨가면, 그때까지는 부정이라고 생각되었던 것이 꼭 부정인 것이 아니라, 단지 필요 없는 것으로부터 당연히 떠나는 것에 지나지 않는다고 여기게 되는 것이다.

이레째 읽을거리

1. 큰곰자리

아득한 옛날 지상에 큰 가뭄이 찾아왔다. 크고 작은 강과 우물이라는 우물은 모두 말라버렸고, 나무와 숲과 풀도 타들어가고, 사람과 동물도 목이 말라 죽어갔다.

어느 날 밤 한 소녀가 병에 걸린 어머니에게 드릴 물을 찾아 국자를 들고 집을 나섰다. 하지만 소녀는 어디에서도 물을 찾지 못하고, 지칠 대로 지쳐 들판의 풀 위에 누워 잠이 들고 말았다. 소녀는 잠에서 깨어 다시 국자를 들다가 하마터면 물을 엎지를 뻔했다. 국자에 맑고 깨끗한 물이 가득 담겨 있었던 것이다. 소녀는 뛸 듯이 기뻐하면서 자기도 모르게 그 물을 마시려고 입을 가져가다가, 그러면 어머니에게 드릴 물이 모자란다는 것을 생각하고 국자를 들고 집으로 달려갔다. 너무 급해서 발밑에 개가 있는 줄도 모르고 그 개에 걸려 그만 국자를 놓치고 말았다. 개는 처량하게 짖어댔다. 소녀는 다시 국자를 움켜잡았다.

그런데 물이 엎질러졌을 줄 알았지만, 이상하게도 국자가 바닥을 아래로 하여 똑바로 떨어져 물이 그대로 가득 들어 있는 게 아닌가. 소녀가 손에 물을 부어 개에게 주자, 개는 그것을 한 방울도 남기지 않고 핥아먹고는 금세 기운을 되찾았다. 소녀가 다시 국자를 들었을 때, 나무국자였던 것이 어느새 은국자로 바뀌어 있었다.

소녀는 국자를 들고 집에 가서 어머니에게 드렸다. 어머니는 "나는 어차피 죽을 몸이니 네가 마셔라" 하면서 국자를 소녀에게 다시 주었다. 그 순간 국자는 은에서 금으로 바뀌었다. 소녀가 더 이상 참지 못하고 국자에 입을 대려는 순간, 지나가던 나그네가 들어와서 물을 마시게 해달라고 사정했다. 소녀는 침을 삼키면서 국자를 노인에게 건네주었다. 그러자 갑자기 국자 위에 일곱 개의 커다란 다이아몬드가 나타나더니, 맑고 시원한 물이 강물처럼 흘러나오기 시작했다.

일곱 개의 다이아몬드는 하늘 높이 올라가서 '큰곰자리'가 되었다.

2. 참새

나는 사냥에서 돌아와 정원의 오솔길을 걷고 있었다. 개는 앞장서서 뛰어갔다.

별안간 개가 걸음을 늦추더니 눈앞에 사냥감을 보았는지 살금살금 다가가기 시작했다. 오솔길 저쪽을 보니 부리 주위가 노랗고 머리에 솜털이 나 있는 새끼참새 한 마리가 있었다. 거센 바람이 자작나무를 흔들어, 새끼참새가 둥지에서 떨어진 것이다. 새끼참새는 아직 채 자라지 않은 어린 날개를 힘없이 파닥거리면서 한 곳에 가만히 웅크리고 있었다.

개가 천천히 새끼참새에게 다가가자, 별안간 옆에 있는 나무 위에서 가슴이 검은 어미 참새가 개의 코끝을 향해 돌멩이처럼 날아와, 온몸의 털을 곤두세우고 미친 듯 필사적으로 애처로운 소리를 지르면서, 이빨을 드러낸 개의 입을 향해 두어 번 달려들었다.

새끼를 구하려고 온몸으로 막아내는 어미 참새의 작은 몸뚱이는 공포로 떨리고 있었고 울음소리도 이상하게 높고 날카로웠다. 새끼를 대신해 자신이 죽으려 하는 것이다! 어미 참새에게는 내 개가 얼마나 거대한 괴물로 보였을 것인가! 그래도 어미새는 높고 안전한 나뭇가지에 가만히 앉아 있을 수가 없었다. 자신의 의지보다 더 강한 어떤 힘이 어미새를 그 나뭇가지에서 뛰어내리게 한 것이다.

개는 걸음을 멈추며 약간 주춤했다. 개도 어떤 힘을 느낀 모양이었다. 나는 얼른 주저하고 있는 개를 불러, 마음속에 감동을 느끼면서 그 자리를 떠났다.

그렇다, 나는 그 작은 새의 용기에, 그 사랑의 충동에 감동하며 생각했다.

'사랑은 죽음보다, 죽음의 공포보다 강하다. 오직 그것에 의해서만, 오직 사랑에 의해서만 생명은 유지되고 움직이는 것이다.'

투르게네프

3. 쿠나라의 눈

아쇼카 왕에게 '쿠나라'라는 이름의 왕자가 있었다. 그런 이름이 붙여진 것은 그가 깜짝 놀랄 만큼 아름다운 눈을 가지고 있었는데 그 눈이 마치 쿠나라라는 새의 눈과 같았기 때문이다. 그는 궁전에서 멀리 떨어진 곳에서 살며 신과 영원에 대한 명상에 빠져 있었다. 그때, 왕의 한 왕비(계모)가 그를 사모했으나 그는 그 사랑을 거절했다. 왕비는 그것을 자신에 대한 모욕으로 받아들이고 복수할 것을 결심했다. 그가 먼 곳에 파견됐을 때, 그녀는 계략을 짜내 왕의 상아 옥새를 훔쳐내고, 왕자의 눈을 도려내라는 명령서를 만들어 거기에 옥새를 찍은 뒤 지방 장관에게 보냈다.

명령서를 받은 지방 장관은 그것을 차마 실행할 결심이 서지 않았지만, 왕자가 스스로 그것을 요구했다. 왕자의 눈을 도려낼 사람이 나타났다. 많은 사람들이 눈물을 흘리는 가운데, 쿠나라의 한쪽 눈을 도려내자 왕자는 자기 눈을 손에 받아놓고 말했다.

"오! 이 천덕꾸러기 같은 둥근 고깃덩이야! 무엇 때문에 너는 지금까지 보고 있었던 것을 더 이상 보려 하지 않는 것이냐? 너를 존중하며 너를 바로 나라고 생각한 사람들을 그동안 얼마나 속이고 현혹시켰는지 아느냐!"

또 하나의 눈을 도려냈을 때, 그는 또 말했다.

"고깃덩이 눈, 사람들의 선망의 대상이었던 것이 이제 내게서 사라졌구나. 그렇지만 나는 완전하고 맑은 진리의 눈을 얻었노라. 왕께서는 더 이상 나를 자신의 아들로 인정하지 않으시겠지만, 나는 하늘에 있는 왕, 즉 진리의 아들이 되었다. 나는 고통과 슬픔으로 가득 찬 왕국을 잃은 대신, 모든 고뇌와 비애를 소멸시키는 진리의 왕국을 얻었노라."

자신이 눈을 잃은 것은 왕비의 명령 때문이었다는 사실을 알았을 때 왕자는 이렇게 말했다.

"명령서를 보낸 왕비께서 앞으로도 오래오래 장수하시고 행복하시기를! 왕비님 덕분에 상상할 수 없는 큰 행복을 누리게 되었으니."

두 눈을 잃은 그는 노래를 부르고 비파를 뜯으면서 아내와 함께 곳곳을 걸어 다녔다. 그가 자신의 아버지가 있는 성문 앞에 다다라 그 왕궁의 창문 밑에서 노래를 부르자, 왕은 아들의 목소리를 알아듣고 그를 자기에게 데려오라고 명령했다. 왕은 아들이 왕비의 명령으로 눈을 잃은 것을 알고, 그녀를 처형하라고 명령했다. 그러나 쿠나라는 왕에게 이렇게 말했다.

"왕이시여! 왕비가 아무리 비열한 행동을 해도 당신께서는 고결하게 행동하십시오. 가장 큰 덕행은 인자함입니다. 저는 전혀 분노를 느끼지 않습니다. 저는 제 눈을 도려내라고 명령하신 어머니를 위해 오로지 선을 기원하고 있습니다. 다만 솔직하게 말씀드리자면, 저도 제 눈이 원래대로 돌아가면 좋겠다고 생각하고는 있습니다."

그렇게 말한 순간, 그의 눈은 다시 아름답고 신비로운 빛을 발하기 시작했다.

불교의 전설

8월 5일

1

해롭고 거짓된 의견은 대부분 암시에 의해 퍼지고 암시에 의해 유지된다.

2

우리는 자신과 함께 살고 있는 사람들이 공유하는 견해와 사상을, 자칫하면 자신의 것으로 생각하기 쉽고, 그 사상을 더욱 넓히고 더욱 심화시키려고 노력하지 않는다. 그래서 우리의 성격과 삶도 매우 보잘것없는 것이 되고 만다.

3

영혼은 다른 영혼의 영향을 받기 쉽다. 그러므로 인간은 오직 혼자 있을 때 완전히 자유롭다.

4

우리는 세상 속에서는 여론을 좇아 살다가 혼자 살 때 비로소 자신의 생각대로 살기 쉽다. 그러나 사람들 속에 있을 때도 혼자 있을 때처럼 온후함과 독자성을 유지할 수 있는 사람이 강한 사람이다.   에머슨

5

"복되어라. 악을 꾸미는 자리에 가지 아니하고, 죄인들의 길을 거닐지 아니하며, 조소하는 자들과 어울리지 아니하는 자는 안될 일이 없다."(시편 제1편 제1절).

좋은 본보기만큼 전염성이 강한 것은 없다. 좋은 본보기의 영향은 예전에는 생각지도 못한 좋은 행위를 하게 해준다.

6

너를 모욕하려는 자의 기분에 끌려가지 말라. 그가 너를 끌고 가려는 길에 발을 들여놓지 말라.   마르쿠스 아우렐리우스

사람은 아무리 나쁜 생활방식에도 익숙해질 수 있다. 특히 주위에 있는 모든 사람들이 그렇게 살고 있을 때는 더욱 그렇다.

내가 얼마나 자주 비굴하게 자신의 신념을 저버리고, 낡아서 이미 화석처럼 된 옛날의 제도와 습관에 얼마나 무분별하게 굴종했는지 생각하면 부끄러워서 견딜 수가 없다. 　　　　　　　　　　　　　　　　　에머슨

암시에 의해 확산된 잘못된 관념과 해로운 풍조는 그것들을 감싸고 있는 현란함과 어마어마함에서도 알 수 있다. 진리는 외면적인 무대장치를 필요로 하지 않는다.

암시는 사회생활에서 없어서는 안 되는 조건이기는 하지만, 그것을 사용할 때는 아무리 조심해도 지나치지 않다. 도덕적인 사람은 남에게 영향을 미치는 자신의 언행에 대해 이중으로 엄격해진다.

8월 6일

각 개인의 경우이든 집단의 경우이든, 이성이야말로 인간의 삶에 유일한 지도자이다.

몸의 등불은 눈이다. 네 눈이 성하면 온 몸이 밝을 것이며 네 눈이 병들었으면 온 몸이 어두울 것이다. 그러니 네 안에 있는 빛이 어둠이 아닌지 잘 살펴보아라. 　　　　　　　　　　　　　루가복음 제11장 34~35절

대부분의 인간 생활을 보면, 역시 인간은 식물과 마찬가지로 여러 가지 양분을 흡수하며 성장하여, 지상에 종족을 남긴 뒤, 이윽고 늙고 병들어 죽도록 창조된 존재처럼 보인다. 그렇다면 인간은 모든 존재 중에서도 자신의 목적을 이루는 일이 가장 적은 존재이다. 왜냐하면, 인간은 목적을 위해 그 뛰어난 능력을 한껏 사용하고 있는데도, 다른 존재가 인간보다 훨씬 확실하고 훌륭하게 목적을 이루고 있기 때문이다. 그러므로 만약 인간이 단순한 동물적 생활이 아니라, 그가 그 가능성을 의식하고 있는, 인간 특유의 이성적 생활을 부분적으로도 실현시키지 않고, 또 언젠가는 완전히 실현시키겠다는 생각도 하지 않는다면, 진정한 예지자가 봤을 때, 인간은 모든 존재 중에서 가장 경멸해야 할 존재가 될 것이다.   칸트

우리는 모두 함께 살고 있으면서도 또한 따로따로 살고 있다. 인간도 따로따로 벌레들도 따로따로 산다. 그리고 그 개개의 존재들은 자신만이 살고 있다고 생각하며 모든 것을 자신만을 위해 추구하면서, 쉬지 않고 그 개별적 존재의 죽음과 멸망을 향해 다가가고 있다.

만약 이 세상에 이성이 없다면 이 같은 모순은 해결되지 않을 것이다. 그러나 인간의 내부에는 이성이 있어서 그것이 이 모순을 해결해준다.

5

이성적인 삶은 자신이 갈 길을 비춰줄 등불을 저만치 앞에 들고 가는 사람과 같다. 그 사람은 절대로 등불이 비춰주는 곳의 끝자락을 밟을 수는 없다. 불빛은 항상 앞으로 먼저 나아가기 때문이다. 이성적인 삶도 그와 마찬가지여서, 그런 삶에는 죽음이 존재하지 않는다. 왜냐하면 등불은 마지막 순간까지 쉬지 않고 빛나고 있고, 한평생 그랬던 것처럼 그 순간에도 고요한 마음으로 그 뒤를 따라갈 수 있기 때문이다.

어떤 사람들은 자신의 생각에 따라, 또 어떤 사람들은 남의 생각에 따라 행

동한다. 다만, 자신의 생각이 어느 정도이고 또 남의 생각이 어느 정도인 선에서 행동하는가가 인간의 커다란 갈림길이 된다. 어떤 사람들은 자신의 사상을 벨트에서 빠진 바퀴처럼 장난감 삼아 가지고 놀 뿐, 실제 행동에서는 습관과 전통과 법률을 따르지만, 어떤 사람들은 자신의 사상을 모든 행동의 중요한 추진력으로 생각하고, 자신의 이성적 요구에 귀 기울여 그 목소리에 따르되, 간혹 필요한 경우, 그것도 충분히 검토한 뒤에 남의 결정에 따른다.

7

인간은 누구나 인류 전체의 이성이 만들어낸 것을 이용해도 되고, 또 이용해야 마땅하지만, 동시에 자신의 이성으로 선인들이 만들어낸 진리를 검토해도 되고, 또 검토해야 마땅하다.

8월 7일

1

허영심이 강한 사람은 사람들에게 칭찬을 듣고 싶어한다. 칭찬을 들으려면 사람들에게 좋게 보이지 않으면 안 된다. 그런데, 사람들은 자기 마음에 드는 것을 좋아한다. 그리고 사람들이 좋아하는 것은 자기를 좋게 생각해주는 것이다. 그러므로 허영심의 만족만큼 우스운 것은 없는 셈이다.

2

부끄러워해야 할 일이 아닌 것을 부끄러워하고 부끄러워해야 할 것을 부끄러워하지 않는 자는 그릇된 생각 속을 헤매다가 그릇된 길로 들어가 자기를 망치게 된다.   부처의 금언

3

허영심이 강한 사람은 자신에 대한 생각으로 머릿속이 꽉 차 있어서 다른 것은 들어갈 틈이 없다.   펜

4

혼자서 아무리 허세를 부려 보았자 아무도 놀라주지 않는다.   속담

5

'남들 하는 대로 하는 것이 좋다.' 이것은 대부분의 경우, 나쁜 짓을 하는 것이 좋다는 뜻이 된다.　　　　　　　　　　　　　　　　라 브뤼에르

6

어떤 사람이 친구에게 왜 너는 너 자신이 공감하지도 않는 행동을 하느냐고 물었다.

"모든 사람이 그렇게 하기 때문이네." 친구가 대답했다.

"아니야, 모두는 아니지. 나만 해도 그렇게 하지 않고, 그밖에도 하지 않는 사람들이 있다는 것을 자네한테 보여줄 수 있어."

"그야 전부는 아닐지 몰라도 아주 많은 사람들, 세상 사람들 대부분이 그렇게 하고 있지 않나."

"그렇다면 묻겠는데, 세상에는 어느 쪽이 더 많을까, 현명한 사람하고 어리석은 사람하고."

"물론 어리석은 사람이지!"

"그렇다면 결국 자네는 어리석은 사람들을 흉내내고 있다는 뜻이 아닌가?"

7

남들에게 나를 실제 모습보다 더 좋게 보이려 하는 것은, 대부분의 경우, 내가 실제로 남에게 보여주고 싶은 수준의 사람이 되는 것 이상으로 어려운 일이다.　　　　　　　　　　　　　　　　리히텐베르크

8

머리가 나쁜 사람일수록 자만심이 강하다.　　　　　　　　　포프

9

예나 지금이나 마찬가지지만, 사람들은 침묵하는 자를 비웃고, 말이 많은 사람을 비웃고, 말이 적은 사람들을 비웃는다. 세상에 비웃음을 당하지 않는 사람은 아무도 없다.

항상 비난만 받고 있는 사람은, 항상 칭찬만 받는 자와 마찬가지로 옛날에

도 없었고, 지금도 없으며, 앞으로도 없을 것이다.　　　　부처의 금언, 법구경

10

세상 사람들의 여론만큼 잘못된 인생의 지침은 없다.

11

자만심에 빠지지 않고, 칭찬을 받고도 좋아하지 않는 것은 지극히 어려운
일이다.　　　　　　　　　　　　　　　　　　　　　　　　　아미엘

12

오만은 좀처럼 극복하기 어려운, 인간의 이상한 특성이다. 하나의 틈새를 막
으면 즉시 같은 오만이 다른 모습으로 다른 틈새에서 얼굴을 내밀고, 그 틈새
를 막았다고 생각하면 또 다른 틈새에서 얼굴을 내민다.　　　　리히텐베르크

13

우리가 남을 칭찬하는 것은 그들이 우리와 비슷한 경우에 한해서이다. 그러
므로 누군가를 존경한다는 것은 그 사람과 자기가 같다는 것을 뜻하는 경우
가 많다.　　　　　　　　　　　　　　　　　　　　　　　라 브뤼에르

14

진정한 덕행은 결코 자신의 그림자, 즉 자신의 명성을 돌아보지 않는다.

15

한 가지 사실을 두고 모든 사람이 다 좋게 생각하는 것이 아니며, 어떤 사람
들은 가장 좋다고 생각하는 것을 또 어떤 사람들은 나쁘게 생각한다. 그러므
로 세속적인 명성과 세상 사람들의 칭찬을 바라는 것은 참으로 어리석은 일
이다.

8월 8일

1

많은 사람들이 위대하다고 인정하는 작가들에게, 특별하고 예외적인 의의와 중요성을 부여하는 것은 진리의 인식에 큰 장애가 된다. 신의 진실은 극히 보통 사람들의 대화와 편지 속에는 물론이고, 어린이의 한 마디, 백치의 잠꼬대 속에도, 미치광이의 헛소리 속에도 나타날 수 있고, 위대하고 신성하다고 인정받고 있는 책에서도 지극히 빈약한 엉터리 사상을 만날 수 있다.

2

모든 사람들이 인정하는 의견일지라도, 우리가 그것에 대해 한 번도 진지하게 생각하지 않았기 때문에 의심하지 않을 수 없는 것이 많다. ᅠᅠᅠ로드

3

성서는 사도의 손으로 기록되었기 때문에 신성한 것이 아니라, 그 속에 진리가 들어 있기 때문에 신성하다고 생각해야 한다. 부처와 마호메트와 그 밖의 모든 사람이 얘기한 진리도 성서 속의 진리와 마찬가지로 중요하다.

4

현대의 법령 속에 존재하는 옛날의 낡은 법칙을 적용하자고 주장하는 것은 마치 현대인들에게 몇 세대 전에 조상들이 살던 집에서 살며 그때의 도구를 사용하도록 강요하는 것이나 다름없다. ᅠᅠᅠ류시 말로리

5

인류의 대부분에게 종교는 습관에 지나지 않는다. 아니, 오히려 습관이 종교라고 말해야 할 것이다. 이렇게 말하면 이상하게 들릴지도 모르지만, 나는 도덕적 완성을 향한 첫걸음은 자신이 그 속에서 자란 종교로부터 자기를 해방시키는 것이라고 굳게 믿는다. 그 과정을 통하지 않고서는 어느 누구도 완성을 향해 나아갈 수 없다.

6

성서, 코란, 우파니샤드 속에 표현되어 있는 사상은, 그것이 신성한 것으로 인정받고 있는 책 속에 표현되어 있기 때문에 진리인 것이 아니다. 신성한 것으로 여겨지는 책 속에 기록된 모든 것을 진리로 생각하는 것은 모든 우상 숭배보다도 더 해로운 우상 숭배이다.

7

모든 사상은 그것이 누구의 사상이든 비판의 대상이 되어야 하며, 또 주목해야 할 대상이 되어야 한다.

8월 9일

1

사람들이 저지르는 대부분의 악행은 악의에 의해서가 아니라 잘못 믿고 있는 사상에 의해 일어난다.

2

물질적 결과는 눈으로 볼 수 없는 힘이 나중에 나타난 것에 지나지 않는다. 대포 소리가 들려왔을 때 포탄은 이미 하늘을 날고 있다. 결정적인 것은 모두 사상 속에서 이루어지고 있다.   아미엘

3

마음에서 나오는 것은 살인, 간음, 음란, 도둑질, 거짓 증언, 모독과 같은 여러 가지 악한 생각들이다.   마태복음 제15장 19절

4

행위는 우리가 원하는 것처럼 선하지도 악하지도 않다.   보브나르그

5

모든 악행의 원천이 되는 생각은 모든 악행보다 훨씬 나쁘다. 나쁜 행위는 그것을 반복하지 않도록 할 수 있고 후회도 할 수 있지만, 나쁜 사상은 수많

은 나쁜 행위를 낳는다. 나쁜 행위는 모든 나쁜 행위로 가는 길을 열어줄 뿐이지만, 나쁜 생각은 선택의 여지없이 우리를 악한 길로 끌고 들어간다.

6

형태가 없는 생각은 먼 곳에서 조용히 다가와 우리 마음속에 깊이 숨어버린다. 이것을 극복하고 통제하는 사람은 유혹에서 벗어날 수 있다. 부처의 잠언

7

선한 생각은 결국 선한 행위로 이어진다.

8

모든 것은 사상과 관련되어 있다. 사상은 모든 것을 통제할 수 있다. 그러므로 가장 중요한 것은 자기완성이다. 다른 말로 하면 사상의 함양이다.

9

불행이 닥쳤을 때, 그 원인을 네 행위가 아닌 너를 그렇게 만든 사상 속에서 찾는 것이 현명하다. 마찬가지로 어떤 외적인 사건이 너를 슬프게 하거나 화나게 할 경우, 그 원인을 사람들의 행위 속에서 찾지 말고, 그 행위를 불러일으킨 사상 속에서 찾아야 한다.

8월 10일

1

'인간은 자유롭지 못하다. 왜냐하면 인간의 모든 행위에는 그보다 앞선 어떤 원인이 있기 때문이다'라는 말이 있다. 그러나 인간은 언제나 현재라는 시점에서 행동하고 있으며, 현재는 원래 시간의 밖에 있고, 과거와 미래라는 두 가지 시간의 접점에 불과하기 때문에, 현재의 시점에서는 인간은 언제나 자유로운 것이다.

2

사람들이 현자에게 인생에서 어떠한 때가 가장 중요한 때이고 어떠한 사람이 가장 중요한 사람이며, 어떠한 일이 가장 중요한 일이냐고 물었다.

현자의 대답은 이러했다. "가장 중요한 때는 오직 현재뿐이다. 왜냐하면 인간은 현재에만 자기 자신을 지배할 수 있기 때문이다."

"가장 중요한 사람은 지금 우리가 관계를 갖고 있는 상대방이다. 왜냐하면 그가 또 다른 누구와 관계를 갖게 될지 어떨지는 아무도 알 수 없기 때문이다."

"가장 중요한 일은 우리가 현재 관계를 갖고 있는 상대방을 사랑하는 마음을 가지고 대하는 일이다. 왜냐하면 인간은 오직 모든 사람들과 서로 사랑하기 위해 이 세상에 보내졌기 때문이다."

3

잃어버린 시간은 다시 돌아오지 않고, 이미 저질러진 악은 다시 주워담을 수 없다.

존 러스킨

4

우리는 자신의 영원성을 믿을 때 비로소 순간순간을 용기를 가지고 살 수 있다. 우리가 그 속에 우리의 영성에 대한 의식을 가지고 들어갈 때 비로소 아무리 사소한 의무도 결코 하찮게 보지 않게 될 것이다.

마르티노

5

인간이 가장 먼저 빠지는 일반적인 유혹은, 인생 그 자체가 아니라 인생에 대한 준비라는 유혹이다.

"내가 해야 할 의무와 내 영혼이 요구하는 것을 지금 잠깐 미루는 건 괜찮을 거야. 왜냐하면 아직 준비가 되어 있지 않으니까. 하지만 준비가 끝나면 그때부터 완벽하게 양심에 따라 생활해야지." 사람들은 스스로에게 이렇게 말한다.

이 유혹 속에 들어 있는 기만성은, 사람이 유일한 실생활인 현재를 떠나 원래 인간에게 속하지 않은 미래 속에 그것을 가지고 들어가려 한다는 점에 있다.

이 같은 유혹에 빠지지 않으려면, 사람에게는 원래 준비할 시간이 없으며, 비로 지금 자신의 모습 그대로 최선을 다해 살아야 한다는 것, 그에게 유일하게 필요한 것인 자기완성은 사랑의 완성이라는 것, 그리고 그 완성은 오직 현재에만 이루어질 수 있다는 것을 마음 깊이 새겨야 한다. 그러므로 그는 언제 어느 때 다른 사람에 대한 봉사가 불가능해지는 순간이 올지 알 수 없으며, 자신은 원래 순간순간 사람들에게 봉사하기 위해 이 세상에 태어났음을 인식하고, 오늘 당장 전력을 다하여 신을 위해, 다시 말하면 모든 사람을 위해 살지 않으면 안 된다.

6

현재란, 그곳에만 우리의 신적 본성이 나타나는 상태이다. 현재에 대해 경건하라. 신은 현재 속에 있다.

8월 11일

1

인간은 삶의 끝에서 홀로 죽어 가듯, 자신의 내면적, 정신적 생활에서도 항상 고독한 존재이다.

2

자원을 수입할 필요가 없는 나라는 가장 행복한 나라이다. 마찬가지로 내면의 풍요로움에 만족하며, 생존을 위해 외부로부터 조금밖에 필요하지 않거나 전혀 필요 없는 사람은 누구보다 행복한 사람이다. 외국에서 수입한 물건은 가격이 비싸고, 외국에 대한 의존을 낳으며, 위험을 부르고 불만을 불러, 결국 자기 나라의 생산품에 대한 나쁜 대체물의 역할밖에 하지 못한다. 타인이나 외부로부터는 어떤 일에 있어서든 많은 것을 기대해서는 안 된다. 어떤 사람이 남을 위해 할 수 있는 역할은 지극히 좁은 범위에 한정되어 있다. 궁극적으로는 모든 사람은 오직 자기 자신과 대면하게 되며, 그렇게 되면 문제는 그가 자기 자신과 대면하게 되었을 때, 그 대면하는 상대방, 즉 자기 자신은 '어떤 사람인가' 하는 것에 있다.

쇼펜하우어

3

　자신의 신상에 뭔가 불쾌한 일이 일어나거나 난처한 상황에 처했을 때, 우리는 종종 자신과 상관없는 외적인 것에 불쾌함과 번거로움을 느끼는 것은 우리 자신 속에 문제가 있기 때문이라는 생각은 하지 않고, 남을 탓하거나 운명을 한탄하기 쉽다.　　　　　　　　　　　　　　　　　　　에픽테토스

4

　인간에게는 자신이 만들어낸 것만이 진정한 자신의 것이다. 누구든, 자기 자신 속에 있는 것, 자기 속에서 자신의 생명과 함께 성장하는 것 외에는, 결코 영원한 선으로 생각해서는 안 된다.　　　　　　　　　　　　　　　　에머슨

5

　스스로 죄를 지으면 스스로 더러워지고, 스스로 죄를 짓지 않으면 스스로 깨끗하다. 깨끗함과 더러움은 자신에게 달려 있다. 아무도 남을 깨끗하게 할 수는 없다.　　　　　　　　　　　　　　　　　　법구경 '자신의 장'

6

　사람들의 가장 일반적이고 가장 해로운 미망은, 세상에 자신들의 자유와 행복을 방해하는 것이 있다고 생각하는 것이다.

7

　인간은 다른 사람이나 신이 자기를 도와주기를 바란다. 그러나 그 자신 외에는 아무도 그를 도와줄 수 없다. 왜냐하면 그를 도울 수 있는 것은 그의 선한 생활뿐이며 그것을 할 수 있는 것은 오직 자기 자신뿐이기 때문이다.

8

　사람은 각자 그 본질을 남에게 전할 수 없는 깊은 내면 생활이 있다. 때로는 그것을 사람들에게 전하고 싶어지지만, 곧 그것을 다른 사람에게 완전히 전하는 것은 불가능하다는 것을 느낀다. 그 욕구가 바로 신과의 교류에 대한 욕구이다. 그 교류를 확립하여, 다른 데서 구하지 않도록 하라.

이레째 읽을거리

고독

독신자들의 모임에서 즐거운 식사가 끝난 뒤, 내 옛 친구가 말했다. "엘리제 궁전의 광장을 거닐어 보지 않겠나?"

우리는 잎이 드문드문 달려 있는 나무들 사이의 긴 가로수 길을 천천히 걸어갔다. 끊임없이 술렁거리는 파리의 변함없는 희미한 소음 외에는 소리 하나 없었다. 서늘한 미풍이 얼굴을 어루만지고, 어두운 하늘에서는 무수한 금빛 별들이 가득히 빛나고 있었다.

친구가 입을 열었다.

"왜 그런지는 모르겠지만 밤에 이곳에 오면 다른 어디에 있는 것보다 마음이 가벼워지네. 뭔가 내 사상이 성장하는 것 같은 느낌이 들거든. 이따금 내 두뇌가 밝은 섬광을 받아 번쩍 하고 빛나는 순간, 신성한 인생의 비밀을 안 것 같은 느낌이 들지만, 이윽고 창문이 탁 하고 닫히면 그것으로 그만이지."

이따금 연인들의 그림자가 나무 사이에서 어른거리는 것이 보였다. 우리는 벤치 옆을 지나갔다. 그 벤치에 앉아 있는 한 쌍의 남녀는 하나의 검은 그림자처럼 보였다.

친구가 말을 이었다.

"불쌍한 사람들! 나는 저들에 대해 혐오가 아니라 한없는 연민을 느껴. 나는 인생의 온갖 비밀 가운데 오직 하나만을 터득할 수 있었네. 우리의 생존에 대한 고통은, 우리는 영원히 고독한 존재이며 우리가 하는 일은 모두 그 고독에서 벗어나기 위해서라는 사실이지. 보게, 저 밤하늘 아래 벤치에 앉아 있는 연인들도 우리와 마찬가지로, 모든 살아있는 것과 마찬가지로, 한 순간만이라도 자신의 고독에서 도망치고 싶어하지만, 그들도 역시 영원히 고독한 존재야. 마치 우리가 영원히 고독한 것처럼……."

"어떤 사람들은 그것을 강하게 느끼고 어떤 사람들은 약하게 느끼는 그 차이뿐이지."

"언제부턴가 나는 견딜 수 없는 고통을 느끼게 되었네. 나는 무서운 고독감을 뼈저리게 깨달았고, 그야말로 누구도, 세상의 어느 누구도 그 고독을 깰 수 없다는 것도 잘 알고 있어. 이해하겠나? 우리의 어떤 시도와 노력, 달콤한 속삭임, 포옹은 모두 쓸데없는 짓이라네. 우리는 항상 고독할 뿐이야."

"내가 자네에게 산책하자고 한 것은 집으로 돌아가고 싶지 않아서였네. 방 안에 혼자 있는 것이 견딜 수 없이 괴로워. 하지만 그런 건 아무래도 좋아. 내가 얘기하고 싶은 건, 자네는 지금 내 얘기를 들으면서 이렇게 나란히 걷고 있지만, 우리는 각자 외톨이라는 걸세. 이해하겠나?"

"성서에서는 '마음이 가난한 자는 행복하다'고 했네. 그들은 아직도 행복에 대한 환상을 잃어버리지 않고 있어. 그들은 아직 우리의 고독에 대한 슬픔을 모르고 있고, 나처럼 사람들과 그저 팔꿈치만 스치면서 자신의 영원한 고독을 이해하고 통찰하며, 그 고독이라는 의식 때문에 한없이 괴로워하면서 이기적인 만족을 느끼는 것 외에는 아무런 기쁨도 느끼지 못한 채 인생행로를 방황하지는 않지."

"자네는 내가 정신이 좀 이상하다고 생각할 거야, 그렇지?"

"하지만 잘 들어 보게. 나는 내 존재의 고독을 느끼면서부터 어쩐지 깜깜한 동굴 속에, 어디에도 출구가 없는 끝없는 동굴 속에 매일 깊이 빨려 들어가는 듯한 느낌이 드네. 그 속에 빠져 들어가면서, 내 옆에는 단 한 마리의 생물도 보이지 않아. 그 동굴이야말로 우리의 인생이네. 가끔 나는 시끄러운 소음과 애기소리, 떠드는 소리를 들어……. 그래서 손으로 더듬으며 그곳으로 다가가지. 그러나 그 소리가 어디서 들려오는 건지 아무리 귀를 기울여도 알 수가 없어. 아무도 만날 수 없고, 나를 에워싼 암흑 속에서 누군가의 손을 만질 수도 없는 걸세. 이해하겠나?"

"이따금 이 무서운 고통을 통찰한 사람도 있었지. 프랑스 시인 뮈세는 이렇게 노래했네.

> 거기 지나가는 사람은 누구요? 혹시 나를 부르고 있는 거요?
> 아무도 없구나!
> 여전히 난 홀로 있을 뿐. 시계 소리가 울린다.
> 오오, 이 고독이여! 오오, 이 공허함이여!

그러나 뮈세에게 있어서는 그건 순간의 의혹이었을 뿐, 그에게는 나와 같은 고독에 대한 확신은 없었네. 그는 시인이었고, 인생을 환영과 꿈으로 가득 채우고 있었지. 그는 결코 나처럼 철저하게 고독하진 않았어."

"소수의 위대한 선각자 중 한 사람이었기에 이 세상에서는 불행했던 위대한 구스타브 플로베르는, 한 여자친구에게 다음과 같은 절망적인 편지를 써 보냈네. '우리는 모두 황야 속에서 살고 있습니다. 그 누구도 누군가를 이해하지 못합니다'라고."

"그렇네, 그 누구도 누군가를 이해하지 못하네. 우리가 무엇을 생각하고 무엇을 말하고 또 무엇을 하든, 아무도 다른 사람을 이해하지 못해. 공간에 불씨처럼 뿌려져 있는 저 별무리, 우리에게 보이는 것은 그 가운데 극히 일부분뿐이고, 그 밖의 무수한 별무리가 무한한 공간 저편에 모습을 감추고 있는 저 별 위에서 무슨 일이 일어나고 있는지, 과연 지구는 알고 있을까? 어쩌면 그 무수한 별들은 서로 매우 근접해 있고, 한 물체의 분자처럼 하나의 전체를 구성하고 있을지도 모르지 않나?"

"그처럼 그 별들 위에서 무슨 일이 일어나고 있는지 지구가 모르는 것처럼, 인간도 다른 인간 속에서 무슨 일이 일어나고 있는지 모르는 거네. 우리는 그 천체 이상으로 서로 떨어져 있고, 또 무엇보다도 그 이상으로 뿔뿔이 흩어져 있어. 왜냐하면 사상에는 끝이 없으니까."

"끊임없이 서로 접촉하면서도 결코 합일할 수 없다는 건 얼마나 무서운 일인가! 우리는 서로에게 묶여 있는 것처럼 사랑하며 손을 뻗고 있지만, 아무리 애써도 합일할 수는 없네. 합일에 대한 간절한 욕구가 우리를 괴롭히지만, 역시 아무리 노력해도 소용없고, 정열은 불모로 끝나며, 맹세는 무익하고, 포옹은 무력하고, 애무는 공허하네. 우리는 하나로 융합하고 싶어하지만 아무리 노력해도 서로 부딪히기만 할 뿐이야. 내가 가장 강하게 고독을 느끼는 것은 내 마음을 상대에게 바치고자 할 때라네. 그때 서로 합일할 수 없다는 사실이 가장 분명해지지. 예를 들면, 지금 여기에 한 남자가 있고 밝은 눈으로 나를 바라보고 있다고 치세. 그러나 그 눈 속에 있는 영혼에 대해서는 나는 알 수 없네. 그는 내가 하는 말을 듣고 있네. 그러나 무엇을 생각하고 있는 것일까? 정말 대체 무엇을 생각하고 있을까? 그 의문에서 오는 고통을 자네는 아는가? 어쩌면 그는 나를 싫어하고 경멸하고 비웃고 있는지도 모르는 일 아닌가? 내 말을 진지하게 듣고 나를 비판하고, 조롱하고, 비난하고, 나를 평범하고 어리석은 녀석이라고 생각하고 있을지도 모르는 일 아닌가? 과연 그가, 내가 그를 사랑하고 있는 것처럼 나를 사랑하고 있는지 어떻게 알 수 있나? 자신은 알수 없는 타인의 생각, 우리가 알 수도, 통제할 수도, 억제할 수도, 극복할 수도 없는, 감춰져 있는 자유로운 사상이라는 건 얼마나 무서운 비밀인가!"

"그런데 나는? 내가 아무리 자신을 바치고 마음의 문을 열려고 해도, 그것은 불가능해. 내 마음 깊은 곳, 가장 내밀한 곳에는, 언제나 이 '나'라는 비밀의 장소가 있고, 그곳에는 아무도 들어올 수 없어. 그 비밀 장소를 열고 안으로 들어오는 자는 아무도 없어. 왜냐하면 나는 누구와도 닮지 않았고, 어느 누구도 다른 사람을 이해할 수 없기 때문이지."

"예를 들어 하다못해 지금, 자네는 나를 이해하고 있을까? 아니야, 자네는 내 머리가 이상해졌다고 생각하고 있네! 나를 힐끔힐끔 쳐다보며 경계하고 있어! '이 친구가 갑자기 어떻게 된 건가?' 하고 생각하고 있겠지. 그러나 언젠가 자네가 나의 이 무섭고 복잡기괴한 고뇌를 이해할 수 있는 날이 온다면, 그때는 내게 와서 오직 "자네를 이해하네"라는 한 마디만 말해주게. 그러면 나도 그 순간만큼은 행복할거야."

"여자는 특히 나에게 깊은 고독을 느끼게 하네."

"아! 아! 여자 때문에 내가 얼마나 고통을 받았는지 자네는 모를 거야! 여자는 남자보다 더 내 가슴에 자신은 고독하지 않다는 그릇된 기대를 품게 했지."

"연애를 하면 왠지 자기의 존재가 확대되어, 초인간적인 행복감에 빠지는 듯한 느낌이 드는데, 왜 그런지 아나? 이 커다란 행복감이 어디서 오는지 알고 있나? 그것은 오로지 자신은 이제 고독하지 않다고 믿는 데서 오는 거라네. 고독이, 인간의 기본적인 소외감이, 사라진 듯한 느낌이 드는 거지. 얼마나 가엾은 미망인가!"

"여자는 우리 남자 이상으로 우리의 고독한 마음을 괴롭히는 저 영원한 사랑의 요구 때문에 괴로워하고 있는 것이네. 이 여자라는 존재가 우리에게 가장 거짓된 환상을 심어주는 걸세."

"이 여자라고 하는, 긴 머리에 매혹적인 그 눈동자만으로도 우리의 마음을 어지럽히는 생물과 단 둘만의 그 달콤한 순간을, 자네도 알고 있겠지? 미칠 듯한 환희가 머리를 혼돈에 빠뜨리는 거야! 멋진 환상이 우리를 사로잡지! 드디어 그녀와 자신이 하나가 된 것처럼 느껴지네. 그러나 그것은 오직 그렇게 느끼는 것일 뿐, 기대와 희망과 거짓 기쁨을 경험한 뒤, 나는 전보다 더욱 고독한 자신을 느낀다네."

"키스를 할 때마다, 포옹을 할 때마다, 고독감은 더욱 커지네. 그 두려움! 그 괴로움! 시인 쉴리 프뤼돔은 이렇게 노래했네.

모든 애무는 어리석은 충동에 지나지 않는다.
육체의 결합을 통해 어차피 이루어질 수 없는 영혼의 결합을
찾아 헤매는 허무한 사랑의 시도에 지나지 않는다.

'자, 이젠 헤어집시다. 모든 것은 끝났어요!' 순간순간 우리의 모든 것이었던 여자, 물론 저급한 것이 틀림없는 그 마음속을 한번도 안 적이 없는 그 여자는 이제 우리의 기억에서 거의 사라져버리지."

"우리 존재의 신비로운 화합 속에, 모든 희망과 충동의 완전한 융합 속에, 그녀의 마음속을 들여다본 것 같은 순간에조차, 단 한 마디, 우연한 그녀의 말 한마디가 우리의 자기기만을 폭로하고, 밤하늘의 번개처럼 그녀와의 사이에 가로놓인 심연을 비추기 시작하는 거네."

"그러면서도 사랑하는 여자와 단 둘만의 밤보다, 많은 말은 하지 않아도 그녀가 옆에 있다는 것만으로 행복한 느낌이 드는 그런 밤보다 좋은 것은 없네. 그 이상의 것은 바라지 않기로 하세. 왜냐하면 두 존재가 하나로 융합하는 것은 절대로 있을 수 없는 일이니까!"

"나 자신에 대해 말하면, 나는 지금 모든 사람에게 내 마음의 문을 닫고 있네. 나는 내가 무엇을 믿고, 무엇을 생각하며, 무엇을 사랑하고 있는지 누구한테도 말하지 않네. 나는 자신이 무섭도록 고독한 운명을 타고났다는 것을 알고 있고, 냉정하게 모든 것을 바라보며 아무 말도 하지 않는다네. 남의 의견이나 논쟁, 만족, 신앙이 나에게 무슨 소용인가! 남과 나누어 가질 것이 아무것도 없으니 관심을 가질 대상도 없지. 내 눈에 보이지 않는 사상은 언제까지나 누구에게도 알려지지 않고 있네. 나는 흔해빠진 질문에 대해서는 흔해빠진 말로 대답하고, 대답하고 싶지 않을 때는 미소를 지어보일 뿐이지."

"자네는 내 마음을 이해하겠나?"

우리는 가로수 길을 지나 '별의 개선문'까지 걸어간 뒤 '콩코드 광장'으로 내려갔다. 그는 느릿한 어조로 그밖에도 많은 얘기를 했지만 지금은 기억조차

나지 않는다.

마침내 그는 파리의 도로 위에 서있는 화강암 오벨리스크 앞에서 걸음을 멈추었다. 옆면에 기묘한 기호로 그 나라의 역사가 기록되어 있는 그 추방의 기념비의 긴 이집트식 옆얼굴이, 별빛을 받아 희미하게 빛나고 있었다. 갑자기 내 친구는 손을 들어 그 오벨리스크를 가리키며 소리쳤다.

"우리는 모두 이 돌탑 같은 것이네!"

그리고 그는 더 이상 아무 말도 하지 않고 걸어가 버렸다.

그가 술에 취해 있었는지, 미쳐 있었는지, 그렇지 않으면 아주 멀쩡했는지, 나로서는 지금도 확실하게 알 수 없다. 때때로 그의 말이 옳은 것 같기도 하고, 때로는 미쳐 있었던 게 분명하다는 생각이 들기도 한다.　　　기 드 모파상

8월 12일

1

인간이 짊어지고 있는 십자가는 하느님의 의지를 나타내는 긴 세로 부분과 인간의 의지를 나타내는 짧은 가로 부분으로 구성되어 있다. 그러므로 자신의 의지를 하느님의 의지와 같은 방향으로 향하게 하면 십자가는 없어질 것이다.

2

외면적인 행운 속에서 행복을 찾는 사람은 모래 위에 집을 짓는 사람이다. 진정으로 견고한 행복을 주는 것은 내적 생활과 신의 의지의 일치뿐이다.

류시 말로리

3

"내 편에 서지 않는 사람은 나를 반대하는 사람이며 나와 함께 모아 들이지 않는 사람은 헤치는 사람이다." 루가복음 제11장 23절

4

우리에게는 늘 좋은 것과 나쁜 것이 함께 섞여 있다. 그러나 우리가 무언가를 목표로 나아갈 때는 그렇지 않다. 신의 의지에 따라 나아갈 때는 모든 것이 선이며, 신의 의지와 일치하지 않는 자신의 의지에 따라 나아갈 때는 모든 것이 악이다.

5

"그날이 오면 너희가 나에게 물을 것이 하나도 없을 것이다. 정말 잘 들어 두어라. 너희가 내 이름으로 아버지께 구하는 것이면 아버지께서 무엇이든 주실 것이다." 요한복음 제16장 23절

6

운명은 두 가지 방법으로 우리를 멸망시킨다. 하나는 우리의 희망을 거부함으로써, 또 하나는 그것을 이룸으로써. 그러나 신이 원하는 것만을 원하는 자는 그 어떤 불행도 피할 수 있다. 모든 것이 그에게는 복이 된다. 아미엘

만일 네가 타인에게 어떠한 것도 기대하지 않고 아무것도 받으려는 생각이 없다면, 마치 벌에게 벌이 무섭지 않고 말에게 말이 무섭지 않듯, 너는 그들을 조금도 두려워하지 않게 될 것이다. 그러나, 만약 네 행복이 타인의 수중에 있다면 너는 반드시 그들을 두려워할 것이다. 그러므로 우선 다음과 같은 것에서부터 시작해야 한다. 즉 우리에게 속해 있지 않은 모든 것을 포기할 것, 그것이 우리의 주인이 되지 않을 정도로 내버릴 것, 자신의 육체와 육체에 필요한 모든 것에 대한 집착에서 멀어질 것, 부와 명예, 지위와 영화에 대한 애착을 버릴 것, 그런 뜻에서 자신의 자식과 아내, 형제도 버릴 것, 바로 이것이다. 그러한 것은 모두 우리의 소유물이 아니라고 스스로에게 들려주어야 한다.

그렇게 되면 우리는 폭력으로 사람들의 폭력을 타파할 필요가 없을 것이다. 감옥을 예로 들면, 감옥이 있다고 해서 그것이 나에게, 나의 정신에 어떤 해악을 끼치겠는가? 무엇 때문에 나는 그것을 파괴하지 않으면 안 되는가? 무엇 때문에 폭력을 휘두르는 사람들을 공격하여 그들을 살해하지 않으면 안 되는가? 그들의 감옥과 쇠사슬과 무기가 나의 정신을 노예로 만들 수는 없다. 나의 육체를 죽일 수는 있으나 나의 영혼은 자유롭다. 그러므로 누구도 나의 자유를 방해할 수 없고 그렇기 때문에 나는 내가 원하는 대로 살 수 있다.

그러면 나는 어떻게 하여 그런 경지에까지 도달했는가? 나는 나의 의지를 신의 의지에 종속시킨 것이다. 신이 나에게 열병으로 고생하기를 원하면 나도 그것을 원한다. 신이 나에게 저것이 아니고 이것을 하기를 원한다면 나도 그것을 원한다. 신이 그것을 원하지 않으면 나도 원하지 않는다. 신이 내가 죽기를 원하고, 고문을 당하기를 원한다면 나도 죽기를 원하고 고문을 당하기를 원하는 것이다.

에픽테토스

8

신에게 몸을 내맡기는 정신은 위대하다. 이와 반대로, 세계를 지배하는 신의 법칙을 비난하고, 자기 자신이 아니라 신을 시정하려는 정신은 비굴하고 타락한 정신이다.

세네카

9

"하느님의 뜻을 실천하려는 사람이면 이것이 하느님으로부터 나온 가르침인지 또는 내 생각에서 나온 가르침인지를 알 것이다." 요한복음 제7장 17절

10

고생하며 무거운 짐을 지고 허덕이는 사람은 다 나에게로 오너라. 내가 너희를 편히 쉬게 하리라. 나는 마음이 온유하고 겸손하니 내 멍에를 메고 나에게 배워라. 그러면 너희의 영혼이 안식을 얻을 것이다. 내 멍에는 편하고 내 짐은 가볍다. 마태복음 제11장 28~30절

11

자신의 의지를 신의 의지와 하나가 되게 함으로써 불행을 면하고 안식을 얻을 수 있을 뿐만 아니라, 오직 그 길에 의해서만 신을 인식하고 불멸에 대한 신앙을 얻을 수 있다.

8월 13일

1

세속적인 지혜는 모든 사람이 사는 것처럼 사는 것이고, 참다운 지혜는 비록 모든 사람으로부터 비난을 받아도 이성적인 삶을 사는 것이다.

2

진리가 반박할 여지없는 형태로 나타날 때, 진리의 적들은 자신들의 수중에 있는 최후 수단을 동원한다. 즉, 진리를 표현하는 사람들을 비방하는 것이다. 그러나 진리를 표현하는 사람들을 욕하고 매도하는 것은, 마치 진리의 씨앗에 흙을 덮어 주는 것과 같아서 씨앗은 더욱 더 빨리 싹을 틔우고 성장한다. 류시 말로리

3

하늘은 우리의 잘못에 대해 분노하지만, 이 세상은 우리들의 선행에 대해 분노한다. 탈무드

4

너를 따르는 사람들의 수에 관심을 갖지 말고 질에 관심을 가져라. 어리석은 사람들이 너를 따르지 않는 것은 인간으로서 칭찬받아야 할 일이다.

세네카

5

인간의 이성은 신의 등불과 같다. 그 빛은 사물의 가장 깊은 곳을 비추어낸다.

동양의 금언

6

"종은 주인보다 더 나을 수가 없다고 한 내 말을 기억하여라. 그들이 나를 박해했으면 너희도 박해할 것이고, 내 말을 지켰으면 너희의 말도 지킬 것이다."

요한복음 제15장 20절

7

우리가 움직이고 있는 배 안에서 그 배 안의 물체를 볼 경우, 우리는 자신들이 움직이고 있는 것을 알 수 없다. 그러나 우리가 배 밖의, 자신들과 함께 움직이지 않는 것, 이를테면 해안을 바라보면, 우리는 바로 자신들이 움직이고 있다는 것을 알 수 있다. 인생에 있어서도 마찬가지이다. 모두가 올바른 생활을 하지 않고 있으면 아무도 그것을 이상하게 생각하지 않으나, 단 한 사람이 깨달아 신의 계명에 따라 살기 시작하면 즉시 다른 사람들이 얼마나 사악한 생활을 하고 있는지 확실히 알게 되고, 그것 때문에 그들은 그 사람을 박해한다.

파스칼

8

"모든 사람이 너를 칭찬할 때 너는 불행하다"라고 그리스도는 말했다.

이 말의 뜻은 우리는 사람들의 다양하고 불완전하고 그릇된 취향과 희망과 충동에 아부하고, 장단을 맞춰 그들의 환심을 사는 외면적인 목표를 지향해서는 안 되며, 신의 유일하고 완전한 의지에 따라 거기에 발맞춰, 신을 기쁘게 하는 내면적 목표를 지향해야 한다는 뜻이다.

석공이 돌을 자를 때, 다른 돌의 요철과 특수한 형태에 맞춰서 자르는 것이 아니라, 반듯한 사각으로 잘라야 비로소 집을 지을 수 있듯, 사람들이 자기 자신과 자신의 자식들을 모순에 차 있고 변덕스러운 세상의 요구에 맞춰서 교육하는 것이 아니라, 양심과 이성의 힘으로 인식한, 만인에게 공통되는 선과 진리의 법칙에 따라 자기완성에 노력할 때, 비로소 신의 나라를 이 땅에 건설할 수 있는 것이다.

표도르 스트라호프

9

현자에 대한 박해와 공격, 핍박을 슬퍼하는 것은 잘못이다. 나쁜 생활의 잘못을 지적하지 않는다면 현자도 현자가 아닐 것이다. 또 사람들도 자신의 생활을 고치려 하지 않고 잘못이 드러나도 아무렇지도 않다면 이미 인간이 아니다.

8월 14일

1

사람들은 외면적인 생활 질서를 폭력으로 유지하는 습관이 완전히 몸에 배어버려, 폭력이 없는 생활은 상상도 할 수 없게 되었다. 그렇지만 만약 사람들이 폭력으로 외면적인 생활 질서를 세운다면, 그것을 세운 사람들은 정의가 무엇인지 알아야 하고, 그들 스스로 정의로운 사람이 되어야 한다. 만약 어떤 사람들이 무엇이 정의인지 알고 있고, 또 스스로 정의로운 사람이 될 수 있다면, 어째서 다른 모든 사람들도 그것을 알고 의인이 되어서는 안 된단 말인가?

2

폭력이란 무지하고 야만적인 자가 민중들에게 그들의 본성에 어긋나는 것을 강요하기 위한 무기이다. 그러나 그 무기가 작용을 중지하면 효과도 중지된다. 반대로 설득은, 마치 강물이 우리의 관심이나 노력 없이도 스스로 자연스럽게 흘러갈 수 있도록 기울어져 있는 강바닥과 같은 것이다. 인간의 활동을 지도하는 방법에는 단 두 가지밖에 없다. 그 하나는 인간에게 그 사람의 성향과 판단과는 반대로 행동하도록 강요하는 방법이고, 또 하나는 그 성향을 다스리며 이치로 설득하는 방법이다. 하나는 무지하고 야만적인 방법이므로 그 결과는 환멸뿐이지만, 다른 하나는 경험이 증명해주는, 반드시 성공을 거둘 수 있는 방법이다. 어린 아기가 딸랑이를 갖고 싶어 우는 것은, 있는 힘을 다해 그것을 손에 넣기 위해서이다. 부모가 자식을 때리는 것은, 힘으로 말을 잘 듣게 하려는 것이다. 술 취한 남편이 아내를 때리는 것은, 힘으로 그녀를 제압하려는 것이다. 죄인에게 형벌을 가하는 것은, 힘으로 세상을 살기 좋게 하려는 것이다. 어떤 사람이 어떤 사람과 재판으로 싸우는 것은, 힘으로 정의를 실현하기 위해서이다. 성직자가 지옥의 무서운 고통에 대해 설명하는 것은, 설교를 듣는 청중을 힘으로 천국에 데려가기 위한 것이다. 한 나라가 다른 나라와 싸우는 것은 힘으로 자기 나라에 유리한 상태를 얻으려는 것이다. 이렇게 놀랍게도 오늘날까지 무지와 야만이 인류를 항상 환멸로 이끌어 왔고 앞으로도 이끌 것이며, 또 폭력의 방법으로 이끌어 왔고 지금도 이끌어가고 있다.   콩브

3

강자의 권리는 권리가 아니며, 항의와 저항을 만나지 않는 동안만 권리로 통할 뿐이다. 그것은 마치 난방과 조명과 지렛대가 없는 동안은 견디지 않으면 안 되는 추위와 어둠, 무게 같은 것이다. 인류의 모든 산업은 거친 자연으로부터의 해방이며, 정의의 진보는 바로 강자의 전제가 제한되어 온 역사적 과정이다. 의학의 목적이 질병의 극복에 있듯이, 인간의 행복은 맹목적인 동물성의 극복, 동물로서의 무분별한 욕망의 극복에 있다. 이리하여 나는 늘 하나의 법칙을 본다. 개개인의 끊임없이 커져가는 자유해방과, 모든 사람의 행복과 정의와 지혜에 대한 접근이 그것이다.   아미엘

4

신이 없으면, 폭력으로 다스릴 수는 있어도 설득은 할 수 없다. 폭군은 될 수 있어도 교육자는 될 수 없다.   주세페 마치니

5

폭력은 그릇된 정의를 만들어냄으로써, 사람들을 폭력 없이 바르게 살 수 있는 가능성으로부터 점점 멀어지게 한다.

6

인간은 이성적인 존재이므로, 언젠가는 폭력을 버리고 자유로운 협력으로 나아가야 한다. 모든 폭력은 그 날이 오는 것을 방해하고 있다.

8월 15일

1

삶의 기쁨은 동물과 어린이, 성인(聖人)에게는 원래부터 갖춰져 있는 것이다. 왜냐하면 동물의 경우, 잘못된 방법으로 사용하면 삶의 기쁨을 빼앗아가는 이성이 처음부터 없기 때문이고, 어린이의 경우에는 그들의 이성이 아직 다행히도 비뚤어지지 않았기 때문이며, 성인의 경우는 인생 그 자체가 진실로 그들이 희구하는 것, 즉 자기완성과 신을 향한 접근의 가능성을 주기 때문이다.

2

추억이 된 지난날의 고통은 과거, 미래, 현재의 기쁜 추억 속에서는 즐거운 것이 된다. 그러므로 미래와 현재의 슬픔만이 우리를 괴롭혀, 결과적으로 이 세상에서의 비중은 기쁨 쪽이 압도적으로 크다. 또 그 기쁨은 우리가 끊임없이 그것을 얻으려 노력하고, 또 대부분의 경우, 틀림없이 그것을 얻을 수 있다는 것을 알고 미리 즐김으로써 더욱 커지지만, 우리의 앞날에 기다리고 있는 슬픔은 좀처럼 예상할 수 없기 때문에 더욱 그렇다.　　　　　리히텐베르크

3

우리는 신이 인간의 눈으로 볼 수 있는 것보다 훨씬 많은 아름다운 것을 창조한 것에 대해서는 기뻐해야 하고, 우리가 자신의 영혼이 이해하고 행동으로 바로잡을 수 있는 것보다 훨씬 많은 잘못을 저질러온 것에 대해서는 슬퍼해야 한다.　　　　　존 러스킨

4

행복이란 후회하는 일이 없는 기쁨을 말한다.

5

오, 우리를 증오하는 사람들에게 미움을 품지 않고 산다면 우리는 얼마나 행복할까! 우리를 미워하는 사람들과 함께 산다면 얼마나 행복할까! ……탐욕스러운 자들 사이에서 욕심을 버리고 사는 우리는 얼마나 행복한가! 탐욕 때문에 괴로워하는 사람들 사이에서 우리는 욕심을 벗어나 생활한다!

어떠한 것도 내 것이라고 부르지 않는 우리는 얼마나 행복한가! 신성한 빛을 한 군데 치우침 없이 받은 우리는 빛나는 신의 모습을 닮았다. 부처의 금언

6

"또 다른 비유를 들겠다. 어떤 지주가 포도원을 하나 만들고 울타리를 둘러 치고는 그 안에 포도즙을 짜는 큰 확을 파고 망대를 세웠다. 그리고는 그것을 소작인들에게 도지로 주고 멀리 떠나 갔다. 포도철이 되자 그는 그 도조를 받아 오라고 종들을 보냈다. 그런데 소작인들은 그 종들을 붙잡아 하나는 때려 주고 하나는 죽이고 하나는 돌로 쳐 죽였다. 지주는 더 많은 종들을 다시 보냈다. 소작인들은 이번에도 그들에게 똑같은 짓을 했다. 주인은 마지막으로 '내 아들이야 알아 보겠지' 하며 자기 아들을 보냈다. 그러나 소작인들은 그 아들을 보자 '저자는 상속자다. 자, 저자를 죽이고 그가 차지할 이 포도원을 우리가 가로채자' 하면서 서로 짜고는 그를 잡아 포도원 밖으로 끌어 내어 죽였다. 그렇게 했으니 포도원 주인이 돌아 오면 그 소작인들을 어떻게 하겠느냐?" 사람들은 이렇게 대답하였다. "그 악한 자들을 모조리 죽여 버리고 제때에 도조를 바칠 다른 소작인들에게 포도원을 맡길 것입니다."

마태복음 제21장 33~41절

사람들에게는 그들이 심은 것이 아닌 포도원이 주어졌다. 그리고 그들은 삶을 즐기려면, 그들에게 포도원이 주어진 조건을 실행하기만 하면 된다. 그런데 사람들은 그것을 실행하지 않고, 나쁜 것은 자기네가 아니라 포도원 주인이라고 말하는 것이다.

7

너는 하늘나라를 찾으며, 고통도 원한도 없는 그곳에 가기를 원한다. 네 마음을 해방하여, 그것을 깨끗하고 밝은 것이 되게 하라. 그러면 너는 이미 이

지상에서 네가 원하는 천국에 살게 될 것이다.

8

만일 인생이 너에게 있어서 위대하지도 않고 기뻐할 만한 가치도 없다면, 그것은 네 이성의 방향이 잘못되어 있기 때문이다.

8월 16일

1

우리는 단순히 모든 사람들뿐만 아니라 생명을 가진 모든 존재와 정신적 유대에 의해 하나로 굳게 이어져 있다.

2

어느 날 누군가가 나에게 "어떤 사람이든 그 내부에는 뭔가 매우 선한 것, 박애적인 것이 잠재되어 있지만, 동시에 또 뭔가 매우 악한 것, 악의에 가득 찬 것이 있어서, 그때그때의 기분에 따라 어느 한쪽이 얼굴을 내밀기도 하고, 또 다른 쪽이 얼굴을 내밀기도 한다."고 말한 적이 있는데, 정말 옳은 말이다!

남이 괴로워하고 있는 모습은 많은 사람들의 마음속뿐만 아니라, 한 사람의 마음속에도 때로는 한없는 동정심을 불러일으키지만, 때로는 일종의 기쁨을 불러일으키거나 경우에 따라서는 지극히 잔인한 악의에 찬 기쁨을 느끼게 하기도 한다. 나는 나 자신도 때로는 마음으로부터의 동정심을 가지고 모든 것을 바라보기도 하지만, 때로는 매우 냉담하게, 또 경우에 따라서는 증오심이나 상대방의 불행을 즐기는 기분으로 바라볼 때도 있다는 것을 알고 있다.

이와 같은 사실은 분명히 우리에게 두 개의 다른, 아니 완전히 대조적인 인식 방법이 있다는 것을 보여주고 있다. 그 하나는 고립과 분열, 소외의 원리에 의한 인식 방법으로, 그 경우 모든 사람이 우리에게 있어서 완전한 타인, 나와는 전혀 다른 것이 된다. 이때 우리는 그들에 대해 냉담, 질투, 증오, 악의 외에는 아무것도 느낄 수 없다.

또 하나는 모든 사람과 하나가 되는 의식에 의한 인식 방법이다. 이 방법에 의하면, 모든 존재가 우리의 자아와 동일한 것으로 보이고, 그들의 모습은 우리의 마음에 동정과 사랑을 불러일으킨다.

한쪽의 형태는 두꺼운 벽으로 우리를 서로 떼어놓고, 또 한 쪽은 벽을 허물어 우리를 하나로 결합시킨다. 하나의 방법은 우리에게 어떠한 존재에 대해서도, 그것은 바로 '나'라는 것을 느끼는 것을 가르치고, 또 하나의 방법은 그것은 '내'가 아니라고 느끼게 하는 것이다.　　　　　　　　　쇼펜하우어

3

우리는 모두 뿌리는 하나이며, 하나의 법칙 아래 있고, 또 모두 하나의 목적을 지향하도록 운명지어져 있다.

그러므로 우리에게는 하나의 신앙과 하나의 행동 목표, 그리고 그 밑에서 우리 모두가 싸워야 하는 하나의 깃발이 있어야 한다.　　　주세페 마치니

4

우리는 언제나 나와 남을 구별하지 말고, 나와 남에게 공통되는 것을 찾기 위해 노력해야 한다.

5

네가 아무리 그것을 원한다 해도 너의 삶을 인류의 삶과 떼어놓을 수는 없다. 너는 인류 속에서, 인류에 의해, 그리고 인류를 위해 살고 있는 것이다. 너의 영혼은 그런 조건으로부터 달아날 수 없다. 왜냐하면 우리는 모두 손과 발, 눈처럼 함께 활동하도록 되어 있기 때문이다. 서로 적대적으로 행동하거나 분노하고 또 외면하는 것은 곧 자연에 반하는 행위를 하는 것이다.

마르쿠스 아우렐리우스

6

원숭이, 개, 말, 새를 우리의 형제가 아니라고 말해서는 안 된다. 만일, 그들을 남이라고 한다면 어째서 아프리카의 흑인들은 우리의 형제가 아니라고 말해서는 안 된다는 말인가? 만약 흑인들이 우리의 형제가 아니라면 우리와 피부가 다른 모든 사람 또한 우리의 형제가 아닐 것이다. 그렇다면 도대체 이웃은 누구인가? 거기에 대한 대답은 오직 하나 사마리아 여자의 이야기가 있을 뿐이다. 누가 이웃이냐고 물어서는 안 된다. 자신과 살아 있는 모든 것의 동일

성을 인정하고, 살아 있는 모든 것을 동정하며 그들을 위해 봉사해야 한다.

8월 17일

1

선한 마음은 모든 음식에 빠져서는 안 되는 양념과 같은 것이다. 아무리 훌륭한 성품도 "선한 마음"이 없으면 가치가 없고 아무리 나쁜 죄악도 선한 마음이 있으면 용서 받는다.

2

외적, 육체적 원인에서 오는 자연스러운 선량함, 즉 유전적 소질이나 음식물을 잘 소화시켜 건강하고, 사업에서 성공했다는 것 등에서 오는 선량함이 있다. 이 같은 선량함은 직접 경험하는 사람이나 옆에 있는 사람에게 매우 즐거운 것이지만, 그런 것은 금세 사라지기 쉽다. 이와는 달리 정신적, 내면적 활동에서 오는 선량함이 있다. 그러한 선량함은 눈에 확 드러나지는 않지만, 그 대신 첫 번째 선량함이 소멸되기 쉬울 뿐만 아니라 증오로 바뀌기도 하는데 반해, 두 번째 선량함은 절대로 사라지지 않고 끊임없이 커질 뿐이다.

3

네가 좋다고 여기는 일을 할 경우에도, 남에게 적의를 느끼거나 남이 자신에게 적의를 느낀다면 즉시 그 일을 그만 두는 것이 현명하다. 결국 너는 아직 그 일을 잘 할 수 없다는 것을 의미하기 때문이다. 만약 네가 무슨 일을 하면서 신체의 어딘가가 아프다면, 너는 그 일을 잠시 중단하고 어떻게 하면 고통을 제거할 수 있는지 연구할 것이다. 마찬가지로 무슨 일을 하든, 그것이 좋지 않은 감정을 불러일으킬 것 같으면 잠시 중지할 필요가 있다. 그것은 너에게 그 일을 충분히 할 수 있는 능력이 아직 없다는 증거이므로 더 배워야할 필요가 있다.

4

우리는 남이 베푸는 선은, 설령 그것이 표면적인 것에 지나지 않는다 해도 소중하게 받아들여야 한다. 왜냐하면 그것 때문에 그들이 사람들의 존경을,

그것도 어쩌면 부당한 존경을 받을지 모르는 일시적이고 거짓된 선에서, 결국엔 뭔가 진지한 것이 나올지도 모르기 때문이다.

그러나 우리 자신은 그 거짓된 선을 가차없이 버리고, 자애심이 스스로의 결점을 덮는 일이 없도록 덮개를 벗겨내야 한다.　　　　　　　　칸트

5

선을 행하는 것은 즐거운 일이지만, 그것으로 만족할 수 있는 것은 아니다. 더 많은 선을 베풀어야 했는데 하며 늘 아쉬워한다.

6

아무리 선한 일을 해도 항상 더 많이 해야겠다는 기분은 남기 마련이다. 공자

7

원래 인간에게는 도덕적으로 사악한 행위에 대해서는 직접적인 경향성이 없지만, 선량한 행위에 대해서는 직접적인 경향성이 확실히 있다.　　칸트

8

사람들에 대한 봉사, 살아있는 모든 것에 대한 봉사 속에서 기쁨을 찾아내려면, 무엇보다 먼저 사람들과 그 밖의 생명에 대해 악을 행하지 않도록, 자신의 생활을 그들의 고통과 삶 위에 세우지 않도록 스스로를 훈련해야 한다.

9

선한 성품은 정신의 기본적 성격이다. 만일 사람이 선하지 않다면, 그것은 그가 어떤 기만이나 유혹, 정욕에 굴복해 원래의 성격을 파괴했기 때문이다.

8월 18일

1

그리스도교가 진리인 것은, 그것이 가장 추상적인 문제에 답하면서, 바로 그 대답에 의해 가장 실제적인 삶의 문제에도 해답을 제시하기 때문이다. 그리

스도교는 개개인의 마음의 세계에, 그리고 사람들의 사회생활 속에 하느님의 나라를 건설한다.

2

그리스도교도라고 자칭하는 수백만 명의 사람들에게 그리스도교가 무엇이냐고 물어보라. 그들은 그리스도교도는 어느 하나의 가르침에 따른다고 대답할 것이다. 그러나 그 그리스도교를 믿는다고 자처하는 사람들도 의견이 제각각 다 다르다. 어떤 사람들은 이렇게 믿어야 한다고 말하고 또 어떤 사람들은 저렇게 믿어야 한다고 말한다. 바로 그 의견대립에서 비난과 증오, 박해가 일어나고, 심지어는 비참한 유혈사태에까지 이르게 되는 것이다. 만일 그런 것이 진정한 그리스도교라면 어떻게 그리스도가 여러 민족의 해방자, 구원자일 수 있겠는가? 어떻게 인류가 기다리고 기다리던 자일 수 있겠는가? 실제로 그리스도 자신도 자신이 이 땅에 보내진 사명은 그런 것이 아니라는 것을 우리에게 말하고 있다. 그는 가난한 자들에게 복음을 가져다주기 위해, 고통과 고난과 박해에 지친 마음을 치유해주기 위해, 장님들이 앞을 볼 수 있게 되어 다시는 빛을 빼앗기는 일이 없도록, 그들을 가축과도 같은 무지몽매한 상태에 가둬놓고 묵묵히 그 멍에를 지게 하기 위해 권력자들이 그들에게서 빛을 빼앗는 일이 없도록 하기 위해, 쇠사슬에 매여 있는 자들을 해방하고 전 세계의 노예제도 대신 자유를 주기 위해, 지상에 보내진 것이다. 그것이 예수의 사명이었다.

그러나 과연 그의 이름으로 그것이 실천되고 있을까? 민중이 기다리고 기다렸던 그가 해야 할 일은 과연 이루어졌는가? 가난한 사람들은 복음을 들었는가? 상처받은 마음은 치유되었는가? 눈 먼 사람들은 앞을 볼 수 있게 되었는가? 얽매인 자의 쇠사슬은 풀렸는가? 감옥에 갇힌 자는 자유를 얻었는가? 아니다. 그리스도는 지금도 십자가 위에서 자신의 사도들이 오기를 간절하게 기다리고 있다. 왜냐하면 사람들의 고통은 너무나 크고, 주님의 축복된 해의 여명을 기다리며 동녘 하늘을 바라보는 눈은 너무나 지쳐 있기 때문이다.

라므네

3

종교는 성인이 그것을 설교했기 때문에 진리인 것이 아니라, 그것이 진리이기 때문에 성인이 설교한 것이다. 　　　　　　　　　　　　　　　레싱

4

사람들의 불행은 모두 신앙의 결여에서 온다. 사람은 종교 없이는 살 수 없다. 오직 종교만이 선악을 구별할 수 있게 하므로, 인간은 종교의 바탕 위에서 비로소 무엇을 할 것인지 선택할 수 있다. 종교만이 이기주의를 타파하며, 종교적 요청에 따라 비로소 우리는 이기주의를 떠나서 살 수 있다. 종교만이 우리에게 삶의 의미를 부여하고, 종교만이 인간의 평등을 확립하며, 종교만이 우리를 모든 외적인 박해로부터 해방시킨다.

5

의심할 여지없이 모든 사람의 행복을 실현시켜 주는 가르침이 있다면 어찌 믿지 않겠는가?

여기 참으로 뛰어나고 진실한 가르침이 있다.

그 가르침은 바로 그리스도교이다.

가톨릭과 개신교

역사적 사실로서의 그리스도교와, 그것이 발생한 기원을 혼동해서는 안 된다. 오늘날 '가톨릭 신앙'으로 불리고 있는 것을 신성시하는 데는, 오직 비할 데 없는 뻔뻔스러움이 필요할 뿐이다. 그리스도는 무엇을 부정했는가? 바로 오늘날 가톨릭교회로 불리고 있는 것, 바로 그것을 부정했다.

가톨릭교회, 그것은 그리스도교의 근본원리와 정면으로 대립되는 것이다. 바로 가톨릭교회적인 의미에서의 그리스도교적인 것이야말로 근원적 의미에서 비그리스도교적이다. 교회에 있는 것은 일정한 신념 대신 물건과 사람이다. 영원한 것 대신 역사가 있고, 실천적인 생활 대신 가톨릭적 규칙과 의식, 그리고 교의가 있다. 그리스도교는 본질적으로는 제사와 사제, 교회, 신학이니 하는 것과는 아무런 관계가 없다.

그리스도교의 실천을 위해서는 어떠한 환상도 필요치 않다. 그것은 오직 행복을 얻기 위한 수단일 뿐이다.

'남과 자신을 구별해서는 안 된다. 화내지 말고 누구도 미워하지 말라. 자선은 남몰래 베풀어야 한다. 맹세하지 말라. 심판하지 말라. 누구와도 화해하고 용서할 줄 알아야 한다. 기도할 때는 은밀한 장소에서 조용히 하라.'

예수는 직접적으로 사물의 본질을, 다시 말해 인간의 마음속에 있는 '하느님의 나라'를 보고, 그 나라에 이르는 길을 제시했는데, 그것은 그가 인정하지 않는 유대교회의 율법 준수 같은 외면적인 길이 아니라 내면적인 길이었다. 그는 외면적인 것에 대해서는 생각하지 않고, 오직 내면적인 것을 중요하게 여겼다.

신과의 교류라고 하는 기만에 찬 수법에 대해서도 그는 같은 태도를 보여주었다. 그는 자신을 '신성을 지닌 자'로 느끼려면 어떻게 살아야 하는지 설교하고, 고행으로는 그 상태에 도달할 수 없으며, 신성을 지니기 위해서는 무엇보다 '자기 부정'이 가장 중요하다고 가르쳤다.

가톨릭은 그리스도가 행하였고 행하고자 했던 것과는 근본적으로 다르다. 개신교는 원래 위대한 반 이교적(反異敎的) 운동이지만, 그 가르침, 즉 그리스도의 언행은 개신교와 전혀 상관이 없는 목적을 위해 제멋대로 해석되었고,

그 뒤에 기존의 여러 가지 종교적 언어로 번역되고 말았다.

예수는 평화와 행복을 설교했지만, 가톨릭은 사람들의 인생에 대한 어두운 견해, 특히 약한 자, 힘없는 자, 억압받는 자, 고통 받는 자의 견해를 표현했다.

복음서는 사회적으로 비천한 사람, 가난한 사람에게도 행복을 향한 길이 열려 있음을 가르치고 있다. 그러기 위해서는 오로지 지배계급이 만들어놓은 모든 사회조직을 거부하면 된다. 사유재산, 신분, 소득, 재판, 국가, 교회, 교육, 예술, 군대, 이러한 모든 것은 행복을 얻는 데 방해물이며, 복음서가 무서운 재판을 면할 수 없다고 예언한 미망이자 악마의 유혹이다.

가톨릭은 그리스도교로부터 결국은 국가와 타협하는 가르침, 전쟁을 하고, 재판을 하고, 고문을 하고, 맹세하고, 증오하는 가르침을 만들어냈다.

가톨릭에서는 책임과 죄의 관념이 가장 먼저 강조되며, 그리스도의 가르침에 의한 새로운 생활은 필요치 않고 새로운 예배 형식과 기적적인 변용(믿음에 의한 속죄)에 대한 새로운 신앙이 필요하다.

가톨릭은 예수의 삶과 죽음의 역사에서 제멋대로 선택하여 곳곳에서 핵심을 바꿔놓고, 모든 것을 자신들에게 유리하게 해석했다. 단적으로 말해 원시그리스도교를 완전히 멸망시켜 버린 것이다.

이교도와 유대교의 성직자 및 교회와의 싸움은, 가톨릭 덕분에 새로운 성직자와 신학의 건설, 그리고 새로운 지배계급으로, 즉 다시 교회로 되돌아가고 말았다.

여기에 비극적인 모든 아이러니가 들어 있다. 가톨릭은 총체적으로 그리스도가 멸망시켰던 것을 다시 부활시켰다. 그리고 마침내 새로운 가톨릭교회가 세워졌을 때 그들은 국가까지도 그 지배 하에 두게 되었다.

가톨릭은 바로 예수 그리스도가 정면으로 부정하고 사도들에게 그것과 싸우라고 가르쳤던 바로 그것이다. 예수와 함께 십자가에 못 박힌 도적이 고통스럽게 죽어가면서도 예수처럼 불평도 노여움도 없이 자신을 괴롭힌 자를 용서하며, 운명에 대한 순종으로 괴로움을 견디며 죽는 것이 옳다고 생각했을 때, 그는 복음서를 믿고 하늘나라에 올라간 것이다.

그리스도교는 언제 어느 때나 실현할 수 있는 가르침이다. 그것은 형이상학도 금욕주의도 '자연과학'도 필요로 하지 않는다. 그리스도교는 생활 그 자체이다. 그리스도교는 우리에게 어떻게 행동해야 하는지를 가르쳐준다.

'나는 군인이 되고 싶지 않다' '나는 남을 심판하지 않는다' '나에게는 경찰 같은 것은 필요 없다' '나는 나의 내면적인 평화를 어지럽히는 짓은 절대로 하지 않는다' '아무리 괴로울지라도 그 괴로움만큼 내 마음을 평화롭게 하는 것은 없다'고 말할 수 있는 사람이 진정한 그리스도교도이다.　　　　　니체

8월 19일

1

인생은 운동이다. 따라서 인생의 행복은 어떤 일정한 상태가 아니라 좋은 방향을 향해 나아가는 것이다.

그 방향은 자신에 대한 봉사가 아니라 신에 대한 봉사이다.

2

어떤 사람은 자신의 행복과 쾌락을 권력 속에서 찾고, 또 어떤 사람은 학문에서, 또 어떤 사람은 육욕에서 찾는다. 그러나 참으로 행복에 가까이 다가간 사람들은, 행복이란 특정한 일부 사람들만 소유할 수 있는 것 속에는 없다는 것을 알고 있다. 그들은 인간의 참된 행복이란 모든 사람이 차별이 없고 부러워할 필요도 없이 다 함께 소유할 수 있는 것이며, 누구나 스스로 잃어버리려 하지 않는 한 잃어버릴 수 없는 성질의 것임을 알고 있다. 　　　파스칼

3

행복이란 인간이 자기 개인을 위해 바라는 것이고, 선복(善福)은 모든 사람과 함께 자신에게 바라는 것이다. 행복은 투쟁을 통해 얻을 수 있고 선복은 오직 사랑을 통해 얻을 수 있다.

4

진정한 행복은 아무데나 흔히 있는 것이 아니다. 진정한 행복은 오직 모든 사람에게 행복하고 선한 것이어야 한다.

그러므로 사람들에게 해롭지 않고 유익한 존재가 되고 싶으면 만인의 행복과 일치하는 것만 하라. 그렇게 행동하는 사람은 자기 자신도 행복을 얻을 수 있다. 　　　마르쿠스 아우렐리우스

5

진정한 선은 신에 대한 봉사이다. 빛에는 연료가 소모되듯이 봉사에는 언제나 봉사자의 동물적 생명이 소모된다.

6

우리는 이웃에게 선을 행함으로써 자신도 모르는 사이에 남에게보다 자기 자신에게 더 많은 선을 행하고 있는 것이다.　　　　　　　　성현의 사상

7

선을 행하는 것, 오직 그것만이 행복해질 수 있는 유일하고 진실한 길이다.

8

우리가 행하는 것, 경험하는 것이 진정한 행복에 가까우면 가까울수록, 그 행복을 다른 사람들과 함께 누리고 싶은 마음도 더욱 자연스럽게 우러난다.

8월 20일

1

정말로 중요한 일을 하고 있는 사람들의 생활은 언제나 단순하다. 왜냐하면 그들에게는 쓸데없는 일을 생각할 겨를이 없기 때문이다.

2

욕구는 일단 그것이 채워지면 사라지지만, 나쁜 습관은 채워지면 채워질수록 더 늘어난다.　　　　　　　　　　　　　　　　　　　　　아미엘

3

모든 새로운 욕망은 새로운 결핍의 시작이며 새로운 슬픔의 발단이다.

볼테르

4

정욕의 노예는 노예 중에서도 가장 비천한 노예이다.　　　　　　탈무드

5

온갖 욕망으로 자기 몸을 감싸면 감쌀수록 그는 더욱 더 노예 상태에 빠지게 된다. 왜냐하면 욕망이 커지면 커질수록 자유는 줄어들기 때문이다. 완전

8월 681

한 자유는 아무것도 바라지 않는 것에 있으나 그 두 번째 자유는 적은 것을 바라는 것이다.

6

향락과 사치가 바로 너희들이 행복이라고 생각하고 있는 것이다. 그러나 아무것도 바라지 않는 것이야말로 하느님이 주신 최상의 행복이다. 따라서 아주 조금밖에 바라지 않는 것은 그 최상의 행복에 가까이 다가간 것이라고 할 수 있다.

소크라테스

7

우리는 우리의 육체를 위해서 사는 것이 아니라, 말하자면 어쩔 수 없이 육체와 조화를 이루며 살아가지 않으면 안 된다. 에피쿠루스는 이렇게 말했다. "만약 너희가 자연의 순리에 따라 생활한다면 너희는 결코 가난하지 않을 것이다. 그러나 세상에서 널리 행해지고 있는 습관에 따라 생활한다면 결코 부유해지지 않을 것이다. 자연은 조금밖에 요구하지 않지만 세상의 풍습은 필요 없는 것까지 요구한다."

세네카

8

건강하고 충분한 식사를 하는 데는 식물성 음식만으로 충분하다.

9

절제의 좋은 점은 절제하는 생활을 함으로써 모든 사람이 결핍과 선망을 느끼지 않고 살 수 있다는 데 있다.

8월 21일

1

기도의 보람은, 네가 가장 선한 순간에 도달했을 때, 네 가슴속에 삶의 의의에 대한 최고의 깨달음을 주는 것이다.

2

신에게 봉사하는 내적 형식으로서, 신의 은총을 구하는 수단으로 이해되고 있는 '기도'란 공허한 미신에 지나지 않는다. 왜냐하면 그것은 원래 언어를 필요로 하지 않는 존재인 신에게 언어로 자신의 소망을 표현하는 것이기 때문이다. 그러한 기도에 의해서는 우리는 본질적으로는 아무것도 한 것이 없으며, 또 신의 계율로서 우리의 마음에 각인된 의무의 하나를 수행한 것도 아니므로, 결국은 실제로 신에게 봉사한 것이 아니다.

우리의 모든 행위를 통해 신을 기쁘게 하려는 마음으로부터의 소망, 다시 말해 우리의 모든 행위가 바로 신에게 봉사하는 거라는 마음에서 이루어지기를 바라는 소망 속에는, 우리의 마음에 절대적으로 내재해야 하는 기도의 정신이 들어 있다. 이 소망에 언어와 형식을 부여하는 것은, 그것이 아무리 내면적이라 해도 큰 가치가 있는 건 분명하지만, 결국 우리의 마음에 그런 기분을 느끼게 하는 수단일 뿐이다.

칸트

3

그러므로 제단에 예물을 드리려 할 때에 너에게 원한을 품고 있는 형제가 생각나거든 그 예물을 제단 앞에 두고 먼저 그를 찾아가 화해하고 나서 돌아와 예물을 드려라.

마태복음 제5장 23~24절

4

이따금 어린아이처럼 누군가에게(신에게) 호소해 도움을 청하고 싶어질 때가 있다. 이것은 좋은 감정일까? 아니다, 좋지 않다. 그것은 나약한 마음이고 믿음이 없는 것이다. 뭔가를 간절히 소망하는 기도가 남에게는 독실한 신앙행위처럼 보이지만 사실은 신에 대한 믿음이 확고하지 못함을 보여주는 것이다.

원래 악은 존재하지 않으므로 뭔가를 소망할 필요가 없다. 만약 자신에게 좋지 않은 일이 일어난다면, 그것은 당연히 일어나야 할 일이 일어난 것일 뿐이고, 또 당연히 해야 할 일을 하는 것에 대한 불신의 결과이므로, 자기 스스로 반성하고 변해야 한다는 증거이다.

5

"너희는 기도할 때에 이방인들처럼 빈말을 되풀이하지 말아라. 그들은 말을 많이 해야만 하느님께서 들어 주시는 줄 안다. 그러니 그들을 본받지 말아라. 너희의 아버지께서는 구하기도 전에 벌써 너희에게 필요한 것을 알고 계신다."

마태복음 제6장 7~8절

6

정직하고 진지한 한 시간의 사색은 열광적으로 신을 숭배하는 일주일보다 고귀하다. 그 신에 대한 숭배가 행위가 되어 나타나지 않는 한.   해리슨

7

그리스도교적 생활에서 불가피한 조건인 신의 의지에 대한 복종과 무언가를 기원하는 것, 즉 이렇게 되게 해 달라, 저렇게 되게 해 달라며 빌고 기도하는 것은 결코 양립할 수 없다.

8

끊임없이 기도하라. 가장 필요하고도 어려운 기도는 나날의 생활 속에서, 신에 대한, 그리고 그 법칙에 대한 자신의 의무를 떠올리는 일이다. 놀라거나 화내고 곤란을 겪거나 무언가에 열중할 때, 곧 자신은 누구이며 무엇을 해야 하는지를 생각하라. 그것이 기도이다. 처음에는 어렵지만 노력하면 곧 습관이 될 것이다.

8월 22일

1

우리의 생명은 물질적인 힘의 산물이며 그 힘에 좌우되는 것이라는 생각이 사람들 사이에 퍼지는 것은 해로운 일이다. 그러나 이처럼 잘못된 생각이 학문이라는 이름으로 신성한 지식인 것처럼 인류에게 주어진다면, 그 학문의 해악은 더욱 더 무서운 것이다.

2

인생의 의의와 선악의 관념에 대해, 현대의 학자들보다 더 혼란에 빠져 있는 사람들은 없을 것이다. 그러므로 현대의 학문은, 물질계의 모든 조건을 연구하는 분야에서는 큰 진보를 거두었으면서도 사람들의 실질적인 생활에는 아무런 도움도 주지 못할 뿐만 아니라, 오히려 큰 해악을 끼치기도 한다.

3

오늘날의 그리스도교 세계의 진정한 진보를 방해하는 가장 큰 오류는, 현재 모세의 자리에 앉아 있는 학자들이 르네상스 시대에 부활한 이교적 세계관에 지배되어, 그리스도교는 이미 시대에 뒤떨어졌고, 반대로 그들이 주장하는 이교적이고 사회적인 낡은 인생관, 실제로는 인류 사회가 이미 졸업해버린 인생관이 최고의 인생관이라며, 이제 인류가 그것을 튼튼하게 유지 발전시켜야 한다고 주장하고 있는 것이다.

4

그릇된 학문과 그릇된 종교는, 일반인들이 뭔가 신비하고 중대하며 매력적으로 느낄 수 있도록 그 교리를 과장된 언어로 표현하고 있다. 학자들의 논의는 직업적인 설교사의 설교처럼 그것을 자주 듣는 사람들뿐만 아니라, 논의하는 당사자들까지 이해하지 못하고 있을 때가 있다. 거만한 학자는 종종 무턱대고 라틴어나 권위자인 양하는 언어를 구사하여, 원래는 지극히 쉽고 단순한 것을 마치 무지한 신자들 앞에서 읊조리는 라틴어 기도처럼 이해하기 어렵게 만든다. 신비로운 것이 곧 예지의 표시는 아니다. 현명한 사람일수록 생각을 표현하는 언어는 참으로 간결하다.

5

적은 노력으로 빠르고 쉽게 얻은 지식은 그리 충실한 것이 아니다. 학문도 열매를 맺지 못하면서 파란 잎만 무성한 경우가 있다.

세상에서는 흔히 피상적인 두뇌밖에 가지지 않았으면서도 놀랄 만큼 많은 것을 알고 있는 사람이 있다. 그러나 실은, 인간이 자기 스스로 연구한 지식만이 그의 판단력에 흔적을 남기며, 다른 상황에서도 거기에 따라 행동할 수 있

는 지침이 된다. 리히텐베르크

6

자손의 눈앞에서 조상의 악업을 칭송하느니보다 우리들 자신의 생활에서 악을 제거하도록 노력하는 것이 얼마나 더 좋은 것인가! 필립과 알렉산드로스 대왕 같은 정복자들이 파괴와 살육을 자행한 침략행위보다, 자연의 힘을 찬양하는 것은 얼마나 더 훌륭한가! 모든 백성들을 도탄에 빠뜨리고 고생시킨 덕택에 유명해진 그 침략자들은, 나라 전체를 폐허로 만드는 홍수나 수많은 사람을 타죽게 만드는 화재에 못지않은, 인류에 대한 하늘의 채찍이다. 세네카

7

학문을 내 몸을 장식하는 제복으로 생각하거나 먹고 살기 위한 수단으로 생각해서는 안 된다. 탈무드

8

지식은 그 목적이 외면적 이익일 때는 반드시 해로운 것이 되고 만다. 다만 내면적 요구에 의해 축적된 지식만이 자신에게나 이웃에게 이롭다.

9

학문은 이제 게으른 생활에 대한 면허증으로 전락하고 말았다.

10

학문의 올바른 목적은 사람들의 행복을 위해 봉사하는 진리를 인식하는 데 있다. 한편 그 잘못된 목적은 인간 생활에 악을 초래하는 기만을 변호하는 것이다. 법률학이나 경제학, 특히 신학이 바로 그것이다.

8월 23일

1

사람들이 만일 진실로 선량하다면 결코 진리를 떠나는 일이 없을 것이다.

2

"빛이 세상에 왔지만 사람들은 자기들의 행실이 악하여 빛보다 어둠을 더 사랑했다. 이것이 벌써 죄인으로 판결받았다는 것을 말해 준다. 과연 악한 일을 일삼는 자는 누구나 자기 죄상이 드러날까 봐 빛을 미워하고 멀리한다. 그러나 진리를 따라 사는 사람은 빛이 있는 데로 나아간다. 그리하여 그가 한 일은 모두 하느님의 뜻을 따라 한 일이라는 것이 드러나게 된다."

요한복음 제3장 19~21절

3

신분이 높거나 낮거나, 부유하거나 가난하거나, 학문이 있거나 없거나, 어떤 인간도 두려워하지 말라. 모든 사람을 존경하고 모든 사람을 사랑하되 그 누구도 두려워하지 말라. 너의 이성이 너에게 계시하는 진리를 추구하며, 어떠한 경우에도 신념에 충실하라. 많은 사람들의 공감을 기대하지 말라. 진리에 보내는 목소리가 적으면 적을수록 더욱 더 목소리를 높여라. 진리가 미망이나 편견, 육체적 욕망보다 강하다는 것을 믿고 정의를 위한 수난을 각오하라. 진리는 장소와 시간에 제약받는 것이 아니며, 영원하고 불변한 것, 어떠한 세계에서도 동일한 것, 신과 하나가 되어 그 권능을 지니는 것임을 기억하라.   채닝

4

진리를 따분한 책 속이 아니라 사상 속에서 찾아라. 달을 보려거든 웅덩이가 아니라 하늘을 쳐다보라.

페르시아 격언

5

네가 진리로부터 떠나는 순간, 태어난 이후 네가 쌓아온 선행의 성과는 모두 사라져버린다. 네 안에 살면서, 네가 너 자신과 한 몸이라는 것을 아는 지극히 높은 정신이, 모든 곳에서 네가 행하는 선과 악을 관찰하고 있다.

마누 법전

6

진리는 단순한 대화를 통해 알 수 있는 것이 아니라, 활동과 관찰을 통해

알 수 있다. 그리고 네가 하나의 진리를 알았을 때, 반드시 다른 두 개의 진리가 네 앞에 나타날 것이다.　　　　　　　　　　　　　　　　존 러스킨

7

진리는 악을 행하는 사람에게만 방해가 될 뿐이다. 선을 행하는 사람들은 모두 진리를 사랑한다.

8월 24일

1

인류는 눈에 띄지 않게, 그러나 쉬지 않고, 사랑에 의한 합일에 바탕을 둔 신의 나라의 건설에 다가가고 있다.

2

개개인이든 인류 전체이든, 결코 현재의 단계에 머무르지 않고(성장의 가능성은 바로 신에게 있고 무한한 것이므로), 끊임없이 껍질을 벗고 변신하면서 낮은 상태에서 높은 상태로 옮겨가야 한다. 모든 상태는 그것에 앞서 있었던 상태의 결과이다. 그 성장은 씨앗이 자라는 것과 마찬가지로, 눈에 띄지 않는 가운데 쉬지 않고 계속되는데, 어느 누구도 그 끊임없이 생성 발전하는 인과율의 사슬을 끊을 수는 없다. 그렇다 하더라도 한 개인이나 전 인류가 운명적으로 탈피와 변신을 거듭할 수밖에 없다 하더라도, 그 변신은 역경과 고뇌 속에서만 이루어져야 한다.

위대성을 몸에 걸치기 전에, 빛을 향하기 전에, 어둠 속을 걸으며 박해를 견디고, 영혼을 구원하기 위해 육체를 내던지지 않으면 안 된다. 더욱 강하고 더욱 완전한 생명으로 다시 태어나기 위해서는 죽지 않으면 안 된다. 십자가에 못 박히지 않으면 안 된다. 그것이 예수가 말씀을 통해, 또 자신의 실천을 통해 가르쳐준 것이다.

이리하여 18세기가 지난 오늘 날, 하나의 발전 단계를 끝낸 인류는 다시 서둘러 변신을 모색하여, 낡은 조직, 낡은 사회가 붕괴되고 있다. 아니 이미 붕괴되어 사람들은 폐허 속에서 공포와 고통의 나날을 보내고 있다. 이 폐허와 이미 일어난 죽음, 또는 지금 일어나려 하고 있는 죽음을 앞에 두고, 너희는 용

기를 가지고 분발하라! 사라져가는 것, 그것은 불후의 존재자가 입고 있는 낡은 옷이다. 뿔뿔이 흩어져가는 것, 그것은 가을의 나뭇잎이다. 태양이 낮아지면 겨울이 다가온다. 그러나 겨울 다음에는 봄이 오고 만물을 소생시키는 봄의 입김이 찾아온다. 지금이 바로 그때이다.　　　　　　　　　　라므네

3

아니다, 전지전능하신 신의 말씀은 아직 다 끝나지 않았고 하느님의 의지는 아직 다 계시되지 않았다. 신은 인간의 두뇌로는 상상할 수 없는 영겁의 시간을 통해 창조하고 있고, 앞으로도 창조할 것이다. 과거는 다만 신이 창조한 극히 일부만을 우리에게 보여주었을 뿐이다. 우리의 사명에는 끝이 없다. 우리는 그 원천을 거의 모르고 있고, 그 궁극적인 목적을 전혀 모르고 있다. 시간과 지식, 온갖 계시는 그 한계를 더욱 넓힐 뿐이다. 백년, 이백 년 시간이 지남에 따라 그것은 우리가 극히 일부밖에 이해할 수 없는 자신의 법칙을 모색하면서 우리가 모르는 운명의 높은 곳으로 올라가는 것이다.　　　주세페 마치니

4

항상 걸음을 서둘러 전진하라. 결코 멈추어서거나 후퇴하거나 옆길로 빠지면 안 된다. 멈추면 앞으로 갈 수 없고 걸음을 중단하면 후퇴하게 되며 화가 나면 옆길로 빠진다.

만약 현재의 자신과 다른 존재가 되고 싶다면 항상 스스로에게 불만을 가져라. 어디서 멈추든 한번 멈춰버리면 이미 끝난 것이다. 만약 이 정도면 충분하다고 생각한다면 오직 멸망이 기다리고 있을 뿐이다.　　　아우구스티누스

5

자신의 일을 사랑하라. 그러나 자신이 이룩한 성과를 사랑하지는 말라.

마코프스키

6

"나는 이 세상에 불을 지르러 왔다. 이 불이 이미 타올랐다면 얼마나 좋았겠느냐? 내가 받아야 할 세례가 있다. 이 일을 다 겪어 낼 때까지는 내 마음이

얼마나 괴로울지 모른다. 내가 이 세상을 평화롭게 하려고 온 줄로 아느냐? 아니다. 사실은 분열을 일으키러 왔다."　　　　　　　　　루가복음 제12장 49~51절

7

개개인의 생활도 전 인류의 생활도 육체와 영혼의 끊임없는 투쟁이다. 이 투쟁에서 승자는 언제나 영혼이지만 그것은 결코 결정적인 승리가 아니라, 이 투쟁은 무한하니 그러한 무한한 투쟁이 바로 인생의 본질이다.

8

인생의 목적은 인생에서 일어나는 모든 현상에 사랑을 침투시켜, 서서히 그리고 끊임없이 나쁜 삶을 선한 삶으로 바꾸어 가는 것이고, 진실한 삶을 창조하는 것이며, 그 진실한 삶을 통해 사랑의 삶을 만들어가는 것이다.

9

인간의 이성과 육욕 사이에는 끊임없는 내면투쟁이 일어나고 있다. 만약 우리 인간에게 이성만 있고 육욕이 없거나 육욕만 있고 이성이 없다면, 나름대로 평화를 얻을 수 있다. 그러나 그의 내면에는 이 두 가지가 공존하고 있기 때문에 도저히 그 투쟁을 피할 수가 없으니, 한쪽과 싸우지 않으면 다른 한쪽과 평화롭게 지낼 수가 없는 것이다. 그러므로 인간은 항상 분열해 자기 자신과 대립하게 된다.　　　　　　　　　　　　　　　　　　　　파스칼

10

인간의 세계는 끊임없이 완성을 향해 나아가고 있다. 그 완성에 대한 의식이 인간에게 가장 큰 기쁨이고, 또 그 완성에 참여함으로써 그 기쁨은 더욱 커진다.

8월 25일

1

노동은 육체 생활에서 없어서는 안 되는 조건이다. 만약 인간이 노동을 하지 않는다면 그는 얼어 죽거나 굶어죽게 될 것이다. 이것은 누구나 쉽게 이해

할 수 있는 사실이다. 그러나 노동이 정신생활의 필연적인 결과인 것은, 육체에 있어서의 그 불가피성과 마찬가지로 의심할 나위 없는 사실인데도 반드시 모든 사람이 다 이해하고 있는 것은 아니다.

2

육체노동에 종사하지 않으면 우리는 반드시 체력을 잃고 진리를 놓치게 될 것이다. 나는 현대의 문학과 철학에 나타나 있는 오류와 결함, 그 지나친 장식과 나약함, 우울함이 현대 문단의 허약하고 병적인 습관의 결과임을 믿어 의심치 않는다. 책은 그리 좋지 않더라도 그것을 쓰는 사람이 더욱 노력하는 훌륭한 사람이어야 하며, 현재처럼 그 사람이 쓰는 것과 실제 인물이 너무 동떨어진 대비를 이루어서는 안 된다고 생각한다.   에머슨

3

우리는 육체노동을 통해 외부 세계를 배운다. 풍요로움의 은혜는 그것을 공짜로 얻는 사람보다 그것을 생산하는 자에게 주어진다.

삽을 들고 밭에 나가 이랑을 고를 때, 나는 언제나 큰 기쁨과 함께 육체의 건강을 느끼며, 왜 나는 지금까지 내 손으로 할 수 있는 것을 남에게 시킴으로써, 이런 행복을 나 자신한테서 빼앗았던 것일까 하고 생각한다. 그것은 단순히 자기만족이나 건강만의 문제가 아닌 교육의 문제이다.

나는 나무꾼과 농부, 요리사에 대해 항상 부끄러움을 느낀다. 왜냐하면 그들은 스스로 자신을 만족시키며, 나의 도움 없이 살 수 있는 능력을 갖추고 있는데, 나는 사지가 멀쩡하게 있어도 그들에게 의존하며 아무 역할도 하지 못하고 있기 때문이다.   에머슨

4

"일하기 싫어하는 사람은 먹지도 말라."   데살로니카 II서 제3장 10절

5

아무 일도 하지 않고 있는 사람은 나쁜 짓을 하게 된다.

6

아무 일도 하지 않는 사람은 언제나 많은 도움을 필요로 한다.
게으른 자의 머리는 악마가 살기에 딱 좋은 집이다.

7

자연은 머무르지 않고 항상 움직이며 아무것도 하지 않는 자를 벌한다.

괴테

8

우리가 부끄러워해야 할 것은 육체적으로 불결한 일이 아니라, 도덕적으로
불결한 상태, 즉 필연적으로 남의 노동에 편승하게 되는 육체적 태만이다.

이레째 읽을거리

토지제도에 대해

일반 민중은 이제 자신들의 불행이 대부분 토지의 사유제도에서 비롯된다는 것을 깨닫기 시작해 '토지는 신의 것'이라고 말하고 있다. 불행의 원인은 특정한 사람들이 많은 땅을 소유하는 데 있다. 그들은 땅을 잘 경작하는 데는 관심이 없는데, 그도 그럴 것이 그들에게는 그럴 필요가 없다. 해마다 땅값이 올라가서 굳이 경작하지 않아도 그들에게 이익을 주기 때문이다. 그러나 한편에서는 땅이 너무 좁아서 그 자연의 은혜를 거의 누리지 못하는 사람들이 있다. 그래서 사람들은 도시로 나가 공장과 사무실에서 일하며 가는 곳마다 임금을 떨어뜨리고 있고, 그것이 그들이 불행한 중요한 원인이 되고 있다.

그러면, 그러한 폐해를 방지하고 모든 사람이 평등하게 토지를 이용할 수 있게 하려면 어떻게 해야 할까? 농민들이 농촌공동체에서 하듯, 땅을 많이 가지고 있는 자들한테서 빼앗아, 그것을 경작할 사람들에게 공평하게 분배해야 할 것인가? 그러나 단 한 마을이라도 그 주민들 모두에게 평등하게 토지를 분배한다는 것은 쉬운 일이 아니며, 그것을 위해 좁은 띠모양으로 땅을 마구 구획함으로써 경작하기 어려워지는 사태를 피하는 것은 더욱 어려운 일이다. 지금도 마을에 따라서는 각각의 경작지마다 20~30개씩의 띠모양의 땅이 할당되어, 그러한 구획 때문에 아무리 연구해도 효과적으로 땅을 이용할 수 없는 실정에 있다. 그렇다면 어떤 방법으로 하면 토지를 필요한 사람 모두에게 공평하게 분배할 수 있을까? 모든 공동체를 일괄적으로 고려하면, 한 마을의 경우보다 토지의 질적 차이라는 문제가 생긴다. 1데샤티나(1,092헥타르)에 15루블 내지 20루블밖에 하지 않는 모래땅도 있는가 하면, 3, 4백 루블이나 하는 흑토지대도 있다. 또 1000루블이 넘는 비옥한 초지도 있고 몇만 루블의 광산지대와 유전지대, 석탄지대도 있다. 그리고 도시의 땅은 시골보다 비쌀 뿐만 아니라 토지에는 가격 변동이라는 문제가 뒤따른다. 철도가 지나가면 사람들이 모이기 때문에 땅값이 올라간다.

그뿐만이 아니다. 땅이 필요하지 않은 사람들, 이를테면 기술자, 대장장이, 운송업자, 또는 공장 노동자, 교사, 문필가와 같은 도시에 사는 사람들이 있다. 이런 사람들에게는 경작하기 위한 땅은 필요하지 않지만, 그들도 역시 땅이 주는 모든 혜택을 다른 사람들과 마찬가지로 누리고 싶어한다.

이럴 경우에는 어떻게 해야 할 것인가? 토지가 주는 혜택을 모든 사람이 공평하게 누리자면 어떻게 해야 할까?

그것을 위해서 지금 땅을 가지고 있는 사람들한테서 그것을 빼앗아 모든 사람들에게 분배할 필요는 없다. 지금 땅을 가지고 있는 자는 그대로 가지게 하라. 그리고 자유롭게 채소밭을 갈든 뜰을 만들든, 또는 목축을 하고 밀을 뿌리든 마음대로 하게 하라. 광산을 가지고 있는 자에게는 거기서 광석을, 금을, 석유를, 또는 석탄을 캐게 하라. 모든 사람들이 지금까지 하던 대로 땅을 가지고, 다만 그 땅에 대해 1년에 얼마의 토지세를 공공의 이익을 위해 내면 되는 것이다. 이를테면 경작지는 한 해에 3, 5, 10루블, 기름진 목초지는 50, 80, 100루블, 광산지와 도시의 땅은 천 루블의 가치가 있다면, 그 토지의 이용자가 그 금액을 해마다 공익을 위해 지불하는 것이다. 만일 자기 땅에 몇 해 동안 건축이나 토지 개량을 하지 않고 남에게 빌려주어, 그것으로 몇백, 몇천 루블을 받고 있다면, 그 몇백, 몇천 루블을 공익을 위해 내놓으면 되고, 누군가의 땅이 5, 6루블밖에 하지 않는다면 그 5, 6루블을 내놓으면 된다. 모든 사람들이 자기가 땅을 가지고 있는 동안 그 땅에 대해 해마다 1년에 얼마씩의 토지세를 내는 것이다. 그래서 예를 들자면, 가령 올해는 토지세로 10~15루블을 냈는데, 이듬해에 20~30루블을 내고 그 땅을 사용하고 싶다는 사람이 나타날 경우, 그가 작년에 이어서 계속 토지를 사용하고 싶으면 그만큼의 금액을 내게 하면 된다. 그런 식으로 결정되면 땅은 모든 사람들에게 골고루 돌아가게 될 것이다. 왜냐하면 지금 땅을 가지고 있으면서 그 땅을 이용해 일하지 않는 사람은, 그 땅에서 토지세를 벌 수 없으므로 이내 그 땅을 포기하게 될 것이고, 그러면 그 땅을 활용해 일할 사람이 그것을 인수하게 될 것이다.

땅에서 걷히는 돈은 공공의 이익을 위해 사용되어야 한다. 그 수입은 모든 다른 세금과 공물을 충분히 대신할 수 있을 것이다. 러시아의 토지세는 현재 온갖 세금의 형태로 징수되고 있는 것보다 두 배, 세 배나 많다. 모스크바에서만 그 토지세가 약 2천만 루블에 달할 것이다. 이 제도가 실시되면 농민들이 땅이 없어서 부치지 못하는 일이 없고, 또 세금과 공물도 전혀 내지 않아도 되므로 크게 유리하고, 기술자와 직공 같은 도시의 주민들에게도 살림이 편해질 것이다. 왜냐하면, 그렇게 되면 많은 사람들이 농촌으로 흩어져서, 일자리를 찾아 도시에 몰려와 임금을 떨어뜨리는 일이 없을 것이기 때문이다. 그러면 상품의 가격도 공장주에 의해 일방적으로 결정되지 않고 노동자들이 스스로 결정할 것이고, 상품에 부과되는 각종 세금도 없어지므로 생활용품의 가격도 당연히 싸지게 된다.

이상과 같은 토지제도하에서는, 사람들은 원래 하느님으로부터 그들이 받게 되어 있는 땅의 혜택을 공평하게 분배받을 수 있다. 과거의 농노제도와 노예제도 때처럼, 어떤 계급은 모든 것을 갖고 있고, 어떤 사람들은 아무것도 가지지 못하는 그런 사회가 되지는 않을 것이다. 그리고 지금처럼 일부 사람들이 토지를 경작하고자 하는 농부들로부터 사유재산이라는 이름으로 땅을 빼앗는 일도 없어질 것이다.　　　　　　　　에스 디 니콜라예프 구술, 헨리 조지 기록

8월 26일

1

정의는 그것을 추구하는 것에 의해서가 아니라 사랑에 의해 실현된다.

2

과녁을 명중시키려면 그 과녁보다 위를 겨냥해야 하듯이 공정하려면 자기를 희생해야 한다. 즉 자기 자신에게는 오히려 불공정해야 하는 것이다. 오로지 공정하려고만 하면 결국 자신에게 관대해져서 다른 사람들에게는 불공정하게 되어버린다.

3

완전하게 올바른 행동만 하는 사람은 아무도 없다. 그러나 정직한 인간이 오로지 진실만을 얘기하려고 노력함으로써 거짓말쟁이와 구별되듯이, 정의로운 사람은 그 정의롭고자 하는 노력에 의해 정의롭지 못한 사람과 구별된다.

4

부정 그 자체보다 나쁜 것이 있다. 그것은 사이비 그리스도교 세계에서 흔히 볼 수 있는 거짓 선행, 거짓 사랑, 하느님에게 대한 거짓 봉사이다. 사람들은 사랑의 법칙을 실천할 생각으로, 또는 실천하는 척하면서 정의의 요구를 외면하고 자못 우쭐하여 악랄한 부정에 빠져든다. 그들은 교회에 헌금하고 가난한 사람들에게 자선을 베풀지만, 그들이 내는 것은 그의 형제들이 피땀 흘려 만든 결과물이다.

5

재판관은 문제의 어느 한 면만을 보고 옳고 그름의 판단을 내린다. 그러나 사실상 인생에 있어서는 어떤 측면에서 문제를 보느냐에 따라 어느 것이나 옳다고 말할 수 있는 다양한 대답이 나올 수 있다.

6

세상에서 고귀한 것은 오직 하나, 끊임없이 나타나는 허위나 부정과 충돌을

되풀이하면서도 변함없이 온유함을 유지하는 일이다.　마르쿠스 아우렐리우스

7

부정한 대우를 받고 괴로울 때는 스스로를 위로하라. 참으로 불행한 사람은 부정을 당하는 사람이 아니라 부정을 저지르는 사람이다.

8

딱 적당하게 정의로울 수는 없다. 부족하거나 넘치거나 둘 중의 하나이다.

그러므로 정의에 어긋나지 않기 위한 유일한 방법은 언제나 정의가 넘치도록 노력하는 일이다.

8월 27일

1

모든 사람에게 가장 필요하고 중요한 연구 대상은 자기 자신이고 자신의 영적 존재이다.

2

모든 학문을 다 잘 알면서 자기 자신에 대해 모르는 사람은 무지한 자이다. 아무것도 모르지만 자기 자신과 자신의 영적 자아를 알고 있는 사람은 충분히 깨달은 사람이다.

3

대부분의 사람들은 신은 알고 싶어하면서도 자기 자신을 알려고 하지 않는다. 그러나 그들이 자신의 내부에 선을 인식하고 성장시키면 그때 비로소 신을 알게 될 것이다. 왜냐하면 그것 말고는 신을 인식할 수 있는 길이 없기 때문이다.　류시 말로리

4

인간이 자연을 향해 도대체 나는 무엇인가 하고 질문해도 대답은 돌아오지 않을 것이다. 왜냐하면 그 자신이 그 질문에 대한 대답이기 때문이다. 그는 스

스로 자신을 알지 않으면 안 된다. 　　　　　　　　　　류시 말로리

5

　폭력을 휘두르고 싶어지면 사람들 앞에서 즉시 떠나라. 　　　　소로

6

　명예의 길은 왕궁으로 통하고, 행복의 길은 시장으로 통하며, 선의 길은 황
야로 통한다. 　　　　　　　　　　　　　　　　　　　　　중국 속담

7

　대부분의 사람들에게 내적 세계는, 너무 넓어서 연구하고 싶은 생각조차 들
지 않는 큰 바다와 같다. 그러나 언젠가는 그 속에 들어가 그때까지 헛되이 외
부 세계에서 찾아 헤맸던 하늘의 은신처를 찾아내지 않으면 안 된다. 　류시 말
로리

8

　인간에게는 언제나 모든 불행에서 벗어날 수 있는 피난처가 있다. 그것은 곧
그의 영혼이다.

9

　만일 인간으로서 자신이 누구인지 깨닫는다면, 자신의 슬픔이 얼마나 하찮
은 것인지 느끼게 될 것이다.

8월 28일

1

　신앙이 인생을 결정한다.

2

　종교적 인식은 다른 모든 인식의 기초이다. 그렇기 때문에 그것은 모든 인식
에 앞장서는 것이다.

인간은 모두 평등하다는 것, 남에게 봉사하기 위해 자신의 생명을 희생하는 것이 남을 희생시키는 것보다 낫다는 것을 깨닫기 위해서는, 세계에 대한 자신의 관계를 확립하는 것이 필요하다. 그런데 그렇게 세계와 인간의 관계를 확립할 수 있게 하는 것은 오직 신앙뿐이다.

4

종교 없이 도덕을 세우려고 시도하는 것은, 마치 어린아이들이 자기가 좋아하는 식물을 옮겨 심으면서, 마음에 들지 않고 쓸모없어 보이는 뿌리를 잘라 버리고 뿌리가 없는 식물을 땅에 꽂아 놓는 것과 같다. 뿌리가 없는 것은 진짜 식물이 아닌 것처럼, 종교적 기초가 없는 것은 결코 진정한 도덕일 수 없다.

한 사제가 착하고 훌륭하게 살아가는 농부의 고해를 받으면서, 평소에 하던 대로, 하느님을 믿느냐고 물었다.

"믿지 않습니다." 농부가 대답했다.

"어째서 신을 믿지 않습니까?"

"믿지 않습니다, 신부님. 만일 믿고 있다면 이런 식으로 살 리가 있겠습니까? 오직 자기만 생각하고 먹고 마시며, 하느님과 형제들에 대해서는 잊어버리고……."

모든 사람들이 이 농부처럼 신앙을 이해하고 그리스도의 계율을 믿는다면 얼마나 좋을까!

6

신앙에는 두 가지가 있다. 하나는 어떤 사람 또는 어떤 사람들이 말하는 것을 믿는 것으로, 이런 신앙은 수없이 많다. 또 하나는 자신과 자신을 이 세상에 보낸 자의 관계를 믿는 것이다. 이것이야말로 신을 믿는 것이며, 이 신앙은 모든 사람에게 오직 하나이다.

7

신앙은 영혼 속에 반드시 존재하는 특성이다. 인간은 필연적으로 무엇인가를 믿게 되어 있다. 왜냐하면, 인간은 단순히 자기가 알고 있는 대상뿐만 아니라, 알지는 못하지만 역시 존재하고 있는 누군가와도 관계를 갖지 않을 수 없기 때문이다. 이 알 수 없는 존재와의 관계가 바로 신앙이다.

8

사람들은 한결같이 항상 이해하기 쉬운 것은 중요한 것이 아니고, 뭔가 이해하기 어렵고 중대한 것이야말로 위대하다고 느낀다.

9

어떤 처지에 있는 인간이라도 자신이 해야 할 행위에 대한 가장 확실한 지침으로서, 예수 그리스도가 그 가르침 속에서 준 기준만 있으면 충분하다. 전적으로 그 가르침만을 믿고, 다른 모든 가르침은 믿지 않도록 해야 한다. 마치 항해하는 선장이 항해지도와 나침반만 전적으로 믿고, 주위에 있는 여러 가지를 보며 이리저리 키를 변경해서는 안 되는 것과 같이.

10

신앙 같은 건 없다고 말하는 사람들이 있다. 그러나 그것은 거짓말이다. 그들은 자기들의 신앙에 대해 잘 모르거나, 그것을 공표할 수 없거나 공표하고 싶지 않을 뿐이지, 어쨌든 신앙은 다 가지고 있다. 다만 자기들의 신앙이 그다지 자랑스러운 것이 아니어서 그렇게 말하는 것뿐이다.

11

인간의 종교는 그가 의심하거나 믿으려고 노력하는 잡다한 것으로 성립된 것이 아니며, 극히 적지만 자신이 확신하는 것, 그것을 믿는 데 아무런 어려움을 느끼지 않는 것으로 성립되어 있다.   칼라일

12

자신의 신앙을, 그 신앙의 이름 아래 너희가 살고 있는 신앙을 확고하게 의

식하도록 노력하라. 그것은 너희에게 만약 그 신앙이 잘못되었을 때는 바로잡도록 옳을 때는 더욱 확신하도록 도와줄 것이다.

8월 29일

1

만약 인간이 자신의 영혼 속에 신을 의식하고 신을 느낀다면, 그는 세상의 모든 사람들과 자신이 하나인 것도 의식하고 느낄 것이다.

2

모든 영혼은 같은 가족, 같은 기원, 같은 성질에 같은 뿌리이며, 같은 빛에 의해 주어진 생명으로 모두 같은 중심, 같은 행복을 지향하고 있다.

우리에게 가장 큰, 모든 종교의 밑바탕에 깔려 있는 이 진리는, 이성에 의해 증명되는 것은 물론이고, 나는 그것이 틀림없는 우리 본성이라고 생각한다.

채닝

3

지고한 자를 숭배하는 사람의 마음에서는 오만한 마음이 사라진다. 마치 햇빛 아래의 모닥불처럼. 마음이 맑고 오만하지 않은 사람, 온유하고 절조가 있고 순수한 사람, 살아있는 모든 것을 친구로 생각하고 모든 사람의 영혼을 자신의 영혼처럼 사랑하는 사람, 모든 사람을 똑같이 자비와 사랑으로 대하는 사람, 선행을 원하며 허영심을 버린 사람, 그런 사람의 마음에는 생명의 주재자가 살고 있다.

대지가 자신이 키우는 아름다운 초목으로 장식되듯, 마음속에 생명의 주재자가 살고 있는 사람은 선덕으로 장식된다.

비시누 푸라나

4

네 속에, 우리 안에, 모든 사람들 속에 생명의 신이 살고 있다. 너는 나를 나무라지 말라. 내가 너에게 접근하는 것을 꺼리지 말라. 우리는 모두 평등하다는 것을 알고, 네가 아무리 높은 곳에 있을지라도 오만하지 말라. 인도의 마흐무드 하샤 영혼이 태어난 흔적을 지상에서 찾아내는 것은 불가능한 일이다. 영혼에는 구성분자가 전혀 없으며, 이 지상에서 태어나 성장할 수 있는 성분이 아무것도 없다. 물이나 공기, 불과 유사한 어떠한 것도 없다. 실제로 물속에도, 공기속에도, 불속에도 기억하고 이해하며 과거를 반성하고 미래를 전망하며, 현재를 이해하고 해석할 수 있는 능력을 가진 것은 아무 것도 없다. 이러한 모든 것은 영적인 존재에게만, 즉 신에게만 주어진 것으로, 너희가 신 아닌 다른 곳에서 그 발생을 아무리 탐구해도 소용없는 일이다. 그러므로 모든 존재는 그것이 감각하고 생각하고 살아있고 행동하는 한, 그 기원은 하늘에 있고 신에게 있으며, 따라서 영원한 것이어야 한다. 신은 육체적인 것이 섞여 있는 것은 어떤 것도 허용하지 않는 영적인 존재로밖에 생각할 수 없다. 인간의 영혼도 그와 같다.

키케로

하나의 위대한 사상이 내 마음을 사로잡았다. 그것은 내 영혼의 위대함에 대한 의식이며, 신에 대한 무조건적인 복종의 결과가 아니라, 신을 받아들이는 능력과 자기완성과 무한하고 위대한 운명과 그 불멸성의 결과인 신과 하나라는 의식이다.

아미엘

모든 사람은 한 아버지의 자식이다. 그러므로 네가 형제를 사랑하지 않는 것은 자연의 법칙에 어긋나는 것이다.

8월 30일

사람들은 전 인류의 선한 삶은 어떤 것이며, 또 그것이 어떻게 달성되는지 알고 있다. 그리고 그것을 알고 있는 한, 그들은 언젠가는 그것을 달성하지 않을 수 없다.

2

예수는 이미 그 도덕적 기초가 흔들리고 있던 구사회(舊社會)의 종말을 내다보고 있었다. 그는 제자들에게, '사람들이 만들어낸 생활 질서의 물질적 상징인 신전은 더욱 완전한 것의 건설을 위해 무너져야 한다'고 예언했다. 그리고 그는 조만간 실현될 그 예언 위에, 훨씬 훗날 실현될 똑같은 사태에 대한 예언을 덧붙이며, 그 사태를 당시 사람들이 세상의 종말이란 이런 것이 아닐까 하고 상상하던 모습으로 그려 보여주었다.

우리는 지금 그가 예언한 시대에 살고 있다. 전 세계의 끝에서 끝까지 모든 것이 흔들리고 있다. 모든 사람들의 생활에 기초가 되는 모든 시설과 질서를 살펴보면 튼튼한 것은 한 가지도 없다. 사람들은 그러한 것들이 곧 모두 붕괴되어 예루살렘 신전처럼 신전의 돌 위에 돌멩이 하나 남지 않는 상태가 되리라는 것을 느끼고 있다.

그러나 살아 있는 신이 멀리 떠나버린 예루살렘과 그 신전의 붕괴가 새로운 도시와 신전의 건설을 준비하고, 모든 민족과 모든 국민들이 자발적으로 그곳에 모였던 것처럼, 그렇게 오늘날의 신전과 도시의 폐허 속에, 여전히 서로 적의를 가진 인류형제를 서로 멀어지게 하고 그들 사이에 신을 멸시하는 증오심과 무서운 전쟁의 씨앗을 뿌리는 가르침에 의해, 아직도 분열해 있는 인류를 위해, 언젠가는 모두의 고향이 될 새로운 도시와 신전이 건설되고 있다. 오직 하느님만이 아는, 모든 세상 사람들이 하나의 신전과 하나의 도시에 모이는 때가 왔을 때, 비로소 진정한 그리스도의 왕국과 신성한 위업의 궁극적 완성이 실현될 것이다.

원래 그가 이 세상에 온 것은, 사람들에게 사랑의 율법으로 조화롭게 사는 법을 가르치기 위해서였다. 그러한 신성한 사회를 탄생시키는 데 큰 고통이 뒤따른다면 거기에 무슨 의미가 있을까? 너희는 이미 다시 시작되고 있는 선과 악의 싸움을 두려워해서는 안 된다. 너희들의 의무는 싸우는 것이다. 너희는 모두 하느님의 군대이다. 그러나 오늘날과 같은 광기의 시대, 어리석은 독선의 시대에는 가짜 그리스도, 거짓 예언자에 속지 않도록 조심해야 한다. 그리스도는 황야에 있지 않다. 그리고 숨겨진 장소에 있는 것도 아니며, 사람들과 떨어진 곳에서 구원은 자신들만의 것이라고 생각하는 사람들과 함께 있는 것도 물론 아니다. 그런 사람들은 바로 그런 생각을 통해, 사람들을 갈라놓는 모든 장

벽을 부수고 무엇보다 하느님을 사랑하고 또한 이웃을 자기처럼 사랑하는 이중의 사랑을·몸소 실천하려는 모든 사람들에게 평화와 영원한 기쁨을 약속한 그리스도의 가르침을 부정하는 자들이다.

사랑이 있는 곳에 그리스도는 있다. 그 밖의 다른 장소에서 그를 찾지 말라. 너희는 그곳에서 기만의 그림자만 발견할 수 있을 뿐이다.　　　　　라므네

3

산꼭대기에 있는 사람들은 평지에 있는 사람들보다도 빨리 해돋이를 본다. 정신적으로 높은 수준에 있는 사람도 이와 마찬가지다. 그들은 육체적인 생활만을 보내고 있는 사람들보다 빨리 영적인 해돋이를 본다. 그러나 얼마 후 때가 되어 해가 높이 솟아오르면 그것은 모든 사람에게 보이게 된다. 세계의 선진 사상

4

지금까지 종종 사람들이 남을 위해 죽는 것이 쉽다는 것을 깨달은 것처럼, 남을 위해 사는 것도 쉽다는 것을 깨닫게 될 날을 기대해서는 안 되는 것일까? 인간의 일생이, 신이 그에게 인연을 맺어준 형제에 대한 고귀하고 아름다운 봉사가 되기 위해서는, 사람들의 내부에 있는 정신의 고양과 광채가 필요할 뿐이다.　　　　　브라운

5

나의 상상력으로는 아직 온유한 자가 지상에서 최고의 행복을 누리는 그때를 그릴 수 없다. 그러나 그 날은 반드시 올 것이고 가난한 사람들의 희망은 헛되지 않을 것이다. 신은 폭력이나 권력이 아니라 자신의 정신으로 온유한 사람들을 그 심판의 자리에 불러 그들에게 자신의 길을 가르쳐줄 것이다.　존 러스킨

6

가장 강력한 힘이 이 세상에서 작용하고 있다. 그것을 막을 수 있는 자는 아무도 없다. 그리스도교에 대한 새로운 이해, 참된 인간 존중, 새로운 인류형

제의 감정과, 모든 사람의 아버지인 하느님 앞에 모두가 평등하다는 생각 등이 그 증거이다. 우리는 그것을 보고 그것을 느낀다. 그리고 이에 앞서 모든 압제가 사라진다. 말없는 가운데 그런 정신으로 하나가 된 사회는 그 끊임없는 전쟁을 평화로 바꿔놓을 것이다. 모든 것을 사로잡으며 저항할 수 없을 것처럼 보였던 이기심의 힘은 이 자연적인 힘 앞에 굴복할 것이다. 그리하여 '땅에는 평화, 사람들에게는 은혜'라는 하느님의 축복은 언제까지나 환상만으로 남지는 않을 것이다.

채닝

7

인류 앞에 지난날보다 높은 완전성의 관념이 제시되는 순간, 완전성에 대한 지난날의 모든 생각은 마치 태양 앞에서 별빛이 사라지듯 빛을 잃고, 사람들은 태양을 보지 않고 살 수 없듯 더욱 높은 완전성을 인정하지 않을 수 없게 된다.

8월 31일

1

일반적으로 비평가들이 찬사를 보내는 가짜 예술작품은 사이비 예술가들이 침을 흘리며 기웃거리는 문과 같다.

2

말하기조차 두렵지만, 현대 예술에는 천박한 쾌락을 찾아 모여드는 남자들에게, 어머니가 될 여성으로서 주어진 매력을 팔아넘기는 여자한테서나 볼 수 있는 일이 일어나고 있다.

우리의 현대 예술은 창녀로 전락했다고 할 수 있다. 이 비유는 참으로 미세한 부분까지 꼭 들어맞는다. 예술은 창녀와 마찬가지로 항상 화장을 하고 있고, 언제든지 매매할 수 있으며, 창녀처럼 사람을 유혹하고 파멸시키며 언제든지 손님을 맞을 준비를 하고 있다.

진정한 예술 작품은 마치 어머니의 태내처럼 새로운 생명의 결정체로서 극히 드물게 예술가의 마음에 나타나는 것이다.

가짜 예술은 수요자만 있으면 기술자나 직공의 손으로 얼마든지 계속 생산

된다.

진정한 예술은 자신을 사랑해주는 남편을 기다리는 아내처럼, 특별히 화장하거나 치장할 필요가 없다. 그러나 사이비 예술은 창녀처럼 화려하게 치장하지 않으면 안 된다.

진정한 예술이 출현하는 이유는 어머니의 잉태의 원인이 사랑인 것처럼 축적된 감정을 표현하려는 내적 욕구이다. 그러나 가짜 예술의 원인은 창녀와 마찬가지로 이익을 탐하는 욕심이다.

진정한 예술의 결과는 아내에 대한 사랑의 결과가 새로운 인간의 탄생이듯, 새로운 감정을 이 세상에 불어넣는 것이다. 그러나 가짜 예술의 결과는, 인간의 타락과 만족할 줄 모르는 쾌락의 추구, 그리고 인간 정신의 쇠약뿐이다.

이와 같이 부패하고 타락한 예술의 홍수 같은 혼탁과 오염을 뒤집어쓰지 않기 위해, 현대를 살아가는 우리는 위와 같은 사실을 잘 이해해야 한다.

3

예술로 생계를 유지하고자 하는 것은 인간이 선택한 가장 나쁘고 가장 해로운 방법의 하나이다. 어느 시대에나 들을 만한 말을 하고 주목할 만한 작품을 만드는 사람은 그리 많지 않다. 그 몇몇 사람들은 대중이 외면하더라도 하고 싶은 말만 하고 부르고 싶은 노래만 부른다. 그들은 우화에 나오는 귀뚜라미처럼 노래를 그만둘 바에는 차라리 굶어죽는 것을 선택할 것이다. 그래서 우리는 그 노래가 마음에 들지 않아도 자비심에서라도 그들의 생명을 위해 약간의 빵을 베풀지 않을 수 없다.

그러나 더 나은 삶을 위해 글을 쓰고 그림을 그리는 사람들은, 자신들은 거지보다 훨씬 고상하여 경멸의 대상이 되지 않는다고 생각하지만, 사실은 그들도 귀찮고 해로운 거지에 지나지 않는다. 나는 빈민가에 사는 사람들을 도와주는 건 좋다고 생각하지만 그것은 그들이 내 귓전에서 시끄럽게 오르간을 치거나, 풍자화를 그려서 보여주고, 또 젊은 아가씨들을 하찮은 소설로 유혹하거나, 더러운 거짓말로 가득한 인쇄물의 바다 속에 모든 사람들을 빠뜨리고 있기 때문이 아니다. 정당한 노동으로 빵을 벌 능력이 없는 사람들은 길모퉁이에서 아우성치지 말고, 입을 다문 채 공손하게 창백한 손을 내미는 것이 낫다. 그러면 동정심이 그들을 먹여 살릴 것이다.

존 러스킨

4

자신의 재능을 팔아서는 안 된다. 그것을 팔게 되면 너희는 즉시 성직매매나 매음행위와 다름없는 죄에 빠지게 된다. 너희는 자신의 노동은 팔 수 있지만 영혼을 팔아서는 안 된다.   존 러스킨

5

장사꾼들을 몰아내지 않는 한 예술의 전당은 진정한 전당이 될 수 없다. 미래의 예술은 그들을 몰아낼 것이다.

9월

9월 1일

1

이성은 사람들에게 그들이 인생의 법칙을 배반하고 있음을 지적한다. 그러나 사람들은 그 배반에 완전히 익숙해져서 그것을 편하게 여기고 있기 때문에, 자신들의 그 익숙한 생활을 방해하려는 이성의 목소리를 압살하려고 애쓴다.

2

인간은 자신이 그릇된 생활을 하고 있을 때, 자기가 빠져 있는 비참한 처지가 보이지 않도록 자신의 눈을 가릴 수 있다는 것은, 구원도 되고 형벌도 된다.

3

사람은 자신의 생활이 양심에 합치되지 않으면 양심 쪽이 마비되어 생활에 장단을 맞춘다.

4

사격을 받고 있는 엄폐물 뒤에서 아무 것도 할 것이 없는 병사들은, 위험한 순간을 더 쉽게 견딜 수 있도록 애써 일거리를 찾는다. 모든 사람들도 때때로 인생이라는 위험을 견디는 병사와 같다. 어떤 사람은 명예욕으로, 어떤 사람은 오락으로, 어떤 사람은 법률 문서를 씀으로써, 어떤 사람은 여자로, 어떤 사람은 도박으로, 어떤 사람은 경마로, 어떤 사람은 사냥으로, 어떤 사람은 술로, 어떤 사람은 정치활동으로 그것을 견디고 있다.

5

사람들이 보드카와 포도주, 담배, 아편 등으로 자신을 마비시키고 해치는 일을 그만둔다면, 인간 사회에 어떤 멋진 변화가 생길지 상상하기조차 어렵다.

6

어떤 종파의 신자들은 집회 끝에 불을 끄고 음란 행위에 빠진다고 한다.

현재의 우리 사회에서도 끊임없는 음란 행위에 빠지기 때문에, 니코틴이나 알코올로 계속 이성의 불을 끄고 있다.

7

현대의 인간생활을 개선하는 중요한 조건의 하나는 그들이 놓여 있는 마비 상태에서 탈출하는 일이다. 그런데 그들은 담배, 포도주, 보드카에 의해 자신 들을 더욱 마비 상태로 몰아넣고 있다.

8

정부가 자신의 이익을 위해 인간의 정신과 육체를 타락시키고 파괴하는 알 코올을 전매하고 있다는 사실은, 다른 증거는 없이 그 사실 자체만으로도, 입 으로 말하는 것처럼 국민의 도덕과 행복을 배려하고 있지 않을 뿐 아니라, 반 대로 정부를 구성하고 있는 사람들의 이익을 위해 참으로 확실하게 국민에게 해악을 끼치고 있음을 더할 나위 없이 명료하게 보여주고 있다.

9

무엇에 의해서든 자신을 마비시키는 행위는, 아직은 범죄에 이르지 않았더 라도 적어도 모든 종류의 범죄에 대한 준비 행위라고 할 수 있다.

10

현대인들의 부패한 생활, 특히 그 무의미함은 주로 그들이 자신을 끊임없이 도취 상태에 빠뜨리고 있는 것에서 시작된다. 맨정신의 사람이라면 오늘날 우 리 사회에서 일어나고 있는 죄의 아주 작은 부분도 범할 수 없을 것이다.

술을 마시고 안 마시고, 담배를 피우고 안 피우고는 그리 중요한 문제가 아니라고 너희는 말한다. 만약 그게 중요한 문제가 아니라면 음주나 흡연에 의해 자신도 해치고 남에게도 나쁜 본을 받게 한다는 것을 알고 있을 테니, 당장 끊는 것이 좋지 않겠는가?

사람들은 왜 스스로를 마비시키는가

의식적인 생활의 시기에 들어가면 사람은 종종 자신 속에서 두 개의 다른 존재—하나는 맹목적이고 동물적인 것, 또 하나는 관찰하는 것으로 정신적인 것—를 본다. 맹목적이고 동물적인 존재는 기계가 시동이 걸리면 움직이듯 먹고, 마시고, 쉬고, 자고, 번식하고, 활동한다. 한편 이 동물적 존재와 맺어져 있는, 관찰하는 정신적 존재는, 자기 스스로는 아무 것도 하지 않지만, 동물적 존재의 활동을 인정할 때는 그것과 일치하고, 인정하지 않을 때는 그것에 등을 돌림으로써 가치 판단을 내린다.

이 관찰하는 존재는 한쪽 끝은 북쪽을, 다른 쪽 끝은 정반대인 남쪽을 가리키는 나침반의 바늘과 같다. 그것은 전체가 금속판으로 덮여 있어, 그 나침반을 갖추고 움직이는 것이 올바른 방향으로 움직이고 있는 한 모습을 드러내지 않지만, 그것이 바늘이 가리키는 올바른 방향에서 벗어나는 순간, 금속판에서 나와 모습을 드러낸다.

이와 마찬가지로, 우리가 그것이 나타나는 것을 보통 양심이라고 부르고 있는, 관찰하는 정신적 존재도, 언제나 그 한쪽 끝으로는 선을, 반대쪽 끝으로는 악을 가리키고 있으며, 우리가 그 가리키는 방향, 다시 말해 악에서 선으로 향하는 방향에서 벗어나지 않는 한 모습을 보이지 않는다. 그러나 양심이 가리키는 방향에 어긋나는 행동을 보이는 순간 정신적 존재의 의식이 나타나, 그 동물적 존재가 양심이 지시한 방향에서 벗어났음을 알려 준다. 그리하여 마치 항해자가 진로가 잘못되었음을 알면 나침반이 가리키는 방향으로 진로를 바꾸거나 방향에서 벗어난 것을 무시하지 않는 한, 키든 기관이든 돛이든 어느 것도 조작을 계속할 수 없듯이, 그 누구도 자신의 양심과 동물적 활동의 분열을 느꼈을 때는, 그 활동을 양심의 요구에 응하거나, 동물적 생활의 잘못을 지적하는 양심의 목소리에 귀를 막지 않는 한, 활동을 계속할 수 없다.

모든 인간의 생활은 다음 두 가지에 의해 성립된다고 할 수 있다. 즉 자신의 활동을 양심의 요구에 일치시키는 것과, 자신의 생활을 계속할 수 있도록 양심이 가리키는 것을 외면하는 것이다.

어떤 사람들은 전자를 선택하고 어떤 사람들은 후자를 선택한다. 전자를 실천하기 위해서는 오직 하나, 정신적 계몽, 즉 자신의 내부에 빛을 증대시켜 그 빛이 비추는 것으로 주의를 돌리는 것이며, 후자를 달성하기 위해서는, 즉 양심이 가리키는 것을 외면하는 데는 두 가지 방법, 곧 외적인 방법과 내적인 방법이 있다. 외적인 방법은 양심의 지적에서 주의를 돌리기 위해 이 일 저 일에 몰두하는 것이며, 내적인 방법은 양심 자체가 흐려지게 하는 것이다.

사람이 자기 눈앞에 있는 사물을 보지 않기 위해서는 두 가지 방법, 즉 더욱 눈길을 끄는 다른 것으로 시선을 옮기는 외적인 방법과, 눈을 가리는 방법이 있다. 이와 같이, 사람은 양심의 지적도 다음의 두 가지 방법으로 피할 수 있다. 곧 외적으로는 여러 가지 바쁜 일과 오락, 또는 도박에 열중하는 것이고, 내적으로는 주의력 자체의 활동을 저지하는 것이다. 도덕적 감정이 무딘 사람들에게는, 그릇된 생활에 대한 양심의 지적을 보지 않으려면 이 외적인 방법으로 충분하지만, 도덕적으로 민감한 사람들은 이 방법으로는 충분하지 않은 경우가 많다.

외적인 방법은 생활과 양심의 요구의 부조화라는 의식에서 주의를 돌리기에는 부족하다. 바로 이 의식이 삶을 방해한다. 그래서 사람들은 어떻게든 살아가려고 다른 것을 이용하여 뇌를 마비시킴으로서 양심 자체를 흐리게 하는 확실한 내적 방법에 호소하게 된다.

생활은 양심의 정당한 요구에 합치되지 않으며, 그렇다고 합치되도록 그것을 전환시킬 힘이 있는 것도 아니다. 그 분열감에서 주의를 돌리는 여러 가지 방법마저 불충분하거나 싫증이 나게 되면, 사람들은 생활의 잘못을 양심이 지적함에도 불구하고 어떻게든 생활을 계속하기 위해, 마치 보고 싶지 않은 것 앞에서 일부러 눈을 가리는 것과 마찬가지로, 양심의 지적이 이루어지는 기관 자체를 마비시켜 잠시 그 기능을 정지시키려 하는 것이다.　　　레프 톨스토이

9월 2일

1

사람들은 진리에 가까이 다가가면 다가갈수록, 타인의 잘못에 대해 너그러워진다. 그 반대 또한 진리이다.

2

신앙이 없는 사람들, 즉 인생의 정신적 기초를 믿지 않고 자신들이 터득한 외적인 관습으로 신앙을 대신하고 있는 사람들은 가끔 너그럽지 않을 때가 있다. 그들이 너그럽지 못한 까닭은 진정한 신앙은 인간의 의지와 무관하다는 것을 모르기 때문이다. 그렇기 때문에 그리스도를 괴롭힌 바리사이파 사람들을 비롯하여 오늘날의 세속적인 지배자에 이르기까지, 가장 신앙심이 부족한 사람들이 언제나 신앙을 가진 사람들을 박해해 왔고 또 박해하고 있는 것이다. 이러한 박해는 사람들의 신앙을 약화시키기는커녕 오히려 그것을 강화해 왔고 또 강화하고 있다.

3

신은 양심과 이성의 힘으로 사람들의 마음에 믿음의 불을 켜주고 있다. 폭력으로는 믿음의 불을 켤 수 없다. 폭력과 위협이 가져다주는 것은 믿음이 아니라 공포이다. 그러나 믿음이 없는 사람, 방황하는 사람을 비난하고 나무라서는 안 된다. 그들은 그 미망으로 인해 이미 충분히 불행하기 때문이다. 만약 그것이 그들에게 이익을 가져다주고 있을 때는 그들을 나무라도 상관없지만, 오히려 그것은 대부분의 경우 그들에게 반발심을 일으켜 그들을 더욱 돌아서게 만든다.

파스칼

4

우리가 결코 잊어서는 안 되는 의심할 여지없는 원칙이 있다. 그것은 만약 어떤 선한 일이 선을 배반하지 않고는 이루어질 수 없다면, 그것은 진짜 선한 일이 아니거나 아직 그 일을 할 시기가 되지 않은 것이다.

5

우리의 조상이 진리라고 생각했던 것이 허위라는 걸 알았다고 탄식하는 것처럼, 이성적인 존재에 어울리지 않는 것은 없다.

6

우리는 오히려, 과거의 것을 대신할 수 있는 새로운 일치의 기초를 탐구해야 하지 않을까?

마르티노

7

신앙은 사랑과 마찬가지로 억지로 불러일으킬 수 있는 것이 아니다. 그러므로 정치적 수단으로 신앙을 도입하고 그것을 보호하려 해도 잘 되지 않는다. 왜냐하면 사랑을 강요하면 오히려 증오를 불러일으키듯, 신앙을 강요하면 오히려 불신을 불러일으키기 때문이다.

쇼펜하우어

8

사람들이 종교를 부정하는 것은 성직자의 편협한 마음과 권력욕의 자연스러운 결과이다.

워버튼

9

신앙이 없는 사람들은 광신자와 마찬가지로 편협하다.

뒤클로

10

진정한 신앙은 강요에 의한 외면적 지지도, 보석으로 장식하는 외면적 지지도 모두 필요치 않다. 또 특별히 포교 활동을 할 필요도 없다. 신에게는 시간이 많아 천년도 하루와 같다. 자신의 신앙을 강요에 의해, 또는 외면을 장엄하게 장식함으로써 지탱하려는 사람, 또 그것을 서둘러 포교하려는 사람은 거의 또는 완전히 신앙을 가지지 않은 사람이다.

9월 3일

1

신은 인간의 지혜로는 파악할 수 없는 존재이다. 우리는 다만 신이 존재한다는 것을 알고 있을 뿐이다. 원하든 원하지 않든 우리는 그것을 확실히 알고 있다.

2

나는 전에는 인생의 여러 가지 현상을 봐도, 그것이 어디서 오고 또 왜 나에게 그것이 보이는지 생각해 본 적이 없었다.

내가 만물의 근본 원인에 대해 생각하기 시작했을 때, 나는 모든 것의 원인은 오성(悟性)의 빛이라는 확신에 도달하여 완전히 그 생각에 빠졌고, 모든 것을 오성으로 설명하고 만물의 시작은 오직 오성이라고 인정하며 혼자 만족해했다.

그러나 그 뒤 나는 오성이 어떤 반투명 유리를 통해 우리에게 도달하는 빛이라는 것을 알게 되었다. 나는 빛은 볼 수 있지만, 그 빛을 발하는 것이 무엇인지는 모른다. 그것이 확실히 존재하고 있다는 것만 알고 있을 뿐이다.

나를 비추고 있는 빛의 원천인 내가 모르는 것, 그러나 그것이 존재하는 것만은 의심의 여지없이 알고 있는 것, 그것이 바로 신이다.

3

신성의 본질까지 꿰뚫어 보려 해서는 안 된다. 신이 계시하지 않은 것까지 알려고 하는 것은 신성모독이다.

메난드로스

4

신을 믿고 신을 섬겨라. 그러나 신의 본질을 알려고 꾀하지는 말라. 너는 네 헛된 노력에서 환멸과 피로 외에는 아무것도 얻지 못할 것이다.

신이 존재하는지 존재하지 않는지 알려고 할 필요조차 없다. 신은 존재하며, 도처에 모습을 보이고 있으니, 인간은 그저 그를 믿으면 된다. 그 외에는 아무것도 필요하지 않다.

필레몬

5

지금까지 위대한 태초의 비밀을 잠시라도 들여다본 사람은 아무도 없다. 일찍이 자기 자신 밖으로 한 발짝이라도 내디딘 사람은 아무도 없다. 오! 그대, 온 세상을 온통 찾아 헤매고 있는 자여! 성자이든 죄인이든, 가난뱅이든 부자이든 어느 누구고 그대를 알려면 아직도 멀었다. 그대의 이름은 모든 존재와 함께 울려 퍼지고 있지만 사람들은 모두 귀머거리이다. 그대는 모든 사람의 눈앞에 있지만 사람들은 모두 장님이다.　　　11세기 페르시아의 오마르 하이얌

6

우리가 신의 존재를 아는 것은 오성에 의해서가 아니라, 어머니 품에 안긴 갓난아기가 경험하는 감정을 우리에게 느끼게 해주는 신에 대한 전적인 종속감에 의해서이다.

갓난아기는 도대체 누가 자기를 따뜻하게 안아 젖을 먹여주는지 모르지만, 누군가가 존재하고 있음은 알고 있을 뿐만 아니라, 자기를 안아주는 그 사람을 사랑한다.

7

인간은 신을 닮으려고 노력해왔다. 그런데 성직자들이 신을 인간과 비슷한 존재로 만들어 버리자, 경박한 인간의 마음은 그런 신의 이미지에 만족해버린 것이다.　　　　　　　　　　　　　　　　　　　　　다그

8

신이라는 개념이 분명하지 않다고 해서 당황할 필요는 없다. 오히려 그것이 분명해질수록 진리에서 더욱 멀어져 정신적 지주로서의 역할이 약해지고 만다.

9월 4일

1

진정한 행복은 결코 단번에 얻을 수 있는 것이 아니라 끊임없는 노력에 의해 얻을 수 있다. 진정한 행복은 나날이 새롭게 완성으로 가는 길을 걷는 것에

있기 때문이다.

2

우리는 글을 배우면 글을 읽고 쓸 수 있게 된다. 그러나 그것만으로 벗에게 편지를 써야 하는지 쓰지 말아야 하는지는 알 수 없다. 그것과 마찬가지로 음악은 우리에게 노래를 부르고 악기를 켜는 것을 가르쳐주지만, 언제 노래를 부르고 악기를 켜야 하는지는 가르쳐주지 않는다.

오직 이성만이 우리가 해야 할 일과 하지 말아야 할 일을 가르쳐줄 수 있다.

우리에게 이성을 부여함으로써 신은 우리에게 가장 필요하고 우리 스스로 사용할 수 있는 것을 준 것이다.

지금과 같은 나를 창조한 신은 어쩌면 나에게 다음과 같이 말했을지도 모른다. "에픽테토스야! 나는 네 보잘 것 없는 육체와 초라한 운명에 훨씬 더 많은 것을 줄 수도 있었다. 그러나 내가 그렇게 하지 않았다 해서 나를 원망하지는 마라. 나는 너에게 네가 하고 싶은 일은 뭐든지 할 수 있는 완전한 자유를 주는 대신, 네 속에 나 자신의 신성의 일부분을 불어넣었다. 나는 너에게 선을 향해 나아가고 악을 피할 수 있는 힘을 주었다. 나는 네 속에 자유로운 이성을 주었다. 만약 네가 너에게 일어나는 모든 일에 이성으로 대응한다면, 내가 명령한 것을 행하는 데 있어 너를 방해하거나 너를 겁먹게 하는 것은 이 세상에 아무것도 없을 것이다. 너는 결코 자신의 운명과 사람들에 대해 탄식하지 않을 것이고, 또 사람들을 비난하거나 그들에게 아부하지도 않을 것이다.

그것만으로는 부족하다고 생각해서는 안 된다. 이성에 합당한, 조용하고 즐거운 일생을 보낼 수 있다면 더 이상 무엇이 필요하겠느냐? 그것으로 만족하라!"

에픽테토스

3

탕왕(湯王)의 목욕통에는 다음과 같은 말이 새겨져 있었다. "날마다 완전히 새롭게 태어나라. 내일도, 그 다음날도, 또 그 다음날도 그렇게 하라."

중국의 금언

4

현자의 선덕은 먼 나라로 여행하거나 높은 산을 올라가는 것과 같다. 먼 나라로 여행하는 것도 최초의 한 걸음에서 시작되고, 높은 산을 올라가는 것도 산기슭의 첫 걸음에서 시작된다.　　　　　　　　　　　　　　　　공자

5

무슨 일이든 착하게 바르게 하려면 어떻게 해야 하는지 배워야 한다는 것은 모든 사람들이 이해하고 있는 사실이다. 그것과 마찬가지로 착하고 바르게 살려면 착하고 바르게 사는 법을 배워야 한다.　　　　　　　에픽테토스

6

"쟁기를 잡고 뒤를 자꾸 돌아다보는 사람은 하느님 나라에 들어갈 자격이 없다" 하고 말씀하셨다.　　　　　　　　　　　　　루가복음 제9장 62절

7

인간은, 나는 내 일을 했다, 내 일에 심혈을 기울여 마지막까지 최선을 다했다고 말할 수 있어야 비로소 행복하다고 할 수 있다. 만약 그렇지 않으면 아무리 고생해서 일을 끝내더라도, 아무런 기쁨도 안도감도 느끼지 못할 것이다.　　　　　　　　　　　　　　　　　　　　　　　　　에머슨

8

너는 너의 선을 향한 노력에 신속한 효과를 기대해서는 안 될 뿐만 아니라, 눈에 보이는 효과는 결코 기대해서는 안 된다. 네가 한 발짝 앞으로 나아가면 그만큼 네가 목표로 하는 완전성도 앞으로 나아가기 때문에, 너는 결코 자기 노력의 결실을 보지 못할 것이다. 노력은 행복을 획득하는 수단이 아니며, 노력 자체가 행복을 주는 것이다.

9월 5일

1

러시아어로 '벌을 준다'(나카지와치)라는 말은 가르친다는 뜻을 가지고 있

다. 가르치는 것은 솔선수범에 의해서만 가능하다. 악을 악으로 갚는 것은 가르치는 것이 아니라 타락시키는 것이다.

2

그때에 베드로가 예수께 와서 "주님, 제 형제가 저에게 잘못을 저지르면 몇 번이나 용서해 주어야 합니까? 일곱 번이면 되겠습니까?" 하고 묻자 예수께서는 이렇게 대답하셨다. "일곱 번뿐 아니라 일곱 번씩 일흔 번이라도 용서하여라."

마태복음 제18장 21~22절

3

인간이 인간에게 벌을 준다고 하는, 본디 인정할 수 없는 권리를 설령 인정한다 쳐도, 도대체 어떤 인간이 그 권리를 행사할 것인가? 오로지 자신들의 죄를 알지 못하고 그것을 까맣게 잊어버릴 정도로 타락해버린 인간들뿐이지 않은가.

4

그때에 율법학자들과 바리사이파 사람들이 간음하다 잡힌 여자 한 사람을 데리고 와서 앞에 내세우고 "선생님, 이 여자가 간음하다가 현장에서 잡혔습니다. 우리의 모세법에는 이런 죄를 범한 여자는 돌로 쳐 죽이라고 하였는데 선생님 생각은 어떻습니까?" 하고 물었다. 그들은 예수께 올가미를 씌워 고발할 구실을 찾으려고 이런 말을 하였던 것이다. 그러나 예수께서는 몸을 굽혀 손가락으로 땅바닥에 무엇인가 쓰고 계셨다. 그들이 하도 대답을 재촉하므로 예수께서는 고개를 드시고 "너희 중에 누구든지 죄없는 사람이 먼저 저 여자를 돌로 쳐라" 하시고 다시 몸을 굽혀 계속해서 땅바닥에 무엇인가 쓰셨다. 그들은 이 말씀을 듣자 나이 많은 사람부터 하나 하나 가 버리고 마침내 예수 앞에는 그 한가운데 서 있던 여자만이 남아 있었다. 예수께서 고개를 드시고 그 여자에게 "그들은 다 어디 있느냐? 너의 죄를 묻던 사람은 아무도 없느냐?" 하고 물으셨다. "아무도 없습니다, 주님." 그 여자가 이렇게 대답하자 예수께서는 "나도 네 죄를 묻지 않겠다. 어서 돌아 가라. 그리고 이제부터 다시는 죄짓지 말라" 하고 말씀하셨다.

요한복음 제8장 3~11절

5

사람들의 불행의 대부분은 죄 많은 사람이 자신에게 형벌권이 있다고 생각하는 데서 온다. 복수는 나에게 있으니 내 이를 갚으리라.

6

만약 누군가가 너에게 죄를 저질렀다고 생각하더라도 그것을 잊고 용서하라. 만약 네가 그때까지 그런 경험이 없었다면 너는 '용서한다'는 새로운 기쁨을 경험하게 될 것이다.

7

악행에 대한 진정한 형벌은 범죄자 자신의 마음속에서 생기는 것이며, 인생의 행복을 누리는 그의 능력이 감소하는 데 있다. 외부로부터의 형벌은 범죄자를 반발하게 할 뿐이다.

8

형벌은 항상 잔혹한 것이다. 잔혹하지 않다면 처음부터 가해지지 않을 것이다. 오늘날의 금고형은 백년 전의 태형과 마찬가지로 잔혹하다.

9

아메리카 인디언은 어떠한 법률, 어떠한 권력, 어떠한 정부의 보호에도 복종한 적이 없다. 그들의 유일한 지도자는 관습이며, 또 미각과 촉각처럼 개개인의 내부에 원래부터 갖춰져 있는 선과 악에 대한 도덕적 의식이다. 그들 사이에서 의무로 여겨지고 있는 것을 위반하는 행위는 모멸과 집단 따돌림으로 처벌을 받고, 강도나 살인 같은 더욱 중대한 죄의 경우에는 그 처벌이 피해자에게 맡겨진다. 이러한 방법은 얼핏 보아 불완전한 것 같지만 실제로 그들 사이에는 범죄가 극히 드물다.

만약 아메리카 인디언과 같은 법의 결여와, 유럽 문명제국과 같은 법의 과잉 중, 과연 어느 쪽이 인간에게 죄를 범하기 쉽게 하는지 묻는다면, 양쪽의 생활 상태를 본 사람이라면 물론 법의 과잉 쪽이며, 양은 양끼리 사는 것이 늑대의 신세를 지는 것보다 행복하다고 대답할 것이다.　　　　　　　　제퍼슨

'학문'이라는 말 속에 지극히 하찮을 뿐만 아니라 지극히 유해한 가르침이 들어 있다는 명백한 증거는, 형법이니 하는 학문이 존재하고 있다는 것, 다시 말하면 어린이나 야만인 같은 가장 낮은 발전 단계에 있는 사람들에게만 어울리는 행위의 실행에 관한 학문이 있다는 사실 그 자체이다.

9월 6일

1

미망은 인간이 빠지기 쉬운 상태이다. 하지만 일정한 시대, 일정한 사회 계층 사람들 사이에 특히 그것이 널리 퍼져 있는 경우가 있다. 현대의 그리스도교 사회가 바로 그러하다. 고차원의 인생의 법칙을 하나도 모르는 사람들이나, 알고 있으면서도 그것을 실천하지 않는 사람들의 사회에서는 그렇게 되지 않을 수가 없다.

2

'죄를 저지른 사람이 누구든, 학문을 배운 사람이 저지른 죄가 가장 무섭다. 무지하고 타락한 민중은 방자한 학자보다 낫다. 전자는 눈이 멀어 길을 잃지만 후자는 눈이 멀쩡하면서도 우물에 빠지기 때문이다.'(사디)

그리스도교에 의해 계몽되고 눈부시게 발달한 교통기관에 의해 이어져 있는 현대인들의 죄가 바로 그것이다.

3

사람들은 영혼을 잃어버렸다. 그 뒤 시간이 흐르자, 이제는 다시 그것을 그리워하고 있다. 이 영혼의 상실이 바로 우리의 환부, 현대의 모든 현상에 무서운 죽음을 선고하려 하고 있는, 전 세계에 걸친 사회적 부패의 중심이다. 우리에게는 이제 종교도 없고 신도 없다. 인간은 영혼을 잃어버리고 헛되이 치료 방법을 찾고 있다. 그러나 잠시 병세가 수그러든 것처럼 보이는 나병은 곧 다시 더욱 맹렬하고 더욱 무섭게 기승을 부릴 것이다.   칼라일

4

모든 범죄와 온갖 종류의 무서운 기사로 가득한 신문은 고기를 중심으로 한 아침 식사의 반찬과도 같은 것이다. 몸도 마음도 갖가지 유해한 영향에 노출되어 있는 사람들이, 이윽고 다툼과 전쟁과 자살의 길을 걸어가기 쉽다는 것이 뭐 그리 놀라운 일이겠는가? 이런 식으로 하루를 시작한 사람들이 행복하다는 것이 오히려 이상하지 않을까? 정신적, 육체적으로 유해한 음식을 섭취하고 있는 동안, 그들은 끊임없는 불안과 고뇌와 절망 상태에 빠져든다.

5

사람들은 자신의 삶이 공허함을 느끼기 때문에 사방으로 뛰어다니면서 만족을 찾는다. 그러나 그들을 끌어당기는 새로운 위안의 공허함을 아직 깨닫지 못하고 있다.   파스칼

6

우리가 자신의 생활을 보장하기 위해 여러 가지로 하고 있는 일은, 마치 타조가 제가 살해당하는 것을 보지 않으려고 머리를 숨기는 짓과 완전히 같다. 아니, 오히려 타조보다 더 나쁘다. 불확실한 미래의 불확실한 생활을 불확실하게 지키려고, 확실한 현재의 확실한 생활을 확실히 파괴하고 있는 것이 우리들이니까.

7

오늘날 부유층의 생활을 옆에서 보고 있으면, 그들이 자기 생활의 안전을 보장하겠다는 듯 여러 모로 하고 있는 일들은, 실은 전혀 그것 때문이 아니라 그런 것으로 기분을 속일 뿐이며, 자신들의 생활의 안전이 절대로 보장되지 않으며, 또한 보장될 리가 없다는 것을 잊기 위함이라는 것을 곧 알 수 있다.

8

현대인들은 극히 일부 사람들이 터무니없이 거대한 부를 차지하고, 심한 빈곤 상태에 있는 다수자가 그들에게 선망과 증오를 느끼고 있는 세상에서, 폭력과 군비와 전쟁이 난무하는 세상의 무의미함과 잔혹함은 누구의 눈에도 보이지 않으며, 자신들이 그런 생활을 계속하는 것을 방해하는 것은 아무것도 없다고 필사적으로 믿고 싶어 한다.

9

대다수의 사람들이 미망에 빠져 있다고 해서 미망을 미망이 아니라고 할 수는 없다.

9월 7일

1

만약 삶이 행복이라면 삶의 필연적 조건인 죽음도 역시 행복이라고 하지 않으면 안 된다.

2

죽음은 자아로서의 자신으로부터 해방되는 일이다. 대부분의 죽은 사람의 얼굴에 나타나는 평화와 안도의 표정은 아마 거기서 유래하는 것이리라. 선한 사람의 죽음은 대개 조용하고 평온하다. 그러나 각오를 하고 죽는 것, 스스로 나아가 기꺼이 죽는 것은 자기를 버린 자, 살려는 의지를 거부하며 그것을 포기한 자의 특권이다. 왜냐하면 이러한 사람만이 겉으로만이 아니라 진실로 죽기를 원하는 자이며, 따라서 자아의 존속을 더 이상 필요로 하지 않고 또 요구하지도 않기 때문이다.

쇼펜하우어

3

죽은 자들은 지금 어디에 있는가? 아직 태어나지 않은 자들이 있는 곳에 있다.

세네카

4

만약 죽음이 무섭다면 그 원인은 죽음 속이 아니라 우리의 내부에 있다. 선량한 사람일수록 죽음을 두려워하는 일이 적다.

성자에게는 이미 죽음이 존재하지 않는다.

5

육체의 죽음은 육체를 결합시키고 있는 것을 멸망시킨다. 즉 순간적인 생명의 의식을 멸망시키는 것이다. 그러나 그것은 우리가 매일 잠들 때 늘 일어나고 있는 일이다. 문제는 과연 육체의 죽음은, 나의 모든 의식의 흐름을 통일하고 있는 것, 다시 말해 세계에 대한 나의 특별한 관계를 무너뜨리는가 하는 것이다. 그것을 긍정하려면 그 전에 나의 모든 의식을 통일하고 있는 것, 나의 세계에 대한 특별한 관계가 내 육체적 생존과 함께 태어나고, 따라서 그것과 함께 죽는 것임을 먼저 증명할 필요가 있다. 그런데 그런 일은 절대로 없다.

자신의 의식에 따라 판단한 경우, 나의 모든 의식을 통일하고 있는 것, 어떤 자는 관심을 가지고 받아들이고 어떤 자에게는 냉담하며, 그것 때문에 전자는 내 마음에 남고 후자는 사라지도록 하는 것, 다시 말해 나로 하여금 내 나름대로 선을 사랑하고 악을 미워하게 하는 것, 즉 바로 이 나를, 특수한 나 자신을 구성하고 있는, 세계에 대한 나의 특수한 관계는 외적 원인의 결과가 아니며, 내 생명의 모든 현상의 근본적 원인이라는 것을 알 수 있다.

다음에는 관찰에 근거하여 판단했을 경우, 이 '나'의 특수성의 원인은 내 부모의 특수성과, 나와 내 부모에게 영향을 준 환경의 특수성에 있는 것으로 생각된다. 그러나 이 논법으로 나아가면, 즉 나의 특수성이 내 부모와 부모에게 영향을 준 환경에 의한 것이라고 한다면, 그것은 또 내 조상 전체와 그들이 처한 생활환경에도 영향을 받은 것이라고 하지 않을 수 없다. 따라서 나의 특수성의 원인은 무한 속에, 다시 말해 시간과 공간을 초월한 곳에 있으며, 그래서 나의 특수한 '자아'는 시간과 공간을 초월한 세계에서 태어났다는 것, 즉 내가 실제로 의식하는 나 자체라는 것을 깨닫지 않을 수 없다.

6

늙기 전에는 나는 선하게 살려고 노력했다. 늙은 뒤부터 나는 선하게 죽으려고 노력하고 있다. 선하게 죽는다는 것은 곧 기쁜 마음으로 죽는 것이다.   세네카

7

삶을 이해하지 못하는 사람들은 죽음을 두려워하지 않을 수 없다.

8

너는 죽음을 두려워하고 있다. 그러나 만일 네가 영원히 변하지 않는 자신의 자아 속에 갇혀 있는 운명이라면 어떻게 될지 생각해보라.

9월 8일

1

어린이들에게는 크고 수많은 가능성이 있다.

2

"나는 분명히 말한다. 너희가 생각을 바꾸어 어린이와 같이 되지 않으면 결코 하늘 나라에 들어 가지 못할 것이다. 그리고 하늘 나라에서 가장 위대한 사람은 자신을 낮추어 이 어린이와 같이 되는 사람이다. 또 누구든지 나를 받아 들이듯이 이런 어린이 하나를 받아 들이는 사람은 곧 나를 받아 들이는 사람이다. 그러나 나를 믿는 이 보잘 것 없는 사람들 가운데 누구 하나라도 죄짓게 하는 사람은 그 목에 연자맷돌을 달고 깊은 바다에 던져져 죽는 편이 오히려 나올 것이다."

마태복음 제18장 3~6절

3

"하늘과 땅의 주인이신 아버지, 안다는 사람들과 똑똑하다는 사람들에게는 이 모든 것을 감추시고 오히려 철부지 어린아이들에게 나타내 보이시니 감사합니다. 그렇습니다. 아버지! 이것이 아버지께서 원하신 뜻이었습니다."

마태복음 제11장 25~26절

4

왜 어린이는 대부분의 어른들보다 도덕적으로 높은가? 그들의 이성은 미신에 의해서도 유혹에 의해서도 죄악에 의해서도 비뚤어져 있지 않기 때문이다. 자기완성으로 가는 길 위에 그들을 가로막는 장애는 아무 것도 없다. 그런데 어른들에게는 죄와 유혹과 미신이 가로막고 있다.

어린이들은 그저 살기만 하면 되지만 어른들은 싸우지 않으면 안 된다.

5

자기완성의 모든 가능성을 가지고 있는 청정무구한 어린이들이 끊임없이 태어나지 않았더라면 세상은 얼마나 무서운 곳이 되었을까!   존 러스킨

6

이 잔인한 세상에서 조금이나마 천국을 엿볼 수 있는 유년 시절을 축복할 지어다! 통계가 보여주고 있는 하루 8만 명의 출생은 단순히 종의 절멸을 막아주는 것일 뿐만 아니라, 인류의 타락과 모든 죄악의 오염과 싸우는 신선하고 맑은 물줄기라고 할 수 있다. 요람과 유년 시절의 주변에서 피어나는 선한 감정은 위대한 신의 섭리의 비밀 가운데 하나이다. 만약 이 청정한 이슬이 지상에서 사라진다면, 이기주의의 회오리바람이 당장 요원의 불길처럼 인류 사회를 까맣게 태워버리고 말 것이다.

인간이 죽지 않아 증감하지 않는 10억의 인구로 이루어져 있다고 가정한다면, 오오, 위대한 신이시여! 우리는 지금 어디에 있으며 어떻게 되었을 것인가! 우리는 두말할 것 없이 천 갑절이나 현명해졌겠지만 동시에 천 갑절이나 나빠졌을 것이다. 지식은 축적되었겠지만 수난과 헌신에서 태어나는 모든 선, 즉 가족과 사회는 사멸할 것이다. 득될 것이 아무것도 없는 얘기다.

유년 시절은 그것이 스스로 주는 선으로 인해, 그리고 스스로 그것을 알지 못하고 그것을 바라지도 않은 채, 사람들에게 자신을 사랑하게 하는, 아니 사랑하는 것을 허락함으로써 태어나는 선으로 인해 축복받아 마땅하다! 오직 그 덕택으로 우리는 지상에서 천국의 일부를 엿볼 수 있는 것이다. 죽음 또한 축복할지어다. 천사는 본디 태어남도 죽음도 필요하지 않다. 그러나 인간에게는 양쪽 다 없어서는 안 된다.   아미엘

7

어린이, 젖먹이들이 노래합니다. 이로써 원수들과 반역자들을 꺾으시고 당신께 맞서는 자들을 무색케 하셨습니다.   시편 제8편 2절

8

아기들은 종종 그 고사리 같은 손가락으로, 어른들이 마디가 불거진 손으로도 붙잡지 못하는, 그리고 그 발견이 인생의 마지막까지 커다란 자랑거리가 되는 진리를 움켜잡고 있다.   존 러스킨

9

아기들은 마치 눈까풀이 눈을 보호하듯 그 영혼을 보호하고 있다. 그리고 사랑의 열쇠가 없이는 어떠한 사람도 그 안에 들어갈 수 없다.

10

어린이들은, 흔히 어른들이 비록 대화를 나눌 수는 없어도 어떤 외국어를 알고 있는 경우가 있는 것처럼, 진리라는 것을 알고 있다. 그들은 선이 어디에 있는지 입으로 말하지는 못하지만, 선이 아닌 것으로부터는 어김없이 얼굴을 돌린다. 허위는 가장 총명하고 가장 통찰력이 있는 어른은 속일 수 있을지 모르지만, 아무리 교묘하게 위장하더라도 아무런 지혜가 없는 어린이까지 속일 수는 없다.

11

세상에 태어난 지 얼마 안 되는 어린이들에게 성급하게 저 세상에 대해 얘기하는 것만큼 어리석은 일이 또 있을까!   칸트

12

순진무구한 쾌활함과 사랑의 요구라는 두 가지 뛰어난 선덕이 유일한 삶의 동기인 유년 시절만큼 멋진 시절이 또 있을까!

13

모든 사람을 존중하라, 그러나 어린이는 그보다 백 갑절이나 더 존중하며, 그 더러움을 모르는 영혼의 순수함을 해치지 않도록 노력하라.

이레째 읽을거리

어린이의 힘

"죽여라! 쏴버려! 저놈을 당장 쏴 죽여! 저 살인자의 목을 베어버려라! 죽여라, 죽여!" 군중들이 일제히 외치는 소리가 들려왔다.

수많은 사람들이 한 사내를 포박하여 끌고 가고 있었다. 그 키 큰 사내는 허리를 꼿꼿하게 펴고, 머리는 높이 쳐들고, 확고한 걸음걸이로 걸어가고 있었다. 그 아름답고 남자다운 얼굴에는 자기를 에워싸고 있는 사람들에 대한 경멸과 증오의 표정이 서려 있었다.

그는 권력에 저항하는 민중의 투쟁에서 권력 편에 서서 싸운 사람들 중의 하나였다. 지금 그는 붙잡혀서 형장으로 끌려가는 중이었다.

'어쩔 수 없는 일이지! 힘이 언제나 우리 편에 있으라는 법은 없으니까. 어쩔 수 없는 일이야! 지금은 놈들에게 권력이 있어. 죽어야 한다면 죽어주지. 아무래도 그게 내 운명인 모양이군.' 사내는 그렇게 생각하며 어깨를 움츠리고, 군중의 고함소리를 향해 냉정한 미소를 지었다.

"저 놈은 경찰이었어, 오늘 아침까지 우리에게 총을 쏘았던 놈이야!" 군중 속에서 누군가가 그렇게 외쳤다.

군중은 그를 더욱 앞으로 끌고 갔다. 어제 군대에 의해 살해당한 사람들의 시체가 아직도 처리되지 않은 채 길바닥에 나뒹굴고 있는 곳에 이르자, 군중은 더욱 흥분하여 소리쳤다.

"뭘 우물쭈물하는 거야! 당장 여기서 죽여 버리지 않고 어디로 자꾸 끌고 가는 거야!"

잡혀가는 사내는 눈살을 찌푸리며 더욱 고개를 높이 쳐들 뿐이었다. 그는 군중이 자기를 증오하는 것 이상으로 군중을 증오하는 것처럼 보였다.

"모조리 죽여 버려야 해! 스파이도, 왕족도, 사제들도, 이런 놈들도! 죽여, 지금 당장 죽여!" 여자들도 앙칼진 목소리로 외쳤다.

그러나 군중의 지도자들은 그를 광장까지 데려가서 처치하기로 결정하고 있었다.

광장은 그리 멀지 않았다. 그때 잠깐 조용해진 사이, 수많은 사람들 뒤쪽에서 한 어린아이가 우는 소리가 들려왔다.

"아버지! 아버지!" 여섯 살쯤 된 사내아이가 군중 사이를 헤치고, 잡혀가는 남자에게 가까이 다가가려 하면서 울부짖고 있었다.

"아버지! 우리 아버지를 어떻게 하려는 거예요? 잠깐만요, 잠깐만요. 나를 데려가세요, 나도 데려가줘요!"

아이가 걷고 있는 쪽의 군중들 사이에서 고함소리가 그쳤다. 군중은 마치 어떤 힘에 밀려서 길을 비켜 주는 것처럼 아이에게 길을 내주어 아버지 쪽으로 갈 수 있게 해주었다.

"아, 귀여운 아기야!" 한 여자가 말했다.

"아가, 누구를 찾고 있니?" 또 한 여자가 아이 쪽으로 허리를 구부리며 물었다.

"우리 아버지예요! 아버지한테 가고 싶어요!" 아이가 소리쳤다.

"아가, 너 몇 살이니?"

"우리 아버지를 어떻게 하려는 거예요?"

"아가야, 집에 가거라. 엄마한테 가." 한 남자가 아이에게 말했다.

잡혀가는 사내도 아이의 목소리를 듣고, 사람들이 아이에게 하는 말도 듣고 있었다. 그의 얼굴이 점점 어두워졌다.

"그 아이는 어머니가 없습니다!" 아이에게 엄마한테 가라고 말한 남자를 향해 그는 이렇게 외쳤다.

아이는 드디어 사람들을 헤치고 또 헤치며 나아가 아버지한테 가서 그 손에 매달렸다.

군중 속에서는 여전히 "죽여라! 목을 매달아! 총살해!" 하고 외치는 소리가 들려오고 있었다.

"애야, 왜 집에 있지 않고 나왔니?" 아버지가 아들에게 말했다.

"이 사람들이 아버지를 어떻게 하려는 거예요?" 아이가 말했다.

"저, 애야."

"예?"

"카추샤 아주머니 알지?"

"옆집 아줌마, 알아요."

"그래, 그 아주머니한테 가거라, 아버지도…… 아버지도 곧 갈 테니까."

"아버지도 같이 가지 않으면 싫어!" 아이는 울음을 터뜨렸다.

"왜 싫어?"

"사람들이 아버지를 괴롭히는 걸."

"그렇지 않아. 봐라, 아무 짓도 하지 않잖아?"

잡혀가는 사내는 아이를 떼어 놓고 군중을 지휘하는 남자에게 다가가서 말했다.

"부탁이 있소. 어디서 죽어도 상관없으니 이 아이가 보는 곳에서만은 죽이지 말아 주시오." 그리고 아이를 가리켰다. "2분 동안만 포승을 풀고 내 손을 잡아 주시오. 나는 아이에게 친구와 산책을 하고 있는 거라고 말하겠소. 그러면 저 아이는 집으로 돌아갈 거요. 그때 어디든 좋으니 마음대로 죽이시오."

지휘자는 동의했다.

잡혀가던 사내는 다시 아이를 안아 올리며 말했다.

"아버지 말 잘 듣지, 애야? 어서 카추샤 아주머니한테 가거라."

"아버지는?"

"보렴, 아버지는 친구하고 잠시 산책하고 갈 테니 너 먼저 집에 가 있으렴. 아버지도 곧 갈 테니까. 자, 어서! 착한 아이지?"

아이는 아버지를 가만히 쳐다보며, 고개를 좌우로 갸웃거리면서 생각하는 눈치였다.

"어서 가라니까. 아버지도 곧 간다고 하잖니?"

"꼭 오실 거죠?"

아이는 아버지의 말을 믿었다. 한 여자가 아이를 군중 속에서 데리고 나갔다.

아이의 모습이 보이지 않게 되자 사내가 말했다.

"이제 됐소, 자, 죽이시오."

그때 갑자기 아무도 예상치 못한 일이 일어났다. 바로 그때까지 잔인하고 무자비한 증오심으로 불타고 있던 사람들의 가슴 속에 일제히 똑같은 움직임이 일어난 것이다. 한 여자가 말했다.

"이 사람, 풀어주는 게 좋겠어요."

"그래요. 풀어줍시다!" 누군가가 또 말했다. "용서해줍시다!"

"용서해요, 용서해 줘요!" 마침내 모든 사람들이 일제히 외치기 시작했다.

그러자 조금 전까지 군중을 증오했던 오만하고 냉혹한 사내는 흐느껴 울기
시작하며, 두 손으로 얼굴을 가리고 마치 자기 죄를 부끄러워하는 듯 군중들
사이로 빠져나갔다. 그를 가로막는 사람은 아무도 없었다.　빅토르 위고 작, 톨스
토이 다시 씀

9월 9일

1

오늘날 학문이라고 불리고 있는 지식은, 인간 생활의 행복에 공헌하는 게 아니라 오히려 그것을 저해하고 있다.

2

천문학, 기계학, 물리학, 화학을 비롯한 모든 학문은, 다 함께 또는 따로따로 자기 분야에서 생명의 한 측면을 연구하고 있지만, 생명 일반에 대한 어떠한 결론에도 이르지 못하고 있다. 다만 그 학문들이 아직 젖먹이였던 시대, 막연하여 확실한 형태를 갖추고 있지 않았던 시대에, 그 중의 일부가 자신의 관점에서 생명의 모든 현상을 파악하려고 시도하면서, 새로운 관념과 말을 생각해내려다 혼란에 빠지고 말았다. 천문학 이전의 점성술이 그랬고, 화학 이전의 연금술이 그랬다.

오늘날의 진화론도 꼭 그것처럼, 단순히 생명의 한 측면 또는 몇몇 측면만 관찰하면서 생명에 대한 모든 것을 연구하고 있는 것처럼 주장하고 있다.

3

학문은 태양의 흑점이 나타나는 원인을 해명함으로써가 아니라, 우리의 삶의 법칙과 그 법칙의 배반에서 생기는 결과를 밝힘으로써, 자신의 과제에 답하는 것이라고 할 수 있다.   존 러스킨

4

자연에 관한 한, 경험은 우리에게 법칙을 주고 또 진리의 원천이 되어 주지만, 도덕적인 법칙에 관해서는 경험은 유감스럽게도 미망의 어머니이다. 그러므로 나는 무엇을 해야 하는가에 대한 법칙을, 자연계에서 일어나고 있는 일과 역사상 일어났던 일에서 이끌어 내거나, 그것에 한정하는 것은 지극히 부당한 일이다.   칸트

5

지식은 위인을 겸허하게 하고, 보통사람을 놀라게 하며, 소인배를 우쭐하게

한다.

6

학문은 마음의 양식이다. 그러나 육체의 양식을 지나치게 많이 먹으면 육체에 해롭듯이, 마음의 양식도 지나치면 병에 걸리는 수가 있다. 그것을 피하려면 마음의 양식도 육체의 양식과 마찬가지로 꼭 필요한 때 필요한 만큼 섭취해야 한다.　　　　　　　　　　　　　　　　　　　　　　　러스킨

7

지식이 중요한 것이 되려면, 사람들의 행복을 위해, 사람들의 일치를 위해 봉사하지 않으면 안 된다. 사람들은 모든 사람에게 유일한 진리를 인정함으로써 서로 화합한다. 그 진리의 표현은 명료하고 알기 쉬워야 한다. 오늘날 학문의 표현은 명료하지 못하고 난해하기만 하다.

8

소크라테스는 말했다.

"더 나은 사람이 되는 것 말고는 바라는 것이 없는 사람들에게는 어떠한 학문도 어렵지 않다. 왜냐하면 그들은 어떤 분야의 학문에서든 모든 사람들에게 필요한 것밖에 알려고 하지 않기 때문이다."

9

소크라테스가 현명했던 것은 자신이 모르는 것을 안다고 생각하지 않았던 점에 있다.　　　　　　　　　　　　　　　　　　　　　　　키케로

10

아무리 위대한 지식도 인생의 중요한 목적달성을, 다시 말해 도덕적 자기완성을 도와주지는 못한다.

9월 10일

1

양심이 우리에게 자신의 동물적 자아의 시인을 요구하지 않고 그 희생을 요구할 때는 결코 잘못된 것이 아니다.

2

자신을 살려주는 성령, 하느님이 '한량없이 주시는'(요한복음 제3장 34절) 성령이 '어디서 오며 어디로 가는지 알지 못하는'(요한복음 제3장 8절) 그리스도교도는, 인생의 외면적 목적을 자신에게 부과할 수 없다.

목적의 관념은 지상적인 일과 지상적인 계획에 대해 임시로 설정된 것이다. 세계 창조의 목적은 인간이 이해할 수 있는 것이 아니며, 인간은 자신을 다스리는 데 외면적 목적이 아닌 자신의 마음속에 있는 하느님의 의지에 따라야 한다.

마치 항해사가 그 배가 나아가야 할 올바른 진로를 선택하기 위해 연안의 광경을 안표로 삼을 수 있는 것은, 그것이 그의 눈에 보일 때, 이를테면 강을 지나갈 때뿐이며, 대양을 항해할 때는 나침반에 의지하지 않으면 안 되듯, 그리스도교도로서도 일상생활에서는 외면적인 목적에 따라 행동해도 되지만, 보편타당한 인생의 의의를 탐구할 때는, 진리의 길을 벗어난 순간, 또는 벗어나려 하는 순간, 어김없이 똑똑히 들리도록 경고하는 양심의 소리에 따라야 한다.

표도르 스트라호프

3

사욕을 떠난 행위를 할 때마다 우리가 느끼는 만족감은, 그 행위가 다른 사람의 모습 속에 자기 자신의 존재가 들어 있음을 단적으로 인식하는 것에서 생기는 감정이며, 그 때문에 또한 우리의 진정한 '나'는 단순히 우리의 자아, 즉 고립된 자기 몸뿐만 아니라, 살아있는 모든 것 안에 존재함을 인정한 것이 옳았음을 뒷받침해 준다.

사욕이 우리의 마음을 편협하게 하는 것과는 반대로, 그 인식은 우리 마음을 넓고 풍요롭게 해준다. 실제로 사욕이 우리의 모든 관심을 자아에 집중시켜, 끊임없이 자아를 위협하는 수많은 위험이 계속 머리에 떠오름으로써 불안과 동요의 감정이 우리 생활의 기반이 되어버리는 것과는 반대로, 살아있는 모든 것들이 우리의 자아와 마찬가지로 바로 우리 자신이라는 인식은, 우리의 관심을 저절로 살아있는 모든 존재로 향하게 하여, 우리의 마음을 넓고 풍요롭게 해주는 것이다. 그리고 그러한 자아로서의 자신에 대한 관심이 줄어듦으로써, 세속에서의 우리의 불안과 동요가 진정되고 해소된다. 선량한 마음과 깨끗한 양심이 조용하고 흔들림 없는 기쁨을 주는 것도 그 때문이며, 선행을 할 때마다 신선한 환희의 감정이 커지면서, 그 일 자체가 우리에게 그 감정의 근거가 어디에 있는지 밝혀주는 것도 그 때문이다.

이기주의자는 적대적인 타자들 사이에 있는 고독한 자신을 느끼고, 오로지 자기 한 사람의 행복을 바라게 된다. 선량한 사람은 우애로 가득한 존재들의 세계에서 살며, 그 모든 존재의 행복이 그 자신의 행복이 된다.　쇼펜하우어

4

우리와 외계의 물상(物象) 사이에 있는 이 많은 장벽들! 기분, 건강 상태, 눈의 조직, 방안의 유리, 안개, 연기, 비, 또는 먼지, 심지어 빛까지도 모두 끝없이 변화하고 있다. 헤라클레이토스는 "똑같은 강물에서 두 번 목욕할 수 없다"고 말했다. 나는 말하고 싶다, "똑같은 풍경을 두 번 볼 수 없다"고. 왜냐하면 그것을 보는 자도 보이는 풍경도 끊임없이 변하기 때문이다.

그러므로 인간으로서의 예지는 '세상의 일반적인 환상을 좇으면서 그것에 속지 않는' 데 있다.

나는 '이성은 모든 물질적인 것이 꿈속의 꿈에 지나지 않는다는 의식으로 이끄는 것'이라고 생각한다. 환상적인 꿈의 세계에서 우리를 데리고 나오는 것은 오직 의무의 감정과 도덕적 요구이다. '양심'만이 우리를 미망의 세계에서 해방한다. 그것은 안일과 무위의 안개와, 아편의 환각과 방관자적인 무관심을 사라지게 한다. 양심이야말로 우리 속에 인간적인 책임의식을 자각시키는 것이다.

양심, 그것은 자명종시계이고, 유령을 몰아내는 수탉의 외침이며, 사람들을 거짓 천국에서 내쫓는 칼로 무장한 대천사이다.　아미엘

5

육체를 위해 사는 사람은 사변적, 또는 감성적인 생활의 복잡한 미로에서 길을 잃는 수가 있지만, 영혼은 언제나 정확하게 진리를 알고 있다.

류시 말로리

6

육욕은 양심보다 강하고 그 목소리도 더욱 높을지 모른다. 그러나 그 외침은 양심이 말하는 외침과는 전혀 다르다. 그 외침에는 양심의 목소리가 지닌 힘이 없다. 그것은 이겨서 의기양양할 때도 양심의 조용하고 깊고 위압하는 듯한 목소리 앞에서는 역시 겁을 먹는다.

채닝

7

양심의 소리는, 언제나 그것이 이욕을 떠나 있고, 손으로 만질 수 없으며, 그러면서도 매우 아름답고, 우리의 노력에 의해서만 얻을 수 있는 무언가를 늘 요구한다는 점에서 다른 모든 심적 동기와 구별되고 있다.

그 점에서 양심의 소리는 자주 그것과 혼동되는 명예욕과도 구별된다.

9월 11일

1

진실한 신앙은 믿는 자에게 행복을 약속함으로써가 아니라, 오히려 모든 인생의 불행은 물론이고 죽음의 공포에서도 달아날 수 있는 유일한 피난처를 제공해준다는 점에서 사람들의 마음을 끌고 있다.

2

네가 만약 자신에게 믿음이 없다는 것을 인식할 때는, 세상을 살아가는 데 있어서 가장 위험한 처지에 있다는 것을 알아야 한다.

3

그것을 위해서는 죽어도 좋다고 생각하는 무언가를 가지고 있지 않은 사람은 불행한 사람이다.

4

이득의 숭배자에게는 공리주의 이외의 어떠한 도덕도 없으며, 물질숭배 이외의 어떠한 종교도 없다. 그들은 불구의 육체 때문에 가난에 시달리고 있는 사람을 보면, 깊이 생각하지도 않고 "저 몸을 치료해주자. 저 몸이 튼튼해지고 영양이 공급되어 살이 오르면 틀림없이 영혼도 되돌아올 것이다"라고 외친다.

그러나 나는 "영혼을 치료해야 육체도 치료할 수 있다" 말하고 싶다. 병의 뿌리는 바로 영혼 속에 있으며, 육체적인 여러 질병은 영혼의 병이 외부로 드러난 것에 지나지 않는다. 지금의 인류는 이 지상과 신들이 사는 하늘을 이어주는 보편적인 신앙의 결여로 인해 멸망해가고 있다. 그저 공허한 말과 알맹이가 빠진 형식만 남고 영혼의 종교가 자취를 감추었기 때문에, 또한 의무에 대한 의식과 자기희생의 능력이 완전히 결여되었기 때문에, 사람들은 마치 야만인처럼 퇴폐하고 타락하여 '이득'이라는 우상을 제단에 높이 모셨다. 세상의 폭군과 왕후귀족이 그 사제장이 되어, 그들의 입에서 "모두들 오직 자신만을 위해, 오로지 자기 한 사람만을 위해!"라고 하는 혐오스러운 공리주의의 가르침이 활개치고 있다.

주세페 마치니

5

아주 가까운 곳에 있는 원인에서 더욱 근원적인 원인에 이르기까지, 사람들을 괴롭히는 모든 불행의 원인을 깊이 관찰하면, 반드시 모든 인간의 불행의 근본적인 원인에 도달하게 된다. 즉 신앙의 결여 또는 부족, 다시 말해 세계와 그 본원에 대한 사람들의 관계가 명료하지 않고 잘못되어 있다는 사실에 도달하게 되는 것이다.

6

외면적인 법칙을 신봉하는 사람은 기둥에 매단 등불 밑에 서 있는 것과 같다. 그는 그 밝은 등불 밑에서 아무데도 가지 않고 가만히 서 있다. 그러나 종교에 귀의한 사람은 일정한 길이의 막대 끝에 등불을 매달아 들고 있는 것과 같다. 빛은 언제나 그가 가는 길을 앞장서서 가며 그를 따라오라고 격려하고, 늘 앞쪽에 있는 새로운 공간을 비춰줌으로써 그를 그쪽으로 인도한다.

7

우리를 구원하는 것은 종교적 의식도 아니고, 이런저런 교의를 신봉하는 일도 아니며, 자기 인생의 의의를 확실하게 이해하는 일이다.

9월 12일

1

우리는 하느님과 재물의 신을 함께 섬길 수는 없다. 부를 가지려 하는 노력과 진실한 정신적 생활의 요구는 양립할 수 없는 것이다.

2

한번은 어떤 사람이 예수께 와서 "선생님, 제가 무슨 선한 일을 해야 영원한 생명을 얻겠습니까?" 하고 물었다. 예수께서는 "네가 완전한 사람이 되려거든 너의 재산을 다 팔아 가난한 사람들에게 나누어 주어라. 그러면 하늘에서 보화를 얻게 될 것이다. 그러니 내가 시키는 대로 하고 나를 따라 오너라" 하셨다.

마태복음 제19장 16, 21절

3

예수께서는 제자들에게 이렇게 말씀하셨다. "나는 분명히 말한다. 부자는 하늘 나라에 들어 가기가 어렵다. 거듭 말하지만 부자가 하느님 나라에 들어 가는 것보다는 낙타가 바늘귀로 빠져 나가는 것이 더 쉬울 것이다."

마태복음 제19장 23~24절

4

나는 부가 행복을 준다는 낡은 미신은 이미 무너지기 시작했다고 생각한다.

5

바울은 배금사상을 우상 숭배라고 일컬었다. 왜냐하면 부를 소유하고 있는 대부분의 사람들이 그것을 의미 있게 이용할 줄 모르고, 일종의 성물(聖物)로 여기며 감히 손도 대지 못한 채 그대로 자손에게 물려주기 때문이다. 또 만약 거기에 손을 대야 하는 사정이 생겼을 때는 마치 금지된 짓이라도 하는 것 같은 심리상태에 빠진다. 또 이교도가 우상을 소중히 하듯 그도 문과 빗장으로 황금을 지키며 신전 대신 금고를 만들어 그것을 은그릇에 넣어 보관한다. 이교도는 우상을 빼앗길 바에는 차라리 자신의 눈과 목숨을 내놓는데, 황금을 숭배하는 사람들도 그와 같다. 네가 아무리 황금을 숭배하지 않는다고 말해도, 네가 황금을 보고 그것에 욕망을 느낀다면, 네 마음에 비집고 들어온 악마를 숭배하고 있는 것이다.

금전에 대한 욕망은 악마보다 나쁘다. 그리고 대부분의 사람들은 다른 어떤 우상보다 금전이라는 우상 앞에 무릎을 꿇고 예배를 드린다. 이젠 우상을 따르지 않는 사람들도 많지만, 금전욕에 대해서는 전적으로 복종하며 그것이 명령하는 것은 뭐든지 따른다. 금전욕은 우리에게 무엇을 명령할까? 그것은 이렇게 말한다. "너는 모든 사람의 원수가 되고 적이 되어라. 자연을 잊고, 신을 모독하고, 너 자신을 나에게 바쳐라. 그러면 사람들은 그 명령에 절대적으로 따를 것이다. 우상 앞에는 소와 양을 산 제물로 바치지만, 금전욕은 '나에게 네 영혼을 제물로 바쳐라' 라고 말한다. 그러면 모두들 그렇게 하는 것이다."

이오안 즐라토우스트

6

두꺼운 옷은 몸의 움직임을 방해한다. 부는 영혼의 활동을 방해한다.

데모필

7

부에 대한 욕망은 결코 가라앉지도 채워지지도 않는다. 부를 가진 사람은 더욱 더 얻고자 하는 욕망 때문에 괴로워할 뿐 아니라, 지금 가지고 있는 것을 잃어버리지 않을까 하는 두려움 때문에 괴로워한다.

키케로

8

가난을 두려워하지 말고 부를 두려워하라.

9

사람들은 부를 찾는다. 그러나 만약 그들이 부 때문에 자신들이 잃는 것이 무엇인지 확실하게 안다면, 그들이 현재 부를 얻기 위해 쏟고 있는 노력을 부에서 벗어나기 위해 쓸 것이다.

9월 13일

1

현인은 자신의 현재의 처지를 군이 바꾸려 하지 않는다. 왜냐하면 신의 법칙, 즉 사랑의 법칙의 수행은 어떠한 상태에서도 가능하기 때문이다.

2

군자는 모든 것을 자신에게서 찾고 소인은 모든 것을 남에게서 찾는다.

논어

3

나는 내 운명을 한탄하거나 핑계 삼지 않았다. 그러나 딱 한 번, 신발이 없는데 그것을 살 돈마저 없었을 때 나도 모르게 불평한 적이 있었다. 나는 그때 무거운 마음으로 쿠파의 한 커다란 이슬람교 회당에 들어갔는데, 거기서 나는 발이 없는 사람을 보았다. 그래서 나는 신을 신이 없을 뿐 멀쩡한 두 발을 가진 것에 대해 하느님에게 감사했다.

사디

4

현자는 마음속에 하늘의 섭리를 의식하고 있어서, 문밖에 나가지 않아도 알아야 할 것은 다 알고 있다. 멀리 가면 갈수록 정말 아는 것은 적어진다. 그러므로 현자는 여행을 하지 않아도 알아야 할 것은 알고, 사물을 보지 않아도 그것이 어떤 것인지 알며, 직접 뛰어들지 않고도 위대한 일을 하는 것이다.

노자

5

인간은 자기가 할 수 있는 일에 대해서든 도저히 할 수 없는 일에 대해서든 불평해서는 안 된다.

자신의 처지에 불만이 있을 때, 우리는 그것을 두 가지 방법으로 바꿀 수 있다. 즉 자신의 생활 조건을 개선하는 것이고, 또 하나는 자신의 마음가짐을 개선하는 것이다. 앞의 것은 언제나 가능하다고 할 수 없지만 뒤의 것은 언제라도 가능하다.　　　　　　　　　　　　　　　　　　　　　　에머슨

7

자신의 사상은 손님처럼 대하고 자신의 욕망은 어린애처럼 대하라.

중국의 속담

8

인간은 종종 자신의 내부에 아무리 애써도 시간의 흐름 속에 묻어버릴 수 없는 영원한 것이 있기 때문에 불행할 때가 있다.　　　　　　　　　칼라일

9

우리가 자신의 불완전한 사상이나 자신만만한 판단에서 잠시 떠나, 신 자신이 우리 마음속에서 얘기하는 목소리에 마음을 비우고 귀 기울이며, 말없는 가운데 오로지 신의 의지만 따를 수 있도록, 자신의 내부에 입과 마음의 완전한 침묵에 의한 정적의 세계를 건설하지 않으면 안 된다.　　　　　롱펠로

10

우리는 다른 사람이나 주위의 사정에 불만을 느끼면 느낄수록, 그리고 자신에게 만족을 느끼면 느낄수록 예지에서 점점 더 멀어진다.

9월 14일

1

폭력은 언제나 외면적 위대함이라는 옷을 걸치고, 그것으로 오로지 혐오감만 불러일으켜야 하는 것인데도 불구하고 반대로 존경심을 강요한다는 점에서 특히 유해하다.

2

폭력으로 우리를 강제하는 자는 우리의 권리를 빼앗는 자이므로 우리는 그들을 증오한다. 반대로 우리를 설득하는 자는 우리의 은혜자로 사랑한다. 어리석고 거칠고 무지한 사람일수록 폭력에 호소한다. 폭력을 행사하는 데는 많은 협력자가 필요하다. 그러나 설득을 하는 데는 협력자가 전혀 필요하지 않다. 자신의 지혜로 설득할 자신이 있는 사람은 결코 폭력을 행사하지 않는다. 자신과 견해가 다른 사람도 우애의 정으로 설득하여 자기편으로 끌어들이는 것이 더 유리한데, 그 사람을 배제할 필요가 어디 있겠는가!

소크라테스의 〈대화〉

3

권력을 쥐고 있는 사람들은 폭력과 강제를 통해서만 사람들을 움직일 수 있다고 믿고, 현존하는 체제를 유지하기 위해 대담하게 폭력을 행사한다. 그러나 현재의 체제는 폭력이 아니라 일반 여론에 의해 유지되고 있으며, 폭력은 그 여론의 작용을 파괴해버린다. 그러므로 폭력의 행사는 그것이 유지하고자 하는 것의 힘을 약화시키고 파괴할 뿐이다.

4

인간은 원래 타인을 강제하거나 타인에게 굴종하도록 창조된 존재가 아니다. 이 두 가지 습관은 사람들로 하여금 서로 상처를 주게 한다. 한쪽에는 오만이 다른 한쪽에는 어리석음이 있을 뿐, 진정한 인간적 존엄성은 자취를 감춰버린다.

콩시드랑

5

인생은 우리가 그 비열함을 잘 이해하기만 하면 참으로 멋진 것이 될 수 있다.

소로

6

폭력으로 사람들을 정의에 따르게 할 수 있다고 하여, 사람을 폭력으로 복종시키는 것을 정의라고 할 수는 없다.

파스칼

7

폭력으로 일을 도모하는 사람은 올바르다고 할 수 없다. 정의와 부정의 길을 판별할 줄 아는 사람, 사람들에게 도리를 가르치고, 폭력이 아니라 정의로 그를 이끌며, 진실과 이성에 충실한 사람, 그런 사람만이 참으로 의인이라는 이름에 합당하다.

또 미사여구를 늘어놓는 사람이 현인이 아니라, 참을성이 있고 증오심에서 해방된, 그리고 두려움을 극복한 사람만이 진정한 현인이라고 할 수 있다.

부처의 잠언

8

모든 폭력은 이성과 사랑에 반하는 것이다. 절대로 거기에 가담하지 말라.

9월 15일

1

진리를 인식하는 데 가장 큰 장애는 허위가 아니라 거짓 진리이다.

2

현실 생활에서의 환상은 어떤 한순간 현실을 왜곡시킬 뿐일지 모르지만, 관념의 세계 속의 미망은 몇천 년 동안 맹위를 떨치며, 수많은 사람들에게 멍에를 지우고, 가장 고귀한 인간 정신의 발로를 압살하며, 속임수에 넘어간 노예들을 시켜 속일 수 없었던 사람들의 발에 쇠사슬을 채운다. 그 미망이야말로 모든 시대의 성현들이 그것을 상대로 불리한 싸움을 해온 불구대천의 적이며, 그들이 그것과 싸워서 얻은 것만이 인류의 진정한 재산이 되었다.

진리는 아무리 그것이 무슨 도움이 될지 알 수 없다 하더라도 탐구해야 한다. 왜냐하면 전혀 예상치 않았던 곳에서 그 효용이 드러날지도 모르기 때문이다. 또 그렇다면 우리는 거기에 덧붙여, 그와 마찬가지로 미망으로 인한 폐해가 아직은 딱히 예상되지 않는 장소라 해도, 모든 미망을 열심히 찾아내어 뿌리 뽑아야 하며, 그것은 미망의 폐해가 언제 어느 때 생각지도 못한 곳에서 그 모습을 드러낼지 모르기 때문이다. 그렇듯 모든 미망은 그 속에 해독을 품고 있다. 만약 진리와 예지가 인간을 지상의 왕자로 만들었다면 무해한 미망은 있을 수 없고, 하물며 존경스럽고 신성한 미망 같은 건 더더욱 있을 수 없다.

자신의 생명과 모든 힘을 미망과의(어떤 종류의 미망이든) 고귀하고 힘든 싸움에 바치는 사람에게 위로의 말로서 자신 있게 할 수 있는 말은, 진리가 나타나기 전까지는 마치 밤의 올빼미와 박쥐처럼 미망이 제멋대로 날뛴다 해도, 한 번 철저하게 인식되고 표명된 진리를 그때까지의 미망이 몰아내어 원래의 장소로 복귀시키는 것은, 이미 떠오른 태양을 올빼미와 박쥐가 위협하여 원래의 자리로 가라앉게 하는 것 이상으로 불가능하다는 것이다. 진리의 힘은 그런 것이다. 그 승리는 힘겹고 고통스럽지만, 그 대신 한 번 자리를 차지하면 다시는 물러서지 않는다.

쇼펜하우어

3

적발된 허위는, 인류의 행복에 있어서 명백하게 표명된 진리와 마찬가지로 소중한 재산이다.

4

인간을 미망에서 벗어나게 하는 것은 그에게 무언가를 주는 일이지 결코 빼앗는 일이 아니다. 허위에서 해방되는 것은 진리를 인정하는 일이다. 진리로 여겨졌던 것이 허위임을 아는 것, 그것이 곧 진리이다. 미망은 항상 폐해를 동반한다. 그것은 언젠가는 그것을 진리라고 잘못 생각하고 있는 사람에게 해악을 끼칠 것이다.

쇼펜하우어

5

인식의 세계에서 인류의 진보는 진리를 덮고 있는 덮개를 벗기는 것에 있다.

이레째 읽을거리

페트르 헬치츠키

지금부터 450여년 전에 페트르라는 사람이 쓴, 세상에 거의 알려지지 않은 책이 있다. 그는 헬치차 마을에서 태어나 학교 문턱에도 가본 적이 없는 사람이었다.

《신앙의 그물》이라는 제목의 이 책 속에서 우리는, 사람들이 진정한 그리스도교와는 거리가 먼 가르침을 믿으면서도 그리스도교를 믿는 것으로 생각하는 무서운 기만에 빠져 왔고, 지금도 빠져 있다는 것을, 간명하고 솔직하고 강력하고 정확하게 지적했다는 것뿐만 아니라, 그리스도에 의해 사람들에게 계시된 행복한 인생에 대한 유일한 길이 명시되어 있음을 발견할 수 있다.

사람들의 행동에 지침이 될만한 인생의 진리는, 성현들의 의식 속에는 어느 순간 한꺼번에 모습을 드러낼지 모르지만, 대부분의 사람들에게는 서서히 순서에 따라 언제인지 모르게, 때로는 돌발적으로, 때로는 마치 진통처럼 찾아오며, 한때는 완전히 사라졌다가 그 뒤 새로운 힘으로 되살아나는 현상을 보인다.

그리스도교의 경우가 그랬으며, 지금도 그것은 조금도 변하지 않고 있다. 그리스도교의 진리는 처음에는 극소수의 가난한 사람들에 의해 전폭적으로 받아들여졌다. 그런데 그것이 다수의 사람들과 특히 부유하고 고귀한 사람들 사이에 퍼짐에 따라 점점 왜곡되기 시작하여, 교회가 창설되었을 때부터(헬치츠키에 의하면 콘스탄티누스 대제 때부터) 그 왜곡이 극도에 달해, 진정으로 중요한 인생의 의의가 사람들에게서 완전히 은폐되어 그리스도교의 본질과는 거리가 먼 외면적인 형식으로 바뀌었던 것이다.

그러나 한 번 사람들의 의식 속에 들어온 진리는 결코 죽지 않는다. 교회 밖에, 즉 교회 사람들이 이단이라고 불렀던 사람들 사이에는, 그리스도교의 가르침을 진정으로 이해하고 실천하는 사람들이 언제나 남아 있었다. 그리고 진정한 그리스도교 탄생을 위한 진통이 거듭 찾아왔다. 그때마다 더 많은 사람들이 그 진실한 의미에서의 그리스도교의 진리에 귀의했다.

헬치츠키는 그런 그리스도교 진리를 올바로 이해하고 부흥시킨 사람이었다. 헬치츠키가 쓴 《신앙의 그물》은, 그리스도교 사회가 그 창시자의 가르침에 의하면 어떤 모습이어야 하는지, 또 그 가르침이 왜곡됨으로써 실제로는 어떻게 되어 있는지에 대해 얘기하고 있다.

그 책 머리말에는 다음과 같이 적혀 있다.

"이 《신앙의 그물》이라는 제목의 책은 헬치차 마을에서 태어난 페트르라는 사람의 저술이다. 그는 로키츠차 교구장과 같은 시대에 살았던 인물로, 직접 만나 여러 번 대화를 나눈 적도 있었다. 그는 반(反) 그리스도와 그 유혹에 대한 싸움에서 교회에 승리를 안겨 주기 위해 하느님의 법칙에 대한 유익한 글을 많이 썼지만, 이 책이 오늘날까지 그다지 세상에 알려지지 않은 것은, 이 페트르 헬치츠키의 책을 사악하고 이단적인 책이라고 민중에게 선전해 왔고, 지금도 선전하고 있는 성직자 계급 때문이었다. 그것은 그가 성직자 계급의 생활양식을 끊임없이 비판했기 때문이다. 그럼에도 불구하고 다양한 계급에 속하는 많은 사람들이 속인인 데다 라틴어도 배운 적이 없는 그가 쓴 이 책과 그 밖의 저서를 기꺼이 읽고 있었다. 그것은, 비록 그가 여러 방면에서 두루 뛰어났던 건 아니지만, 하느님의 모든 계율의 실천자로서 체코의 진정한 학자였기 때문이다.

이 책에서 헬치츠키는 황제, 왕족, 귀족, 기사, 소시민, 장인을 비롯하여 농민에 이르기까지 모든 계층의 사람들에 대해 언급했는데, 특히 그가 관심을 기울였던 것은 성직자 계급, 즉 교황, 추기경, 대주교, 주교, 수도원장, 각종 교단의 수사, 사제장, 교구담당사제, 부사제 등에 대해서였다. 이 책의 제1부에서는 어떤 경로와 형태로 신성한 교회에 무서운 왜곡이 일어났는지 서술하고, 사람들의 마음이 현재의 교회에서 멀어질 때 비로소 진정한 교회의 창립자인 예수 그리스도에게 다가갈 수 있음을 설명하고, 제2부에서는 교회 안에서는 온갖 계급이 발생하여 증식되었으며, 그들의 마음은 오만으로 가득하여 겸양과 온유함을 가르치는 그리스도에게 한사코 대항하고 있기 때문에, 진정한 그리스도의 인식을 방해하고 있다는 내용이 서술되어 있다."

분명히 헬치츠키는 이 책에서나 또 다른 저서에서 그의 선구자인 후스와, 그의 뒤에 활약한 루터, 멜란히튼, 칼뱅처럼 교황의 교회법과 교의를 공격하지는 않았다. 다만 스스로 그리스도교도라고 자처하는 사람들의 생활이 비그리스도교적이라는 것, 그리스도교도는 권력을 잡을 수 없다는 것, 그리고 토지와 노예를 소유하고, 사치에 탐닉하거나 음탕한 생활을 하고, 남에게 형벌을 가하거나, 특히 사람을 죽이고 전쟁을 해서는 안 된다는 것을 말했을 따름이다.

헬치츠키는 인간은 행위를 통해 구원받는가, 아니면 신앙을 통해 구원되는가 하는 문제와, 하느님은 그 구원할 자를 처음부터 예정하고 있다는 것 같은, 그런 종류의 교의에 대해서는 논하지 않았다. 그는 다만 교회의 교의는 사람들이 이해하기 쉬운 것이어야 한다고 말했을 뿐이다. 그는 그 교의를 부정하지는 않았지만, 그리스도교도의 생활에 대해 언급하며, 지상의 권력자, 군대, 재판소, 귀족사회 등은 그리스도교적 생활과 양립할 수 없다고 말했다(그는 도시의 시민들조차 그리스도교와 양립할 수 없다고 말했다). 특히 그는 사형과 전쟁에 이르러서는 그리스도교도로서는 생각조차 할 수 없는 일이라고 피력했다. 그는 또 그리스도교와 국가의 합일은(실제로 오늘날 이루어져 있는) 그리스도교를 손상시키고 멸망시켜 버렸는데, 사실은 그 반대로, 그리스도교는 국가와 합일함으로써 국가를 멸망시켜야 한다고 말했다. 그리고 그것은 가능한 일이며, 국가 권력이 없어도 사람들의 생활 질서는 파괴되지 않고, 오히려 사람들을 괴롭히는 무질서와 악이 멸망할 뿐이라고 했다.

그것이 바로 헬치츠키의 저서와 활동이 세상에 알려지지 않은 원인이었다. 그리스도교 사회에서 헬치츠키의 저서와 활동이 처해 있는 입장은, 바로 전인류사회 속에서 그리스도교가 처해 있는 입장과 같다. 그것은 너무나도 시대를 앞서가고 있다. 그것이 결실을 맺을 시기는 아직 오지 않았다. 루터가 한, 교황의 권위의 부정이나 면죄부의 부정 같은 것은 루터 시대의 사람들에게도 가능한 일이었으나, 헬치츠키가 말한 것은 그것이 확실하지 않거나 잘못되어 있어서가 아니라(오히려 반대로 그가 말한 것은 모두 참으로 명백하고 정당했다), 너무나도 시대에 앞서갔기 때문에 사람들에게 받아들여지지 않았던 것이다.

헬치츠키가 추구한 것은 지금도 받아들여지지 않고 있지만 당시에는 더 말할 것도 없었다. 그러나 헬치츠키가 말한 것을 부정하는 것은 불가능했다. 적어도 그 무렵의 사람들은 아직 정직해서 그리스도가 가르친 것, 즉 사람은 자기 자신을 사랑하듯이 원수도 사랑해야 한다는 것과, 모욕을 받아도 참고, 악을 선으로 갚으며, 모든 사람들을 형제로 생각하라고 가르친 것을, 가르치지 않았다고 말하는 것은 불가능하다고 생각했고, 또 그러한 그리스도의 가르침이 현재의 사회체제와 양립할 수 있다고 말해서는 안 된다고 생각했다.

그래서 그리스도교를 택할 것인가, 현재의 사회체제를 택할 것인가 하는 양자택일의 문제가 발생했다. 만약 그리스도교를 선택한다면 권력을 가진 자는 권력을 포기해야 하고, 부유한 자는 부를 포기해야 하며, 중산 계급은 폭력기구에 의지하여 자신을 보호하는 것을 그만둬야 하고, 가난한 자와 억압받는 자는 그리스도교의 법칙에 반하는 것에 복종하기를 거부하여(국가에 있어서의 모든 사회적 활동은 그리스도교의 법칙에 어긋난다), 그로 인해 박해를 받지 않으면 안 될 것이다. 이것은 참으로 무서운 일이다. 또 만약 비그리스도교적이라는 것을 알면서도 현재의 사회체제를 선택한다면 그것은 그리스도교를 부정하는 것이 된다. 도대체 어떻게 하면 좋단 말인가? 오직 한 가지, 그리스도가 말한 것, 헬치츠키가 말한 것, 자신의 양심이 말한 것을 잊고, 그것에 대해 생각하는 것도 얘기하는 것도 그만두는 것이다.

바로 거기에 헬치츠키와 그의 저서가 세상에 알려지지 않은 원인이 있다.

사람들은 그의 책을 묵살하고 그를 잊었다. 설령 열명 정도의 학자가 그것을 알고 있다 하더라도 그들은 그것을 역사적이고 문학적인 기념물로 보고 있을 뿐이다.

그러나 인류의 정신적 부는 결코 멸망하지 않고, 다만 아직 열매가 영글어가듯 단단하게 영글어갈 뿐이다. 그것은 때가 오기를 기다리는 시간이 길면 길수록 그 귀중함도 더해간다. 헬치츠키와 그의 저서 또한 마찬가지이다.

그의 저서는 최근에 처음으로 러시아 과학 아카데미에 의해 출판되었는데, 그런 식으로 막대한 비용을 들인 거창한 출판물이 으레 그렇듯이, 그것을 읽는 사람이 아무도 없을 뿐 아니라 그 책에 대한 소문도 듣지 못했다. 니체와 졸라, 베를렌의 저서는 수십 판을 거듭해 수십만 부가 발행되고 있다. 그들의 생활은 시시콜콜한 것까지 모든 사람들에게 알려져 있지만, 헬치츠키의 저서는 오늘날에 이르기까지 체코와 독일에서조차 출판되지 않을 정도이니, 영국과 프랑스는 더 말할 것도 없다.

헬치츠키 자신에 대해서도 세상에 알려진 것이 거의 없다. 대략 1390년 무렵에 태어나 1450년 무렵에 죽은 것으로 되어 있다. 어떤 사람들은 그가 귀족이었을 것으로 생각하고 또 어떤 사람들은 농민이나 제화공, 또는 자작농이었을 거라고 생각하고 있다. 나는 그가 자작농이었을 거라고 생각한다.

내가 그렇게 단정하는 것은, 첫째로 그의 책 속의 말이 간결하고 힘이 넘치며 명료하다는 것, 둘째로 책 속에 넘치는 지혜에 의해서인데, 그 결과 저자는 언제나 무엇이 가장 중요하고 무엇이 덜 중요한지를 알고, 중요한 것은 늘 첫머리에 놓고 있다. 셋째로 그 내용의 성실성과 소박함으로, 그는 그 성실함, 소박함과 함께 때로는 농부답게 거칠고 힘찬 말로 분노를 얘기하고, 때로는 쓰디쓴 냉소로 그에게는 고통스러운 것이었을 사항에 대해 얘기하고 있다.

《신앙의 그물》은 시대적으로는 낡은 책이지만 그 의의와 내용은 참으로 새로운 것이어서, 현대인들이 그것을 이해하려면 더욱더 계몽되어야 한다고 생각될 정도이다. 그러나 그 시기가 드디어 다가오고 있다.

그리스도교는 절대로 인간이 생각해낸 단순한 아이디어가 아니며, 사회가 그 속에 편입되는 일시적 형식이 아니라, 불변의 진리, 시나이 산 꼭대기의 석판 위에 새겨지지는 않았지만 바위보다 훨씬 더 단단하게 사람들의 마음에 새겨져 있는 진리이다. 한 번 밝혀진 그 진리는 결코 사람의 마음에서 지워지지 않는다. 그 진리는 때가 오기를 오랫동안 기다렸고 앞으로도 계속 기다릴 것이다. 그러나 그것 때문에 그것은 더욱더 확고해져서 더욱더 끈질기게 그 실천을 요구하게 될 것이다.

그리스도교는 헬치츠키가 말한 것처럼 세속의 지혜를 따라가서는 안 된다. 관리나 재판관, 군인이 되어서는 안 되고, 모든 부정을 온화하고 참을성 있게 견디며 악을 악으로 갚지 말고, 불평하거나 복수해서는 안 된다는 계율을 그리스도교에서 말살할 수는 없다. 사람들은 이 진리를 속이려고 갖은 노력을 다해왔고, 앞으로도 그럴 테지만, 그래도 이 진리는 어디까지나 진리이며, 그것을 은폐하기 위해 몇 세기에 걸쳐 생각해 낸 온갖 궤변을 깨부수고 직접적으로 사람들의 마음을 사로잡아 나갈 것이다.

그러면 도대체 우리는 어떻게 해야 할 것인가? 오늘날까지 사람들은 그리스도교를 묵살하거나 그리스도교에 대해 새빨간 거짓말을 하여 국가를 유지해 가는 방법으로 그 딜레마를 해결해 왔다.

하지만 사람들은 결국 국가를 거부하고 그리스도교에 귀의하는, 그것과는 정반대의 해결법을 시도해야 할 것이다.

이 해결법, 폭력과 강제의 기구 위에 성립된 모든 국가가 오늘날까지 한 번도 자신이 약속한 행복을 준 적이 없고, 오히려 사람들의 불행은 점점 증대함으로써 그들이 더욱더 국가를 믿지 않게 된 현상에 비추어 봐도 현명한 방법이라고 하지 않을 수 없다.

그러한 축복받은 새로운 해결법에 큰 도움을 주는 것이 헬치츠키의 이 예지에 찬, 성실하고 유익한 책이다. 이 책에서 발췌한 약간의 인용문이 이 책의 이 레째 읽을거리 속에 있다.   레프 톨스토이

9월 16일

1

의심해 보는 것은 신앙을 파괴하는 것이 아니라 오히려 그것을 견고하게 한다.

2

나는 하느님과 우리 사이에 넘을 수 없는 금을 그으려는 것이 아니다. 의사를 결정하는 것은 확실히 우리 자신이지만, 자유로운 사상과 감정의 세계에서는 하느님의 존재를 인정하지 않을 수 없다. 우리 내부의 가장 깊은 곳에 존재하는 것은 모두 하느님의 반영에 지나지 않는다.

그는 끊임없이 우리의 정신을 고무하고, 우리가 하느님이 원하는 것을 원하고 그것을 실천하는 것에 동의하기만 하면, 우리를 통해 역사하는 것을 절대로 그치지 않는다. 하느님은 우리의 도덕적인 노력에 협조하고, 우리를 진실 속에서 받쳐 주며, 악과의 싸움에서 우리의 협조를 받아들이고, 또 우리에게 언어로 표현하기에는 너무 아름다운 많은 것을 계시한다.

그러나 하느님에 대한 충성을 조금이라도 잃는 날에는 하느님은 가차 없이 우리를 저버린다.

마르티노

3

불신은 인간이 무엇을 믿고 안 믿고의 문제가 아니라, 그 사람이 자기가 믿지 않는 것을 믿고 있다는 뜻이다.

마르티노

4

이따금 영혼의 삶을 믿지 않게 될 때가 있다.

이것은 불신이 아니며, 그때 우리는 육체의 삶을 믿고 있는 것이다.

자신의 생명은 영혼에 있다는 것을 알면서도 갑자기 죽음이 두려워질 때가 있다. 그것은 무언가로 인해 머리가 멍해져서, 또다시 육체의 삶이 진정한 삶이라고 믿을 때 흔히 일어나는 일로, 마치 연극을 열심히 관람하고 있는 사람이 무대 위의 세계를 현실로 생각하고 그것에 공포감을 느끼는 것과 같다.

인생에서도 이와 똑같은 일이 일어난다.

그러나 그러한 환각의 순간에도 종교적인 사람은, 자신의 육체적 생명 속에 사는 것은 결코 자신의 진정한 생명의 행복을 빼앗을 수 없음을 알고 있다.

영혼이 침체에 빠지는 시기에는 자신을 환자로 생각하며, 가능한 한 조용히 있는 것이 중요하다.

5

현자는 가장 좋은 정신 상태에 있을 때도 회의를 품는 수가 있다. 자유자재로 의심할 수 있는 것은 신앙의 기초를 이룬다. 참된 신앙에는 언제나 회의가 따른다. 만일 내가 의심하지 못했더라면 나는 신앙을 가지지 않았을 것이다.

소로

6

하느님으로부터 먼 것은, 신의 존재를 의심하고 괴로워하는 사람이 아니라, 말만으로 신의 존재 또는 비존재를 믿고, 남이 하는 말을 의심하지 않는 사람이다.

9월 17일

1

토지의 사유제도는 노예제도, 즉 인간의 사유제도와 마찬가지로, 아니 그 이상으로 정의에 어긋난다.

2

맨 처음 누군가가 어떤 땅에 울타리를 두르고 "이 땅은 내 것이다"라고 말했을 때, 그 말을 믿어 준 마음씨 좋은 사람들, 그들이 바로 지금과 같은 시민사회의 창시자이다. 그런 때, 그 말뚝을 뽑아버리고 도랑을 메운 다음, "조심하시오, 이 사기꾼의 말을 믿지 맙시다. 만약 땅은 누구의 소유물도 될 수 없고, 땅에서 나는 것은 모든 사람의 것임을 잊는다면, 여러분은 모두 파멸할 것이오!" 하고 말하는 사람이 있었더라면, 인류는 그 많은 범죄와 전쟁과 살육과 불행과 비참함에서 구원 받았을 것을!

루소

3

단순히 공정함이라는 면에서 봐도 토지의 사유는 허용되어서는 안 된다. 왜냐하면 땅의 일부가 한 개인의 사유물이 되어, 마치 그에게만 소유권이 있는 물건처럼 그 한 사람의 이익을 위해, 그 한 사람이 사용하도록 점유되는 것이 공정한 거라면, 그 밖의 땅도 모두 똑같이 사유물이 될 것이고, 결국은 땅 전체가 그렇게 되어 지구 전체가 온통 사유재산 투성이가 되기 때문이다.

허버트 스펜서

4

어떤 지배자 또는 지주가 토지에 대한 무언가의 특권을 돈으로 사거나 조상한테서 물려받았다고 해서 그것이 그에게 그 토지에 대한 도덕적 권리를 주는 것이 아님은 말할 필요도 없는 일이다. 문제는 그 권리 요구 자체가 합리적인가 아닌가 하는 것이다. 왜냐하면 부정한 악은 오래 계속되면 계속될수록 더 큰 부정과 악이 되기 때문이다.

그랜트 알렌

5

현재의 토지 사유권이 합법적이라고 주장할 수는 없다. 그렇게 생각하고 있는 사람에게는 역사의 기록을 보여 주라. 폭력, 기만, 강권, 간계—토지 사유권의 발생 원인은 바로 이러한 것들이다.

허버트 스펜서

6

토지를 사유하는 사람들은 말로든 법정에 가서 호소하든 사람들이 자기 토지를 훔쳤다고 비난한다.

도대체 그들은 사람들한테서 결코 빼앗아서는 안 되는 재산을 끊임없이 빼앗고 있는 자신들이야말로, 바로 도둑이라는 말을 떠올리기만 해도 얼굴을 붉혀야 마땅한 사람이며, 자기 자신이 늘 범하고 있는 죄를 이유로 남을 비난하고 공격하는 것은 당치도 않은 일이라는 것을 왜 모르는 것일까?

7

자연을 관찰하는 눈으로 땅이 없는 사람을, 땅을 이용할 가능성도 능력도 가지고 있고 또 꼭 이용하고 싶은 욕구를 가지고 있으면서도 토지에 대한 권리를 완전히 빼앗기고 있는 사람을 한 번 바라보라. 마치 공기를 빼앗긴 새나 물이 없는 물고기와 마찬가지로 부자연스러운 얘기가 아닌가?　　헨리 조지

8

　결코 사람들의 자연스러운 관계에서 발생한 것이 아니라, 역사상으로 항상 침략과 약탈의 결과로 생긴 토지의 사유는, 극도의 부조리이자 어처구니없는 부정이며, 생산력의 명백한 허비요, 자연의 풍요로움을 누릴 수 있는 모든 사람들에 대한 권리의 억압이고, 건전한 사회 정책과 정면으로 대립되며 인류 생활의 진정한 개선을 크게 저해하는 것인데도, 일반 대중이 그것에 대해 생각하지 않고 그것에 대한 논의도 들어본 적이 없기 때문에 그 제도가 유지되고 있는 것이다.　　헨리 조지

9

　도덕적인 발달이 동일한 수준에 있을 때, 두 가지 노예제도 중에서도 인간을 사유화하는 제도가 차라리 토지 사유제도보다 더 인도적이라고 할 수 있다. 토지 사유제도 하에서는 보통 사람들은 가혹한 노동과 기아에 허덕이며, 인생의 모든 기쁨과 즐거움도 빼앗기고, 무지한 짐승 같은 상태에 빠져, 급기야 범죄와 자살 행위까지 발생하지만, 그것은 누군가의 의지에 의해 일어난 것이 아니라 일종의 운명의 장난이며, 누구에게도 책임이 없는 것으로 인식된다.　　헨리 조지

10

　토지의 사유제도라는 부정은 다른 모든 부정과 마찬가지로, 그 제도를 지키기 위해 필요한 온갖 부정이나 악행으로 이어진다.

9월 18일

1

생명의 본질은 육체가 아니라 정신에 있다.

2

만약 나에게 뼈와 근육 같은 것들이 없다면, 내가 옳다고 생각하는 일을 할수 없을 것이다. 그러나 내가 그것을 하는 원인이 뼈와 근육이지, 선을 사랑하는 마음이 아니라고 말한다면, 그것은 큰 잘못이다. 그런 말을 하는 것은, 원인과 그 원인에 밀접하게 연관되어 있는 것을 구별하지 못하고 있다는 증거이다. 어둠 속을 손으로 더듬으며 걸어가는 대다수 사람들이 하고 있는 것이 그것이며, 단지 원인에 부분적으로 뒤따르는 것에 지나지 않는 것을 원인이라 부르고 있다.

소크라테스

3

육체를 물질적으로 지탱해주는 것(예컨대 음식물과 물 같은 것)이 없으면 정신생활도 있을 수 없다고 해서, 인생을 정신의 힘이 아니라 물질의 힘으로 설명하거나 영혼과 육체를 합친 힘으로 설명하는 것은, 마치 증기 기관차의 움직임을 증기의 힘으로 설명하지 않고 증기를 수시로 실린더 속으로 보내는 밸브의 작용에 의한 것이라고 설명하는 것과 마찬가지로 잘못된 것이다.

물론 밸브가 적절하게 작동하지 않는다면 증기도 증기기관에서 실린더로 적절하게 들어가지 못할 것이다. 그러나 그 밸브만 해도, 역시 증기의 힘으로 축이 회전해 개폐되지 않으면 전혀 작동하지 않는다.

영혼과 육체의 관계를 피상적으로 판단하는 사람들이 빠지기 쉬운 마법의 고리는 이상과 같은 것이다. 그들은 자주 마법의 고리에서 옴짝달싹하지 못하고 이원론(二元論)에 빠지거나, 물질을 생명의 유일한 근거로 인정함으로써 그 고리에서 벗어난 것으로 생각하고 있다.

표도르 스트라호프

4

신성은 언제나 우리의 가슴속에 살며 쉬지 않고 그 본원을 향해 나아가려한다.

세네카

5

진정으로 이성적인 생활은 원인이 없는 영적 본원을 자신의 행위의 원인으로 인정하고, 그것으로 자신을 다스리는 생활을 말한다.

영적인 본원을 인정하지 않는 사람들은 자신의 행동의 지침으로서 물질적인 인과율을 선택한다. 그러나 물질적 인과율이라는 것은 모든 결과가 결과의 결과이며, 매우 복잡하기 때문에 결국 우리가 알 수 있는 것이 아니다.

따라서 그러한 사람들은 자신의 행위를 다루는 확고한 근거를 절대로 가지지 못하는 것이다.

6

내가 인간의 영혼이라고 말하는 것은 그것 스스로 독립적인 생명을 가지고 있으며, 인간의 마음을 움직여 정신적 생활에 눈뜨게 하는 것을 가리킨다.

마르쿠스 아우렐리우스

7

제행무상(諸行無常)의 이치를 깨달았을 때 너는 비로소 상주불변(常住不變)의 것을 발견할 것이다. 　　　　　　　　　　　　　　부처의 말

8

영혼은 보이지 않지만 영혼 아니 영혼만이 모든 것을 본다. 　　　　탈무드

9

인간은 이성에 의하여 산다. 결코 생명의 본질을 육체에, 이 이성이라는 내면의 힘을 담는 그릇에 돌리지 말라. 인간을 에워싼 육체는 오직 이 이성의 힘에 의해서만 살고 있으며 이성 없는 그것은, 베 짜는 사람이 없는 바디, 글 쓰는 사람이 없는 펜과 같다. 　　　　　　　　　　마르쿠스 아우렐리우스

10

영적인 것이 육체적인 것을 이끄는 것이지 결코 육체적인 것이 영적인 것을 이끄는 것이 아니다. 그러므로 자신을 개조하려면 육체적인 자신에게가 아니

라 영적인 자신에게 작용해야 한다.

9월 19일

1

그릇된 신앙이 빚어낸 폐해, 또한 현재 세상에 끼치고 있는 해독은 헤아릴 수 없이 크다.

신앙은 신과 우주에 대한 인간의 관계를 확립하고, 그 관계에서 생기는 자신의 사명과 행동을 결정한다. 따라서 그 관계와 거기서 나오는 사명의 결정이 잘못되어 있다면, 과연 어떻게 될지 생각해 보라.

2

종교적 불신과 신성모독이 아무리 큰 악이라 해도 미신은 그보다 더 큰 악이다.

플루타르코스

3

그리스도는 인류를 어떤 큰 악에서 해방시켰느냐고 물으면 대부분의 그리스도교도들은, 지옥에서, 영원한 업보에서, 내세의 형벌에서라고 그들은 대답할 것이다. 그들은 그 대답에서 엿볼 수 있듯이 구원이란 다른 사람이 자신에게 가져다주는 것으로 생각한다. 그들은 사실 가장 두려워해야 할 지옥을 자기 자신 속에 가지고 있으면서 단지 외면적인 지옥만을 피하려 한다. 인간에게 가장 필요한 구원, 인간에게 자유를 주는 구원, 그것은 자신의 마음속에 있는 악으로부터의 구원이다.

우리에게는 외면적인 형벌보다 훨씬 더 나쁜 것이 있다. 그것은 신을 배신하는 정신 상태, 신성이 주어져 있으면서도 동물적인 욕망의 지배에 자신을 맡기는 정신 상태, 신을 눈앞에 보면서도 인간의 위협과 분노를 두려워하고, 자신의 선을 의식하는 조용한 기쁨보다 세속적인 명예를 좋아하는 정신 상태이다. 인간에게 그 이상의 파멸은 없다.

이러한 정신 상태, 뉘우칠 줄 모르는 인간이 무덤까지 가져가려 하는 정신 상태야말로 우리가 두려워해야 할 것이다.

진정한 그리스도교의 가르침은 모두 그런 것으로부터의 구원을 목표로 하

고 있다. 채닝

4

'영혼을 잃는다'는 것은 교회가 말하는 영원한 지옥에 떨어지는 것이 아니라 번뇌의 밀림 속에 잘못 들어가 길을 잃고, 숲속에서 길을 잃은 사람이 같은 장소를 빙글빙글 돌고 있는 것처럼, 좁은 아욕의 세계를 빙글빙글 도는 것이다. 세계의 선진 사상

5

하느님의 은혜로 교회와의 갖가지 관계가 확고하게 정해졌다. 교회와 철학 사이에는 벽이 쌓이고, 교회도 철학도 서로를 방해하지 않고 저마다 제 길을 나아갈 수 있게 되었다. 그런데 지금은 어떠한가? 사람들은 이 둘을 갈라놓고 있는 벽을 부수어 우리를 좋은 그리스도교도로 만든다는 구실 아래 우리를 가장 나쁜 철학자로 만들려 하고 있다. 레싱

6

사람들이 타락한 삶을 살고 있는 것은 그들이 진리를 믿지 않고 거짓을 믿고 있기 때문이다.

7

고위 성직자 집단에 의한 교회 지배는 그것이 군주제적이든 귀족제적이든, 또는 민주제적이든, 단순히 각 교회의 내부 사정에 의한 것에 지나지 않는다. 어떠한 형식의 것이든 교회 자체는 언제나 전제적이다. 신앙의 계율이 근본적인 법칙이 되어 있는 곳에서는 반드시, 자신들은 눈에 보이지 않는, 세계를 관장하는 하느님의 의지의 수호자이자 해설자로서의 권리가 주어진 유일한 존재이므로, 이성도 학문도 전혀 필요 없고 굳이 사람들을 설득할 것 없이 지시만 하면 된다고 생각하는 성직자 집단이 있게 마련이다. 칸트

8

그릇된 신앙, 즉 세계에 대한 잘못된 관계를 버리는 것만으로는 충분하지

않다. 올바른 관계를 수립하지 않으면 안 된다.

9월 20일

1

선은 노력을 통해서만 얻을 수 있다.

2

설사 공부하지 않는 사람, 또는 공부해도 진전이 전혀 없는 사람이 있더라도 학문에 절망하거나 그만두지 못하게 하라. 자신이 모르는 것을 지식인에게 묻지 않고, 묻더라도 여전히 이해하지 못하는 사람이 있더라도 그를 절망에 빠지게 해서는 안 된다. 설사 사색하지 않는 사람, 사색해도 인생의 의의를 분명히 깨닫지 못하는 사람, 그런 사람이 있더라도 그를 절망에 빠지게 해서는 안 된다. 선악을 구별할 줄 모르는 사람, 또는 구별은 해도 그것이 아직 확고하지 않은 사람이 있더라도 그를 절망에 빠지게 해서는 안 된다. 선을 행하지 않거나, 행해도 거기에 온힘을 기울이지 않는 사람이 있더라도 그를 절망에 빠지게 해서는 안 된다. 다른 사람들이 한 번 하는 것을 그에게는 열 번 하게 하면 된다. 또 다른 사람들이 백 번 하는 것을 그에게는 천 번 하게 하면 된다.

이 불굴의 길을 끝까지 가는 사람은 아무리 무지하더라도 언젠가는 반드시 현명해지고, 아무리 약한 사람이라도 언젠가는 강한 사람이 될 수 있다.

중국의 금언

3

"좁은 문으로 들어가라. 멸망에 이르는 문은 크고 그 길이 넓어서 그리로 가는 사람이 많지만, 생명에 이르는 문은 좁고 또 그 길이 험해서 그리로 찾아드는 사람이 적다." 마태복음 제7장 13~14절

4

여러 가지 나쁜 일, 즉 우리에게 불행을 가져다주는 여러 가지 나쁜 일을 하기는 매우 쉽다. 우리에게 선이자 행복인 일을 하려면 크게 수고하지 않으면 안 된다. 부처의 지혜

5

　지혜에 이르는 길은 결코 백합꽃이 피어 있는 잔디밭을 지나가서는 안 된다. 그것은 항상 초목이 자라지 않는 낭떠러지를 기어 올라가야 한다.

존 러스킨

6

　진리의 탐구에는 항상 동요와 불안이 뒤따른다. 그렇더라도 진리는 탐구하지 않으면 안 된다. 왜냐하면 진리를 발견하고 그것을 사랑하지 않으면 너는 멸망하기 때문이다. 그러나 만약 진리 쪽에서 자기를 찾아주기를 원한다면, 또 내가 사랑해주기를 원한다면, 진리 쪽에서 먼저 나타나면 된다고 너는 말할지도 모른다. 그렇다, 진리는 모습을 드러내고 있지만 네가 그것에 주의를 기울이지 않고 있을 뿐이다. 진리를 찾아라, 진리가 그것을 원하고 있다.　파스칼

7

　끊임없이 선량한 삶에 마음을 쏟는 사람만이 그것을 실현할 수 있다.

8

　통증은 일을 할 때는 잘 느끼지 못하지만, 일을 하지 않을 때는 비명이 나올 정도로 심하게 느껴진다. 이처럼 자신의 내면적 세계를 쌓는 정신적 노력을 하고 있지 않은 사람은, 인생의 의의는 도덕적 자기완성에 있다고 생각하는 사람이라면 느끼지 않아도 되는 불행에도 극심한 고통을 느끼는 법이다.

9월 21일

1

　인간의 자유의 가장 쉽고 가장 사소한 발현 형식은 두 가지 또는 그 이상의, 어느 쪽이든 상관없는 행위, 이를테면 오른쪽으로 갈까 왼쪽으로 갈까, 그것도 아니면 제 자리에 서있을까 하는 선택 속에 있다. 더 어렵고 더 수준 높은 발현 형식은 감정이 이끄는 대로 따를 것인가, 자제할 것인가 하는 선택 속에 있다. 가장 중요한 자유의 발현은 자신의 사상에 어떠한 방향을 줄 것인가하는 선택 속에 있다.

2

네 사상을 정화하도록 노력하라. 만일 너에게 사악한 사상이 없다면 사악한 행위도 일어나지 않을 것이다.　　　　　　　　　　　　　　　　공자

3

네가 좋지 않다고 여기는 것에 대해서는 생각하지 않는 것이 좋다.

에픽테토스

4

우리가 신에게 봉사하고 자신에게 봉사하고 싶다는 소망 외에는, 모두 하늘이 지배한다.

우리는 새가 우리 머리 위를 날아다니는 것은 막을 수 없지만, 머리에 둥지를 짓지 못하게 하는 것은 가능하다. 이와 마찬가지로 사악한 사상이 우리의 머리 속을 스쳐지나가는 것은 막을 수 없지만, 그것이 그곳에 둥지를 틀고 들어앉아 사악한 행위를 낳게 되는 것은 막을 수 있다.　　　　　　　　루터

5

자신의 사상을 통제하는 능력만큼 지식을 늘리는 데, 평화로운 생활을 보내는 데, 또 여러 가지 일을 성공시키는 데 필요한 것이 또 있을까?　　　로크

6

사상은 손님 같은 것이다. 그가 처음 찾아온 것에 대해 우리에게는 책임이 없다. 그렇지만 그것은 거기에 대한 우리의 대응 방식에 따라서 더 자주 찾아오게 된다. 너는 오늘 생각한 것을 내일 행동에 옮길 것이다.

7

그가 나를 욕하고, 나를 때리고, 내 것을 빼앗았다, 이 같은 생각이 남아 있는 자에게 미움은 사라지지 않을 것이요,

그가 나를 욕하고, 나를 때리고, 내 것을 빼앗았다, 이 같은 생각이 남아 있지 않은 자에게 미움은 사라지리라.

세상의 미움은 미움으로 풀어지지 않는다. 미움은 미움이 없을 때만 풀어진다. 이것은 영원한 진리이다.　　　　　　　　　　　　　　　　　　　　법구경

8

사물을 보는 눈이 정확해지면 진실한 지식을 얻을 수 있다. 진실을 알면 의지는 정의를 지향하고, 그 의지가 충족되면 마음이 선량해진다.　　　공자

9

생각을 신중히 하고, 말을 신중히 하고, 모든 악행을 피하라. 이 세 가지 길을 닦으면 너는 진리의 길에 들어설 것이다.　　　　　　　　　　부처의 잠언

10

악을 행하는 것만이 죄악이 아니라 악을 생각하는 것도 죄악이다.

조로아스터

11

감정은 우리의 의지와 관계없이 생긴다. 그러나 그 감정을 시인하는 것도 시인하지 않는 것도, 따라서 그것을 고무하고 억제하는 것도 우리의 사상에 달려 있다.

9월 22일

1

인간은 원래 영원한 삶을 믿도록 창조되었다.

2

누구나 다 자신은 누군가에 의해 이 세상에 부름을 받은 존재라고 믿고 있다. 죽음은 자신의 생명을 끝낼 수는 있지만, 자신의 존재를 끝내는 일은 절대로 할 수 없다는 믿음도 거기서 온 것이다.　　　　　　　　　　쇼펜하우어

영혼은 육체 속에서 자기 집처럼 사는 것이 아니라, 잠시 머무는 거처로 살고 있다.

인도의 쿠랄

얼마나 많은 나라들이 우리에 대해 모르고 있는 것일까! 그러한 무한한 공간에서의 영원한 침묵은 나를 공포에 빠뜨린다. 무한한 과거와 무한한 미래 사이에 있는 인생의 무상함을 생각하고, 내가 차지하고 있는 공간, 나아가서는 내 눈에 들어오는 공간, 내가 모르는, 그리고 또 나를 모르는, 한량없이 넓은 모든 공간에 비해 거대한 바다의 밤톨만한 그 보잘것없는 공간을 생각하면, 나는 정신이 아득해지면서 내가 지금 왜 이곳에 있고 다른 곳에 있지 않은 건지 의아해진다. 왜냐하면 내가 지금 바로 이 순간 저곳이 아니라 이곳에 있어야만 하는 아무런 근거도 없기 때문이다. 도대체 누가 나를 이곳에 있게 했을까? 도대체 누구의 지시, 누구의 명령으로 바로 지금 바로 이곳에 있게 되었을까.”

아마도 인생이란 손님이 되어 지낸 덧없는 하루의 추억과 같은 것이리라.

파스칼

죽어야 하는 자여! 우리에게 주어진 생명은 그리 길지 않다. 우리가 사는 것은 그저 한 순간에 지나지 않는다. 그러나 우리의 영혼은 늙는 것을 모르고 영원히 살 것이다.

포시클리드

우리는 내세를 믿는다는 대부분의 사람들이 그러면서도 온갖 죄를 범하고 비열한 행위에 빠져 있으면서, 내세에서 받을 자신의 행위에 대한 대가만큼은 어떻게든 면해보려고 온갖 궁리를 다하는 모습을 늘 목격한다. 동시에 또 진정으로 도덕적인 사람은 모두 그 마음 깊은 곳에서 언제나 자신의 생명이 죽음과 함께 끝나는 것이 아님을 알고 있는 것도 보고 있다. 그러므로 나는 고귀한 마음과 선한 삶을 구하는 마음 위에 내세에 대한 신앙을 쌓는 것이, 반대로 내세에서의 대가를 기대하는 마음으로 선한 생활, 도덕적인 생활을 쌓으려 하는 것보다 훨씬 인간의 본성에 합당하다고 생각한다. 그러한 신앙이 바로 진정으로 실천적이고 도덕적인 신앙이며, 그 순진함은 온갖 궤변과 잔꾀를 쓰는 것의 훨씬 위에 있으며, 또 그것이 우리를 멀리 돌아서가 아니라 곧장 우리의 진정한 목적으로 인도하기 때문에, 어떤 상태에 있는 인간에게도 가장 적절하고 유일한 신앙이다.

칸트

7

죽음에 대한 공포는, 사람들이 자신들의 그릇된 관념으로 인해 인생의 일부분을 인생 자체로 생각하는 데서 생긴다.

8

죽음이란 내가 이 세상에서 세계를 내 눈에 보이는 형태 그대로 받아들이는 데 중개 역할을 해주는 육체적 기관들의 소멸이다. 즉 죽음은 나에게 세계를 보여주었던 유리창이 깨진 것이다. 유리는 깨졌어도 눈이 없어진 것은 결코 아니다.

9

우리의 불멸성에 대한 의식은, 쉽게 말해 우리의 내부에 살고 있는 신의 목소리이다.

이레째 읽을거리

1. 멕시코 왕의 유서에서

지상에 있는 모든 것에는 한계가 있다. 가장 위대하고 가장 즐거워 보이는 것도 그 위대함과 즐거움의 한복판에서 쓰러져 재로 변한다. 이 지구 전체가 하나의 커다란 무덤이다. 지상에는 언젠가 무덤의 흙 속으로 자취를 감추지 않는 것이 하나도 없다. 빗물도 강물도 계곡의 물도 흐르고 흘러 결코 원래의 장소로는 되돌아가지 못한다. 세상의 만물은 모두 가없는 바다 속 깊이 자신을 묻기 위해 앞으로 앞으로 서둘러 나아간다.

어제 있었던 것도 오늘은 이미 없다. 오늘 있는 것도 내일은 이미 없을 것이다. 묘지는 지난날 생명을 누렸던 자, 황제 노릇을 하며 백성을 다스리고, 의회의 우두머리가 되어 군대를 지휘하고, 새로운 나라들을 정복해 복종을 요구하며, 헛된 영화와 권력을 마음껏 누리던 사람들의 주검으로 가득 차 있다.

그러나 모든 영화는 분화구에서 치솟는 검은 연기처럼 허공에 사라져, 연대기의 한 페이지에 몇 줄의 글귀로 적히는 것 외에는 아무것도 남기지 않는다.

위대했던 사람들, 지혜로웠던 사람들, 용감했던 사람들, 아름다웠던 사람들, 아아! 그들은 지금 어디에 있는가? 그들은 모두 흙으로 돌아가고 말았다. 그들의 운명은 언젠가 우리의 운명이요, 우리 자손들의 운명이기도 하다.

그러나 용기를 내라. 너희 높은 지위에 있는 사령관이여, 진실한 벗이여, 충성스러운 백성이여, 우리 모두 함께 모든 것이 영원하고 썩지 않으며 멸망도 없는 저 하늘을 향해 나아가자.

어둠은 태양의 요람이요, 별의 반짝임에는 밤의 어둠이 필요하다.   테스쿠코 네자구알 코포틀, 기원전 약 1460년 무렵

2. 소크라테스의 죽음

소크라테스가 세상을 떠난 지 얼마 뒤, 그의 제자 가운데 한 사람인 에페클레스는 스승의 임종을 지켜본 또 한 사람의 제자 파이돈을 만났다. 에페클레스는 파이돈에게 그날 상황이 어땠는지, 스승과 함께 있었던 사람들은 뭐라고

말했고, 소크라테스 자신은 또 어떤 말을 하고 어떤 행동을 했으며 어떻게 죽어갔는지 상세하게 얘기해 달라고 했다.

그래서 파이돈은 다음과 같이 얘기했다.

우리는 그날도 여느때와 마찬가지로 감옥 옆에 있는 법정에 들어갔네. 그러자 늘 우리를 감옥까지 안내해 주던 문지기가 나와서 지금 소크라테스 선생님한테 재판관들이 와 있으니까 잠시 기다리라고 말하더군. 재판관들이 선생님의 쇠사슬을 풀고 오늘 중에 독약을 마시라는 명령을 내리고 있을 거라고 했네. 한참 있으니 문지기가 우리한테 와서 들어가도 된다고 말하더군. 우리가 안에 들어가니 선생님의 부인인 크산티페가 갓난아기를 안고 침대 위에 선생님과 나란히 앉아 있었네.

그녀는 우리를 보자마자 울음을 터뜨리면서, 그런 경우에 여자들이 으레 하는 푸념을 시작하더군. "보세요, 당신 친구들이 지금 이 세상과 작별하려는 당신과 얘기를 나누려고 찾아왔군요……"

선생님은 부인을 달래며 잠시 동안 자리를 비켜달라고 말씀하셨고, 부인이 방에서 나가자 한쪽 다리를 구부려 문지르면서 우리에게 이렇게 말씀하셨네.

"이보게들, 쾌락과 고통은 정말 기가 막히게 좋은 짝인 것 같군! 쇠사슬에 묶여 있을 때는 무척 고통스러웠는데 그것이 풀린 지금은 이렇게 기분이 좋으니! 아마도 신은 서로 대립하는 고통과 쾌락을 화해시키려고 사슬로 하나로 묶어서, 한쪽을 경험하지 않고는 다른 것도 경험할 수 없도록 하신 거겠지?"

선생님은 말씀을 계속하시려다가 크리톤이 문밖에서 어떤 사람하고 낮은 소리로 얘기하는 것을 알고, 무슨 얘기를 하는 거냐고 물으셨네. 그러자 크리톤이 대답하더군.

"실은 선생님께 독약을 드릴 사람이 되도록이면 말씀을 적게 하시는 것이 좋다고 합니다. 독약을 마시기 전에 얘기를 많이 해 흥분하면, 약효가 떨어져서 두 번 세 번 다시 마셔야 한답니다."

"그게 뭐 어려운 일인가! 필요하다면 두 번이고 세 번이고 다시 마시면 되지. 나는 자네들과 특히 지금 이 순간 자네들과 마지막 대화를 나눌 수 있는 기회를 놓치고 싶지 않네. 그래서 진정한 예지를 얻기 위해 한평생 정진한 사람이 죽음이 눈앞에 다가온 것을 탄식하기는커녕 오히려 기뻐하고 있다는 것을 보여주고 싶다네." 선생님은 대답하셨네.

"하지만 저희를 뒤에 남겨 두고 가시면서 어찌하여 기쁘다는 말씀이십니까?" 우리 가운데 한 사람이 말했네.

"그야 그렇지. 내 태도가 냉정하게 보이겠지만, 자네들이 만약 내 입장이 되어 생각해준다면, 평생을 통해 번뇌와 싸우면서 늘 육체의 방해를 받아온 사람이 드디어 그 육체로부터 해방되는 것을 기뻐하지 않을 수 없다는 것을 이해할걸세. 죽음은 육체로부터의 해방이 아니고 무엇이겠는가? 우리가 자주 토론했던 자기완성이라는 것도 되도록 영혼을 육체에서 분리시켜 영혼이 육체 밖으로 나와 자기 자신에게 스며들어 집중하는 것에 있는 것이고, 죽음은 그런 의미에서 영혼을 해방시켜 주게 되는 걸세. 그렇다면 평생토록 깨달음에 다가가려고 노력한 사람이, 깨달음이 드디어 이루어지려는 것에 불만을 느낀다면 그게 오히려 이상한 일이 아니겠는가? 그러니 자네들과 이별하고 자네들을 슬프게 하는 것은 나도 무척 괴롭지만, 나로서는 내가 바라던 것이 실현되는 셈이니 죽음을 환영하지 않을 수 없지. 그러니 벗들이여, 내가 자네들을 남겨 두고 떠나는 것을 슬퍼하지 않는 것이 나의 변명일세. 이 변명이 전에 내가 법정에서 말한 변명보다 자네들을 더 설득할 수 있었으면 좋겠네만." 선생님은 웃으면서 이렇게 말씀하시더군.

"하지만 그러기 위해서는 영혼이 육체를 벗어난 뒤에도 수증기나 연기처럼 사라져버리지 않는다는 확신이 필요합니다. 정말로 그렇다는 것을 믿을 수 있다면 얼마나 좋을까요? 그런데 불행하게도 아무리 해도 그런 확신이 서질 않습니다." 케베스가 말했네.

"그렇지. 완전히 확신할 수는 없지만, 그럴 가능성은 충분하지 않나? 전설에 의하면 죽은 사람의 영혼은 저승에 갔다가 다시 환생해 이승에 돌아올 때까지 그곳에 있다고 했네. 그 전설은 믿어도 그만이고 안 믿어도 그만이지만, 인간이 죽어서 다시 태어난다는 건 무척 가능성이 높은 얘기야. 사람뿐만 아니라 동물이나 식물도 모두 죽었다가 다시 태어나지 않는가? 그렇다면 살아있는 자가 죽음을 두려워할 필요는 없으며, 죽음은 오히려 새로운 삶의 탄생에 지나지 않는 거네. 그것은 또 이승에 사는 우리 모두가 이른바 전생에서의 추억을 가지고 있는 것에서도 확인할 수 있지. 만약 영혼이 전생에 살아 있지 않았다면 그런 추억이 있을 리가 없지. 그러므로 인간의 육체는 사라지더라도 아는 힘, 생각하는 힘을 지닌 영혼은 육체와 함께 죽지 않는 걸세. 그러나 우리의 모든 지식은 우리 영혼이 전생에 겪은 삶의 추억에 지나지 않을 뿐만 아니라, 우리 내부에 육체와는 따로 불멸의 영혼이라는 것이 존재한다는 확실한 증거는, 미와 선과 정의와 진실의 영원한 이념이 우리 영혼에 적합한 건 말할 것도 없고 그러한 이념들이 바로 우리 영혼의 본질을 형성하고 있다는 사실이네. 그런데 그 이념들은 사라지는 일이 없으니 우리의 영혼도 영원히 죽지 않는 걸세."

선생님은 그렇게 말하고 침묵하셨네. 우리도 침묵을 지키고 있었지. 다만 케베스와 심미아스 두 사람만 낮은 목소리로 뭔가 속삭이더군. 그러자 선생님이 물으셨네.

"자네들은 무슨 얘기를 하고 있나? 지금 얘기한 문제에 대해 얘기한 거라면 어디 자네들의 생각을 말해 보게. 내 견해와는 다른 의견 또는 더 좋은 설명을 할 수 있다면 서슴지 말고 말해 보게."

"솔직하게 말씀드리면, 저는 선생님이 말씀하신 것에는 동의할 수 없어서 여쭙고 싶었습니다만, 지금과 같은 상황에서 그런 질문을 했다가 선생님의 마음을 불편하게 해드리지 않을까 하여 망설이고 있었습니다." 심미아스가 말했네.

"정말 어려운 일이군. 내가 나에게 닥친 운명을 결코 불행으로 생각하지 않는다는 것을 사람들에게 이해시키는 것이 이렇게 어려울 줄이야! 이렇게 자네들조차 이해시킬 수 없으니, 하물며 다른 사람들을 어떻게 이해시키겠나! 하지만 자네는 내가 지금 정상적인 정신상태가 아니라고 여길 필요는 없으니, 내게 물어볼 것이 있으면 망설이지 말고 말해 보게."

"그러시다면 제 궁금증을 솔직히 말씀드리지요. 선생님, 저는 선생님이 영혼에 대해 말씀하신 것은 아직 증명이 부족하다고 생각합니다."

"어떤 점이?"

"선생님이 영혼에 대해 말씀하신 것은 현악기의 가락에 적용해서 말할 수 있다고 생각합니다. 즉, 현을 가진 악기 자체는 형태가 있는 것, 지상적인 것, 무상한 것이지만, 현악기가 내는 가락과 소리는 형태를 초월한 불멸의 그 무엇이므로 가령 현악기가 부서지고 줄이 끊어진다 해도 현악기에서 나온 가락과 소리는 결코 사라지지 않고, 현악기가 부서진 뒤에도 반드시 어딘가에 남아 있어야 한다는 논리 아닙니까? 그런데 우리는 현악기의 가락은 현악기에 장치된 여러 현의 온갖 진동에서 생기는 것처럼, 우리의 영혼도 육체의 일정한 관계에 있는 우리 육체의 여러 가지 요소의 통일과 상호작용에 의해 생기는 것이며, 따라서 영혼은 우리 육체의 모든 요소들 사이의 관계가 소멸되는 것과 동시에 소멸하는 것임을 알고 있습니다. 그러한 소멸은 온갖 질병과 육체의 각 부분에 걸친 극단적인 쇠약과 긴장에서 생긴다고 생각합니다."

이렇게 심미아스가 말을 마쳤을 때, 나중에 우리끼리 서로 얘기한 것처럼, 모두들 불쾌한 기분을 느꼈다네. 우리가 소크라테스 선생님의 말씀으로 영혼의 불멸을 믿게 되자마자 순간, 강력한 반론이 제기돼 우리를 혼란시키고, 단순히 지금까지 얘기되어 온 것에 대해서뿐만 아니라, 그 문제에서 파생될 수 있는 모든 사항에 불신이 생기는 것 같은 느낌이 들었기 때문일세.

나는 선생님의 태도에 종종 감탄을 했지만 그때처럼 크게 감탄한 적은 한 번도 없었네. 선생님이 그 대답에 전혀 궁하지 않았던 것은 새삼 놀라운 일도 아니지만, 무엇보다도 선생님이 심미아스의 말을 인자하게 호의와 관심을 가지고 조용히 귀를 기울이셨던 것, 그리고 그 뒤 심미아스의 말에 우리가 혼란스러워하는 것을 아시고 절묘하게 우리의 의혹을 풀어주신 것에 대해 참으로 경탄하지 않을 수 없었다네.

나는 그때 침대 오른쪽의 나지막한 의자에 앉아 있었고, 선생님은 침대 위에 앉아 계셨지. 선생님은 평소에 내 머리를 쓰다듬는 습관이 있었는데, 그때도 한 손으로 내 머리를 쓰다듬고 목덜미의 머리카락을 눌러보시면서 말씀하시더군.

"파이돈, 자네는 내일 이 아름다운 머리를 깎아야 할 것 같군."

"예."

"아니야, 너무 서두르지는 말고 내가 하라는 대로 하게."

"어떻게 하라는 것인지요?" 내가 여쭈었지.

"자네는 내일, 그리고 나는 오늘 머리를 깎기로 약속하는 거야. 단 '우리가 자신의 주장을 검증할 수 없다면'이라는 단서를 붙여서."

나는 반 장난삼아 "예, 그렇게 하겠습니다" 하고 대답했네. 그러자 선생님은 심미아스를 향해 말씀하셨네.

"과연 영혼은 현악기의 가락과 비슷해. 현악기의 가락이 현악기와 현의 올바른 관계에서 나오듯, 영혼도 육체를 형성하는 여러 가지 요소의 일정한 관계에서 나온다고 자네는 말하는 것일 테지. 그러나 만약 그렇다면 그 사실과 우리가 방금 얘기했고 자네도 찬성한 것, 즉 우리의 지식은 모두 전생의 기억이라는 것을 어떻게 양립시킬 수 있을까? 만약 영혼이 현재 깃들어 살고 있는 육체보다 먼저 존재하고 있었다고 한다면, 어떻게 그것이 육체 각 부분의 일정한 관계에서 나온 결과일 수가 있을까? 따라서 가령 우리가 우리의 모든 지식은 전생의 삶의 기억이라는 것을 인정한다면, 우리는 또다시 우리 영혼은 육체가 놓여 있는 조건과는 무관하게 존재하고 있다는 것을 인정하지 않으면 안 되는 걸세.

또 현악기의 가락과 영혼이 다른 것은 현악기의 가락은 스스로를 인식하지 않지만, 영혼은 자신의 생명을 의식할 뿐더러 그것을 조종한다는 점에 있네. 현악기의 가락은 현악기의 상태를 바꿀 수 없지만 영혼은 육체와는 별개의 것이어서 완전히 육체의 상태를 바꿀 수도 있거든. 이를테면 실제로 지금 내 육체의 모든 요소는 어제와 마찬가지로 정상적인 상태를 유지하고 있지만, 내 영혼은 이 모든 요소의 정상적인 관계가 파괴될 것을 각오하고 있네. 왜냐하면, 자네들도 알다시피 만약 내가 감옥에서 달아나자는 크리톤의 제안에 찬성했다면, 지금쯤 벌써 먼 곳에 있고, 이곳에서 처형을 기다리면서 자네들과 얘기하고 있지는 않겠지. 내가 크리톤의 제안에 찬성하지 않은 것은, 공화국의 결정에 따르는 것이 그것을 기피하는 것보다 옳다고 생각했기 때문이네.

결국 내 경우, 가락이 현악기에 죽음을 선고한 것이 되지. 즉 내 안에는 스스로 불멸의 원리를 의식하는 누군가가 존재한다는 얘기가 되는 걸세.

그래서 나는 그것을 확실하게 눈에 보이는 형태로 증명할 수는 없지만, 나 자신 속에 자신을 깃들어 살게 한 이성적인 무엇, 자유로운 무엇을 의식하기 때문에, 내 영혼이 불멸이라는 것을 믿지 않을 수가 없는 걸세.

만약 영혼이 불멸이라면 우리는 단순히 이승을 위해서가 아니라, 육체의 멸망과 함께 가게 되는 저승을 위해서라도 영혼에 대해 생각하지 않으면 안 된다고 생각하네.

그래서 만약 영혼이 불멸이고 이승에서 얻은 것을 저승까지 가지고 간다면, 어떻게 그것이 가능한 한 선하게 가능한 한 현명해지도록 노력하지 않을 수 있겠나?"

선생님은 잠시 침묵하고 계시다가 다시 입을 열고 말씀하셨네.

"그건 그렇고, 이제 목욕할 시간이 된 것 같군. 아낙네들이 시체를 씻는 수고를 덜어 주기 위해 목욕을 한 뒤 독약을 마시는 게 좋겠지?"

선생님이 이렇게 말씀하셨을 때 크리톤이 선생님의 자제들에 대해서 어떻게 하면 좋을지를 물었네.

"크리톤, 내가 평상시에 말하던 대로 하면 되네. 뭐 특별히 따로 할 건 없어. 자기 자신을 생각하고 자신의 영혼을 생각하기만 하면, 자네들은 특별히 나에게 약속 같은 것 하지 않아도, 나를 위해서도 내 자식들을 위해서도 최선을 다 하는 게 되는 거니까."

"그렇게 하도록 노력하겠습니다. 하지만 선생님의 장례식은 어떻게 할까요?"

"좋을 대로 하게." 그리고 선생님은 빙그레 웃으시면서 이렇게 덧붙이시더군. "이보게들, 나는 아직도 크리톤에게 소크라테스라는 사람은 지금 이렇게 자네들과 얘기를 하고 있는 이 나이고, 곧 죽어서 싸늘하게 식게 될 내가 아니라는 것을 이해시키지 못한 것 같군 그래."

이렇게 말한 뒤 선생님은 일어나서 목욕탕으로 들어가셨네. 크리톤은 선생님의 뒤를 따라갔지만, 우리에게는 그대로 기다리고 있으라고 하시더군. 그래서 우리는 지금까지 얘기한 것과, 우리의 친구이자 스승이요, 지도자이신 소크라테스 선생님을 우리에게서 빼앗아가는 이번 불행에 대해 얘기하면서 기다리고 있었네.

선생님이 목욕을 마치고 선생님의 아이들—선생님께는 아직 어린 아이가 둘, 장성한 아들이 하나 있었네—과 하녀들이 들어왔을 때, 선생님은 그들과 잠시 얘기를 나누신 뒤, 하녀들과 아이들이 나가자 다시 우리에게 오셨지. 어느덧 해질녘이 가까웠더군. 그 뒤 곧 정리(廷吏)가 찾아와서 소크라테스 선생님에게 다가가 말했네.

"소크라테스 선생님, 당신은 물론 내가 윗사람의 명령에 따라 독배를 마실 것을 요구할 때, 모든 사형수들이 하는 것처럼 나를 비난하고 화를 내거나 욕하지는 않으시겠지요. 나는 당신이 여기 계시는 동안 줄곧 당신을 보면서, 당신이 지금까지 이 감옥에 들어온 사람들 중에서 가장 고귀하고 온화하며, 선한 분이라는 걸 알았습니다. 그리고 당신은 이번 일이 일어난 책임이 누구에게 있는지 다 아시니까 내게 화를 내지 않고 그 사람들에게 화를 내실 거라고 생각합니다. 나는 이제 당신이 독배를 마실 시간이 되었다는 것을 알려드리러 왔습니다. 그럼 안녕히. 어차피 피할 수 없는 운명이니 부디 평온한 마음으로 맞이하셨으면 합니다."

이렇게 말한 뒤 관리는 울음을 터뜨리며 얼굴을 돌리고 나갔네.

"당신도 잘 계시오. 우리는 우리가 해야 할 일을 할 테니까." 이렇게 말하고 선생님은 이번에는 우리를 향해 덧붙이셨네. "정말 좋은 사람이야! 저 사람이 전부터 늘 나를 찾아와서 나하고 이런저런 얘기를 나눴는데, 무척 좋은 사람이더군. 지금도 정말 감동적으로 나와의 작별을 아쉬워하지 않던가! 그럼 크리톤이여, 저 사람이 말하는 대로 하세. 준비가 됐거든 독배를 이리 가져오라고 하게."

"하지만, 선생님. 해가 아직도 높이 걸려 있는 것 같습니다. 그리고 대부분의 사람들은 훨씬 더 늦도록 독약을 마시지 않고, 한밤중까지 술을 마시거나 여자를 데려다가 노는 사람도 있다고 합니다. 서두르실 필요는 없습니다. 아직 시간이 있으니까요."

"사랑하는 크리톤이여, 자네가 말하는 사람들은 아마 그렇게 하는 것이 자신들에게 좋다고 생각할 만한 근거가 있었겠지만, 나는 그렇게 생각하지 않네. 나로서는 독약을 마시는 것을 조금 늦춰봤자 내 눈에 자신의 모습이 우스꽝스럽게 비치기만 할 뿐, 득될 것이 아무것도 없다고 생각하네. 자, 어서 가서 독배를 가져오라고 이르게."

크리톤은 그 말을 듣자 문 뒤에 서 있는 하인에게 신호를 하더군. 밖으로 나간 하인은 이내 선생님에게 독배를 전할 관리와 함께 돌아왔네.

"당신은 이 약에 대해 잘 알고 있을 테니, 내가 어떻게 하면 되는지 가르쳐주구려." 선생님이 그에게 말씀하셨네.

"별 것 없습니다. 그냥 쭉 들이켜세요. 다리가 무거워질 때까지 걸어 다니면 됩니다. 다리가 무거워졌을 때 침대에 누우면 나머지는 독약이 알아서 다해줍니다."

이렇게 말한 뒤 그는 선생님에게 독배를 내밀었네. 선생님은 그것을 받아들더니 밝은 표정으로 두려운 기색 없이, 안색도 눈빛도 전혀 변하지 않은 채, 조용히 그 관리의 얼굴을 쳐다보면서 물으시더군.

"이 약의 일부를 신에게 바치면 어떨까?"

"소크라테스 선생, 우리는 꼭 필요한 분량만 준비했습니다."

"알았네. 그래도 역시 내가 저승으로 이주하는 일이 무사히 끝나도록 하느님께 빌어야겠지. 나도 지금 기도를 드리고 있네."

이렇게 말씀하시고 선생님은 독배를 입으로 가져가 공포의 빛도, 동요의 빛도 없이 입에서 한 번도 떼지도 않고 단번에 다 마셔 버리셨네. 그때까지 우리는 억지로 울음을 참고 있다가, 선생님이 마침내 독배를 다 들이켜신 것을 보자 더 이상 참을 수가 없더군. 나도 속절없이 눈물이 나와, 머리에 망토를 쓰고 울었다네. 선생님의 불행 때문이 아니라 좋은 벗을 잃게 된 나 자신이 가여워서 울었던 걸세. 크리톤은 나보다도 먼저 눈물을 참지 못해 밖으로 나가 버렸네. 아까부터 울고 있던 아폴로도로스는 아예 목 놓아 통곡하기 시작했지.

"왜 이러나, 자네들, 정말 이상한 사람들이군. 이런 일이 있을까 싶어서 아낙네들을 내보냈던 것인데. 죽을 때는 모름지기 경건한 침묵 속에서 죽어야 하는 것이야. 모두들 마음을 가라앉히고 용기를 내게."

우리는 간신히 울음을 그쳤다네. 선생님은 얼마 동안 말없이 방안을 거닐다가 이윽고 침대에 다가가 다리가 무거워졌다고 말하면서, 독배를 가지고 온 옥리가 가르쳐준 대로 침대에 똑바로 누우셨네. 선생님은 꼼짝도 하지 않고 누워계시고, 옥리가 이따금 선생님의 발목과 정강이를 만져보더군. 그러다가 선생님의 한쪽 발을 꼭 누르면서 감각이 있습니까? 하고 물었네. "없소" 하고 선생님은 대답하셨네. 다음에 옥리는 다시 선생님의 손과 정강이와 허벅다리를 눌러보더니, 우리에게 선생님의 몸이 차갑게 굳기 시작했다고 말하더군.

"심장 부근까지 차가워지면 그것이 마지막입니다."

아랫배까지 차가워졌을 무렵 선생님은 갑자기 몸을 덮고 있던 홑이불에서 얼굴을 내미시고(이미 완전히 천이 씌워져 있었다네) 마지막으로 다음과 같이 말씀하셨네.

"아스클레피우스의 제단에 수탉을 한 마리 바치는 것을 잊지 말게."

아마도 선생님은 독약의 힘으로 자신을 이승의 생명에서 해방시켜 준 의술(醫術)의 신에게 감사하고 싶으셨던 모양이네.

"알겠습니다" 하고 크리톤이 대답했네. "그밖에 더 하실 말씀은 없습니까?"

그 물음에 대해 선생님은 아무 대답도 하지 않으시고, 잠시 뒤에 몸이 경련을 일으키자, 옥리가 천을 젖혔네. 선생님의 눈은 이미 움직이지 않더군. 크리톤이 다가가서 뜬 채로 굳어 버린 눈을 감겨 드렸네.　　플라톤의 《대화》에서

9월 23일

1

옛 사람들의 무지함에 비해 지금 사람들의 지식이 아무리 위대해 보일지라도, 그것은 어디까지나 모든 가능한 지식의 무한하게 작은 일부분에 불과하다.

2

소크라테스는 학자들에게 극히 평범하게 보이는 모든 것에 대해 해설하며, 소피스트들이 자연이라고 부르는 것의 기원을 탐구하거나, 천체가 발생한 근본 원인까지 알아내려고 하는 결점을 가지고 있지 않았다. "정말로 사람들은 자신들이 인간에게 중요한 것을 모두 알았다고 생각하고, 인간과 별로 관계가 없는 것에 그토록 열중하는 것일까? 아니면 우리가 배워야 할 것은 소홀히 하고 배울 필요도 없는 비밀을 열심히 찾아도 되는 거라고 생각하는 것일까?"

특히 그는 인간의 지혜로는 그러한 비밀을 풀 수 없다는 것을 깨닫지 못하는 사이비 학자들의 어리석음에 놀라고 있었다. "그 비밀들을 해명할 수 있다고 생각하는 사람들의 근본적인 의견이 실로 제각각이어서, 그들이 말하는 것을 동시에 듣는다면 마치 미치광이들 사이에 있는 것만 같다. 실제로 그들에게서는 머리가 이상해진 가련한 사람들의 특징이 뚜렷이 나타나 있지 않은가? 그들은 조금도 두려워할 것이 없는 것을 두려워하고 정말로 위험한 것은 무서워하지 않는다."

크세노폰

3

학문이 언젠가 종교와 적대하게 될 거라는 생각은 잘못된 것이다. 보여주기 위한 학문이라면 종교뿐만 아니라 진리도 적대한다. 진정한 학문은 종교를 적대하기는커녕 항상 그것에 협력한다.

존 러스킨

4

우리보다 높은 것과 낮은 것, 또 우리보다 앞에 있었던 것과 우리 뒤에 올 것의 비밀을 모두 알려고 하는 사람은 차라리 태어나지 않는 편이 낫다.

탈무드

5

지식은 무한하여, 사람들이 최고의 학자라고 인정하고 있는 사람도 배우지 못하고 글을 모르는 농부와 다를 것 없이 진정한 지식에서 멀리 떨어져 있다.

존 러스킨

6

장님이 눈을 뜨지 않는 한 어둠이 어떤 것인지 상상할 수 없는 것처럼, 우리도 학문의 힘이 아니면 자신의 무지를 깨달을 수 없다.

칸트

7

필요 이상으로 많은 것을 아는 것보다 가능한 한 적게 아는 것이 낫다. 모르는 것을 두려워하지 말라. 오히려 쓸데없는 지식, 짐이 되는 지식, 허영을 위한 지식을 두려워하라.

9월 24일

1

육식이 필요불가결한 것이고 뭔가 변명의 여지가 있는 것이라면, 그만두지 않아도 될지 모른다. 그러나 결코 그렇지 않다. 우리의 시대에 육식은 이미 변명할 여지없는 악습이다.

2

어떠한 생존 경쟁이, 또는 어떠한 무지함이, 동물의 살을 먹기 위해 너희의 손을 피로 물들이는가? 필요한 것, 편리한 것은 모두 갖추고 있는데, 어째서 너희는 그런 일을 하는 것인가? 어째서 마치 짐승의 살코기가 없이는 대지가 너희를 먹여 살릴 수 없는 것처럼 비방하는 것인가?

플루타르코스

3

만약 우리가 우리를 포로로 만들고 있는 악습에 맹목적으로 복종만 하지 않는다면, 감수성이 조금이라도 있는 사람이라면, 풍요롭고 자비로운 대지가 알아서 우리에게 수많은 종류의 식물성 음식물을 제공해 주는데도, 날마다 많은 동물을 도살하여 먹지 않으면 안 된다는 생각은 하지 않을 것이다.

베르나르 드 망드빌

4

피타고라스는 무슨 이유로 육식을 삼갔는가? 하고 너희는 묻는다. 그러나 나는 맨 처음 자신의 입을 피로 더럽히고, 살육당한 동물의 고기에 입술을 대는 짓을 감히 시도한 사람은 도대체 어떤 감정, 어떤 생각, 어떤 이유에서 그랬는지 도무지 이해할 수 없다. 나는 자신의 밥상에 온갖 모양으로 요리한 동물의 시체를 올리게 하고, 바로 조금 전까지 몸을 움직이고, 말을 알아들으며, 목소리를 내고 있었던 생물을 매일 식탁에 올리도록 요구하는 사람들을 생각하면 정말 이상해서 견딜 수가 없다.

플루타르코스

5

맨 처음에 육식에 의존하지 않을 수 없었던 가엾은 사람들의 경우는 살아가기 위한 양식이 없었거나 부족했기 때문에 그렇게 된 것이며, 그들이(즉 원시시대의 사람들) 육식의 습관에 빠진 것은, 필요한 것이 충분히 있는데도 자기들의 변덕스런 요구를 채우거나 변질적인 미식(美食)을 즐기기 위해서가 아니라, 필요에 쫓기어 그렇게 되었다는 걸 생각하면 정상을 참작할 여지가 있다. 그러나 오늘날의 우리에게는 전혀 변명의 여지가 없다.

플루타르코스

6

육식이 인간의 본성에 맞지 않는다는 증거로, 어린아이들이 고기를 그리 좋아하지 않고 언제나 푸성귀나 우유, 빵과 과일 같은 것에 손을 뻗는 사실을 들수 있다.

루소

7

인간이 호랑이에게 잡아 먹혀서는 안 되는 것 이상으로, 양은 인간에게 잡아 먹혀서는 안 된다. 왜냐하면 호랑이는 육식동물이지만 인간은 그렇지 않기 때문이다.

리트슨

살코기 외에는 먹을 것이 없는 사람, 또는 육식이 죄악이라는 말을 전혀 들어본 일이 없이, 육식을 허용하는 구약 성서의 가르침을 소박하게 믿고 있는 사람과, 오늘날 푸성귀도 우유도 있는 나라에서 살며 육식을 꾸짖는 인류의 스승들의 가르침도 알고 있는 교양 있는 사람의 차이는 매우 크다. 나쁜 일임을 알고 있으면서도 계속하는 사람은 큰 죄를 범하고 있다고 할 수 있다.

9월 25일

1

노동은 선은 아니지만 선한 생활의 필수 조건이다.

2

너희가 가지고 있는 것은 다른 어느 누구도 가질 수 없다는 진리, 너희가 이용하고 소비하는 변변치 못한 것이라도 인간의 생명의 일부분이라는 위대하고 변함없는 진실을 결코 잊어서는 안 된다.   존 러스킨

3

불필요하고 공허하고 힘들고 짜증이 나며, 남을 방해하면서 사람의 주의를 끄는 노동이 있다. 그러한 노동은 아무것도 하지 않는 것보다 훨씬 나쁘다. 진정한 노동은 언제나 조용하고 질서정연하며 눈에 띄지 않는 법이다.

4

스스로 할 수 있는 일을 남에게 맡기지 말라. 모두들 자기 집 문 앞은 자기가 쓸도록 하라. 만약 모두가 그렇게 한다면 거리 전체가 깨끗해질 것이다.

5

부를 얻을 수 있는 방법은 세 가지밖에 없다. 노동과 걸식과 도둑질이다. 만약 노동자의 몫이 적다면 그것은 거지와 도둑의 몫이 너무 많기 때문이다.   헨리 조지

6

사람이 혼자 살면서 자연과 싸우는 의무를 소홀히 한다면 그는 당장 자신의 육체가 멸망함으로써 벌을 받는다. 만일 또 자기는 그 의무를 회피하면서 다른 사람들에게 그것을 강요한다면, 그는 당장 인간의 본성에 적합한 자기완성을 향한 노력이 정지됨으로써 벌을 받게 될 것이다.

7

노동을 좋아하는 것만으로는 부족하다! 대체 그것은 어떤 노동인가? 소로

8

놀고먹는 사람이 한 사람 있으면 다른 한 사람은 가혹한 노동을 하고 있다. 배불리 먹는 사람이 한 사람 있으면 다른 한 사람은 굶주리고 있다.

9

게으른 자들이 일이라고 부르고 있는 것의 대부분은 다른 사람들의 노동을 줄여주기는커녕 오히려 새로운 노동을 덧붙이는 놀이에 지나지 않는다. 사치스러운 놀이는 모두 그런 것이다.

9월 26일

1

도덕률은 참된 지혜에 의해서도, 참된 믿음에 의해서도, 똑같이 명료하게 표현되어 있다.

2

사람이 선의에 따라 행동해야 한다는 것을 이해하는 데 특별히 깊은 사상은 필요하지 않다. 나는 전 세계의 일을 알 수도 없고 거기서 일어나는 모든 일을 이해하고 그것을 설명할 능력도 없지만, 단 한 가지, 자기 자신을 향해 내 행위의 준칙이 모든 사람에게 보편타당한 법칙이 될 수 있는지 어떤지 물어본다. 만약 그렇지 않다면 내 행위의 준칙은 옳지 않은 것이며, 그것은 그 준칙에서 나나 다른 사람들에게 해악이 생길지 모르기 때문이 아니라, 그것

이 모든 사람에게 타당한 근본적 법칙이 될 수 없기 때문에 부정한 것이다. 그런데 이성은 나에게 맹목적으로 그런 법칙을 존중하도록 요구한다. 나는 아직 그 존중이 무엇에 근거를 두고 있는지 알지 못하지만, 자신이 그 법칙 속에, 그것이 가지는 가치에 있어서 나의 경향성(傾向性)이 나를 부추기는 모든 것을 훨씬 뛰어넘는 무언가를 존중하고 있다는 것과, 단지 그러한 도덕률에 대한 존중에서 나오는 행위만이, 그 밖의 모든 준칙에 침묵을 명령하는 인간으로서의 의무라는 것은 이해할 수 있다. 　　　　　　　　　　　　칸트

3

그들 중 한 율법교사가 예수의 속을 떠보려고 "선생님, 율법서에서 어느 계명이 가장 큰 계명입니까?" 하고 물었다. 예수께서 이렇게 대답하셨다. "네 마음을 다하고 목숨을 다하고 뜻을 다하여 주 너희 하느님을 사랑하라. 이것이 가장 크고 첫째가는 계명이고, '네 이웃을 네 몸같이 사랑하라'는 둘째 계명도 이에 못지않게 중요하다. 이 두 계명이 모든 율법과 예언서의 골자이다."

마태복음 제22장 35~40절

4

전 세계는 하나의 법칙에 따르고, 모든 이성적인 존재의 내부에는 하나의 이성이 있다. 그러므로 이성적인 사람에게 완전성에 대한 개념은 오직 하나뿐이다. 　　　　　　　　　　　　마르쿠스 아우렐리우스

5

신은 자신이 자신을 닮은 모습으로 창조한 인간들한테서 칭송이나 숭배를 바라지 않고, 인간들이 신이 준 이성을 토대로 그 행위에서 자신을 닮기를 바란다. 무화과도 때가 오면 영글고, 개와 벌도 자기들이 해야 할 일은 알고 있지 않은가! 그런데 인간이 자신의 사명을 다하지 않으면 어떻게 되겠는가? 그러나 이 위대하고 거룩한 진리는 네 머릿속을 스치고 지나갈 뿐, 나날의 삶의 번뇌와 알 수 없는 공포, 정신력의 부족, 그리고 오랜 노예 근성이 이내 그것을 압살해 버린다. 　　　　　　　　　　　　마르쿠스 아우렐리우스

6

그것을 자주 그리고 오래 생각하면 할수록, 늘 새롭고 더 큰 경탄과 존경으로 내 마음을 채우는 것이 두 가지 있다. 내 머리 위에 있는 밤하늘과 내 마음속에 있는 도덕률이 바로 그것이다.　　　　　　　　　　　　　　칸트

7

"너희는 남에게서 바라는 대로 남에게 해 주어라. 이것이 율법과 예언서의 정신이다."　　　　　　　　　　　　　　　　　　　마태복음 제7장 12절

8

도덕률은 참으로 명백하여, 그걸 모른다고 핑계댈 수 있는 사람은 아무도 없다. 결국 그들은 이성을 부정하는 것 말고는 길이 없기 때문에 그렇게 하는 것이다.

9월 27일

1

남의 험담을 하는 것은 무척 재미있기 때문에, 그것이 아무리 큰 폐해를 낳는지 깨닫지 못하는 사람은 아무래도 자제하기가 쉽지 않다. 그러나 그 해악을 잘 알고 있으면서 그저 재미로 남의 험담을 그만두지 않는 것은 죄악이다.

2

사람이 어떤 사상을 얘기하는가로 그가 실제로 무엇을 하는지 판단할 수는 없다. 또 반대로 그 사람의 행위를 통해 그가 무엇 때문에 그렇게 하고 있는지, 그의 머릿속에 어떤 사상이 들어 있고 마음속에는 어떤 동기가 감추어져 있는지 판단하는 것도 어렵다. 가령 어떤 사람이 지칠 줄 모르고 동분서주하며, 책을 읽고, 글을 쓰고, 아침부터 밤까지 일하고, 며칠 밤을 꼬박 세워가며 책상 앞에서 일하는 모습을 본다 해도, 도대체 무엇 때문에 그런 일을 하는 건지 모르는 한, 나는 그 사람이 일을 사랑한다거나 사람들의 이익을 위해 일하고 있다고 말하지는 않을 것이다. 어떤 사람도 유흥가에서 며칠 밤을 새워가며 노는 사람을 가리켜 유익한 사람, 일을 사랑하는 사람이라고는 말하지

않을 것 아닌가! 단순히 천박한 행위뿐만 아니라 얼핏 보기에 훌륭한 행위라도 천박한 목적을 위해, 이를테면 돈이나 명예를 위해 하는 경우도 있으므로, 그가 아무리 정력적으로 일하고, 아무리 큰일을 해냈다 해도, 그 사람이 일을 사랑하는 유익한 사람이라고 말할 수는 없다. 나는 그가 자신의 영혼을 위해, 즉 하느님을 위해 일한 것을 알아야 비로소 그 사람을 일을 사랑하는 유익한 인물이라고 부를 것이다.

그러나 다른 사람의 마음속은 알 수 없다. 그 사람 자신만이 알고 있는 내적 동기를 내가 어떻게 알겠는가?

따라서 결국 사람이 사람을 심판할 수는 없다는 것, 바꿔 말하면 사람을 유죄니 무죄니 하고 판결하거나, 칭찬하고 폄하할 수는 없는 것이다.

에픽테토스

3

나를 심판하려거든 내 옆이 아니라 내 마음 속에 들어와 보아야 한다.

미케비치

4

선량한 사람은 타인 속의 악을 생각하기 어렵고 사악한 사람은 선을 생각하기 어렵다.

5

말다툼을 할 때 진리는 흔히 잊혀지기 마련이다. 그럴 때 현명한 사람은 말다툼을 그만둔다.

6

우리에게 가장 부족한 것은 우리의 마음의 눈이다. 우리는 남의 나쁜 점을 알아보는 데는 눈이 밝으면서, 자신의 나쁜 점은 전혀 보지 못한다. 브라운

7

다른 사람들의 잘못은 곧 용서하지만, 자기가 뭔가 나쁜 일을 하는 것은, 마

치 자기가 누구 한 사람 용서한 일이 없는 것처럼 두려워하는 사람이야말로
진정 고귀한 사람이다.　　　　　　　　　　　　　　　　소(小)플리니우스

8

어떤 사람을 비판하기 시작하면 즉시, 아무리 그 사람의 나쁜 점을 알고 있
다 하더라도, 또 그것을 제대로 아는 것도 아니면서 남의 말을 듣고 되풀이할
때는 더더욱, 그 사람을 나쁘게 말해서는 안 된다는 것을 떠올려야 한다.

9월 28일

1

사람들의 대부분의 행위는 이성에 의한 것도 아니고, 감정에 의한 것도 아
니며, 거의가 무의식적인 모방이나 암시에 의한 것이다.

2

암시에 의한 행위에는 선행과 악행이 있다. 다만 의식적으로 양심의 요구에
따른 행위에는 악행이 있을 수 없다. 그런데 암시에 의한 행위 가운데 천분의
일이라도 의식적인 행위가 있을까."

3

계몽이란 사람이 자신의 미숙한 태도에서 탈출하는 것이다. 미숙한 태도는
타인의 지도 없이는 자신의 이성을 사용할 수 없는 상태를 말한다. 그리고 그
원인이 이성의 부족에 있는 것이 아니라 타인의 지도 없이 이성을 사용할 결
단력과 용기의 부족에 있다면 그 책임은 오로지 본인 스스로에게 있다.　칸트

4

자신의 이성을 활용할 용기를 가져라. 그것이 바로 계몽을 위한 기본원칙이
다.　　　　　　　　　　　　　　　　　　　　　　　　　　　　　칸트

5

만약 사람이 자기 마음속에서 애기하는 수많은 목소리 가운데, 어느 것이

진실하고 영원한 '나'의 목소리인지 정확하게 판단할 수만 있다면, 그에게는 결코 과오도 없고 악행도 없을 것이다. 그러기 위해서는 자기 자신을 알지 않으면 안 된다.

6

보통 사람들이 무지한 원인을 유심히 관찰해보면, 그 주요 원인은 흔히 생각하듯 학교나 도서관의 부족에 있는 것이 아니라, 자신에게 유리한 암시의 수단으로 이용하려는 자들이 끊임없이 퍼뜨리고 있는 온갖 미신 때문이라는 것을 알 수 있다.

7

진정한 계몽은 도덕적 삶의 모범적인 사례에 의해 보급된다. 학교, 도서, 신문, 연극 등등의 이른바 계몽활동이라는 것은, 실은 계몽과는 아무런 관계가 없을 뿐만 아니라, 대부분 정면으로 대립되고 있다.

8

자신의 판단과 내면적 동기에 의하지 않고, 외부의 영향에 의해 행동하고 싶어질 때는, 잠시 멈춰 서서 자기를 끌이 들이려 하는 그 영향이 선한 것인지 악한 것인지 잘 판단해 보아야 한다.

9월 29일

1

전쟁의 모든 참화에 대해서는 잠시 접어두고, 그것의 가장 큰 악의 하나는 인간의 마음을 비뚤어지게 하는 것이다. 군대가 존재하고 군사비가 지출되는 것을 어떻게든 설명해야 하는데, 합리적인 설명이 불가능하기 때문에 결국 이성이 비뚤어지게 되는 것이다.

2

이것은 볼테르의 우화 중에서, 다른 별에서 온 미크로메가스라는 우주인이 지구 사람들과 나눈 이야기이다.

"오! 영원한 존재가 그 기술과 힘을 발휘해 창조한 이성적 원자인 여러분! 여러분은 틀림없이 지구상에서 순수한 기쁨을 마음껏 누리고 있을 것이오. 왜냐하면, 당신들에게는 물질적인 요소가 매우 적고 정신적으로 이미 고도의 발전을 이룩했으므로, 틀림없이 사랑과 사색의 생활을 보내고 있을 테니까. 그 사랑과 사색의 생활이야말로 진정으로 정신적인 존재자의 삶이 아니겠소?"

이 말에 대해 철학자들은 모두 고개를 저었는데, 그 중에서도 가장 솔직한 남자가 그다지 존경받지 못하는 몇몇 활동가를 제외하면 다른 지구인들은 모두 바보이고 악인이며 불행한 사람이라고 말했다.

"만약 악이 육체적인 요소에서 나오는 것이라면 우리 인간에게는 필요 이상으로 육체적 요소가 많은 것이고, 만약 그것이 정신적인 요소에서 나오는 거라면 필요 이상으로 정신적 요소가 많은 것이오"라고 그가 말했다. "이를테면 지금 이 순간에도 모자를 쓴 수천 명의 바보들이 두건을 쓴 다른 수천 명의 생물과 함께 서로 죽고 죽이는 싸움을 하고 있고, 이것은 역사가 생긴 이래 오늘날까지 지구의 곳곳에서 일어나고 있는 현상이지요."

"그 작은 생물들은 도대체 왜 그렇게 싸우는 건가요?"

"당신의 발뒤꿈치만한 땅이니 뭐니 하는 것 때문이라오!" 하고 철학자가 대답했다. "더구나 서로 죽고 죽이고 있는 자들은 어느 누구도 그런 토지에는 관심이 없어요. 오직 그들에게 문제가 되는 것은 그 토지가 술탄이라는 이름의 남자의 것이 되느냐, 아니면 카이사르라는 이름의 남자의 것이 되느냐 하는 것이오. 그런데 사실은 이 군주니 황제니 하는 사람들도 그 토지를 한 번도 본적이 없고, 전쟁에서 서로를 죽이고 있는 자들 중에도 황제나 군주를 본 적이 있는 사람은 거의 아무도 없다오."

"정말 한심한 자들이군!" 하고 시리우스 성(星)의 주민이 소리쳤다. "그런 어리석고 미친 짓이 어디 있단 말이오? 정말이지 당장 달려가서 그 살인자들의 개미집을 밟아버리고 싶구려!"

"그렇게 할 필요까지는 없어요!"라고 사람들이 그에게 대답했다. "그들 스스로 그렇게 할 거니까. 실은 벌할 상대는 그들이 아니고 궁궐에 들어앉아 그들에게 살인을 명령하고 뻔뻔스럽게 그것에 대해 신에게 감사하라고 명령하는 그 야만인들이지요."
볼테르

3

어떤 사람이 강 건너편에 살고 있고, 그의 황제가 내 황제와 싸우고 있다는 이유로 그와 나 사이에 무슨 나쁜 감정이 있는 것도 아닌데, 그에게 나를 죽일 권리가 있다고 하는 것보다 더 불합리한 얘기가 또 있을까?　　　　파스칼

4

사람들이 전쟁의 어리석음을 깨닫게 되는 날은 반드시 올 것이다.

4세기 전에 피사와 루카의 주민들은 서로 맹렬하게 미워했는데, 마치 그것이 영원히 지속될 것처럼 피사의 짐꾼까지도 신분이 높은 루카 시민에게 뭔가 신세를 지는 것을 피사에 대한 수치스러운 배신이라고 여겼다. 지금 그 적개심의 잔영이 어디엔가 남아 있을까? 마찬가지로 현재의 프러시아 인의 프랑스에 대한 적개심에는 장차 무엇이 남을까? 그러한 감정이 장차 우리의 자손에게, 마치 아테네인의 스파르타인에 대한 증오심이나 피사의 주민의 루카 주민에 대한 증오심과 마찬가지로 보일 것은 의심의 여지없이 명백하다. 사람들은 이윽고 자신들에게는 서로를 공격하는 것보다 더 중요한 일이 있다는 것, 자신들의 공통의 적은 빈곤과 무지와 질병이고, 그러한 무서운 불행과 싸우기 위해 노력해야 하며, 자신들의 불행한 인류 형제와 결코 싸워서는 안 된다는 것을 이해할 것이다.　　　　샤를 리셰

5

유럽 여러 나라의 정부는 천3백 억의 빚을 안고 있으며, 그 가운데 약 천백 억은 지난 1세기 동안 진 것이다. 이 막대한 빚은 모두 오로지 군비 조달을 위한 것이었다. 유럽의 여러 나라 정부는 평시에도 400만 명 이상의 군대를 거느리고 있고, 전시가 되면 1900만 명까지 끌어올릴 수 있다. 그 정부 예산의 3분의 2는 빚의 이자와 육해군의 유지에 충당되고 있다.　　　　몰리나르

6

만약 여행자가 어떤 외딴 섬의 사람들이 자신들의 집을 탄환이 장전된 대포로 지키고, 주위를 밤낮 없이 파수꾼들이 오가면서 경비하고 있는 것을 본다면, 그 섬에 살고 있는 사람들은 모두 도둑일 거라고 생각하지 않을 수 없을

것이다. 유럽 여러 나라도 그와 마찬가지가 아닐까?

종교가 사람들에게 미치는 영향이 이렇게도 미미하다니! 또한 우리가 종교에서 이토록 멀어져 있다니!　　　　　　　　　　　　　　　리히텐베르크

7

전쟁 또는 군인계급이라는 존재를 시인하지도 부인하지도 말라. 명백한 나쁜 일에 대해서 이러니저러니 논하는 것은 우리의 지성과 감정을 왜곡시킨다.

무엇 때문에?

1

1830년 봄, 대대로 내려온 영지인 로잔카에 사는 판 야체프스키의 집에 죽은 친구의 외아들인 요시프 미구르스키라는 청년이 찾아왔다. 야체프스키는 이마가 넓고 어깨와 가슴이 딱 바라졌으며 구릿빛 얼굴에 하얀 콧수염을 길게 기른 65세 노인으로, 제2차 폴란드 분할 당시의 애국자이기도 했다. 그는 젊었을 때 미구르스키의 아버지와 함께 카스추시카군(軍)에서 복무하며, 지극한 애국심으로 그가 요한묵시록의 탕녀라고 부르고 있었던 예카테리나 2세와 매국노이자 그녀의 비열한 정부(情夫)인 포냐토프스키를 증오했다. 그리고 아침에는 틀림없이 해가 떠오른다는 것을 믿어 의심치 않듯 폴란드의 부활을 굳게 믿었다. 1812년, 그는 숭배하는 나폴레옹의 군대에 가담해 연대를 지휘했다. 나폴레옹의 실각은 그를 실망시켰다. 그래도 그는 약간 왜곡된 형태이기는 하지만, 어쨌든 폴란드 부활에 대한 희망을 버리지 않았다. 알렉산드르 1세에 의해 바르샤바에 국회가 개설된 것이 그의 기대심을 자극했으나, 신성동맹과 전 유럽에서의 반동화(反動化), 그리고 콘스탄틴의 완고함과 고루함이 그의 오랜 꿈을 물거품으로 만들었다.

1825년 이래 야체프스키는 시골로 내려가 영지 로잔카에서 농사를 지으며 사냥을 하고, 신문과 편지를 읽는 것으로 하루하루를 보냈다. 그는 아무 데도 나가지 않았지만, 조국의 정치적 사건에는 변함없이 관심을 기울였다. 그리고 재혼하여 가난하지만 아름다운 귀족 규수를 아내로 맞이했는데 결혼생활은 그리 행복하지 않았다. 그는 이 두 번째 아내를 사랑하지도 존경하지도 않고 무거운 짐으로 느끼며, 실패한 결혼에 대해 앙갚음이라도 하듯 아내를 구박하고 학대했다. 두 사람 사이에 자식은 없었다. 전처소생의 두 딸이 있었는데, 큰딸 완다는 굉장한 미인이어서, 자신의 미모를 의식하며 시골 생활을 따분해하고 있었고, 그가 사랑하는 작은 딸 알리비나는 물결치는 금발과 아버지를 닮아 넓은 미간에 반짝이는 갈색 눈을 갖고 있었다.

요시프 미구르스키가 찾아왔을 때 알리비나는 열다섯 살이었다. 미구르스키는 전에 대학생이었을 때도 야체프스키 씨네 사람들이 겨울을 보내고 있던 빌리노로 찾아와서 완다와 함께 놀기도 했는데, 이제 완전히 성인이 된 어엿한 남자로서 시골의 야체프스키 일가를 찾아온 것이었다. 젊은 미구르스키의 방문은 로잔카의 주민 모두에게 반가운 일이었다. 노인은 유조 미구르스키가 그의 아버지인 젊은 시절의 친구를 떠올리게 하는 것과, 가슴 벅찬 장밋빛 꿈을 안고, 폴란드뿐만 아니라 그가 방금 돌아온 외국에도 팽배해 있는 혁명의 기운에 대해 얘기하는 것도 즐거웠다.

야체프스키 부인으로서도 손님이 있으면 남편이 평소처럼 사사건건 잔소리를 하는 일이 없기 때문에 미구르스키의 방문이 반가웠다. 완다는 미구르스키가 자기 때문에 찾아왔으며, 곧 자기에게 청혼할 것이라고 믿고 있었기 때문에 그의 방문을 누구보다 기뻐했다. 그녀는 그의 청혼을 받아줄 생각이었지만, 내심 '조금은 애를 태워줘야지' 하고 생각하고 있었다. 알리비나는 모두가 기뻐하는 것이 기뻤다.

미구르스키가 찾아온 것은 완다에게 청혼하기 위해서라고 믿고 있는 사람은 당사자인 완다뿐만이 아니었다. 야체프스키 영감부터 유모 루드비카에 이르기까지, 말은 하지 않아도 모두들 그렇게 생각하고 있었다.

그것은 사실이기도 했다. 미구르스키도 그럴 작정으로 찾아왔지만, 어쩐 일인지 그곳에 머문 지 일주일쯤 지나자, 뭔가 당황한 듯 허둥대는 기색으로 청혼도 하지 않고 돌아가고 말았다. 모두가 이 예기치 못했던 작별에 놀랐지만 알리비나 외에는 아무도 그 이유를 알지 못했다. 알리비나는 그가 갑작스럽게 떠난 원인이 자기에게 있다는 것을 알고 있었다. 미구르스키가 로잔카에 머무는 동안, 알리비나는 내내 그가 자기하고 있을 때 특히 생기가 돌고 즐거워하는 것을 느끼고 있었다. 그는 그녀를 마치 어린애를 다루듯 대하면서 놀리고 장난을 쳤지만, 그녀는 여자의 직감으로 그것은 어른이 어린이를 대하는 태도가 아니라, 남자가 여자를 대하는 태도라는 것을 눈치 챘던 것이다. 그녀는 자기가 방안에 들어설 때 맞이하고 또 방에서 나갈 때 배웅하는 미구르스키의 사랑에 찬 눈빛과 부드러운 미소 속에서 그것을 느꼈다. 그녀는 그것이 도대체 무엇인지 이해할 수 없었지만, 그가 그녀를 대하는 태도는 그녀를 즐겁게 했고, 또 그녀도 무의식적으로 그에게 잘 보이려고 애쓰고 있는 자신을 발견했다. 미구르스키 역시 그녀가 하는 행동은 뭐든지 마음에 들었다. 그래서 그녀는 무엇을 하든 그가 있는 자리에서는 유달리 가슴이 설레는 것을 느꼈다. 그는 그녀가 멋진 보르조이 개와 함께 뛰어다닐 때, 개가 그녀에게 뛰어올라 그 새빨간 사과 같은 뺨을 핥는 모습을 보며 좋아했고, 그녀가 아주 사소한 일에도 큰 소리로 웃음을 터뜨려, 그 자리에 있는 사람들을 웃음의 소용돌이로 끌어들이는 것을 보는 것도 좋아했다. 또 그녀가 신부님이 따분한 설교를 할 때 얼굴은 여전히 웃으면서도 진지한 눈빛을 하고 있는 것이 마음에 들었고, 놀랄 만큼 비슷하고 재밌게 할멈이나 이웃집 주정뱅이, 또 미구르스키 자신까지 흉내 내면서, 순간순간 다른 사람을 재치 있게 표현하는 그녀를 보는 것이 즐거웠다.

무엇보다 그의 마음을 사로잡은 것은 그녀의 약동하는 듯한 생명의 기쁨이었다. 마치 그녀는 이제 막 생명의 아름다움을 깨닫고, 서둘러 그것을 즐기려 하는 것 같았다. 그 생명의 기쁨이 특별히 그를 매혹하고 있다는 것을 그녀가 알게 되자, 그 기쁨은 더욱더 커졌다.

그래서 완다에게 청혼하기 위해 찾아왔던 미구르스키가, 어째서 청혼을 하지 않은 채 돌아가 버렸는지 알고 있는 사람은 알리비나뿐이었다. 그녀는 누구한테도 그 사실을 말할 용기가 없었고, 스스로도 모른 척했지만, 마음속으로는 그가 언니를 사랑하려다가 결국 자신을 사랑하게 된 것을 알고 있었다. 현명하고 교양 있고 미인인 언니 완다에 비해 자신은 보잘 것 없는 여자라고 생각하고 있던 알리비나는 무척 놀랐지만, 그래도 그것이 사실임을 모를 수가 없었고, 또 그 사실에 기쁨을 느끼지 않을 수 없었다. 왜냐하면 그녀 자신도 온 마음을 다해 평생의 연인으로서 미구르스키를 사랑하기 시작했기 때문이다.

2

여름이 다 갈 무렵, 신문이 파리 혁명을 보도했다. 이어서 바르샤바에서 반란의 조짐이 일고 있다는 소식이 들려왔다. 야체프스키는 두려움과 희망이 섞인 마음으로, 우편물이 올 때마다 콘스탄틴 암살과 혁명의 발발에 대한 소식을 기다렸다. 11월에 들어서자 드디어 로잔카에는 망루 습격사건과 콘스탄틴 파블로비치의 도피에 관한 뉴스가 들려왔고, 그 후 국회가 로마노프 일가의 폴란드 통치권 박탈을 선언했으며, 후로비츠키가 독재관(獨裁官)이 되면서 폴란드 국민은 다시 자유를 되찾았다는 소식이 전해졌다. 폭동은 아직 로잔카까지는 미치지 않았으나 주민들은 모두 그 과정을 지켜보면서 로잔카에서도 폭동이 일어날 것을 기대하며 그것에 대비하고 있었다. 야체프스키 영감은 폭동의 주동자 중 한 사람인 옛 친구와 편지를 주고받으며, 농사가 아닌 혁명 사업을 위한 유대인 혁명가의 은밀한 방문을 여러 차례 받았고, 때가 되면 자신도 폭동에 합류할 준비를 하고 있었다. 야체프스키 부인은 평소보다 더욱 세심하게 남편을 챙겨주며 내조해야 했고, 그로 인해 더욱 더 남편을 화나게 하기도 했다. 완다는 혁명위원회에 기부해 달라며 바르샤바의 한 친구에게 자신의 소중한 다이아몬드를 부쳤다. 알리비나는 오로지 미구르스키에게만 관심이 있었다. 그녀는 아버지를 통해 그가 드베르키츠키 부대에 입대했다는 사실을 알고, 그 부대에 대한 모든 정보를 수집하느라 여념이 없었다. 미구르스키한테서도 편지가 두 번 왔다. 한 번은 그가 군대에 입대했다는 것을 알리는 것이었고, 한 번은 2월 중순에 쓴 것으로 여섯 개의 러시아군 대포를 노획하고 포로들을 생포한 스토체카의 폴란드군 승전 소식을 알리는 기쁨에 찬 편지였다.

그 편지는 "폴란드인의 승리와 모스크바인의 패배를! 만세!"라고 끝나고 있었다. 알리비나는 기뻐서 어쩔 줄 몰랐다. 그녀는 지도를 살펴보면서 언제 어디서 모스크바인들이 결정적으로 격파될 것인가를 예상하곤 했다. 아버지가 우체국에서 가지고 온 소포를 천천히 뜯고 있을 때는 얼굴이 창백해지고 온몸이 떨릴 정도였다.

어느 날 계모가 그녀의 방에 들어갔다가 그녀가 바지와 국민모(폴란드인이 쓰는 위에 술이 달린 사각모자)를 쓰고 거울 앞에 서 있는 것을 보았다. 알리비나는 폴란드 군대에 참가하기 위해 남장을 하고 집을 나가려던 것이었다. 계모는 그것을 아버지에게 알렸다. 그녀에 대해 공감하며 속으로 오히려 기쁘기까지 했지만, 그런 마음을 숨기고 아버지는 딸을 불러 전쟁에 나가겠다는 어리석은 생각을 머리에서 싹 지워버리라고 엄하게 나무랐다.

"여자에게는 여자가 할 일이 있다. 그것은 조국을 위해 자신을 희생하고 있는 사람들을 사랑하고 위로하는 것이다."

지금은 자신에게 기쁨이자 위안이 되어주고 있는 딸이 필요하지만, 때가 오면 언젠가 한 남자의 아내가 될 것이다. 그는 딸을 어떻게 다루어야 하는지 알고 있었다. 그래서 딸에게 자신이 고독하고 불행하다는 것을 넌지시 암시했다. 그녀는 아버지의 가슴에 얼굴을 묻고 눈물을 감추면서—그래도 그녀의 눈물은 아버지의 옷소매를 적셨다—아버지의 허락 없이는 앞으로 아무 짓도 하지 않겠다고 약속했다.

3

결국 폴란드는 분할되어 일부는 가증스러운 독일인의, 다른 일부는 더욱더 가증스러운 러시아인의 지배하에 들어가게 되었다. 그때 폴란드인들이 경험한 고통을 겪어보지 않은 사람은, 1830년에서 31년 사이에 실패로 끝난 몇 차례의 해방 운동 뒤 새로운 해방의 희망이 보였을 때의 그들의 기쁨을 이해할 수 없을 것이다. 그러나 그 희망도 오래 가지 않았다. 세력의 불균형이 너무 커서 혁명이 또 좌절되고 만 것이다. 또다시 무의미하게 권력자의 명령에 복종하는 수만 명의 러시아인들이 몰려와, 디비치와 파스케비치, 그리고 최고 사령관인 니콜라이 1세의 지휘하에 폴란드를 정복했다. 무엇 때문에 그런 짓을 하는지 스스로도 모르면서, 그들은 자신들과 자신들의 동포인 폴란드인의 피로 대지를 적신 뒤, 그들을 또다시, 그들의 자유나 억압을 원하는 것이 아니라 다만 자신들의 탐욕과 어린아이 같은 허영심의 만족만을 원하는 나약하고 하잘 것 없는 사람들의 손에 넘겨주고 말았다.

바르샤바가 점령되고 폴란드의 여러 부대도 격파당했다. 수백, 수천 명의 사람들이 총살당하거나 채찍을 맞고 유형당했다. 유형지로 쫓겨난 사람들 가운데 젊은 미구르스키도 끼어 있었다. 그는 모든 재산을 몰수당하고 상비군의 일개 병졸로서 우랄리스크에 송치되었다.

야체프스키의 가족들은 1831년부터 이듬해 겨울까지 심장병으로 고생하고 있는 노인의 요양을 위해 빌리노에서 지냈다. 그곳에 요새지대의 상비군에서 미구르스키가 보낸 편지가 도착했다. 편지에서 그는, 자신이 지금까지 당한 고난과 앞으로도 감수해야 될 고난이 아무리 피로울지라도, 자신은 조국을 위해 운명을 기쁘게 받아들이고 있다는 것, 자신이 생명의 일부를 이미 바쳤고 남아 있는 모든 것도 바칠 각오로 임한 이 성스러운 혁명사업에 결코 절망하지 않고 있다는 것, 당장 내일이라도 새로운 가능성이 나타나면 서슴지 않고 똑같은 행동을 할 것이라는 것 등을 쓰고 있었다. 거기까지 편지를 읽었을 때, 노인은 눈물이 앞을 가려 더 이상 읽을 수가 없었다. 이어서 완다 소리 내어 읽은 편지의 뒷부분에서 미구르스키는, 자신의 일생에서 가장 즐거운 추억으로 남게 된 '귀댁을 마지막으로 방문했을 때의 계획과 꿈이 아무리 장밋빛이었다' 해도 지금은 그것에 대해 애기할 수도 없고 애기하고 싶지도 않다고 했다.

완다와 알리비나는 저마다 이 말의 뜻을 자신과 관련시켜 해석했으나, 아무한테도 내색은 하지 않았다. 편지의 마지막에서 미구르스키는 모든 사람들에게 인사를 보내면서, 추신의 형태로 알리비나에게 안부를 물었다. 그가 지난번에 갔을 때 그녀에게 보여줬던 장난기 가득한 말투로 지금도 개와 어울려 방 안을 뛰어다니고 있는지, 지금도 그렇게 모든 사람들의 흉내를 잘 내고 있는지 궁금하다고 했다. 그는 노인에게는 건강을, 그리고 어머니에게는 집안일에 대한 위로와 격려를, 완다에게는 훌륭한 남편감을, 그리고 알리비나에게는 변함 없는 생명의 기쁨을 기원하고 있었다.

4

야체프스키 노인의 건강이 갈수록 나빠지자, 1833년 그의 가족은 외국으로 이주했다. 완다는 바덴에서 한 부유한 폴란드인 망명자를 만나 결혼했다. 노인의 병세는 급속히 악화되어 1833년, 결국 이국의 하늘 아래서 알리비나의 보살핌 속에 숨을 거두었다. 자신의 아내는 옆에 오지도 못하게 하며, 마지막 순간까지 자신의 실패한 결혼에 대해 그녀를 용서하지 않았던 것이다. 야체프스키 부인은 알리비나와 함께 고향으로 돌아왔다.

이제 알리비나의 인생 최대의 관심은 미구르스키였다. 그녀의 눈에 최고의 영웅이자 수난자인 미구르스키를 위해, 그녀는 자신의 전 생애를 바치기로 결심했다. 외국으로 떠나기 전부터 이미 그녀는 그와 편지를 교환하고 있었다. 처음에는 아버지의 부탁으로, 나중에는 스스로 그렇게 했다.

알리비나는 아버지가 죽은 뒤 러시아로 돌아와서도 그와 계속 편지를 주고받다가, 18세가 됐을 때 계모에게 우랄리스크에 가서 미구르스키와 결혼하겠다고 선언했다. 계모는 부유한 집 처녀를 유혹해 자신의 불행을 분담시킴으로써 궁지에서 벗어나려는 이기주의자라고 미구르스키를 비난했다. 화가 난 알리비나는 계모에게, 민족을 위해 모든 것을 희생한 사람을 그렇게 비열하게 매도하는 것은 어머니 한 사람뿐일 것이라고 말했다. 그리고 미구르스키는 오히려 자기가 돕겠다는 것도 거절한 사람이라면서, 자기는 무슨 일이 있어도 그가 있는 곳에 가서 그가 받아만 준다면 결혼할 결심이라고 말했다. 알리비나는 이제 성인이 되어 있었고, 또 죽은 작은아버지가 두 조카딸에게 남긴 30만 주오티(폴란드의 화폐단위)의 돈이 있었기 때문에, 더 이상 그녀를 방해할 수 있는 것은 아무것도 없었다.

1833년 11월 알리비나는 한번도 본 적이 없는 야만적인 모스크바 사람들이 사는 먼 나라를 향해, 마치 죽으러 가기라도 하는 것처럼 눈물로 떠나보내는 집안 식구들과 작별하고, 늙고 충실한 유모인 루드비카와 함께, 먼 여정을 위해 새로 수리한 아버지의 마차를 타고 출발했다.

5

미구르스키는 병영 안에서 살지 않고 혼자 하숙하고 있었다. 니콜라이 파블로비치는 강등당한 폴란드인들에게, 엄격한 군대 생활의 모든 고통뿐만 아니라, 당시 일반 졸병들이 겪고 있던 모든 굴욕도 감수할 것을 요구했다. 그러나 그의 명령에 복종해야 하는 입장에 있는 대다수의 소박한 사람들은, 그러한 강등병의 괴로운 처지를 이해해 명령 불복종으로 처벌받을 위험을 무릅쓰고, 될 수 있는 한 엄격한 조치는 취하지 않고 있었다.

미구르스키가 편입된 대대의 대대장은 교육은 받지 못했지만 갑자기 출세한 장교로, 전에는 부유한 데다 높은 교양을 갖춘 청년이었다 지금은 모든 것을 잃어버린 미구르스키를 이해하고 동정하며 모든 일에 편의를 봐주고 있었다. 미구르스키도 하얀 구레나룻을 기르고 병졸처럼 통통한 얼굴을 한 중령의 친절을 고맙게 여겨, 유년학교 입학을 준비하고 있던 그의 아들들에게 수학과 프랑스어를 가르쳐 주기로 했다.

벌써 일곱 달째에 접어든 우랄리스크의 생활은 단조롭고 우울하고 지루할 뿐만 아니라 무척 고통스러웠다. 가능한 한 거리를 두려고 노력하고 있던 대대장 외에 아는 사람은, 역시 유형을 받아 이곳에서 생선 장사를 하고 있는, 무식하고 교활하며 불쾌한 폴란드인 단 한 사람뿐이었다. 미구르스키에게 가장 괴로운 것은 그로서는 아무리 해도 가난한 생활에 익숙해지지가 않는 일이었다. 재산을 몰수당한 뒤 그는 완전 무일푼이 되어, 몸에 지니고 있던 금붙이를 팔아서 겨우 살아가고 있었다.

유형을 당한 뒤 미구르스키의 유일한 삶의 기쁨은 알리비나와의 편지교환이었다. 로잔카를 방문했을 때부터 그의 머릿속에 새겨져 있던 그녀의 시적이고 사랑스러운 모습은, 유형지에 있는 지금은 더욱 더 멋진 기억으로 남아 있었다. 첫 편지 속에서 알리비나는, 궁금해서 물어보는 거라고 하며, 예전에 그가 '내 계획과 꿈이 아무리 장밋빛이었다 해도'라고 말한 것은 무슨 뜻이었느냐고 물었다. 그래서 미구르스키는 '이젠 확실하게 고백할 수 있지만, 실은 그 꿈이라는 것은 당신을 내 아내라고 부르는 것이었소'라고 대답했다. 그 말에 그녀는 그를 사랑하고 있다고 화답했다. 그러자 미구르스키는 그런 말을 하면 안 된다, 왜냐하면 이젠 그것이 불가능하다는 것을 생각하는 것이 두렵기 때문이라고 썼다. 그녀는 다시 그것은 가능할 뿐만 아니라 반드시 그렇게 될 것이라고 답장을 보냈다. 그는 그녀의 희생을 받아들일 수 없으며, 자신의 지금과 같은 상태에서 그것은 불가능하다고 대답했다. 그 편지를 보낸 지 얼마 지나지 않아 그는 2000주오티의 소액우편환이 든 편지를 받았다. 봉투의 스탬프와 필적으로 알리비나가 부친 것임을 안 그는, 초기에 쓴 편지에서 자신이 농담 비슷하게 가정교사 아르바이트로 차와 담배, 심지어 책 같은 필수품을 살 돈을 벌고 있는 상황을 재미있고 우스꽝스럽게 쓴 것을 떠올렸다. 그는 그 돈을 다른 봉투에 넣은 다음, '우리의 신성한 관계를 돈으로 더럽히지 말아달라'고 쓴 편지와 함께 돌려보냈다. '내 생활은 아무 불편한 데가 없고, 당신 같은 친구가 있다는 것만으로도 행복하다'고 그는 썼다. 두 사람의 편지왕래는 그것이 마지막이었다.

11월 어느 날, 미구르스키가 중령의 집에서 소년들의 공부를 봐주고 있을 때였다. 우편썰매의 방울소리가 가까이 다가오더니, 썰매 미끄럼판이 얼어붙은 눈 위를 삐걱거리는 소리가 나면서 현관 앞에 멈춰 섰다. 아이들이 누가 왔는지 알아보려고 뛰어나갔다. 미구르스키는 방에 남아 문 쪽을 쳐다보면서 아이들이 돌아오기를 기다리고 있었다. 잠시 뒤 방에 들어선 것은 중령의 부인이었다.

"선생님, 어떤 여자분들이 두 분 오셔서 당신을 찾는군요. 아마 당신의 고국에서 온 사람들일지도 모르겠어요. 폴란드 사람들 같아요."

만약 누군가가 미구르스키에게 알리비나가 이곳에 오는 일이 있을 수 있다고 생각하느냐고 묻는다면, 그는 즉각 그런 일은 상상도 할 수 없는 일이라고 대답했을 것이다. 그러나 마음속 깊은 곳에서 그는 그녀를 기다리고 있었다.

그는 심장이 두근거리고 숨이 가빠지는 걸 느끼면서 현관으로 달려갔다. 현관에는 얼굴에 마마자국이 있는 뚱뚱한 여자가 머리에 쓴 두건을 풀고 있었다. 또 한 여자는 중령의 방으로 막 들어가는 참이었다. 등 뒤에서 발소리를 듣고 그녀가 돌아보았다. 두건 밑으로 알리비나의 서리가 앉은 속눈썹 아래, 넓은 미간에서 삶의 환희로 반짝반짝 빛나는 두 눈동자가 보였다. 그는 자기도 모르게 우뚝 선 채, 어떻게 맞이해야 할지 무슨 말로 인사를 해야 할지 몰라 망연자실해 있었다.

"유조!" 알리비나가 미구르스키를 불렀다. 아버지가 늘 그렇게 불렀고 자신도 마음속으로 남몰래 부르던 이름이었다. 알리비나는 두 팔로 그의 목을 끌어안고, 그의 얼굴에 새빨갛게 얼어버린 자신의 빰을 부비며, 웃었다가 울었다가 했다.

알리비나가 어떤 사람이고 무엇 때문에 찾아왔는지 알자, 친절한 중령 부인은 그녀를 맞아들여 그들이 결혼할 때까지 그 집에서 묵게 해주었다.

6

인정 많은 중령의 노력으로 그들의 결혼은 당국의 허가까지 받게 되었다. 그리하여 오렌부르그에서 폴란드 신부를 초빙하여 미구르스키와 알리비나는 결혼식을 올렸다. 대대장의 아내가 결혼식 대모가 되었고, 그가 가르친 아이 중 한 아이가 성상을 들었으며, 같은 유형자인 폴란드인인 부르조조프스키가 들러리를 섰다.

얼핏 이상하게 들릴지도 모르지만, 알리비나는 남편을 열렬하게 사랑하면서도 그에 대해 아는 것이 거의 없었다. 사실 결혼을 하고 나서야 비로소 그에 대해 알았다고 할 수 있을 것이다. 당연한 일이지만, 그녀는 육체와 피가 살아 있는 한 인간인 미구르스키 속에, 그녀가 상상 속에 간직하며 키워온 이미지에서는 찾아볼 수 없었던 속되고 현실적인 점도 있다는 것을 알게 되었다. 그런 반면, 바로 육체와 피가 살아 있는 사람이기 때문에, 예전의 추상적인 이미지 속에는 없었던 솔직하고 선량한 면도 많이 발견할 수 있었다. 그녀는 아는 사람들과 친구를 통해 전쟁 때 그가 발휘했던 용기에 대해서는 물론, 재산을 몰수당하고 자유를 빼앗겼을 때의 그 의연한 태도도 알고 있었기 때문에, 언제나 그를 매우 고결한 영웅으로만 상상했던 것이다. 그러나 비범한 체력과 용기를 지닌 그도, 현실 속에서는 부드러운 어린양 같은 남자였다. 또 악의 없는 농담을 하거나 금발의 콧수염으로 둘러싸인 싱그러운 입가에, 로잔카에 있을 때부터 그녀를 사로잡았던 천진난만한 미소를 지으며, 줄기차게 파이프 담배를 피워서 특히 임신 중인 그녀를 괴롭히는 지극히 평범한 남자이기도 했다.

미구르스키도 결혼한 뒤에 비로소 알리비나에 대해 알았고, 알리비나를 통해 처음으로 여자라는 것을 알았다. 결혼하기 전에 알던 여자들한테서는 그것을 알 수 없었다. 만약 그가 알리비나에 대해 그녀에게만 느낄 수 있는 특별한 애정이나 감사하는 마음이 없었더라면, 역시 그녀에게도 내재된 여자의 일반적인 속성을 발견하고 놀랐을 것이다. 그는 평범한 여성으로서의 알리비나에 대해서는 연민과 약간의 해학적인 겸허함으로 대했지만, 알리비나만의 특별한 개성 앞에서는, 단순히 부드러운 애정뿐만 아니라 감탄하는 마음으로, 자신에게 과분한 행복을 안겨준 그녀의 헌신에 대해 마땅한 대가를 아직 돌려주지 못하고 있다는 정신적 부채감을 느끼고 있었다.

미구르스키 부부는 서로를 사랑했기 때문에 행복했다. 서로가 모든 애정을 상대방에게 쏟아 부음으로써 두 사람은 이방인들 속에 있어도 마치 밤에 길을 잃고 온몸이 꽁꽁 얼어붙은 두 사람이 서로 몸을 기대 서로의 몸을 녹여주고 있는 듯한 감정을 느꼈다. 또 주인에 대해서는 거의 노예처럼 자신을 돌보지 않고 충실하게 헌신하며 악의 없는 잔소리를 연발하지만, 남자면 누구한테나 반해버리는 유모 루드비카도, 미구르스키 부부의 생활을 즐겁게 해주는데 한몫을 하고 있었다. 두 사람은 자식복도 있었다. 결혼한 지 1년 만에 사내아이가 태어났고, 그 1년 반 뒤에는 계집아이가 태어났다. 사내아이는 어머니를 쏙 빼닮아 눈과 활달한 성격, 우아한 모습까지 어머니와 똑같았다. 계집아이는 예쁘고 귀여운 동물 같았다.

미구르스키 부부는 조국을 멀리 떠나 있다는 점에서, 그리고 무엇보다도 불쾌하고 굴욕적인 신분이라는 점에서는 불행했다. 알리비나가 특히 그 점을 견딜 수 없어했다. 그녀의 '유조, 영웅이자 인간의 귀감인 유조'가, 장교들과 만날 때마다 부동자세를 취하거나 받들어총을 하고 보초를 서면서 상관의 명령에 절대 복종해야 했던 것이다.

게다가 폴란드에서 들려오는 소식은 한결같이 어두운 것들뿐이었다. 대부분의 친척들과 친구들은 유형을 당하거나 모든 것을 버리고 외국으로 피신했다.

미구르스키 부부도 현재와 같은 괴로운 상황이 언제 끝날지 알 수 없었다. 사면이나 하다못해 감형 또는 장교 승진 등을 목표로 한 모든 노력도 허사로 끝나고 말았다. 니콜라이 파블로비치는 검열과 관병식, 훈련을 계속시켰고, 가면 무도회에 가서 온갖 가면을 쓰고 놀거나, 할 일도 없으면서 추구예프에서 노라 로시이스크, 상트 페테르부르크에서 모스크바 등지로 러시아 전국을 말을 타고 돌아다니며 민중을 놀라게 하고 말을 혹사시켰다. 어쩌다가 누가 용기를 내어, 조국애 때문에 고난에 빠져 있는 12월 당원과 유형자들에게 좀더 동정을 베풀어달라고 탄원이라도 하면, 가슴을 쭉 펴고 그 흐릿한 눈으로 한 곳을 응시하면서, "아니야, 아직 일러!" 하며 마치 언젠가 적당한 시기가 되면 고려하겠다는 듯이 말하곤 했다. 그러면 장군과 시종, 그의 부인과 같은 그의 주위에 빌붙어 사는 모든 측근들은, 이 위대한 인물의 비범한 통찰력과 지혜에 감동하는 것이었다.

그러나 전체적으로 볼 때 미구르스키 부부의 생활은 불행보다 행복 쪽에 더 가까웠다.

그리하여 5년의 세월이 흘렀다. 그러던 어느 날 예기치 않았던 무서운 불행이 두 사람을 덮쳤다. 먼저 딸아이가 시름시름 앓기 시작하더니 이틀 뒤에는 아들까지 병에 걸린 것이다. 의사라고는 한 사람도 찾을 수 없어서, 아들은 치료도 받지 못한 채 나흘 만에 죽고 말았다. 그 이틀 뒤에 딸아이도 숨을 거두었다.

알리비나는 자신이 자살하면 남편이 얼마나 슬퍼할지, 그것이 두려워 우랄 강에 몸을 던지는 것을 가까스로 참았다. 하지만 그녀는 사는 것이 괴로웠다. 전에는 그토록 활동적이고 부지런하게 생활했던 그녀가, 집안일은 모두 루드비카에게 맡겨버리고 아무 것도 하지 않으며 몇 시간이고 가만히 앉아 있는 시간이 많아졌다. 그러다가 갑자기 벌떡 일어나 자기 방에 뛰어들어, 남편과 루드비카가 아무리 달래도 말없이 흐느껴 울면서, 자기를 혼자 있게 해달라고 부탁했다.

여름이 되자, 그녀는 아이들의 무덤에 찾아가 이제는 돌이킬 수 없는 슬픈 기억과, 그때 어떻게든 손을 썼으면 살 수도 있었을지도 모른다는 회한에 가슴을 쥐어뜯으며 무덤 앞에 앉아 있었다. 특히 자신들이 의학의 혜택을 받을 수 있는 도시에 살고 있었더라면 아이들도 살았을지 모른다는 생각이 그녀를 계속 괴롭혔다.

"어째서? 도대체 왜? 유조도 나도, 단지 유조가 자신이 태어난 집에서 그의 조부와 증조부들이 살아온 것과 같은 생활을 하고, 또 나는 그를 사랑하며 함께 어린 자식들을 사랑으로 키워가는 것 말고는 아무것도 바라는 게 없는데. 그런데 유조는 갑자기 체포되어 유형당하고, 나는 무엇보다 소중한 아이들을 빼앗기고 말았어. 왜? 도대체 무엇 때문에?"

그녀는 사람들을 향해, 하느님을 향해 그렇게 묻는 것이었다. 하지만 어떤 대답도 들을 수 없었다. 그것에 대한 해답 없이는 삶 자체가 있을 수 없었다. 그녀의 삶은 정지되고 말았다. 전에는 그녀의 여성적인 취미와 우아함으로 채색할 수 있었던 유형지에서의 비참한 생활은, 이제는 그녀뿐만 아니라 그녀를 동정하고 괴로워하면서도 어찌할 바를 모르고 있는 미구르스키에게도 견디기 힘든 것이었다.

7

미구르스키 부부에게 가장 고통스러웠던 그때, 그 무렵 시베리아에서 폴란드 신부 시로친스키가 주동한 반란과 탈주 계획에 참여했던 폴란드인 로솔로프스키가 우랄리스크로 송치되어 왔다.

로솔로프스키는 미구르스키와 마찬가지로, 즉 태어난 그대로 폴란드인이고자 한 것뿐인데 시베리아로 유형당한 수천 명의 사람들처럼 그 일에 관여했다가 채찍질을 당하고 미구르스키와 같은 대대의 병사가 된 것이다. 전직 수학 교사인 로솔로프스키는 두 뺨이 움푹 들어가고 이마가 험상궂은 데다, 큰 키에 곱사등이인 깡마른 남자였다.

도착한 첫날 밤, 로솔로프스키는 미구르스키의 집에 앉아 차를 마시면서 그 느릿하고 침착한 저음으로, 자신이 겪었던 끔찍한 그 사건에 대해 자연스럽게 말문을 열었다. 그 사건은 시로친스키가 시베리아 전역에 비밀결사를 조직한 것으로, 목적은 카자크 부대와 상비부대에 섞여 있는 폴란드인들의 협조 아래 병사들과 죄수들로 하여금 폭동을 일으키게 하고 일반 주민도 봉기시켜서, 옴스크에서 대포를 빼앗고 모든 사람들을 해방하는 것이었다.

"그런 일이 정말 가능했습니까?" 미구르스키가 물었다.

"가능한 정도가 아니었어요. 모든 것이 완벽하게 준비되어 있었으니까요." 로솔로프스키가 어두운 표정, 느리고 침착한 목소리로, 해방을 위한 모든 계획과 만약 실패로 돌아갔을 경우에 공모자들을 구출하기 위해 채택된 모든 방법을 이야기했다. 그 계획은 만약 두 명의 배신자만 없었더라면 틀림없이 성공할 수 있는 것이었다. 로솔로프스키의 말에 의하면 시로친스키는 천재적이고 위대한 정신력의 소유자였다고 한다. 그는 영웅으로서 그리고 순교자로서 죽어갔다. 로솔로프스키는 매끄럽고 차분한 저음으로, 이 사건에 연루된 모든 사람들과 함께 입회해야 했던 형벌의 자초지종을 자세히 들려주었다.

"2개 대대의 병사들이 두 줄로 서서 긴 통로를 이루고 있었습니다. 병사들은 저마다 손에, 총구에 딱 세 개 밖에 들어가지 않을 정도의 굵기로 된 탄력 있는 회초리를 들고 있었지요. 맨 먼저 끌려온 것은 의사 샤칼리스키였습니다. 두 병사가 그를 앞세우고 나아가면, 채찍을 든 병사들이 그가 자기 앞에 왔을 때 그 알몸의 등짝을 채찍으로 사정없이 내리치는 것이었습니다. 나는 그가 내가 서 있는 곳으로 다가왔을 때에야 가까스로 그것이 보였습니다. 처음에는 커다란 북소리밖에 들리지 않았지만, 곧 채찍이 휙 소리를 낸 뒤 찰싹 하고 몸에 닿는 소리가 들리면, 총이 다가오고 있음을 느낄 수 있었습니다. 이윽고 총을 든 병사가 그를 앞세우고 가자, 그는 몸을 벌벌 떨면서 얼굴을 오른쪽 왼쪽으로 이리저리 피하면서 걸어오는 것이 보였습니다. 한번은 그가 우리 옆을 지나갔을 때, 러시아 의사가 병사들에게 '제발 아프게 치지 말아주시오' 하고 말하는 것이 들렸습니다. 하지만 그들은 여전히 계속 때렸고, 두 번째로 우리 옆을 지나갔을 때는 이미 걸음도 걷지 못하고 질질 끌려가고 있었습니다. 그의 등짝은 차마 눈뜨고 볼 수가 없었지요. 나는 자신도 모르게 눈을 감았습니다. 드디어 그는 쓰러져서 들것에 실려 나갔습니다.

다음에 두 번째 사람이, 이어서 세 번째 사람이, 그리고 네 번째 사람이 끌려 왔습니다. 모두들 쓰러져서 어떤 사람은 움직이지 않고, 어떤 사람은 거의 죽은 상태로 실려 나갔습니다. 우리는 모두 선 채로 그것을 보고 있어야 했습니다. 그 광경은 이른 아침부터 오후 2시까지, 만 6시간 동안이나 계속되었습니다. 마지막으로 끌려온 것이 시로친스키였습니다. 오랫동안 보지 못한 사이에 그는 몰라볼 만큼 늙었더군요. 면도를 했지만 그의 주름살투성이 얼굴은 창백했습니다. 발가벗겨진 몸뚱이는 누런 데다 너무 깡말라 툭 불거져 나온 갈비뼈가 움푹 꺼진 배를 거의 덮고 있는 것 같았습니다. 그도 다른 사람들과 마찬가지로 걸어가면서 채찍에 맞을 때마다 몸을 떨며 고개를 이리저리 돌렸지만, 신음 소리는 내지 않고 큰소리로 기도문을 암송했습니다. '주여, 당신의 크신 자비로 저희를 불쌍히 여겨 주시옵소서.'"

"나는 이 귀로 똑똑히 들었습니다." 로솔로프스키는 갈라진 목소리로 얼른 그렇게 말하더니, 입을 다물고 '흥!' 하고 콧소리를 냈다.

창문가에 걸터앉아 있던 루드비카가 손수건으로 얼굴을 가리며 울음을 터뜨렸다.

"아! 이제 그런 이야기는 그만하십시오! 짐승들! 짐승 같은 놈들!" 미구르스키는 그렇게 외치면서 파이프를 내던지더니 벌떡 일어나 캄캄한 침실로 들어가 버렸다. 알리비나는 마치 돌처럼 굳어버린 듯 어두운 방 한구석을 가만히 응시하면서 앉아 있었다.

8

이튿날 미구르스키가 군사 훈련을 끝내고 집에 돌아오니, 아내가 예전처럼 가벼운 걸음으로 그를 맞이하며 웃는 얼굴로 침실로 안내하는 것이었다. 미구르스키는 깜짝 놀라고 한편으로는 기쁘기도 했다.

"저, 유조, 할 애기가 있어요."

"말해 봐요, 뭔데."

"난 지난 밤 내내 로솔로프스키가 애기한 것을 생각해 보았어요. 그리고 결심했어요. 난 이렇게는 살 수 없어요. 이런 곳에서는 더 이상 살 수 없어요. 이젠 절대로 못 참아요! 죽어도 좋으니까, 다시는 이런 곳에서 살지 않을 거예요."

"그럼 어떡하자는 거요?"

"우리 도망가요!"

"도망가자고? 어떻게!"

"밤새도록 생각해 봤어요. 내 애길 좀 들어 보세요."

그녀는 간밤에 궁리해낸 계획을 그에게 이야기했다.

그것은 다음과 같은 것이었다. 우선 미구르스키는 저녁에 집에서 나와 우랄 강의 강변에 외투를 벗어 놓고 그 위에 자살한다고 쓴 편지를 올려둔다. 그렇게 하면 사람들은 그를 투신자살한 것으로 생각할 것이다. 시체에 대한 수색이 시작될 것이고 얼마 후 찾지 못했다는 보고서가 상부에 전달된다. 미구르스키는 감쪽같이 자취를 감춘다. 그녀는 그를 아무도 발견하지 못하게 숨긴다. 한 달은 숨어살 수 있을 것이다. 그리하여 모든 것이 다 잠잠해졌을 때 함께 달아난다는 것이었다.

그녀의 계획은 처음에는 미구르스키에게는 도저히 불가능한 것처럼 보였지만, 그녀가 무척 열렬하게 확신을 가지고 계속 설득하자, 그날 밤 늦게 마침내 거기에 찬성하고 말았다. 뿐만 아니라 탈주에 실패했을 때는 로솔로프스키가 얘기했던 그런 형벌이 그에게 내려질 것이지만, 만약 성공하면 그녀를 구원하게 된다는 생각이 그의 마음을 움직였던 것이다. 그는 아이들이 죽은 뒤 이곳에서의 생활이 그녀에게 얼마나 괴로운 것이었는지 너무나 잘 알고 있었다.

로솔로프스키와 루드비카도 이 계획에 참여했다. 그리하여 오랜 협의와 변경과 수정을 거쳐 탈주 계획은 확정되었다. 최초의 안은, 미구르스키가 익사한 것으로 인정되면 혼자 걸어서 도망간다. 그러면 나중에 알리비나가 마차를 타고 가서 약속한 장소에서 만난다는 것이었다. 그러나 그 뒤 로솔로프스키가 최근 5년 동안 시베리아에서 도주하려다 실패로 돌아간 여러 시도에 대해 이야기했을 때(그 5년 동안 탈주에 성공한 운 좋은 사람은 딱 한 사람뿐이었다.), 알리비나는 다른 안을 내놓았다. 그것은 유조가 마차 속에 숨어서, 그녀와 루드비카와 함께 사라토프까지 간다. 사라토프에서 그는 옷을 갈아입고 볼가 강 기슭을 내려가, 약속한 장소에서 그녀가 사라토프에서 세를 낸 배를 타고 알리비나, 루드비카와 함께 볼가 강을 따라 아스트라한까지 가서, 카스피 해를 거쳐 페르시아로 간다는 것이다.

이 안은 모든 사람과, 특히 핵심적인 계획 수립자인 로솔로프스키의 찬성을 얻었지만, 마차 속에, 관헌의 눈을 피해 한 사람이 숨을 만한 공간을 어떻게 만드는가 하는 것이 문제였다. 그런데 얼마 전 알리비나가 아이들의 무덤을 다녀와서 로솔로프스키에게 낯선 땅에다 아이들의 유골을 두고 가는 게 얼마나 괴로운 일인지 얘기했을 때, 그는 잠시 생각하더니 이렇게 말했다.

"당국에 아이들의 관을 가지고 가게 해달라고 청원해 보십시오, 허가해줄 겁니다."

"아니에요, 난 싫어요, 그렇게는 하기 싫어요!" 알리비나가 말했다.

"그렇게 하세요. 꼭 그렇게 해야 됩니다. 사실은 무덤을 파내는 게 아니고, 대신 커다란 상자를 만들어서 그 속에 유조를 숨기는 겁니다."

처음에 알리비나는 이 제안을 거절했다. 아이들에 대한 추억을 이용해 사기 행위를 하는 것이 불쾌했기 때문이었다. 그러나 미구르스키가 이 계획에 선선히 동의하자 그녀도 하는 수 없이 찬성했다.

최종적인 계획은 그렇게 완성되었다. 미구르스키는 당국이 자신을 익사했다고 믿도록 모든 조치를 강구한다. 그의 죽음이 인정되면 알리비나는 당국에 남편이 죽었으니 죽은 아이들의 유골을 가지고 고국으로 돌아가고 싶다고 청원한다. 그 허가가 나오면 무덤을 파고 관을 꺼내는 시늉을 한 뒤, 아이들의 관 대신 준비해간 궤짝 속에 미구르스키가 들어간다. 궤짝을 여행 마차에 싣고 사라토프로 간다. 사라토프에서 배를 탄 뒤 유조는 궤짝에서 나와 함께 카스피 해까지 간다. 그곳에서는 페르시아나 터키로 갈 수 있고, 또 어디를 가든 자유를 얻을 수 있다는 것이었다.

9

맨 먼저 미구르스키 내외는 루드비카를 고국으로 보낸다는 구실로 여행마차를 샀다. 그런 다음 마차 속에서 공기가 통하고 몸을 오그리고서라도 누워 있을 수 있고 쉽사리 눈치 채이지 않게 드나들 수 있는 궤짝을 만들었다. 다음에는 알리비나와 로솔로프스키, 미구르스키, 세 사람이 이리저리 연구하여 그 궤짝을 마차에 설치했다. 그때 특히 도움이 됐던 것은 뛰어난 목수 기술을 가진 로솔로프스키였다. 궤짝을 차체 뒤의 스프링 위에 고정하자 차체에 딱 맞게 들어갔고, 차체와 상자 사이의 칸막이를 움직일 수 있도록 하여, 그것을 교묘하게 움직이면 몸의 반은 상자 속, 반은 여행마차 바닥에 눕힐 수 있도록 되어 있었다. 뿐만 아니라 궤짝에는 공기가 통하도록 구멍을 뚫고, 위와 옆을 거적으로 덮은 뒤 끈으로 묶었다. 그리고 출입은 마차 안에 설치되어 있는 의자 아래를 통해 할 수 있었다.

여행 마차와 궤짝이 마련되자, 알리비나는 남편이 실종되기 전에 당국의 눈을 속이는 사전작업으로서, 대령에게 가서 최근에 남편이 우울증에 빠져 자살을 기도했는데, 걱정이 되어 견딜 수가 없다며 한동안 휴가를 달라고 요청했다. 그녀의 훌륭한 연기는 효과가 있었다. 남편을 염려하는 극심한 불안과 공포의 표정이 하도 자연스러워서 완전히 감동해버린 대령은, 가능한 한 힘이 되어주겠다고 약속했다. 미구르스키는 우랄 강의 기슭에 벗어놓을 외투 깃에 끼워둘 편지를 작성했다. 그리고 약속한 날 저녁에 우랄 강에 가서 어두워지기를 기다렸다가, 강기슭에 자신의 옷과 편지를 끼워둔 외투를 벗어 놓고 몰래 집으로 돌아왔다. 자물쇠를 채운 다락방에 그의 은신처가 마련되어 있었다. 밤이 되자 알리비나는 루드비카를 대령의 집에 보내 남편이 스무 시간 전에 집에서 나간 뒤 아직도 돌아오지 않는다고 알렸다. 아침에 그녀에게 남편의 편지가 전달되었고, 그녀는 절망한 표정으로 눈물을 흘리면서 그것을 대령에게 가지고 갔다.

일주일 뒤 알리비나는 고국으로 돌아가겠다는 청원서를 제출했다. 미구르스키 부인의 비탄에 빠진 모습은 그녀를 본 모든 사람의 마음을 움직였다. 모두들 불행한 어머니이자 불행한 아내인 그녀를 가련하게 여겼다. 귀국이 허락되자 그녀는 아이들의 관을 파서 가지고 가게 해달라는 청원서를 또 한번 냈다.

당국은 그 감상적인 생각에 약간 놀랐지만 그것도 허가하기로 했다.

그 허가가 떨어진 다음 날 저녁, 로솔로프스키와 알리비나, 루드비카는 세를 낸 짐마차에 아이들의 관이 들어갈 궤짝을 싣고 무덤으로 갔다. 알리비나는 아이들의 무덤 앞에서 잠시 무릎을 꿇고 앉아 기도를 올린 뒤, 곧 일어나서 눈물을 닦으며 로솔로프스키에게 말했다.

"당신이 알아서 해주세요, 나는 못하겠어요." 알리비나는 그렇게 말하고 무덤 앞에서 물러났다.

로솔로프스키와 루드비카는 묘석을 치우고 삽으로 무덤이 파헤쳐진 것처럼 보이도록 무덤 위의 흙을 파냈다. 모든 것이 끝나자 그들은 알리비나를 불러 흙이 담긴 상자와 함께 집으로 돌아왔다.

드디어 출발 일자가 다가왔다. 로솔로프스키는 계획이 거의 성공한 것을 무척 기뻐했다. 루드비카는 여행 중에 먹을 도시락과 비스킷, 러시아식 튀김 만두를 구우면서, 늘 읊조리고 있는 '어머니를 사랑하듯이'를 중얼거렸다. 그리고 공포와 기쁨에 심장이 터질 것만 같다고 했다. 미구르스키도 한 달 이상 갇혀 있던 다락방에서 나갈 수 있게 된 것이, 또 무엇보다 알리비나가 활기를 되찾아 즐거워하고 있는 것이 정말 기뻤다. 그녀는 지난날의 모든 슬픔도 현재의 위험도 다 잊은 듯이 마치 다시 소녀로 돌아간 것처럼 환희에 얼굴을 빛내면서 다락방의 그에게 달려가곤 했다.

　새벽 세 시쯤 카자크인 호송병이 마부와 세 필의 말을 끌고 왔다. 알리비나는 루드비카와 함께 강아지를 데리고 마차에 올라타 융단으로 덮인 의자 위에 앉았다. 카자크인과 마부는 마부석에 앉았다. 농부 옷으로 갈아입은 미구르스키는 여행 마차의 궤짝 속에 누워 있었다.

　마을을 나서자 훌륭한 세 필의 말은, 작년의 은빛 나래새풀이 그대로 뒤덮여 있는 끝없는 초원 사이로, 수많은 발길에 다져져 가래도 들어가지 않을 정도로 단단해진 길을 따라 마차를 달려갔다.

10

　알리비나는 희망과 기쁨으로 가슴이 높이 고동치고 있었다. 자신의 감정을 함께 나누기 위해 그녀는 이따금 미소를 지으면서 루드비카에게 고갯짓으로 마부석에 앉아 있는 카자크 사람의 넓은 등과 마차바닥을 가리키는 시늉을 했다. 루드비카는 엄숙한 얼굴로 꼼짝도 하지 않고 앞만 바라보며 앉아 그저 입술을 살짝 비틀 뿐이었다.

　쾌청한 날씨였다. 주위에는 온통 아침 햇살을 받아 은빛으로 반짝이는 나래새풀로 뒤덮인 황야가 끝없이 펼쳐져 있었다. 가끔 편자를 박지 않은 바시키르 말이 마치 아스팔트 길 위를 가듯이 따각따각 소리를 내며 빠른 걸음으로 가고 있는 단단한 도로 양쪽에, 시베리아 쥐들이 만들어놓은 흙무덤이 보였다. 그 흙무덤 뒤에서 쥐 한 마리가 망을 보고 있다가 날카로운 소리로 위험을 알리며, 잽싸게 구멍 속에 숨어들었다. 가끔 지나가는 사람과 마주치기도 했다. 짐마차로 밀을 나르는 카자크인들과 말을 타고 가는 바시키르인들이었는데, 그들은 타타르 말로 유쾌하게 얘기를 나누고 있었다. 어느 역참에나 건강하고 살찐 말이 있어서, 알리비나가 50코페이카나 되는 술값을 던져주면, 마부들은 그들의 말을 빌리면 '마치 경기병처럼' 끝도 없이 전속력으로 달려갔다.

　첫 번째 역참에 도착했을 때, 마부가 말을 몰고 가고 새 마부가 아직 오지 않아서 카자크 병사도 밖으로 나갔을 때, 알리비나는 허리를 구부려 남편에게 기분은 어떠냐, 필요한 건 없느냐고 물었다.

　"좋아, 무척 편안해. 필요한 건 아무것도 없어. 이틀 밤이라도 누워갈 수 있겠어."

저녁 무렵에 데르가치라고 하는 큰 마을에 도착했다. 알리비나는 남편이 팔다리를 뻗고 편히 쉴 수 있도록 하기 위해 역참이 아니라 여관 앞에 마차를 세우고, 카자크인에게 돈을 주어 달걀과 우유를 사오라고 시켰다. 마차는 처마 밑에 세워지고 여관 안은 캄캄했기 때문에, 알리비나는 루드비카에게 카자크 사람을 감시하게 하고, 남편을 마차 밖으로 나오게 하여 식사를 하게 했다. 그런 다음 미구르스키는 카자크 사람이 돌아오기 전에 다시 숨어 있던 장소로 기어 들어갔다. 새 말이 매어지고 여행은 다시 계속되었다. 알리비나의 가슴은 점점 더 부풀어 올라, 즐겁고 흥겨운 기분을 도저히 억제할 수가 없었다. 이야기할 상대는 루드비카와 카자크 사람, 그리고 애완견 트레조르카밖에 없었기 때문에 그녀는 그들을 상대로 농담을 나눴다.

루드비카는 못생겼으면서도 남자만 만나면 상대방이 자기에게 호감을 갖고 있다고 착각하는 습관이 있었는데, 지금도 자신들을 이곳까지 호송하며 그 솔직하고 시원스런 태도로 두 여성에게 좋은 인상을 준, 무척 밝고 부드러운 비둘기 색 눈에 건강하고 친절한 우랄 카자크 사람이 자신에게 마음이 있다고 생각하고 있었다.

알리비나는 의자 밑을 쿵쿵거리며 냄새 맡지 못하도록 눈길을 떼지 않고 있는 트레조르카에게 위로받는 것 말고도, 루드비카가 자기를 어떻게 생각하고 있는지 꿈에도 모르고 무슨 말에나 싱글벙글 웃기만 하는 카자크 사람에게, 그녀가 연신 우스꽝스러운 애교를 보내는 모습도 재미있었다. 알리비나는 위기감과 이번 일이 곧 성공할 것이라는 기대감, 그리고 초원의 상쾌한 공기에 자극받아 오랫동안 느끼지 못했던, 아이들 같은 기쁨과 흥분을 느꼈다. 미구르스키도 그녀의 명랑한 목소리를 들으면서 자신이 처한 상황에서 오는 육체적 고통을 숨겨야 하는 어려움에도 불구하고—무엇보다도 덥고 목이 마른 것이 괴로웠다—오직 그녀의 기쁨을 자신의 기쁨으로 생각했다.

이틀째 저녁 무렵, 안개 속에 뭔가가 보이기 시작했다. 사라토프 시가지와 볼가 강이었다. 카자크 사람은 뛰어난 시력으로 저 멀리 볼가 강 위의 돛단배를 알아보고 루드비카에게 그것을 가리켰다. 루드비카도 보인다고 말했다. 알리비나의 눈에는 아무것도 보이지 않았지만, 남편이 들을 수 있도록 일부러 큰 소리로 "아, 사라토프! 아, 저게 볼가 강이군요!" 하고 소리쳤다.

알리비나 일행은 사라토프로 들어가지 않고 볼가 강 왼쪽 강기슭, 바로 사라토프 맞은편의 포크로프스카야라는 마을에 마차를 세웠다. 그녀는 그곳에서 밤에 남편과 얘기도 나누고 가능하면 궤짝에서 그를 꺼내 줄 생각이었다. 그러나 카자크 사람은 짧은 봄 밤 내내 마차 옆을 떠나지 않고 옆의 처마 밑에 있는 빈 달구지 안에 앉아 있었다. 알리비나의 지시로 마차 안에 있던 루드비카는, 카자크 사람이 마차에서 떠나지 않고 있는 것은 자기 때문이라고 완전히 믿어버린 듯, 윙크하거나 웃음을 보내고 그 마마자국이 있는 얼굴을 손수건으로 가리기도 했다. 그러나 알리비나는 그것을 재미있어하기보다는, 카자크 사람이 무엇 때문에 저렇게 끈질기게 마차 옆에 붙어있는지 알 수가 없어서 점점 불안해지기 시작했다.

저녁놀과 아침놀이 마치 이어지고 있는 것처럼 보이는 그 짧은 밤 동안, 알리비나는 몇 번이나 여관방에서 나와 퀴퀴한 냄새가 나는 복도를 지나 뒷문으로 나가 보았다. 카자크 사람은 여전히 자지 않고 마차 옆에 세워진 빈 달구지 위에 다리를 뻗고 앉아 있었다. 날이 밝기 직전에 수탉들이 잠에서 깨어나 여기저기서 울기 시작할 무렵, 알리비나는 아래로 내려가서 남편과 잠시 이야기를 나눌 수 있었다. 카자크 사람이 달구지 안에 누워서 코를 골고 있었던 것이다. 그녀는 조심스럽게 마차에 다가가서 궤짝을 두드렸다.

"여보!" 대답이 없었다.

"여보, 여보!" 그녀는 당황하여 큰소리로 불렀다.

"왜 그래, 무슨 일이야?" 미구르스키가 궤짝 안에서 졸리는 듯한 목소리로 말했다.

"왜 대답이 없으셨어요?"

"자고 있었지." 대답하는 목소리로 미루어 그가 웃고 있음을 알 수 있었다. "어때, 나가도 돼?"

"안 돼요, 카자크 사람이 옆에 있어요." 그녀는 그렇게 말하며 달구지 안에서 자고 있는 카자크 사람을 힐끗 쳐다보았다.

그런데 놀랍게도 카자크 사람은 코는 골면서도 그 순한 비둘기색 눈은 뜨고 있는 것이 아닌가! 그는 그녀 쪽을 보고 있다가 시선이 마주치자마자 얼른 눈을 감았다.

"그렇게 보인 것뿐일까? 아니면 정말로 자지 않고 있었던 걸까? 아마 그렇게 느껴진 거겠지?" 그녀는 그렇게 생각하며 다시 궤짝에다 대고 말을 걸었다.

"조금만 더 참으세요. 뭐 먹고 싶은 건 없어요?"

"없어. 담배가 피우고 싶군."

알리비나는 다시 한번 카자크 사람을 돌아다보았다.

그는 자고 있었다.

"그래, 내가 너무 예민해져 있었던 거야."

"나, 이제부터 이곳 지사를 찾아가겠어요."

"응, 잘 다녀와요."

알리비나는 트렁크에서 옷을 꺼내 갈아입으려고 여관방으로 갔다.

가장 좋은 상복으로 갈아입은 알리비나는 볼가 강을 건너갔다. 그리고 부두에서 지나가는 마차를 잡아타고 지사공관으로 찾아갔다. 지사가 그녀를 맞이했다. 미인인 데다 매력적인 웃음과 유창한 프랑스어를 구사하는 폴란드인 과부는 젊은 여자에게 관심이 많은 늙은 도지사를 만족시켰다. 그는 그녀가 원하는 모든 것을 허락하고, 차리친 시장에게 보내는 명령서를 내줄테니 내일 다시 찾아오라고 말했다. 자신의 노력이 효과가 있었던 것과, 자신의 매력도 어느 정도 작용했음을 지사의 태도 속에서 확인한 알리비나는, 행복하고 희망에 찬 기분으로 마차를 타고 부두를 향해 먼지 나는 언덕길을 내려갔다.

해는 벌써 숲을 빠져나와 있고, 햇살은 넘실대며 흐르는 봄날의 물결 위에서 뛰놀고 있었다. 언덕길 양쪽에 향기로운 꽃이 가득 핀 사과나무가 마치 하얀 구름처럼 보였다. 돛대의 숲이 강가에 보이고, 미풍에 잔물결을 일으키면서 햇살과 장난치고 있는 넓은 수면에는 하얀 돛이 점점이 보였다. 알리비나가 부두에 도착하여 마부에게 아스트라한까지 배를 빌릴 수 있는지 물어보고 있는데, 어느새 열명 정도의 선주들이 나타나 서로 자기 배를 빌려주겠다고 아우성이었다. 그녀는 우선 선주들 가운데 가장 마음에 드는 한 사람과 흥정을 하고, 부두 근처에 빽빽이 들어차 있는 배들 가운데 끼어 있는 그의 배를 보러 갔다. 그것은 작은 돛이 달린 범선이어서 바람을 이용할 수 있었다. 또 바람이 없을 경우에 대비하여 노도 준비되어 있고, 건장하고 쾌활한 사공 두 사람이 햇빛을 받으며 앉아 있었다. 유쾌하고 친절해 보이는 선주는 마차도 버리지 말고 바퀴만 떼어 배에 실으라고 조언해 주었다.

"얼마든지 실을 수 있습니다. 조금도 곤란할 것 없어요. 날씨만 좋으면 닷새만에 아스트라한에 도착할 겁니다."

알리바나는 선주와 흥정을 마치고, 그 마차를 볼 겸 선금을 받으러 포크로프스카야 마을에 있는 로기노프 여관으로 함께 가자고 말했다. 모든 것이 예상했던 것보다 훨씬 잘 풀리고 있었다. 알리바나는 더할 나위 없이 행복한 기분으로 볼가 강을 건너가 빌린 마차의 마부에게 돈을 지불하고 서둘러 여관으로 향했다.

12

카자크 사람인 다닐로 리파노프는 오브시치 시르트의 스트레레키 우묘트 출신이었다. 나이는 서른네 살이고, 카자크군 병사로서 근무하는 마지막 달에 접어들고 있었다. 그의 가족은 아직도 푸가초프를 기억하고 있는 아흔 살의 할아버지와 두 동생, 가톨릭 신앙 때문에 시베리아로 유형당한 형과 형수, 아내, 두 딸과 두 아들이 있었다. 그의 아버지는 프랑스군과의 싸움에서 전사했다. 그는 집안의 가장이었다. 그의 집에는 열여섯 마리의 말과 네 마리의 황소가 있고, 자유롭게 경작할 수 있는 15소탱(면적 단위)의 밭에 밀을 경작하고 있었다. 다닐로는 오렌부르그와 카잔에서 근무한 뒤 곧 군복무를 끝낼 예정이었다. 그는 가톨릭을 굳게 믿으며 담배도 피우지 않고 술도 마시지 않았다. 또일반 사람들과 같은 그릇에서 밥을 먹지 않고 맹세는 철저하게 지켰다. 그의모든 행동은 느긋한 가운데 빈틈없고 요령이 있었으며, 상사가 지시한 일에는전력을 기울여 그것을 완수할 때까지, 자신의 사명이라는 것을 한시도 잊지않았다. 지금 그는 아이들의 관을 가지고 가는 두 명의 폴란드 여자를 여행길에 아무 일도 없도록 지켜주고, 또 그녀들이 수상한 짓을 하지 않도록 감시하면서, 사라토프까지 호송하여 사라토프에서 틀림없이 당국에 넘겨주라는 명령을 받고 있었다. 두 여자는 비록 폴란드 여자들이기는 하지만 무척 얌전하고상냥했으며 나쁜 짓은 전혀 하지 않았다. 그런데 이곳 포크로프스카야 마을에 온 날 저녁 마차 옆을 지나가는데, 강아지가 마차 안에 뛰어들어 짖어대며꼬리를 흔들자, 의자 밑에서 누군가 사람 목소리가 들려오는 것 같았다. 두 여자 중 나이가 많은 여자가 마차 안에서 강아지를 보고, 뭔가 당황한 듯이 그것을 붙잡아 끌고 나갔다.

"이상한데" 하고 생각한 카자크 사람은 그들을 살피기 시작했다. 밤이 되어 젊은 여자가 여관방에서 밖으로 나왔을 때, 그는 자는 척하면서 궤짝 속에서 남자의 목소리가 나는 것을 똑똑히 들었다. 이튿날 아침 일찍, 그는 경찰서에 찾아가, 자신이 호송하고 있는 두 명의 폴란드 여자들의 행동이 수상하며, 유골 대신 궤짝 속에 살아 있는 남자를 숨기고 있다고 보고했다.

알리비나가 드디어 모든 것이 끝나고 며칠 뒤에는 자유로운 몸이 될 거라고 믿고 기쁜 마음으로 여관에 도착하니, 놀랍게도 멋진 쌍두마차와 한 마리의 부마(副馬), 그리고 두 명의 카자크 사람이 문 앞에서 서성거리고 있는 것이 보였다. 문 앞에는 사람들이 많이 모여 있고, 계속 뭔가를 들여다보고 있었다.

하지만 그녀는 희망과 활기로 넘치고 있었기 때문에, 그 말과 군중이 자신과 관계가 있을 거라고는 꿈에도 생각지 못했다. 그녀가 여관 마당에 들어서자, 다름 아닌 그녀의 마차 옆에 사람들이 모여 있었고, 바로 그때 트레조르카가 맹렬하게 짖는 소리가 들려왔다. 생각할 수 있는 한 가장 무서운 일이 터진 것이다. 마차 앞에는 멋진 제복을 입고, 단추와 견장, 에나멜을 칠한 장화를 햇빛에 반짝이면서, 좋은 풍채에 새까만 구레나룻을 기른 남자가 서서, 갈라진 목소리로 뭔가 명령조로 소리치고 있었다. 그 남자 앞에는 농부옷을 입고 헝클어진 머리에 마른 풀이 붙어 있는 그녀의 유조가 두 명의 병사 사이에 서서, 마치 자신의 신상에 무슨 일이 일어났는지도 도무지 모르겠다는 듯이 그 늠름한 어깨를 올렸다 내렸다 하고 있었다. 트레조르카는 자기가 모든 불행의 원인인 줄도 모르고 털을 곤두세우고 경찰서장을 향해 앙칼지게 짖어대고 있었다. 알리비나를 본 미구르스키가 몸을 부르르 떨면서 그녀에게 다가가려고 하자 병사들이 그를 제지했다.

"걱정하지 마, 알리비나, 아무 일 없을 거야!" 미구르스키는 평소처럼 온화한 미소를 지으며 말했다.

"아, 당신이 부인이오?" 경찰서장이 말했다.

"이쪽으로 오시오. 그래, 이게 당신 아이들의 관이란 말이오?" 그는 미구르스키를 향해 눈짓하면서 말했다.

알리비나는 대답하지 않고 자신의 가슴을 움켜쥔 채, 멍하니 입을 벌리고 공포에 찬 표정으로 남편을 바라보았다.

임종 때나 인생에서의 결정적인 순간에 흔히 그렇듯, 그녀도 한 순간에 수많은 감정, 수많은 상념이 한꺼번에 가슴에 떠올랐다. 그러면서도 아직도 자신의 불행을 도저히 믿을 수가 없다는 느낌이었다. 맨 먼저 떠오른 것은 전부터 그녀가 믿어 의심치 않았던 것으로, 영웅인 자신의 남편이 이렇게 무식하고 야만적인 자들의 손아귀에 들어가 수모를 당하고 있는데 대한 참을 수 없는 굴욕감이었다. 이 자들이 어떻게 감히 내 남편을, 모든 인간 중에서 가장 훌륭한 사람을 체포할 수 있단 말인가? 그와 동시에 그녀를 덮친 또 하나의 감정은 무척 슬픈 일이 일어나고 말았다는 것이었다. 그 생각은 또 그녀에게 자신의 인생에서 가장 큰 슬픔인 아이들의 죽음을 떠올리게 했다. 그러자 이내, 도대체 왜, 무엇 때문에 아이들을 빼앗기고 말았는가 하는 의문이 일어났다. 그리고 그 의문은 또, 도대체 무엇 때문에 지금 이렇게 누구보다도 훌륭한 사람인 내 남편이 고통 속에서 쓰러져야 하는가 하는 의문을 불러왔다. 그 다음에는 이번에는 도대체 얼마나 무서운 형벌이 남편을 기다리고 있을 것인가 하는 생각과 이 모든 것이 오로지 자신의 잘못이라는 생각이 떠올랐다.

"이 남자는 당신과 어떻게 되는 사이요? 당신의 남편이오?" 경찰서장이 물었다.

"왜, 도대체 무엇 때문에!" 그녀는 그렇게 소리치더니, 갑자기 큰소리로 웃기 시작하며, 마차에서 밖으로 나와 있는 궤짝 위에 털썩 쓰러졌다. 온몸을 떨며 숨죽여 울고 있던 루드비카가 눈물을 뚝뚝 떨어뜨리면서 그녀에게 다가갔다.

"마님, 가엾은 우리 마님! 하느님의 가호가 있을 거예요. 염려하지 마세요, 괜찮을 거예요." 그녀는 정신없이 알리비나의 몸을 두 손으로 어루만지며 말했다.

미구르스키는 수갑이 채워져서 끌려 나갔다. 그것을 본 알리비나도 그의 뒤를 따라갔다.

"용서하세요, 여보, 날 용서하세요! 모든 것이 다 내 잘못이에요! 나 한 사람의 잘못이에요!"

"누구에게 죄가 있는지는 조사하면 가려져요. 물론 당신도 무사하지 못할 거요." 경찰서장은 그렇게 말하며 그녀를 한 손으로 밀쳐냈다.

미구르스키가 부두 쪽으로 끌려가자, 알리비나는 루드비카가 아무리 붙잡아도 듣지 않고 미친 사람처럼 그 뒤를 쫓아갔다.

카자크 군인인 다닐로 리파노프는 그 동안 내내 마차 옆에 서서, 어두운 눈길로 경찰서장과 알리비나를 번갈아 쳐다보다가, 자신의 발밑으로 시선을 떨어뜨렸다.

미구르스키가 끌려나가자, 혼자 남은 트레조르카는 꼬리를 흔들면서 카자크 사람에게 애교를 부리기 시작했다. 강아지도 여행하는 동안 그와 친숙해진 것이었다. 카자크 사람은 갑자기 마차에서 떨어지더니 모자를 벗어 땅바닥에다 힘껏 내팽개쳤다. 그리고 트레조르카를 발로 걷어찬 다음 술집으로 찾아들어갔다. 술집에서 그는 보드카를 주문해 대낮부터 한밤중이 될 때까지 계속 마시고, 가지고 있던 돈과 입고 있던 옷까지 술값으로 지불했다. 이튿날 밤 도랑에 처박힌 모습으로 겨우 정신이 돌아왔을 때, 그는 자기가 궤짝 속에 숨어 있던 폴란드 여자의 남편을 경찰에 신고한 것이 잘한 일인지 아닌지 하는 괴로운 문제에 대해 더 이상 생각하지 않기로 했다.

미구르스키는 재판에 회부되어 탈주죄로 천 대의 태형(笞刑)을 선고받았다. 그러나 그의 친척과 상트 페테르부르크에 연고를 가진 완다가 그의 감형을 위한 청원 운동을 벌여, 그는 시베리아에서 일생을 마감하는 종신유형에 처해졌다. 알리비나도 그를 따라 시베리아로 갔다.

한편, 니콜라이 파블로비치는 폴란드뿐만 아니라 유럽 전역에서 혁명의 뿌리가 송두리째 뽑힌 것을 기뻐하며, 자기가 러시아 전제정치의 전통을 깨지 않고 러시아 국민의 이익을 위해 폴란드를 러시아의 통치하에 둔 것을 크게 자랑으로 여겼다. 또 그것에 대해, 가슴에 훈장을 가득 달고 금실이 번쩍이는 제복을 입은 추종자들이 그를 크게 찬양하자, 그는 진심으로 자신이 위대한 인물이며 자신의 생애는 전 인류에게, 특히 러시아인들에게 위대한 은혜라고 생각하게 되었다. 그는 자신이 러시아인들을 타락시키고 어리석은 국민으로 만드는 데 전력을 기울였다는 것을 전혀 의식하지 못하고 있었다.

레프 톨스토이

9월 30일

인간은 고독해질수록 항상 자신을 부르고 있는 신의 목소리가 잘 들린다.

오로지 침묵하고 감추어라
너의 감정도, 꿈까지도!
네 영혼 깊이
그것을 키우고 심화하라.
밤하늘에 빛나는 별처럼
그것을 사랑하며 침묵하라!
마음을 어떻게 표현해야 할까
누가 이해하랴 네 마음을
누가 이해하랴 네 생명을
언어는 사상을 속이는 것을
샘물은 흐림을 꺼리는 것을
오직 침묵하고 헤아려라!

이젠 고독을 배울지어다
네 마음에는 한없는
만다라의 세계가 펼쳐지거늘
떠들썩함은 마음의 귀를 빼앗고
드러난 빛은 눈을 빼앗도다.
침묵 속에 마음의 노래를 들어라.   추체프

좋은 의도도 입 밖에 내어 말해버리면 그것을 실천하고자 하는 마음이 약해진다. 그러나 청년 시절에 선을 지향하려고 분발한 감정을 입밖에 표현하지 않기란 매우 어려운 일이다. 훨씬 시간이 지난 뒤에야 우리는, 아직 제대로 피지도 않은 꽃을 기다리지 못하고 꺾었다가, 얼마 후 그것이 땅 위에서 짓밟혀

있는 모습을 볼 때처럼 후회하게 된다.

4

인생의 중대한 문제에 있어서 우리는 언제나 고독하다. 따라서 우리의 진정한 역사는 결코 남이 이해할 수 있는 것이 아니다. 우리의 마음속에서 연출되는 드라마의 가장 훌륭한 부분은 독백 또는 오히려 우리와 신의, 즉 우리의 양심과의 진지한 대화이다.

아미엘

5

파스칼은 말한다, 사람은 혼자서 죽어야 한다고. 이와 마찬가지로 사람은 또 혼자서 살아야 한다. 인생의 중대한 문제에서 인간은 언제나 고독하다. 즉 사람들과 함께가 아니라 신과 함께 있는 것이다.

6

남들에게 꼭 필요한 존재이면서 자신은 남들을 필요로 하지 않는 사람이야 말로 진정 행복한 사람이다.

7

죄가 많은 사람은 인생에서 항상 다른 사람들과 연관을 맺고 있지만, 죄가 깊을수록 마음속의 고독을 느끼기 마련이다. 이와는 반대로 선량하고 총명한 사람은 사람들 사이에 있을 때도 가끔 고독을 느끼지만, 그 대신 고독하게 있어도 끊임없는 인류와의 일치를 의식한다.

8

이따금 모든 세속적인 것을 버리고 자신 속의 신적 본성을 발견하는 것은, 육체에 음식이 필요하듯 우리의 삶에 없어서는 안 되는 영혼의 양식이다.

10월

10월 1일

1

진정한 현자는 무지를 두려워하지 않고 회의를 두려워하지 않으며 수고와 탐구도 두려워하지 않는다. 그가 두려워하는 것은 오직 하나, 자기가 모르는 것을 알고 있다고 생각하는 마음이다.

2

자신의 지식이 얼마나 보잘것없는 것인지를 알려면 사람은 많이 배워야 한다.

몽테뉴

3

모르는 것을 남에게 묻는 것을 절대로 부끄러워하지 말라.

진실을 말하는 것이 아무리 괴롭더라도 언제나 진실을 말하라.

학문을 배우고도 그것을 실제로 적용하지 않는 사람은 모처럼 밭을 갈아 놓고 씨앗을 뿌리지 않는 사람과 같다.

아라비아의 아르비테스

4

철학이나 자연과학의 역사를 연구하는 사람은, 가장 위대한 발견은, 보통사람들이 확실하다고 믿고 있는 것을 단순히 그럴 수도 있을 뿐이라고 생각하는 사람들에 의해 이루어졌음을 알게 된다.

리히텐베르크

5

모든 것을 시험해 보고 좋은 것을 꼭 붙드십시오. 그리고 악한 일은 어떤 종류이든지 멀리하십시오.

데살로니카I서 제5장 21절

6

우리의 영혼에는 양식이 부족한 일이 없다. 그것을 자기 몸에 섭취하는 능력이 부족할 뿐이다.

과거에 존재했고 또 앞으로 언젠가는 존재할 모든 요소는 육체적인 것, 지적인 것, 정신적인 것, 모두 실제로 지금 우리 안에 존재하고 있다. 그러한 요소들을 지배하는 것이 지혜로운 사람들이 할 일이다.　　　　　　　류시 말로리

7

참된 지혜는 무엇이 좋은 것이고 무엇을 해야 하는지 '아는' 것이 아니라, 무엇이 가장 좋은 것이고 무엇이 그보다는 덜 좋은 것인지, 따라서 무엇을 먼저 하고 무엇을 나중에 해야 하는지를 아는 것이다.

8

예지의 내용은 적극적이라기보다 소극적인 것이다. 무엇이 불합리하고 무엇이 불법이며 무엇이 해서는 안 될 일인지를 아는 것이다.

10월 2일

1

종교는 우리에게 우리가 어떤 존재이며 우리가 살고 있는 이 세계가 어떤 것인지를 얘기한다. 윤리학은 인생에 대한 종교적 이해에서 생기는 행동의 지침이다.

2

"그러므로 나는 분명히 말한다. 너희는 무엇을 먹고 마시며 살아갈까, 또 몸에는 무엇을 걸칠까 하고 걱정하지 말아라. 목숨이 음식보다 소중하지 않느냐? 또 몸이 옷보다 소중하지 않느냐? 공중의 새들을 보아라. 그것들은 씨를 뿌리거나 거두거나 곳간에 모아 들이지 않아도 하늘에 계신 너희의 아버지께서 먹여 주신다. 너희는 새보다 훨씬 귀하지 않느냐? 너희 가운데 누가 걱정한다고 목숨을 한 시간인을 더 늘일 수 있겠느냐? 또 너희는 어찌하여 옷 걱정을 하느냐? 그러므로 무엇을 먹을까 무엇을 마실까, 또 무엇을 입을까 하고 걱

정하지 말라. 너희는 먼저 하느님의 나라와 하느님께서 의롭게 여기시는 것을 구하여라. 그러면 이 모든 것도 곁들여 받게 될 것이다. 그러므로 내일 일은 걱정하지 말아라. 내일 걱정은 내일에 맡겨라. 하루의 괴로움은 그날에 겪는 것만으로 족하다."

마태복음 제6장 25~27, 31, 33, 34절

3

빵 바구니에 빵이 들어 있는데 내일은 무엇을 먹을까 하고 묻는 사람은 믿음이 적은 사람이다.

탈무드

4

신에 대한 최상의 예배는 아무런 목적 없이 하는 행위이다. 그리고 신에 대한 최악의 예배는 일정한 목적을 위해 하는 행위이다.

지고한 존재를 우러르는 자는 모든 피조물 속에서 그 모습을 인정해야 할 것이다.

아그니 푸라나

5

종교의 교의를 가르치는 것이 일종의 폭력 행위라는 것, 그리스도가 말한, 어린아이를 유혹하는 일이라는 것은 의심할 여지가 없다. 어떻게 우리에게, 대다수 사람들이 부정하고 있는 삼위일체니, 부처와 마호메트와 그리스도의 기적 같은 것을 그럴 듯하게 설교할 권리가 있단 말인가? 우리가 아이들에게 가르쳐도 되는 것, 반드시 가르쳐야 하는 것은 오직 하나, 모든 종교에 공통되고 모든 사람이 이해할 수 있는 것, 즉 도덕적인 사랑과 합일의 가르침이다.

6

부처는 말했다. "세상에 어려운 일은 수없이 많다. 가난하면서도 자비심이 깊은 것, 부와 명예 속에 있으면서도 종교적인 것, 육욕과 번뇌를 억제하고, 좋은 것을 보아도 탐하지 않는 것, 모욕을 받아도 참는 것, 모든 것을 철저하게 연구하는 것, 무지한 사람을 멸시하지 않는 것, 싸움과 말다툼을 피하는 것, 아욕에서 완전히 벗어나 마음에 있어서나 행동에 있어서 모든 사람들에게 평등한 것이 그것이다"라고.

중국 불교도의 말

7

대부분의 사람들은 하느님의 가르침에 따르지는 않고 단지 하느님을 숭배할 뿐이다. 하느님을 숭배하지 않아도 좋으나, 하느님의 가르침은 반드시 따르라.

8

하루하루를 열심히 살아라. 영원히 살 것처럼 일하고 당장 죽을 것처럼 사람들을 대하라.

9

종교는 본질적으로 보아 우리의 모든 의무를 하느님의 계율로 인정하는 일이다.　　　　　　　　　　　　　　　　　　　　　　　　　　칸트

10

도덕상의 가르침은 만약 그것이 종교적이 아니면, 다시 말해 필연적인 의무가 뒤따르는 것이 아니면 불충분한 가르침이다. 종교는 만약 그것이 도덕적이 아니면, 즉 좋은 생활로 인도하지 않으면 아무 쓸모가 없다.

10월 3일

1

부는 우리에게 결코 만족을 주지 않는다. 부가 늘어남에 따라 욕망도 함께 커지기 때문에, 부가 크면 클수록 욕망의 만족도는 낮아진다.

2

우리의 재물욕에 적당한 한계를 두는 것은 전혀 불가능한 일은 아니지만 매우 어려운 일이다. 실제로 그 점에 대한 사람들의 만족도는, 어떤 사람이든 재산의 절대적인 크기에 좌우되는 것이 아니라, 어느 정도 상대적인 크기, 즉 그 사람의 욕망과 재산의 양 사이의 관계에 좌우된다. 그러므로 재산 그 자체는 분모가 없는 분자처럼 지극히 의미가 적은 것이다. 인간은 자신이 가지고 싶어한 적이 없는 것, 그래서 그에게는 필요 없는 것은 없어도 충분히 만족할

수 있다. 그런 반면, 그 사람보다 백 갑절이나 되는 재산을 가지고 있어도 더 가지고 싶어하는 사람은 스스로 불행한 사람이라고 느끼는 법이다.

쇼펜하우어

3

좀더 재산이 있었으면 하는 기분이 들 때는 즉시, 실은 이것만으로도 너무 많이 가지고 있는 거라고 고쳐 생각하는 것이 좋다.　　　　리히텐베르크

4

조금밖에 가지지 않은 사람이 가난한 것이 아니라, 많은 것을 바라는 사람이 가난한 것이다.　　　　　　　　　　　　　　　세네카

5

욕구를 적게 가지고, 그 적은 욕구도 스스로 충족시키며, 모든 기회를 이용해 얻으려 하기보다 오히려 주고자 하는 것보다 훌륭한 일은 없다.　에머슨

6

사치스러운 봉사를 받는 것보다 자신에게 필요한 것은 스스로 하는 것이 훨씬 훌륭하다. 그것은 오늘날에도 소수의 사람들에게는 그다지 훌륭하게 보이지 않을지도 모르지만, 그것이야말로 어느 때 누구에게나 오직 유일한 훌륭한 일이다.　　　　　　　　　　　　　　　　　　에머슨

7

"재물을 땅에 쌓아 두지 말라. 땅에서는 좀먹거나 녹이 슬어 못쓰게 되며 도둑이 뚫고 들어와 훔쳐간다. 그러므로 재물을 하늘에 쌓아 두어라. 거기서는 좀먹거나 녹슬어 못쓰게 되는 일도 없고 도둑이 뚫고 들어와 훔쳐가지도 못한다. 너희의 재물이 있는 곳에 너희의 마음도 있다."

마태복음 제6장 19~21절

도둑이 훔쳐가지 못하고 권력자가 침범하지 못하며 죽은 뒤에도 네 손에 남아 절대로 줄지도 않고 썩지도 않는 부를 얻어라. 그 부는 곧 네 영혼이다.

인도의 속담

가난으로 괴로워하지 않기 위해서는 두 가지 방법이 있다. 즉 자신의 부를 늘리거나 자신의 욕망을 줄이는 것이다. 전자는 우리의 힘으로 어떻게 하지 못하지만 후자는 우리의 힘으로 얼마든지 할 수 있다.

10월 4일

1

사랑은 그것을 경험하는 자에게 정신적, 내적 기쁨을 줄뿐 아니라, 세상을 즐겁게 사는 데 중요한 조건이다.

2

진정한 사랑은 어떤 특정한 사람에 대한 사랑이 아니라, 모든 사람을 사랑하고자 하는 정신상태이다. 즉 우리가 그 안에 있어야 비로소 우리 영혼의 신적 본원을 의식하는 정신 상태이다.

3

사람들에 대한 너의 선의를 이웃에 대한 선물로 생각해서는 안 된다. 너는 그 선물을 너 자신에게 하는 것이다.

4

다른 사람의 사랑을 받으려고 억지로 애쓰지 말라. 사랑하라, 그러면 사랑을 받을 것이다.

성현의 사상

5

인생의 고뇌를 유화(柔和)로, 배신을 은혜로, 굴욕을 용서로 바꾸는 것, 바로 그것이 숭고한 정신에서 나오는 성스러운 연금술이다. 그리고 그 변화는 극히 평범하고 극히 쉽게 이루어져서 사람들 눈에 참으로 자연스러워 보이고, 따라서 사람들로부터 격려를 받을 필요조차 없을 정도가 되어야 한다.

아미엘

6

사랑한다는 것은 사랑하는 대상의 삶을 사는 것이다.

7

성인은 자신의 감정을 갖지 않고, 모든 사람들의 마음을 자신의 마음으로 한다. 선한 사람에게는 선으로 대하고, 선하지 않은 사람도 역시 선으로 대한다. 믿는 사람에게는 믿음으로 대하고 믿지 않는 사람도 역시 믿음으로 대한다.

성인은 세상의 모든 사람들을 각각의 마음으로 대한다. 그는 모든 사람들을 대신해 생각하고, 모든 사람들은 그에게 눈과 귀를 기울인다.

노자

8

사랑은 우리에게 은혜로 가득 찬 비밀을 계시해 준다. 즉, 자기 자신과 화합하고, 또 모든 사람과 화합하기 위한 비밀을 계시하는 것이다.

성현의 사상

9

사랑이 없으면 어떤 것도 이익을 가져다주지 않고, 사랑이 배어있는 것은 아무리 작고 보잘것없게 보일지라도 풍요로운 결실을 가져다준다.

성현의 사상

10

종교는 사랑의 최고 형식이다.

파커

11

어떤 사람이 사랑을 더 많이 실천하면, 사람들은 그를 더 많이 사랑한다. 사람들의 사랑을 많이 받으면 받을수록 다른 사람들을 사랑하는 것도 또한 쉬워진다. 그러므로 사랑에는 한계가 없다.

10월 5일

1

육체는 끊임없이 자신을 주장하기 때문에 그만큼 정신적 노력이 필요하다. 자신의 정신을 단련하는 것을 그만두면 그 순간부터 너는 육체의 포로가 된다.

2

진리를 터득한다는 것은 미망으로 가득 차있는 사람들에게는 쉽지 않은 일이다. 온갖 종류의 나쁜 영향들이 무서운 힘으로 그들을 덮치려고 노리고 있기 때문이다. 따라서 우리는 특별한 불굴의 정신으로 진리를 탐구해 그것을 붙들어야 한다.

류시 말로리

3

애매한 것은 끝까지 확실하게 밝혀야 한다. 어려운 일은 끝까지 참을성 있게 해내야 한다.

공자

4

여인에 대한 애착을 뿌리째 뽑아내지 않는 한, 네 마음은 젖을 빠는 송아지가 어미소의 품에 매달리는 것처럼 지상적인 것에 매달릴 것이다.

정욕에 사로잡힌 사람들은 덫에 빠진 토끼처럼 몸부림친다. 육욕의 쇠사슬에 묶인 그들은 오랜 세월에 걸쳐 되풀이되는 괴로움에 빠진다.　부처의 지혜

5

자기개선은 참으로 어려운 작업이다. 그러나 그것은 그 작업 자체가 어려운 것이 아니라, 우리가 너무나 오랫동안 죄악에 물들어왔기 때문이다. 그 죄악이 자기개선의 길을 복잡하게 하고 어렵게 만든다. 그 죄악이 우리 안에 얼마나 깊게 뿌리내리고 있는가에 따라, 우리는 그만큼 괴로운 싸움을 해야 한다. 우

리가 그런 싸움을 해야만 하는 것이 신에게 책임이 있다고 볼 수는 없다. 왜냐하면 만약 우리 안에 죄악이 없다면 굳이 싸울 필요가 없기 때문이다. 즉 싸움의 원인은 우리 자신이 항상 불완전하다는 데 있다. 그런데 바로 그 싸움 자체 속에 우리의 구원이 있는 것이다. 만약 신이 우리에게서 그것을 빼앗아 간다면, 가엾게도 우리는 영원히 죄악에 사로잡혀 살게 되기 때문이다.   파스칼

6

우리의 고상한 감정에 대한 것은, 동시에 우리의 다양한 능력 전반에 대해 적용할 수 있다. 우리가 고상한 감정의 훈련을 게을리하면 우리는 자신이 그것을 가지고 있다는 사실조차 잊어버리게 된다. 또한 자신이 가지고 있는 재능을 한번도 이용하지 않는 사람은 그것을 가지고 있다는 사실조차 느끼지 못하게 된다.   류시 말로리

7

선한 일은 언제나 노력에 의해 이루어진다. 그러나 노력이 여러 번 되풀이되는 동안 그 선한 일은 습관이 되어 버린다.

8

너에게 선을 행하도록 가르치고 훈련시켜주는 것은 모두 소중히 하라. 더욱이 네가 악을 행하지 못하게 가르치고 훈련시켜주는 것은 더욱 소중히 하라.

10월 6일

1

병에 걸리는 것은 인간에게는 당연한 현상이므로, 우리는 그것을 사람들에게 당연한 조건의 하나, 인간과 떼어 놓을 수 없는 생활 조건의 하나로 생각해야 한다.

2

육체의 건강을 도외시하면 사람들에 대한 봉사를 할 수 없게 된다. 또 육체에 대해 너무 염려하는 것도 마찬가지이다. 그 중용을 발견하는 방법은 단 한

가지, 사람들에게 봉사하는 것을 방해하지 않는 정도로, 또 사람들에 대한 봉사와 대립하지 않는 형태로, 육체를 배려하는 것이다.

3

병자가 생활을 완전히 중단하고 질병 치료에만 전념하는 것보다는, 불치병이든 나을 수 있는 병이든, 병 같은 것은 아예 무시하고 평소대로 생활하는 것이 낫다. 설사 그것 때문에 생명이 단축되는 한이 있더라도(이것은 크게 의심스럽지만) 그것이 제대로 사는 것이며, 끊임없이 자신의 육체를 두려워하고 걱정하지 않는 만큼 훨씬 나은 삶이라고 할 수 있다.

4

인간으로서 해야 할 일을 못하게 방해하는 병은 없다. 사람들에게 노동으로 봉사할 수 없다면, 사랑으로 가득한 인내의 모범을 보임으로써 봉사하라.

5

마음의 병은 육체의 병보다 위험하고, 또한 더 흔하게 볼 수 있다.　키케로

6

치료의 근본적인 조건은 그 치료가 해를 주지 않도록 하는 것이라는 히포크라테스의 말은, 육체에 병이 있을 때도 자주 무시되지만, 마음에 병이 있을 때는 반드시 무시된다고 할 수 있다.

육체에 해를 가하지 않는다는 이 법칙은 그 옛날의 사혈술(瀉血術)의 경우에도 지켜지지 않았고, 오늘날에도 수술이나 독성이 있는 약의 복용, 또 그 밖에서도 볼 수 있듯 결코 지켜지지 않고 있는 건 물론이고, 모든 치료행위에 뒤따르는 마음에 대한 해독은 어느 누구도 생각하려 하지도 않고, 이해도 하지 않는다. 실은 극심한 이기주의를 정당화하려고 한다는 점에, 다시 말해, 자신은 사람들에게 봉사하지 않으면서 사람들에게는 자신에게 봉사할 것을 요구한다는 점에 그 해악이 있지만.

7

질병을 두려워하지 말고 치료를 두려워하라. 독한 약을 먹어야 할 때도 있다는 점에서 두려워하라는 것이 아니라, 병을 빙자하여 자신은 도덕적 요구에서 해방되었다고 생각하기 쉽다는 점에서 두려워하라는 뜻이다.

살아 있는 주검

아, 오랜 세월을 견뎌온 조국이여!
그대, 러시아의 국토여!

추체프

이튿날 아침 나는 일찍 눈을 떴다. 해가 막 솟아올랐을 때였다. 하늘에는 구름 한 점 없었다. 사방은 아침의 상쾌한 햇살이 어젯밤부터 내린 빗물이 고여 있는 웅덩이에서 반짝반짝 빛나고 있어 눈이 부실 정도였다. 마차가 준비되는 동안 나는 정원을 산책했다. 그 정원은 전에는 과수원이었는데 지금은 완전히 퇴락해 향기 높은 싱싱한 풀숲이 사방에서 별채를 에워싸고 있었다. 아아, 상쾌한 대기 속에서 활짝 갠 하늘 아래를 걷는 것은 얼마나 기분 좋은 일인지! 그 하늘에서는 방울을 굴리는 듯한 종달새의 노랫소리가 은구슬처럼 쏟아져 내린다! 그 날개에는 아마 이슬방울이라도 떨어지고 있으리라. 그 새소리까지 마치 이슬에 젖어 있는 듯하다. 나는 모자를 벗어던지고 기쁜 마음으로 가슴 가득 공기를 들이마신다…… 산울타리 바로 옆 낮은 골짜기의 비탈에 벌집이 하나 보였다. 한 줄기의 오솔길이 키가 큰 풀과 쐐기풀이 빽빽하게 자란 사이를 뱀처럼 구불구불 기어가 벌집이 있는 곳까지 이어지고 있고, 그 풀 위에는 어디서 시작되고 있는지도 모를 삼의 검은 녹색 잎사귀 끝이 드리워져 있다.

나는 그 오솔길을 따라 벌집이 있는 곳까지 걸어갔다. 그 옆에 나뭇가지를 엮어서 지은 암샹크라고 하는 오두막이 있다. 겨울철에 벌집을 넣어두는 곳이다. 나는 반쯤 열려 있는 그 문을 들여다보았다. 어둡고 조용하고 건조한 느낌이었다. 박하 비슷한 향기가 코를 찔렀다. 구석 바닥에 판자가 깔려 있고 그 위에 조그마한 사람이 담요를 덮고 누워 있었다…… 나는 그냥 지나가려고 했다…….

"서방님, 서방님, 표트르 페트로비치 서방님!" 하고 마치 연못가에서 갈대가 바람에 술렁이는 소리와도 비슷한, 힘없고 쉰 목소리가 느릿하게 들려왔다.

"표트르 페트로비치 서방님! 이리로 좀 와보세요" 하고 다시 한번 그 목소리가 말했다. 그 목소리는 내가 금방 보았던 구석의 판자 바닥 위에서 들려오고 있었다.

나는 그리로 다가가다가 깜짝 놀라 걸음을 멈췄다. 눈앞에 살아 있는 사람이 누워 있었다. 대체 누구일까."

머리는 완전히 말라붙은 느낌이고, 색깔은 완전히 청동색, 흡사 오래된 성상(聖像) 같았다. 그리고 날카로운 코는 날이 선 칼 같고 입술은 거의 알아볼 수가 없었으며, 오직 이와 눈만 하얗게 반짝이고 있는데, 머리에 쓴 프라토크 아래로 연노란 색 머리카락이 이마 위에 내려와 있었다. 턱 밑의 담요 끝자락이 접힌 곳에 역시 청동색을 띤 두 개의 작은 손이 젓가락처럼 가느다란 손가락을 움직이고 있었다. 나는 자세히 살펴보았다. 얼굴은 추하기는커녕 오히려 아름다울 정도였지만, 어쩐지 섬뜩한 데가 있는 이상한 모습이었다. 그 얼굴에, 그 금속 같은 뺨에, 어떻게든 미소를 지어보려고 애쓰고 있지만, 그것이 도저히 되지 않고 있는 것을 보고, 나는 더욱 더 섬뜩한 느낌을 받았다.

"서방님, 절 모르시겠어요?" 하고 다시 목소리가 속삭였다. 그것은 거의 움직이지 않는 입술에서 몰래 새어나오는 것 같은 목소리였다. "하긴 모르시는 게 당연하지요! 저, 루케랴예요…… 스파스코예에 있는 당신 어머님 집에서 춤을 가르쳤던 루케랴…… 기억나세요? 합창도 지도했는데."

"루케랴!" 하고 나는 소리쳤다. "네가 루케랴라고? 정말이야?"

"네, 네, 서방님, 제가 그 루케랴예요."

나는 아무 말도 나오지 않았다. 그 죽은 사람 같은 빛바랜 눈으로 나를 응시하며 미동도 하지 않는 어두운 얼굴을 망연히 바라볼 뿐이었다. 정말이란 말인가? 이 미라 같은 여자가 그 루케랴라고!

우리 집에서 제일 미인이었던 루케랴, 키가 크고 풍만한 몸매에 하얀 살결, 건강한 혈색, 잘 웃고 춤 잘 추고 노래를 잘 불렀던 그 루케랴라니! 루케랴, 그 영리했던 루케랴, 당시에 뭇 청년들의 동경의 대상이었고, 그때 열여섯 살 소년이었던 나 역시 남몰래 혼자 가슴을 태웠던 루케랴라니!

"아, 루케랴!" 나는 가까스로 입을 열었다. "이게 도대체 어떻게 된 거지?"

"네, 정말 엄청난 일을 겪었어요! 하지만 서방님, 제발 싫어하지는 마세요. 제 불행을 경멸하지 말아주세요. 저기 통이 있으니 좀 앉으세요. 좀더 가까이, 안 그러면 제 목소리가 들리지 않을 테니까요…… 이젠 목소리마저 이렇게 되고 말았어요…… 어쨌든 만나 뵙게 돼서 정말 반가워요! 어쩐 일로 이런 알렉세예프카 같은 촌구석엘 다 오셨어요?"

루케랴는 무척 조용하고 힘없는 목소리로, 그러나 쉬지 않고 얘기했다.

"사냥꾼인 예르몰라이를 따라 왔어. 그건 그렇고, 넌 대체 어쩌다가⋯⋯."

"저에게 내려진 재앙에 대해 얘기하라는 말씀인가요? 물론 얘기하구말구요, 벌써 오래 전, 한 6, 7년 전의 일이었어요. 그때 저는 바실리 폴랴코프와 막 약혼했을 때였죠. 기억하실는지, 그 늘씬하고 아름다운 곱슬머리의 바실리, 당신 어머님의 심부름꾼으로 있었잖아요. 아참, 그렇군요, 그때는 당신은 모스크바에 가서 공부하느라고 시골에는 안 계셨지요. 바실리와 전 서로 열렬하게 사랑하고 있었어요. 저는 자나 깨나 그 사람만 생각했지요. 마침 봄철이었는데, 그날 밤⋯⋯ 날은 이미 훤하게 밝아오는데⋯⋯ 전 도저히 잠을 이룰 수 없었어요. 뜰에서는 꾀꼬리가 아름답고 달콤한 목소리로 노래하고 있었죠!⋯⋯ 전 참을 수가 없어서 일어나 그 소리를 들으러 정면 계단까지 나갔어요. 꾀꼬리는 여전히 구슬 같은 목소리로 울고 있었죠⋯⋯ 그런데 어디서 누군가가 바실리와 똑같은 목소리로 가만히 루샤! 하고 저를 부르는 거예요. 그래서 그쪽을 돌아본 순간 아직 잠에서 덜 깬 탓인지, 계단을 헛디뎌서 거꾸로 쿵! 하고 땅에 떨어지고 말았어요! 하지만 크게 다친 것 같진 않았어요. 금방 일어나 방으로 돌아갔을 정도였으니까요. 그런데 어쩐지, 몸 안의⋯⋯ 어딘가 깊숙한 곳을 다쳤던 모양이에요.⋯⋯ 아, 잠깐만 쉬어야겠어요⋯⋯ 잠깐만⋯⋯ 죄송해요."

루케랴는 말을 중단했다. 나는 경탄의 눈길로 그녀를 바라보고 있었다. 특히 나를 놀라게 한 것은 그녀가 신음은 물론 한숨도 쉬지 않고, 자신의 운명에 불평을 하지 않을 뿐만 아니라, 동정도 구하지 않으며 거의 즐거운 듯이 얘기에 몰두해 있는 것이었다.

"그 사건이 있고 나서는 몸이 점점 쇠약해지기 시작했어요. 온 몸이 점점 검게 변하고 걷는 것조차 힘들어지더니 결국 다리를 쓰지 못하게 되고 말았죠. 서지도 앉지도 못하고 내내 누워 있어야 했어요. 그래서 아무것도 먹지도 마시지도 못한 채 날이 갈수록 악화되기만 할 뿐이었어요. 당신 어머니께서는 친절하게도 의사의 진찰을 받게 해주시고 병원에 데리고 가기도 하셨지요. 하지만 전혀 차도가 없었어요. 의사선생님들도 누구 한 사람 도대체 무슨 병인지조차 몰랐으니까요. 불에 달군 쇠로 등을 지지고 얼음으로 찜질도 하면서 갖은 치료를 다해 보았지만 도무지 효과가 없었어요. 그러는 사이 제 몸은 점점 굳어 갔어요…… 그래서 아무리 치료해도 소용없다는 걸 알고, 집안에 불구자를 둘 수도 없고 해서…… 결국 이곳으로 옮겨졌어요. 이곳에는 제 친척이 살고 있거든요. 그래서 이렇게, 이런 꼴로 있게 된 거예요."

루케랴는 입을 다물고 다시 열심히 미소를 지어보려고 애썼다.

"아무리 그래도 이건 너무해!" 하고 나는 소리쳤다. 그리고 무슨 말을 덧붙여야 할지 몰라서 "그래, 바실리 폴랴코프는 어떻게 됐어?" 하고 물었다.

그것은 참으로 어리석은 질문이었다.

루케랴는 시선을 살짝 옆으로 비켰다.

"폴랴코프 말인가요? 그 사람은 무척 슬퍼해 주었어요. 하지만 곧 그린노예 마을의 아가씨와 결혼했죠. 그린노예라는 마을을 아세요? 여기서 그다지 멀지 않아요. 그 여자 이름은 아그라페나라고 해요. 그 사람은 절 무척 사랑했지만, 무엇보다 아직 젊었고, 언제까지나 혼자 살 수는 없는 노릇이었죠. 이런 몸으로 그 사람의 아내가 되는 건 생각도 할 수 없는 일이니까요. 그 사람 색시는 무척 상냥하고 좋은 여자예요. 벌써 아이도 생겼어요. 이 마을 옆의 한 저택에서 관리인 노릇을 하고 있대요. 당신 어머니께서 신원을 보증해주신 덕택에 지금은 아주 잘 살고 있답니다."

"그래서 이렇게 줄곧 여기 누워서 지내고 있는 거야?" 하고 나는 다시 물었다.

"네, 벌써 7년쯤 됐어요. 여름에는 이 오두막에 누워있지만 날씨가 추워지면 목욕탕 안에 자리를 마련해 주니까 거기서 자요."

"누가 병구완을 해주고 있지? 돌봐주는 사람이라도 있는 거야?"

"네, 이곳에도 친절한 분들이 많아요. 다들 잘 돌봐주고 있죠. 그리고 전 그다지 도움을 필요로 하지 않아요. 식사도 조금만 먹을 뿐이고 물은 이 병 속에 깨끗한 샘물이 언제나 들어 있거든요. 한쪽 팔은 아직 쓸 수 있어서 손을 뻗기만 하면 물병을 잡을 수 있어요. 그리고 고아인 소녀가 하나 있는데 기특하게도 이따금 저를 보러 와줘요. 조금 전에도 다녀갔는데…… 혹시 못 보셨어요? 귀엽고 살결이 뽀얀 아이인데 꽃도 자주 따다 주지요. 전 꽃을 참 좋아해요. 정원에는 꽃이 없어요. 전에는 있었지만 지금은요. 하지만 들에 피는 꽃도 아름다워요. 향기도 정원의 꽃보다 낫답니다. 저 산나리도 얼마나 좋은 향기가 나는데요!"

"하지만 루케랴, 답답하지 않아? 외롭지 않아?"

"하는 수 없는 일이잖아요. 솔직하게 말하면 처음에는 무척 괴로웠어요. 하지만 곧 익숙해져서 이젠 견딜 만해요. 또 저보다 더 불쌍한 사람도 많은걸요."

"정말 그럴까?"

"세상에는 잘 곳도 없는 사람이 얼마나 많은데요! 또 눈이 보이지 않는 사람도 있고 귀가 들리지 않는 사람도 있고! 전 덕택에 눈도 잘 보이고 귀도 다 들리잖아요. 두더지가 땅 속에서 굴을 파는 소리도 알아들을 수 있어요. 그리고 냄새도, 아무리 희미한 냄새도 맡을 수 있답니다! 밭의 메밀꽃이나 뜰의 보리수나무에 꽃이 피면 누가 일러 주지 않아도 당장에 알 수 있어요. 그쪽에서 바람이 조금이라도 불어오기만 하면요. 그래서 전 하느님을 조금도 원망하지 않아요. 저보다 훨씬 더 불행한 사람들도 많으니까요. 또 예를 들면, 저와 달리 건강한 사람은 금방 죄를 범하기 쉽지만 전 이제 죄를 지을 수 없어요. 요전에도 알렉세이 신부님이 성찬을 주러 오셔서 이렇게 말씀하셨어요. '당신의 참회는 들을 필요도 없겠군. 이렇게 누워 있으면 죄를 지으려 해도 짓지 못할 테니까' 하고요. 그래서 제가 '마음으로 짓는 죄는 어떻게 하나요?' 하니까 신부님은 웃으시면서 '글쎄, 그러나 뭐 대단한 죄는 아니겠지' 하시더군요. 사실 저도 마음으로도 별다른 죄를 범하지 않았다고 생각해요. 왜냐하면 저는 아무 생각도 하지 않도록, 특히 아무것도 떠올리지 않도록 노력해 왔으니까요. 그러니까 세월이 무척 빨리 가요."

솔직히 말해 나는 깜짝 놀라고 있었다.

"이렇게 늘 혼자 있으면서 어떻게 아무 생각도 떠오르지 않게 할 수가 있지? 밤낮 잠만 자고 있다는 말인가?"

"아니에요, 서방님, 그렇지는 않아요! 늘 자고 있는 건 아니에요. 대단한 정도는 아니지만 그래도 몸속의 어딘가 깊은 곳이 아프고 뼈가 쑤셔서 제대로 잠을 이룰 수 없어요. 네…… 다만 이렇게 혼자 내내 누워 있어도, 아무것도 생각하지 않고, 그저 자신이 살아 있고 숨을 쉬며 이렇게 이곳에 있다는 것에 감사할 뿐이에요. 하지만 눈을 뜨고 바라보거나 귀를 기울이고 듣고 있으면, 꿀벌이 벌집 위를 윙윙거리며 날아다니고 비둘기가 지붕에 앉아 구구구 하고 울고 있는 것을 알 수 있어요. 때로는 암탉이 병아리를 데리고 빵부스러기를 쪼아 먹으러 들어오지요. 그런가 하면 참새가 날아들기도 하고, 나비가 날아들고…… 무척 재미있어요. 재작년에는 제비가 저기 저 구석에다 집을 지었어요. 새끼를 여러 마리 까더군요. 그게 얼마나 제 눈을 즐겁게 해주던지! 한 마리가 날아 들어와 둥지 위에 앉아 새끼한테 먹이를 먹이고 다시 날아가면, 금방 다른 제비가 또 날아와요. 때로는 안에 들어오지는 않고 열려 있는 문 앞을 휙 날아서 지나가버리기도 하지요. 그러면 새끼들은 조그만 부리를 힘껏 벌리고 재재거려요. 전 작년에도 그 제비들이 돌아오기를 기다렸는데, 이곳의 어떤 사냥꾼이 총을 쏴서 죽여 버렸다는 거예요. 그런 걸 잡아서 뭘 하려는 건지! 제비는 딱정벌레나 다를 것 없이 조그마한데…… . 사냥을 하시는 분들은 어쩜 그렇게 잔인할까요!"

"난 제비 같은 건 쏘지 않아!" 하고 나는 당황해서 얼른 말했다.

"그런데 한 번은 정말 이상한 일이 있었어요! 토끼가 한 마리 뛰어든 거예요! 사냥개한테 쫓기기라도 한 건지 쏜살같이 문으로 뛰어 들어왔어요! 그리고 제 옆에 앉아서 꽤 오래 있었어요. 계속 콧구멍을 벌름거리고 귀를 쫑긋쫑긋 움직이고 하면서 말이에요. 꼭 무슨 장교 같은 모습으로요! 그리고 저를 쳐다보더군요. 제가 무서운 사람이 아니라는 걸 알았던 모양이에요. 그러다가 일어나서 깡총깡총 문 쪽으로 뛰어가더니 문턱에서 바깥을 살피는 거예요. 그 때 토끼가 하는 짓이 얼마나 우스꽝스럽던지!"

루케랴는, 어때요…… 재미나지 않아요? 하는 듯한 표정으로 내 얼굴을 쳐다보았다. 나는 그녀를 만족시키기 위해 웃어주었다. 그녀는 마른 입술을 축이기라도 하는 듯이 달싹거렸다.

"물론 겨울철이 되면 아무래도 좋지 않죠. 어두우니까요. 촛불을 켜는 게 큰 일이기도 하지만 불을 켠들 무슨 소용이 있겠어요? 전 글을 읽을 줄 알고 전부터 책 읽는 것을 좋아했어요. 하지만 무엇을 읽으면 좋을까요? 이곳에 책 같은 건 하나도 없어요. 책이 있다 해도 제 손으로 들지도 못하는 걸요. 알렉세이 신부님이 심심풀이가 될지 모른다고 달력을 갖다 주셨지만 아무 소용이 없다는 걸 알고 도로 가져가셨어요. 하지만 어두워도 귀를 기울이면 언제나 무슨 소리가 들려요. 귀뚜라미가 울거나 쥐가 어디서 뭘 갉아먹고 있는 소리. 그럴 때면 아무 생각 하지 않고 그것을 듣고 있는 것도 재미있어요! 게다가 이따금 기도도 드린답니다." 루케랴는 잠시 쉬었다가 다시 말을 계속했다.

"하지만 전, 아주 조금, 모든 사람이 알고 있는 기도밖에 몰라요. 또 하느님을 너무 자주 성가시게 하는 건 미안한 노릇이죠. 이제 와서 하느님께 무슨 부탁을 드리겠어요? 하느님은 제가 뭘 필요로 하는지 저 자신보다 더 잘 알고 계시는 걸요. 하느님이 저에게 이런 십자가를 주신 것은—곧 절 사랑하고 계신다는 증거예요. 우리는 정말 그것을 깨달아야 한다고 생각해요. 그래서 저는 〈주기도문〉이나 〈성모찬가〉, 〈고뇌하는 자들의 소망〉을 외고 나서는 아무 생각도 하지 않고 그냥 누워 있어요. 그거면 더 이상 할 얘기가 없지요!"

2분쯤 흘렀다. 나도 말없이 의자 대신인 작은 통에 걸터앉아 꼼짝도 하지 않고 있었다. 내 눈앞에 누워 있는 살아 있는 이 불행한 여자가 돌같이 움직이지 않고 있는 불길한 모습이 나에게 그대로 전염되어 나 자신도 몸이 오그라드는 듯한 느낌이었다.

"저어, 루케랴," 나는 드디어 입을 열었다. "실은 이렇게 하면 어떨까 하는 생각이 드는데, 괜찮다면 내가 널 돌봐줄 테니까, 병원으로 옮기면 어떨까? 시내의 좋은 병원에. 어쩌면 아직 병을 고칠 수 있을지 모르잖아? 어쨌든 이렇게 혼자 있는 것보다는……."

루케랴의 눈썹이 희미하게 움직였다.

"아니에요, 서방님" 하고 그녀는 조급하게 속삭이는 목소리로 말했다. "병원에 보내진 말아 주세요, 이대로 내버려 두세요. 그런 데 가면 오히려 더 힘들 뿐이에요. 이젠 나을 리가 없어요! 언젠가 어떤 의사선생님이 여기 오셔서 절 진찰해 보고 싶다고 한 적이 있었어요. 전 제발 가만히 내버려 둬 달라고 부탁했죠. 그런데도 들은 척도 하지 않고 제 몸을 이리저리 뒤집고 돌리고, 팔다리를 여기저기 만지고 잡아당기고 하면서, '나는 의학 연구를 위해 진찰하고 있는 거야, 이것이 내 일이지. 난 학자니까!' 하고 말하는 거예요. 그렇게 제 몸을 실컷 주무르면서 괴롭힌 뒤 병명을 말하고는—뭔지 무척 어려운 이름이었어요—그대로 돌아가 버리더군요. 덕택에 그 뒤 일주일 동안 뼈마디가 쑤시고 아파서 견딜 수가 없었어요. 서방님은 제가 늘 혼자 외톨이로 있다고 하시지만 항상 그런 건 아니에요. 많은 사람들이 보살피러 와주거든요. 전 얌전하게 누워서 별로 귀찮게 하지 않으니까요. 마을 처녀들이 찾아와서 수다를 떨기도 하고, 순례하는 여자가 들러서 예루살렘이며 키예프 같은 성지에 대한 얘기를 들려주기도 해요. 전 혼자 있는 것이 조금도 무섭지 않아요. 오히려 그게 좋아요, 정말이에요!…… 그러니까 서방님, 그냥 내버려 두세요. 병원 같은 데 데려가지 말아주세요…… 절 생각해 주시는 마음은 고맙지만 부탁이니 제발 이대로 내버려 두세요."

"그야 네가 정 그렇게 생각한다면 하는 수 없지만, 루케랴. 난 다만 너에게 도움이 될까 해서 하는……."

"알고 있어요, 서방님, 절 염려하는 마음으로 말씀하신다는 것을. 하지만 서방님, 대체 누구에게 남을 도울 수 있는 힘이 있을까요? 남의 영혼 속까지 들어가는 일을 누가 할 수 있나요? 사람은 누구나 스스로 자신을 도와야 해요! 믿지 않으실지도 모르지만…… 이렇게 혼자 누워 있으면…… 이따금 마치 이 세상에 나 말고는 아무도 없는 것 같은 기분이 들어요. 나 혼자 살아 있는 것 같은 기분! 그리고 문득 어떤 생각이 떠오르지요. 어떤 때는 놀랍도록 멋진 생각일 때도 있어요!"

"어떤 생각이지, 루케랴?"

"그게 서방님, 도저히 말로 표현할 수가 없어요. 잘 설명할 수가 없어요. 게다가 금방 잊어버리거든요. 뭔가 구름 같은 것이 가슴 속을 스치고 지나가고, 마음이 환하게 밝아지는 것 같으면서 기분이 무척 좋아지는데, 그 정체는…… 아무래도 잘 모르겠어요! 단지 만약 사람들이 옆에 있다면, 그런 기분을 느끼기는커녕 자신의 불행 외에는 아무것도 느끼지 못할 거라는 생각이 들어요."

루케랴는 고통스러운 듯 한숨을 내쉬었다. 그녀의 폐도 팔다리와 마찬가지로 자유롭지 못한 것 같았다.

"서방님은 절 무척 동정하고 계시는 것 같지만" 하고 그녀는 다시 계속했다. "제발 그렇게 생각하지 마세요! 정말이에요! 그래서 말씀드리는 건데요, 전 지금도 이따금…… 옛날에 제가 얼마나 명랑한 아가씨였는지 기억하고 계시죠? 정말 덜렁이였죠!…… 그리고 서방님, 전 지금도 노래를 부른답니다."

"노래를 부른다고, 네가?"

"그럼요, 옛날 노래를요, 윤무를 출 때의 노래, 연회의 노래나 성가, 그 밖의 여러 가지 노래를 불러요! 전 그런 노래를 많이 알고 있고 지금도 잊어버리지 않고 있어요. 다만 춤곡만은 부르지 않아요. 이렇게 된 몸으로는 아무래도 어울리지 않으니까요."

"어떻게 부르는데, 마음속으로?"

"네, 마음속으로 부르기도 하고 소리 내어 부르기도 해요. 소리가 크게 나오지는 않지만 남이 알아들을 수 있을 만큼은 불러요. 아까 저를 봐주러 오는 고아소녀가 하나 있다고 했죠? 아주 똑똑한 아이예요. 전 그 아이에게 노래를 가르쳐 주었어요. 벌써 네 곡쯤 가르쳤죠. 곧이들리지 않으세요? 잠깐만 기다리세요, 당장 불러 볼 테니까……."

루케랴는 호흡을 가다듬었다. 이미 반은 죽은 것이나 다름없는 사람이 노래를 부르려 한다는 것을 생각하자, 나도 모르게 전율이 느껴졌다. 그러나 내가 뭐라고 말하기도 전에 벌써 내 귀에는 길게 꼬리를 끄는 듯한, 간신히 들릴 만큼 가는 목소리지만 그래도 아름답고 정확한 멜로디가 들려왔다. ……그것은 곧 두 번째 멜로디, 세 번째 멜로디로 이어졌다. 그녀는 화석이 된 듯한 얼굴 표정을 그대로 한 채, 한 곳만 가만히 응시하면서 노래를 불렀다. 하지만 그 가련한, 힘겹게 올라가는 연기처럼 떨리는 노랫소리가 얼마나 감동적으로 울려 퍼졌는지! 자신의 마음을 노래에 담아 토로하고 싶은 그녀의 마음이 얼마나 강렬하게 느껴졌는지…… 이제 두려움은 사라지고 형언할 수 없는 연민의 정이 내 가슴을 조여 왔다.

"아아, 더 이상 못하겠어요!" 갑자기 루케랴가 말했다. "기운이 없어서 안 되겠어요…… 서방님을 만나 뵌 게 하도 반가워서."

그녀는 눈을 감았다.

나는 그녀의 작고 차가운 손가락 위에 내 손을 얹었다. ……그녀는 나를 흘긋 쳐다보았지만, 그 금빛 속눈썹으로 테를 두른, 마치 옛날의 조상(彫像)에서 볼 수 있는 검은 눈꺼풀은 이내 다시 닫히고 말았다. 이윽고 두 눈이 어둠 속에서 반짝 빛났다. ……눈물이 스며 나오고 있었다.

나는 여전히 꼼짝도 하지 않고 있었다.

"아이, 내가 왜 이럴까!" 루케랴는 별안간 힘찬 목소리로 그렇게 말하더니, 눈을 크게 뜨고 깜빡거리면서 눈물을 떨치려고 애썼다. "창피하게 내가 왜 이러지? 오랫동안 이런 적이 없었는데…… 작년 봄에 바실리 폴랴코프가 저를 찾아왔던 날 이후로는 처음이에요. 그 사람이 옆에 앉아 얘기하는 동안은 아무렇지도 않았는데, 그 사람이 가고 난 뒤에 저 혼자 울었어요. 도대체 왜 울었는지는 알 수 없지만!…… 정말 우리 여자들은 아무것도 아닌 일 가지고 눈물을 잘 흘린다니까요, 서방님. 혹시 손수건 가지고 계세요? 죄송하지만 제 눈을 좀 닦아주시겠어요?"

나는 얼른 그녀가 해달라는 대로 해주고 손수건은 그대로 루케랴에게 주었다. 그녀는 처음에는 왜 그런 걸 자기한테 주느냐고 사양했다. 그 손수건은 무척 소박하지만 하얗고 깨끗했다. 루케랴도 나중에는 그 힘없는 손가락으로 손수건을 움켜쥐고는 다시는 놓으려 하지 않았다. 이윽고 방안의 어둠에 익숙해진 나는 그녀의 모습을 똑똑히 볼 수 있었다. 그 청동색 피부 속의 희미한 홍조까지 들여다보였고, 거기서 지난 날 그녀의 아름다운 자취까지 느낄 수 있었다. 적어도 나에게는 그것이 보인 것 같은 느낌이 들었다.

"서방님은 아까 제게 줄곧 잠을 자고 있느냐고 물으셨지요?" 루케랴가 다시 말을 시작했다. "전 좀처럼 잠을 자지 않지만, 잠들면 그때마다 꿈을 꾸어요. 아주 좋은 꿈이죠! 꿈속에서는 이렇게 병든 몸이 아니랍니다. 언제나 건강하고 젊어요…… 하지만 슬프게도 잠에서 깨어나 몸을 편하게 뻗으려고 하면 쇠사슬에 묶인 것처럼 꼼짝할 수가 없어요. 한 번은 굉장히 멋진 꿈을 꿨어요! 그 얘기를 해드릴까요? 한 번 들어보세요. 꿈속에서 전 큰 길가의 버드나무 밑에 앉아 있었어요. 대패로 깎은 지팡이를 짚고 어깨에는 배낭을 메고 머리에는 두건을 쓴, 마치 순례자 같은 차림을 하고서 말이에요! 어딘지 먼 성지로 순례를 떠난 것 같았어요. 제 옆으로 다른 순례자들이 계속 지나가고 있더군요. 모두들 조용히 걸어와서 뭔가 마지못한 표정으로 같은 방향을 향해 걸어가는데, 무척 지친 표정을 하고 있고 또 모두들 비슷한 얼굴들이었어요. 그런데 그 사람들 속에서 한 여자가 이리저리 서성거리고 있는데 키가 다른 사람들보다 머리 하나는 더 크고, 옷도 러시아 옷과는 다른 특별한 것을 입고 있었어요. 그리고 얼굴도 보통 사람하고 다른 어둡고 엄숙한 얼굴이더군요. 왠지 모두들 그 여자에게서 되도록이면 멀리 떨어지려고 하는데, 별안간 그 여자가 빙 돌아서서 내 쪽을 향해 곧장 다가왔어요. 그러더니 내 앞에서 걸음을 멈추고 가만히 저를 쳐다보는 거예요. 그 눈은 꼭 매의 눈처럼 노랗고 크고 밝았어요. 제가 누구냐고 묻자 그 여자는 '나는 너의 죽음이다'라고 하는 거예요. 절 위협할 생각이었겠지만 전 오히려 너무 기뻐서 즉시 성호를 그었어요! 그러자 그 여자, 즉 저의 죽음이 저에게 '미안하지만 루케랴, 네가 가엾지만 지금은 데려갈 때가 되지 않았어. 안녕!' 하고 말하는 거예요. 얼마나 실망했는지 몰라요! 데려가 주세요, 네? 제발 절 데려가 주세요! 하고 제가 말하자 그 여자는 돌아서서 뭔가 중얼거리는 소리로 말하더군요…… 언제 데리러 오겠다는 말을 한다는 건 알 수 있었지만 확실하게 들리지 않아서 잘 모르겠어요. 좀더 나중에, 성 베드로제가 끝나면이라고 말하는 것 같았는데, 그 순간 저는 꿈에서 깨어났어요…… 이런 멋진 꿈도 다 꾼다니까요!"

그렇게 말한 루케랴는 눈을 위로 치뜨고…… 가만히 생각에 잠겼다.

"그리고 또 이런 꿈도 꿨어요" 하고 그녀는 다시 얘기하기 시작했다. "어쩌면 이건 환각이었을지도 몰라요. 그건 잘 모르겠어요. 제가 이 오두막에 누워 있는데 돌아가신 부모님이, 아버지와 어머니가 찾아오셔서 아무 말 없이 저에게 고개를 숙이는 거예요. 그래서 제가 아버지, 어머니, 왜 그렇게 저에게 절을 하시는 거예요? 하고 물으니, 두 분께서는 '네가 이승에서 큰 고난을 겪고 있기 때문에, 너는 네 영혼을 구했을 뿐만 아니라 우리의 고통까지 없애주었다. 그래서 저승에서의 우리의 생활이 무척 편해졌어. 넌 너 자신의 죄를 소멸했을 뿐만 아니라 우리의 죄까지 소멸시켜 준 거야. 그래서 고개를 숙인 거란다' 하고 말씀하시는 것이었어요. 그리고 부모님은 다시 한 번 절을 하고 그대로 사라져버렸어요. 그 뒤에는 오두막의 벽밖에 보이지 않았어요. 나중에 저는 그게 도대체 무슨 꿈이었을까 하고 이리저리 생각해 봤지요. 그러다가 결국 고해 성사 때 신부님께 말씀드렸어요. 하지만 신부님은 '그건 환각이 아니겠지, 환각은 성직자들에게만 나타나는 것이니까'라고 말씀하시더군요. 다만 괴로운 것은 가끔 일주일 동안 전혀 잠을 자지 못할 때가 있어요. 작년에 어떤 부인이 오셔서 저를 보시고는 수면제를 한 병 주시더군요. 한 번에 열 알씩 먹으라고 했어요. 그 덕분으로 잘 잤는데 지금은 그 약도 다 떨어지고 말았어요…… 당신은 그 약이 무슨 약인지, 어떻게 구할 수 있는 건지 아세요?"

그 부인이라는 사람은 아마 그녀에게 아편을 주고 간 것이 틀림없었다. 나는 그녀에게 그것을 구해 주겠다고 약속하고, 다시 한번 그녀의 강한 인내심에 대해 칭찬의 말을 해주었다.

"아니에요, 서방님!" 하고 그녀가 말했다. "왜 그런 말씀을 하세요? 이 정도의 인내가 뭐 대단하다고. 그야 주상성자(柱上聖者) 시메온의 인내심이라면 정말 위대한 것이지만. 30년 동안이나 기둥 위에 서서 수행하셨잖아요! 또 어떤 성자는 자신을 땅 속에 가슴까지 파묻게 하고, 개미들이 얼굴을 뜯어먹어도……"

잠시 침묵이 흐른 뒤, 나는 그녀에게 지금 몇 살이냐고 물었다.

"스물여덟…… 아니면 스물아홉…… 어쨌든 서른은 되지 않았어요. 하지만 나이를 따져서 뭐 하시게요? 그보다 서방님, 한 가지 더 들어주실……."

갑자기 루케랴는 숨이 막힐 듯한 심한 기침을 하고 나서 크게 한숨을 내쉬었어요…… .

"얘기를 너무 많이 하니까 그래" 하고 나는 말했다. "그러면 몸에 해로울지도 몰라."

"그렇군요" 하고 그녀는 간신히 알아들을 수 있을 만큼 낮은 목소리로 속삭였다. "이제 그만하는 게 좋겠군요. 어차피 끝이 없을 테니까요! 하지만 서방님이 가시고 나면 저는 다시 실컷 침묵할 수 있으니까 괜찮아요. 아무튼 서방님을 만나 뵙게 돼서 정말 즐거웠어요……."

그녀에게 작별을 고할 때, 다시 한번 약을 구해서 보내주겠다는 약속을 되풀이하고, 더 필요한 게 없는지 잘 생각해서 말해 보라고 했다.

"아무것도 없어요. 덕택에 전 아무것도 불편한 게 없는 걸요" 하고 그녀는 간신히, 그래도 감동이 담긴 목소리로 말했다. "여러분들도 다 건강하시기를 바라요! 그런데 서방님, 당신 어머님께 한마디 전해 주시면 안 될까요? 이곳의 농민들은 모두 가난해요. 하다못해 소작료만이라도 좀 가볍게 해주셨으면! 그 사람들은 토지가 좁아서 수확이 적거든요…… 인정을 베풀어주신다면 정말 고맙게들 생각할 거예요. 하지만 전 아무것도 바라는 게 없답니다. 정말 불편한 것이 전혀 없으니까요."

루케랴에게 그 희망이 이루어지도록 노력하겠다고 약속한 뒤 문쪽으로 걸어가는데 그녀가 다시 나를 불렀다. "기억하고 계세요, 서방님?" 하고 그녀는 말했는데, 그 순간 그 눈동자와 입가에 형용하기 힘든 어떤 것이 떠올랐다. "제 머리카락이 어땠는지? 무릎에 닿을 만큼 길었잖아요! 전 오랫동안 결심이 서지 않아 망설이고 있었어요…… 그 삼단 같은 머리를!…… 하지만 이젠 그것을 빗을 수가 있어야 말이죠. 지금의 제 몸으로는!…… 그래서 결국 큰맘 먹고 잘라버렸어요…… 네…… 그럼 서방님, 안녕히 가세요! 저도 이젠 지쳐버렸어요."

그 날 사냥을 가기 전에, 나는 마을 순경과 루케랴에 대해서 얘기를 나눴다. 그의 이야기에 의하면 마을에서는 루케랴를 '살아 있는 시체'로 부르고 있다고 하며, 그래도 아무 불평도 한탄도 하지 않고, 조금도 남에게 폐를 끼치려 하지 않는다는 것이었다. "뭘 어떻게 해달라고 요구하는 일이 전혀 없고 모든 걸 감사하게 생각합니다. 정말 '착한 여자'입니다. 세상에 둘도 없이 '착한 여자'예요."

몇 주일 뒤 나는 루케랴가 죽었다는 소식을 들었다. 그 죽음은 역시 성 베드로제 뒤에 찾아왔다. 들은 얘기로는 그녀는 내내 종소리를 들었다고 한다. 알렉세예프카 마을에서 성당까지는 5베르스타 이상이나 떨어져 있는데다 그날은 일요일도 아니었는데! 하기는 루케랴는 그 종소리는 성당에서가 아니라 '저기서' 들려온다고 말했다고 한다. 그녀로서도 '하늘에서'라고는 말할 수 없었던 것이리라.

투르게네프

10월 7일

1

하느님의 이름을 부르지 않을 수도 있고 하느님이라는 말을 피할 수도 있지만, 그 존재를 인정하지 않을 수는 없다. 하느님이 없다면 아무것도 없다.

2

지금 내가 알고 있는 모든 것은, 신이 있기 때문에, 그리고 내가 신을 알기 때문에 아는 것이다.

오직 이 사실 위에서만 모든 사람들에 대한, 또 자신에 대한, 나아가서는 초지상적, 초시간적인 생명에 대한 관계가 확립된다. 나는 그것을 신비주의로 생각하지 않을 뿐더러, 그것과 반대되는 사고방식이야말로 신비주의이며, 그 사고방식 자체는 모든 사람이 이해할 수 있고 가까이 다가갈 수 있는 유일하고 엄연한 사실이라고 생각한다. 신이란 무엇인가? 하고 묻는다면 나는 이렇게 대답하겠다. 신이란 내가 자신을 그 일부로 의식하는 무한한 존재이며, 전체라고.

신은 나에게는 정진의 목표이고, 그것을 향해 정진하는 것이 바로 나의 삶 그 자체이며, 그렇기 때문에 나에게 존재하는 것이지만, 그래도 도저히 그것을 이해하거나 이름을 부르거나 할 수는 없는 지고한 존재이다. 만약 내가 신을 이해했다면 나는 이미 신에게 도달했을 것이고, 그러면 정진의 목표도 없어지므로 내 삶도 사라질 것이다.

나는 신을 이해할 수는 없지만, 그래도 신을 알고 있고 신에게 가는 방향을 알고 있으며, 이 지식이 바로 나의 모든 지식 가운데 가장 믿을 만한 지식이라고 할 수 있다. 신이 없을 때 나는 항상 공포를 느끼지만, 신과 함께 있을 때 공포는 존재하지 않는다.

3

이기적인 목적에서 나오는 종교적 행위, 이를테면 기우제나 내세에서의 보답을 목적으로 바치는 제물 같은 것은 언제나 타산적인 행위이며, 오로지 신을 인식한 결과 일어나는 행위만이 신에게 기쁨을 줄 수 있다.

진정한 신앙인은 모든 존재 속에 있는 지고한 이성을 인정하고, 자신의 마음을 신의 영혼에 향하게 함으로서 제물로 삼아 신에게 바치고, 스스로의 빛으로 만물을 비추는 자, 즉 신의 본성에 다가간다.

누구든지 주의 깊게 관찰함으로써 모든 자연은 눈에 보이는 것이나 눈에 보이지 않는 것이나 모두 신의 예지 안에 있다는 것을 깨달아야 한다. 왜냐하면 무한한 자연을 신의 예지 안에 있다고 보는 사람은 다시는 그릇된 생각에 빠지는 일이 없기 때문이다.　　　　　　　　　　　　　　　　　　마누법전

4

내가 신에 대해 얘기할 때 금이나 은으로 만들어진 물체를 말하고 있는 것으로 생각해서는 안 된다. 내가 너에게 얘기하는 신, 그것은 너 자신도 마음속으로 느끼고 있을 것이다. 너는 신을 너 자신 속에 가지고 있으면서, 너의 불순한 사상과 추악한 행위로 네 영혼 안에 있는 신의 모습을 모독하고 있다. 너는 자신이 신으로 여기며 숭배하고 있는 황금우상 앞에서는 뭔가 잘못을 저지르지나 않을까 하고 조심하지만, 너 자신 속에 있는 신, 모든 것을 보고 모든 것을 듣는 신 앞에서는, 아무리 추악한 사상과 행위에 몸을 맡기고 있어도 얼굴을 붉히지 않는다.

만약 우리가 우리의 모든 행위와 사상의 증인인 신이 우리 안에 있다는 것을 끊임없이 마음에 새긴다면 죄를 범하지 않게 되어, 신은 언제나 우리 안에 존재할 것이다. 할 수 있는 한 자주 신을 떠올리고, 신에 대해 생각하고, 신에 대해 얘기하도록 하자.　　　　　　　　　　　　　　　　　　에픽테토스

신은 기도를 드리고 아첨을 떨어야 하는 우상이 아니라 우리가 일상생활 속에서 실현해야 하는 이상이다.

류시 말로리

신을 향해 나아갈 때가 아니라 신을 외면하고 신을 떠날 때, 바로 그런 때야말로 나는 신이 존재한다는 것을 안다. 나는 지금, '신'이라는 말을 사용하고 있지만, 그 말이 적절한지 어떤지 잘 모른다. 너희는 내가 뜻하는 바를 헤아려 주기 바란다.

소로

일부러 신에게 다가가야겠다고 생각해서는 안 된다. '이번에는 신에게 다가가서 신을 따라 살아보자. 지금까지는 악마를 따라 살아왔지만, 시험 삼아 이제부터는 신을 따라 사는 거다. 의외로 나쁘지 않을지도 모른다.'……아니다, 나쁘다. 아주 나쁘다. 신에게 가까이 가는 것은 마치, 시집을 가고 싶지 않거나 신부를 맞고 싶지 않은데도 도저히 그렇게 하지 않을 수 없을 때 결혼하듯, 도저히 가까이 가지 않을 수 없을 때 비로소 가까이 가야 하는 것이다. 따라서 나는 또한, 누구에게든 일부러 유혹에 가까이 다가가라고는 말하지 않지만, 가령 '악마에게 가지 않고 신에게 가면 손해를 보게 되지 않을까?' 하고 말하는 사람한테는 있는 힘을 다해 이렇게 소리칠 것이다. '가거라, 가거라, 제발 악마에게 가거라!' 하고. 갈림길에서 머뭇거리거나 위선적인 마음으로 신에게 다가가는 척할 바에는, 차라리 악마에게 가서 크게 한 번 그 맛을 보는 편이 낫다.

인간은 자신이 공기를 호흡하고 있다는 것을 몰라도, 숨쉬기가 힘들 때면 무언가가 부족하다는 것을 안다. 신을 인식한 적이 없는 인간도 역시 신을 잃어버리게 되면 같은 경험을 할 것이다.

신을 잊지 않는 것은 위대한 일이다. 하지만 그것은, 입으로 신의 이름을 부르는 것이 아니라, 신이 자신의 모든 행위를 살펴보며 그것을 비난하거나 칭찬하고 있는 것처럼 사는 일이다. 러시아의 농민들은 흔히 '너는 신을 잊었느냐?'라고 말한다.

10월 8일

1

인생에서 매우 중요하고 본질적인 문제들에 대해 한 번도 생각해 본 적이 없는 사람들만이 인간의 이성으로 모든 것을 다 이해할 수 있다고 생각한다.

2

인간은 세 종류가 있다. 첫 번째는 분명한 말로 표현할 수 없는 것은 일체 믿지 않는 사람이고, 두 번째는 어렸을 때부터 자신에게 주입된 지식밖에 믿지 않는 사람, 세 번째는 스스로 마음속에 의식하는 도덕률을 믿는 사람이다. 이 세 번째 종류의 사람들이야말로 가장 총명하고 가장 강한 사람들이다. 태어날 때부터 주입된 것을 믿는 사람들은 이들에 비해 총명함과 강함에서 뒤떨어지지만, 그래도 인간으로서의 중요한 소질을 잃고 있지는 않다. 즉 무언가 아주 높은 것, 우리의 이해를 초월한 것, 우리에게 선한 생활을 요구하는 것을 인정하고 있다. 자신들에게 자아의 부정과 선한 행위를 요구하는 지고한 영적 존재로서의 신이든 또는 기적을 행하는 니콜라이이든, 어쨌든 그런 누군가에게 호소하는 시골 아낙네가, 첫 번째의 이치로 설명할 수 없는 것은 모조리 인정하지 않으려는 사람들보다 진리에 더 가까이 다가가 있다.

3

모든 사물의 기원은 비밀이다. 모든 개인과 집단의 생명의 원인은 비밀이다. 그것은 이성을 초월한 것, 설명할 수도 없고 정의할 수도 없는 것이다. 한 마디로 말해 모든 개개인이 풀 수 없는 수수께끼이며, 그 어떤 기원도 해명할 수 없다. 다시 말하면 어떤 일이 이루어졌을 때, 그것을 과거에 이루어진 일과 연관시켜 설명할 수 있지만, 기원이 이루어진다는 것은 있을 수 없는 일이다. 그것은 언제나 창조의 기적을 전제로 한다. 왜냐하면 그것은 다른 무언가의 결과가 아니기 때문이다. 그것은 자신을 에워싸는 과거의 온갖 환경과 기회와 상태 속에서, 그리고 자신의 출현에 뒤따르는 그들 모든 것 속에서 모습을 드러낸다. 그러나 출현한 기원 그 자체는 어디까지나 우리의 이해를 넘어서는 그 무엇이다.   아미엘

4

너는 그 훌륭한 교육 덕택에 원형과 사각형, 별과 별 사이의 거리 따위를 잴 수 있다. 너의 그 기하학이면 뭐든지 측정할 수 있다. 그러나 네가 정말 훌륭한 측량기사라면 인간의 지혜를 한번 측정해 보라. 그것이 얼마나 큰지 아니면 얼마나 작은지 말해 보라. 너는 직선이 무엇인지 알고 있다. 그러나 네가 인생에서 가야할 반듯한 길을 모른다면 그것이 대체 무슨 소용이겠는가? 자유로운 모든 학문도 선행을 가르치는 근거를 가지고 있지 않은 것은 명백하다. 다른 무언가에 도움이 될지는 몰라도 선행에는 아무런 쓸모가 없다. 그것들은 우리의 마음을 선덕으로 이끌지 못하고 다만 선덕의 길을 깨끗하게 쓸어 줄 뿐이다.   세네카

5

식물의 생명의 비밀도 우리 인간의 생명의 비밀과 똑같은데도, 생물학자는 자기가 만든 기계를 설명하듯 그것을 설명하려고 헛된 노력을 한다. 우리는 신성하기 그지없는 동물의 생명에도 손을 대어서는 안 된다. 그런 짓을 해봤자 우리는 외면적인 것 외에는 어떠한 것도 해명하지 못한다.   소로

6

어떤 것이라도 현미경이나 망원경으로 보면 지극히 하찮은 것이 되어버린다.
소로

7

산더미처럼 쌓인 책들은 독자를 가르치기는커녕 오히려 그 머리를 산만하게 만들어 버린다. 무턱대고 많은 책을 읽는 것보다는 몇 사람의 뛰어난 작가

들의 책만 읽는 것이 낫다.

세네카

8

알 수 없는 것을 무턱대고 알려고 애쓰기보다, 알 수 있는 것 중에서 많은 것을 모르고 있는 편이 낫다.

인식이 불가능한 세계에서 헛되이 헤매는 것만큼 우리의 지력을 타락시키고 약화시키고, 아집을 더욱 키우는 것은 없다. 무엇보다 가장 나쁜 것은 자기가 알지도 못하는 것을 아는 척하는 것이다.

10월 9일

1

자신의 생명이 자신의 영적 '자아'에 있음을 인식하는 사람에게는, 삶에 있어서나 죽음에 있어서나 악이 있을 수 없다.

2

우리가 진정한 생명의 의식을 깨달았을 때, 이 세계에서 우리가 놓여 있는 물질적 형태는 우리의 영적 본질을 제한하는 굴레처럼 보인다.

물질은 영혼의 굴레이다. 진정한 생명은 이 굴레를 끊임없이 타파하여, 마침내 완전히 파괴에, 그것으로부터의 완전한 해방, 즉 죽음에 도달하는 것이다. 이러한 인생관이야말로 삶에 있어서나 죽음에 있어서나 완전한 평화를 가져다준다.

3

설사 운명이 너를 어디로 내던지더라도, 네가 스스로 생존의 법칙에 충실한 한, 너의 본질, 너의 영혼, 너의 생명, 너의 자유와 힘의 중심은 언제 어디서나 너와 함께 따라다닐 것이다. 세상에는 자신과 자신의 영혼의 합일을 파괴하거나, 영혼과의 교류를 단절하고, 자기 자신과의 내면적 불화에 의해 영혼의 평화를 깨면서까지 추구해야 하는 외면적 행복이나 외면적 위대함 같은 것은 있을 수 없다.

그런 값비싼 희생을 치러서라도 손에 넣어야 할 무엇이 있다면 부디 나에게

도 가르쳐주기 바란다.　　　　　　　　　　　　마르쿠스 아우렐리우스

4

우리는 때때로 우리가 자신의 내부에서 그가 의식하는 무한하게 위대하고 강력한 어떤 것과 마찬가지로 자신의 내부에서 의식하는 왜소하고 무력한 어떤 것 사이에 있는 무서운 모순과 대립을 생생하게 느끼며, 슬퍼하거나 기뻐한다.

5

육에서 나온 것은 육이며 영에서 나온 것은 영이다. 새로 나야 된다는 내 말을 이상하게 생각하지 말라. 바람은 제가 불고 싶은 대로 분다. 너는 그 소리를 듣고도 어디서 불어 와서 어디로 가는지를 모른다. 성령으로 난 사람은 누구든지 이와 마찬가지다.　　　　　　　　　　요한복음 제3장 6~8절

6

많은 점에서 생각해 보건대 나에게는 선량한 사람들의 영혼은 신성을 갖추고, 영원 불멸성을 갖추고 있는 것 같지만, 특히 가장 선량하고 가장 총명한 사람들의 영혼은 모두 내세를 향하고 있으며, 그 모든 사상이 영원한 것에 집중되어 있기 때문에 더욱 그렇게 생각된다.　　　　　　　　　　키케로

7

단지 실천적이고 도덕적이고 정신적이고 심오하며 또 종교적인 의식만이 인생에 모든 가치와 힘을 준다. 그러한 의식은 우리를 불굴의 것, 감히 이길 수 없는 것으로 만든다. 하늘의 이름에 의하지 않는 한 땅을 정복할 수 없다. 뿐만 아니라 모든 행복은 예지만을 찾는 사람에게 주어진다. 사람은 완전히 사욕에서 벗어날 때 비로소 무엇보다 강한 존재가 되며, 세상은 자신이 유혹할 수 없는 자의 발밑에 엎드린다. 어째서인가? 정신은 물질을 지배하고 세계가 신에게 속하기 때문이다. "너희는 용기를 가져라" 하고 하늘의 목소리는 말한다. "나는 세계를 정복했다"고.

하느님이시여, 선을 열망하나, 힘이 모자라는 자에게 힘을 주소서!　아미엘

모든 인간의 지혜를 능가하는 최고의 이성이 있다. 그것은 먼 곳에 있으면서 또한 가까운 곳에 있다. 그것은 모든 세계 위에 있으면서 또한 모든 존재 속에 내재되어 있다.

모든 존재가 최고의 이성에 의해 포괄되고, 최고의 이성이 모든 존재에 내재되어 있다는 것을 아는 자는, 어떠한 존재도 경멸의 눈으로 대할 수 없다.

그 사람에게 있어서 모든 정신적 존재가 최고의 정신적 존재와 같은 사람, 그와 같은 사람에게는 미망이나 슬픔이 존재할 여지가 없다.

오직 종교적인 의식만 지키고 있는 사람들은 캄캄한 어둠 속에서 헤매고 있다. 그러나 최고의 이성에 대한 무익한 논쟁에만 빠져 있는 사람은 더욱 더 깊은 어둠 속에 있는 것이다. 베다의 우파니샤드

신은 자신의 경지까지 오르고자 하는 사람들을 끌어당긴다. 따라서 인간이 신에게 다가가기 위해 노력하는 것은 놀라운 일이 아니다. 신은 인간들에게 다가와 사람들 속에 들어온다. 신 없이 행복한 영혼은 결코 있을 수 없다.

세네카

자신의 정신성을 의식하는 것, 그것이 우리를 모든 것에서 구원해 준다. 어떤 일이 일어나더라도 자신의 정신성을 의식하는 사람에게는 어떠한 악도 근접하지 못한다.

10월 10일

동물로서의 인간은 죽음에 저항하지 않을 수 없다. 그러나 영적 존재로서의 인간은 죽음을 모르고 따라서 죽음에 저항할 수도 죽음을 원할 수도 없다.

죽음에 대한 관념이 당연히 우리에게 주어야 할 영향을 주지 않고 있는 까

닭은, 우리는 행동적인 존재로서의 본성으로 인해, 실은 결코 죽음을 생각해서는 안 되도록 되어 있기 때문이다.   칸트

3

삶에는 죽음과 상통하는 것이 아무것도 없다. 우리의 이성을 흐리게 하고, 죽음의 불가피성에 의심을 품게 하려는 막연한 희망이 끝까지 우리의 마음에서 떠나지 않는 것도, 아마 그 때문일 것이다. 생명은 악착같이 열심히 살고자 한다. 그것은 우화 속의 앵무새처럼 목이 졸려 마지막 숨이 넘어가는 순간에도 "뭘, 괜찮아, 이까짓 것!" 하고 되풀이한다.   아미엘

4

죽음의 순간, 영적 본원은 육체를 떠나지만, 육체를 떠남과 동시에 시공을 초월한 모든 본원과 합치하는지, 아니면 다른 유한한 존재 속으로 옮아가는지 우리는 모른다. 우리가 아는 것은 오직, 죽은 뒤에 육체는 자기를 길러 왔던 것에게 버림받고 단순한 관찰의 대상이 된다는 것뿐이다.

5

죽음은 의식하는 대상의 변화 또는 소멸이다. 연극의 막이 바뀌었다고 해서 손님이 사라지는 것이 아닌 것처럼 의식도 죽음에 의해 소멸되는 것은 아니다.

6

너는 이 세상에 자신도 모르는 사이에 찾아왔다. 그러나 너는 네가 현재 있는 그대로의 유일한 '나'로서 찾아왔다는 것을 알고 있고, 그 뒤에도 계속 살면서, 도중에 갑자기 너무 기뻐 어쩔 줄 모르거나 너무 무서워 견딜 수 없는 것도 아닌데, 멈춰 서서 움직이려 하지 않는다. 앞길에 무엇이 있는지 모른다며 앞으로 나아가기를 꺼린다. 그러나 너는 자신이 어디서 나왔는지 알지도 못한 채 이 세상에 나오지 않았는가. 너는 입구로 들어왔으면서도 출구로 나가고 싶어하지 않는다.

너의 전 생애는 육체적 존재를 통한 행진이었다. 너는 그 행진을 서둘러 왔으면서 갑자기 네가 끊임없이 해온 일이 완성되는 것을 두려워한다.

너는 육체의 죽음과 함께 일어나는 네 처지의 큰 변화를 두려워하지만, 네가 태어났을 때도 마찬가지로 큰 변화가 있었고, 그 변화로 너에게 그렇게 나쁜 일이 일어나지 않았을 뿐만 아니라 오히려 그 반대로, 현재 네가 그것과 지금 헤어지고 싶어하지 않을 정도로 좋은 일이 일어나지 않았던가.

7

만약 우리가, 이 세상에서 일어나는 모든 일이 우리의 행복을 위한 것임을 믿는다면(선한 생명의 본원을 믿는 사람은 그것을 믿지 않을 수가 없다), 우리는 그와 동시에 우리의 죽음과 함께 우리에게 일어날 일 또한 우리의 행복을 위한 것임을 믿지 않을 수 없다.

10월 11일

1

대다수의 사람들은 진정으로 존경할 만한 것을 자랑하지 않고 자신들에게 필요하지 않은 것, 유해한 것을 자랑한다. 즉 권력과 부귀가 그것이다.

2

어디를 찾아봐도 어떤 점에서든 자신보다 더 나쁜 사람을 찾아낼 수 없는 악한 자, 따라서 스스로 만족할 만한 것을 아무것도 찾을 수 없는 악한 자는 한 사람도 없다.

3

글을 읽지도 쓰지도 못하는 사람은 다른 사람에게 그것을 가르칠 수 없다. 그것과 마찬가지로 자신이 무엇을 해야 하는지 모르는 사람이 어떻게 다른 사람들에게 그것을 가르칠 수 있겠는가.　　　　　　　마르쿠스 아우렐리우스

4

현명한 가르침을 듣자마자 남에게 그것을 가르치려 하는 사람들이 있다. 그러한 사람들은 섭취한 음식을 이내 토해내는 병든 위장과 같은 짓을 하고 있는 것이다. 그런 사람들을 흉내 내어서는 안 된다. 귀로 섭취한 마음의 양식을

자신의 내부에서 잘 씹고 소화하기 전까지는 성급하게 토해내지 말라. 그렇지 않으면 누구의 마음에도 양식이 되지 않는 오물이 나올 뿐이다.   에픽테토스

5

자신의 인간적 존엄성을 의식하는 것은 결코 교만이 아니다. 교만한 마음은 세속적인 성공에 비례해 커지지만 인간적 존엄성의 의식은 그 반대로, 세속적으로 냉대를 받으면 받을수록 증대한다.

6

교만한 인간은 자기 자신이 아니라 자신에 대한 사람들의 의견을 존중하지만, 자신의 인간적 존엄성을 의식하는 사람은 자기 자신만을 존중하지 남들의 의견은 문제삼지 않는다.

7

자신의 어리석음을 의식하는 사람에게는 아직도 지혜가 있지만, 자신의 현명함을 굳게 믿고 있는 사람에게는 절대로 지혜는 존재하지 않는다.

부처의 잠언

8

어리석은 자는 현명한 사람 옆에서 한평생을 보내도 조금도 진리를 터득할 수 없다. 그것은 마치 숟가락이 음식의 맛을 절대로 알 수 없는 것과 같다.

부처의 잠언

9

자신을 사랑하고 자신의 내면세계에 집중하는 자에게는 경쟁자가 적다는 장점이 있다.   리히텐베르크

10

자만심이 강한 사람은 언제나 어리석다. 이 둘은 서로 상관관계가 있다. 사람은 자만 때문에 어리석고, 또 어리석음 때문에 자만한다. 그는 자신이 좋은

것을 만들어내지 못한다는 것을 의식하기 때문에, 자신이 만들어 내는 것은 모두 좋은 것이라고 스스로를 설득한다.

11

교만한 마음에는 처음에는 현혹하는 힘이 매우 커서, 그 영향으로 본인 스스로 위대하다고 생각하는 건 물론, 남들도 그를 위대하다고 믿어버린다. 그러나 그 현혹하는 힘이 사라지고 나면 교만한 인물은 곧 우스꽝스런 인물이 되고 만다.

10월 12일

1

한 번 몸에 밴 습관에서 벗어나려면 많은 노력이 필요하다. 그러나 자기완성을 향한 첫걸음은 언제나 그러한 벗어남에서 시작된다.

2

너희는 남들의 생각에 의해서가 아니라, 자신의 생각에 의해 행동하지 않으면 안 된다. 이 원칙은 실생활에 있어서나 정신생활에 있어서나 똑같이 필요불가결한 것이다. 이 법칙을 지키는 일은 대단히 어렵다. 왜냐하면 세상에는 자신들이 너희 이상으로 너희의 의무를 잘 알고 있다고 생각하는 자들이 너무 많기 때문이다. 세상 속에서는 세상의 의견에 따라 사는 것이 쉽지만, 고독 속에서는 자기 자신의 의견에 따르는 것이 쉽다. 다만 군중 속에 있으면서, 자신이 고독할 때의 독립자존을 지키는 자가 참으로 위대한 사람이다.　　에머슨

3

본질적으로 너희와 아무 관계도 없는 인습에 영합하는 것이, 너희의 정력을 소비하고 너희의 시간을 빼앗으며, 너희의 원래의 소질을 망쳐버린다. 그런 것에 얽매여 있으면 그 쓸데없는 일에 너희의 가장 뛰어난 능력이 허비되는 건 물론이고, 원래 너희 자신이 대체 어떠한 존재인지 인식하는 것조차 참으로 어려워진다. 그러한 생활은 영혼도 육체도 멸망시킨다.　　에머슨

4

세상 사람들은 이렇게 말한다. "우리처럼 생각하고 우리처럼 믿고, 우리처럼 먹고 마시고, 우리처럼 입어라. 그렇지 않으면 저주받으리라." 만약 이것에 따르지 않는 자가 있으면 사회는 조소와 비방과 험담과 배척과 따돌림으로 그 생활을 지옥으로 바꾸어놓는다. 그러나 결코 그것을 두려워해서는 안 된다. 류시 말로리

5

자신의 양심이 요구하는 것에 따라 자신이 살고 있는 세상의 인습을 버리는 사람은, 자신에 대해 매우 엄격하게 주의를 기울여야 한다. 그의 모든 잘못, 모든 약점, 그리고 특히 한 번 결심한 것을 뒤집는 것이, 세상 사람들의 비난의 대상이 될 것이다.

6

올바르게 삶으로써 악한 사람들의 박해를 받고, 선을 실천함으로써 그들의 냉소를 부를지라도 슬퍼하거나 탄식하지 말라. 선행이란 원래 악한 사람들의 증오를 부르는 성질을 가지고 있다. 악한 사람들은 올바르게 살고자 하는 사람들을 질시하며, 다른 사람들의 명예를 해치면 자신이 정당화된다고 생각하고, 선량한 사람들을 자신의 적으로 간주하고 미워하며, 기를 쓰고 그들의 생활을 중상하는 것이다. 그러나 마음이 꺾여서는 안 된다. 왜냐하면 악한 사람들의 증오야말로 선덕의 증거이기 때문이다. 이오안 즐라토우스트

7

세상의 일반적인 관습을 외면하여 사람들을 분노하게 만드는 것은 좋지 않다. 그러나 관습에 영합해 양심과 이성의 요구를 묵살하는 것은 더 좋지 않다.

10월 13일

1

국가 기구라는 것은, 그게 어떤 국가이든 그리스도교의 근본정신에 극도로 반하는 것이기 때문에, 사람들이 그리스도의 가르침과 정반대되는 생활을 하

고 있음을 말하기 위해서는, 그들은 국가기구에 올라타서 살고 있다고 말하면 될 정도이다.

2

위대한 현인이 권력을 쥐고 있을 때, 백성들은 그의 존재를 알지 못한다. 그리 현명하지 않은 사람이 권력을 잡을 때, 백성들은 그의 명령에 따르며 그를 찬양한다. 더욱 현명하지 않은 사람이 다스릴 때는, 백성들은 그를 두려워한다. 그러나 그보다 훨씬 더 현명하지 않은 사람일 경우에는, 백성들은 그를 경멸한다.   노자

3

아직 깨어나지 못한 사람에게는 국가 권력은 사람들이 사는데 필요한 육체의 여러 기관처럼 신성한 구조로 보인다. 그러나 깨어난 사람에게는 그것은 아무런 합리적인 근거가 없는데도 스스로에게 환상적인 의의를 부여해, 폭력과 강제를 통해 제멋대로 자신들의 욕구를 채우는 무서운 미망에 빠진 사람들에 지나지 않는다.

그들은 모두 깨어난 사람에게는, 마치 대로에서 사람들을 습격하는 강도처럼 사람들에게 폭력을 휘두르는 자들이며, 매수된 자들이다. 그 폭력의 역사와 규모와 기구 같은 것으로는 그 어떤 것의 본질도 바꿀 수 없다.

깨어난 사람에게는 이른바 국가라고 하는 것은 존재하지 않는다. 그러므로 국가라는 이름으로 자행되는 모든 폭력행위는 변명의 여지없는 악이며, 따라서 그는 국가기구에 절대로 참여할 수 없다. 국가의 폭력행위는 외적인 수단으로는 사라지지 않으며, 진리를 깨달은 사람들의 의식에 의해 비로소 사라지는 것이다.

4

힘은 서로의 사랑 속에 있으며, 나약함은 서로의 적대 관계 속에 있다. 우리는 사랑에 의한 합일에 의해 살고, 불화에 의한 분열에 의해 멸망한다. 류시 말로리

5

옛날 같은 상황에서는 사람들에게 국가적 폭력이 필요했을지도 모르고, 지금도 필요할지 모르지만, 그래도 사람들은 폭력은 그들의 평화로운 생활을 방해할 뿐인 미래를 꿈꾸지 않을 수 없다. 또 그렇게 꿈꾸는 이상, 아무래도 그런 세상을 만들기 위해 노력하지 않을 수 없게 된다. 그러한 세상을 실현하는 수단은 우리의 내면적 자기완성에 있으며 폭력에 대한 불참이다.

6

폭력이 너에게 필요하지 않은, 그런 삶이 되도록 노력하라.

852 인생이란 무엇인가 II

이레째 읽을거리
하느님의 법칙과 이 세상의 법칙

오직 '신앙'만이 인간을 미망과 악마의 함정에서 빠져나오게 할 수 있다. 신앙만이 우리에게 선과 악을 구별할 수 있게 해주며, 우리는 신앙을 통해서만 영적이고 신적인 존재와 교류할 수 있다.

현대인들은 믿을 만한 가치가 없는 온갖 것을 믿으면서, 진정한 그리스도교 신앙을 미신이나 이단으로 생각하고, 반대로 생명을 잃은 낡은 관습을 진짜 신앙인 줄 알고 있다. 사람들 사이에 분열이 일어나, 한쪽이 다른 한쪽을 이단이라 비난하고, 그로 인해 전쟁과 이단심문(異端審問)과 살인과 화형, 그 밖의 온갖 범죄가 발생한다. 그래서 오늘날 참다운 신앙을 아는 것은 쉬운 일이 아니다. 왜냐하면 그것에서는 모두 이단의 냄새, 적의(敵意)의 냄새가 나기 때문이다. 이러한 상황에서 지혜로운 사람들은, 일찍이 그리스도를 통해 하느님에 의해 주어졌고 사도들에 의해 주어진 진정한 신앙을 지키며, 오늘날의 대부분의 사람들이 끌려가고 있는 새로운 신앙에 유혹되지 않도록 조심해야 한다.

원시그리스도교 시대에 사도들은 평등을 수립했다. 사람들은 그 무엇에도 구속당하는 일 없이, 오직 모두가 서로 사랑하고 사랑으로 봉사하며 한 몸의 손과 발처럼 합일하여 그리스도를 높이 받들기만 하면 되었다. 그들 사이에는 이교적인 직무를 수행하는 관리, 예컨대 재판관이나 시의원 같은 것은 없었다. 이교도의 권력 아래 살면서 그들에게 세금을 바쳐야 했던 시대에도, 그리스도교도는 그러한 이교도의 직무를 맡지 않았다.

그런 상태가 콘스탄티누스 황제의 시대까지 300년이 넘도록 계속되었다. 그런데 콘스탄티누스 황제가 처음으로 그리스도교도 사회에 이교도적인 권력기구, 이교도인 관리들을 도입한 것이다. 사도들이 그리스도교도를 이끌려고 했던 목적은 이교적 권력이 추구하고 있던 목적보다 훨씬 높고 훨씬 완전한 것이었다. 왜냐하면 종교적 도덕적으로 일체를 이루어 오직 신령에 의해서 인도되는 것은, 이교적 권력에 의해 모든 폭력과 강제를 통해 유지되고 있는 지상적인 무력한 정의를 지키는 것보다 훨씬 더 높기 때문이다.

재판관들은 약탈당한 재산을 찾아주기도 한다는 점에서는 도움이 되었을지 모르지만, 동시에 그리스도교도로서는, 그러한 재판을 거부하지 않고는 면

할 수 없는 모든 죄악으로 사람들을 이끌기도 한다. 그리스도교도는 누구한테도 부정을 행하지 않고, 누구도 속이지 않고, 자신에게 가해지는 부정은 오직 인내하며, 악을 악으로 갚아서는 안 되는 것이다.

원시그리스도교도들의 사회에서 사도들에 의해 수립된 인간관계는, 신앙상의 반대자, 유혹자, 이단자들에 대하여 어떻게 행동할 것인지를 정한 그리스도교의 법칙을 바탕으로 하고 있다. 그런 이단자들에 대해서는 처음에는 한 사람씩 충고하거나, 그 잘못을 지적하고, 그래서 잘 되지 않을 때는 몇 명의 증인을 입회시켜 그렇게 하고, 그래도 되지 않을 경우에는 마지막 수단으로서 교회에 그 사실을 고한다. 만약 교회의 충고에도 따르지 않을 때는 그들을 이교도나 세리처럼 다룬다. 즉 그들과 사귀지 않는 것이다. 그런 의미에서 사도들은 간음을 한 자나 그 밖에 비슷한 자들과의 교제를 금했다. 복음서 위에 수립된 이와 같은 사회기구가, 지상의 왕이나 마을의 재판관에 의해 유지된 이교적 사회기구보다 훨씬 더 타락한 인류를 잘 바로잡아주는 법이다. 전자의 경우에는 사람은 자신의 죄 때문에 잃어버렸던 하느님의 은혜를 다시 얻을 수 있지만, 후자의 경우에는 그런 죄인들은 모두 죽음의 선고를 받기 때문이다.

그러므로 원시그리스도교도의 사회를 구축하는 데는 그리스도의 법칙만 있으면 충분하며, 그 법칙만으로 도덕적 인간관계의 수립에 성공할 수 있었다. 그런데 그 후 그들의 세계에 시민법과 로마교황의 교회법이 개입하게 되자, 도덕성이 땅에 떨어지기 시작했다. 연대기의 작자들도 그것을 인정하고 있으며, 지금의 우리도 우리의 눈으로 직접 이 두 가지 법률이 신앙과 하느님의 법칙을 어떻게 파괴해가고 있는지 목격하고 있다. 그래서 우리 후대 사람들은, 말하자면 이 두 가지 법칙의 그림자 밑에서 하느님의 법칙과 하느님의 지배에 대해 애매한 말만을 소곤거리며 이야기하고 있을 뿐이다. 왜냐하면 이 두 가지 법률의 어둠이 우리의 눈을 가리고 있기 때문이다. 여기서 나는 이른바 암중모색하는 심정으로 다음과 같은 물음을 제기한다. 과연 그리스도교의 법칙은, 그것에 부수되는 인간의 법률 같은 것이 없어도 이 지상에 완전하게 그리스도교적인 종교의 기초를 쌓고, 그것을 수립하는 데 충분한가? 그것에 대해 나는 마음에 전율을 느끼면서 감히 이렇게 대답하고 싶다. 그렇다, 지금도 충분하다, 왜냐하면 이전에도 그것으로 그리스도교적 사회를 수립하는 데 충분했으니까.

그리스도의 법칙은 그것에 가해지는 저항에 의해서도, 그것에 귀의하는 신자의 수의 증대에 의해서도, 결코 그 힘이 줄어들지 않는다. 오히려 그것으로 인해 더 큰 힘을 얻으니, 따라서 언제든지 그 법칙 하나면 충분하다. 그리고 만약 그것이 불신자를 그 신앙에 귀의시키는 데 충분하다면, 동시에 세상에 도덕을 수립하는 데도 충분하다. 왜냐하면 그렇게 하는 것이 전자보다 한결 쉽기 때문이다. 그리스도의 가르침의 도움을 받는 지배체제가 인간이 만들어낸 협잡물의 도움을 받는 그것보다 좋다고 한다면, 신의 법칙에 따라 사는 것이 독이 든 온갖 협잡물을 마시며 사는 것보다 훨씬 더 낫다는 것을 의심할 사람이 어디에 있겠는가?

시민법 또는 이교적인 왕들의 법률의 목적은 사람들의 사회에 인간의 육체와 재산과 관련된 모든 것에 대한 정의를 수립하는 것이고, 복음서적인 율법의 목적은 인간의 정신적인 완성에 있다. 이교도들은 자신의 행복은 오직 생명과 재산의 안전에 있다고 생각하기 때문에, 시민적 법률에 기를 쓰고 매달린다. 이와 마찬가지로 하느님과 하느님의 법칙을 버리고 이단으로 돌아서서, 오로지 현실적인 만족, 즉 자유와 이 세상에서의 안락과 육체상의 부를 지향하는 사람들도, 또한 그들의 욕망에 아부하며, 그들의 생명과 재산의 안전이 위협받을 때, 실제로 무기를 들거나 재판을 통해 잃어버린 재산을 찾아주는 세속적 권력의 편에 선다. 세속적 권력이 이룩하려 하는 정의는, 권력자들 자신에게도 없어서는 안 되는 것이다. 만약 사람들이 타인을 공격하고 타인에게 악을 행하면 그 왕국은 성립할 수 없게 된다. 세속적 권력은 그런 의미의 정의 외의 선덕에 대해서는 일체 고려하지 않고, 따라서 그런 의미의 부정 외에는 어떠한 죄도 방임해버리는 것이다.

그리스도교적 제도는 사람들을 정신적으로 선덕을 기르게 하고, 그들을 이끌어 하느님의 뜻에 합당하며 그래서 영원한 보상을 얻을 수 있는 청정함에 도달할 수 있게 한다. 그리스도교적 제도 하의 사람들은 육체적 피해를 입더라도 전혀 다른 태도를 취한다. 즉 그것을 되갚아 주려 하지 않고, 재판에 호소하여 해결하지도 않으며, 오로지 참고 인내하는 것이다.

그리스도교도들 사이에는 인간의 평등한 관계가 수립되었다. 그러므로 어느 누구도 자신을 남보다 높은 위치에 두어서는 안 되며, 따라서 진정한 그리스도교도는 결코 다른 그리스도교도 위에 왕으로서 군림해서는 안 된다. 뿐만 아니라 그리스도교도에게는 서로 무거운 짐을 나누어지라는 사도의 계율을 지킬 의무가 있다. '그런데도 어찌 선량한 그리스도교도가 왕이 됨으로써 사람들에게 무거운 짐이 되겠다는 마음을 먹을 수 있으랴!'

왕권이 민중에게 견딜 수 없이 무거운 짐이라는 것은, 솔로몬이 죽은 뒤 유대인들이 그의 아들 르호보암에게 가서, 당신 아버지의 가혹한 노역으로부터 우리를 해방하여 그 고통스러운 멍에로부터 구해달라고 탄원했을 때, 르호보암은 자신과 같은 부류인 바보들과 상의한 끝에, "나의 손가락 하나조차 너희들에게는 나의 아버지의 등뼈보다 무거워지리라" 하고 냉혹하게 대답한 것으로도 알 수 있다. 그것만 봐도 솔로몬 같은 가장 지혜로운 왕의 경우에도, 그 권력이 민중에게 고통스러운 멍에였던 것을 확실하게 알 수 있는 것이다.

예수 그리스도 자신은 제자들에게 서로 다른 사람 위에 서는 것을 금했다. "이 세상의 왕들은 강제로 백성을 다스린다. 그리고 백성들에게 권력을 휘두르는 사람들은 백성의 은인으로 행세한다. 그러나 너희는 그래서는 안 된다. 오히려 너희 중에서 제일 높은 사람은 제일 낮은 사람처럼 처신해야 하고 지배하는 사람은 섬기는 사람처럼 처신해야 한다."(루가복음 제22장 25~26절)

또 구약성서에서도, 헤데온은 자신들의 왕이 되어달라는 유대인들의 제의를 거절하면서 "나는 너희들을 지배하지 않을 것이고, 내 아들도 지배하지 않을 것이다. 주께서 너희를 지배하신다"고 대답했다.

강제적인 수단이 인간의 마음에 하느님에 대한 사랑을 일깨울 수는 없다. 그것은 인간의 자유로운 의지를 바탕으로 하여 하느님의 말씀에 의해 싹트는 것이다. 만약 왕이 하느님의 말씀을 설교하여 악인들을 바로잡을 수 있다면, 그는 이미 성직자라 불러야 마땅하며, 사람들을 교수형에 처하지 않고는 바로잡을 수 없는 권력에는 처음부터 의지하지 않을 것이다.

타인의 고통을 대가로 자신의 사치스러운 생활을 이루기 위해 이교적 권력에 의지하는 자들은, 구약성서에 나오는 감람나무와 무화과나무와 포도나무를 향해 자신들을 지배해 달라고 부탁한 잡목의 얘기를 읽어보라. 그 세 나무는 한결같이, 그러면 자신들의 좋은 점을 완전히 잃어버리지 않을 수 없다 하며 그것을 거절했지만, 가시덤불만이 이렇게 대답했다고 한다.

"만약 너희들이 나를 왕으로 뽑는다면 내 그늘 밑에 들어오너라, 그게 싫다면 내 몸에서 불을 뿜어 너희들 레바논 삼목을 모조리 태워버릴 테니 그리

알아라!"

하늘이 준 자질을 가진 사람들은 그것을 육체적인 행복이나 세속의 행복, 사람을 지배하고 사람보다 위에 서는 것과 맞바꾸지 않는다. 그러한 것에서 반드시, 잔인함과 무자비함, 폭력과 강제, 형제에 대한 착취가 생긴다는 것을 알고 있기 때문이다. 그런데 냉혹하고 무자비한 가시덤불만은 감히 이렇게 말했다.

"너희는 나를 왕으로 선택하였으므로 오늘부터 나는 너희의 왕이며, 너희들 중에는 나에게 원래의 모습을 알아볼 수 없을 정도로 껍질을 뜯기는 자도 있을지 모르니, 미리 각오해 두는 것이 좋을 게다. 나는 그것들의 날개를 찢고, 농부들의 가죽을 보리수처럼 벗겨 주리라." 그러면 이에 대해, "좋으실 대로 하십시오! 농부에게서 껍질을 벗기십시오. 어차피 강가의 버드나무처럼 새살이 돋아날 테니까요."하고 말하는 사람이 나타난다. 배가 불룩하도록 비곗살이 두둑이 올라 호화로운 생활을 하는 사람들은, 민중에 대한 그러한 태도를 인정하는 것이다.

인간에 의해 만들어진 어떠한 법률도 하느님의 법칙만큼 사람들의 도덕적 완성에 도움을 주지는 못한다. 모세의 율법도 좋은 율법이었지만 그리스도교적 지배자는 그 율법에 따라서는 안 된다. 왜냐하면 그것은 이미 다른 율법, 즉 그리스도의 율법에 흡수되어 지양되었으며, 그리스도의 율법은 전면적으로 하느님과 이웃에 대한 사랑을 기초로 하고 있기 때문이다.

교회와 속세, 두 세계의 수장(首長)들이 그리스도교회에 개입한 것이, 사도들에 의해 육성되어 320년 동안 지켜져 왔던 그 순진무구한 상태를 파괴해 버렸다. 많은 사람들이 그 개입은 신앙을 위해 유익한 것으로 생각했지만, 그러한 해독이 신앙이었던 적은 한번도 없었고, 앞으로도 있을 수 없으며, 그것은 어디까지나 사람들을 해치는 독, 신앙을 멸망시키는 독일 뿐이다. 그러므로 그리스도교도는 진정한 신앙을 지키기 위해서는, 이교도처럼 절대로 타인의 위에서 권력을 휘둘러서는 안 된다는 것을 깨달아야 한다. 그런데 반(反) 그리스도의 사도들은 이 세속적 권력을 교회에 속하는 것으로 생각하고 있다.

로마 교회의 가르침에 의하면 세속적인 권력은 성서의 말, 특히 다음과 같은 원문에 근거를 두고 있다고 한다.

군인들도 "저희는 또 어떻게 해야 합니까?" 하고 물었다. 요한은 "협박하거나 속임수를 써서 남의 물건을 착취하지 말고 자기가 받는 봉급으로 만족하여라" 하고 일러 주었다.(루가복음 제3장 14절)

이 말 자체는 그리스도교도가 칼을 휘둘러 사람의 피를 흘리게 할 수 있도록 그 칼을 갈아주는 역할을 하지는 않았지만, 로마교회가 쓰러지지 않도록 하기 위해 이를 강력하게 지지했던 로마교회의 위대한 기둥 아우구스티누스가, 이 대목에 커다란 의미를 부여해 그리스도교도에게 날카로운 칼이 필요하다고 설명한 것이다. 그는 다음과 같이 말했다.

"만일 그리스도의 가르침이 철저하게 전쟁을 부인하는 것이라면, 요한에게 물은 군인들에게 차라리 무기를 버리고 군인의 신분에서 벗어나라고 충고했을 것이다. 하지만 그는 군인들에게 자기가 받은 봉급으로 만족하라고 명했으니, 군무를 부정한 것도 아니고 전쟁을 비난한 것도 아니다."

로마교회가 인용하는 두 번째 대목은 다음과 같다. "누구나 자기를 지배하는 권위에 복종해야 합니다. 하느님께서 주시지 않은 권위는 하나도 없고 세상의 모든 권위는 다 하느님께서 세워 주신 것이기 때문입니다."(로마서 제13장 1절).

이것이 세상의 학자들이 세속적 권력을 지지하는 중요한 근거이며, 프라그 대학교의 한 박사는 나에게, 당신은 그것을 인정해야 하며 만약 인정하지 않는다면 당신은 이단자가 된다고 말했을 정도다.

여기서 좀 더, 인간의 어떤 행위를 사형으로 처벌하는 '인간의 법률'이 결코 하느님의 율법에 모순되지 않는다고 하는 박사의 주장을 열거해 보자.

① '살인하지 말라'는 계율은 죄인을 사형에 처하는 것을 금하는 것이 아니다. 왜냐하면 그런 경우에는 재판관이 죽이는 것이 아니라 법률이 그에게 그것을 강요하기 때문이다.

② 하느님은 생사를 다스린다. 따라서 그는 살생을 할 수도 있다. 나는 죽이고, 나는 생명을 창조한다고 하느님은 말했다. 황제는 하느님에 의해 정해진 자이므로 역시 하느님처럼 행동할 수 있다.

③ 사도 바울이 말했다. "그런 짓을 하는 자는 죽어 마땅하다. 관리가 칼을 가지고 있는 것에는 이유가 없지 않다"고.

④ 성서 속에 '나의 통치를 원하지 않는 적들을 이곳에 끌고 나와 내 앞에서 죽여라'라고 되어 있다.

⑤ 우상숭배자들을 죽이라고 한 구약성서의 계율에 근거하여 키프리아누스는 이렇게 말하고 있다. '만약 그런 계율이 그리스도가 탄생하기 전에 있었다면, 그리스도가 탄생한 뒤에는 '그러한' 짓을 한 자는 죽어 마땅하다고 한 사도 바울의 말에 비추어 봐도 더더욱 엄격하게 지켜야 한다'고.

아우구스티누스와 제롬도 '살인하지 말라'는 계율을 거의 이런 식으로 해석하고 있다.

이 점에 대해서는 성 그레고리와 성 아우구스티누스도 역시 같은 주장을 한다. 그래서 이 모든 것을 종합하면, 그들은 결국 하느님에게, 한 입으로는 살인하지 말라고 말하면서 또 한 입으로는 죽이라고 말하는, 한입으로 두 말을 하게 만들고 있는 것이다.

오늘날 그리스도는 참으로 비참한 처지에 놓여 있다. 이미 군중은 그를 따르지 않고, 사회에서 버림받은 자들과 어리석은 자들만이, 더러운 곳에서 꾀어든 파리처럼 초라하게 그의 뒤를 따르고 있다. 한편 학자들은 이 세상의 큰 부귀와 명예를 입고, 칼을 든 하느님의 수많은 종들을 제조하고 있고, 세상사람 전부가 그들을 선망의 눈으로 우러르고 있다. 세상의 현자들은 예수가 모두에게 버림받고 빈궁과 곤경에 빠져 있는 것을 알고는, 그에게서 등을 돌려 학자들에게 달려가, 자기들이 멋대로 만들어낸 법칙에 따라, 교회에서 커다란 집단을 이루어 하느님에게 봉사하고, 전쟁에 참가하고, 고문을 자행하며, 공개형벌장과 교수대를 갖춘 국가적 시설에서 일한다. 세상의 현자들은 그러한 갖가지 방법으로 그럴듯하게 하느님을 섬기고 있고, 예수를 따르는 것은 오직 어리석은 자들뿐이며, 세상은 그들을 비웃는다.

그리스도의 가르침에 가장 어긋나는 것은 칼을 들고 하는 일이다. 왜냐하면 그것은 모두 악을 악으로 갚는 일로 성립되어 있기 때문이다. 흔히 자기 일신을 위해서가 아니라 신의 사업을 위해 칼을 휘두르는 것이라고 변명하지만, 그것이 얼마나 정직한 주장인지는 하느님만이 아실 것이다. 만약 그것이 사실이라면 사람들은 자신에게 가해진 모욕과 부정에 대해서는 복수하지 않아야 한다. 그런데 실제로는 극히 사소한 모욕에 대해서도 반드시 복수를 하면서 하느님에 대한 모독은 방임하고 있는 실정이다. 그리스도는 그 반대로 너희의 적을 사랑하고 그들에게 악을 선으로 갚으라고 가르쳤다. 사마리아인들이 받아들이지 않았음에도 불구하고, 그리스도는 사도들에게 하늘에서 불을 내려 그들을 태워죽이려는 생각은 하지도 말라고 훈계하였다. 그리스도는 자신의 일시적인 고통보다 적들의 영혼을 더 절실하게 생각했다. 만약 사람들이 그리스도의 말을 믿고 그의 행위를 따랐다면, 지상에 전쟁은 일어나지 않았을 것이다. 모든 전쟁, 모든 살육, 모든 적대행위, 모든 악을 악으로 갚는 행위는, 오로지 우리가 우리의 적을 사랑하지 않고, 자신에게 가해진 모욕을 참고 견디지 않는 것에서 비롯된다.

성서 속에 제시되어 있는 진정으로 그리스도교적인 사회기구와, 칼과 칼을 휘둘러 이루어지는 모든 행위, 즉 모든 유혈행위는 그리스도교도의 본분인 선덕에 반하는 것이기 때문에, 결코 용납되어서는 안 된다.

그리스도교도는 그리스도교의 가르침 아래 모두 모여, '우리에게 빚이 있는 자를 우리가 용서하듯이, 우리의 빚도 용서하라'고 서로 기도하며, 사랑과 평화의 끈으로 굳게 맺어져 있다. 그런데도 거룩한 성인이라 불리고 있는 옛 성직자 가운데 과연 누가, 그 신앙을 바탕으로 그리스도교도들 사이에도 전쟁과 살인이 존재해야 한다고 논증할 수 있을까? 전쟁을 일으키고 그밖에 여러 가지 유혈행위를 하는 그리스도교도는 이름뿐인 그리스도교도로, 결국 이교도의 흉내를 내고 있는 것이며, 그 둘의 차이라고 하면 오직 이교도는 하느님을 모르고 있어서 그리스도교도가 누릴 수 있는 정신적인 행복을 얻을 수 없다는 것뿐이다. 그리스도교도가 일으키는 전쟁과 유대교도가 일으키는 전쟁을 절대로 동일시해서는 안 된다. 유대교도에게는 그것이 율법으로 허용되어 있기 때문이다.

서로 싸우고 죽이는 그리스도교도는 어떠한 경우에도 그리스도가 약속한 정신적 행복을 누릴 수 없다. 만약 그들이, 어차피 세상 일이 너무 바빠서 고매한 정신적인 문제를 생각할 시간도, 이해할 여유도 없다고 변명한다면, 한마디로, 그렇다면 그리스도를 믿는 것을 그만 두면 된다, 성호를 긋는 것을 그만 두면 된다고 말해주면 된다. 만약 그리스도교도가 스스로 그리스도의 수난에 대한 참여자로 자처하며 내세의 구원을 원하면서도, 동시에 서로를 죽임으로써 자신의 내부에 있는 그리스도를 십자가에 매단다면, 그들을 기다리는 것은 이교도에 대한 것 이상의 천벌과 저주일 것이다.

그리스도교도 사이의 전쟁은, 이웃의 몸과 영혼과 재산과 명예를, 행위 또는 말로 상처 주는 모든 적대행위를 비난하고, 타인이 자신에게 가하는 부정

행위를 묵묵히 견딜 것을 가르치는 그리스도교적 사랑의 법칙에 정면으로 반하는 것이다.

그리스도교도들의 상호관계에 대해 사도는 다음과 같이 말했다.

"피차 사랑의 빚 외에는 아무에게도 아무 빚도 지지 말라."(로마서 제13장 8절)

이 말 속에는 신앙에 속하는 것과 이교적 지배 형태에 속하는 것의 차이가 얘기되어 있다. 이 두 가지는 서로를 부정한다. 그러므로 이교와 그리스도교의 통일은 처음부터 불가능한 일이다. 최초에 그리스도교도는 그리스도의 피를 마시는 것에 기쁨을 느끼고, 이교도는 인간의 피를 흘리는 것에 기쁨을 느꼈다. 지금은 그 둘이 일체가 되어 하느님에게 봉사하고 그리스도의 피를 마시면서, 자신의 이웃의 피를 열심히 흘리고 있는 것이다.

여기에 양극단이 존재한다. 하느님을 완전히 버리고 하느님을 떠나는 것과, 전심전령으로 하느님에게 의지하는 일이다. 그러나 인간에게는 그 어느 쪽도 쉬운 일이 아니다. 왜냐하면 전면적으로 하느님을 버릴 만큼 죄가 깊은 인간도 많지 않지만, 전심전령을 기울여 하느님에게 의지하는 사람도 좀처럼 없기 때문이다. 로마교회법에 기초한 신앙은 그 중간적인 형태의 것으로 대다수의 사람들이 그 신앙 속에 안주하고 있다. 그 신앙은 다양한 외형적 의식이라는 형태로 나타나는 허위적인 신앙행위를 명하고 있어, 결국 사람들은 입으로만 하느님을 믿고, 외형적 의식으로만 하느님을 섬기는 척하면서, 자신들은 진실한 신앙을 지키고 있다고 생각하고 있는 것이다.   페트르 헬치츠키

10월 14일

1

예술은 사람들을 동일한 감정으로 묶어주는 인간적 활동이다. 만일 그 감정이 좋은 것이면 예술의 활동은 유익한 결과를 맺고, 나쁜 것이면 나쁜 결과를 맺는다.

2

언제 어느 때나 어떠한 인간사회에서도, 무엇이 선이고 무엇이 악인가 하는 그 사회 사람들에게 공통되는 종교적 기준이 있기 마련이다. 그 종교적인 기준이 예술에 의해 주어지는 감정의 가치를 결정한다.

3

그리스도교적 예술은 지금은 사회의 일부 우수한 사람들만 이해하고 있는 동포애와 이웃사랑의 감정을 모든 사람의 보편적인 감정, 본능적인 감정이 되게 하지 않으면 안 된다. 그리스도교적 예술은 그 동포애와 이웃사랑의 감정을 묘사함으로써 사람들에게 실제로 그 감정을 맛보게 한다. 그것은 사람들의 마음속에 그러한 예술에 의해 길러진 사람들의 행동이 당연히 그 위를 달려갈 수 있는 튼튼한 레일을 까는 것이다.

4

그리스도교적 사상의 본질은 한 사람 한 사람이 자신을 하느님의 아들로 인정하고, 거기서 탄생하는, 인간과 하느님의 합일과 인간 상호간의 합일에 있다. 그것은 성서에서 이야기되고 있는 바(요한복음 제17장 21절)와 같다. 그러므로 그리스도교적 예술의 내용은 인간과 하느님의 합일과 인간 상호간의 합일을 촉진시킬 수 있는 감정이다.

5

그리스도교적 예술 작품은 사람들 속에 그들의 하느님과 이웃에 대한 입장이 동일하다는 의식을 불러일으키거나, 사람들 속에 아주 사소한 감정일지라도 그리스도교에 어긋나지 않는, 예외 없이 모든 사람에게 고유한 어떤 하나의 감정을 불러일으킴으로써 모든 사람을 합일시킬 수 있는 작품이어야 한다.

6

그리스도교는 사람들의 이상을 완전히 바꾸었으며 그 결과 복음서에서 말하고 있듯 인간 앞에서는 위대했던 것이 하느님 앞에서는 보잘 것 없는 존재가 되었다. 사람들의 이상은 이집트 왕이나 로마 황제의 위대함도 아니고 그리스인의 미(美)나 페니키아의 부(富)도 아니며, 겸양과 순결과 자비와 사랑으로 바뀌었다.

영웅은 이제 부자가 아니라 거지 라자로이며, 아름다움을 자랑하고 있었을 때의 이집트의 마리아가 아니라 회개했을 때의 그녀이다. 부를 얻은 자가 아니라 부를 거부한 자들, 궁전이 아니라 움막에서 사는 자가 되었다.

7

현대 예술의 사명은 사람들의 행복이 그들 사이의 일치에 있다는 진리를 이지(理智)의 영역에서 감정의 영역으로 옮기고, 현재 군림하고 있는 폭력과 강제 대신 하느님의 나라를, 즉 우리들 모두가 인류 생활의 최고 목적으로 여기는 사랑의 나라를 세우는 데에 있다.

8

종교적 의식에서 생기는 여러 감정은 무한히 다양하고 또 모두 신선하다. 왜냐하면 향락의 욕구에서 생기는 감정은 한정되어 있을 뿐만 아니라 오랜 옛날에 다 알려졌고 다 표현되어 버린 반면, 종교적 의식은 인간의 세계에 대한 새로운 관계의 지표이기 때문이다. 그러므로 유럽 상류사회의 무신앙이 그들을 지극히 내용이 빈약한 예술로 이끈 것이다.

9

어쩌면 미래의 예술에서 현재보다 더 높은 이상이 발견되고, 예술은 그 이상들을 실현할지도 모른다. 그러나 현대에 있어서 예술의 사명은 분명하게 정해져 있다.

그리스도교적 예술의 과제는 사람들의 마음에 '우리는 모두 형제'라는 의식을 불러일으키는 것이다.

10월 15일

1

인간의 사명은 자신의 영혼을 지키는 일이다. 자신의 영혼을 지킨다는 것은 그것을 기르고 확대시키는 것이다. 그 확대는 사랑을 통해 이루어진다.

2

"나는 내 뜻을 이루려고 하늘에서 내려 온 것이 아니라 나를 보내신 분의 뜻을 이루려고 왔다. 나를 보내신 분의 뜻은 내게 맡기신 사람을 하나도 잃지 않고 마지막 날에 모두 살리는 일이다"하고 요한복음(제6장 38~39절)에 얘기되어 있는데, 그것은 유모의 손에 맡겨진 갓난아이처럼 나에게 주어지고 맡겨져 있는 정신적 생명의 불꽃을 잘 지키고 키워서 그것을 신성의 가능한 한 최고의 높이까지 끌어올린다는 것이다. 이것을 달성하려면 무엇이 필요할까? 그것은 욕체적 욕망의 만족도 아니요, 인간적인 명성도 아니며, 바로 복음서 속에서 수없이 얘기되어 있는 노동이며, 투쟁이며, 인고이며, 결핍이며, 굴욕이며 박해이다. 그야말로 우리에게 필요한 그것은 우리에게 다양한 형식으로, 또 크고 작은 온갖 규모로 주어진다. 다만 우리는 그것을 올바르게, 즉 우리에게 필요한 것, 따라서 기쁜 것으로 받아들이고, 결코 우리의 동물적 생존을(우리는 그것을 생명이라고 생각하고 있지만) 위협하는 불쾌한 어떤 것으로 받아들이지 않도록 해야 한다.

3

의로운 사람들이 하는 일은 흙에 뿌려진 씨앗과 같은 것으로, 그것은 때때로 역사라는 흙 속에 오랫동안 움직이지 않고 묻혀 있지만, 그것이 따뜻한 태양과 비를 만나 새롭고 건강한 수분과 싱싱한 생명력을 흡수하면, 그 씨앗에서 싹이 트고 자라서 꽃을 피우고 열매를 맺게 된다. 그러나 폭력과 부정에 의해 뿌려진 씨앗은 썩거나 시들어 흔적도 없이 사라지고 만다.　　　　탈무드

4

인간은 우리 전부를 포용하며 한순간도 낡은 과거 속에서 잠자는 일 없이, 끊임없이 자기 자신을 바로잡고, 매일 아침 우리에게 새 날을, 그리고 매 시간마다 새로운 생활을 가져다주는 자연을 모방해, 인간이 한 일을 다시 하기 위해, 기만을 밝히기 위해 진리와 선을 부흥시키기 위하여 태어나고 있다.

에머슨

5

개개인의 생명의 의의는, 개인적인 자기완성과 세계 전체의 생명에 의해 이루어지는 일에 대한 봉사 속에 있다.

인간 속에 생명이 있는 한 그는 자기를 완성할 수 있고 세계에 봉사할 수도 있다. 그러나 그는 자기를 완성함으로써 비로소 세계에 봉사할 수 있고, 또 세계에 봉사함으로써 비로소 자기를 완성할 수 있는 것이다.

6

자기완성이라는 것은, 즉 자신의 자아를 육체적 생활에서 정신적 생활, 즉 시간도 없고 죽음도 없으며, 모든 것이 행복할 수 있는 정신생활로 옮겨가는 것이다.

7

다섯 살 난 어린아이에서 나까지는 딱 한 걸음이다. 갓 태어난 갓난아기에서 다섯 살 난 어린아이까지는 무섭도록 멀다. 또 태아에서 갓 태어난 갓난아기까지의 사이에는 큰 심연이 가로놓여 있다. 그리고 또 아직 존재하지 않는 것에서 태아까지의 사이에는 이미 심연 정도가 아니라 인간의 지혜로는 파악할 수 없는 수수께끼가 있다.

8

어린 시절부터 죽는 날까지, 그 죽음이 언제 닥칠지라도 인간의 영혼은 끊임없이 성장하고 더욱 더 깊이 자신의 영성을 의식하며, 하느님에게 다가가 자기를 완성시킨다. 네가 그것을 알든 모르든, 또 원하든 원하지 않든 그 운동은 계속 진행된다. 그러나 하느님이 원하는 바를 알고 또한 이것을 원한다면 네 생명은 자유롭고 즐거운 것이 될 것이다.

10월 16일

1

어떠한 사람이라도 자기 속에 하느님을 의식하는 것은 가능하다. 이 의식의 눈뜸이야말로 복음서 속에서 부활이라고 불리고 있는 바로 그것이다.

2

열매가 익으면 꽃잎은 진다. 네 속에 신의 의식이 자라기 시작하면 너의 약점이 사라지기 시작한다.

비록 천년에 걸쳐 어둠이 천지를 뒤덮고 있었다 해도 빛이 그것을 뚫으면 이내 환해진다. 네 영혼도 또한 마찬가지이다. 그것이 아무리 오랫동안 어둠 속에 갇혀 있었다 해도, 신이 그 속에서 눈을 뜨면 당장 환하게 밝아진다.

바라문의 잠언

3

자존심이라는 것은 우리가 자신의 마음속에서 신을 보는 데서 생긴다. 그러므로 자존심의 근원은 종교 안에 있다. 그 가장 좋은 예는 겸허함 속의 위대함이다. 어떠한 귀족도 왕후도 자존심이란 의미에서는 성자와 비교될 수 없다. 성자가 겸허한 것은 자신의 내부에서 그가 느끼는 신에게 의지함으로써 겸허해지지 않을 수 없기 때문이다.

에머슨

4

사람을 아는 자는 지자(知者)이지만 자기 자신을 아는 자는 진정한 현자이다. 자기 자신을 아는 자는 신도 알게 된다.

동양의 격언

5

신은 네 가까이 있다. 하느님은 너와 함께, 그리고 네 속에 있다. 신의 영혼은 우리 속에 있고, 언제나 우리의 선한 행위와 악한 행위의 증인이 되며 우리

가 그 영혼에 대해 행동하듯 그 영혼도 우리에 대해 행동한다. 사람은 신 없이
는 선해질 수 없다.   세네카

6

만일 괴로울 때는 자신의 내면을 들여다보라. 어딘가에 반드시 신이 있을 것
이다. 자신의 내부에서 신을 인식하기만 하면 모든 괴로움은 사라지고 사랑과
기쁨을 느끼게 될 것이다.

7

인간이 자신의 내부에서 신의 힘을 느끼지 못하더라도 그것은 결코 그 안
에 신이 살고 있지 않은 증거가 아니며, 다만 그 사람이 아직 자신의 내부에서
신의 힘을 의식하는 법을 배우지 못한 것일 뿐이다.

10월 17일

1

사람이 있고 신이 있다고 한다면 신과 사람 사이에 상호관계가 존재하지 않
을 수 없다. 그리고 옛날에 존재했던 그 관계는 현재의 관계보다 중요하지도
절실하지도 않다. 현재의 관계가 우리에게는 훨씬 더 알기 쉽고 훨씬 더 친숙
하다. 따라서 현재의 관계가 옛날의 관계를 척도로 해서 점검되어서는 안 되
며 오히려 그 반대이다.

2

세상 사람들이 수많은 진리의 높은 계시 중에서 지금은 이미 시대에 뒤처져
버린 가장 낡은 것만 받아들여, 간명하고 솔직하고 자주적인 모든 사상을 하
찮은 것으로 생각하며 그 대부분을 기를 쓰며 반대하는 것은 얼마나 놀라운
일인가.   소로

3

인류의 종교적 의식은 결코 정지돼 있는 것이 아니라 끊임없는 변화를 계속
하면서 더욱 분명해지고 더욱 순수해져 간다.

만약 누군가가 일정한 관념을 고집하면, 설사 그것이 옳은 관념이라 하더라도 그 사람은 본질적으로, 미망에 빠지지 않기 위해 자신을 기둥에 비끄러매는 사람과 같은 짓을 하고 있는 것이다. 정신적 발달의 일정한 단계에서는 바람직한 진리도, 더 높은 단계에서는 발전을 저해하는 요인, 미망의 요인이 될 수 있다.

류시 말로리

인간에게 가장 유해한 미신의 하나는 세계는 창조된 것, 무(無)에서 생긴 것이며 창조주인 신이 존재한다고 생각하는 것이다.

실제로 우리는 창조주인 신을 생각해야 할 아무런 근거도 필요도 없으며(중국인과 인도인들에게는 그런 관념이 없다), 또 창조주 또는 주재자로서의 신의 관념은 그리스도교의 아버지인 신, 영혼으로서의 신, 그 분자가 우리 각자의 내부에 살고 있고, 그것을 드러내고 환기하는 것이야말로 인생의 의의를 구성하고 있는, 사랑으로서의 신의 관념과는 양립될 수 없다.

창조주로서의 신은 냉혹하며 고뇌와 악을 허용한다. 그러나 영혼으로서의 신은 고뇌와 악을 면하게 하고 언제나 완전한 행복을 준다.

자신에게 주어진 감정을 통해 세계를 인식하는 자는 누구나 반드시 내면적으로 자신의 아버지인 신을 알기 마련이지만, 창조주인 신은 알지 못하고 또 알 수도 없다.

6

코란이나 불경, 공자의 저술이나 스토아학파의 여러 저작, 또 바이블과 우파니샤드, 복음서에도 좋은 말이 많이 씌어져 있지만, 무엇보다 중요하고 무엇보다 이해하기 쉬운 것은 우리에게 가장 친근한 종교적 철학자들 속에 있다.

10월 18일

과거는 이미 존재하지 않고 미래는 아직 오지 않았다. 존재하는 것은 오직 현재뿐이다. 현재에 있어서만 인간 영혼의 신적이고 자유로운 본성이 나타난다.

2

예수께서는 이렇게 대답하셨다. "빛이 너희와 같이 있는 것도 잠시뿐이니 빛이 있는 동안에 걸어 가라. 그리하면 어둠이 너희를 덮치지 못할 것이다. 어둠 속을 걸어 가는 사람은 자기가 어디로 가는지 모른다." 요한복음 제12장 35절

3

모든 습관이 반복적인 연습에 의해 강화된다는 것은 누구나 다 알고 있는 사실이다. 이를테면 잘 걸으려면 자주 그리고 많이 걸어야 하고, 잘 달리려면 많이 달려보아야 하며, 잘 읽는 것을 배우려면 많이 읽어야 하는 것이다. 그리고 반대로 습관이 되어버린 것도 더 이상 하지 않으면, 습관 자체가 없어지고 만다. 예를 들어 네가 열흘 동안 누워만 지내다가 그 뒤 일어서서 걸으려고 하면, 다리가 완전히 약해져 있는 것을 알게 될 것이다. 즉 어떤 습관을 얻고자 한다면, 그것을 자주 그리고 많이 행동으로 옮겨 보아야 한다. 또 반대로 만일 무언가의 습관을 끊고자 한다면 그것을 더 이상 하지 말아야 한다.

우리의 정신적 능력도 마찬가지이다. 네가 화낼 때 너는 단지 그것만의 악을 행하는 것에 그치지 않고, 그와 동시에 자신의 내부에서 화내는 습관을 기르고 있다는 것, 말하자면 불 속에 장작을 던지는 셈이라는 것을 알아야 한다. 또 육체적인 유혹에 빠졌을 때 단지 그것만의 죄를 지었을 뿐, 그 이상 아무것도 없다고 생각해서는 안 된다. 너는 동시에 그러한 간음 행위에 대한 습관을 기르고 있는 것이다. 의식이 있는 사람은 모두들 너에게, 우리의 정신적 질환, 우리의 나쁜 생각과 나쁜 소망은 바로 그렇게 해서 강화되는 것이라고 충고할 것이다. 그러므로 만약 화내는 습관을 가지고 싶지 않거든 분노를 최대한 억제하여, 그 습관이 더 이상 자라지 않도록 해야 한다. 그러나 도대체 어떤 방법으로 자신의 나쁜 생각과 싸울 힘을 얻을 것인가?

자신을 유혹하는 나쁜 생각과 싸울 때 유익한 것은, 너 자신보다 선량한 사람들의 가르침, 또는 너보다 먼저 살았던 현인들의 가르침을 생각해내거나 책을 읽는 일이다. 진정한 투사는 자신의 나쁜 생각과 싸우는 사람이다. 이 신성한 싸움은 너를 신에게 접근시킨다. 네 인생의 평화와 행복은 이 싸움의 승패

에 달려 있다. 그러므로 너는 항상 두 가지의 시점을 생각하라. 하나는 네가 죄 많은 생각에 굴복해 육체적인 욕망에 탐닉하는 현재 시점이고, 또 하나는 그러한 욕망을 채우고 난 뒤의 공허함 속에서 후회하고 스스로를 책망하는 시점이다. 마찬가지로 네가 자제심으로 욕망을 극복했을 때 느끼는 정신적 만족감을 생각하는 것도 좋다.

한번 한계를 넘으면 자제하기가 좀처럼 어렵다는 것도 잊어서는 안 된다. 네가 유혹에 지면서도 내일은 이겨내리라 생각하면서, 그 내일이 되어도 역시 같은 일을 되풀이한다면 결국 네 자제심은 완전히 무너져, 나중에는 자신의 결점도 깨닫지 못하게 되고, 설령 깨닫는다 하더라도 온갖 구실을 만들어 자신의 어리석은 행동을 변호하게 될 것이다. 　　　　　　　　　　에픽테토스

4

네가 행할 수 있는 선은 지금 당장 하는 것이 좋다. 왜냐하면 기회는 한 번 지나가면 다시 되돌아오지 않기 때문이다.

5

뉘우침은 모두 유익하다. 왜냐하면 그것은 언제나 현재를 그 현재의 힘에 걸 맞게 이용하지 않았던 것에 대한 아쉬움이기 때문이다. 뉘우침이란 현재의 순간순간을 어떻게 행동해야 했는지에 대한 반성이다.

10월 19일

1

삶의 의의는 자신에게 계시되는 것을 기꺼이 받아들일 마음가짐이 되어 있는 사람에게는 바로 계시되지만, 자신이 좋아하고 습관이 된 생활을 파괴하지 않는 삶의 의의 외에는 인정하지 않겠다고 처음부터 마음먹고 있는 사람에게는 결코 계시되지 않는다.

2

"나는 누구인가? 나는 무엇을 해야 하는가? 나는 무엇을 믿고 무엇에 희망을 가질 수 있는가? 철학의 모든 것은 이 세 가지에 귀착된다"고 철학자 리히

텐베르크는 말했다. 이 세 가지 문제 가운데 가장 중요한 것은 가운데의 문제이다. 인간이 무엇을 해야 할 것인지 알고 있는 것은 알아야 할 모든 것을 알고 있다는 뜻이다.

3

어떻게 하면 옷이 좀먹는 것을 막을 수 있을까? 쇠가 녹스는 것을 막을 수 있을까? 감자가 썩는 것을 막을 수 있을까? 등등의 문제에 대한 내 의견은 바뀔 수 있다. 그러나 어떻게 하면 영혼이 부패되는 것을 막을 수 있는가에 대해서는 그리 배울 필요가 없으며, 다만 '내가 알고 있는 것'을 실천하기만 하면 된다.

소로

4

자신의 일을 찾아낸 사람은 행복하다. 그는 이제 다른 행복을 찾을 필요가 없다. 그에게는 일이 있고 인생의 목적이 있다.

칼라일

5

무엇을 보고 있는지도 모르면서 보고 있는 사람, 어디에 서 있는지도 모르면서 서 있는 사람은 불행하다.

탈무드

6

자신의 인생의 의의를 모르는 사람들은 불행하지만, 세상에는 인생의 의의 같은 것은 알 수 없는 거라고 생각하는 사람들이 많으며, 그런 것을 알고 싶어 하지 않는 것을 자신들이 현명하다는 증거라도 되는 듯 자랑까지 한다.

파스칼

7

어떤 사람이 감옥에 들어갔는데 어떤 선고가 내려질지 모르고 있다고 치자. 그에게는 그것을 알기 위한 시간이 한 시간밖에 남지 않았고, 만약 그가 사형 선고를 받았음을 알더라도 그 한 시간만 있으면 선고를 변경해달라고 탄원하는 데 충분하다고 치자. 그런 경우, 과연 그는 그 한 시간을 어떤 선고를 받을

지 알려고 노력하는 대신 카드놀이에 쓸 수 있을까? 그런 불합리한 얘기는 아마 없을 것이다. 그런데 신에 대해, 또 영원에 대해 생각하지 않는 사람들은 바로 그러한 불합리한 행동을 하고 있는 것이다.   파스칼

8

새는 모두 어디에 둥지를 틀어야 할지 알고 있다. 어디에 둥지를 틀어야 할지 알고 있다는 것은, 새가 제 사명을 알고 있다는 뜻이다. 그런데 만물의 영장인 인간이 새도 알고 있는 것을, 즉 자신의 사명이 무엇인지를 몰라도 되는 것일까?   중국의 금언

9

전 세계의 생명에 대한 진정한 의의를 찾는 것은 불가능하다. 그러나 자기 생명의 의의, 즉 자신이 무엇을 해야 하는지 탐구하는 것은 참으로 간단하여 지능이 낮은 사람이나 어린아이도 알 수 있다.

10월 20일

1

인생은 그것이 의무의 수행이며 봉사라는 걸 깨달을 때 비로소 합리적인 의미를 지닌다.

2

우리는 죽음이 우리를 기다리고 있다는 것만은 확실히 알고 있다. '사람의 인생은 방 안에 날아들었다가 다시 날아가 버리는 제비와 같다.' 우리는 어디선지 모르게 이 세상에 왔다가 어디론지 모르게 떠나간다. 뒤에는 보이지 않는 어둠이 있고 앞에는 짙은 암흑이 있다. 마침내 우리의 때가 왔을 때, 우리가 맛있는 것을 먹었는가, 먹지 않았는가, 부드러운 옷을 입었는가, 입지 않았는가, 막대한 재산을 남겼는가, 아무것도 남기지 못했는가, 빛나는 명예 속에 살았는가, 멸시를 받으며 살았는가, 학자로 인정받았는가, 무식한 사람으로 여겨졌는가 하는 것이, 우리가 신으로부터 잠시 빌린 재능을 어떻게 활용했는가에 비해 얼마만한 의미를 가지는 것일까?   헨리 조지

이 세상의 아주 사소한 일 속에서도 신의 힘이 번뜩임을 인식하는 사람은 지극히 높은 이해력과 지극히 높은 이상을 가진 사람이라고 할 수 있다. 이러한 사람은 자기 자신도 타인도 존중하며, 사소한 것도 가볍게 보지 않고, 그러한 것들도 모두 하느님의 힘이 나타난 것으로 본다.   페르시아의 젤라레딘 루미

선행이란 사람이 자기 자신에게 해야 하는 봉사이다. 설사 저 세상도 없고 세계를 다스리는 신도 존재하지 않더라도 선행은 역시 필연적인 인생의 법칙이다. 무엇이 옳은지 알고 그것을 실천하는 일, 그것이야말로 인간의 의무이자 특권이다.   라마야나

사람을 만날 때, 상대방이 자신에게 어떤 식으로 도움이 될지 생각하지 말고, 자신이 상대방에게 어떻게 봉사할 수 있을지를 생각하라.

우리에게는 우리의 모든 행동에 대한 확고한 법칙이 주어져 있고, 그 법칙에 따른 행동은 어떠한 권력에 의해서도 저지당하거나 압박받을 수 없다. 그 법칙의 실천은 감옥 안에서도, 고문이나 죽음의 위협 하에서도 가능하다.

이 세계에서의 나의 생명에는 그 자체로서가 아니라 봉사자로서의 의의가 있음이 명백하다. 또 육체적 존재로서의 우리는 항상 그 정복자나 죽음 자체와 직면하고 있다는 것도 분명하다. 그것은 우리의 눈이 보는 바, 마음이 이야기하는 바이며, 자연 전체가 증명하는 바이다. 이것이 바로 이 세상의 생명의 법칙이며 신이 원하는 것이다. 그것을 이해한 사람은 그 간단한 진리가 밝혀짐에 따라 서서히, 자신의 육체적 생명의 행복을 위해, 즉 자신과 인연이 먼 잠시 동안의 냉혹한 주인임을 알고 있는 자를 위해, 사람들과 각축하며 싸울 의욕을 상실하게 된다.   부카

오로지 자신을 위해서 선한 생활, 신의 뜻에 합당한 생활을 찾아서 살도록 하라. 그러면 너희는 미리 너희에게 부과된 봉사를 완전히 수행할 수 있을 것이다.

이레째 읽을거리

라므네

평범한 사람들도 저마다 정도의 차이는 있지만 삶의 과정을 더듬어가는 인생의 단계를 밟기 마련인데, 사후에 깊은 발자취를 남기는 위대한 지혜와 뜨거운 열정을 지닌 위인들은 그것을 특별히 선명하게 보여준다.

그 단계는 다음과 같다. ① 외부로부터 주입된 미숙한 신앙, 권위에 대한 완전한 복종, 주위에 있는 모든 사람들과의 조용하고 확신에 찬 교류. ② 사람들로부터 주입되어 그들에 대한 믿음을 바탕으로 한 이 신앙의 본질을 깊이 고찰한 결과 생기는, 그 신앙의 진실성에 대한 드러낼 수 없는 의혹, 그것으로 인한 더욱 열성적인 주장과 선전, 주위 사람들의 동의와 칭찬. ③ 최초에 받아들인 가르침에서 거짓된 것과 불필요한 것, 그리고 미신적인 것을 제거하여 더 깨끗한 것으로 고쳐, 그 위에 자신의 삶을 구축하려는 시도. 그것으로 인한 이전의 동의자들과의 결렬, 그들로부터의 증오. ④ 남을 신용하여 받아들인 신앙으로부터의 완전한 탈피, 이성이나 양심과 일치하는 것만의 승인, 사람들 속에서의 고독감, 신과의 일체감, 가까운 소수 사람들로부터의 높고 강한 사랑과 대다수 사람들로부터의 두려움과 증오, 그리고 죽음이 그것이다.

사람들은 누구나 원하든 원치 않든 다소나마 그러한 단계를 의식하지 않을 수 없다. 처음에는 ① 완전한 신뢰, 다음에는 ② 이따금 아주 희미하게 스쳐 지나가는 의혹, 이어서 ③ 때때로 매우 약하지만, 어떻게든 자신의 인생관을 확립하고자 하는 시도, 그리고 마지막으로 ④ 신과의 직접적인 대면, 완전한 진리의 인식, 고독, 그리고 죽음.

누구나 이러한 과정을 거치는 법이지만, 라므네의 경우, 그것은 유달리 강렬한 형태로 나타났고, 그 결실 또한 풍부했다.

펠리시테 라므네는 1782년에 브르타뉴에서 태어났다. 그리고 1816년에 사제에 서품되었다.

라므네는 어린 시절부터 종교적인 사람이었지만, 그가 성직자가 된 것은 그 한 사람의 희망에 의한 것은 아니었다. 라므네의 서간문에 의하면 친지들의 권유와 설득에 의해 성직자가 되었음을 알 수 있다. 친지들은 일찌감치 그의 종교적인 성향을 알아보고 그것을 교회를 위해 쓰는 게 좋다고 생각한 것이다.

실제로 라므네는 사제가 되자, 그가 그 진실성을 한번도 의심한 적이 없었던 가톨릭교회를 위해 전력을 다했다. 라므네는 사회와 민간에서 신앙이 쇠퇴하고 있는 것을 보고, 어떻게든 신앙의 기운을 높이기 위해, 가톨릭이야말로 가장 널리 보급되어 가장 많은 사람들의 인정을 받은 신앙이라는 것을 특별히 강조했다. 또한 그 사실이 바로 가톨릭 신앙이 진정한 신앙임을 보여주는 증거라고 주장하기도 했다. 당시, 그의 의견에 의하면, 진리는 개개인에 의해 파악되는 것이 아니라 인간의 집단에 의해서만 파악할 수 되는 것이었다. 그런데 인간의 가장 큰 집단이 가톨릭을 인정하고 있으므로 가톨릭의 진실성에는 아무런 의심의 여지가 없다, 따라서 가톨릭이 최고의 진리를 구현하고 있는 것이니 국가도 그 진리에 복종해야 한다, 종교가 없이 국가는 있을 수 없고, 교회가 없이 종교는 있을 수 없으며, 교황이 없이 교회는 있을 수 없다는 것이었다.

이러한 것이 당시 라므네의 신념이었다. 이 정신에 따라 그는 초기 저작의 하나인 〈종교 무관심론〉을 썼다. 이것이 라므네의 정신사의 첫 번째 단계, 즉 의심할 여지없는 신앙의 단계였다. 라므네는 가톨릭 옹호자로서의 국가 권력에 기대를 걸고 있었기 때문에, 그러한 사상이 그를 극단적인 국가 권력의 옹호자들에게 기울게 해, 결국 〈보수주의자〉 지(紙)에 글을 발표하게 되었다. 이 신문에서 그는 특수한 위치에 서서, 동료들이 군주제의 옹호와 그 이익을 위해서 글을 쓴 것에 비해, 언제나 종교를 가장 먼저 염두에 두었다. 군주제는 그것이 가톨릭의 승리에 협조할 수 있는 범위 안에서만 그의 관심을 끌었을 뿐이었다.

그러나 얼마 뒤 라므네는 국가권력과 종교의 이익이 일치하지 않을 뿐만 아니라, 대부분 서로 모순 상반되고 있으며, 권력에 있어서는 종종 종교를 억압하는 것이 유리한 경우가 있다는 것을 알았다. 그것을 안 라므네는 그때까지의 생각을 바꾸어 다른 신문으로 옮기고, 국가권력에 대해 협조나 동맹의 관계가 아니라, 종교에 관한 완전한 자유와 권력의 불간섭을 요구했다. 라므네는 거기에 머무르지 않고, 곧 한 걸음 더 나아가 국가와 교회의 분리를 요구하고 국가의 권력을 비판하면서, 자신도 모르는 사이에 혁명주의자들 편에 서서 1830년의 혁명을 옹호했다. 이것이 라므네의 정신사의 두 번째 단계였다.

1830년의 혁명 때 라므네는 몽탈랑베르, 라코르데르 등과 공동으로 〈미래〉라는 잡지를 발간해, 그 안에서 교회와 국가의 분리, 인권의 보장, 귀족원과 극단적인 중앙집권제의 폐지, 강제적 국세(國勢) 조사의 폐지 및 보통 선거제도의 확립을 주장했다. 이 잡지에서 그는 국가 권력이 교회에 지나치게 개입해서는 안 되는 것과 같이, 교회 쪽에서도 정치에 관여해서는 안 되며, 따라서 교황은 세속적인 권력을 지양하고, 성직자들은 국가로부터 봉급을 받아서는 안 된다는 생각을 발표했다.

그러한 의견은 로마의 공감을 얻을 리가 없었다. 그것을 예견한 라므네는 로마교황청을 설득해, 민중을 교회 아래 통솔하기 위해서는 그만한 양보는 꼭 필요하다는 것을 이해시키기 위해 직접 로마로 갔다. 그러나 교황은 그를 만나주지 않았고 그의 제안에 대해서도 아무런 대답을 하지 않았다. 가톨릭의 개혁에 실망한 라므네는 파리로 돌아와 얼마 동안 잡지를 계속 발행하면서, 그 속에서 가톨릭이 민중을 계속 지배하기 위해서는 현재와 같은 형식을 바꾸지 않으면 안 된다는 의견을 피력했다. 이것이 세 번째 단계이다.

1832년 라므네가 발표한 사상을 비난하는 취지의 로마교황의 교서가 발표됐다. 라므네는 자신이 지금까지 믿고 봉사해왔던 모든 것과 결별하는 것은 크나큰 고통이지만, 이제 가톨릭을 치유하거나 교정하는 것은 불가능하다는 것을 인정하지 않을 수 없었다. 그때부터 그는 로마와의 관계를 완전히 끊고 그 유명한 〈신자의 말〉이라는 책을 썼다. 라므네는 이 저서에서 성서의 시편과 복음서의 우화 형식을 빌려 종교적 요구와 정면으로 대립하는 당시의 경제적 정치적 체제를 비난했다. 그 책은 이내 교황의 비난을 받았다. 그 무렵 라므네는 마침내 결정적으로 교회를 떠나, 여생을 민중에 대한 봉사에 바쳤다. 이것이 네 번째, 즉 마지막 단계였다.

라므네는 만년에 모든 정치적 활동을 떠나 오로지 문필 활동에 전념하면서, 고독 속에 가난한 생활을 보냈다. 그 동안 그는 〈철학 초고〉를 탈고하고 네 복음서에 대한 매우 뛰어난 주석서를 썼다.

라므네가 자신의 여러 저서와 논문, 연설(국회의원 시절의) 속에서 피력한 근본 사상은, 민중은 스스로 자신의 운명의 결정자가 돼야 하며, 또 자신의 삶의 설계자가 돼야 한다는 것이었다. 가톨릭교회를 옹호하였을 때와 마찬가지로, 그는 이번에도 진리와 도덕적 완전성의 소유자는 개개인이 아니라 사람들의 합동체, 집단, 민중, 그들의 극한으로서의 인류라는 원리를 제창했다. 주권은 전적으로 인민에게 있다고 하면서도 라므네는 끊임없이, 국가기구의 틀 안에서의 어떠한 외면적 개혁과 변혁도, 인민이 항상 도덕적 완성에 정진하지 않는다면 절대로 그들의 상황을 개선시킬 수 없다고 주장했다. '정의만을 추구하라'고 그는 민중에게 말했다. '정의는 항상 승리한다. 너희의 권리를 짓밟는 자들의 권리도 존중하라. 예외 없이 모든 사람들의 안전을 보장하는 것이 바로 너희의 성스러운 목적이다. 의무는 모든 사람들에게 있어서 어디까지나, 그리고 언제나 의무이다. 너희가 그 의무를 어기기 시작하면 너희의 입장은 어떻게 될까? 무질서로 무질서를 구하지는 못한다. 너희의 적들은 어떠한 점에서 너희를 비난하고 있을까? 너희가 그들의 지배권을 쓰러뜨리고 자신들의 지배권을 내세우려 한다는 점, 그들이 권력을 악용하고 있듯 너희도 그것을 악용하려 한다는 점, 그리고 너희가 복수심과 나쁜 의도를 품고 있다는 점이 아닌가? 그것 때문에 너희의 적은 너희에게 막연한 두려움을 품고, 그 공포감을 거꾸로 이용하여 교묘하게 너희를 노예의 상태로 계속 매어 두고 있는 것이다.'

'사람들의 마음 깊은 곳에서 정신 활동이 이루어지지 않는다면 사회 문제는 아무것도 해결할 수 없다'고 그는 말했다.

사회주의와 공산주의 이론에 대해 라므네는 언제나 부정적이었다. 그의 의견에 의하면 이 두 가지 이론은 인간 본래의 법칙을 무시하고 자연적인 생명의 흐름을 권력의 폭력으로 바꾸려 하는 것이었다. 그가 이 두 가지 이론에 찬성하지 않는 큰 이유는, 그것들은 단순히 물질적 목적만을 좇고 종교의 필요성을 인정하지 않는다는 점에 있었다. 모든 사회적인 대변혁 때 없어서는 안 되는 것은, 물질적인 목적이 아니라, 물욕에 대한 이성과 의무감의 승리에 의해 달성되는 정신적 목적이다.

50년대 초에 라므네는 병을 얻었는데, 그 병이 치명적인 것임을 느낀 그는 친구인 바르베를 불러 자신이 병에 걸려 있는 동안 자신의 집을 관리해줄 것과 그가 죽은 뒤에도 변함없이 돌봐줄 것을 유언으로 의뢰했다. 그 밖에도 그는 자신은 빈민의 한 사람으로서 빈민들의 묘지에 묻어주기를 원하며, 무덤에는 묘비를 세우지 말고, 유해는 절대로 교회에 보내지 말고 곧장 무덤으로 운반하라는 유언을 문서로 남겼다. 가톨릭 사제들이 그를 교회로 돌아오게 하려고 무척 애를 썼지만, 라므네는 그 모든 시도에 대해 예전처럼 정중하면서도 단호하게 사제를 만나는 것을 거절했다. 그는 자신이 철들고부터 죽 가져왔던 신에 대한 생생한 신앙 속에서, 마음의 흐트러짐이 없이 평화롭게 죽어갔다.

"드디어 마지막이 온 것 같구나. 하느님의 부르심에 따라야지. 그분 곁으로 갈 수 있으면 좋으련만." 이것이 그의 마지막 말이었다. 마침내 숨을 거두기 직전에도 그는 몇 번이나 "아, 지금이 가장 행복한 순간이다" 하고 말했다. 그가 죽은 것은 1854년 2월 27일이었다.

라므네의 저술, 프랑스인들이 말하는 이른바 '업적(l'oeuvre)'은 매우 방대하고 귀중한 것이다. 그는 위대한 지혜와 열정을 가진 사람들이 대개 그러하듯이, 앞으로 인류가 나아가야 할 길, 이미 나아가고 있는 길을 개척했다. 그 길은 겉모습뿐인, 생명을 잃은 사이비 그리스도교 신앙에서 탈피한 길이며, 개개인의 생활뿐만 아니라 인류사회 전체의 생활을 변화시키는, 진정으로 근원적인 그리스도교를 수립하는 길이다. 레프 톨스토이

10월 21일

1

폭풍이 물결을 일으켜 물의 투명함을 잃게 하듯이, 정욕과 불안, 동요, 공포는 마음을 어지럽혀 사람이 자신의 본질을 의식하는 것을 방해한다.

2

위대하고 아름다운 영혼을 가진 사람들은 언제나 평화롭고 언제나 만족한다. 빈약한 영혼을 가진 사람들은 언제나 불만이요 언제나 무관심하다.

3

사람들은 자신의 힘으로는 도저히 어쩔 수 없는 외면적인 일에 몰두하고 있을 때만 괴로워하거나 불안과 동요를 느낀다. 그럴 때, 그들은 불안한 듯 자문한다. "어떻게 해야 하나? 도대체 어떻게 되는 걸까? 결말이 과연 어떻게 될까? 이렇게 되면 안 되는데, 저렇게 되면 안 되는데" 하고. 자신들의 권한 밖에 있는 것을 늘 염려하는 사람은 모두 그렇다.

이와는 반대로 자신에게 직접 책임이 있는 일과 씨름하며, 자신의 생명은 자기완성에 있다고 생각하는 사람은 이처럼 불안에 사로잡히지 않는다. 만일 그가 자신이 진리를 지켜낼 수 있을지, 허위를 벗어날 수 있을지를 걱정한다면 나는 그에게 이렇게 말하리라. "걱정하지 말라. 네 걱정의 씨앗은 바로 네 손안에 있다. 자신의 사상과 행동을 관찰하여 모든 방법으로 자신을 개선하도록 노력하면 된다. 그러므로 '무슨 일이 일어날까?' 하는 말은 할 필요가 없다. 무슨 일이 일어나든 너는 그것을 교훈으로 바꾸고, 또 너 자신의 이익으로 바꿀 수 있다"고.

"하지만 만약 내가 불행과 싸우다 죽어버린다면?"

"그러면 어떤가? 그런 경우, 너는 자신이 해야 할 일을 하면서 인간답게 훌륭하게 죽을 수 있지 않은가? 어차피 너도 언젠가는 죽어야 할 존재이고, 어떤 일을 하고 있을 때 죽음이 너를 찾아올지는 아무도 모르는 일이다. 만약 내가 인간으로서 부끄럽지 않은 일을 하고 있을 때, 모든 사람에게 유익하고 좋은 일을 하고 있을 때 죽음이 찾아온다면, 또는 내가 자신을 개선하기 위해 분투하고 있을 때 죽음이 찾아온다면, 나는 크게 만족할 것이다. 그때 나는 신을 향해 두 팔 벌리고 이렇게 말할 수 있을 것이다. '주여, 당신은 내가 당신의 법칙을 이해하기 위해, 당신한테서 받은 것을 얼마나 사용했는지 잘 아실 것입니다. 내가 당신을 비난한 적이 있습니까? 나에게 일어난 일에 대해 원망한 적이 있습니까? 나에게 주어진 의무의 수행을 회피한 적이 있습니까? 나는 내가 태어난 것을, 또 당신이 나에게 여러 가지 재능을 주신 것을 당신에게 감사합니다. 나는 그것을 충분히 이용했습니다. 자, 이제는 돌려드릴 테니 부디 당신 뜻대로 하소서. 원래 그것은 당신의 것이니까요!'"

"이만한 죽음이 또 있을까? 그러한 죽음에 이르기 위해 너는 그리 많은 것을 잃을 필요는 없으며, 오히려 그것을 통해 더 많은 것을 얻을 수 있다. 만약 네가 원래 너의 것이 아닌 것에 집착한다면 너는 반드시 네 것마저 잃게 될 것이다."

"세속적인 성공을 원하는 사람은 몇 날 밤을 꼬박 새며 마음과 몸을 혹사하면서, 세상의 강자에게 아부하고 비천하게 행동한다. 그리하여 결국 그는 무엇을 얻게 될까? 어떤 종류의 명예를 얻어 사람들의 두려움의 대상이 되고, 높은 자리에 앉아 다른 사람들을 부린다. 오히려 그는 그러한 모든 번뇌와 수고에서 벗어나, 아무것도 두려워하지 않고 아무 것도 괴로워하지 않으며, 편안하게 잠을 자는 것에, 그만한 노력을 치러야 한다고 생각하지 않는가? 그러나 그러한 영혼의 평화 또한 수고하지 않고 얻을 수 있는 것이 아님을 잊어서는 안 될 것이다."

에픽테토스

4

이성의 빛 속에 자신의 삶을 두고 이성에 봉사하는 사람에게 세상에 절망이라는 것은 있을 수 없다. 양심의 가책을 모르고, 고독을 두려워하지 않으며, 번거로운 교제도 원하지 않는 사람, 그러한 사람은 고귀하게 살고 있는 사람이며, 그는 오는 사람을 거부하지 않고 가는 사람은 붙들지 않는다. 그런 사람은 자신의 영혼이 과연 육체의 껍질 속에 얼마나 오래 머물러 있을지에 마음을 끓이지 않는다. 그러한 사람의 행동은 언제 어느 때, 죽음이 눈앞에 닥친 순간에도 변하지 않는다. 그에게 있어서 유일한 관심사는 사람들과 평화롭게 사귀면서 올바르게 사는 것이다.

마르쿠스 아우렐리우스

사람은 이 세계에서 자신의 처지를 똑똑히 알았을 때 비로소 마음가짐이 확고해진다. 마음가짐이 정해지면 모든 정신적 동요는 그친다. 정신적 동요가 그치면 완전한 정신적 평화가 찾아오고, 그러한 정신적 평화 속에 있는 사람은 사상의 활동이 활발해진다. 사상의 활동이 활발한 사람은 모든 진실한 것을 받아들이게 된다.　　　　　　　　　　　　　　　　　　　　　공자

6

인간의 진정한 힘은 격정 속에 있지 않고 변치 않는 평화 속에 있다.

7

언제나 한결같이 평안하기란 불가능한 일이지만, 평안한 때가 찾아오면 그 것을 소중히 하고 가능한 한 오래 지속되도록 힘써야 한다. 그렇게 평안할 때야말로 여러 가지 사상이, 인생의 뱃길을 안내하는 사상이 태어나 명료해지며, 또 튼튼해지는 때이다.

10월 22일

1

형제를 비난하면 안 된다는 것은, 형제를 비난한 것을 후회할 때는 수백 번도 더 있었지만, 비난하지 않았던 것을 후회한 적은 한 번도 없었다는 것만 미루어 봐도 확신할 수 있다.

2

미망에 빠져 있는 사람에게 화를 내서는 안 된다. 좋아서 미망에 빠지는 사람은 아무도 없다는 것을 알라. 어느 누구도 자신의 판단력이 흐려지기를 바라지는 않는 법이다. 미망에 빠져 있는 사람은 허위를 진리라고 생각하고 있는 사람이다.

그러나 사실은 미망에 빠져 있지도 않으면서, 진리가 눈앞에 훤히 보이는데도 일부러 인정하지 않는 사람이 있다. 그들은 진리를 이해하지 못해서 인정하지 않는 것이 아니라, 진리가 그들의 악업을 폭로하고 그들의 죄에 대한 변

명을 허락하지 않기 때문이다. 우리는 그런 사람에게도 역시 화를 내기보다는 동정을 해야 한다. 왜냐하면 그들은 육체적으로는 환자가 아니지만 마음에 병이 있기 때문이다.　　　　　　　　　　　　　　　　　　　에픽테토스

3

시간은 지나가도 말은 남는다.

4

많은 사람들이 누군가를 미워하더라도, 그 사람을 비판하기 전에 무엇 때문에 그렇게 되었는지 사려 깊게 생각해 보아야 한다. 많은 사람들이 누군가를 추켜세우더라도 역시 그 사람을 비판하기 전에 신중하게 검토해야 한다. 공자

5

제 입에 재갈을 물리는 것은 위대한 선덕의 징표이다.　　　　성현의 사상

6

우리의 불안과 동요의 대부분은 우리가 자기 자신을 바로잡는 것을 잊고 남을 바로잡으려 하는 데서 생긴다.　　　　　　　　　　　　　류시 말로리

7

인간의 마음은 결코 스스로 정의와 선을 외면하는 것이 아니라 강제에 의해 그렇게 될 뿐이다. 그것을 확실하게 깨달으면 깨달을수록 너는 사람들을 더욱 선하게 대하게 될 것이다.　　　　　　　　　마르쿠스 아우렐리우스

8

만약 남을 비난하고 싶으면 그 사람이 없는 데서가 아니라 그 사람에게 직접 말하는 것이 좋다. 그리고 상대방이 불쾌한 감정을 느끼지 않도록 말하는 것이 좋다.

10월 23일

1

양심은 우리의 내부에 살고 있는 신적 본원을 의식하는 일이다.

2

'양심! 그것은 어린아이와 같은 미망이다, 교육이 낳은 편견이다.' 거짓 현자들이 일제히 외치는 소리가 들린다. '인간의 마음속에는 경험에 의해 주어진 것 외에는 아무것도 없다'고 그들은 말한다.

심지어 그들은 또 모든 민중들 사이에서 명백하고 보편적인 일치를 본 사항까지 부정하며, 무엇이 선이고 무엇이 악인지에 대한 모든 사람들의 놀라운 판단의 일치에 대항해, 자신들만이 알고 있는 무언가의 예를 찾아와서, 마치 어떤 여행자가 변질된 야만적인 민족에 대한 얘기를 하면 온 세상 사람들이 다 그런 것처럼, 그런 야만인들의 존재가 밝혀진 이상 전 인류에게 공통되는 성질 같은 것에는 아무런 의미가 없다고 주장한다. '모든 사람들이 공공의 복지에 협력한다 해도, 그것은 오직 자신의 이익을 위한 것에 지나지 않는다'고 그들은 말한다. 그러나 분명히 자신에게 불리하다는 것을 알고 있으면서도, 공공의 복지에 봉사하는 사람들이 있는 것은 무슨 까닭인가? 자신의 이익을 위해서라면 어떻게 사지(死地)에 뛰어들 수 있단 말인가?

물론 사람은 누구나 자신의 행복을 위해 행동하지만, 그 행복에 도덕적이고 정신적인 행복이 없다면, 그것은 결국 사악한 사람들의 행동을 이욕(利欲)으로 설명할 수 있다는 얘기가 될 뿐이다. 선량한 행위를 설명하는 데 반드시 그 뒤에 있는 추한 동기를 찾아내야 한다는 얘기는 얼마나 무서운 논리인가!

양심! 그렇다. 양심이야말로 선악의 확실한 심판자이다. 양심이야말로 인간을 신과 닮게 해주는 것이며, 양심만이 인간의 자질의 절대적인 우수성을 구성하고 있다. 양심을 제외하면 인간에게 동물보다 나은 점은 아무것도 없으며, 있는 것은 단지 아무런 지표도 없이 미망에서 미망으로 떠다니는 가련한 특성뿐이게 된다.

루소

3

네 양심이 경계하는 것은 하지 말고, 진실과 일치하지 않는 것은 말하지 말

라. 그렇게 함으로써 너는 네 전 생애의 사명을 완수하게 될 것이다.

어느 누구도 네 의지를 강요할 수는 없다. 의지에는 도둑도 강도도 있을 수 없다. 불합리한 것을 바라지 말고, 대부분의 사람들처럼 자기 한 사람의 행복이 아니라, 사회 전체의 행복을 추구하라.

인생의 사명은 다수자의 편에 서는 것이 아니라, 네가 의식하는 내면적 법칙에 따라 사는 것에 있다.　　　　　　　　　　　　　마르쿠스 아우렐리우스

4

외부로부터 수많은 목소리들이 우리를 부르며 온갖 곳으로 유혹하려 한다. 그러나 오직 내부에서 들려오는 작은 양심의 목소리만이 우리를 이끄는 믿음직한 지도자가 될 수 있다.　　　　　　　　　　　　　　　　　류시 말로리

5

살아가면서 죄를 범하지 않는 사람은 아무도 없다.

다만 죄를 짓고 난 뒤 양심의 가책을 받는 정도의 차이가 사람들의 차이가 되는 것이다.　　　　　　　　　　　　　　　　　　　　　　　알피에리

6

양심의 요구를 거스를 수는 없다. 양심의 소리는 신의 소리이므로 당장 그것에 따르는 것이 좋다.

10월 24일

1

만약 우리 모두의 생명의 근본이 같지 않다면, 우리가 늘 경험하는 동정이라는 감정을 설명할 길이 없다.

2

누군가의 분노를 진정시키려면, 예를 들어 그것이 아무리 정당한 분노라 하더라도, 화를 내고 있는 사람에게, "하지만 저 사람도 불행한 사람 아닌가!" 하고 말하는 것만큼 효과적인 것은 없다. 빗물이 불을 끄듯, 곧 동정은 분노를

사라지게 하기 때문이다. 누구라도 좋으니 그 사람에 대해 불같이 화를 내며 그에게 고통을 주고 싶다면, 자신이 이미 그 고통을 상대방에게 주었고, 실제로 상대방이 정신적, 육체적으로 고민하거나 어려움과 결핍으로 고생하는 것을 보면서, 그것이 나 때문이라고 중얼거리는 광경을 상상해 보라. 나머지 일은 어떻게 되든 그것만으로도 분노가 사라질 것이다.　　　　　　쇼펜하우어

3

똑바른 길, 또는 우리가 따라야 할 행동의 규범—그것은 인간과 멀리 떨어져 있는 것이 아니다. 만일 멀리 떨어져 있다면, 다시 말해 인간의 본성과 일치하지 않는다면, 그것은 행동의 규범이 될 수 없다. 도끼자루를 깎는 목수는 눈앞에 견본을 놓고 일한다. 그는 자신이 깎고 있는 도끼자루를 들고 요모조모 뜯어보며, 새 자루가 완성되면 얼마나 똑같은지 알아보기 위해 두 개를 나란히 놓고 비교해본다. 그것처럼, 타인에 대해 자기 자신에 대한 것과 같은 감정을 품는 현인은, 확고한 행동의 규범을 발견한다. 그는 자신이 원하지 않는 것을 다른 사람들에게 행하려 하지 않는다.　　　　　　　　　　　　공자

4

남을 욕하며 그와 다투고 있을 때, 너는 인간은 모두 형제라는 것을 잊고 있으며, 사람들의 친구가 되는 대신 적이 되고 있는 것이다. 그것으로 인해 너는 자신에게 해악을 끼치고 있다. 왜냐하면 네가 맨 처음 신이 창조한 선량하고 자비로운 인간이 아니라, 몰래 다가가서 먹이를 덮쳐 물어 죽이는 야수로 변한다면, 너는 너의 가장 소중한 재산을 잃게 되기 때문이다. 너는 지갑을 잃으면 크게 소동을 피우면서, 어찌하여 너의 가장 소중한 재산인 '마음의 선량함'을 잃고도 아깝다고 느끼지 않는 것인가?　　　　　　에픽테토스

5

'너보다 더 불행한 사람들도 많다.' 확실히 이 말은 네가 사는 데 지붕 역할은 못하더라도 비를 피하기에는 충분하다.　　　　　　　　리히텐베르크

6

너는 자신의 불행을 한탄하고 슬퍼한다. 그러나 다른 사람들이 겪고 있는 고통을 떠올린다면, 자신의 불행을 한탄하는 일이 줄어들 것이다.

7

진정한 동정이 시작되는 것은, 우리가 상상으로나마 괴로워하는 사람의 입장에 서서 진정한 고통을 대신 경험해볼 때이다.

10월 25일

1

자신의 사명을 인식하는 사람은 그 자체를 통해 자신의 인간적인 가치도 인식한다. 그런데 자신의 사명을 인식할 수 있는 것은 오직 종교적인 사람뿐이다.

2

황제가 성자에게 물었다. "너는 나에 대해 생각할 때가 있느냐?" 성자가 대답했다. "예, 있습니다. 신을 잊고 있을 때." 사디

3

이웃의 생명을 자신의 생명과 똑같이 느낄 때, 우리는 신을 섬기고 있는 것이다. 주세페 마치니

4

정신지체자를 어떻게 대하는가 하는 것만큼 그 사람의 본질을 보여주는 것은 없다. 아미엘

5

어떤 사람을 악인이라거나 바보라거나 부정한 사람이라는 이유로 한번 경멸하기 시작하면, 그때부터 타인에 대한 경멸의 감정에 제동을 걸 수 없게 된다.

10월 887

인간이여, 자신의 가치를 알라, 지금은 그럴 때이다. 우리는 전혀 잘못 태어난 존재가 아닌데, 달아나 숨거나 겁을 먹고 주위를 두리번거릴 필요가 어디 있단 말인가? 아니다, 의연하게 고개를 들어라. 나의 생명은 장식물이 아니며, 그것을 살리라고 주어진 것이다. 나는 어디서든 진실을, 완전한 진실을 말하는 것이 나의 의무라고 생각한다. 나는 사람들이 나를 어떻게 생각하는가가 아니라, 나의 진정한 사명이 무엇인가를 진지하게 생각하지 않으면 안 된다.

에머슨

개인의 자유, 이것이 가장 중요하다. 개인의 자유, 오직 개인의 자유 위에서만 민중의 자유가 성장한다. 인간은 자기 안에 있는 그 자유를 존중하고, 이웃의 자유나 모든 사람의 자유 못지않게 그것을 소중히 하지 않으면 안 된다.

게르첸

자신을 정신적인 존재로 생각하는 사람만이 자신과 타인의 인간적 존엄성을 인식할 수 있고, 그러한 사람만이 인간답지 않은 행동과 상태에 의해 자신과 이웃을 욕되게 하는 일을 하지 않는다.

10월 26일

정신생활에 있어서의 일의 중요성은 그 물질적 의미나 그것이 가져오는 결과에 의해 판단되어서는 안 되며, 그 선의에 의한 노력의 정도에 따라 판단되어야 한다.

대다수의 사람들은 자신의 삶을 개선하고자 할 때, 자신의 다양한 욕망을 정화하고 자신의 입장에서 극히 평범한 의무를 수행하는 것에 만족하는 대신, 뭔가 매우 어렵고 놀라운 일을 하고 싶어하기 마련이다. 실은 전자가 훨씬 더

중요한 것을. 페늘롱

3

자신이 해야 한다고 느끼고 있는 것을 사소한 일이라 하며 하지 않는 사람은 실은 자신을 속이고 있는 것이다. 그가 그것을 하지 않는 것은 알고 보면 그것이 그에게 너무 작은 일이어서가 아니라 너무나 큰일이기 때문이다. 표치

4

너는 일을 완성시킬 의무는 없지만 그렇다고 그것을 회피해서도 안 된다. 너에게 일을 맡긴 신은 너의 일을 기대하고 있기 때문이다. 탈무드

5

자신은 하늘이 맡긴 일을, 즉 하늘의 뜻을 이루기 위해 태어났다고 생각하지 않는 사람은 미개하고 야만적인 사람이다. 중국의 지혜

6

사람은 사색에 의해서가 아니라 실천에 의해 자기 자신을 인식하고, 자신이 해야 할 일을 실천하는 노력 속에서만 자신의 가치를 발견할 수 있다. 괴테

7

자신의 '자아'를 육체적인 영역에서 정신적인 영역으로 옮긴다는 것은, 의식적으로는 오직 정신적인 것만을 원한다는 것을 뜻한다. 내 몸은 육체적인 것을 원하겠지만 정신은 육체적인 것은 아무것도 원하지 않고 또 원하려 하지도 않는다. 그러면서도 도저히 육체를 떠날 수가 없다. 그것은 바로 내가 아무리 대지가 나를 끌어당기는 것을 원하지 않고 또 아무리 발버둥을 쳐도, 어디에서고 대지에서 떠날 수 없는 것과 마찬가지이다. 그리고 내 육체는 끊임없이 대지가 끌어당김에도 불구하고, 나는 대지를 떠나 움직이거나 걷고 뛰고 있으며, 그 속에 내 육체적 생명이 존재하는데, 육체와 정신의 관계도 바로 그것과 같다. 육체는 끊임없이 나를 자기 쪽으로 끌어당기지만, 나는 육체를 떠나 육체를 이용만 하면서 정신적으로 사는 것이다. 거기에 나의 진정한 삶이 존재한다.

8

세속적인 의미에서 중요하지 않은 것으로 여겨지는 일을 소홀히 다루는 것만큼 도덕적 완성을 해치는 것은 없다.

10월 27일

1

참된 종교는 이성과 모순되는 것이 아니다.

2

종교적인 부분에 대해 이성을 과신해서는 안 된다는 따위의 주장을 믿어서는 안 된다. 이성의 힘에 대한 믿음이야말로 모든 믿음의 밑바탕이 된다. 우리가 오직 그것에 의지해서 신을 인식하는 이성의 능력을 과소평가한다면 어떻게 신을 믿을 수 있겠는가? 우리가 이 이성의 뛰어난 능력을 성실하고 공정하게 사용한 결과, 어떤 신앙상의 가르침에 모순이 있고 우리가 믿어 의심치 않는 중요한 진리와 일치하지 않는 것으로 판단되었을 때, 우리는 그 가르침을 결코 믿어서는 안 된다. 나는 어떤 책이 신의 의지를 표현하고 있다고 믿기보다는, 차라리 내 이성이 신에 의해 주어졌음을 믿는다.   채닝

3

설령 신이 신앙의 대상으로서 우리의 이해력을 초월하고 있어, 이성으로 그것을 파악할 수 없다 하더라도, 그것 때문에 이성을 유해한 것으로 보고 그 작용을 무시해도 되는 것은 아니다.

비록 신앙의 대상이 의심할 여지없이 우리의 이해력 밖에 있으며, 이해력을 넘어선 것이라 할지라도, 이성은 역시 거기에 대해 매우 중요한 의미를 가지고 있으며, 우리로서는 도저히 이성이 없이는 살 수 없는 것이다.

표도르 스트라호프

4

어떤 시대의 어떤 사람들이, 우리 인류에게 우리와 전 세계의 모든 존재와 그 목적을 잘 설명해주었다고 믿는 사람은, 이를테면 순진무구한 커다란 어린

아이와도 같다. 원래 현자들의 사상 이외에 계시 같은 것은 있을 수 없다. 그들의 사상에 잘못된 해석이 내려질 수도 있지만, 그 사상들이 당시에는 계시라고 불리며 전 인류를 위해 놀랄 만한 우화와 신화의 형태로 제공되어 왔다. 따라서 자신에게 계시로서 주어지는 사상 역시 인간의 사상에 지나지 않는 이상, 자신의 사상에 의지하든 남들의 사상에 의지하든 이치는 같다고 생각하기 쉽다. 그런데 역시 보통 사람들은 자신의 머리에 의지하기보다는 뭔가 초인적인 사상의 샘을 가지고 있는 것처럼 보이는 다른 사람들의 머리에 더 의지하고 싶어 한다. 지적 능력에 대한 사람들의 극단적인 차이를 고려한다면, 한 사람의 사상이 다른 사람에게는 초자연적인 계시로 보일 수도 있을 것이다.

쇼펜하우어

5

사람들은 아주 어릴 때부터 성직자 계급에게 늘 세뇌를 받아 머리에 깊은 골이 생긴 나머지, 그 뒤부터 그들의 기본적 사고방식이 그 골을 따라 흐르는데, 대부분의 경우 한평생 그 골속에서 헤매게 되어, 결국 진리의 정화나 전달은커녕 진리를 생각하는 것 자체, 진리를 발견하는 것 자체까지 불가능해지도록 열심히 애쓰고 있는 셈이다.

쇼펜하우어

6

장님이 빛을 보지 못한다 해도 빛은 역시 빛이다.

7

너희에게 아직 빛이 있을 동안에 빛을 믿으라! 그리하면 빛의 아들이 되리라.

요한복음 제12장 36절

8

진리를 알기 위해서는, 사이비 교사들이 가르치듯 이성을 억누르지 말고 오히려 이를 정화하고 긴장시켜 모든 것을 그것에 따라 검토해야 한다.

이레째 읽을거리

계시와 이성

사람들이 하느님의 계시라고 말하는 것은 보통, 하느님에게 인간적인 번뇌를 돌림으로써 하느님을 모독하는 것이다. 하느님에 대한 여러 가지로 날조된 교의는 그 위대한 존재의 개념을 밝히기는커녕 오히려 혼란을 불러일으킨다. 하느님에 대한 우리의 개념을 높이기는커녕 오히려 그것을 낮춰버린다. 하느님을 둘러싸고 있는 이해할 수 없는 비밀로 인해, 그들은 사람들을 오만하게 만들고, 관대함을 잃어버리게 하며, 무의미한 모순을 강요해, 지상에 평화를 가져다주는 대신 투쟁을 일으킨다. 왜 그럴까 자문하지만, 나는 대답할 말을 모른다. 다만 나는 그것이 사람들의 범죄 행위이며 인류의 불행이라는 것을 알 뿐이다.

그들은 내게 하느님에게 봉사하는 방법을 사람들에게 가르치기 위해서는 계시가 꼭 필요했다고 말한다. 그리고 그 증거로 이 세상에 여러 가지의 종교가 있음을 얘기하는데, 사실은 그 계시라는 것 때문에 종교의 차이가 생기는 것은 생각하려 하지 않는다. 사람들이 하느님에게 말씀을 하게 하는 방법을 고안한 이래, 누구나 자기 식으로 자기가 좋아하는 말을 하느님이 하게 만든 것이다. 우리가 하느님이 우리의 마음속에서 이야기하는 것에만 귀를 기울인다면, 이 세상에 종교는 단지 하나뿐이었을 것을.

사람들은 말한다, 하느님을 예배하는 형식은 오직 하나뿐이어야 한다고. 그런데 하느님이 우리에게 요구하는 예배는 마음에 의한 예배이다. 하느님에게 사제의 몸에 걸치는 옷과 낭랑한 목소리의 기도, 제단 앞에서 하는 몸짓, 그리고 이마를 바닥에 조아리는 예배가 무척 중요하다고 생각하는 것은 어리석음의 극치이다. 우리가 아무리 등을 꼿꼿하게 세우고 서 있어도, 결국은 바닥에 발을 붙이고 서있는 것이 아니고 무엇이겠는가? 하느님은 사람들이 마음과 진실로 자신을 예배하기를 원하고 있으며, 그것이야말로 모든 종교, 모든 나라, 모든 사람들의 의무이다.

이 지상에 군림하면서 서로 상대방의 허위와 어리석음을 비방하고 있는 온갖 종파의 상황을 보며, 대체 어느 것이 진짜냐고 물으면 저마다 다 자기네가 진짜라고 대답한다. 모두들 한결같이 "나와 나의 동료들이 생각하는 것만 옳고 다른 사람은 모두 미신에 빠져 있다"고 말한다. 그러나 너희들은 너희들의 종파가 옳다는 것을 어떻게 아는가? "하느님께서 그렇게 말씀하셨으니까." 누가 너희들에게 하느님이 그렇게 말씀하셨다고 말하던가? "우리 교회의 사제님이다. 그분은 잘 알고 있다. 사제님은 나에게 자신이 말하는 대로 믿으라고 하셨기 때문에 나도 그것을 믿고 있다. 사제님은 자신의 말과 다른 말을 하는 사람들은 모두 거짓말쟁이라고 말씀하셨기 때문에, 나는 그 사람들이 주장하는 말은 듣지 않기로 했다."

어허, 이런 일이 있나! 진리는 단 하나뿐이 아니던가? 우리에게는 옳은 것이 너희에게는 옳지 않단 말인가? 옳은 길을 걷고 있는 자와 미망에 빠져 있는 자의 주장이 완전히 같다면, 도대체 무엇으로 옳고 그름을 구별할 수 있단 말인가? 그 선택은 결국 기회의 문제라는 것에 돌아가, 그것을 가지고 사람들을 비난하는 것은, 그들이 갑의 나라에서 태어나지 않고 을의 나라에서 태어난 것이 잘못이라고 비난하는 것과 같지 않은가?

모든 종교가 다 선하고 하느님을 기쁘게 하는 것인가, 아니면 하느님이 스스로 사람들에게 고하며, 그것을 믿지 않는 사람들을 벌하는 유일한 종교가 있다는 것인가? 만약 후자일 경우, 하느님은 그 단 하나의 진정한 종교를 인정할 수 있는 명백한 증거를 주었을 것이다. 그리고 그 증거는 어른이나 아이나, 유식한 사람이나 무식한 사람도, 유럽 사람이나 인도 사람도, 또는 아프리카 사람이나 야만인들도, 다 알 수 있는 것임이 틀림없다.

만약 그것을 신봉하지 않는 사람은 영원한 고통을 받게 되는 어떤 종교가 있는데, 어딘가에 단 한 사람이라도 진실을 추구하는 사람이 있어, 그 종교가 분명히 진실하다고 인정할 수 없다면, 그런 종교의 신은 가장 냉혹하고 사악한 폭군임이 틀림없다.

사람들은 나에게 말한다, "이성이 멋대로 날뛰는 것을 막으라"고. 그러나 그런 말을 하는 사람은 나를 기만하려는 것이다. 그러기 전에 먼저 내 이성이 어째서 멋대로 날뛰고 있는지 증명해야 한다.

대부분의 사람들은 모두 나와 같은 종류의 인간이므로, 인간이 자연스럽게 알게 되는 것은 나도 알 수 있고, 내가 틀리는 일이 있듯이 다른 사람들도 틀릴 때가 있다. 내가 사람들이 하는 말을 믿는 것은 저 사람이 하는 말이니까 이 사람이 하는 말이니까 하는 이유에서가 아니라, 그 사람이 자신의 말의 진실성을 증명해주기 때문이다. 따라서 사람들이 보여주는 증명은 본질적으로는 내 이성의 증명에 지나지 않으며, 하느님이 나에게 진리를 인식하라고 준 자연적인 방법에 무슨 별다른 것을 보탠 것은 결코 아니다. 진리의 사도들이여, 그대들은 내가 판단할 수 없는 어떤 사항을 나에게 말하려 하는가? "하느님이 그렇게 말씀하셨다. 하느님의 계시를 믿도록 하라. 이것은 하느님의 말씀이다." 그것은 위대한 말이지만, 하느님은 도대체 누구에게 그런 말씀을 하셨는가? "사람들에게 말씀하셨다." 나는 전혀 그런 말을 들은 적이 없는데. "하느님은 다른 사람들을 통해 자신의 말을 너에게 전하도록 위임하셨다." 좋다, 그렇다면 사람들이 나에게 하느님이 말씀하신 것을 말해줄 거라는 얘기로군. 그보다는 하느님이 직접 나에게 말씀해주시는 게 더 좋을 텐데" 하느님으로서는 그것이 그다지 어려운 일도 아닐 것이고, 나도 속을 염려가 없을 테니까. "그러나 하느님은 자신의 사도들에게 위임하여 자신의 말의 진실성을 증명하고 계신 것이다."

그게 어떤 위임장인데? "기적에 의한 위임장이다." 그 기적은 어디에? "책 속에 있다." 누가 그 책을 만들었지? "인간들이다." 누가 그 기적을 보았지? "보았다고 말하는 사람들이 분명히 있다." 이건 또 무슨 소리란 말인가? 결국 또 사람이 그렇게 말했을 뿐이라는 얘기가 아닌가! 그리고 다른 사람들이 그렇게 말했다고 나에게 말하는 것도 모두 사람이다. 하느님과 나 사이에는 어쩌면 이렇게도 많은 사람들이 있는 것인지! 그건 그렇다 치고 어쨌든 점검하고 비교해보자. 아아, 하느님이 이렇게 귀찮은 일을 시키지 않아도 나는 열심히 봉사할 작정인데!

보시오, 우리가 얼마나 무서운 논쟁의 소용돌이 속에 휘말려 있는지! 온갖 옛일과 내력을 들춰내고, 모든 예언자의 말과 계시와 역사적 사실과 세계 구석구석에서 발견되는 신앙의 기념물을 관찰, 비교, 검토, 대조하여, 그 시대와 장소와 작자와 거기에 뒤따르는 모든 조건을 판단하려면 어느 정도의 학문이 필요할까! 진짜 기념물과 가짜 기념물을 감정하고 양쪽의 주장을 검토하고, 번역과 원전을 대조하고, 증인들의 공정성과 그들의 양식과 교양 정도를 조사하고, 뭔가의 사실을 빠뜨리거나 첨가하거나 바꿔치기하지 않았는지 판단하려면. 그리고 또 상대방의 침묵의 의미와 상대방에게 한 말의 내용을 판단하고, 상대방이 자신들에 대한 반론을 과연 들었는지 여부를 아는 등등, 그러한 것을 통해 아직도 남아 있는 모순과 대립을 해결하려면 도대체 얼마나 정확한 비평을 필요로 하는 것인지!

그리고 마지막으로 그러한 기념물들을 진짜로 인정한다 치고, 그 기념물의 작자가 진정으로 하늘의 사명을 띤 자들이었는지 어떤지를 증명하는 단계로 옮겨가지 않으면 안 된다. 그러기 위해서 우리는 그 속의 예언의 실현이 기적의 개입 없이도 어느 정도의 확률로 가능성이 있는지 알아야 하며, 그 속의 말 가운데 무엇이 예언이고 무엇이 단순한 수사에 지나지 않는지, 무엇이 자연스러운 사건이고 무엇이 초자연적인 사건인지 알기 위해 말의 정신을 알아야 하며, 빈틈없는 사람이 어느 정도까지 단순한 사람들의 눈을 속이거나 심지어는 교양 있는 사람들까지 현혹시킬 수 있는지 판단해야 하고, 진짜 기적의 특징과 그 기적의 현실성에 대해 주어져야 할 용인도(容認度 ; 그것조차 용인할 수 없다면 벌을 받아야 하는)를 발견해야 하며, 진짜 기적과 가짜 기적의 증거를 비교해 보아야 하고, 이를 위해 그것을 판별할 정확한 법칙을 발견해야 하며, 그리고 마침내 마지막으로 도대체 하느님은 무엇 때문에 마치 일부러 사람들을 조롱하는 것처럼, 또 사람들을 설득할 수 있는 방법을 일부러 피한 것처럼, 자신의 말의 진실성을 증명하는 데 다시 사람의 증명이 필요한 방법을 쓴 것인가 하는 문제를 해결하지 않으면 안 된다.

설사 하느님은 그 위대함으로 인해, 한 인간을 골라 자신의 거룩한 뜻을 전달하기 위한 도구로 삼을 권리가 있다는 것을 인정하더라도 그 선택된 사람의 사명이 아직 확실치도 않은데 전 인류가 그에게 복종하기를 요구하는 것이 과연 이치에 맞는 정당한 일이라고 할 수 있는 것일까? 몇몇의 수상쩍은 사람들의 눈앞에서 그들이 사명을 받았다는 증거로 혀 모양을 한 불이라고 하는 이상한 요술을 보여 주고, 다른 사람들은 모두 소문을 통해 그 얘기를 듣기만 하는 것이 과연 이치에 맞는 일일까?

만약 일반 민중이나 일부 의심스러운 사람들이 보았다는 기적을 모두 옳다고 인정한다면, 모든 종파가 단 하나의 진정한 종파라는 뜻이 되며, 그렇게 되면 자연스러운 사건보다 기적이 더 많이 일어난다는 얘기가 된다. 사물의 불변하는 질서에서 미루어 보아 나는 뭐니 뭐니 해도 하느님의 예지를 인정하지 않을 수 없다. 만약 그 질서가 그처럼 많은 예외를 허용하는 것이라면 그런 질서를 대체 어떻게 생각해야 할지 나로서는 알 수 없으며, 게다가 나는 굳게 하느님을 믿지만, 하느님에게 어울리지 않는 그토록 많은 기적이 있다는 것은 아무래도 믿어지지가 않는다. 너희들이 말하는 기적은 어두컴컴한 곳이나 황야에서, 즉 뭐든지 믿고 싶어 하는 구경꾼들을 손쉽게 놀라게 할 수 있는 장소에서 일어나고 있다. 기적이 신용을 얻으려면 실제로 그것을 보았다고 말하는 사람이 얼마나 있으면 되는 건지 누가 말할 수 있으랴? 원래 너희들의 가르침이 진실하다는 것을 증명하기 위한 기적에 다시금 그것을 증명하는 것이 필요하다면, 그런 증명이 무슨 소용이 있을까? 그런 증명이라면 차라리 하지 않는 편이 낫다.

또 한 가지, 그들이 소리 높여 주장하고 있는 가르침 중에서 검토해야 할 가장 큰 문제가 남아 있다. 그것은 바로 만약 하느님이 기적을 일으킨다고 말하는 사람들이, 그와 동시에 악마도 자주 그와 비슷한 짓을 한다고 말한다면, 아무리 증명이 잘된 기적도 문제를 해결할 수 없는 것이 아닐까? 이를테면 이집트 국왕(파라오)의 마법사들이 모세가 보는 앞에서, 모세가 하느님의 뜻에 따라 행한 것과 똑같은 기적을 해보였다고 한다면, 그들이 모세가 없는 곳에서 자신들은 하느님의 이름으로 기적을 행한 것이라고 주장하는 것을 막을 수 있는 자는 아무도 없지 않은가? 따라서 기적을 통해 가르침의 진실성을 증명할 경우, 악마가 한 것과 하느님이 한 것을 혼동하지 않기 위해서, 이번에는 가르침을 통해 기적의 진실성을 증명하지 않으면 안 되는 것이다.

하느님으로부터 유래하는 가르침은 성스러운 가르침, 신성을 갖춘 가르침이어야 한다. 그것은 신성에 대한 우리의 막연한 관념을 밝혀줄 뿐만 아니라, 더 나아가 우리가 신성으로 돌리는 특질에 걸맞은 도의상의 가르침과 법칙을 우리에게 보여주는 것이 아니면 안 된다.

그러므로 그 가르침이 우리에게 무의미한 명제만을 제시해 보여준다면, 또 우리의 가슴에 이웃에 대한 혐오감만을 일으키는 것이라면, 화를 잘 내고 질투심이 많고, 복수심이 강하고, 편애적이며, 인간을 미워하는 하느님, 전쟁과 유혈의 하느님, 항상 사람들을 섬멸하고 분쇄하려고 벼르고 있는 하느님, 항상 고뇌와 형벌로 사람들을 위협하려고 준비하며, 죄 없는 자를 벌주겠다고 으르렁거리는 하느님을 우리에게 보여줄 뿐이라면, 나는 그렇게 무서운 하느님에게 마음이 끌리는 일은 없을 것이다. 나는 그러한 종파의 사람들에게, 너희들의 하느님은 나의 하느님이 아니라고 말할 것이다. 처음부터 느닷없이 어떤 한 민족을 선민으로 결정하고 그 밖의 민족을 외면하는 신은, 모든 사람에게 공통되는 아버지일 수 없고, 자신이 창조한 존재의 대다수를 영겁의 고통에 몰아넣는 자는, 나의 이성이 나에게 계시해준 자비롭고 선량한 하느님이 아니다.

그리고 또 여러 가지 교의에 대해 말하자면, 이성은 나에게 그것은 명료하고 투명하며 놀랄 만큼 자명한 것이어야 한다고 일러 준다. 신앙은 이해를 통해 더욱 확고해진다. 가장 좋은 종교는 가장 명료한 종교이다. 그 하느님을 예배하는 방식에 비밀이나 모순이 가득 차 있는 종교는 그것만으로도 나의 경계심을 불러일으킨다. 내가 섬기는 하느님은 어둠의 하느님이 아니다. 하느님은 나에게 절대로 사용해서는 안 된다고 하며 이성을 부여한 것이 아니다. 나에게 너의 이성이 멋대로 날뛰는 것을 막으라고 말하는 사람이 있다면, 나는 그가 자신의 창조자를 모독하고 있는 것으로 생각하지 않을 수 없다. 루소의 《사부아 보좌신부의 신앙고백》에서

10월 28일

1

고통의 감각이 우리 육체의 보전에 없어서는 안 되는 조건인 것처럼, 마음의 고뇌는 우리 영혼의 보전에 없어서는 안 되는 조건이다.

2

만약 대기의 압력이 없다면 우리의 몸이 파열하는 것처럼, 인생에 빈곤과 가혹한 노동, 그 밖의 여러 가지 불행한 운명이 찾아드는 일이 없다면, 사람들의 오만은 계속 기승을 부리다가 비록 파열하는 위험까지 이르지는 않더라도, 급기야 비할 데 없는 어리석음과 광기의 사태에 이르게 될 것이다.   쇼펜하우어

3

의사는 이 병자에게는 이 처방을 내리고 다른 병자에게는 다른 처방을 내린다. 그와 마찬가지로 신은 우리에게 질병과 상처, 또는 극심한 손실 같은 처방을 내린다.

의사의 처방이 병자의 건강 회복을 목적으로 하는 것과 마찬가지로, 신이 인간에게 여러 가지 시련을 주는 것은, 도덕적 의미에서의 건강회복과, 그의 고립된 존재와 인류 전체의 삶의 연대성 회복을 목적으로 한다.

그러므로 네가 짊어져야 할 모든 운명을 병자가 의사의 약을 받듯이 받아들이도록 하라. 육체의 건강 회복, 그것이 쓴 약이 가지는 의미이다. 그리하여 병자에게 육체의 건강유지가 중요한 것처럼, 보편적인 세계 이성에는 이성을 가진 하나하나의 존재가 자신의 사명을 지키는 것이 중요하다.

그러므로 너는 네 몸에 일어나는 일은 아무리 괴롭더라도 기꺼이 맞이하지 않으면 안 된다. 왜냐하면 그러한 일들의 궁극적 의미는 전 세계의 건강과 안전에 있기 때문이다. 자연의 작용은 이성적이다. 그리고 자연에서 발생하는 모든 것은 어김없이 모든 존재자의 합일을 위해 작용한다.

마르쿠스 아우렐리우스

4

고뇌는 활동에 대한 박차(拍車)의 역할을 한다. 그리고 우리는 그 활동 속에서 생명을 느낀다. 　　　　　　　　　　　　　　　　　　　칸트

5

지상의 삶에서 갖가지 불행을 겪는 것은, 인간에게 있어 진정한 행복이다. 왜냐하면 그것이 그를 신성한 정신적 고독 속으로 이끌어, 자신이 고향에서 쫓겨난, 어떠한 지상적 기쁨도 기대해서는 안 되는 인간이라고 느끼게 하기 때문이다. 또 그의 행위의 동기는 순수하고 행위 자체도 올바른데, 여기저기서 그를 반박하고 비난하거나 나쁘게 생각하고 말한다면, 그것 역시 행복이다. 왜냐하면 그 일이 그를 겸손하게 만들어 허망한 명예에 대한 해독제가 되어주기 때문이다. 거기에 진정한 행복이 있는 가장 큰 이유는, 우리는 세상에서 천대 받고, 멸시당하고, 버림받게 될 때 비로소 자신의 내면에 사는 신과 대화할 수 있기 때문이다. 　　　　　　　　　　　　　　　토마스 아 켐피스

6

만약 신이 우리에게 분명히 신이 보냈다는 것을 우리가 믿을 수 있는 지도자를 준다면, 우리는 기뻐 춤을 추며 그의 말에 따를 것이다.

우리에게는 그러한 지도자와 스승이 이미 있다. 그것은 빈곤, 또는 일반적으로 인생에서 일어나는 모든 불행한 일들이다. 　　　　　　파스칼

7

폭풍 속에서 비로소 항해사의 솜씨가 발휘되고, 싸움터에서 비로소 군인의 용감성을 시험할 수 있듯, 인간으로서의 용기는 그가 인생에서 가장 어렵고 위험한 상황과 직면했을 때 비로소 알 수 있다. 　　　　　　　　다니엘

8

우리가 행복이라고 일컫는 것도, 또 불행이라고 일컫고 있는 것도, 만일 우리가 그것을 시련으로 받아들인다면 똑같이 우리에게 유익하다.

9

순탄한 환경에 길들지 말라. 그것은 순식간에 지나간다. 가진 자는 잃는 것을 배우고, 행복한 자는 고생하는 것을 배워라.　　　　실러

10

이 세상의 삶에서 자신을 따로 떼어놓고, 자신의 죄가 이 세상에 고뇌를 초래한 것은 생각하지 않으며, 아무 죄도 없는 자신이 이 세상의 죄 때문에 괴로워하는 것에 화를 내는 자, 그런 자만이 괴로움과 고뇌를 경험한다.

11

형벌로서 결코 죽지 않고 영원히 계속 살도록 운명지어진 방랑하는 유대인의 전설이 지극히 당연한 것처럼, 형벌로서 아무 괴로움도 모르는 일생을 보내도록 운명지어진 사람의 전설이 있다면, 그것 역시 지극히 당연한 것이라고할 수 있다.

10월 29일

1

지난 날의 미망을 대신하여 사람들의 의식 속에 진리가 들어올 때도, 지난날의 미망이 너무나 명백하고 그것을 대신하는 진리는 이미 확연한데도, 타성에 의해 미망이 여전히 사람들을 지배하는 시기가 있게 마련이다. 그러한 시기에는 그 진리의 해명보다 진리에 합당한 생활의 실천이 더욱 필요하다.

2

나는 언제나 세상의 왕후들은 참으로 쉽게 자신들이야말로 모든 것이라고믿는데, 보통 사람들은 자신들을 무(無)나 다름없는 존재라고 믿는 것이 참으로 불가사의하게 생각된다.　　　　몽테뉴

3

실례(實例)보다 전염력이 강한 것은 없다. 그것은 우리에게 그 영향이 없었다면 절대로 하지 않았을 행동을 하게 한다. 따라서 잔인하고 육욕적이며 잔

인한 사람들과의 교제는 영혼을 멸망시키고, 그 반대도 역시 진리이다.

4

스스로 생각하지 않는 사람은 자기 대신 생각해주는 사람의 영향하에서 만족하지 않으면 안 된다. 누군가에게 자신의 사상을 팔아넘기는 것은 누군가에게 자신의 육체를 팔아넘기는 것 이상으로 수치스러운 노예 행위이다.

5

만일 네가 주위 사람들을 모방하고 싶은 마음이 들거든, 반드시 걸음을 멈추고 그런 일반적인 실례를 좇는 것이 옳은 것인지 아닌지 잘 생각해야 한다. 개인적 또는 사회적인 큰 불행과 범죄는 오로지 사회적 암시를 경솔하게 좇는 데서 시작된다.

6

두려워하지 않아야 할 것을 두려워하고, 참으로 두려워해야 할 것 앞에서 두려움에 떨지 않는 사람은, 그릇된 생각을 좇아 멸망의 길을 걸어가는 사람이다.

부처의 지혜

7

사회의 일원으로서 우리에게 가장 중요하고 어려운 의무는, 사회생활을 누리면서 그 속박에 굴하지 않는 것을 배우는 것이고, 언제나 타인의 사상과 신념의 좋은 점을 받아들이는 데 인색하지 않지만, 그러면서 스스로 판단하는 신성한 권리를 굳게 지키는 것이며, 타인으로부터의 영향은 순순히 받아들이면서도 결국은 자신의 영혼이 요구하는 것에 좇아 행동하는 것이고, 타인과 함께 일할 때도 자신의 양심에 좇는 것이며, 타인의 의견과 자신의 결단을 잘 양립시키는 것이다.

채닝

8

나쁜 영향은 좋은 영향에 의해서만 깨뜨릴 수 있다. 좋은 영향을 위한 가장 강력한 수단은 좋은 생활이다.

10월 30일

1

일정한 한계를 넘는 자기애(自己愛)는 마음의 병이다. 그것이 극한에 다다르면 이른바 과대망상이라고 하는 정신적 질환이 된다.

2

사람들은 자기 부정이 자유를 파괴하는 것으로 여기고 있다. 그들은 사실은 자기 부정만이 우리를 우리 자신으로부터, 우리의 타락한 노예 상태로부터 해방함으로써, 우리에게 진정한 자유를 준다는 것을 모르고 있다. 우리의 욕심과 번뇌야말로 가장 잔인한 폭군이다. 그것에 굴복하는 날, 우리는 그 비참한 노예가 되어 호흡마저 자유롭게 할 수 없게 될 것이다. 오직 자기 부정만이 우리를 그러한 노예 상태에서 구원할 수 있다.   페늘롱

3

자기애는 개개인의 육체적 생활을 보전하기 위해서만 필요하며, 그러한 범위 안에서 자기애가 작용하는 것은 자연스럽고 당연한 것이다. 그러나 본래 분열을 없애야 하는 사명을 가진 이성이 반대로 분열을 옹호하는 것에 사용될 때는, 자기애는 유해하고 고통스러운 것이 된다.

4

완전한 자기 부정은 신의 생활이며, 무엇으로도 파괴되지 않는 자기애는 동물의 생활보다 나쁘다. 인간의 이성적 생활은 동물적 생활에서 신의 생활로 점차 옮겨가는 과정이다.

5

사사로움이 없는 마음은 정의와 마찬가지로 매우 보기 드물다. 사사로운 욕심이야말로 자기기만, 자기변호의 마르지 않는 샘물이다. 정의가 실현되기를 바라는 사람들의 수는 극단적으로 적다. 진리가 자신들에게 불리한 경우, 사람들은 진리에 두려움을 느낀다. 처세 철학에 빠져 있는 사람들은 진리를 형편에 따라 인생에 적용해도 좋고 그렇지 않아도 좋은 것으로 생각하고 있다.

이와 같이 사사로운 욕심에서 오는 편견이 이 이기주의의 수법에서 나오는 모든 그릇된 생각을 합리화한다. 인류가 바라는 유일한 진보는 향락의 증대이다. 자기희생은 위대한 영혼이 누리는 것이지, 사회의 법칙이 되었던 적은 아직 한 번도 없다.

아미엘

6

향락적이고 자기만족적인 사상가나 예술가는 필요하지 않다. 그 사람에게 진정으로 사명이 있느냐 없느냐에 대한 의심할 수 없는 유일한 증거는 자기 부정, 즉 타인에게 봉사하기 위해 그에게 주어진 힘을 발휘하는 일이다. 고통 없이 영혼의 열매는 맺어지지 않는다.

이 세상에 몇 종류의 딱정벌레가 있는지 가르치거나 태양의 흑점을 조사하고, 소설과 오페라를 쓰는 것은 개인적인 목적에 의해서도 가능하지만, 사람들에게 오로지 자기 부정과 남에 대한 봉사 속에만 존재하는 그들의 행복을 가르치고, 그것을 강렬하게 표현하는 것은 자기희생이 없이는 불가능하다.

그리스도가 공연히 십자가 위에서 죽은 것이 아니다. 자기희생의 고뇌가 모든 것을 극복하는 것 역시 그럴만한 까닭이 있어서이다.

7

우리에게 없어서는 안 되는 자기애에서 벗어나기가 매우 어려운 것은, 자기애야말로 우리의 생명의 필연적인 조건이기 때문이다. 그것은 유년시절에는 없어서는 안 되는 것이지만, 이성이 눈을 뜸에 따라, 또 무엇보다 진정한 사랑이 태어남에 따라, 서서히 약해져서 소멸되어야 한다. 어린아이는 그 자기애에 대해 양심의 가책을 느끼지 않지만, 이성이 눈을 뜨고 사랑이 태어남에 따라 자기애는 점차 약해져서, 죽음이 가까워졌을 때 완전히 소멸하지 않으면 안 된다.

10월 31일

1

시간의 흐름과 함께 신성화된 낡은 전설을 고수하는 것만큼 진리의 보급을 크게 방해하는 것은 없다.

2

하느님은 자신의 모습을 본떠 인간을 창조했다고 한다. 그것은 인간이 자신의 모습을 본떠 하느님을 창조했다는 말과 같다.　　　　　　　리히텐베르크

3

남이 하는 말을 믿는 경향 속에는 좋은 점과 나쁜 점 양쪽이 들어 있다. 바로 그 경향이 사회의 진보를 가능하게 하고, 또 그것이 그 진보를 매우 느리고 고통에 찬 것으로 만든다. 또한 인류의 각 세대는 그 경향 덕택에 선인이 노고 끝에 얻은 지식을 힘들이지 않고 유산으로 물려받은 반면, 그 경향 덕택에 선인이 남긴 과오와 미망의 노예가 되고 있는 것이다.　　　　　　　헨리 조지

4

인류는 서서히, 그러나 쉬지 않고 자신의 생명의 의의와 사명에 대한 진리를 해명하며, 그 해명된 의식에 합당한 생활을 쌓아 올린다는 목표를 향해 나아가고 있다. 그래서 사람들이 자신의 생활을 이해하는 방법과 그 생활 자체가 끊임없이 변화하고 있는 것이다. 진리에 민감한 사람들은 자신들에게 보이는 지고한 빛에 일치하는 방법으로 이해하고, 그 빛에 합당한 삶을 살려고 하지만, 진리에 둔감한 사람들은 지난 날의 인생관, 지난 날의 생활 방식을 고집하며 그것을 옹호하려고 한다.

그러므로 세상에는 언제나 가장 앞서가는 새로운 진리를 표방하고, 그 진리에 따라 살려고 하는 사람들과 함께, 시대에 뒤처져 이미 쓸모없게 된 낡은 인생관과 낡은 생활 질서를 고수하는 사람들이 있게 마련이다.

5

신앙상의 모든 기만 중에서 가장 잔인한 기만은 어린이들에게 그릇된 신앙을 불어넣는 것이다. 그것은 어린이가 자신보다 먼저 태어나 옛 성현들의 가르침을 더 많이 알고 있을 어른들에게, 이 세계와 자신의 생명은 도대체 무엇인가, 또 그 둘의 관계는 어떤 것인가 하는 문제를 물었을 때, 거기에 대해 어른들은 자신이 생각하고 있는 것, 알고 있는 것을 대답하지 않고, 몇 천년이나 전에 살았던 사람들이 생각한 것, 그리고 어른들 자신도 믿고 있지 않고 믿을

수도 없는 것을 대답하는 경우에 볼 수 있다. 어린이가 바라고 있고 어린이에게 꼭 필요한 정신적 생명 대신, 어린이의 정신적 건강을 해치는 독약이 주어지니, 그것을 극복하려는 어린이에게는 최대의 노력과 고뇌가 필요하게 된다.

6

전설을 중시하지 않는 데서 오는 해악은, 지금은 이미 합리적 변명의 여지가 없게 된 습관과 규칙, 제도를 중시하는 데서 오는 해악의 천분의 일도 되지 않는다.

11월

11월 1일

1

나의 삶은 내 것이라고 생각하는 사람은 겸허하지 않다. 왜냐하면 그는 자신이 누구에게도 어떠한 책임이 없다고 생각하기 때문이다. 그러나 신을 섬기는 일에 자신의 사명을 두고 있는 사람은 겸허해지지 않을 수 없다. 왜냐하면 그는 언제나 자신이 아직 모든 사람에게 책임을 다하지 못하고 있다고 느끼기 때문이다.

2

사도들이 주님께 "저희에게 믿음을 더하여 주십시오" 하니까 주님께서는 "너희들에게 겨자씨 한 알만한 믿음이라도 있다면 이 뽕나무더러 '뿌리째 뽑혀서 바다에 그대로 심어져라' 하더라도 그대로 될 것이다" 하고 말씀하셨다. "너희들 가운데 누가 농사나 양치는 일을 하는 종을 데리고 있다고 하자. 그 종이 들에서 돌아 오면 '어서 와서 밥부터 먹어라'고 말한 사람이 어디 있겠느냐? 오히려 '내 저녁부터 준비하여라. 그리고 내가 먹고 마실 동안 허리를 동이고 시중을 들고 나서 음식을 먹어라' 하지 않겠느냐? 그 종이 명령대로 했다 해서 주인이 고마워해야 할 이유가 어디 있겠느냐? 너희도 명령대로 모든 일을 다 하고 나서는 '저희는 보잘 것 없는 종입니다. 그저 해야 할 일을 했을 따름입니다' 하고 말하여라." 루가복음 제17장 5~10절

3

참으로 선량한 사람들의 겸양은 무의식중에 나타난다. 그들은 지금 하고 있는 일에 열중한 나머지 이미 한 일에 대해서는 안중에도 없다. 중국의 속담

4

까치발을 하고 있는 사람은 오래 서 있을 수 없다. 스스로 과시하는 사람은 스스로 빛날 수 없다. 자기만족에 빠진 사람은 남들이 인정해주지 않는다. 뭐든지 자신의 공으로 돌리고 싶어하는 사람은 좋은 일은 아무것도 할 수 없다. 스스로 자랑하는 사람은 언젠가는 높은 곳에서 떨어진다. 도(道)에 비추어 말하면, 그런 사람들은 버려진 음식찌꺼기 같은 자들로 모든 사람들에게 혐오를 불러일으킨다. 그러므로 정도를 따르는 자는 그렇게 하지 않는 것이다. 노자 제 24장 '파자불립장(跛者不立章)'에서

5

자신의 내부에 깊이 침잠하면 할수록 또 자신을 보잘것없는 것으로 여기면 여길수록, 그는 더욱 더 신에게 가까이 다가갈 수 있다.   바라문의 금언

6

그리스도교의 가르침을 믿는 자는 일정한 단계에 도달할 때마다 더 높은 단계로 들어가려는 욕구가 일어나고, 그 단계에서는 또다시 한 단계 더 높은 경지를 끝없이 원하게 된다. 그리스도의 율법을 믿는 자는, 자기가 지나온 길은 보이지 않고 늘 자기 앞에 있는 가지 않은 길만 보이기 때문에 항상 자신을 미완성의 존재로 느낀다.

7

사람의 몸은 살아 있을 때는 부드럽고 유연하다. 그러나 죽으면 딱딱하게 굳고 거칠어진다. 풀이고 나무고 모든 것은 살아 있을 때는 부드럽고 유연하지만 죽으면 메마르고 거칠어진다. 거칠고 딱딱한 것은 죽음의 친구이며, 연하고 부드러운 것은 삶의 친구이다. 그러므로 폭력은 진정한 승리를 얻을 수 없다. 나무가 딱딱하고 뻣뻣해질 때는 곧 말라서 죽을 때이다. 강하고 큰 것은 아래에 머물고 부드럽고 연한 것은 위에 머문다.   노자 제76장에서

8

학문을 쌓는 자는 점점 학자의 모습을 갖추어, 사람들의 눈에 갈수록 더

훌륭하게 보인다. 도를 닦는 자는 점점 작아져서 사람들의 눈에 낮아 보이게
된다. 그는 완전히 겸허해질 때까지 자꾸만 작아져 간다. 그리하여 완전한 겸
허에 이르면 그는 마침내 자유로워져서 자신도 모르게 어느새 사람들의 스승
이 되는 것이다.   노자 제48장에서

9

너에게는 원래 어떠한 권리도 없다는 것, 그리고 너에게 생명을 준 절대자의
종인 너에게는 오직 의무만이 있을 뿐이라는 것을 기억하라.

11월 2일

1

오직 세속적인 이름을 위해 이루어진 행위는 그 결과가 어떤 것이든 반드시
나쁜 행위이다. 선을 바라는 마음과 세속적인 이름을 바라는 마음이 반반인
경우, 그것은 좋지도 않고 나쁘지도 않은 행위이다. 오직 신의 뜻을 수행하기
위한 행위만이 진정으로 좋은 행위이다.

2

자유로운 존재도 자기 자신에게만 얽매여 있으면 악마에게 몸을 맡기는 것
이 된다. 도덕적인 세계에는 주인 없는 땅이 없으며 애매한 땅은 모두 악마에
게 속해 있다.   아미엘

3

네가 세속적인 통념과 세속적인 관심의 원천이 어디에 있는지 안다면, 너는
세상 사람들의 찬성과 칭찬을 더 이상 찾지 않을 것이다.

마르쿠스 아우렐리우스

4

끝없이 사람들의 눈치만 보다가는 아무 것도 결단할 수 없다. 사람들의 평
가는 무한하고 다양하다. 너는 말할 것이다. "나는 훌륭한 사람들에게 인정받
고 싶다"고. 그러나 네가 훌륭한 사람이라고 말하는 것은, 네가 이제부터 하려

는 행위를 칭찬해줄 사람들을 말하는 것이 아닌가.

5

우리는 우리의 진정한 내면적 생활만으로는 만족하지 못하고, 그것과 다른 남들의 생각 속에 사는 가공의 자신을 추구하며, 억지로 자신을 실제와는 다른 것으로 보이고 싶어한다. 그리고 끊임없이 그 가공의 자신을 장식하는 데 정신을 쏟느라, 실제의 자신은 소홀히 한다. 만약 우리가 평정과 성실과 관대의 미덕을 갖추고 있다면, 우리는 서둘러 그것을 과시하며 그 미덕을 가공의 자신에게 주려고 할 것이다.

그러한 미덕을 가공의 자신에게 줄 수 있다면, 진정한 자신은 그것을 잃어도 좋다고 생각할 정도이다. 우리는 용감하다는 평판을 얻기 위해서라면 비겁해지는 것도 마다하지 않는다.

파스칼

6

모든 선행에는 사람들의 칭찬을 바라는 마음이 얼마간 있기 마련이다. 남에게 칭찬받고 싶다는 마음만으로 뭔가를 하는 것은 좋지 않지만, 선한 행위를 하고 싶어 하는 마음속에 남에게 칭찬을 받고 싶다는 마음이 얼마간 들어 있다 해도, 선한 행위는 역시 선한 행위이다. 그러나 그것이 오로지 신을 위해서만 행해진다면 얼마나 멋진 일일까!

7

사람들의 칭찬을 행위의 목적이 아니라 행위의 결과가 되게 하라. 오직 신을 위해 사는 방법을 배우기 위해서는 누구도 절대로 모르는 일을 하는 것이 좋다. 그렇게 하면 너는 특별한 기쁨을 알게 될 것이다.

11월 3일

1

단 하나의 불변하는 법칙, 모든 사람에게 공통된 신의 법칙이 있다. 인간의 법칙은 그것이 신의 법칙과 충돌하지 않을 때만 법칙이 될 수 있다.

예수께서는 그들에게 이렇게 말씀하셨다. "내가 가르치는 것은 내 것이 아니라 나를 보내신 분의 가르침이다. 하느님의 뜻을 실천하려는 사람이면 이것이 하느님으로부터 나온 가르침인지 또는 내 생각에서 나온 가르침인지를 알 것이다."

요한복음 제7장 16~17절

네 의무를 재촉하는 목소리는 신의 암시가 아니고 무엇이겠는가? 그러나 그것은 너희의 상상의 산물일지도 모른다, 너희가 너희 자신과 나눈 대화에서의 명령형이 아닌가?

또 어쩌면 그것은 세상 사람들의 여론의 반향이며, 그 여론의 요구에 대한 굴복은 아닐까?

결코 그렇지 않다. 만약 그것이 우리 자신이 생각해낸 법칙이라면 그런 것은 파괴해도 상관없고 폐기할 수도 있을 것이다. 그러나 우리는 이 법칙의 힘이 우리의 지배권 밖에 있으며 도저히 그것을 무시할 수 없다는 것을 느끼고 있다.

또 그것이 여론의 영향에서 오는 것이라는 것도 인정할 수 없다. 왜냐하면 그 목소리는 종종 우리를 여론보다 높이 올리며, 군중의 부정과 싸울 힘을, 선의 이름으로 오직 홀로 이길 가능성이 없어도 싸울 힘을 우리에게 주기 때문이다. 너희가 나에게 선의 의식은 직접적인 신의 의식이 아니라고 아무리 믿게 하려고 애써도, 낮의 빛은 내 눈과 여론이 낳은 것이라는 말을 믿지 않는 것 이상으로 나는 믿지 않는다. 감각이 우리에게 우리의 육체 밖에 있는 것을 가르쳐주듯이, 신의 의식은 우리의 정신적인 개성 밖에 있는 것을 가르쳐준다. 즉 정의와 선과 진리는 내 개성의 산물이 아니라 신이 나에게 내려주신 것이다.

마르티노

오늘날 신의 법칙의 실현을 가장 어렵게 만들고 있는 것은, 현재의 인간이 만든 법칙이 그것과 정면으로 모순 대립하고 있는 점이다.

인간이 만든 법칙은, 그것이 신의 법칙을 적용하여 만들어짐으로써 신의 법칙과 일치하며, 신의 법칙을 실생활에서 전개시키는 것이어야 비로소 좋은 법칙, 가치 있는 법칙이다.

그러나 신의 법칙과 모순될 때는 절대적으로 나쁜 법칙이며, 그러한 경우 우리에게는 그것을 타파할 권리가 있는 정도가 아니라 적극적으로 타파해야 할 의무가 있다.

주세페 마치니

인생에서 가장 중요한 문제를 연구하고자 하는 사람이면 누구나 그러한 문제를 해결하기에 앞서, 몇 세기에 걸쳐 축적되고 온갖 교활한 지혜를 다 짜내어 유지되어 온, 가장 본질적인 개개인의 인생 문제에 대한 거짓된 이론체계부터 먼저 때려 부수어야 한다.

정부라는 존재 자체는, 본질적으로 말해 인간이 사회생활에서 자신의 신성을 의식하지 못하고, 그래서 외적인 권력에 의지하지 않으면 안 되게 된 명백한 증거이다. 그 의식을 잃으면 인간은 외면적인 법률에 의지하지 않을 수 없다. 그런데 이 외적인 법률이라는 것은 언제나 오류투성이다. 모든 사람이 자기 이웃들의 의식과 동일한 그 의식을 보전하고 있다면 그러한 분열은 일어나지 않는다.

그러나 그 의식이 약해지면 그것을 유지하기 위한 부자연스러운 수단이 필요해진다.

이리하여 합일의 의식이 약해지는 동시에 정부라는 형식이 발생하게 되는데, 그 정부라는 것은 전 국민의 생활의 진정한 대표자가 아니라 단순히 지배계급의 외면적이고 강제적인 권력에 지나지 않는 것이다.

카펜터에 의함

신의 법칙이 인간의 법칙과 모순 된다면 대체 어떻게 해야 할 것인가? 신의 법칙을 은폐하고 인간의 법칙을 선포해야 할 것인가? 이미 1900년 동안이나 그렇게 해왔지만, 신의 법칙은 갈수록 확실해지고 내적 모순은 더욱 더 깊어져서 고통이 되고 있다. 남은 길은 오직 하나, 인간의 요구를 신의 요구에 복종시키는 것이다.

이레째 읽을거리

신적인 것과 인간적인 것

1

그것은 1870년대 러시아에서 혁명가들과 정부 당국이 가장 치열하게 투쟁하고 있었을 때의 일이었다. 아래로 축 처진 콧수염과 매서운 눈매에 무표정한 얼굴을 한, 남부지방의 건장한 독일인 총독은, 어느 날 밤 군복차림으로 목에 백십자장을 걸고 서재의 테이블 앞에 앉아 있었다. 녹색 갓이 씌워진 네 개의 촛불 밑에서 비서관이 두고 간 서류를 대충 훑어보며, 시종무관장 아무개라고 길게 서명한 뒤 하나씩 옆으로 밀어냈다.

그 서류 중에는 반정부 음모에 가담한 혐의로, 노보로시스크 대학의 우등 졸업생인 아나톨리 스베틀로구브에게 사형을 선고한 판결문이 있었다. 총독은 평소보다 유난히 얼굴을 찌푸리면서 거기에도 서명했다. 노령인 데다가 비누로 너무 자주 씻어서 주름이 잡힌 하얗고 섬세한 손가락으로 서류 가장자리를 가지런히 맞추며 옆으로 제쳐놓았다. 다음 서류는 군대의 식량 수송비 지불에 관한 것이다. 그는 그것을 자세히 읽은 뒤 계산이 틀리지 않았는지 살피고 있다가 불현듯 스베틀로구브 사건에 대해 부관과 주고받은 이야기를 떠올렸다. 총독은 스베틀로구브의 집에서 다이너마이트가 발견됐다 해도, 그것만으로는 그의 범죄의도를 입증하기에 충분하지 않다는 견해를 갖고 있었다. 그와는 반대로 부관은 다이너마이트 외에도 스베틀로구브가 일당의 우두머리임을 암시하는 증거가 많이 있다고 주장했다. 그때를 상기하며 깊이 생각에 잠겨 있는 동안, 가슴에 솜을 두고, 옷깃이 판지처럼 빳빳한 프록코트 속에서 심장이 불규칙하게 뛰기 시작했다. 숨결이 점차 거칠어지면서, 목에 걸려 있는, 그의 기쁨이자 자랑인 백십자장이 가슴 위에서 크게 오르내릴 정도였다. '아직 늦지 않았어, 서기관을 다시 불러오자, 선고를 취소할 수는 없다 하더라도 형 집행을 늦출 수는 있을 거야.'

'부를까, 말까.'

심장이 점점 더 빨리 뛰기 시작했다. 그는 벨을 눌렀다. 곧 전령이 재빠른 걸음으로 소리도 없이 들어왔다.

"이반 마트베비치는 돌아갔나?"

"아닙니다, 각하! 아직 사무실에 계십니다."

총독의 심장은 느리게 뛰었다 빨리 뛰었다 널을 뛰고 있었다. 그는 며칠 전에 자신의 심장을 진찰한 의사의 충고가 생각났다.

"심장이 염려되신다면 이제라도 일을 그만두고 쉬셔야 합니다. 흥분하는 것이 가장 해롭습니다. 무슨 일이 있어도 흥분하는 것만큼은 꼭 피하십시오."

"부를까요?"

"아니야, 됐네" 하고 총독은 말했다. '그래, 고민하는 것이 무엇보다 사람을 흥분시키는 것이다' 하고 그는 속으로 생각했다. 이미 서명한 일이 아닌가. '누구든 스스로 침대를 손질하고 그 위에서 잠을 자야 한다.' 그는 자기가 좋아하는 속담을 중얼거렸다. '게다가 나하고는 상관없는 일이야. 나는 폐하의 명령대로 하면 되니까 굳이 일을 복잡하게 만들 필요는 없지.' 그는 마음에도 없는 냉혹한 의지를 자기 내부에 불러일으키려고 양미간을 찌푸리며 다시 속으로 중얼거렸다.

그러자 이번에는 최근에 황제를 알현했을 때가 떠올랐다. 황제는 근엄한 얼굴의 그 유리알 같은 눈으로 그를 응시하면서 말했다. "나는 그대를 믿는다. 전쟁에서 충성을 다해 싸웠던 것처럼, 적색분자들과의 투쟁에서도 단호한 자세로, 결코 그들에게 속거나 그들을 두려워해선 안 되네. 그럼 잘 부탁하네!" 하며 황제는 그를 포옹하고, 복종의 서약으로 키스를 받기 위해 자신의 어깨를 내밀었다. 총독은 그 일과 자기가 황제에게 했던 맹세의 말을 상기해 보았다.

"저의 단 하나의 소망은 폐하와 조국을 위해 제 목숨을 바치는 것입니다."

그리고 황제에 대한 헌신적인 복종에서 오는 그 노예적 충성심의 발로를 떠올리며, 잠깐이나마 마음을 어지럽힌 상념을 몰아냈다. 그리고 나머지 서류에 서명한 뒤 다시 한번 벨을 눌렀다.

"차는 준비되었나?"

"예, 곧 준비하겠습니다. 각하."

"그래, 가도 좋아!"

총독은 깊은 한숨을 내쉰 뒤 심장 언저리를 쓰다듬으면서 무거운 걸음으로 텅 비어 있는 커다란 홀로 나갔다. 그리고 말끔하게 닦여 있는 나무 바닥을 지나 사람소리가 들리는 객실로 들어갔다.

총독 부인에게 손님이 와 있었다. 지사 부부와 대단한 애국자인 늙은 공작

부인, 그리고 총독의 딸과 그녀의 약혼자인 근위사관이었다.

총독 부인은 얇은 입술과 차가운 얼굴의 마른 여자로, 나지막한 테이블 앞에 앉아 있었다. 그 위에는 알코올램프 위에 얹힌 은제 찻주전자와 찻잔들이 놓여 있었다. 슬픔을 가장한 목소리로 그녀는 젊게 차려 입은 뚱뚱한 지사 부인에게 남편의 건강이 염려된다고 말했다.

"매일같이 새로운 정보들이 끔찍한 음모와 그 밖의 온갖 것들을 밝혀주고 있어요. 그것을 모두 우리 집 양반이 처리해야 하지 뭐예요."

"오, 저런!" 하고 늙은 공작부인이 말했다. "난 그 지긋지긋한 놈들에 대해 생각하면 화가 치밀어 올라요."

"맞아요, 정말 무서운 사람들이에요! 여러분은 아마 곧이듣지 않으시겠지만 우리 집 양반은 하루에 열두 시간이나 일을 한답니다. 그렇게 약한 심장을 가지고 말이에요. 정말 걱정이에요."

남편이 들어오는 것을 보자 그녀는 이야기를 중단했다.

"네, 꼭 한 번 들으러 오세요. 바르비니는 정말 훌륭한 테너 가수죠" 하고 그녀는 그때까지 그 얘기를 하고 있었던 것처럼, 지사 부인에게 즐거운 웃음을 던지며 새로 온 가수 이야기를 했다.

귀엽고 풍만한 체격의 총독 딸은 약혼자와 함께 객실 한쪽 구석의 중국 병풍 뒤에 앉아 있었다. 그들은 일어서서 아버지 쪽으로 걸어갔다.

"오, 오늘 너희 둘을 이제야 보는구나!" 총독이 그렇게 말하며 딸에게 키스를 하고 그녀의 약혼자와 악수를 나눴다.

손님들과 인사를 주고받은 뒤 총독은 테이블에 앉아 최근에 있었던 일을 이야기하기 시작했다.

"어머나, 안돼요, 정치에 대한 이야기는 하지 마세요, 의사가 금지했잖아요!" 하고 총독 부인이 지사의 이야기를 제지했다. "아, 마침 코피예프 씨가 오시는군요. 무슨 재미난 이야기를 해주실 거예요."

"어서 오세요. 코피예프 씨."

재치와 익살로 유명한 코피예프는 요사이 일어난 여러 가지 일화를 이야기하여 모든 사람들을 웃겨주었다.

2

"아니에요, 그럴 리가 없어요. 절대로 그럴 리가 없어요! 이것 놓으세요!" 하고 스베틀로구브의 어머니는 자기를 붙잡으려는 아들의 친구 중학교 교사와 의사의 손을 뿌리치면서 날카로운 목소리로 그렇게 소리쳤다.

스베틀로구브의 어머니는 머리가 약간 희끗희끗하고 눈언저리에 잔주름은 잡혀 있지만, 아직은 그리 나이가 많지 않은 귀여운 인상의 부인이었다. 스베틀로구브의 친구인 교사는 사형 선고서가 서명된 것을 알고 그녀를 찾아가, 그 끔찍한 소식에 충격을 받지 않도록 세심한 주의를 기울였지만, 그녀의 아들에 대해 한 마디밖에 하지 않았는데도, 그녀는 당장 그의 조심스러운 목소리와 눈길만으로도 자기가 두려워하고 있던 일이 기어코 찾아온 것을 눈치 채고 말았다.

그것은 그 도시의 한 고급여관의 조그만 방안에서 일어난 일이었다.

"왜 이렇게 붙잡는 거예요, 놓아 줘요!" 하고 그녀는 그들 가족의 오랜 친구인 의사의 손에서 빠져나가려고 몸부림치면서 소리쳤다. 의사는 한 손으로는 그녀의 앙상한 팔꿈치를 붙잡고 다른 손으로는 소파 앞의 타원형 테이블 위에 쓰러져 있는 작은 물약병을 바로 세웠다. 그녀는 사실 오히려 그가 붙잡고 있는 것을 다행으로 여기고 있었다. 왜냐하면 지금 뭔가 하지 않으면 안 된다고 느끼면서도 막상 어찌해야 해야 할지 알 수가 없었고, 어쩌면 자신이 자살을 할지도 모른다는 생각에 스스로 두려웠기 때문이다.

"그만 진정하시고, 이 쥐오줌풀 물약을 조금 마셔보세요" 하고 의사는 포도주 잔에 뿌연 물약을 따라 주었다.

그녀는 갑자기 조용해져서, 움푹 들어간 가슴 쪽으로 머리를 숙이며 몸을 거의 반으로 꺾어서 눈을 감은 채 소파 위에 쓰러졌다.

그녀는 아들이 석 달 전에 뭐라 표현할 수 없는 슬픈 얼굴로 작별 인사를 하던 것을 떠올리고 있었다. 그녀는 또 비로드 재킷에 조그마한 맨발, 그리고 긴 금발 곱슬머리의 여덟 살 난 어린 시절의 아들의 모습도 떠올렸다.

"그 아이를, 그 귀여운 아이를 죽이려 하다니!"

그녀는 갑자기 벌떡 일어나 테이블을 밀쳐내고 의사의 손을 뿌리쳤다. 그러나 문까지 가다가 다시 소파에 주저앉고 말았다.

"이래도 신이 있다는 말이에요? 이런 일도 말리지 못하는 신이 무슨 신이란 말인가요! 그런 신은 필요 없어요! 그 따위 신이라면!" 그녀는 흐느껴 울다가 미친 것처럼 신경질적으로 웃으면서 소리쳤다. "출세, 재산, 그 모든 것을 모든 사람들을 위해 내팽개친 그 아이를, 국민들에게 모든 것을 바친 그 아이를 목을 매달아 죽인다고?" 그녀는 전에는 그것 때문에 아들을 비난했던 일을, 지금은 정반대로 위대한 자기희생으로 머리 속에 떠올리면서 말했다. "그 아이에게, 그 아이에게 그런 짓을 하다니! 그래도 선생님은 하느님이 있다는 거예요?" 하고 그녀는 소리쳤다.

"아닙니다, 그런 건 어쨌든 우선 이 약이나 좀 드세요."

"아니에요, 아무것도 먹고 싶지 않아요, 아, 하, 하!" 그녀는 절망적으로 웃다가 다시 흐느껴 울었다.

밤이 되자 그녀는 말을 할 수도 울 수도 없을 만큼 지쳐 있었다. 그저 초점 없는 광적인 눈빛으로 앞만 응시하고 있었다. 의사가 모르핀 주사를 놓자 그녀는 가까스로 잠이 들었다.

그녀는 꿈도 꾸지 않고 깊이 잤지만 깨어났을 때는 무서움이 더욱 커져 있었다. 가장 무서운 것은 인간이 그렇게까지 잔인해질 수 있는가 하는 것이었다. 그 깨끗하게 면도질을 한 무서운 장군들과 헌병뿐만 아니라, 차분한 얼굴로 방청소를 하러 와서 마치 아무 일도 없는 것처럼 인사를 하는 하녀, 무슨 얘기가 그렇게 재미있는지 옆방에서 웃고 떠드는 사람들도, 모두 하나같이 얼마나 잔인한 사람들이란 말인가!

3

독방에 간힌 지 두 달째 되는 스베틀로구브는 그 동안 많은 것을 경험했다.

어릴 때부터 그는 일부러 스스로에게 숨겨왔지만, 부잣집 아들이라는 자신의 특권적인 입장이 부정하다는 것을 무의식적으로 느끼고 있었다. 그리고 그 의식을 지워버리려고 애썼으나, 민중의 가난을 목격하거나 자기만이 특별한 행복과 기쁨으로 넘치고 있다고 느낄 때, 농부와 늙은 사람들, 부녀자와 아이들에 대해 미안한 기분을 느꼈다. 그들은 그가 누리고 있는 기쁨을 전혀 알지 못할 뿐만 아니라, 도대체 그것이 어떤 것인지 생각한 일조차 없고, 평생 혹독한 노동과 빈곤에서 벗어나지 못한 채, 차례차례 태어나 자라서 이윽고 죽는 운명을 되풀이하고 있었다. 대학을 졸업하자 그는 그러한 자책에서 벗어나기 위해 자기 마을에 모범학교를 세우고, 소비조합을 만들고, 의지할 데 없는 노인들을 위해 양로원을 지었다.

하지만 이상하게도 그런 일을 하면 할수록, 친구들과 만찬회를 열고 승마에 돈을 쓰고 다니던 때 이상으로, 민중에 대한 죄의식은 점점 커져만 갔다. 그런 일을 한다고 모든 것이 끝나는 것은 아니며, 오히려 더 나쁜, 뭔가 왜곡되고 도덕적으로 부정한 것이 들어 있다고 그는 생각했다.

그런 식으로 농촌에서 봉사하는 자신에게 환멸을 느끼고 있던 무렵, 그는 대학 시절 키예프에서 가장 친하게 지내던 친구를 만났다. 그 친구는 3년 뒤 어느 날, 키예프 요새의 참호 속에서 총살을 당했다.

그 열정적이고 멋진 재능을 가졌던 친구는 그를 한 결사단체에 가입하도록 권유했는데, 그 결사의 목적은 민중을 계몽해 그들의 마음에 인권사상을 불러일으키고, 지주들과 정부의 지배에서 해방시키기 위해 곳곳에 단체를 결성하는 것이었다. 그 친구와 동료들과의 대화를 통해 스베틀로구브는 지금까지 막연히 생각해 오던 일을 뚜렷하게 의식하게 되었다. 무엇을 해야 하는지를 깨달았던 것이다. 그리하여 그는 새로운 친구들과의 관계를 지속하면서 다시 고향으로 돌아가 완전히 새로운 활동을 시작했다. 그는 스스로 교사가 되어 성인반을 맡아 그들에게 책과 팸플릿을 읽어 주기도 하고, 농부들에게 그들이 놓여 있는 처지를 설명해주었다. 그밖에 정부에서 금지하고 있는 책자를 출판하면서, 어머니의 도움은 조금도 빌리지 않은 채 모든 것을 버리고 다른 마을에서도 단체를 결성했다.

그러한 새로운 활동을 시작하면서 스베틀로구브는 생각지도 않던 두 가지 장애에 부딪혔다. 하나는 민중의 대부분이 그의 계몽활동에 냉담할 뿐만 아니라 거의 원한의 눈길로 그를 바라보는 일이었다(극히 예외적인 몇 사람, 그것도 거의 도덕적으로 의심스러운 사람들만이, 그를 이해하고 동조하는 자세를 보였을 뿐이다). 또 하나의 장애는 정부로부터의 것이었다. 그의 학교는 폐쇄되었고 그의 집과 가까운 사람들의 집은 가택수색을 당했으며 서적과 팸플릿들은 모두 압수당했다.

스베틀로구브는 첫 번째 장애인 사람들의 무관심에 대해서는 그다지 신경 쓰지 않았다. 두 번째 다른 장애인 무의미하고 모욕적인 정부의 탄압에 너무 화가 나 있었기 때문이다. 자신과 마찬가지로 다른 지방의 동지들도 각자 그런 것을 느끼고 있었고, 정부에 대한 분노가 서로를 부채질하는 형태로 극한에 이르자, 급기야 대부분의 결사에서 수많은 사람들이 힘으로 정부와 맞서 싸우기로 결심하기에 이르렀다.

이 결사의 수령은 메제네츠키라는 사람으로, 그는 불굴의 의지와 흔들림 없는 이론으로 무장해 오로지 혁명을 위해 모든 것을 바치고 있는 것으로 알려져 있었다.

스베틀로구브는 그의 지도에 감화되어 한때 민중에게 쏟아 부었던 열성으로 테러리스트 활동에 몸을 던졌다.

그 일은 위험했지만, 그 위험한 것이 무엇보다 그를 매료했다. 그는 자기 자신에게 말했다. "승리냐 수난이냐 둘 중의 하나다. 또 설령 수난이라 해도 그 수난까지 승리라고 할 수 있다. 다만 그것은 미래의 목적을 달성하기 위한 승리이기는 하지만." 그의 마음속에 타오르는 불길은 7년에 걸친 혁명 활동이 계속되는 동안 꺼지기는커녕, 오히려 함께 활동하던 사람들에 대한 존경과 사랑에 힘입어 더욱 더 맹렬하게 불타올랐다. 그는 자신의 목적을 위해 아버지한테서 물려받은 거의 전 재산을 내던진 것을 아무렇지도 않게 생각했고, 혁명운동 때문에 겪은 고통과 궁핍도 그리 힘들게 느끼지 않았다. 하지만 오직 한 가지 괴로웠던 것은, 자신이 그 투쟁으로 인해 어머니와, 어머니가 양녀처럼 돌봐주고 있는 한 아가씨에게 슬픔을 주고 있다는 사실이었다.

최근에 그가 별로 좋아하지 않는, 같은 테러리스트 동지 가운데 한 사람이 그를 찾아와서, 경찰에 쫓기고 있어 불안하다며 그에게 다이너마이트 몇 개를 숨겨달라고 부탁했다. 스베틀로구브는 그 남자를 싫어했지만, 오히려 그것 때문에 더욱 흔쾌히 승낙했고, 이튿날 경찰이 들이닥쳐 가택수색을 한 끝에 다이너마이트가 발각되었다. 어디서 어떻게 다이너마이트를 손에 넣었느냐는 심문에 대해, 그는 한 마디도 대답하지 않았다.

그렇게 해서 그가 평소에 각오하고 있던 수난이 시작되었다. 최근에 많은 동지들이 처형과 감금과 추방을 당하고, 또 많은 여성들까지 괴로움을 당하는 것을 본 그는, 오히려 자기도 빨리 그런 수난을 경험하고 싶었다. 그래서 체포되어 심문을 받았을 때 그는 자랑스러웠을 뿐만 아니라 거의 기쁨까지 느꼈다.

그 기쁜 감정은 그들이 옷을 벗기고 몸을 수색한 뒤 그를 감방에 처넣을 때까지, 또 철문에 자물쇠가 채워질 때에도 여전히 남아 있었다. 그러나 벌레들이 득실거리는 축축하고 먼지투성이인 독방 속에서 옆방의 동료가 벽을 두드려 좋지 않은 소식을 전해주거나 동지의 죄를 캐내려는 냉혹한 자들의 심문을 제외하면, 늘 지루하고 고독한 가운데 하루가 지나고 이틀 사흘이 지나가면 1주일이 가고, 다시 2주일이 지난 뒤 또 1주일이 지나가자 그의 정신은 체력과 함께 차차 쇠약해지기 시작했다. 마침내 그는 고통에 찬 상황에 어떤 형태로든 종지부가 찍히기를 갈망하게 되었다. 그의 갈망은 자신의 정신력에 의문을 품게 되자 더욱 더 강해졌다. 두 달째가 되자 그는 풀려나기 위해 모든 사실을 자백해버릴까 하는 생각에 사로잡혔다. 그는 자신의 나약한 의지에 몸서리를 쳤지만, 그래도 전과 같은 정신력은 결코 돌아오지 않을 것임을 알고, 자신을 미워하고 경멸하면서도 그 갈망은 점점 더 강해져 갔다.

가장 견딜 수 없었던 것은, 독방에 갇혀 있으니 자유의 몸이었을 때는 그토록 쉽사리 버릴 수 있었던 자신의 젊은 힘과 기쁨이, 지금은 굉장히 매력적으로 느껴지며 아까운 생각이 들고, 지금까지 좋게 여겼던 일들과 때로는 지금까지 해온 혁명운동마저 후회되는 것이었다. 만약 지금 자유의 몸이고 어디시골이나 외국에 나가서 사랑하는 사람들과 함께 살 수 있다면 얼마나 행복하고 즐거울까 하는 생각이 들었다. 그녀가 아니더라도 다른 여자와 결혼해서 소박하고 밝고 즐거운 생활을 보낼 수 있다면 얼마나 좋을까.

4

단조롭고 괴로운 독방생활이 두 달째에 접어든 어느 날, 교도소장이 늘 하는 순찰 때 갈색 표지에 금빛 십자가가 박힌 작은 책을 한 권 스베틀로구브에게 건네주며, 지사 부인이 감옥에 찾아와 죄수들에게 주라며 몇 권의 복음서를 두고 갔다고 말했다. 스베틀로구브는 고맙다고 인사하고 웃으면서 그 책을 벽에 붙여 놓은 테이블 위에 놓았다.

교도소장이 돌아가자 스베틀로구브는 옆방에 있는 죄수에게 신호를 보냈다. 그리고 교도소장이 별다른 새 소식은 가져오지 않았지만 복음서를 주고 갔다고 말했다. 그 죄수의 대답도 마찬가지였다.

점심을 먹은 뒤 스베틀로구브는 습기로 달라붙은 책장을 한 장씩 넘겨 가며 읽어보았다. 그는 지금까지 복음서를 일반 책처럼 읽어본 적이 한번도 없었다. 복음서에 대해 알고 있는 것이라고는 중학교에서 신학교사의 강의를 들은 것과 교회에서 사제와 부사제가 마치 노래하듯이 읽던 부분뿐이었다.

'제1장, 아브라함과 다윗의 자손 예수 그리스도의 족보는 다음과 같다. 아브라함은 이삭을 낳고 이삭은 야곱을, 야곱은 유다와 그의 형제를 낳았으며' 하고 그는 읽어 내려갔다. '즈루빠벨은 아비훗을 낳고' 모든 것이 그가 생각한 대로였다. 뭔가 복잡하기만 하고 아무 데도 도움이 되지 않는 무의미한 것이었다. 만약 이곳이 감옥 안이 아니라면 한 페이지도 끝까지 다 읽지 못했을 테지만, 지금 그는 막연히 타성에 의해 그것을 읽고 있었다. "마치 고골리가 쓴 소설 속의 페트루시카 같군." 그는 자신을 그렇게 생각했다. 그런 다음 마찬가지로 제1장의 그가 동정녀의 몸에서 태어났다는 것과, "그 이름은 임마누엘이라 하리라 하신 말씀이 그대로 이루어졌다. 임마누엘은 하느님께서 우리와 함께 계시다는 뜻이다"라고 예언되어 있는 부분을 읽었다. "그런 예언자가 뭐 하러 이런 곳에 등장하는 거람" 하고 생각하면서 그는 계속해 읽어나갔다. 그는 제2장의 세 명의 동방박사를 안내한 별 이야기와, 제3장의 메뚜기와 꿀을 먹었다는 세례자 요한 이야기, 제4장의 예수에게 높은 지붕에서 뛰어내리라고 말한 악마 이야기를 읽었다. 하지만 그런 이야기들은 조금도 재미가 없어서, 심심했지만 책을 덮어 버리고 저녁이 되면 늘 하는 대로 셔츠를 벗어 이를 잡기 시작했다. 그러다가 문득, 중학교 5학년 때 시험에서 그가 산상수훈 속에서 예수가 말한 행복에 대한 계율의 하나를 잊어버리자, 곱슬머리에 얼굴이 붉은 신부님이 화를 내며 그에게 낙제점을 준 일이 생각났다. 그것이 어떤 계율이었는지 생각이 나지 않아서 그 계율에 대한 부분을 읽어보았다. "옳은 일을 하다가 박해를 받는 사람들! 하늘나라가 그들의 것이니? 으음, 이건 우리하고 관계가 있는 건데" 하고 그는 생각했다. "나 때문에 모욕을 당하고 박해를 받으며 터무니없는 말로 갖은 비난을 다 받게 되면 너희는 행복하다. 기뻐하고 즐거워하여라. 너희가 받을 큰 상이 하늘에 마련되어 있다. 옛 예언자들도 너희에 앞서 갖은 박해를 받았다." "너희는 세상의 소금이다. 만일 소금이 짠 맛을 잃으면 무엇으로 짜게 만들겠느냐? 그런 소금은 아무데도 쓸 데 없어 밖에 내버려 사람들에게 짓밟힐 따름이다."

'이건 완전히 우리를 두고 한 말이다.' 그는 그렇게 생각하며 계속해서 읽어나갔다. 제5장을 다 읽고 났을 때 그는 생각에 잠겼다. '성내지 말라, 간음하지 말라, 보복하지 말라, 원수를 사랑하라.'

'그렇다, 모두들 이렇게 살아간다면 혁명도 필요 없을 것이다.' 그는 이렇게 읽어가는 사이에 많은 부분이 확실하게 이해되기 시작했다. 읽으면 읽을수록 이 책 속에는 중요한 말이 들어 있다는 생각이 점점 뚜렷해졌다. 어떤 것은 이내 마음속 깊이 감명을 불러일으켰고, 어떤 것은 여태껏 한 번도 들은 적이 없었지만 아주 오래전부터 이미 알고 있었던 것처럼 여겨지기도 했다.

예수께서 동행하던 군중을 향하여 돌아 서서 말씀하셨다. "누구든지 나에게 올 때 자기 부모나 처자나 형제 자매나 심지어 자기 자신마저 미워하지 않으면 내 제자가 될 수 없다. 그리고 누구든지 자기 십자가를 지고 나를 따라오지 않으면 내 제자가 될 수 없다. 너희 가운데 누구든지 나의 제자가 되려면 자기가 가지고 있는 것을 모두 버려야 한다."

"그래, 바로 이거야!" 그는 갑자기 눈물을 글썽이며 소리쳤다. '이것이 바로 내가 행하고자 했던 것이다. 그렇다, 바로 이것이 내가 영혼을 바쳐 구하려 했던 것이야. 쌓아 두지 말고 바쳐라. 여기에 기쁨이 있고, 진정한 생명이 있다! 나는 사람들을 위해, 인간적 명예를 위해 여러 가지 일을 해왔어' 하고 그는 생각했다. '일반 대중으로부터의 평판은 아니지만, 내가 존경하고 사랑하는 나타샤와 드미트리 셀로모프에게 잘 보이고 싶은 마음에서 행동했어. 그래서 의혹이 생기고 마음이 불안했지. 나는 나 자신의 영혼이 명령한 것에 따라 행동했을 때, 내 몸과 내 모든 것을 바치고자 했을 때만 기쁨을 느꼈어.'

이날부터 스베틀로구브는 그 책 속에 적혀 있는 말들을 읽고 그것에 대해 생각하는 것으로 대부분의 시간을 보냈다. 그것이 그를 자신이 현재 놓여 있는 처지에서 구원해주는 듯한 감동을 느끼게 했을 뿐만 아니라, 그가 지금까지 한 번도 경험한 적이 없는 정신 활동을 불러일으켰다. '왜 모든 사람들이 이 책에 적혀 있는 대로 살아가지 않는 것일까?' 하고 그는 생각했다. '그렇게 살면 단지 그 한 사람뿐만이 아니라 모든 사람들에게도 좋은 일이 아닌가? 그렇게 살아나가기만 한다면 슬픔도 가난도 없고 오직 행복만이 있을 것이다. 이 감옥살이가 끝나고 내가 다시 자유롭게 살아갈 수 있게만 된다면?' '언젠가는 나를 석방시켜 주거나 유형지로 보내겠지. 어디서든 살아갈 수 있어, 아니 그렇게 살아갈 거야. 그렇게 살지 못할 이유가 없고 또 반드시 그렇게 해야 해. 그렇게 살지 않는 것은 어리석기 짝이 없는 일이야.'

5

그가 그런 기쁨과 흥분상태에 있던 어느 날, 교도소장이 그럴 시간이 아닌데도 그의 독방에 찾아와서 기분이 어떠냐, 원하는 것은 없느냐고 물었다. 스베틀로구브는 교도소장의 급변한 태도를 미심쩍게 생각하면서, 거절당할 줄 알면서도 담배를 청해보았다. 그러자 교도소장은 곧 가져오게 하겠다고 말했고, 잠시 뒤 간수가 정말로 담배 한 갑과 성냥을 가져왔다.

'누가 나를 위해 부탁이라도 한 것이겠지' 하고 스베틀로구브는 속으로 생각했다. 그는 담배에 불을 붙여 물고 간수의 갑작스러운 변화에 대해 그 의미를 생각하면서 감방 안을 왔다 갔다 했다.

이튿날 그는 법정에 불려나갔다. 여러 번 나간 적이 있는 그 법정에서는, 그에 대한 심문은 전혀 없었다. 다만 재판관 한 사람이 그를 쳐다보지도 않고 일어서자 다른 재판관들도 따라 일어섰다. 처음에 일어선 재판관은 손에 서류를 한 장 들고 부자연스럽고 억양 없는 목소리로 크게 읽기 시작했다.

스베틀로구브는 그것에 귀를 기울이면서 재판관들의 얼굴을 쳐다보고 있었다. 그들은 모두 그의 얼굴은 보지 않고, 다만 심각하고 어두운 표정으로 동료의 목소리를 듣고 있었다.

그 문서에는 이렇게 적혀 있었다. '가까운 장래 또는 먼 장래에 현 정부를 전복할 목적으로 혁명운동을 한 죄로, 피고 아나톨리 스베틀로구브의 모든 공민권을 박탈하고 교수형에 처함.'

스베틀로구브는 그것을 듣고 그 군인재판관이 하는 말의 의미를 이해했다. 그리고 그는 그 말의 모순을 깨달았다. 가까운 장래 또는 먼 장래라느니, 사형 선고를 받은 자의 공민권을 박탈한다느니 하는 말의 모순을. 그러나 그 선고가 자신에 대해 가지는 의미는 전혀 이해하지 못하고 있었다.

그는 한참 뒤 퇴정 명령을 받고 헌병과 함께 밖으로 나왔을 때에야 비로소 자기가 사형 선고를 받았음을 확실하게 이해했다.

"아니야, 이상해, 뭔가 잘못되었어. 말도 안돼. 설마 그럴 리가 없어!" 감옥으로 돌아가는 호송차 속에서 그는 자신을 향해 중얼거렸다.

그는 자신의 몸 안에 넘치고 있는 생명력을 느끼고 있었기 때문에, 자신의 죽음을 상상할 수가 없었다. 자기 자신의 '나'라는 의식을 죽음과 결부시키는 것이, 바꿔 말하면 '나'와 '나'의 비존재의 관념을 결부시킬 수가 없었다.

감옥에 돌아온 스베틀로구브는 독방에 앉아 눈을 감고 자신을 기다리고 있는 운명을 똑똑히 생각해보려 했지만 아무리 해도 생각이 되지 않았다. 그는 자신의 존재가 없어진다는 것을 도저히 상상할 수 없었고, 또 사람들이 자신을 죽이고 싶어한다는 것도 믿을 수 없었다.

'이 나를, 젊고 선량하고 행복하고 그렇게 많은 사람들의 사랑을 받고 있는 나를?' 그는 자신에 대한 어머니와 나타샤, 그리고 친구들의 사랑을 떠올렸다. "이런 나를 죽인다고! 교수형을 시킨다고! 도대체 누가, 무엇 때문에? 그리고 내가 없어진 뒤에는? 아니야, 그럴 리가 없어!" 하고 그는 자신에게 말했다.

교도소장이 들어왔다. 스베틀로구브는 그가 오는 발소리를 듣지 못했다.

"누굽니까, 무슨 일입니까?" 하고 스베틀로구브는 물었다. "아! 당신이었군요! 그래, 그게 언젭니까?"

"나도 모르겠네." 교도소장은 그렇게 대답한 뒤, 잠시 말없이 있다가 갑자기 비위를 맞추려는 듯 부드러운 목소리로 말했다. "실은 이곳의 신부님이 저어…… 잠시 자네를 만나고 싶다는군, 그래서……."

"만날 필요 없습니다. 전혀! 돌아가세요!" 스베틀로구브가 소리쳤다.

"그럼 누군가에게 편지를 쓰고 싶지는 않나? 그건 허락할 수 있네."

"아, 그래요? 그럼 쓸 걸 좀 주십시오. 쓸 테니까."

교도소장은 나갔다.

'그러니까 내일 아침에 죽을 거란 말이군.' 스베틀로구브는 생각했다. '교수형은 언제나 아침에 집행하고 있지. 내일 아침이면 난 이 세상에서 사라진다. 아니, 그럴 리가 없어. 이건 꿈이야, 꿈!'

그러나 곧 간수가, 늘 보던 낯익은 간수가 와서, 펜 두 자루와 잉크, 편지지, 그리고 파르스름한 봉투 몇 장을 건네주고, 테이블 앞에 의자도 갖다 놓았다. 이것은 모두 현실이고 결코 꿈이 아니었다.

'생각해서는 안돼, 생각해서는. 그래! 어머니에게 편지를 쓰자.' 스베틀로구브는 그렇게 생각하며 의자에 앉아 당장 편지를 쓰기 시작했다.

'사랑하는 어머니!' 이렇게 쓰고 그는 눈물을 흘리기 시작했다.

'용서해주십시오, 제가 어머님께 끼쳐 드린 모든 불효를 용서해주십시오, 제가 잘못했는지도 모르겠습니다. 그러나 그 길밖에 어찌할 도리가 없었습니다. 오로지 저를 용서해달라는 말밖에 드릴 말씀이 없습니다.'

'아니, 용서해달라는 말만 계속 쓰고 있잖아?' 하고 그는 생각했다. '하는 수 없지 뭐, 다시 고쳐 쓸 시간이 없어.'

'저에 대해서는 부디 슬퍼하지 마십시오. 언젠가는 누구나 죽기 마련 아닙니까? 저는 두렵지 않아요. 또 제가 한 일을 후회하지도 않습니다. 그렇게 할 수밖에 없었으니까요. 부디 용서해주시기만을 바랄 뿐입니다. 그리고 다른 사람들도 원망하지 마십시오. 저와 함께 혁명운동을 했던 사람들도, 또 저를 사형에 처한 사람들도 모두 그렇게 할 수밖에 없었습니다. 그들을 용서해주십시오. 그들은 자기네가 무엇을 하고 있는지도 모르고 있습니다. 저는 이제 용서해달라는 말은 더 이상 하지 않겠습니다. 그러나 그 마음은 제 마음 속에서 저를 지탱해주고 위로해줍니다. 안녕히 계십시오, 어머니의 주름진 그리운 손에 키스를 보냅니다.'

눈물이 종이 위에 뚝뚝 떨어져 잉크가 번졌다.

'저는 지금 울고 있지만, 그것은 슬픔이나 두려움 때문이 아니며, 저의 생애의 가장 엄숙한 순간에 대한 감동과 당신에 대한 사랑 때문입니다. 저의 동지들을 원망하지 마시고 부디 사랑해 주십시오. 프로홀로프는 그가 제 죽음의 원인이 된 만큼 더욱 사랑해주십시오. 모든 다른 사람들이 꾸짖고 미워하는 인간을 사랑한다는 것은 정말 기쁜 것입니다. 특별히 죄가 있어서가 아니더라도, 어쨌든 비난하고 싶은 사람, 미워하고 싶은 사람을 반대로 사랑하는 것은 참으로 기쁜 일입니다. 나타샤에게 그녀의 사랑이 저에게 위안이 되고 기쁨이 되고 있다고 전해주십시오. 저는 지금까지 그것을 잘 알지 못했지만 제 영혼의 깊은 곳에서 그것을 느끼고는 있었습니다. 그녀가 있어서 저를 사랑해준다는 걸 알고 있음으로써, 저에게는 살아가는 일이 즐거웠습니다. 이제 드릴 말씀은 다 했으니 이만 펜을 놓겠습니다. 안녕히 계십시오!'

그는 편지를 봉투에 넣은 뒤, 침대에 앉아 두 손을 무릎 위에 놓고 눈물을 삼켰다.

그는 아무래도 자신이 죽지 않으면 안 된다는 사실이 믿어지지 않았다. 몇 번인가 그는 내가 꿈을 꾸고 있는 게 아닐까 하는 자문을 되풀이하며, 꿈이라면 얼른 깨어나기를 바랐다. 그리고 그것이 이번에는 다른 상념으로, 이 세상의 삶 전체가 꿈이고, 거기서 깨어나는 것이 죽음이 아닌가 하는 생각으로 그를 이끌고 갔다. 그러나 만약 그렇다면 이 세상에서의 삶의 의식도, 내가 기억하지 못하는 전생으로부터의 깨어남에 지나지 않을지 모른다. 그렇다면 이 세상의 삶은 삶의 시작이 아니라 새로운 삶의 형식에 지나지 않을지도 모른다. 나는 죽어서 다시 새로운 삶의 형태로 이행하는 것이다. 그 생각이 그의 마음을 사로잡았다. 그러나 그 생각에 의지하려고 하자, 역시 그 생각이나 그 밖의 다른 생각도 죽음의 공포를 해소해주지는 않는다는 것을 느꼈다. 마침내 그는 생각하는 데 지치고 말았다. 뇌가 더 이상 움직이지 않는 것 같았다. 그는 눈을 감은 채 아무것도 생각하지 않고 앉아 있었다.

그는 편지를 다시 읽어 보았다. 그리고 끝에 가서 자신이 적은 프로홀로프라는 이름을 보자, 갑자기 이 편지는 틀림없이 검열을 받을 것이고, 그렇게 되면 프로홀로프의 신세를 망쳐 버리게 된다는 생각이 떠올랐다.

"아아! 큰일 날 뻔했다!" 그가 소리쳤다. 그는 편지를 갈기갈기 찢어 등잔불에 하나하나 태워 버렸다.

그는 자포자기하는 심정으로 편지를 새로 쓰기 위해 다시 테이블로 갔는데, 이번에는 어쩐지 차분하고 거의 즐겁기까지 한 기분이었다.

그는 다른 종이를 꺼내 다시 쓰기 시작했다. 그의 가슴에 만감이 교차했다.

'사랑하고 사랑하는 어머니!' 하고 쓰자 그의 눈이 다시 눈물로 얼룩져 글자가 잘 보이도록 죄수복 소매로 눈물을 닦았다. '왜 저는 저 자신에 대해 잘 몰랐을까요? 왜 마음속에 언제나 간직하고 있었던 어머니에 대한 지극한 사랑과 감사를 깨닫지 못했을까요? 이제서야 저는 그것을 깨닫고, 지난 날 어머니와 말다툼을 하며 이런저런 심한 말을 한 것을 생각하니 정말 괴롭고 부끄러워서 왜 그때 그런 말을 했는지 저 자신도 잘 알 수 없는 심정입니다. 부디 저를 용서해주십시오. 그리고 좋은 점만을, 만약 제게 그런 것이 있었다면 생각해 주십시오.

저는 죽음은 조금도 두렵지 않습니다. 솔직하게 말씀드리면 저는 죽음이 무엇인지 모르겠습니다. 죽음이 믿어지지가 않습니다. 만약 죽음, 즉 멸망이 존재한다면, 서른 살에 죽든 그보다 조금 빨리 죽거나 조금 늦게 죽든, 다를 게 뭐가 있겠습니까? 또 죽음이 존재하지 않는다면, 더더욱 빨리 죽든 늦게 죽든 조금도 다를 것이 없습니다.'

'왜 나는 이렇게 철학적인 말을 늘어놓는 것일까?' 하고 그는 생각했다. 조금 전의 편지에 썼던 것을 써야 한다, 끝에 가서 뭔가 좋은 말을 썼던 것 같은데.

그래!

'부디 저의 동지들을 나무라지 마시고 오히려 사랑해주십시오. 특히 자기도 모르는 사이에 저의 죽음의 원인이 된 동지를 사랑해주십시오. 나타샤에게 키스를 보냅니다. 그리고 제가 언제나 그녀를 사랑하고 있었다는 걸 전해주십시오.'

'그런데 왜 이럴까? 도대체 어떻게 되는 것일까?' 하고 다시 그는 생각했다. '허무? 아니, 허무는 아니야. 그럼 도대체 무엇일까?'

그는 갑자기 아직 살아 있는 인간은 그런 문제에 대답할 수 없다는 것을 똑똑히 깨닫기 시작했다.

'그렇다면 왜 나는 이렇게 자문하고 있는 거지? 무엇 때문에! 도대체 무엇 때문일까! 그런 걸 자문할 필요는 없어. 그냥 사는 거야. 이 편지를 썼을 때 살아 있었던 것처럼 사는 거야. 우리는 모두 오래전부터 죽음을 선고받았지만 살아오고 있지 않아? 그래, 사랑하기만 하면 우리는 아름답고 기쁘게 살 수 있어. 그래, 사랑하기만 하면. 지금도 나는 편지를 쓰면서 모두를 사랑했어. 그래서 무척 행복했지. 그렇게 살아야 해. 언제 어디서든, 자유의 몸이든 감옥 속에서든, 오늘도 내일도 마지막 순간까지 살 수 있는 거야.'

그는 지금 당장이라도 누구하고든 사랑하는 마음으로 정답게 얘기를 나누고 싶은 생각이 들었다. 그가 문을 두드리자 간수가 들여다보았고, 그는 지금이 몇 시며 언제 교대하느냐고 물었다. 그러나 간수는 대답이 없었다. 그래서 그는 교도소장을 불러달라고 부탁했다. 잠시 뒤 교도소장이 와서 무슨 일이냐고 물었다.

'어머니께 보내는 편지를 썼습니다, 전해주십시오.' 이렇게 말하자 다시 어머니가 생각나 두 눈에 눈물이 솟구쳤다.

교도소장은 편지를 받아 들었다. 그리고 전해 주겠다고 약속하고 나가려 하자 스베틀로구브가 그를 다시 불러 세웠다.

'당신은 친절하신 분입니다. 그런데 왜 이렇게 괴로운 일을 하고 계시죠?' 그는 교도소장의 옷소매를 다정하게 만지면서 말했다.

교도소장은 어색하고 슬픈 미소를 지으면서 시선을 내리깔고 말했다

'먹고 살아야 하니까.'

'이런 일은 그만 두십시오. 뭔가 다른 길이 있을 겁니다. 당신처럼 친절하신

분이 왜. 어쩌면 저도……'

교도소장은 갑자기 흐느껴 울면서, 홱 몸을 돌려 문을 쾅 닫고 나가 버렸다.

교도소장의 눈물이 스베틀로구브를 더욱 감동시켰다. 그는 기쁨의 눈물을 참으면서 벽을 따라 감방 안을 왔다 갔다 했다. 이제는 조금도 두렵지 않았다. 다만 세상을 초월한 감동뿐이었다.

죽으면 자신은 어떻게 될 것인가 하는, 그가 그때까지 풀려고 무척 애썼지만 도저히 풀 수 없었던 문제도, 이제 뭔가, 실증적이고 논리적이지는 않지만 그의 내부에 있는 생명의 의식에 의해 풀린 것 같은 느낌이 들었다.

그는 복음서의 말을 생각해 보았다. "정말 잘 들어 두어라. 밀알 하나가 땅에 떨어져 죽지 않으면 한 알 그대로 남아 있고, 죽으면 많은 열매를 맺는다(요한복음 제12장 24절)."

'그래, 나는 지금 땅에 떨어지려 하고 있다. 그래, 바로 그거야' 하고 그는 생각했다.

'어쨌든 잠을 좀 자둬야지. 나중에 지쳐버리지 않게.' 그는 침대에 누워 눈을 감고 이내 잠이 들어 버렸다.

그는 아침 여섯 시에 밝고 즐거운 꿈의 여운 속에서 눈을 떴다. 꿈속에서 그는, 한 금발 머리 소녀와 함께 가지에 새까맣게 익은 버찌가 주렁주렁 달린 나무에 기어 올라가 큼직한 구리 쟁반에 버찌를 따서 담고 있었다. 그런데 버찌는 쟁반에 들어가지 않고 땅에 떨어져, 어딘지 이상한, 고양이 비슷한 동물들이 그것을 집어 위로 던졌다가 떨어지는 것을 다시 받고 있었다. 그것을 보고 소녀가 재미있다는 듯이 까르르 웃어서 스베틀로구브도 별 생각 없이 싱글거리며 웃었다. 그때 별안간 구리쟁반이 소녀의 손에서 미끄러졌고, 스베틀로구브가 그것을 잡으려고 했으나 때는 이미 늦어, 쟁반은 나뭇가지에 부딪치며 쇳소리를 내면서 땅에 떨어졌다. 그때 그는 여전히 미소를 지은 채, 그릇 소리에 귀를 기울이면서 잠에서 깨어난 것이다. 그 소리는 복도에서 철문이 열리는 소리였다. 복도에서는 사람들의 발소리와 소총이 찰칵거리는 소리가 들려왔다. 그의 뇌리에 불현듯 모든 것이 떠올랐다. '아아, 조금만 더 잤으면!' 하고 스베틀로구브는 생각했지만, 이제는 그렇게 할 수 없는 노릇이었다. 발소리들이 그의 독방 앞으로 다가왔다. 자물쇠에 열쇠를 꽂는 소리와 문이 삐걱하고 열리는 소리가 들렸다.

헌병 장교와 교도소장과 호송병이 들어왔다.

'죽음, 그게 뭐 어쨌단 말인가! 좋다, 죽자. 그러면 되는 거야.' 스베틀로구브는 간밤에 경험한 감동적인 정신의 고양감이 되돌아온 것을 느끼면서, 그렇게 생각했다.

6

스베틀로구브와 같은 감옥에, 자신의 지도자들을 믿지 못하여 진정한 신앙을 찾고 있는 분리파 신자인 한 노인이 수용되어 있었다. 그는 러시아 정교회의 총주교인 니콘 이후의 교회뿐만 아니라, 그가 반 그리스도로 생각하고 있는 표트르 대제의 정부도 부정하고, 황제의 권력기구를 '담배의 나라'라고 불렀으며, 자신의 의견을 용감하게 토로하면서 성직자들과 정부의 벼슬아치들의 잘못을 폭로했다. 그래서 재판을 받고 수감되어 이 감옥에서 저 감옥으로 이송되고 있었던 것이다. 그러나 자신이 자유의 몸이 아니라 감옥에 있다는 것도, 교도소장으로부터 박해를 받는 것도, 수갑과 족쇄가 채워지는 것도, 같은 죄수들로부터 야유를 받는 것도, 그 죄수들까지 관리들과 마찬가지로 신을 외면하고 자기네끼리 욕을 하며 독신행위에 빠져 있는 것도, 그를 그다지 놀라게 하지 않았다. 자유의 몸이었을 때 세상의 도처에서 그러한 광경을 보아왔기 때문이다.

그것은 모두 인간들이 참된 신앙을 잃고 어미 품에서 떨어진, 아직 눈도 제대로 뜨지 못하는 강아지처럼, 여기저기를 헤매고 다니는 것에서 기인한다는 것을 그는 알고 있었다. 한편 그는 또, 참된 신앙이 존재하고 있다는 것을 알고 있었다. 자기의 마음속에 그 신앙의 존재를 느끼고 있었기 때문이다. 그는 그 신앙을 도처에서 찾았다. 그 중에서도 요한묵시록에서 그것을 찾을 수 있을 거라고 생각했다.

"불의를 행하는 자는 불의를 행하도록 내버려 두고 더러운 자는 그냥 더러운 채로 내버려 두어라. 올바른 사람은 그대로 올바른 일을 하게 하고 거룩한 사람은 그대로 거룩한 사람이 되게 하여라." 주님께서는 이렇게 말씀하셨습니다. "자, 내가 곧 가겠다. 나는 너희 각 사람에게 자기 행적대로 갚아 주기 위해서 상을 가지고 가겠다."(요한묵시록 제22장 11~12절)

그는 끊임없이 이 신비로운 책을 읽으며, 언제나 각자의 행적대로 갚아줄

뿐만 아니라, 사람들에게 모든 신성한 진리를 계시하기 위해 '곧 나타날 자'를 이제나저제나 기다리고 있었던 것이다.

스베틀로구브가 처형되는 날 아침, 그는 큰 북소리를 듣고 창문으로 기어올라, 창살 너머로 호송마차가 한 대 서 있고 감옥에서 밝은 눈과 덥수룩한 곱슬머리 청년이 미소 띤 얼굴로 나와 거기에 올라타는 것을 보았다. 그의 하얀 손에는 한 권의 책이 들려 있었다. 청년은 그 책을 가슴에 꼭 안고(분리파 신자는 그것이 복음서임을 알아보았다), 창문 너머로 안에 있는 죄수들에게 고개를 끄덕여 보이거나, 미소를 지으면서 눈인사를 교환하고 있었다. 말이 움직이기 시작하더니 호송마차는 천사처럼 밝은 청년을 태우고, 호송병들에게 둘러싸여 포석 위를 덜컹거리며 옥문 밖으로 나갔다. 분리파 신자는 창문에서 내려와 침대에 앉아 생각에 잠겼다.

'저 청년은 진리를 깨달았어' 하고 그는 생각했다. '그래서 반 그리스도의 종놈들이 그가 누구에게도 진리를 말하지 못하도록 교수형에 처하려는 게지.'

7

무겁고 음산한 가을 아침이었다. 태양은 보이지 않고 바다 쪽에서 습기 찬 바람이 불어왔다.

시원한 공기, 집과 마을의 모습, 말, 그리고 자기를 바라보고 있는 사람들……이 모든 것들이 스베틀로구브의 눈을 즐겁게 했다. 마부와 등지고 호송마차 속의 의자에 앉아 그는 무심하게 자기를 호위하고 있는 병사들과 길을 가는 사람들의 얼굴을 바라보았다.

아직 이른 아침이어서 거리는 텅 비어 있고 가끔 노동자들만이 보일 뿐이었다. 앞치마를 걸치고 석회를 뒤집어쓴 석공들이 바삐 걸어오던 걸음을 멈추고 돌아서서 호송마차를 바라보았다. 그들 중의 한 사람이 무언가를 말하며 손을 흔들었지만, 이윽고 모두들 다시 방향을 돌려 일터로 향했다. 덜컹덜컹 소리를 내면서 철근을 달구지에 싣고 온 마부들이 호송마차에 길을 양보하기 위해, 그 사나운 말의 고삐를 노련하게 잡아당겨 말을 한쪽에 세우고, 이상하다는 듯이 호기심에 찬 눈으로 그를 쳐다보았다. 그 중 한 사람은 모자를 벗고 성호를 그었다. 하얀 모자에 앞치마를 두른 하녀가 바구니를 들고 대문에서 나오다가, 마차를 보고는 부랴부랴 집안으로 다시 들어가서 또 한 여자와 함께 뛰어나왔다. 둘은 숨을 죽이고 눈을 크게 뜬 채, 호송마차가 멀리 사라질 때까지 꼼짝 않고 지켜보았다. 누더기를 걸치고 희끗희끗한 수염을 덥수룩하게 기른 남자가 스베틀로구브를 가리키며, 요란한 몸짓과 손짓으로 저택의 문지기에게 무엇인가 안타깝다는 듯이 얘기하고 있었다.

두 소년이 뛰어가서 얼굴을 마차 쪽으로 향한 채 앞쪽은 보지 않고 호송차와 나란히 걸어갔다. 나이 많은 소년은 빠른 걸음으로 걷고 있었고, 모자를 쓰지 않은 어린 소년은 나이 많은 소년을 붙잡고 겁먹은 얼굴로 마차를 쳐다보며 짧은 다리로 거의 넘어질 듯이 겨우 따라가고 있었다. 스베틀로구브는 그 소년들과 눈이 마주치자 고개를 끄덕여 보였다. 호송마차에 실려 가는 무서운 남자의 고갯짓에 놀란 소년은, 눈을 크게 뜨고 입을 벌리고 금방이라도 울음을 터뜨릴 것 같았다. 스베틀로구브는 자기 손에 입을 맞춰 보이고 소년에게 부드럽게 미소를 보냈다. 그러자 소년은 자기도 모르게 사랑스럽고 순진한 웃음으로 거기에 화답했다.

호송되어 가는 동안, 앞으로 그를 기다리고 있는 것에 대한 의식이 스베틀로구브의 평화롭고 엄숙한 마음을 어지럽히지는 않았다.

그러나 마침내 호송마차가 교수대 앞에 당도해, 마차에서 내려 가로목으로 고정된 두 개의 기둥과 거기에 감겨 있는 밧줄이 바람에 가볍게 흔들리고 있는 것을 보았을 때, 그는 왠지 심장을 강하게 얻어맞은 듯한 기분이 들었다. 갑자기 그는 구토를 느꼈다. 하지만 그것은 잠시뿐이었다. 교수대 주위에 소총을 든 병사들이 네 줄로 늘어서 있는 것이 보였다. 그 앞에는 장교들이 걷고 있었다. 그가 호송마차에서 내리려 하는 순간, 큰북이 일제히 울리기 시작해 그는 소스라치게 놀랐다. 병사들의 행렬 뒤에는 스베틀로구브의 처형을 구경하러 온 신사 숙녀들의 마차가 늘어서 있는 것이 보였다.

그런 광경은 처음에 그를 놀라게 했지만, 곧 감옥에 들어가기 전의 자신을 떠올리고, 지금은 자신이 알고 있는 것을 사람들이 아직 깨닫지 못하고 있다는 것이 가엾게 생각되었다. '하지만 저 사람들도 언젠가 알게 될 것이다. 나는 죽지만 진리는 결코 죽지 않으니 틀림없이 알 때가 올 거야. 그렇게 되면 모든 사람들이 내가 아닌 모든 사람들이 얼마나 행복해질까? 반드시 그렇게 될 것이다.'

그는 교수대 위로 끌려갔고, 그 뒤를 한 장교가 따라왔다. 북소리가 그치자 그 장교는 어쩐지 부자연스럽고, 넓은 들판 속에서는 더욱 약하게 울리는 목소리로, 이미 재판정에서 낭독되었던, 이제부터 처형할 자의 공민권을 박탈한다느니, 가까운 혹은 먼 장래라느니 하는 기묘한 글귀가 들어 있는 사형 판결문을 읽었다. '저 사람들은 왜, 도대체 왜 이런 짓을 하는 것일까? 저들은 아무것도 모르고 있어. 가엾은 일이다. 이젠 나에게도 그것을 가르쳐줄 시간이 없구나. 하지만 곧 알게 되겠지. 모두가 알게 될 것이다' 하고 스베틀로구브는 생각했다.

그때 숱이 적은 긴 머리에 수척한 몸의 사제가 스베틀로구브에게 다가왔다. 보랏빛 법복을 입고, 가슴 위에 작은 금십자가를 걸고, 검은 비로드 소맷부리에서 나와 있는 힘줄이 불거진 하얗고 마른 손에는 커다란 은십자가를 들고 있었다.

"자비로우신 주님." 이렇게 말하면서 그는 왼손에서 오른손으로 십자가를 옮겨 쥐더니 그것을 스베틀로구브 앞에 치켜들었다.

스베틀로구브는 몸을 떨면서 뒷걸음질쳤다. 그는 자신의 처형에 입회하면서 자비로운 주님이라느니 하는 말을 하는 사제에게 하마터면 야유를 보낼 뻔했으나, 곧 복음서 속의 '그들은 자기네가 행하는 것을 모른다'는 말이 생각나서 꾹 참고 중얼거리듯 조용히 말했다.

"아닙니다, 축복은 필요 없습니다. 미안하지만 정말 그런 건 필요 없어요! 아무튼 고맙습니다."

그는 사제에게 손을 내밀었다. 사제는 십자가를 다시 왼손에 바꿔 쥐고 스베틀로구브의 손을 잡더니, 그의 얼굴을 보지 않으려고 애쓰면서 교수대에서 내려갔다. 북소리가 다시 울려퍼지며 다른 모든 소리를 압도했다. 사제에 이어, 중키에 처진 어깨, 튼튼한 팔뚝을 가진, 러시아 풍 셔츠 위에 양복을 입은 남자가 교수대의 널빤지를 삐걱거리면서 빠른 걸음으로 스베틀로구브에게 다가왔다. 그 사람은 스베틀로구브를 힐끗 쳐다본 뒤 그에게 쓱 다가와, 술과 땀에 절은 역한 냄새를 풍기며 끈적끈적한 손으로 그의 팔꿈치 위의 두 팔뚝을 잡더니 그것을 아프게 죄며 등 뒤로 꺾었다. 그리고는 꽁꽁 묶어 버렸다. 그리고 뭔가 생각에 잠긴 듯 잠시 서서, 스베틀로구브를 쳐다보다가 자신이 가지고 와서 교수대 위에 둔 도구를 보기도 하고, 가로목에 매달려 있는 밧줄을 살펴보기도 했다. 이윽고 그는 무엇을 해야 하는지 생각이 난 듯, 밧줄에 다가가 그것을 매만지고, 스베틀로구브를 밧줄 가까운 교수대 끝으로 밀었다.

스베틀로구브는 사형선고를 받았을 때 그것이 자기에게 무슨 의미가 있는지 몰랐는데, 지금도 이제부터 무슨 일이 일어날지 전혀 알지 못한 채, 깜짝 놀란 듯 그 무서운 일을 빨리, 능숙하게, 그리고 열심히 진행하고 있는 사형집행인을 바라보고 있었다. 사형집행인의 얼굴은 극히 평범한 러시아 노동자의 얼굴로, 흉악한 데라고는 조금도 없이, 매우 중요하고 어려운 일을 될 수 있는 대로 실수 없이 정확하게 수행하려는 사람답게 온 신경을 집중시키고 있는 표정이었다.

"이쪽으로 좀 더 와…… 이쪽으로 조금 더" 하고, 사형집행인이 쉰 목소리로 말했다. 스베틀로구브는 시키는 대로 움직였다.

"주여! 도와주소서, 자비를 베풀어주소서!" 그는 중얼거렸다.

스베틀로구브는 신을 믿지 않았고, 신을 믿고 있는 사람들을 곧잘 비웃기까지 했다. 그리고 지금도 그는 신을 믿고 있지 않았다. 왜냐하면 언어로 신을 표현할 수 없었고 또 상상으로 파악할 수도 없었기 때문이다. 그러나 지금 그가 주여! 하고 부른 그 존재야말로, 그가 지금까지 안 모든 것 가운데 가장 실재하는 어떤 것이라는 것을 알고 있었다. 이 부름이 매우 절실하고 중요하다는 것도 그는 알았다. 왜냐하면 이 부름이 그에게 당장 용기를 주고 그의 마음에 평화를 주었기 때문이다.

밧줄 쪽으로 다가가 무심코 병사의 행렬과 화려하게 차려입은 구경꾼들을 보았을 때, 그는 또다시 '왜, 도대체 왜 저들은 이런 짓을 하는 것일까?' 하는 생각이 들었다. 그리고 그들과 자기 자신이 가엾어져서 두 눈에 눈물이 핑 돌았다.

"자네는 내가 불쌍하게 생각되지 않나?" 그는 사형집행인의 날카로운 잿빛 눈을 응시하면서 물었다.

사형집행인은 한 순간 가만히 서 있더니, 그 얼굴에 갑자기 가증스럽다는 듯한 표정이 떠올랐다.

"에잇, 무슨 허튼 소리야!" 그는 그렇게 중얼거리더니 자신의 외투와 삼베자루 같은 것이 놓인 바닥에 허리를 구부렸다. 그리고 두 손을 재빨리 움직여 뒤에서 스베틀로구브를 그러안고 그의 머리에 마포자루를 씌웠다. 그리고 얼른 허리와 가슴께까지 끌어내렸다.

"주여! 당신의 손에 제 영혼을 맡기나이다!" 스베틀로구브는 복음서 속의 그 말을 떠올렸다.

그의 영혼은 죽음에 반항하지 않았으나, 그의 굳세고 젊은 육체는 죽음을 받아들이려 하지 않고 마지막까지 거기에 저항하며 싸웠다.

그는 소리치고 몸부림치려 했지만, 그 순간 등을 강하게 맞아, 발이 허공에 뜨고 숨이 탁 막히면서 머리가 웅 하고 울리나 했더니, 그의 의식에서 모든 것이 사라져갔다.

스베틀로구브의 몸은 잠시 흔들거리면서 교수대에 매달려 있었다. 어깨가 두어 번 꿈틀꿈틀 움직였다.

사형집행인은 2분쯤 기다리고 나서 음울한 표정으로 두 손을 주검의 어깨 위에 얹고, 아래로 세게 잡아당겼다. 주검은 다시는 움직이지 않았다. 그저 머리에 자루를 뒤집어쓴 인형이, 고개가 부자연스럽게 꺾이고 죄수 양말을 신은 다리가 축 늘어진 모습으로 조용히 흔들리고 있을 뿐이었다.

사형집행인은 교수대에서 내려와 지휘관에게 이제 주검을 밧줄에서 끌러 묻어주어도 된다고 보고했다.

한 시간 뒤 주검은 교수대에서 내려져 죄수묘지로 운반되었다.

사형집행인은 자기가 해야 할 일을 다 했다. 그러나 그것은 괴로운 일이었다. 스베틀로구브가 내가 불쌍하지 않느냐고 한 말이 그의 머리에서 떠나지 않았다.

원래 살인범이었던 그는 징역형을 받은 뒤 사형집행인이 됨으로써 비교적 자유롭고 안락한 생활을 할 수 있었는데, 그 날 이후 이제 다시는 이런 일을 하지 않겠다고 선언하고, 그 주 안에 사형을 집행하고 받은 삯으로 몽땅 술을 마셔 버린 뒤, 그것도 모자라서 나들이옷까지 술값으로 팔아먹은 끝에, 결국 독방에 감금되었고 독방에서 다시 병원으로 이송되었다.

8

테러 혁명당의 지도자의 한 사람으로 스베틀로구브를 이 운동에 끌어들였던 이그나치 메제네츠키는, 그가 체포된 현(縣)에서 상트 페테르부르크로 이송되었다. 그가 수감된 감옥에는 스베틀로구브의 처형을 본 그 늙은 분리파 신자가 있었다. 그는 얼마 뒤 시베리아로 이송될 예정이었다. 그는 여전히 참된 신앙이 무엇인지, 어디서 어떻게 배워야 할 것인지 생각하면서, 이따금 기쁜 듯이 미소를 지으면서 사형장으로 끌려가던 그 광채 속의 청년에 대해 생각했다.

같은 감옥에 그 청년의 친구이자 그 청년과 같은 신념을 가진 또 다른 청년이 있다는 사실을 알고, 이 분리파 신자는 무척 기뻐하며 간수장에게 그를 만나게 해달라고 부탁했다.

메제네츠키는 감옥의 엄격한 규칙에도 불구하고 혁명당 동지들과 끊임없이 연락을 취하며, 그 자신이 지휘한, 황제가 탄 열차를 폭파시킨다는 계획의 실행보고를 하루하루 기다리고 있었다. 그날도 자신의 계획에 약간의 허점이 있다는 것이 생각나서, 그것을 동지에게 전할 방법을 궁리하고 있었다. 간수장이 그의 감방에 와서 나지막한 목소리로 같은 죄수의 한 사람이 만나보고 싶어 한다고 말했을 때, 그는 어쩌면 동료들에게 연락할 가능성이 생길지도 모른다고 생각하여 기뻐했다.

"어떤 사람입니까?"

"농부 출신이야."

"나에게 무슨 볼일이 있어서?"

"신앙에 대해 이야기하고 싶다는군."

메제네츠키는 빙그레 웃었다.

"그럼 이리로 보내주십시오." 그리고 그는 생각했다. "그 분리파 신자들도 역시 정부를 미워하고 있어. 어쩌면 쓸모가 있을지도 모른다."

간수장이 나가자, 잠시 뒤 더부룩한 머리에 희끗희끗한 산양 같은 수염을 기르고, 선량하지만 지친 듯한 푸른 눈의 노인이 앙상하게 쪼그라든 모습으로 문을 열고 들어왔다.

"무슨 용건이십니까?" 메제네츠키가 물었다.

"이야기할 것이 좀 있어서."

"무슨 얘긴가요?"

"신앙에 대해서요."

"어떤 신앙 말씀입니까?"

"당신은 반그리스도의 종들이 오데사에서 교수형에 처한 청년과 같은 신앙을 가졌다고 들었소만."

"어떤 청년을 말씀하시는 건지요?"

"가을 무렵에 오데사에서 처형당한 청년 말이오."

"아, 스베틀로구브 말이군요."

"맞아요, 바로 그 사람이오. 당신은 그의 친군가요?"

노인은 질문을 할 때마다 온화한 표정을 띤 눈길로 메제네츠키를 지그시 응시하다가, 이내 다시 시선을 내리깔았다.

"예, 친한 친구였습니다."

"신앙도 같았고?"

"예. 그렇다고 할 수 있지요." 메제네츠키는 웃으면서 대답했다.

"그 일로 당신하고 얘기를 하고 싶었소."

"그래서, 그게 무슨 얘기인지?"

"당신네들의 신앙에 대해 자세히 듣고 싶소."

"우리의 신앙이라……. 우선 앉으십시오." 메제네츠키는 어깨를 으쓱 움직이면서 말했다. "우리의 신앙은 이런 것입니다. 세상에는 권력을 독점하여 민중을 괴롭히고 착취하는 자들이 있으며, 우리는 온몸으로 그들과 싸우지 않으면 안 된다, 민중을 착취하는(그는 습관적으로 착취라는 말을 사용했지만 얼른 고쳐 말했다), 민중을 괴롭히는 그 무리의 발톱으로부터 그들을 해방시키기 위해, 그 자들을 멸망시키지 않으면 안 된다. 그들이 우리를 죽이려 하고 있으므로 우리도 그들이 자각하지 않는 한 그들을 죽이지 않으면 안 된다고 하는 것입니다."

분리파 노인은 눈을 내리깐 채 깊은 한숨을 내쉬었다.

"우리의 신앙은 독재정권을 타도하고, 선거에 의한 자유로운 민주정부를 수립하는 것입니다."

노인은 깊은 한숨을 쉬며 일어서더니, 웃옷 자락을 쫙 펼치고 무릎을 꿇어 더러운 바닥에 이마를 조아리며 메제네츠키의 발밑에 엎드렸다.

"저에게 왜 이러십니까?"

"이 늙은 것을 속이지 말고 당신네의 신앙이 어떤 것인지 가르쳐주시오."

노인은 일어서지도 않고 머리도 들지 않은 채 말했다.

"우리의 신앙이 어떤 것인지 솔직하게 말씀드렸습니다. 자, 일어나십시오. 안 그러면 말씀드리지 않겠습니다."

노인은 일어섰다.

"그 청년의 신앙도 그런 것이었소?" 메제네츠키 앞에 선 노인은, 이따금 그 선량한 눈길로 힐끗 그의 얼굴을 쳐다보고는 이내 다시 눈을 내리깔면서 그렇게 말했다.

"그렇습니다. 그래서 교수형에 처해졌지요. 저도 지금 바로 그 신앙 때문에 페트로파블로프스크 요새로 이송되려 하고 있는 겁니다."

노인은 낮게 머리를 숙인 뒤 묵묵히 독방에서 나가 버렸다.

'아니야, 그 청년의 신앙은 그런 것이 아니었어! 그는 진정한 신앙을 알고 있었다. 하지만 이 자는 그 청년과 같은 신앙이라고 일부러 거짓말을 하거나, 아니면 뭔가 숨기고 있는 거다. 좋다, 언젠가는 내가 진실한 신앙을 보여주리라. 이곳이든 시베리아이든 어디든 신은 있고 인간도 살고 있다. 길을 떠나면 한 번은 길을 물어야 한다.'

노인이 그렇게 생각하며 다시 신약성서를 펼치자 저절로 묵시록이 열렸다. 그는 안경을 쓰고 창가에 앉아 읽기 시작했다.

9

그리고 7년이 흘렀다. 메제네츠키는 페트로파블로프스크 요새에서 독방생활을 마치고 징역감옥으로 이송되었다.

그는 지난 7년 동안 온갖 신산을 다 겪었지만, 그의 사상적 경향은 여전히 변하지 않았고 그의 정력도 줄어들지 않았다. 요새감옥에 갇히기 전에 심문을 받았을 때, 그는 그 의연한 태도와 자신의 생살여탈권을 쥐고 있는 사람들에 대한 경멸적인 태도로, 예심판사와 판사들을 놀라게 했다. 마음속으로는 자기가 체포됨으로써 모처럼 시작한 사업이 중단된 것을 고민하고 있기는 했지만, 겉으로는 그런 기색을 드러내지 않았다. 다만 사람들과 접촉할 때는 증오의 불길이 활활 타오르곤 했다. 어떠한 심문에도 입을 열지 않은 그는, 자신을 심문하는 헌병장교와 검사들을 욕할 기회가 생길 때만 입을 열었다.

심문자들이 늘 그렇듯 "바른 대로 자백하고 죄를 가볍게 받는 편이 좋을 텐데" 하고 말하면, 경멸하는 듯한 미소를 지으면서 잠시 침묵했다가 이렇게 말했다.

"당신네가 이익이나 공포로 나를 유혹해 동지를 팔아넘기게 할 생각이라면, 그건 당신네가 나를 당신네와 같은 인간으로 생각하고 있기 때문이오. 혁명사업에 투신하여 여기 이렇게 당신들에게 취조를 당하고 있는 내가, 최악의 사태에 대한 각오도 되어 있지 않을 줄 아시오? 당신들은 절대로 나를 위협하거나 겁먹게 할 수 없소. 마음대로 해보시오. 난 절대로 입을 열지 않을 테니까."

그는 그들이 난처한 표정으로 서로의 얼굴을 쳐다보는 모습을 보는 것이 통쾌했다.

그러나 페트로파블로프스크 요새감옥에 이송되어, 높은 곳에 우윳빛 유리창이 딱 하나밖에 없는 작고 축축한 독방에 갇혔을 때, 그는 그것이 몇 달이나 몇 년이라는 기한이 있는 것이 아니라는 것을 알고 공포를 느꼈다. 그 견고한 벽에 갇힌 죽음 같은 정적이 무서웠고, 자신이 혼자가 아니라 두꺼운 벽 저쪽에는 10년, 20년의 형을 선고받은, 자신과 같은 죄수들이 있으며, 목을 매어 자살하거나 미치거나 결핵에 걸려 차례차례 죽어 가고 있다는 의식도 무서웠다. 거기에는 여자도 있고 남자도 있고, 어쩌면 자신의 친구도 있을지 모른다. "세월이 흐르다 보면 나도 미쳐서 목을 매달아 죽을지 모르고, 병으로 죽을지도 모른다. 또 아무도 나에 대해 모를지도 모른다."

그렇게 생각하자 그의 마음속에 모든 인간에 대한 증오가 일어났다. 그 중에서도 그가 이곳에 갇히게 된 원인을 제공한 사람들에 대한 증오가 일기 시작했다. 그 증오에는 그것을 향하는 대상이 필요했고, 운동과 소음이 필요했다. 그러나 그곳에는 죽음과 같은 정적과 물어도 대답하지 않는 사람들의 조용한 발소리, 문을 여닫는 소리, 정해진 시간에 가져다주는 식사, 말없이 왔다 가는 사람들, 어둠침침한 유리창으로 스며드는 아침 해와 다시 암흑과 정적, 조용한 발소리, 조용한 움직임 소리가 있을 뿐이었다. 이렇게 오늘도 또 내일도 배출구가 없는 증오가 그의 마음을 좀먹어 갔다.

그가 벽을 두드려도 아무도 응답하지 않고, 간수가 조용한 걸음으로 다가와서 금고실에 처넣을 거야! 하고 위협할 뿐이었다.

단 한 가지 위안의 시간은 잠잘 때뿐이었다. 그 대신 꿈에서 깨어나는 것은 무서웠다. 꿈속에서는 언제나 자유로웠고, 대부분의 경우, 혁명 운동과 일치하지 않는 유희에 빠져 있었다. 이상한 바이올린을 켜기도 하고 여자의 환심을 사려고 애태우기도 하고, 보트 놀이도 하고 사냥도 하고, 또 때로는 이상한 학문적 발견을 하여 외국의 대학에서 박사학위를 받고 축하만찬회에서 감사 연설을 하기도 했다. 그러한 꿈들은 이상하게 또렷한데도, 현실은 너무 우울하고 단조로워서, 꿈의 기억과 현실을 구별할 수 없을 정도였다.

다만 꿈에서 가장 괴로운 것은, 꿈속에서 그가 지향하고 원하는 것이 거의 실현되려고 할 찰나에 꼭 눈이 떠지고 마는 것이었다. 갑자기 심장이 세차게 뛰고 한 순간에 즐거웠던 꿈의 세계는 사라지고 만다. 그리고 뒤에 남는 것은 채워지지 못한 괴로운 욕망과 또다시 램프에 비쳐지고 있는 당초무늬의 잿빛 벽, 그리고 몸 밑에서 짚이 한쪽으로 쏠려버린 딱딱한 침상뿐이었다.

잠자는 동안이 그에게는 가장 행복한 시간이었다. 그러나 독방생활이 길어지면 길어질수록 그 잠마저도 잘 이루지 못하게 되었다. 그는 자신에게 가장 큰 행복인 꿈을 꾸고 싶었지만, 그것을 원하면 원할수록 눈은 가차없이 떠지고 말았다. '오늘 밤에는 잘 수 있을까?' 하고 생각만 해도 잠은 저만치 달아나 버렸다. 좁은 독방 속에서 아무리 구르고 뛰어도 전혀 도움이 되지 않았다. 격렬한 운동을 한 뒤에는 지칠 대로 지쳐 신경이 더욱 흥분되고, 머리 꼭대기가 욱신욱신 쑤셔서 눈을 감으면, 곧 뭔가가 번쩍거리는 암흑을 배경으로, 머리를 산발하거나 대머리를 한 얼굴과 커다란 입을 쩍 벌리고 있는 기괴한 얼굴들이 차례차례 나타났다. 그 얼굴들은 모두 참으로 끔찍한 표정들뿐이었다. 마침내 눈을 뜨고 있어도 그런 얼굴들이 나타나게 되었고, 나중에는 얼굴뿐만 아니라 사람의 모습 전체가 나타나서 말을 하고 춤을 추기도 했다. 그는 무서워서 벌떡 일어나 벽에 머리를 부딪치며 소리쳤다. 그러면 문에 붙어 있는 조그만 창이 열린다.

"시끄러워!" 하고 말하는 낮고 억양 없는 목소리.

"간수장을 불러줘!" 메제네츠키는 고함을 질렀다.

그러나 아무 대답도 없이 조그만 창은 닫혔다.

메제네츠키는 절망한 나머지 오로지 죽음을 원하게 되었다.

그러한 상태에 있던 어느 날, 그는 마침내 자살을 결심했다. 독방에는 끈을 걸어서 고리만 만들면, 침대에 올라서서 목을 매달 수 있는 통풍구가 있었다. 그러나 끈이 없었다. 그래서 홑이불을 갈기갈기 찢어서 만들었지만 모자랐다. 하는 수 없이 그는 굶어 죽으려고 이틀 동안 아무것도 먹지 않았다. 사흘째가 되자 몸이 완전히 쇠약해져 환각이 더욱 빈번하게 일어났다. 간수가 식사를 가져왔을 때 그는 정신을 잃고 눈을 뜬 채 마룻바닥에 쓰러져 있었다.

의사가 와서 그를 침상에 눕혀 놓고 럼주를 먹이고 모르핀 주사를 놓자 그는 잠이 들었다.

이튿날 아침 깨어나자, 의사가 머리맡에 서서 고개를 갸우뚱하고 있었다. 그러자 오랫동안 잊고 있었던 격렬한 증오의 감정이 갑자기 그를 덮쳤다.

"이런 데서 일하면서 부끄럽지도 않소!" 그는 고개를 꼬며 자신의 맥박을 재고 있는 의사에게 말했다.

"나를 또 괴롭히려고 치료하다니, 너무하는군! 마치 태형에 입회하여 더욱더 채찍으로 갈겨주기 위해 치료해주는 것이나 다를 게 없어!"

"그러지 말고 잠깐만 똑바로 누워 봐요." 의사는 그의 얼굴은 쳐다보지도 않고 주머니에서 청진기를 꺼내며 태연하게 말했다.

"놈들은 나머지 곤장 5천 대를 마저 치기 위해 상처를 낫게 해준 거야. 빌어먹을! 지옥에나 가버려!" 그는 갑자기 침대에서 발을 내지르며 소리쳤다. "나가! 네 놈이 없어도 난 죽을 수 있어!"

"안되겠군, 젊은이, 그러면 벌을 받아요."

"나가, 꺼져버려!"

메제네츠키의 형상이 너무 험악해서 의사는 허둥지둥 나가버렸다.

10

약효가 있었던 건지, 자연적으로 위기가 지나간 건지, 그것도 아니면 의사에게 퍼부었던 증오 때문인지, 어쨌든 그는 그때부터 제 정신이 들어 완전히 새로운 생활에 들어갔다.

"놈들도 나를 영구히 이곳에 가둬둘 수는 없을 것이고 또 그럴 리도 없겠지. 언젠가는 내보내 줄 거야, 어쩌면 그럴 가능성이 가장 높지만, 사회기구가 바뀔지도 몰라. 우리 동지들이 여전히 활동하고 있으니까. 그러니 목숨을 소중히 해서 강하고 건강한 몸으로 나가서 활동을 계속할 수 있도록 해야지" 하고 그는 생각했다.

그는 그러한 목적에 가장 좋은 생활형태에 대해 곰곰이 생각한 끝에 다음과 같은 결론에 도달했다. 우선 아홉 시에 잠자리에 들어, 잠이 오든 안 오든 아침 다섯 시까지 누워 있을 것. 다섯 시에 일어나서 세수를 하고 옷을 입고 체조를 한 다음, 용변을 보러 간다(그런 식으로 그는 마음속으로 자신에게 들려주었다). 그는 상상 속에서 상트 페테르부르크의 네프스키 거리에서 나제진스카야 거리를 향해 걸으며, 그 사이 만날 것 같은 것들을 머리 속에 그려본다. 가게의 간판과 집, 거리에 서 있는 경관, 길을 오가는 마차, 그리고 지나가는 사람들. 나제진스카야 거리에서 그는 자신이 알고 있는 혁명가 동지의 집에 찾아가고, 두 사람은 동시에 그 집에 찾아온 몇몇 동지들과 함께 당면한 계획에 대해 의논한다. 의논하는 동안 토론이 논쟁으로 발전한다. 메제네츠키도 자신의 의견을 말하고, 남의 몫까지 자기가 말해버린다. 이따금 그는 소리 내어 말하기 때문에, 당번 간수가 와서 조그만 창으로 들여다보며 주의를 주지만, 메제네츠키는 들은 척도 하지 않고 상상 속에서 상트 페테르부르크에서의 하루를 보낸다. 동지의 집에서 두어 시간을 보낸 뒤 집에 돌아와 밥을 먹는데, 처음에는 그것도 상상 속의 식사였지만, 나중에는 간수가 가져다 준 밥을 실제로 먹으면서, 언제나 겸허하게 먹으려고 애썼다. 그리고는 상상 속에서 집에 앉아 역사와 수학을 공부하고, 때때로 일요일에는 문학도 공부한다. 그의 역사 공부는 우선 특별한 시대와 민족을 선택해 그 동안의 사건과 연대를 생각해내는 것이었다. 또 수학 공부는 암산을 하고 기하학 문제도 풀었다. 그것은 그가 특히 좋아하는 과목이었다. 일요일에는 푸시킨, 고골리, 셰익스피어 등을 생각해 보고 스스로 글을 써본다.

잠자리에 들기 전, 다시 한번 상상 속에서 잠시 산책을 한다. 그리고 남자 친구나 여자 친구들과 농담을 섞어가며 즐거운 대화를 하고, 때로는 진지한 이야기를 주고받기도 하는데, 그것은 모두 전에 실제로 있었거나 새롭게 생각해낸 것들이다. 그렇게 하다보면 이윽고 밤이 된다. 잠자리에 들기 전에 그는 운동을 위해 독방 속을 2천 걸음 정도 걷는다. 그런 다음 침대에 누우면 대부분의 경우 이내 잠이 든다.

이튿날도 똑같은 일이 되풀이된다. 때로는 남부지방에 가서 민중을 선동하여 폭동을 일으키고, 민중과 함께 지주를 몰아내어 토지를 농부들에게 나눠준다. 그러나 그는 단숨에 나눠주는 것까지 상상하는 것이 아니라, 순서를 밟아 자세한 여러 가지 상상을 거쳐서 거기에 도달하는 것이다. 상상 속에서 그의 혁명당은 곳곳에서 승리를 거두어, 정부의 권력은 약화되고 국민의회의 소집이 불가피해진다 그리하여 황제 일가와 모든 민중의 억압자들은 자취를 감추고 공화국이 수립되어 메제네츠키 자신이 초대대통령으로 선출된다는 식이었다. 때로는 너무 빨리 거기에 도달해버려서, 처음부터 다시 시작하여 다른 방법으로 목적을 달성하기도 했다.

이렇게 가끔은 그 엄격한 생활규율에서 벗어나는 일은 있어도 대개 다시 제자리로 돌아가는 사이에 1년, 2년, 3년의 세월이 지났다. 그렇게 상상력을 구사함으로써, 그는 그 불쾌한 환각에서 벗어날 수 있었다. 그래도 때로는 잠을 이루지 못하고 온갖 얼굴들이 환각이 되어 나타날 때도 있는데, 그럴 때는 또 통풍구를 바라보면서 저기에 밧줄을 걸고 고리를 지어 목을 매달면, 하고 생각하는 것이었다. 그러나 그러한 정신적 발작도 오래 가지는 않아서 그는 이내 그 마음을 극복할 수 있었다.

그리하여 그는 거의 7년이라는 세월을 보냈다. 금고기간이 끝나 징역형으로 옮겨질 때쯤, 그는 무척 건강하고 생기가 넘치고 있었고, 정신력도 조금도 잃지 않고 있었다.

11

그는 특별한 중죄인으로서 다른 죄수와의 접촉이 허락되지 않은 채 단독으로 호송되었다. 그리고 크라스노야르스크 감옥에서 처음으로, 같은 징역형으로 온 다른 정치범들과 접촉할 수 있는 기회를 얻었다. 두 명의 여성과 네 명의 남성, 모두 여섯 명의 정치범이었다. 그들은 모두 메제네츠키에게는 낯선, 젊고 새로운 타이프의 혁명가들이었다. 즉 그들은 그를 잇는 새로운 세대의 혁명가들이자 그의 후계자여서 특별히 그의 관심을 끌었다. 메제네츠키는 그들이 자신의 발자취를 밟아 오고 있었고, 따라서 그들의 선배, 특히 메제네츠키 자신에 의하여 이루어진 모든 사업을 높이 평가해줄 것으로 기대하고 있었다. 그러나 놀랍게도 그 젊은이들은 그를 자기들의 선구자나 스승으로 생각하지 않을 뿐만 아니라, 오히려 그를 경계하며 멀리하는 것이었다. 그리고 그의 견해는 시대에 뒤떨어진 것이라 하여 상대도 해주지 않고 배척했다. 그들 새로운 혁명가들에 의하면 메제네츠키와 그의 친구들이 지금까지 해온 일, 이를테면 농민봉기 계획이나 여러 번의 테러행위, 특히 크로포트킨 총독과 메젠초프, 알렉산드로 2세까지 살해한다는 것은 모두 과오의 연속이었다는 것이다. 그것은 모두 알렉산드로 3세 시대의, 저 엄청난 반동정치를 부르는 결과를 가져왔을 뿐이며, 결국 세상을 퇴보시켜 농노제 시대나 다름없는 상태를 만들고 말았다. 민중 해방의 길은 그것과는 다른 것이 아니면 안 된다는 것이 그들 젊은 혁명가들의 의견이었다.

거의 이틀 동안 밤낮을 두고 메제네츠키와 새로운 혁명가들 사이에 논쟁이 계속되었다. 그들의 지도자로서 사람들이 로만, 로만, 하고 이름으로만 부르고 있는 남자의, 자기의 견해에 대한 흔들림 없는 확신과, 메제네츠키와 그의 동지들이 여태껏 해온 모든 활동을 오만한 자세와 경멸적인 태도로 부정하는 말이 그의 마음을 더욱 아프게 했다.

로만의 의견에 따르면 일반민중은 모두 '가축'이나 다름없으며, 그러한 미발달된 단계의 민중을 상대로 해서는 아무것도 할 수 없다는 것이었다. 러시아 농민을 궐기시키려는 모든 시도는 돌이나 얼음에 불을 붙이려는 것과 다름없다. 가장 필요한 것은 인민을 교육하는 것, 그들에게 사회적 연대감을 주입시키는 것이며, 그것은 대규모 공업의 발전과, 그것을 기반으로 하는 민중의 사회주의화에 의해 비로소 가능하다. 토지는 민중에게 필요 없을 뿐만 아니라 오히려 민중을 보수적으로 만들고 노예로 전락시킨다. 그것은 러시아뿐만 아니라 유럽도 마찬가지다. 그렇게 말하면서 그는 여러 권위자들의 주장과 통계상의 자료를 암송해 보였다. 그러므로 민중을 토지에서 해방시켜야 한다. 그것도 빠르면 빠를수록 좋다. 그들이 공장으로 들어가면 갈수록, 자본가들이 많은 토지를 독점하면 할수록, 그리고 민중을 괴롭히면 괴롭힐수록 더욱 좋은 것이다. 전제 정치, 특히 그 중에서도 자본주의를 타도하는 것은 오직 일반대중의 단결에 의해서만 가능하며, 그 단결은 동맹이나 노동조합의 결성을 통해서만, 다시 말해 민중이 토지의 소유자가 되는 것이 아니라 프롤레타리아가 될 때에야 비로소 이루어질 수 있다는 것이다.

메제네츠키는 그와 논쟁하면서 분개를 느꼈다. 특히 그를 화나게 한 것은 풍요로운 금발에 반짝이는 눈, 제법 예쁜 얼굴의 여자였는데, 창턱에 걸터앉아 안 그런 척하며 두 사람의 얘기를 듣고 있다가, 이따금 로만의 주장을 지지하는 말을 하거나 메제네츠키의 말을 듣고 경멸하듯 빙글거리며 웃었다.

"농민을 모두 공장 노동자로 만들다니 그게 가능한 일일까?" 메제네츠키가 물었다.

"왜 안 된단 말입니까? 그건 이미 경제상의 보편적인 법칙입니다." 로만이 말했다.

"어째서 그 법칙이 보편적이라는 걸 알 수 있나?"

"카우츠키의 책을 읽어 보세요." 금발머리 여자가 얕잡아보듯이 웃으면서 끼어들었다.

"설사 민중이 모두 프롤레탈리아가 된다고 해도 말이네, 물론 나는 그런 건 인정하지 않지만. 그렇다고 가정해도, 어째서 자네들은 민중이 자네들이 멋대로 만들어낸 형식 속에 들어올 거라고 생각하나?"

"거기에는 과학적인 증거가 있어요." 금발여자가 창가에서 메제네츠키 쪽으로 얼굴을 돌리며 말했다.

목적달성을 위해 필요한 활동방식에 대한 논쟁이 벌어지자 양쪽의 의견 대립은 더욱 더 치열해졌다. 로만과 그의 동지들은 노동자들의 군대를 조직하여 농민들이 공장 노동자가 되는 것을 돕고, 또 노동자들에게 사회주의를 퍼뜨릴 필요가 있다고 주장했다. 그리고 공공연히 정부와 싸우기보다는 목적을 달성하기 위해서는 때로는 정부를 이용해야 한다고 말했다. 거기에 대해 메제네츠키는 정부와 직접 싸우고 테러행위도 해야 한다, 정부는 자네들보다 강력하고 교활하다고 말했다. "자네들이 정부를 기만하는 것보다 먼저 정부가 자네들을 기만할 거네. 그래서 우리는 민중의 선동을 통해 정부와 싸웠던 거네."

"오, 정말 굉장한 활약을 하셨군요!" 금발 여자가 빈정댔다.

"저는 정부와 정면으로 싸우는 것은 힘의 낭비라고 생각합니다." 로만이 말했다.

"3월 1일(알렉산드로 2세가 암살당한 날—역주)이 힘의 낭비였다고?" 메제네츠키가 소리쳤다. "우리는 자기 자신을, 자신의 생명을 희생시켰네. 자네들이 집안에 편히 들어앉아 즐기면서 입만 가지고 떠들어대고 있을 동안."

"그렇게 즐긴 것도 없어요." 로만은 침착하게 그렇게 말하고 동지들을 둘러보면서, 주위 사람들의 웃음까지 유발하지는 못했지만 자신감에 찬 크고 또렷한 소리로 의기양양하게 웃어댔다.

금발여자는 고개를 저으면서 경멸하는 듯한 미소를 짓고 있었다.

"그렇게 즐긴 것도 아니었습니다." 로만이 다시 한번 말했다. "그렇기는커녕, 실제로 이런 곳에 앉아 있지 않으면 안 되게 된 것도, 현재의 반동정치 덕택이니까요. 그 반동은 다름 아닌 3월 1일의 산물 아닌가요?"

메제네츠키는 입을 다물었다. 증오로 숨이 막힐 것만 같아 그대로 복도로 나가버렸다.

12

메제네츠키는 마음을 가라앉히려고 복도를 거닐었다. 감방문은 저녁 점호 시간까지 열어두고 있었다. 금발머리는 반쯤 깎였지만 붙임성 있는 표정이 조금도 손상되지 않은, 키 큰 죄수가 메제네츠키에게 다가왔다.

"우리 방에 있는 한 죄수가 당신을 좀 불러와 달라고 합니다."

"누군데요?"

"'담배의 나라'가 그의 별명입니다. 늙은 분리파 신자인데, 저 사람을 불러주시오 하고 말했습니다, 그러니까 당신을 말입니다."

"그 사람은 어디 있소?"

"저기, 제가 있는 방입니다."

메제네츠키는 그 죄수와 함께 작은 방으로 들어갔다. 거기에는 죄수들이 벽에 붙인 침대 위에 걸터앉아 있기도 하고 누워 있기도 했다.

맨 끝 침대의 아무것도 깔지 않은 널빤지 위에, 7년 전에 메제네츠키를 찾아와서 스베틀로구브에 대해 물었던 분리파 노인이 잿빛 죄수복을 입고 누워 있었다. 노인의 파리하게 여윈 얼굴에는 주름살이 잔뜩 잡혀 있었으나, 머리는 아직도 숱이 많고 성긴 턱수염만은 완전히 새하얗게 세어서 위로 곤두서 있었다. 그 푸른 눈은 부드러우면서도 조심성이 많아 보였다. 노인은 똑바로 누워 있었는데 분명히 열병에 걸려 있는 것 같았다.

메제네츠키는 그의 곁으로 다가갔다.

"무슨 일입니까?" 그가 물었다.

노인은 겨우 팔꿈치를 짚고 일어나 덜덜 떨리는 작고 앙상한 손을 내밀었다. 그는 몸을 흔들어서 자세를 바로잡고, 가쁜 호흡을 가까스로 진정하자 조용한 목소리로 말했다.

"당신은 그때 나에게 가르쳐주지 않았지만, 뭐 괜찮소. 난 모두에게 가르쳐 주겠소."

"무엇을 가르쳐 주겠다는 겁니까?"

"하느님의 어린양에 대해······ 하느님의 어린양에 대해 가르쳐 드리지. 그 청년은 하느님의 어린양과 함께 있었소. 그런데 하느님의 어린양은 나를 이기고 또 모든 사람들을 이긴다고 하오. 그것과 함께 있는 사람들은 선택받은 사람, 올바른 사람이오."

"전 잘 모르겠군요." 메제네츠키가 말했다.

"젊은 양반, 잘 생각해야 합니다. 황제는 짐승과 함께 권력을 얻었지만 어린 양은 황제를 이길 것이오."

"어떤 황제 말입니까?"

"일곱 명의 황제가 있는데 그중 다섯 명은 쓰러지고 한 명만 남았소. 그리고 나머지 한 명은 아직 오지 않았어요. 그러니까, 아직 얼굴을 내밀지 않고 있다는 말이오. 그리고 또 오더라도 그리 오래 가지 않을 거요. 다시 말해, 그러니까, 곧 멸망할 거라는 말이오. 알겠소?"

메제네츠키는 이 노인이 미쳐서 헛소리를 한다고 여기고 고개를 설레설레 저었다. 다른 죄수들도 모두 그렇게 생각했다. 메제네츠키를 데리고 왔던 죄수가 다가와서 그의 어깨를 가만히 두드리면서 노인 쪽으로 눈짓했다.

"저 '담배의 나라'는 늘 저렇게 중얼거리고 있습니다. 그런데 자기도 무슨 말을 하고 있는지 모르고 있어요."

메제네츠키도 그 방의 죄수들도 노인을 보고 모두 그렇게 생각했다. 그러나 노인은 자기가 무슨 말을 하고 있는지 잘 알고 있었다. 그것은 그에게는 뚜렷하고 깊은 의미가 있는 말이었다. 그 뜻은 악은 영원히 지배하지 못한다, 하느님의 어린양은 선량함과 온화함으로 모든 것을 정복할 것이다, 그 어린양이 모든 사람의 눈물을 거두어 주어, 사람들 사이에 질병도 슬픔도 죽음도 없어질 것이라는 의미였다. 그리고 그는 그것은 이미 전 세계에서 성취되고 있다고 느끼고 있었다. 왜냐하면 그것은 죽음에 다가감으로써 비춰진 그의 영혼 속에서 성취되고 있었기 때문이다.

"그것이 하루 빨리 오기를! 아멘. 주 예수여, 그것이 하루 빨리 오기를!" 그렇게 중얼거리는 그의 얼굴에, 메제네츠키에게는 광적으로 느껴지는 이상한 웃음이 떠올랐다.

13

"저 노인이 요컨대 민중의 대표자다" 하고 메제네츠키는 노인의 감방에서 나오면서 생각했다. "민중 속에서도 훌륭한 남자인데도, 역시 저 무지와 망상이니! 저들도(로만과 그의 동지들) 지금의 상태 그대로의 민중을 상대로 해서는 아무것도 할 수 없다고 한다."

메제네츠키는 한때 민중들 속에서 혁명사업을 한 일이 있어서, 그의 말을 빌리면 이른바 러시아 농민의 '우둔함'에 대해 잘 알고 있었고, 현역 또는 예비역 병사들과도 접촉하여 그들의 선서나 상관의 명령에 절대복종한다는 굳건한 신앙도, 또 어떤 논리도 그들에게는 통하지 않는다는 것도 알고 있었다. 그런 것은 잘 알고 있었지만 거기에서 도출되는 당연한 결론을 이끌어 내려고는 하지 않았다. 그래서 새로운 타이프의 혁명가들과 나눈 대화가 그를 화나게 하고 불쾌하게 했던 것이다.

'그 자들은 우리가 한 일은 모두, 할투린과 카팔리치, 페트로프스카야(당시의 러시아의 유명한 테러리스트들의 이름—역주)가 한 일은 모두 소용없는 일이었을 뿐만 아니라 오히려 해로운 일이었고, 그래서 알렉산드로 3세의 반동정치가 태어났으며, 또 그것 때문에 민중은 모든 혁명운동이, 농노제를 폐지한 것을 원망하며 황제를 죽인 지주들에 의해 일어난 것으로 믿고 있다고 말하고 있다. 이 무슨 헛소리, 이 무슨 인식부족이란 말인가! 또 그 오만불손함은 어떻고!' 그는 그렇게 생각하면서 복도를 이리저리 거닐었다.

새로운 혁명가들의 감방을 제외하고 다른 방은 모두 문이 닫혀있었다. 메제네츠키가 그 방에 가까이 갔을 때 그 가증스러운 금발여자의 웃음소리와 단호하고 자신감 있는 목소리가 들려왔다. 아무래도 자기 얘기를 하고 있는 것 같아서, 메제네츠키는 걸음을 멈추고 귀를 기울였다. 로만이 얘기하고 있었다.

"경제학 법칙을 모르니까 자신들이 한 일의 의미도 모르는 거야, 그래서 무려,"

메제네츠키는 무엇이 무려라는 건지 알아들을 수 없었고, 또 듣고 싶지도 않았다. 그런 건 알 필요도 없었기 때문이다. 그 남자의 말투만으로도, 그 자가 자기를, 혁명의 영웅이며, 혁명을 위해 20년이라는 세월을 바쳐 온 자기를 얼마나 경멸하고 있는지 알 수 있었다.

메제네츠키의 마음속에 지금까지 한번도 느끼지 못했던 격렬한 증오가 끓어올랐다.

그것은 하느님의 어린양이 어쩌고저쩌고 한 노인처럼 동물적인 사람들이나 사형집행인, 간수 같은 거의 짐승이나 다름없는 인종, 또는 오만불손한 공리공론가들만이 살아갈 수 있는 이 무의미한 세상의 모든 사람에 대한, 그리고 모든 것에 대한 증오였다.

당직 간수장이 와서 그 여성정치범을 여감방으로 데리고 갔다. 메제네츠키는 얼굴이 마주치지 않도록, 복도 맨 끝 쪽으로 갔다. 간수장이 돌아와서 로만이 있는 감방 문을 잠그고, 메제네츠키에게 방으로 돌아가라고 명령했다. 메제네츠키는 반사적으로 시키는 대로 했지만 방문을 잠그지는 말아 달라고 부탁했다.

독방으로 돌아간 메제네츠키는 벽 쪽을 향해 침대에 누웠다.

'정말 이렇게 나의 모든 힘이 소멸하고 마는 걸까? 체력도 의지도 나의 재능도(그는 정신적 소질에 있어서는 누구한테도 지지 않는다고 생각하고 있었다) 무익하게 사라진단 말인가!' 그는 최근에 시베리아로 호송되는 도중, 스베틀로구브의 어머니한테서 편지를 받은 일이 생각났다. 그 편지에서 그의 어머니는 자기 아들을 테러 운동에 끌어들여 결국 파멸시키고 말았다고, 그의 말을 빌리면 어리석은 여성 특유의 무지한 말을 늘어놓으며 그를 원망하고 있었다. 그 편지를 받았을 때는 경멸하듯이 웃었을 뿐이었다. 자신이나 스베틀로구브가 지향하는 목적에 대해 그런 어리석은 여자가 무엇을 알까보냐고 생각한 것이다. 그러나 지금 그 편지와, 사람을 잘 믿고 정열적이며 사랑스러운 스베틀로구브의 인품을 떠올리자, 그는 먼저 스베틀로구브를, 이어서 자신에 대해 곰곰이 생각했다. 나의 인생은 정말 그렇게 잘못되어 있었던 것일까? 그는 눈을 감고 자려고 했지만 난데없이 이전에 페트로파블로프스크 요새에 갇혔을 때 처음 한 달 동안 사로잡혔던 그 무서운 상태가 되돌아온 것을 느끼고, 오싹해졌다. 또다시 머리가 지끈지끈 쑤시고, 커다랗게 벌린 입과 흐트러진 머리카락의 괴물 같은 얼굴이 무엇이 번쩍거리는 어둠을 배경으로 나타났다. 그 환각은 눈을 떠도 사라지지 않았다. 게다가 잿빛 바지를 입고 머리를 깎은 죄수가 그의 머리 위에서 일렁일렁 흔들리고 있는 새로운 환각까지 나타났다. 그는 또다시 그 환상에 이끌려 끈을 걸 수 있는 통풍구를 찾기 시작했다.

배출구를 찾고 있는 견딜 수 없는 증오의 감정이 메제네츠키의 마음을 불안하게 했다. 그는 가만히 앉아 있을 수도, 마음을 가라앉힐 수도, 떼를 지어 덤벼드는 망상을 뿌리칠 수도 없었다.

"어떻게 해야 하지?" 드디어 그는 자문하기 시작했다. "동맥을 끊을까? 그건 안돼, 목을 맬까? 그래, 그게 제일 간단해."

그는 복도에 뒹굴고 있던 장작다발을 묶는 끈이 생각났다. "저 장작 위나 의자 위에 올라가는 거야. 복도에는 간수가 있어. 하지만 곧 자거나 밖으로 나가 겠지. 그 때 끈을 가지고 와서 통풍구에 거는 거다."

문 옆에 서서 메제네츠키는 복도를 지나가는 간수장의 발소리에 귀를 기울이며, 이따금 간수장이 저편으로 가버렸을 때, 문틈으로 엿보았다. 하지만 간수장은 좀처럼 가지 않고 또 잠들지도 않았다. 메제네츠키는 계속 발소리에 귀를 기울이며 기회를 엿보고 있었다.

그때 병든 노인이 있는 감방에서는, 그을린 램프가 켜진 어둠 속에서 숨소리와 중얼거리는 소리, 신음 소리, 코고는 소리, 그리고 기침 소리에 싸여, 이 세상에서 가장 위대한 일이 일어나고 있었다. 늙은 분리파 신자가 죽어가고 있었고, 그의 영혼의 눈에 그가 평생토록 추구해온 모든 것이 계시되고 있었던 것이다. 찬연한 빛 속에서 그는 그 밝게 빛나는 청년의 모습을 한 하느님의 어린양을 보았는데, 그 앞에는 많은 나라의 사람들이 흰 옷을 입고 수없이 서서 모두가 환희에 차 있었고, 지상에는 이제 악은 존재하지 않았다. 노인은 그것들이 모두 그의 마음속에서, 또 전 세계에서 성취된 것을 알고, 큰 기쁨과 평안을 느끼고 있었다.

같은 방의 죄수들에게 있어서는, 노인이 마지막 순간에 심하게 목이 그렁거리자, 옆에서 자고 있던 남자가 일어나 사람들을 깨웠고, 목이 그렁거리는 소리가 멎고 노인의 몸이 움직이지 않게 되어 차갑게 굳어가자 다같이 문을 두드렸을 뿐이었지만.

간수장이 문을 열고 감방 안에 들어왔다. 10분쯤 지나 죄수 두 명이 시체를 지고, 아래층의 시체보관실로 운반해갔다. 간수장도 감방문을 잠그고 두 사람 뒤를 따라갔다. 복도에는 아무도 없었다.

'문을 잠가, 문을 잠그란 말이야.' 문틈으로 모든 것을 보고 있던 메제네츠키는 생각했다. '내가 이 어리석기 짝이 없는 끔찍한 세상에 작별을 고하는 것을 방해할 수 있는 놈은 아무도 없어.'

메제네츠키는 그때까지 그를 괴롭혀온 마음의 공포를 더 이상 느끼지 않았다. 그는 오직 자신의 계획에 훼방꾼이 들어오는 일이 없기만을 바라는 생각뿐이었다.

그는 두근거리는 가슴으로 장작더미로 다가가, 끈을 풀어 장작 밑에서 잡아당긴 뒤 문 쪽을 힐끔거리며 자기 방으로 가져왔다. 그리고 의자 위에 올라서서 통풍구에 끈을 건 뒤, 양쪽 끝을 묶고 매듭을 쭉 당겨서 두 줄의 끈으로 올가미를 만들었다. 그러나 올가미가 너무 낮았다. 밧줄을 다시 걸고 새로 올가미를 만들어 그것을 자기 목에 대어보고, 불안한 듯 문 쪽에 귀를 기울이며 의자 위에 올라섰다. 그리고 올가미에 목을 집어넣어 목에 꼭 끼도록 한 다음, 의자를 발로 차버리고 허공에 매달렸다.

아침 순찰할 때에야 비로소 간수는, 메제네츠키가 옆으로 자빠진 의자 옆에 무릎을 구부리고 서 있는 모습으로 죽어 있는 것을 발견했다. 간수는 그를 올가미에서 풀어놓았다. 급히 달려온 간수장이 로만이 의사라는 것을 알고 그를 불러 응급조치를 하게 했다. 모든 수단을 다 써보았지만 메제네츠키를 소생시킬 수는 없었다.

메제네츠키의 주검은 시체실로 운반되어, 늙은 분리파 신자의 주검과 나란히 널빤지 침대 위에 눕혀졌다.   톨스토이

11월 4일

1

논쟁은 언제나 진리를 분명히 밝히기보다는 오히려 애매하게 만든다.

진리는 고독 속에서 성장한다. 그리고 그것이 성장하면 논쟁이 없이도 받아들여질 만큼 명확해진다.

2

자기가 옳을 때도 끝까지 침묵할 줄 아는 사람에게는 큰 힘이 있다.　칸트

3

논쟁을 하지 말라. 논쟁은 설득하는 데 가장 불리한 방법이다. 사람들의 의견은 못과 같아서 때리면 때릴수록 깊이 들어가 뺄 수 없게 된다.　유베날리우스

4

누군가가 너희를 슬프게 하거나 모욕을 줄 때는 흥분이 가라앉기 전에는 반박하지 말 것이며, 꼭 해명해야 할 필요가 있을 때는 무엇보다 먼저 자신의 정신적 동요부터 가라앉혀라.　성현의 사상

5

자신이 완전히 믿고 있지 않은 것을 주장해서는 안 된다. 남한테서 들은 것을 무조건 믿어서도 안 된다.　성현의 사상

6

지금 당장 분노를 가라앉힐 수 없을 때는 침묵하라. 잠시 침묵하다보면 이윽고 마음도 가라앉을 것이다.　박스터

7

나쁜 병에 걸린 사람에게 화를 낼 수 있을까? 그 사람이 옆에 있는 것이 불쾌하다고 해서 그에게 책임이 있는 것은 아니다. 마음의 병일 때도 이와 같이

생각하지 않으면 안 된다.

"그렇지만" 하고 너는 말할 것이다. "인간은 자신의 결점을 의식할 수 있는 이성을 가지고 있다"고. 맞는 말이다. 그러므로 너도 이성을 가지고 있으니, 이웃에게 그 결점을 일깨우기 위해 이성적으로 대처할 수 있을 것이다. 너 자신의 이성의 힘을 발휘해 이웃의 마음에 양심을 눈뜨게 하여, 화내거나 초조해하거나 거만한 태도를 보이지 않는 가운데 그의 무지를 깨우쳐 주어라.

마르쿠스 아우렐리우스

8

말은 마음의 열쇠이다. 얘기해도 소용없는 경우에는 차라리 한 마디도 하지 않는 것이 좋다.

중국의 격언

9

혼자 있을 때는 자신의 죄를 생각하라. 사람들 속에 있을 때는 남의 죄를 잊어라.

중국의 격언

10

말하고 싶은 생각이 간절하면 할수록 잘못된 말을 할 위험성도 커진다.

11월 5일

1

사상은 진리를 밝히는 등불이다. 그러므로 잘못된 사상은 바로 애매모호한 사상을 말한다.

2

조용한 것은 그대로 조용히 있게 할 수 있다. 아직 일어나지 않은 일은 쉽게 그것을 예방할 수 있다. 아직 약한 것은 금방 극복할 수 있다. 아직 적은 것은 이내 없앨 수 있다.

모든 일은 그것이 아직 모습을 드러내기 전에 대처하는 것이 좋다. 무질서가 시작되기 전에 규율을 바로 세워라.

큰 나무도 어린 가지에서 시작되고, 구층탑도 작은 벽돌 한 장에서 시작되며, 천리길도 한 걸음부터다. 자신의 사상에 주의하라. 사상은 바로 행위이다.

노자

3

나는 아침에 눈을 뜨자마자 자신을 반성하며 자신을 향해 이렇게 말한다. 오늘도 언제 어느 때 오만불손하고 위선적이며 집요하고 심술궂은 남자를 만날지도 모른다. 왜냐하면 무엇이 선이고 무엇이 악인지 모르는 사람은 누구나 다 그렇기 때문이다, 라고. 그러나 만약 나 자신이 선악이 어디에 있는지 똑똑히 인식하고, 나에게 악이란 나 자신이 행하는 악밖에 없다는 것을 이해하기만 하면, 아무리 무례한 사람이라도 나를 해치지 못할 것이다. 왜냐하면 어느 누구도 내 의지에 반하여 나에게 악을 행하게 할 수는 없기 때문이다.

또 만약 내가 피와 살에 의해서가 아니라, 신이 우리들 각자에게 내려준 육체보다 고귀한 영혼, 우리의 본질을 이루고 있는 영혼에 의해 우리 모두가 이웃이라는 것을 깨닫는다면, 나는 그토록 나와 가까운 존재에게 화를 내거나 불쾌감을 느낄 수 없게 될 것이다. 왜냐하면 우리는 서로가 서로를 위해 창조되어 있어서, 마치 손과 손, 발과 발이 언제나 서로를 돕는 것처럼, 또 오른쪽 눈과 왼쪽 눈이, 하나하나의 이가 서로 협력하는 것처럼, 서로를 도와야 하는 사명을 띠고 있기 때문이다. 그러므로 우리를 모욕하는 이웃한테서 등을 돌리는 것은 우리의 본성에 어긋나는 일이다. 그리고 모욕을 받은 상대를 미워하는 자는 모두 본성에 반하는 일을 하고 있다.

마르쿠스 아우렐리우스

4

오오, 진리를 구하는 자여, 너의 목적을 달성하고자 하거든 먼저 자신의 사상을 지배하라! 네 영혼의 눈을 욕정에서 자유롭고 유일하게 맑은 빛으로 돌려라.

바라문의 금언

5

불꽃이 조용한 빛을 발하기 위해서는 바람이 불지 않는 곳에 촛대를 놓아야 한다. 바람이 불면 불꽃이 일렁거리며 어둡고 이상한 그림자를 던진다. 그러한 그림자는 너의 깨끗한 영혼의 표면에 나쁜 사상을 던져줄 것이다.

바라문의 금언

6

세상의 번거로움과 유혹의 소용돌이 속에서는 우리의 욕망과 싸울 방법을 찾을 여유가 없다.

네가 홀로 있을 때, 유혹이 존재하지 않을 때, 너의 목적을 정하라. 그때 비로소 너는 너를 덮치는 유혹과 싸울 수 있을 것이다.

벤담

7

깊은 사색은 불멸을 향하는 길이고 얕은 생각은 죽음을 향하는 길이다. 깊이 사색하는 자는 결코 죽지 않고, 얕은 생각에 머무는 어리석은 자는 죽은 것과 같다.

자기 자신을 눈뜨게 하라. 그러면 너는 너 자신의 보호를 받으며 깨달음의 길을 나아가 영원 불변의 존재가 될 것이다.

부처의 금언

8

나쁜 생각이 뇌리에 떠올랐을 때 그것을 내쫓을 수는 없지만, 그것이 나쁜 생각이라는 것을 깨닫고, 그것을 약화시키거나 없애고자 하는 마음을 불러일으킬 수는 있다. 이웃의 결점에 대한 생각이 떠올랐을 때, 그것을 내쫓을 수는 없지만 그것이 나쁜 생각이라는 것을 깨달으면, 이웃을 비난하는 생각은 나쁜 것이고, 나 자신에게도 결점이 있으며, 이웃의 내면에도 나의 내면과 마찬가지로 신이 살고 있으므로, 그를 사랑해야 한다고 생각하게 된다.

11월 6일

1

이웃을 비난하는 것은 현명한 일이 못된다. 그런다고 해서 해결되는 것은 아무것도 없으며, 자신에게나 다른 사람들에게나 해롭기만 할뿐이다.

파티가 끝나고 한 손님이 작별인사를 하고 돌아가자, 뒤에 남은 사람들이 그를 비판하며 험담을 늘어놓기 시작했다. 두 번째 손님이 돌아갔을 때도 마찬가지였다. 이렇게 차례차례 손님들이 돌아가고 단 한 사람이 남았다. 그 손님은 이렇게 말했다.

"저를 하룻밤 묵어가게 해주십시오. 떠난 사람들이 하나같이 험담을 듣는 것을 보니 두려운 생각이 드는군요."

3

죽은 사람에 대해서는 좋게 말하거나 아니면 침묵하라는 속담이 있다. 하지만 나는 반대로 살아 있는 사람에 대해 나쁘게 말해서는 안 된다고 생각한다. 왜냐하면 그것은 살아 있는 사람을 고통스럽게 만들고 인간관계를 악화시키기 때문이다. 죽은 사람에 대해서는 마음에도 없는 공치사를 늘어놓아도 된다고들 하지만, 사실은 있는 그대로 분명히 말해도 아무런 지장이 없다.

4

남에 대한 비난은 본인의 면전에서 이야기되면 그에게 유익할 수 있을지 모르지만, 언제나 뒤에서 험담으로 끝나기 때문에 당사자의 귀에는 들어가지 않고 제삼자의 귀에만 들어가서, 그들의 마음속에 당사자에 대한 나쁜 감정만 불러일으킨다는 점에서 특히 유해하다.

5

자기 자신에게는 엄격하고 다른 사람들에게는 관대하라. 그러면 우리는 적을 가지지 않게 될 것이다.

중국의 금언

6

사람은 자기 자신을 극복하는 순간부터 남을 비난하지 않게 된다.

7

옛날에 한 마디 한 마디 사이를 두고 매우 천천히 말을 하는 노인이 있었다.

그는 말로서 죄를 짓는 일이 없도록 일부러 그렇게 했던 것이다.

8

우리는 모두 죄 많은 인간이며, 우리가 남을 비난하고 있는 말은 언제나 우리들 자신에게 해당되는 말이다. 서로가 서로를 용서하자. 우리가 평화롭게 살 수 있는 유일한 방법은 서로 용서하는 것이다.

9

말은 사상의 표현이고 사상은 신의 힘의 표현이다. 그러므로 말과, 말에 의해 표현된 것은 서로 일치하지 않으면 안 된다. 선악과 관계없는 말도 있을 수 있지만, 그것이 악의 표현일 수는 없으며 또 그래서도 안 된다.

11월 7일

1

삶은 꿈이고, 죽음은 깨어남이라고 생각할 수도 있다.

2

나는 태어나기 전에 죽었고, 죽을 때는 이전의 상태로 돌아가는 것이라는 생각에서 도저히 벗어날 수 없다. 한번 죽었다가 다시 숨결이 돌아와, 원래의 나로 돌아가는 것을 가사(假死)라고 하는데, 죽었다가 새로운 육체의 기관들을 가지고 다시 깨어나는 것이 곧 태어나는 것이다.   리히텐베르크

3

내가 생물을, 이를테면 새, 개, 개구리를 죽일 경우 또는 심지어 미천한 벌레 한 마리라도 죽일 경우, 엄밀히 말하면 나의 부당하고 경솔한 행위로 말미암아 그 존재들이 무로 돌아가는 것이며, 또 더 정확하게 말해, 그 존재들이 한 순간 전까지 에너지와 삶의 환희로 가득한 경이로운 모습을 우리에게 보여주었던 본원적 생명력 자체가 무로 돌아가는 것이라는 생각에는 도저히 동의할 수 없다. 한편, 시시각각 무한하고 다양한 모습으로 태어나고 있는, 생명력과 생존에 대한 의지로 넘치는 수백만 종의 생물이, 태어나기 전에는 절대로 존재

하지 않았으며 무에서 유로 바뀐 것이라고 할 수도 없다.

그와 같이, 만약 내가, 한 생명이 나의 시야에서 어딘지 모를 곳으로 사라지고, 또 한 생명이 어디선지 모르게 나타나며, 게다가 그것이 동일한 물질이 아닐 뿐, 둘 다 똑같은 형태와 똑같은 본질, 똑같은 성격을 가지고 있고, 그 물질이라는 것도 그것이 존재하는 동안 쉬지 않고 신진대사를 되풀이하고 있다는 것을 안다면, 저절로 다음과 같이 생각하지 않을 수 없을 것이다. 즉, 사라지는 생명과 그 뒤에 나타나는 다른 생명은, 단순히 약간의 변용을 통해 존재양식을 바꿨을 뿐 결국 동일한 존재이며, 따라서 개체 자신에게는 잠인 것이 그 개체가 속한 종에 있어서는 죽음이 되는 것이다. 　　　　　쇼펜하우어

4

우리는 꿈속에서도 거의 생시와 마찬가지로 살고 있다. 파스칼은 이렇게 말했다. 만약 우리가 꿈속에서 줄곧 일정한 상태에 있는 자신을 보고, 생시에 온갖 다른 상태에 있는 자신을 본다면 우리는 꿈을 현실로 생각하고 현실을 꿈으로 생각할 것이라고.

그러나 그것은 완전히 옳다고는 할 수 없다.

현실이 꿈과 다른 점, 현실 생활에서는 우리가 우리의 도덕적 요구에 응하여 행동할 수 있는 능력을 가지고 있다는 점이다. 그러나 꿈속에서는, 우리는 혐오스럽고 부도덕한 행위를 하고 있는 것을 알면서도 도저히 자제할 수 없을 때가 있다. 그러므로 만일 우리가 꿈에서보다 더 많은 도덕적 요구를 만족시킬 수 있는 생활을 모른다면, 우리는 꿈이 그대로 생활이라고 믿고, 그것이 진짜 생활이 아닐지도 모른다는 의심은 절대로 하지 않을 거라고 나는 말하고 싶다.

뒤집어 생각하면, 우리가 태어나서 죽을 때까지 매일 밤 꿈을 꾸는 삶 자체도, 역시 우리가 현실 또는 현실 생활로 착각하고 있는 꿈이며, 우리가 그것을 현실이라고 의심하지 않는 것은, 우리가 영혼의 도덕적 요구를 추구하는 자유를, 현재의 우리의 생활에서보다 더 많이 가질 수 있는 생활을 아예 모르기 때문일지도 모른다.

5

나는 이 세상에 태어나 이 세상에서 삶의 일부를 보낸 것을 아깝게 생각하지 않는다. 왜냐하면 나도 이 세상에 무언가의 공헌을 했다고 생각하기 때문이다. 죽음이 찾아온다면 나는 진짜 나의 집이 아니라 여관에서 나가듯 이 세상을 떠날 것이다. 왜냐하면 우리는 모두 원래 이 세상에 잠깐 머물러 온 손님, 또는 나그네라고 생각하기 때문이다.　　　　　　　　　　키케로

6

설사 영혼은 불멸이라고 믿는 내 생각이 틀렸다 하더라도, 역시 나는 행복하고 내가 틀린 것에 만족할 것이다. 그리고 살아 있는 동안, 나에게 이토록 변하지 않고 흔들리지 않는 마음의 평안과, 이토록 충실한 만족감을 주는 그 신념을 나한테서 빼앗을 수 있는 자는 아무도 없을 것이다.　　　키케로

7

죽은 뒤에는 무엇이 있을까? 하는 물음은 물음 자체가 잘못되어 있다. 죽음 뒤의 세계를 얘기하는 것은 시간에 대해 얘기하는 것인데, 우리는 죽음과 함께 시간에서 벗어나는 것이다.

11월 8일

1

우리의 생명의식과 신의 관계는 우리의 감성과 세계 또는 사물과의 관계와 같다. 감성이 없으면 우리는 세계와 사물에 대해 전혀 모르고, 생명의 의식이 없으면 신에 대해 아무것도 모르게 된다.

2

신을 섬기는 방법은 딱 한 가지밖에 없다. 그것은 자신의 의무를 실천하고 이성이 주는 법칙에 따라 행동하는 것이다. 내 생각에는 신이 존재한다는 것은, 내가 나 자신의 자유의사를 가지면서도 역시 정의에 합당한 행동을 해야 할 책임이 있다는 것을 느끼는 것, 바로 그것이다. 그것이 신이다. 대체로 우리의 마음이 신을 인식하는 것이며, 그 인식을 이성에 전달하는 것은 절대로 불

가능한 일이 아니지만, 의심할 여지없이 어려운 일이다. 또 과연 이성은 마음 없이 저 혼자 신에 도달할 수 있는가 하는 문제도 있다. 왜냐하면 마음이 신을 인식해야 비로소 이성이 그것을 탐구하기 시작하기 때문이다.

리히텐베르크

3

신의 이념은 확실히 위대하지만, 그것은 결국 무한하게 정화되고 무한하게 높여진 우리의 정신적 자질의 이념이다.

신성의 이념의 기초는 우리의 내부에 있다.　　　　　　　　채닝

4

신을 두려워하는 것은 좋은 일이지만, 더 좋은 것은 신을 사랑하는 것이다. 그러나 가장 좋은 것은 자기의 내부에서 신을 되살리는 것이다.

앤절러스 실리시어스

5

신을 찾아낼 수 있는 곳은 오직 자신의 마음뿐이다.　　엔절러스 실리시어스

6

좋은 하인은 틀림없이 주인의 생활에 대해 자세한 것은 모르고, 게으른 하인만이 아무것도 하지 않고 주인의 눈에 들기 위해 주인의 생활과 취미에 대해 알려고 애쓴다. 인간과 신의 관계도 그것과 마찬가지이다. 중요한 것은 신을 주인으로 인정하고 신이 자신에게 무엇을 요구하고 있는지를 아는 것이며, 신이란 도대체 무엇인가, 신은 어떻게 살고 있는가에 대해서는 나는 결코 알 수 없을 것이다. 왜냐하면 나는 신과 동격이 아니며, 신의 하인이지 주인이 아니기 때문이다.

7

사람들은 모두 신을 자기 식으로 이해하지만, 신의 의지를 실천하는 것은 모두가 같다.

11월 9일

1

자기애는 오만의 시작이다. 오만은 방치된 자기애가 기승을 부리는 상태이다

2

자기애, 즉 자신을 전 세계의 누구보다 위에 두고 싶어 하는 마음에 혐오를 느끼지 않는 사람은 완전히 눈이 먼 장님이다. 왜냐하면 그것은 정의와 진리와도 모순되기 때문이다. 그것이 정의에 반하는 이유는 인간은 누구나 똑같은 것, 즉 남들보다 높이 되는 것을 원하기 때문이며, 그것이 진리에 반하는 이유는, 세상에서 가장 높아지는 일이란 있을 수 없기 때문이다.　　　파스칼

3

인간에는 두 부류가 있다. 하나는 올바른데도 자신을 죄인으로 여기는 사람들이고, 또 하나는 죄가 많은 데도 자신을 올바르다고 여기는 사람들이다.

파스칼

4

인간은 분수(分數)이다. 분자(分子)는 다른 사람들과 비교했을 때 외면적이고 육체적이고 지적인 소질이고, 분모는 스스로 자신을 평가하는 정도이다. 분자, 즉 자신의 소질을 증대시키는 것은 인간의 힘이 미치지 않는 일이지만, 자신의 분모를 줄이는 것, 즉 자기 자신에 대한 평가를 낮춤으로써 무한대에 가까워지는 것, 그것은 누구에게나 가능한 일이다.

5

물질은 가볍고 밀도가 낮으면 낮을수록 넓은 장소를 차지하는 법이다. 오만한 인간이 자신에게 부여하고 있는 가치도 이와 같이 가볍고 밀도가 낮다.

6

자기 자신도 아직 배워야 할 것이 많은 데 남의 선생 노릇을 하고 있는 사

7

빈 수레바퀴는 언제나 요란한 소리를 낸다. 텅 빈 이삭일수록 고개를 쳐들고 있다. 그런 것이 바로 오만의 본성이다.

8

인간의 비천한 근성은 겸허와 반대되는 것이며, 인간의 마음은 경멸과 모욕을 받는 것을 상상만 해도 화가 나는 법이다. 그래서 우리는 다른 사람들이 보는 데서는 경멸 받을 만한 부분을 가능한 한 감추려 하며, 있는 그대로의 자신을 좀처럼 인정하지 않는다. 그러한 비천한 근성이 강하면 강할수록 우리는 더욱 더 그것과 싸우지 않으면 안 된다.

9

인생에서 가장 중요한 것은 자기완성이다. 그런데 오만한 사람이 모두 그렇듯, 자기 자신에게 만족하고 있다면 도대체 어떻게 자기를 완성할 수 있으랴!

11월 10일

1

니케아 종교회의의 최초의 회원들이 "우리와 성령(聖靈)이 바라는 것처럼 될지어다" 하고 말했을 때부터, 즉 외면적 권위를 내면적 권위 위에 놓고, 종교회의에서 보잘것없는 인간들이 의논한 결과를, 인간의 내부에 있는 유일하고 신성한 이성과 양심보다 훨씬 중요하고 신성한 것으로 인정했을 때부터, 인간의 육체와 정신을 마비시키고 수백만 명의 인간들을 파멸시킨 그 무서운 거짓이 시작되어 오늘에 이르고 있다.

2

무척 기묘하게 들릴지도 모르지만, 이른바 이단파의 교의 속에서만 그리스도교가 발현하며 진보해 갔다. 즉 그리스도교가 해명되고 실현되어 간 것이다. 이단파도 내부에 미망을 가지고 있었을지 모르지만, 동시에 거기에는 참된 그리스도교도 포함되어 있었다.

국가의 승인을 얻어 권력, 즉 폭력으로 지지를 얻은 가르침은 그리스도교가 아니었다. 왜냐하면 그 기초가 되는 폭력이 반그리스도교적인 것이었기 때문이다. 가톨릭, 정교, 루터교, 성공회는 그리스도교적인 가르침일 수 없었다. 그런 것들은 그리스도교의 근본적 요구의 하나인 사랑에 의한 계몽을 부정하고, 그 대신 가장 반그리스도교적인 수단, 즉 고문과 처형, 화형과 같은 폭력행위를 이용했기 때문이다.

이러한 국가 권력과 유착한 모든 교회는(분리파 사람들이 그것을 계시록에 나오는 간부(姦婦)로 일컫고 있는 것도 무리가 아니다) 결코 그리스도교적이지 않았을 뿐만 아니라, 언제나 가장 악질적인 그리스도교의 적이었다. 그리고 지금도 전죄를 뉘우치지 않은 채, 좀 더 유연한 표현이기는 하지만 여전히 자신의 과거를 신성한 것으로 인정하고, 참된 그리스도교의 적이 되어 싸우면서, 사람들이 그리스도교를 통해 계시된 진리를 수용하는 데 커다란 장애가 되고 있다는 점에서, 지금도 변함없이 가장 악질적인 그리스도교의 적이 되고 있다.

3

영국 성공회는 처음부터 압제자의 가장 노예적이고 열성적인 앞잡이로서, 세속적인 권력의 도움을 장엄한 의식을 통해, 가톨릭이 유럽에서 획득한 지위를 획득하려고 노력했다. 그리고 갖가지 어려움에 부딪칠 때마다 국가 권력에 도움을 청했다.

레츠키

4

주교직에 반대하는 책을 쓴 존경할 만한 인물인 레이튼은 1682년 영국에서 재판에 회부되어 다음과 같은 형벌을 받았다. 우선 그는 참혹하게 채찍으로 맞은 뒤 한쪽 귀가 잘리고 코도 한쪽이 찢겼다. 그리고 또 불에 벌겋게 단 쇠로 뺨 위에 SS(소요의 씨앗을 뿌린 자)라는 글자를 새겨야 했다. 이레 뒤 등의 상처가 채 낫기도 전에 다시 채찍질을 당하고 나머지 한쪽 코도 찢기고 나머지 한쪽 귀도 잘렸다. 그리고 나머지 한쪽 뺨에도 낙인이 찍혀졌다. 이러한 모든 일이 그리스도교라는 이름 아래 일어났다.

모리슨 데이비슨

5

그리스도는 어떠한 교회도 세우지 않았고 어떠한 국가도 건설하지 않았으며, 어떠한 법률도 제정하지 않았고 어떠한 정부도 만들지 않았다. 요컨대 어떠한 외면적인 권위도 장치하지 않고, 오로지 사람들의 마음속에 신의 법칙을 새겨 넣어, 그것을 통해 사람들이 자율적인 존재가 될 수 있게 한 것이다.

허버트 뉴턴

6

1415년 존 후스 주교는 교황의 독신행위를 적발했기 때문에 이단자로 몰려 재판에 회부된 뒤, 피를 흘리지 않는 사형, 즉 화형 선고를 받았다.

형장은 도시의 성문을 나간 라인 강변의 정원과 정원 사이에 있었다. 형장에 끌려나왔을 때 존 후스 주교는 무릎을 꿇고 기도를 드리기 시작했다. 사형집행인이 그에게 장작더미 위로 올라가라고 명령했을 때 존 후스 주교는 똑바로 일어서서 큰소리로 말했다

"예수 그리스도여! 당신의 말을 사람들에게 퍼뜨리기 위해 저는 이 잔인하고 수치스러운 죽음을 받아들이겠나이다. 조용하게 그리고 겸손하게 받아들이겠나이다!"

사형집행인은 존 후스 주교의 옷을 벗기고 두 손을 뒤로 하여 기둥에 묶었다. 존 후스 주교는 발판 위에 세워졌다. 그의 주위에 장작과 짚단이 쌓였고, 장작더미는 존 후스 주교의 턱까지 닿았다. 마지막으로 포펜하임 원수가 존 후스 주교에게 사교(邪敎)를 버리고 목숨을 건질 것을 권유했다.

"아닙니다" 하고 존 후스 주교는 말했다. "나는 사교를 믿고 있지 않습니다."

그러자 사형집행인은 장작더미에 불을 붙였다.

존 후스 주교는 찬송가를 부르기 시작했다. "살아 있는 신의 아들 그리스도여, 저를 불쌍히 여기소서!"

불꽃이 바람을 타고 높이 타올랐다. 그리고 이윽고 존 후스 주교의 목소리는 들리지 않았다.

7

진실한 신앙을 가진 사람들이 교회를 세우고 있다고들 한다. 그러나 진실한

신앙을 가진 사람이 과연 있는지 우리는 알 수 없다. 우리 모두는 당연히 진실한 신앙인이 되고 싶어 하며, 그렇게 되도록 노력하고 있다. 그러나 자신을 가리켜, 또 자신과 같은 믿음을 가진 사람들을 가리켜, 진실하고 유일한 신앙인이라고 말할 수 있는 사람은 아무도 없다. 그런 말을 하는 사람은 그것만으로도 진정한 그리스도교를 부정하고 있는 것이다.

8

정말 교회가 있다면, 그 교회 안에 있는 자의 눈에는 그것이 보이지 않는 법이다.

이레째 읽을거리

그리스도교와 인간 차별

그리스도교적 저술가인 페트르 헬치츠키는 15세기에 교회의 기만을 폭로하는 「신앙의 그물」이라는 책을 썼다. 그는 이 책에서 그리스도교 신앙이 타락한 원인을 황제와 교황이 자신들을 그리스도교도로 인정하면서 정작 진정한 그리스도교를 왜곡한 사실에서 찾고 있다. 이 진정한 그리스도교의 왜곡을 헬치츠키는, 큰 물고기로 인해 그물이 찢어진 것에 비유했다. 큰 물고기가 뚫어 놓은 구멍으로 다른 물고기들도 모두 달아나는 것처럼, 그리스도의 그물 속에 있던 사람들도 교황과 황제가 신앙을 왜곡했기 때문에 진정한 신앙을 잃어버리고 말았다는 것이다.

다음에 헬치츠키가 한 말을 인용해 보기로 하자.

사도들의 전도에 의해 그리스도교에 귀의한 사람들은 오랫동안 완전무결한 신앙의 그물 안에 있었다. 그런데 시간이 지남에 따라, 사람들이 모두 안일하고 편안한 잠 속에 빠지자, 신앙의 적이 나타나서 밀밭 사이에 잡초 씨앗을 뿌렸고, 잡초는 무성하게 자라 급기야 밀의 성장을 방해하게 되었다. 황제가 대주교에게 재산과 권력을 주었을 때, 그리스도교도들은 깊은 잠에 빠져 있었다. 그 깊은 잠 때문에 감각이 마비되어 있던 그들은, 그리스도의 이름으로 살아 오던 가난한 생활을 내던지고, 그 대신 부와 권력의 지배 및 황제와 나란히 서는 명예, 아니 황제를 능가하는 명예를 선택했다. 맨 처음 그들은 굴이나 동굴 속, 또는 숲 속에 몸을 숨기고 있었지만, 이윽고 이게 웬 일인가! 황제가 직접 성직자를 하얀 말에 태우고 로마 시내를 활보하게 되었다.

그리하여 사도가 지켜야 할 사명의 청정무구함은 훼손되고 말았다. 그래서 두 마리의 큰 고래가 그 속에 들어왔을 때, 다시 말해 왕과 같은 권력과 왕을 능가하는 명예를 가진 제사장과, 신앙이라는 가면 속에서 이교적 권력과 이교적 지배를 마음대로 휘두르는 황제, 이 두 마리의 고래가 들어왔을 때, 페트르의 '신앙의 그물'(예수가 베드로에게 사람을 낚는 어부가 되라고 한 말 참조)은 완전히 찢어지고 만 것이다. 이 두 마리의 고래가 그물 속에서 마구 날뛰는 통에 그물은 거의 성한 데가 없이 갈기갈기 찢어지고 말았다. 이 두 마리의 고래 때문에, 여러 부정한 계층이 우후죽순처럼 나타났고, 이번에는 그 계층들이 그물을 찢기 시작했다. 우선 온갖 형태와 온갖 색채의 복장을 한 사제들, 이어서 여러 학교와 대학의 학자들, 교구를 관할하는 성직자들, 또 학자는 아니지만 문장으로 장식된 온갖 종류의 귀족, 나아가서는 시민계급이 발생했다. 이렇게 다양한 집단과 계급은 간책과 폭력과 매수와 상속에 의해 토지를 차지한 뒤, 사람들에게 군림하려고 기를 쓴다. 한쪽은 종교계의 지주이고 한쪽은 세속적인 지주이다.

로마 교회는 셋으로 갈라졌다. 하나는 이 세상의 지주인 왕후와 귀족인데, 투쟁으로 교회를 지켰고, 또 하나는 성직자 계급으로, 이들은 기도를 했으며, 마지막으로 노동자 계급은 다른 두 계급의 육체적 요구를 보장하지 않으면 안 되었다. 이러한 차별에서 어찌 불평등이 나오지 않을 수 있으랴! 앞의 두 계급에게는 썩 괜찮은 얘기다. 그들은 일도 하지 않고 포식을 하며, 돈을 물 쓰듯 쓰고, 노동계급을 짓밟고 서서 그들의 노동에 의존하고 있지만, 노동계급은 2종류의 포식자들의 사치한 생활을 지탱해주기 위해 고통에 허덕이지 않으면 안 된다. 이러한 차별은 그리스도교 정신에 위배되는 것이다. 그리스도교에 의하면, 원래 전 세계는 하나의 단체, 하나의 마음, 하나의 영혼을 형성하지 않으면 안 된다.

신앙의 그물을 가장 난폭하게 파괴했고, 지금도 끊임없이 파괴를 계속하고 있는 두 마리의 강력한 고래는 종교계의 최고 지배자와 세속의 최고 지배자이다. 종교계의 최고 지배자인 교황은 가난한 생활과 노동, 포교 활동, 그 밖의 종교가로서의 의무를 돌아보지 않고, 세속적인 권력과 명예를 원하는 대로 차지하면서, 세상 사람들에게 신 앞에 무릎을 꿇는 것처럼 자기 앞에 엎드릴 것을 요구함으로써 그리스도교의 계율을 어기고 있다. 그는 신의 법칙과 신앙에 반하는 자신의 독선적인 법칙을 함부로 만들었고, 사람들은 거기에 휘말려 신의 법칙과 신앙을 잊고 신앙이란 그러한 훌륭한 성직자의 법칙을 믿는 것이라고 믿었다.

그 모든 종교 활동에서 성직자 계급은 그들의 법칙에 따라 움직인다. 그리고 그 기도라고 하는 것도, 두꺼운 책에 빼곡하게 적혀 있는, 그들의 법칙에 따라 특별히 만들어진 여러 가지 기도문을 중얼거리는 것 외에 아무것도 아니었다. 교회에서 사람들이 듣고 있는 앞에서, 한 사제가 다른 사제와 말과 노래를 주고받는 것이 기도라는 것이다. 무지한 민중은 아무 생각 없이 그것을 그리스도교의 신앙으로 믿고 있지만, 민중이 신앙에 대해 들은 것은, 하느님은 교회에 계신다는 것과 일요일에는 밭을 갈아서는 안 된다는 것뿐임을 아울러 생각한다면 그리 놀라운 일도 아니다.

신앙의 그물 속에 들어와서 그것을 파괴한 또 한 마리의 고래는 이교적 지배형태와 이교적 제도, 이교적 법률을 가진 황제이다. 콘스탄티누스 대제에 의해 그리스도교가 받아들여지기까지 그리스도교도들은 교황이나 황제의 숨결이 닿지 않는 순수한 그리스도교적 법칙에 따라 행동하며, 자기들 사이에 왕을 두지 않았고, 그저 이교도의 지배 하에서 세금을 바치거나 그 밖의 의무만 수행하면 되었다. 콘스탄티누스 대제가 그 이교적인 지배체제, 이교적인 법률과 함께 그리스도교 신앙에 들어갔을 때, 그리스도교도의 순수함은 상실되었다.

진정한 신앙, 진정한 예배를 훼손한 이교적 특징을 하나하나 헤아리자면 한이 없지만, 황제와 관계되는 것 중에서 몇 가지를 들어보자. 그리스도교도를 지배하고 싶으면, 콘스탄티누스와 그 후계자들이 최고의 경건한 생활의 본보기를 보여줬어야 했음에도, 그들은 그리스도교도들 속에서 신앙을 떠나 가장 독신적(瀆神的)인 생활을 보냈다. 또한 그들의 하인과 추종자들도, 마찬가지로 지극히 타락한 생활을 하며, 결국 그리스도교 사회의 썩은 과일로 전락하여, 그 악취를 사방에 퍼뜨렸다. 그런데도 성직자 계급과 기사단의 우두머리들은 그것을 악마적 교회의 제3부류로서 정당화하고, "그것은 그들의 지위에 어울린다. 궁정사람들은 즐겁고 여유롭고 개방적으로 살아야 한다"고 말했다.

황제는 오만불손하게 그 이교적 권력을 제멋대로 휘두르며, 자신이 그리스도교도이며 그리스도교도들을 다스리고 있다는 생각은 아예 하려들지 않는다. 황제가 백성에 대해 세금을 부과하면서 가하는 육체적 압박은 그리 중대한 문제가 아니다. 그것에 의해 재산이 줄어들고 사람들은 힘든 생활을 강요당하지만, 그것을 견디기만 하면 그것 때문에 양심에 가책을 받는 일은 없었다. 그보다 더 중요한 것은 세속적인 권력이 사람을 죽이고 온갖 폭력행위를 휘두르는 것을 죄악으로 여기지 않고, 그리스도교도들끼리 서로 전쟁을 하여 그리스도의 계율을 범하고 있는 일이다.

이교도가 그리스도교도와 아무런 관련도 없었던 초기 교회의 모습은 그리스도교도들에게 가장 축복받은 것이었고, 만일 악마의 간계와 두 명의 인물, 즉 실베스터(역주—콘스탄티누스 대제에게 세례를 준 교황)와 콘스탄티누스가 장님이 되어, 그것 때문에 그리스도교에 독(毒)이, 바꿔 말하면 교황의 권력과 황제의 권력이 끼어드는 일만 없었더라면, 그 상태는 지금까지 계속 유지되었을 것이다.

그리스도교회에 바로 유대인한테 일어난 것과 똑같은 일이 일어났다. 약속의 땅에 찾아온 유대인들은 자신들의 위에 어떠한 지상의 황제도 두지 않고, 오로지 신과 그 계율의 보호 속에서 400년이 넘게 그곳에서 살았다. 그러나 이윽고 그들은 신을 버리고 예언자 사무엘에게 자신들의 황제를 갖고 싶다고 간청했다. 그들의 소망은 이루어졌지만, 그들에 의해 저질러진 크나큰 죄의 증거로 신은 천둥과 비를 보냈다. 그와 같은 일이 그리스도교도들에게도 일어났는데, 단지 그 둘 사이의 차이라고 하면, 유대인은 지상적인 것에 대한 집착에서, 자신들의 지상 생활이 천상의 왕에 의해서보다 지상의 왕에 의해 더욱 잘 영위될 거라고 생각하여 황제 모시기를 원한 것에 비해, 그리스도교도는 신을 버리지 않고 이교적 지배체제의 황제를 원하지 않았지만, 결국은 황제가 그리스도교를 받아들임으로써 교회는 큰 은혜를 입었다는 대의명분 아래 황제에 의한 이교적 지배체제가 확립되었다는 점이다.

그런데 결과는 정반대였다. 전에는 황제가 그리스도교도를 박해하는 것으로도 그들 사이에 끼어들 수 없었던 것을, 이번에는 그들과 신앙을 같이 하여 그들에게 은혜를 베푼다는 형태로, 그들을 이교적 무신앙으로 이끈 것이다. 그 점에 있어서 실베스터 교황과 콘스탄티누스 대제의 죄도 크지만, 그 이후의, 자신들을 가장 완전하고 가장 현명한 신앙의 이해자로 생각하고, "교회의 번영을 위해서는 지상의 권력이 반드시 필요하다"고 설득해 온 그리스도교도들의 죄도 그에 못지않게 크다고 해야 할 것이다.

시간이 지남에 따라 사도들에 의해 그물에 걸린 수많은 물고기들, 즉 무법자들이 난입해 신앙의 그물을 갈기갈기 찢어놓았다. 그 무법자들은 진정한 신앙에 머무르거나 그것을 탐구하려 하지 않고, 신앙을 자기 쪽으로 끌어당겨 각각 진정한 신앙과 거리가 먼 자기 나름의 것을 만들어, 그것을 진정한 신앙으로 인정받고 싶어 했다. 거기에 대해서는 가장 먼저 문장(紋章)으로 장식된 무법자 계층에 대해 한 마디 하지 않을 수 없다.

그 문장으로 장식된 다양한 계층은, 신의 계율을 어기는 생활을 하고 신의 아들을 욕되게 하는 것에서 타의 추종을 불허한다. 그들 계층은 이중의 죄 속에서 태어나고 있다. 첫째로, 모든 사람들과 마찬가지로 아담의 죄 속에, 두 번째로 고귀한 신분으로 태어났다는 죄의식 속에서 태어난다. 그 의식 때문에 그들은 모든 것에서, 이름과 몸가짐, 복장, 음식, 주택, 권리, 사람을 대하는 태도 같은 모든 점에서, 자신들을 다른 사람들과 구별하려 한다.

그들은 모든 생활 방식과 습관과 언어 속에 허영심을 드러낸다. 온갖 영화를 누리기 위해 모든 육체적, 세속적 행복을 소유하려 노력하고, 사람들이 자신의 죄 때문에 견뎌야 하는 모든 불쾌한 일을 회피한다. 그들은 극심한 노동과 인내, 추구, 소박, 겸손, 타인에 대한 봉사는 자신들에게 어울리지 않는다고 생각한다. 그들에게 필요한 것은 자유롭고 여유롭고 편안한 생활, 청결과 아름다움, 특별히 이색적이고 화려한 복장, 즉 지상의 모든 행복을 누리는 일이다. 그들은 마치 신처럼 사람들을 깜짝 놀라게 하는 호화로운 연회를 열지 않으면 안 되고, 깨끗하고 부드러운 침대와 "뭐 필요한 것은 없습니까, 나리!" 하는 달콤한 아부와 추종의 말이 필요하다.

고귀한 신분을 과시하기 위해, 그들이 하인들의 도움을 받아가며 지루하도록 몸단장을 되풀이하는 광경은 정말 구역질이 날 정도이다. 고귀한 신분의 증거로서 그들은 하얀 분을 온몸에 칠하기도 하고, 마지막에 가서는 이교적인 권력을 요구한다. 또 실제로 문장으로 장식된 그들은 토지를 차지하고 앉아 사람들 위에 권력을 휘두르고 있다. 그들은 농노와 '머리가 둔한 바보들'의 땀과 노고에 의해서만 자기의 고귀한 신분을 과시할 수 있으며, 농노들이 일손을 놓기만 하면 그 고귀한 그들도 당장 힘을 잃고, 양치기들과 하나도 다를 게 없는 신세가 되고 말 것이다.

신분의 고귀성은 황제와 왕에게서 문장을 얻으려는 이교적인 관습에 바탕을 두고 있다. 어떤 사람은 영웅적인 행위에 대한 봉사의 대가로 그것을 얻고, 어떤 사람은 명예를 위해 그것을 돈으로 산다. 이를테면 문(門)이나 이리 또는 개의 머리, 계단, 반신반마상(半身半馬像), 파이프, 칼, 돼지고기 소시지 같은 문장이다. 신분의 고귀함은 바로 그런 문장에 달려 있으며, 문장에 따라 그 고귀함의 정도가 결정된다. 만일 그 문장을 유지할만한 돈이 없을 때는 굶주림이 어쩔 수 없이 그들로 하여금 문장을 버리고 쟁기를 잡게 할 것이다. 그러므로 고귀한 신분의 진정한 힘은 문장이 아니라 돈에 있으며, 돈이 없으면 지주도 농노와 다름없고, 일하는 것을 부끄러워하면 끼니를 때울 빵도 얻지 못하게 된다.

고귀한 계층의 두 가지 탄생(하나는 아담의 죄를 진, 또 하나는 문장에 의한 자신의 고귀성을 동반하는)은 다시 새로운 무수한 죄를 낳는다. 자기가 고귀하다는 의식은 허영심과 겸손과 인내심의 결여를 낳는다. 아무 지주한테나 너는 상놈이고 농노라고 말해 보라. 지주는 당장 그 사람을 법정으로 끌고 가서 명예훼손으로 고발할 것이다. 같은 원천에서 태어나는 그 밖의 다른 죄로는, 게으름, 사치, 이교적 지배, 잔인, 폭력 등이 있다. 그런데 성직자들은 그러한 죄악을 보고도 비난하지 않고, 지주들에게 "그런 것은 그리 해로운 것이 아닙니다. 그것은 당신의 지위로 보아 당연하고 어울리는 일입니다" 하고 말한다. 이런 말로 성직자들은 말하자면 그들의 죄에 물을 주어 성장을 촉진시키고, 그것을 선덕으로 변화시키는 것이다.

이러한 죄악은 부모에게서 그들이 스스로 빠진 미망 속에서 키운 자식에게 전해져서, 신의 손에서 그 피창조자를 빼앗는다. 지주들은 자기의 신분이 고귀하다는 의식에서 그들의 자식들을 독일의 여러 귀족의 저택에서 살게 하며, 거기서 온갖 거만한 언어와 하찮은 습관, 예절, 정중하게 고개를 숙일 때의 포즈를 연습시키며 귀족 특유의 독(毒)에 취하게 만든다. 이는 모두 허영심 때문이다. 그들은 세속적인 위대함을 지나치게 사랑하여, 자기 집에서는 그 위대함을 얻을 수 없기에 자식들을 높은 사람한테 보내 그들을 통해 무언가의 명예를 획득하게 하며, 우리 아들은 임금 옆에서 시동(侍童) 노릇을 하고 있다거나, 우리 딸은 여왕의 시중을 들고 있다고 자랑하는 것이다.

그리하여 문장족이 마구 늘어나서 땅이 비좁을 지경이 되고 말았다. 사람들은 부귀와 영화 속에서 다른 사람들을 지배하고자 하는데, 그 중에는 내세울 만한 땅이 없는 자도 있고, 많은 사람들이 가난에 시달리면서도 노동을 원하지 않고 부끄럽게 생각하면서도 그래도 모두 큰소리만 치고 있다. 또 어떤 사람들은 온갖 달콤한 말을 늘어놓고, 또 거짓 약속을 하여 끝없이 돈을 빌리면서도, 비천한 노동으로 자신의 고귀한 신분을 더럽혀서는 안 된다며 끝내 일하려 들지 않는다. 그 지주들은 드넓고 비옥한 땅을 소유하고 있었지만 이제 그 땅은 황폐해져서 이리들이 날뛰고 있는데도, 그들은 여전히 궁정에서처럼 앉고 서고, 하루 종일 잡담으로 시간을 보낸다.

성서를 아무리 읽어봐도, 어떤 사람들이 어떤 사람들보다 고귀하게 태어났다는 말은 아무데도 없다. 솔로몬조차 자신이 보잘것없는 존재임을 의식하고 있고, 구약성서와 신약성서 속에 '고귀한'이라는 말이 나오는 건, 선덕과 예지를 바탕으로 한 고귀함을 의미할 따름이다. 이 같은 고귀한 사람들의 생활이 추악한 것처럼, 그들 남녀가 입고 있는 의복도 추악하다. 아무리 이교도고 유대인이라 해도 그러한 문장본위의 신앙에 대해 그릇된 생각을 하는 계층만큼 그리스도교의 신앙을 더럽히지는 않았다. 그들은 신을 기쁘게 하지 못하고 세상 사람들에게도 유해하며 또 무거운 짐이 될 뿐이다. 노동계급은 그들의 고귀함이라는 무거운 짐을 짊어지고 있으며, 그들은 노동계급의 피와 살을 먹고, 지상에 있는 모든 좋은 것을 긁어모아 삼키려 하고 있다. 그들이 모든 사람들에게 끼치는 커다란 해독은, 코를 찌르는 악취를 발하는 시체처럼 그들이 모든 것을 자기 안에 가두고 그 악취를 다른 것에게 전염시킨다는 점에 있다. 그들은 무엇보다 먼저 자기 자식들과 하인들을 자신의 내부에 가두어 그들에게 허영과 모든 귀족적인 행위를 가르치고, 그 다음에는 일반시민이 그 생활양식을 모방하게 한다.

이상은 모두 그러한 문장 본위의 무법자들이야말로, 사도 바울이 불법을 행하는 자, 파멸의 아들이라고 부른 반 그리스도와 다름없다는 것을 인식하기를 바라는 마음에서 쓴 것이다.

11월 11일

1

우리가 도덕적 완성에 이르는 것은 불가능하다. 그러나 그것을 향해 다가가는 것은 인생의 법칙이다.

2

아예 실천이 불가능하다면 처음부터 도덕률 같은 것은 없었을 것이다. 사람들은 우리가 원래 이기주의자로 태어났기 때문에 어쩔 수 없이 인색하고 음탕한 존재라고 말한다.

하지만 결코 그렇지 않다. 가장 중요한 것은, 우리가 원래 어떤 모습이어야 하는지 마음속 깊이 느끼는 일이다. 그것이 우리에게 힘을 줄 것이다.　　솔터

3

너희는 자유로운 행위자이며 스스로도 그것을 느끼고 있을 것이다. 인간의 양심, 인간의 의식 높은 목소리에 대해 숙명론을 들먹이는 가련한 철학자의 어떠한 궤변도, 양심의 가책과 순교의 위대함이라는, 인간의 자유에 대한 매수할 수 없는 두 증인을 침묵시킬 수는 없었다. 소크라테스에서 그리스도에 이르기까지, 또 그리스도 이후 몇 세기 동안 진리를 위해 죽은 사람들에 이르기까지 모든 순교자들이 그 노예적인 숙명론을 향해 소리 높여, "우리도 우리의 생명과 우리에게 기쁨을 주었던 수많은 사람들, 우리에게 싸움을 중지하라고 간절히 원한 사람들을 사랑했다. 우리의 심장 박동 하나하나는 우리에게 큰소리로 '살아라!' 하고 소리쳤다. 그러나 우리는 우리의 의무를 실천하기 위해 죽음을 선택했다."고 외치고 있다.

또 카인에서 시작된 이래 오늘날까지 악의 길을 선택한 가련한 첩자, 배신자, 변절자들은 마음 깊은 속에서 양심의 가책의 목소리, 그들에게 결코 마음의 평화를 주지 않고, 그들을 향해 언제나 "어째서 너희는 진리의 길을 벗어났느냐? 너희는 자유로운 행위자이며, 따라서 자신의 행위에 책임을 져야 한다."고 추궁하는 목소리를 들을 것이다.　　주세페 마치니

"무엇을 해야 하는가?" 하고 네가 묻는다면, 네가 지금 그대로의 너라면 아무것도 할 수 없다고 대답하리라. 너에게 지금 당장 필요한 것은, 가능한 한 자타(自他)의 이기심과 무관심의 공허한 메아리가 되기를 그만두고, 비록 위대하지는 않지만 청정한 영혼의 소유자가 되는 일이다. 너는 자신의 내면을 들여다보고 거기에 영혼의 흔적이나마 있는지 확인해야 한다. 그렇지 않으면 아무것도 할 수 없다.

오, 형제들이여! 우리는 있는 힘을 다해 자신의 내면에 영혼과 양심을 눈뜨게 하고, 우리의 게으름을 성실로, 생명 없는 돌 같은 심장을 살아 있는 그것으로 대체하지 않으면 안 된다! 그때 비로소 우리는 우리의 앞날에 기다리고 있는 무한한 선(善)의 계열을 조금이나마 확실한 일관성을 가지고 이해하기 시작할 것이다. 무엇보다 먼저 첫걸음을 내디뎌라, 그러면 두 번째 걸음은 한결 수월하고 한결 확실하며 한결 실행하기 쉬워질 것이다.　　　　　칼라일

5

값진 진주를 바다에 떨어뜨린 사람이 있었다. 그래서 그것을 주우려고 바가지로 물을 퍼내기 시작했다. 바다의 정령이 나타나서 물었다. "곧 그만 둘 텐가?" 그러자 그 사람이 대답했다. "바닷물을 다 퍼내고 진주를 찾으면 그만 두겠습니다." 그래서 바다의 정령은 진주를 찾아와 그에게 주었다.

6

외면적인 결과는 우리의 의지로 어떻게 할 수 없지만 노력은 언제나 가능하며, 노력에는 항상 좋은 내면적 결과가 따르기 마련이다.

11월 12일

1

토지는 그 은혜가 모든 사람에게 골고루 미치는 인류 공동의 재산이다. 따라서 개인의 사유재산의 대상이 되어서는 안 된다.

2

나는 땅 위에 태어났는데, 그렇다면 내 몫은 도대체 어디에 있는가? 세상의 높으신 양반들아, 내가 땔감을 팰 수 있는 숲과, 밀을 뿌릴 수 있는 밭과, 집을 지을 수 있는 대지는 도대체 어디에 있는지 가르쳐다오. 그런데 세상의 높으신 양반들은 나에게 이렇게 외친다. "숲이건 밭이건 대지건 손가락 하나라도 대어 봐라, 경을 칠 테니까. 그러나 네가 우리 땅에 와서 일하겠다면 살아갈 수 있을 만큼 빵은 주리라" 하고. 에머슨

3

내 이성은 나를 향해 토지는 사고팔아서는 안 된다고 가르친다. 위대한 영혼은 토지를 우리의 자식들이 그것을 갈아서 살아갈 수 있도록 준 것이며, 그들이 그 토지 위에서 살며 그것을 경작하는 한, 토지에 대한 권리는 그들의 것이다. 블랙 호크

4

땅은 아주 팔아 넘기는 것이 아니다. 땅은 내 것이요, 너희는 나에게 몸붙여 사는 식객에 불과하다. 레위기 제25장 23절

5

엄밀히 말하면 땅은 다음의 두 사람에게 속한다. 즉 전능한 신과 그 땅에서 일하거나 일하려는 모든 사람의 아들에게. 칼라일

6

공정한 창조자여, 내 말을 듣고 누가 도둑인지 판단해 주십시오. 나에게 내가 태어남과 동시에 주어진 땅을 이용할 자유를 나에게서 빼앗은 자가 도둑인지, 아니면 그 땅에서 살며 그것을 경작하여 생계를 잇기 위해 토지를 이용하는 내가 도둑인지를. 제럴드 윈스턴리

7

모든 사람은 태초부터, 그리고 모든 법령 이전에 땅을 소유하고 있다. 바꿔

말하면 자연 또는 우연이 그들로 하여금 있게 한 장소에서 살 권리가 있다.

칸트

8

과연 신은 무언가를 어떤 자에게는 주고 어떤 자에게는 주지 않았던 것일까? 과연 만인의 아버지는 그 자식들 가운데 누군가를 특별하게 취급했던 것일까? 신의 선물에 대한 독점적인 권리를 주장하는 자들이여, 제발 신이 다른 형제들한테서 자신의 유산상속권을 박탈했다는 증거서류를 보여 다오.

라므네

9

토지를 사유재산으로 소유하는 것은 가장 자연에 반하는 범죄의 하나이다. 그 범죄의 추악성을 우리가 깨닫지 못하는 것은, 우리의 세계에서는 그 범죄가 오히려 권리로 인정되고 있기 때문이다.

10

내가 숲에서 호도를 따고 있을 때 삼림 감시원이 덤불에서 나와 거기서 뭘하고 있느냐고 물었다. 나는 호도를 따고 있다고 대답했다.

"호도를 따고 있다고? 어떻게 감히 그런 짓을 하는 것이냐?"

"어째서 그러면 안 된다는 말인가? 원숭이도 다람쥐도 호도를 따고 있지 않은가."

"잘 들어" 하고 삼림 감시원이 말했다. "이 숲은 공동의 것이 아니고 포틀랜드 공(公)의 소유란 말이야."

"오, 그래?" 하고 나는 말했다. "공에게 가서 내가 안부를 묻더라고 전해주게. 그리고 공에게 이 숲은 나에 대해 알고 있는 것처럼 공에 대해서도 잘 알고 있다고 말하게. 또 숲 속에 있는 것은 무엇이든 먼저 따는 자가 임자이니, 만약 포틀랜드 공에게 호도가 필요하다면 우두커니 있지 말고 얼른 숲으로 오라고 하게."

토머스 스펜스

개인에게 토지 사유권을 주는 것이 부정하다는 것은, 지금은, 19세기 중엽에 노예제도의 부정함이 인정되었던 것과 마찬가지로 인정되고 있다.

11월 13일

1

올바른 인간이라면 결코 자신에게 만족하지 않는다. 이것만 보더라도 자기완성이라는 것은 인간에게 자연스러운 일이다

2

인간은 자신의 내부에 있는 선에 대한 자질을 더욱 발전시키지 않으면 안 된다. 하늘은 그 자질을 완성품으로서 주지는 않았다. 그것은 어디까지나 자질에 지나지 않는다. 스스로 선한 사람이 되는 것—인간은 이 목적을 달성하기 위해 노력하지 않으면 안 된다.

칸트

3

'악의 뿌리는 진리에 대한 무지이다'라고 부처는 말했다. 그 뿌리에서 망상의 나무가 자라고, 헤아릴 수 없이 많은 고뇌의 열매가 맺힌다.

무지를 극복하는 유일한 수단은 지식이다. 진정한 지식은 오직 개개인의 자기완성을 통해서만 달성될 수 있다. 따라서 사회악을 바로잡는 것도, 사람들이 더욱 높은 인생관을 가지고, 더욱 선한 사람이 되어 행동할 때 비로소 가능하다. 인간 각자가 선해지는 것이 이 세상의 생활을 개선하는 가장 확실한 방법이다

하르트만

4

내면적 만족 또는 종교적 순종이라는 의미에서 자기 본질의 개선만을 인생에서 찾는 자는, 자신의 인생을 그 사명을 다하지 않고 끝낼 위험성이 누구보다 적다.

아미엘

5

그리스도교도는 단순한 선생도 아니고 단순한 학생도 아니며, 언제나 동시에 선생이자 학생이다. 그러므로 항상 노력하는 그에게는 완성의 끝이란 없다.

6

누구나 자기를 학생이며 제자라고 생각하라. 공부를 하기에는 나이가 너무 많다거나, 자신은 이미 충분히 성숙하고 발달했고, 자신의 성격과 영혼은 이미 훌륭하여 더 이상 훌륭해질 여지가 없다고 자만해서는 안 된다. 그리스도교도에게 졸업이라는 것은 없다. 그는 무덤에 들어가는 날까지 학생이다.

고골리에 의함

7

깊이 사색하는 사람은 경우에 따라 도덕적 타락으로 이끌릴 수 있는 마음의 고통을 경험할 때가 있다. 그것은 그가 인류를 몹시 괴롭히는 온갖 불행에 대해 너무 깊이 생각한 나머지, 아무래도 사태가 개선될 여지가 없는 것처럼 보여, 세계의 질서를 관장하는 신에게 불만을 느낄 때이다. 그러나 그래도 신을 비난해서는 안 된다. 설령 신이 지금 당장 우리의 지상생활에 고난의 길을 제시한다 해도, 그것은 괴로운 생활 속에서도 용기를 잃지 않기 위해, 또 신에게 책임을 전가함으로써 어쩌면 우리의 모든 재앙의 유일한 원인일지도 모르는 우리 자신의 죄를 잊지 않기 위해서이다.

칸트

8

어리석은 습관에서 벗어날 수 있는 것처럼 이기주의에서도 벗어날 수 있고, 또 그렇게 하지 않으면 안 된다. 자신의 만족을 늘리고 싶거나 자신을 과시하고 싶고, 자신에 대한 다른 사람의 애정을 불러일으키고 싶을 때는 조용히 자제하라. 남을 위해 아무것도 하고 싶지 않을 때는 하지 말라. 그러나 자신을 위해서는 절대적으로 필요한 일 외에는 하지 않는 것이 좋다.

9

선덕을 달성하는 데 가장 중요한 법칙은, 오로지 자기완성만을 생각하며 남

들의 칭찬을 염두에 두고 행동하지 않는 것이다.　　　　　　시경(詩經)

10

악행이 선행으로 소멸되면 구름을 벗어난 달처럼 이 세상을 환하게 비쳐준다.

온 땅의 왕이 되기보다, 하늘에 올라가기보다, 또는 온 세상을 다스리기보다, 예류과(預流果. 역주—불교용어로 깨달음의 첫 단계, 즉 범부에서 성자에 들어선 단계를 말함)를 얻는 것이 더 훌륭하다.　　　　　　법구경

11

또 한 사람은 "선생님, 저는 선생님을 따르겠습니다. 그러나 먼저 집에 가서 식구들과 작별 인사를 나누게 해 주십시오" 하고 말하였다. 예수께서는 "쟁기를 잡고 뒤를 자꾸 돌아다 보는 사람은 하느님 나라에 들어갈 자격이 없다" 하고 말씀하셨다.　　　　　　루가복음 제9장 61~62절

12

생애를 자기완성을 위해 바친 사람은 언제나 앞만 보고 있다. 멈춰서 있는 자만이 자신이 한 일을 되돌아보는 법이다.

13

자기 자신에 대한 불만족은 이성적인 생활의 필수조건이다. 오직 그것만이 자신을 단련하는 동기가 된다.

11월 14일

1

가장 중요한 지식은 실생활에 지침이 되는 지식이다.

2

인생의 모든 법칙을 아는 것은 매우 중요한 일이다. 그러나 우리를 자기완성으로 이끄는 지식이야말로 가장 중요한 지식이다.　　　　　　스펜서

3

배가 고프지 않으면서 먹는 것과 부자연스러운 방법으로 식욕을 불러일으키려 하는 것은 모두 해로운 일이다. 억제하기 힘든 충동을 느끼는 일 없이 색욕에 빠져, 자신 속에 색욕을 불러일으키려 하는 것은 더욱 해롭다. 그러나 가장 해로운 것은 굳이 생각할 필요가 없는데도 억지로 생각하며, 자기 속에 부자연스러운 지적활동을 불러일으키는 것이다. 마치 사람들이 자신의 사회적 지위를 높이기 위해 지적능력을 과시하는 것처럼.

4

지극히 풍부한 학식을 갖고 자기만족에 빠져 있는 것보다, 건전한 상식을 조금 가지고 겸허한 마음으로 사는 것이 낫다. 학문이 꼭 나쁜 것은 아니며, 어떤 지식이든 지식은 그 자체로서 좋은 것이지만, 순결한 양심과 선한 생활은 모든 지식보다 위에 놓이지 않으면 안 된다. 토머스 아 켐피스

5

학문의 발달이 도덕의 순화에 공헌하는 것은 아니다. 우리가 알고 있는 모든 민족의 경우, 학문의 발달은 오히려 민족의 타락을 재촉했다. 우리가 그것을 반대로 생각하고 있는 것은, 우리가 그 공허하고 거짓으로 가득 찬 지식과 진정으로 고귀한 지식을 혼동하고 있는 데서 온다. 추상적인 의미에서의 학문, 또는 일반적인 의미의 학문은 당연히 존중되어야 하지만, 현재의 어리석은 자들이 학문이라고 부르고 있는 것은 비웃고 경멸함이 마땅하다. 루소

6

우리가 교사에게 기대하는 바는, 그가 자기의 학생을 무엇보다 먼저 스스로 판단하는 인간으로 만들고, 다음에는 이성적인 인간으로 만들며, 마지막으로 학자로 만드는 것이다.

그러한 방법은 설사 학생이 마지막 단계까지 결코 도달하지 못한다 하더라도(사실 대부분의 경우가 그렇지만), 역시 그의 공부는 학교를 위해서는 아니라도 인생을 위해 그를 훈련시켜줄 것이다.

만일 이와는 반대의 방법으로 한다면, 학생은 판단력을 기르기 전에 이성

비슷한 것을 붙잡고, 배움에서는 진정으로 몸에 배어드는 것이 아니라 단순히 수박 겉핥기식의 학문을 터득함으로써, 그의 정신력은 여전히 불모로 남아 있을 뿐만 아니라, 동시에 허망한 학문에 의해 완전히 손상되고 마는 것이다. 우리가 자주 판단력도 이성도 없는 학자, 아니 지식장사꾼을 만나고, 또 학문의 전당에서 다른 어떠한 사회적 계층에서보다 훨씬 많은 어리석은 인물들이 생산되는 이유도 바로 거기에 있다.　　　　　　　　　　　　　　　　칸트

7

좋은 행위를 하는 자가 바로 좋은 학자라고 할 수 있다.　인도의 기로파제예

8

지능을 올바르게 사용하는 습관이 확립되지 않으면 바른 의지도 나오지 않는다. 왜냐하면 지능의 습관이 의지에 무엇보다 큰 영향을 주기 때문이다. 그러나 지능의 습관은 그것이 인생의 영원한 법칙 전체에 바탕을 둔 것일 때, 비로소 가장 좋은 것이 된다.　　　　　　　　　　　　　　　세네카

9

지자(智者)의 말에 귀를 기울여라, 비록 그의 행위가 그 가르침에 어울리지 않는다 할지라도. 사람은 배워야 한다, 비록 그 가르침이 벽에 씌어 있다 할지라도.　　　　　　　　　　　　　　　　　　　　　　사디

10

지식에 있어서 중요한 것은 양이 아니라 그것에 대한 올바른 평가이다. 어떤 지식이 가장 중요하고, 어떤 것이 두 번째이며, 어떤 것이 세 번째인가, 또 가장 중요하지 않은 것은 무엇인가를 아는 것이 중요하다.

11월 15일

1

부(富)에 대한 기쁨은 기만에 지나지 않는다.

2

"재물을 땅에 쌓아 두지 말아라. 땅에서는 좀먹거나 녹이 슬어 못쓰게 되며 도둑이 뚫고 들어 와 훔쳐 간다. 그러므로 재물을 하늘에 쌓아 두어라. 거기서는 좀먹거나 녹슬어 못쓰게 되는 일도 없고 도둑이 뚫고 들어 와 훔쳐 가지도 못한다. 너희의 재물이 있는 곳에 너희의 마음도 있다."

마태복음 제6장 19~21절

3

'네 보물 있는 그 곳에 네 마음도 있느니라!'

재물을 최고의 보물로 여기는 사람의 마음은 얼마나 오염되어 있는 것일까!

4

사람들은 남의 호화로운 집과 많은 논밭, 많은 하인들, 은그릇, 수많은 옷을 보고 자기는 더 많이 가지려고 욕심을 부린다. 그래서 가장 부유한 자는 덜 부유한 자에게, 그러한 나쁜 감정을 불러일으키는 원인이 되고, 그러한 덜 부유한 자도, 더욱 가난한 사람들에게 같은 감정을 불러일으키는 원인이 된다.

그러나 만약 부유한 자가 부를 모으지 않고 그것을 낭비하는 모습을 보여주지 않는다면, 덜 부유한 사람들과 가난한 사람들에게 물욕을 불러일으키지는 않을 것이다. 어쨌든 부에 대한 편애는 어떠한 폭군정치보다 나쁘다. 그것은 걱정, 선망, 나쁜 꾀, 미움, 비방, 그리고 선덕에 대한 무수한 장애물 즉 방심, 음탕, 탐욕, 음주를 낳는다. 그것은 자유로운 사람들을 노예로, 아니 노예보다 더 나쁜 존재, 곧 사람의 노예가 아니라 가장 무서운 욕망과 번뇌, 마음의 병의 노예로 만든다. 그러한 인간은 누군가가 자신을 그 물적 지배의 자리에서 끌어내리지 않을까 하는 두려움에서 신과 인간으로부터 모두 용서받지 못할 어떠한 악행도 마다하지 않는다. 이 얼마나 슬프고 노예적이며 악마적인 지배의 자리인가! 특히 치명적인 것은 그처럼 가련한 상태에 있으면서 우리는 자신의 쇠사슬에 입을 맞추고, 어두운 감옥에서 밝은 곳으로 나오려 하지도 않으며, 악착같이 악에 매달려 병에 걸린 것을 기뻐하고 있는 것이다. 그리하여 우리는 자유로워지지 못하고 광산에서 일하는 사람들보다 더 나쁜 상태에 있다. 그것은 우리가 온갖 어려움과 불행을 겪으면서 그 결과를 누리지 못하기 때문이다. 가장 나쁜 것은 만일 누군가가 우리를 이 가련한 포로상태에서 구출하려고 해도, 우리는 그것을 허락하지 않을 뿐만 아니라 도리어 화를 내고 원망하며 여전히 미치광이 같은 생활을 계속하는 것이다. 아니, 미치광이보다 더 나쁘다. 왜냐하면 그 광기에서 벗어나고 싶어 하지 않기 때문이다. 과연 우리는 오로지 부를 모으기 위해서만 인간으로 태어난 것일까? 신이 우리를 자신의 형상을 본떠 창조한 것은 그것 때문이 아니다. 신이 우리를 창조한 것은 우리로 하여금 신의 의지를 실천하게 하기 위해서이다.　　이오안 즐라토우스트

5

부와 권력처럼 사람들이 큰 노력을 기울여 만들어내고 소중하게 지키고 있는 모든 것에 뭔가 좋은 점이 있다고 한다면, 그것을 기쁜 마음으로 버릴 수 있다는 것뿐이다.

사람들은 자신의 지혜와 정조를 기르는 것보다 부를 축적하는 것에 천배나 더 많은 노력을 한다. 사실은 우리의 행복에는, 인간의 내부에 있는 어떤 것이 인간의 외면에 있는 것보다 더 중요하다는 것은 의심할 여지가 없는데.

쇼펜하우어

6

네가 자신을 위해 요즘 유행하는 장식품을 하나 샀다고 치자. 그러면 너는 앞으로 그것 말고도 열개나 되는 최신 유행품을 사지 않을 수 없게 된다.

에머슨

7

왜 인간은 부유해야 하는가? 무엇 때문에 그에게 값진 말이, 훌륭한 옷이, 아름다운 방이, 공공의 오락장에 출입할 권리가 필요한 것인가? 그것은 모두 사상의 결여에서 온다.

그에게 내면적인 사색활동을 하게 하라. 그러면 그는 가장 부유한 사람보다 더 행복한 사람이 될 것이다.

에머슨

8

가난한 사람은 부유한 사람보다 훨씬 자주, 그리고 훨씬 구김살 없이 웃는다.
세네카

9

정신적인 생활을 하고 있는 자에게 부는 필요하지 않을 뿐만 아니라 오히려 번거롭기만 하다. 그것은 인간으로서의 진정한 삶을 방해한다.

11월 16일

1

이성이 대답해줄 수 있는 것도 아닌데 스스로에게 던지지 않을 수 없는 문제에 대해 해답을 주는 것은 오직 신앙이다.

2

그리스도는 위대한 인물이었다. 그는 인간에게 진정 보편적인 종교인 하느님과 사람에 대한 사랑을 전했다. 그러나 나는 앞으로 신의 곁에 더욱 위대한 사람들이 나타날 수 있다는 것을 믿어 의심치 않는다. 내가 이렇게 말하는 것은 그리스도의 위대함을 낮추고자 하는 것이 아니라, 신의 전능함을 주장하기 위해서이다. 그러한 사람들이 찾아오면, 전과 같은 싸움이 되풀이되어, 살아 있는 예언자는 또 죽임을 당하고 그 죽은 예언자가 숭배 받을 것이다.

그러나 앞으로의 일이야 어찌됐든, 그리스도는 지금 우리에게 일반적으로 세상에서 얘기되고 있는 것과 정반대의 진리를 가르치고 있다. 만일 그가 그 가르침을 세상 사람들에 대해 얘기되고 있는 것과 일치시켰다면, 즉 단순한 피와 살의 가르침과 일치시킨다면, 그는 그저 한 가난한 유대인에 지나지 않게 되고, 세계는 종교적인 삶을 고수한 가장 값진 보물을, 유일하고 보편적이고 진정한 종교에 의한 복음을 잃었을 것이다.

만일 그가 다른 사람들처럼 어느 누구도 모세보다 높고 모세보다 올바를 수는 없다고 말했다면 어떻게 되었을까? 그렇게 되면 그는 하잘 것 없는 인물이 되어, 신의 영혼은 결국 그의 영혼을 버렸을 것이다. 그러나 그는 사람과 교류한 것이 아니라 신과 교류했으며, 우리의 희망에 귀를 기울인 것이지 그 공

11월 983

포에 귀를 기울인 것이 아니었다. 그는 사람들을 위해 사람들과 함께 사람들을 통해 일을 하며, 신을 믿고, 진리 자체처럼 순결했으며, 교회도 국가도 두려워하지 않고, 빌라도와 헤로데가 그를 십자가에 못 박기 위해 손을 잡았을 때도 결코 물러서지 않았다. 나는 언제나 나와 너희들에게 다음과 같이 말하는 숭고한 영혼의 목소리가 들리는 것 같다.

"가난한 형제여, 두려워하지 말라, 그리고 절망하지 말라. 내 안에 있었던 선은 네 안에도 있을 수 있다. 신은 그때 내 가까이에 있었던 것처럼 네 가까이에 있고, 또 그때와 마찬가지로 진리에 차 있으며, 그에게 봉사하려는 모든 사람을 감동시킬 준비를 하고 있다" 하고.

파커

3

죽음, 침묵, 지옥, 그것은 불멸과 행복과 완성을 원하는 존재에게 얼마나 무서운 비밀인가! 내일 아니 몇 시간 뒤라도 내가 숨을 쉬지 않게 되었을 때, 나는 도대체 어디에 있는 것일까? 내가 사랑하고 있는 사람들은 도대체 어디로 가버리는 것일까? 우리는 어디로 가는 것인가? 우리는 도대체 무엇인가? 영원한 수수께끼가 언제나 우리의 눈앞에 엄연한 모습으로 가로막고 서 있다. 마치 사방이 비밀로 싸인 어둠처럼.

신앙만이 이 알 수 없는 어둠 속에 유일한 별빛이다.

아무러면 어떤가! 이 세계가 선에서 태어났고, 의무의 의식이 우리를 기만하지만 않는다면 행복을 가져오고 선을 이루는 것, 그건 바로 우리의 법칙, 우리의 구원의 닻, 우리의 등대, 우리의 생명의 의의이다. 이 종교만 남는다면 다른 모든 종교는 멸망해도 상관없다. 우리에게는 이상이 있고, 따라서 인생은 살만한 가치가 있다.

아미엘

4

수많은 종교가 있지만 진정한 종교는 오직 하나밖에 없다.

칸트

5

오직 신앙만이, 사회를 개선할 수 있는 견고하고 강한 신념과 에너지와 일치단결을 낳는다.

주세페 마치니

6

우리는 단 하나의 결점도 없는 안내자, 우리 전부를 함께 또는 개별적으로 꿰뚫으며, 전체 속의 한 단위인 각 개인 속에 합당한 목적을 향해 나아갈 수 있는 힘을 주고 있는 세계정신을 가지고 있다. 그 세계정신은 나무에게 태양을 향해 뻗어갈 것을 명령하고, 식물에게 씨앗을 떨어뜨릴 것을 명령하며, 우리에게는 신을 향해 정진할 것을 명령하여, 그 정진의 과정에서 우리가 서로 하나가 될 것을 명령한다.

7

사람은 살아 있는 한 믿는 법이다. 그의 신앙이 진리에 가까우면 가까울수록 그 생활은 행복하며, 진리에서 멀면 멀수록 그 사람은 불행하다.

인간은 신앙 없이는 살아갈 수 없다. 신앙이 없는 사람은 실제로 자연사했거나 자살행위를 하고 있거나 둘 중의 하나이다.

11월 17일

1

우리가 지난날을 괴로워하며 미래를 망치는 것은 오로지 현재를 경시하기 때문이다. 과거와 미래는 환상이며 현재만이 유일하게 실재하는 것이다.

2

현재에 모든 정신을 기울여라. 우리는 오직 현재 속에서 영원을 인식한다.

괴테

3

가장 흔한 망상의 하나는 현재를 가장 절실하고 결정적인 순간으로 생각하지 않는 것이다. 오늘 하루가 1년 중에 가장 좋은 날이라는 것을 깊이 명심하라.

에머슨

4

모든 시대의 사람들은, 그 시대의 위대한 인물들을 존경해야 한다. 그리고

다음과 같이 말해서는 안 된다. "그들의 조상은 더욱 훌륭했다"고.　　탈무드

5

우리가 지금 이 순간에 하고 있는 것보다 중요한 것은 아무것도 없다.

6

지금의 자신의 그릇(육체)을 이용하라. 내일이면 깨질지도 모른다.　　탈무드

7

너는 과연 네가 해야 할 일을 했는가? 그것은 참으로 크고 중요한 문제이다. 왜냐하면 네 삶의 유일한 의미는, 너에게 주어진 짧은 생존기간에 너를 이 세상에 보낸 자가 바라는 바를 행하느냐 아니냐에 있기 때문이다.　　탈무드

8

원래 과거와 미래는 없는 것이다. 도대체 누가, 언제, 그 환상의 왕국을 탐험했다는 말인가! 있는 것은 오직 현재뿐이다. 내일에 대해 걱정하지 말라. 왜냐하면 내일이라는 것은 없기 때문이다. 오로지 오늘을 위해 오늘을 살아라. 너의 오늘이 좋으면 그것은 영원히 좋은 것이다.　　「빔」지(誌)에서

9

지난날의 기억에 괴로워하거나 미래가 불안해 마음이 무거울 때, 인생은 오직 현재에 있다는 것을 기억하라. 그리고 너의 온 힘을 현재에 투자하라. 그러면 너의 지난날에 대한 고뇌도, 미래에 대한 불안도 해소되어 자유와 기쁨을 느끼게 될 것이다.

이레째 읽을거리
사랑의 요구

지금 이곳에 부유한 계층의 남녀, 즉 남편과 아내, 형제, 자매, 아버지, 딸, 어머니, 아들이 있다고 가정해 보자. 그들은 빈곤과 과로로 힘들게 살고 있는 사람들 틈에서 사치스럽고 게으른 생활에 빠져 있는 것에 대한 죄의식을 깊이 느끼고 도시를 떠나기로 한다. 두 사람이 1년쯤 살 수 있는 150루블의 증권을 남기거나, 아니면 아예 한 푼도 남기지 않고, 누군가에게 나누어주든지 해서 필요 없는 재산을 청산하고, 뭔가 자신의 힘으로, 이를테면 도자기의 밑그림을 그리거나 좋은 책을 번역하여 돈을 벌어 러시아의 농촌으로 가서 농가를 빌리거나 구입한다. 거기서 제 손으로 채소밭과 과수원을 가꾸고 벌을 치면서, 마을사람들에게 자기가 알고 있는 의학적인 지식으로 도움을 주고, 아이들에게 글을 가르치며, 모든 사람들에게 편지와 청원서 같은 것을 써주는 등, 문화적인 도움을 주면서 산다고 치자.

얼핏 이보다 더 훌륭한 삶은 없는 것처럼 보인다. 그러나 만일 그 사람들이 위선과 거짓이 없이 참으로 정직하게 살고자 한다면, 그 생활에서 얻는 기쁨은 이내 사라지게 될 것이다. 애초에 그들이 도시와 금전이 자신들에게 주었던 모든 이익과 기쁨과 화려한 생활을 거부한 것은 바로, 그들이 인간은 모두 아버지인 신 앞에 평등하다는 것을, 다시 말해 재능과 인격 같은 것은 평등하지 않더라도, 적어도 생명에 대한 권리와 생명이 줄 수 있는 모든 것에 대한 권리에 있어서 모두 평등하다는 것을 인정했기 때문이 아닌가?

또, 우리가 각자 과거를 지닌 성인들을 보면서 문득 인간의 평등에 대해 의구심이 들 때가 있어도, 어린이들을 보면 그 의구심은 이내 사라질 것이다. 도대체 왜 어떤 어린이는 부모의 극진한 보살핌을 받으며 육체적, 정신적 발육을 위한 모든 지적인 원조 속에서 자라는데, 같은 소질 또는 더 나은 소질을 가진 어떤 아이는, 젖이 모자라 구루병에 걸리고, 영양실조 때문에 난장이처럼 되거나, 글도 배우지 못한 채 야만적이고 미신적인 사람이 되어, 결국 단순한 막일을 하는 노동력으로 전락해버리는 것일까?

그들이 그곳 사람들과 같은 삶을 살 작정으로 도시를 떠나 시골로 이주한 것이라면, 그것은 그들이 말로만이 아니라 진정으로 모든 사람이 형제임을 믿고, 그 즉시 전면적인 실현까지는 아니더라도 적어도 자신의 생활 속에 그것을 실현하겠다고 결심했기 때문일 것이다. 그런데 그 시도는 그들이 그것을 진지하게 생각한다면 반드시 그들을 무서운 궁지로 몰아넣게 될 것이다.

어릴 때부터 편리한 생활, 특히 청결한 생활에 길들여진 그들이, 시골에 와서 농가를 빌리거나 사서 이와 벼룩을 구제하고, 벽지도 제 손으로 바르고, 가구도 철제 침대와 책상, 책장 같은 사치품이 아니라 생활에 꼭 필요한 것만 가지고 왔다고 치자. 그리하여 그들의 생활이 시작된다. 처음에는 마을사람들은 그들을 경계하며, 모든 부유한 계층이 그렇듯 그들도 폭력으로 자신들의 특권을 지키려 할 것으로 생각하고, 그들에게 가까이 다가가서 부탁이나 요구 같은 걸 할 생각은 아예 하지 않는다. 그러나 곧 그들이 조금씩 무보수 봉사를 자청하면, 이윽고 마을사람들 중에서도 대담하고 적극적인 사람들이, 경험을 통해 이 새로운 이주자들이 자신들을 배척하지 않고 사이좋게 함께 살아갈 수 있다는 것을 알게 된다.

이리하여 모든 종류의 요구가 시작되고 그 요구가 점차 늘어난다.

또 단순한 요청에 그치지 않고, 그들이 가지고 있는 남는 물건을 나눠주기를 바라는 요구도 당연히 시작될 것이고, 그들 신거주자 자신들도, 마을사람들과 늘 가까이에서 살면서 극단적인 빈곤을 보았기 때문에, 남는 물건을 나눠주지 않을 수 없다는 걸 느끼게 된다. 뿐만 아니라 그들은 자신들이 가지고도 남는 것이 있는 한, 즉 평균적인 생활을 하는 사람들이 다 가지고 있는 것이 남아 있는 한, 조금이라도 남에게 주어야 한다고 느끼지만(어느 정도가 평균적이고, 어느 정도를 모두가 가지고 있어야 하는 건지, 그러한 정의가 원래 정해져 있는 것은 아니지만), 주위에는 언제나 씻은 듯한 가난이 있고, 거기에 비해 그들에게는 언제나 여분이 있다고 해서, 그들에게 이 정도면 됐다고 할 만한 한계는 없는 것이다. 하다못해 한잔의 우유쯤 자신이 마셔도 될 것 같지만, 마트료나에게는 두 아이가 있는데, 젖먹이에게 먹일 젖은 나오지 않고, 두 살 된 아이도 앙상하게 말라 있다. 하루의 노동 뒤의 편안한 잠을 위해, 마땅히 베개와 이불 정도는 가지고 있어도 될 것 같지만, 병자가 이가 득실거리는 옷을 깔고 그 위에서 삼베자루를 덮고 몸을 떨면서 자고 있다. 차와 먹을 것을 조금은 여유로 남겨둬도 좋을 것 같지만, 몸이 쇠약해진 늙은 순례자가 찾아오면 그에게 주지 않으면 안 된다. 하다못해 집이라도 깨끗하게 유지하고 싶은데, 구걸하러 온 아이들을 재워주면 방에 이만 남기고 돌아간다.

정말이지 한도 끝도 없다. 도대체 한계를 어디까지 정해야 한단 말인가?

아마 바로 그것을 위해 그들이 시골로 내려왔을, '인간은 모두 형제'라는 동포애의 감정을 전혀 모르는 사람들만이, 거짓말을 하는 것이 완전히 습관이 되어 거짓말과 정말을 구별할 수 없게 된 사람들만이, 거기에 한계가 있다고 말할 것이다. 그러나 그런 한계는 없다는 것, 그렇게 행동하는 동기가 된 감정에는 원래 한계 같은 것이 있을 수 없으며, 만약 거기에 한계를 둔다면, 처음부터 그런 감정이 없었거나 단순한 위선에 지나지 않는다는 것, 그것이 중요한 점이다.

계속해서 그 사람들에 대해 상상해보자. 그들은 하루 종일 일하고 집에 돌아가지만, 침대도 베개도 없어서 마른 짚을 구하여 그 위에서 자는데, 드디어 저녁을 먹고 잠을 잘 양으로 자리에 누웠다 치자. 때는 늦가을, 밖에는 진눈깨비가 내리고 있다. 그때 누군가가 똑똑 문을 두드린다. 어찌 열어주지 않을 수 있으랴. 몸이 흠뻑 젖은 데다 열까지 나는 남자가 들어온다. 어떻게 해야 하지? 마른 짚 속에 재워야 하나? 마른 짚은 더 이상 여분이 없는데. 그래서 그 병자를 쫓아내거나 젖은 몸 그대로 바닥에 재우거나, 아니면 자신의 짚을 내주고 그 남자와 함께 자는 수밖에 없다.

그런데 이번에는 그들이 이미 여러 번 도와준 적이 있는, 그리고 그때마다 그들한테서 얻은 돈으로 술을 마셔버리는 주정뱅이에다 방탕아가 찾아와서, 턱을 덜덜 떨며 3루블만 달라고 사정한다. 그 사람은 남한테서 3루블을 훔쳐 술을 마셔버렸기 때문에, 그것을 갚지 못하면 감옥에 들어간다고 한다. 당신들은 지금 가진 것이 4루블 밖에 없는데, 그것은 내일 쓸 돈이라고 말한다. 그러면 그 남자는 이렇게 말한다. "그래, 역시 말뿐이었어. 이런 때는 당신들도 다른 사람들과 다를 게 없군. 말로는 형제라고 하면서, 실은 자기들만 안전하면 상대야 죽든지 말든지 상관없다는 거지?"

이럴 때는 어떻게 대처하면 좋을까? 무엇을 하면 좋을까? 열이 있는 병자를 축축한 바닥에 재우고 자신은 마른 짚 위에서 자면, 마음이 편치 않아 잠을 이룰 수 없다. 그 사람과 함께 침대에서 자면, 이가 옮아 티푸스에 걸린다. 달라는 대로 없는 돈이나마 털어 3루블을 주면 당장 내일 먹을 빵이 없다. 주지 않으면 그 자가 말했듯, 바로 그것 때문에 당신이 시골로 이주한 원래의 다

짐을 외면한 것이 된다. 여기서 한계를 긋는다면 좀더 전에 한계를 그었어도 되지 않았을까? 왜 남을 돕는가? 왜 재산을 남에게 주고 도시에서 나왔단 말인가? 도대체 한계가 어디에 있는 것일까? 만약 당신이 하고 있는 일에 한계가 있다면, 거기에는 위선의 의미가 있을 뿐이다.

이 점이 바로 깊이 생각할 문제, 도대체 어떻게 해야 한단 말인가? 만약 한계를 두지 않으면, 자신의 생활이 파괴되고 만다. 즉 이가 들끓어서 티푸스에 걸려 죽어버린다. 어쩐지 허망한 느낌이 든다. 만약 한계를 정하면, 그때까지 해온 일의 대의명분을, 그것을 위해 적어도 그때까지 약간의 선행을 베풀어온 대의명분을 버리는 것이 된다. 그것을 버릴 수는 없는 노릇이다. 왜냐하면 우리는 모두 형제이며 서로 돕지 않으면 안 된다는 것은, 나와 그리스도가 생각해낸 것이 아니라 사실이 그러하며, 사람의 마음속에 한번 그 의식이 들어온 다음에는 그것을 제거할 수 없기 때문이다. 도대체 어떻게 해야 한단 말인가? 뭔가 빠져나갈 구멍은 없는 것일까?

그러면 여기서 다시 한번 상상해 보자. 그 사람들이, 자신들을 결국 죽음으로 몰아가는 자기희생의 입장에 어쩔 수 없이 서 있게 된 것을 두려워하지 않고, 자신들이 지금의 입장에 처하게 된 것은 자신들이 민중을 돕기 위해 가지고 온 자금이 터무니없이 적었기 때문이며, 더 많은 돈을 가지고 왔더라면, 지금과 같은 일을 겪지 않고 더 많은 민중을 도울 수 있었을 것이라는 결론에 도달했다고 치자. 그래서 그들은 원조자금원을 찾아 거액의 돈을 모금하여 원조활동을 시작한다고 가정해 보자. 그러나 채 1주일도 되지 않아 상황은 원상태로 돌아가고 말 것이다. 아무리 많은 자금이라도 그것은 커다랗게 입을 벌리고 있는 빈곤의 심연에 순식간에 빨려 들어가 버리고 이내 도로아미타불이 될 것이 뻔하다.

그러나 어딘가 제3의 탈출구가 있지 않을까? 실제로 그것이 있다고 말하는 사람들이 있다. 그것은 바로 민중의 계몽에 힘을 기울이는 것이며, 그렇게 함으로써 불평등을 없앨 수 있다는 것이다.

그러나 그것은 너무나 속이 빤히 들여다보이는 위선이다. 끝없는 굶주림에 허덕이고 있는 민중을 계몽한다는 건 현실적으로 실현 불가능한 얘기다. 게다가 무엇보다도 적어도 학문을 통해 인간의 평등을 확립하기 위해 정진하는 사람이, 자신의 실생활을 통해 불평등을 지지할 수 있을 리가 없다는 것만 생각해도, 제3의 길을 주장하는 사람들의 무책임함이 명백하지 않은가?

그러나 여기에 다시 제4의 탈출구가 있다. 그것은 불평등을 낳는 원인을 제거하는 데 협조하는 길, 불평등을 낳는 폭력을 제거하는 데 협조하는 길이다.

자신의 실생활을 통해 인류는 모두 형제라는 의식을 실현해야 한다고 진지하게 생각하는 사람들의 머리에는, 아무래도 이 제4의 탈출구가 떠오르지 않을 수 없다.

"만약 우리가 여기서 마을사람들과 함께 살 수 없다면" 하고 내 상상 속의 그들은 말할 것이다. "만약 우리가 이가 옮아 병에 걸려 서서히 죽거나, 아니면 우리의 삶의 유일한 도덕적 기반을 버려야 하는 궁지에 몰려야 한다면, 그것은 오로지 어떤 사람들은 부유하고 어떤 사람들은 빈곤하다는 것에서 비롯되는 것이다. 불평등의 원인은 폭력에 있다. 그러므로 우리는 그 모든 것의 원인인 폭력과 맞서 싸우지 않으면 안 된다"고. 그러한 폭력과 폭력에서 생기는 노예상태를 근절해야만 비로소 자신의 목숨을 희생시켜야만 하는 입장에 내몰리지 않고 민중에게 봉사할 수 있다.

그럼 그 폭력은 어떻게 근절해야 하는가? 그것은 도대체 어디에 있는가? 그것은 병사 속에, 경관 속에, 촌장 속에, 나를 가두고 있는 문의 자물쇠 속에 있다. 나는 그 폭력과 어떻게 싸워야 하는가? 어디서 무엇을 가지고, 폭력으로 태어나고 폭력으로 폭력과 싸우고 있는 사람들처럼 싸워야 하는가?

성실한 사람들에게는 그것은 불가능한 일이다. 폭력으로 폭력에 맞서 싸우는 것은 낡은 폭력을 새로운 폭력으로 바꾸는 것일 뿐이다. 폭력기구를 업고 하는 계몽운동에 의한 협력도 결국 이치는 다르지 않다. 폭력을 통해 모금한 돈을, 폭력으로 피해를 입은 사람들을 돕는 데 쓰는 것은, 폭력으로 생긴 상처를 폭력으로 치유하는 것과 같다.

폭력에 대해 폭력이 아니라 비폭력을 주장함으로써, 폭력의 잘못을 지적함으로써, 그리고 무엇보다 비폭력과 자기희생의 범례를 보여줌으로써 싸운다 하더라도, 역시 폭력이 지배하는 세상에서 그리스도교적 삶을 사는 사람에게는, 자기희생, 철저한 자기희생 이외의 탈출구는 없는 것이다.

사람에게는 그러한 무한한 심연과 싸울 용기가 나지 않을 때도 있다. 그러나 자신이 일단 의식한 신의 율법을 실천하기를 진심으로 원하는 자는, 무엇이 자신의 의무인지 생각해 보지 않을 수 없다. 현실적으로 자기희생을 실행할 수 없어도 어쨌든 사랑의 요구에 따르겠다는 마음이 있으면, 그것을 똑똑히 인식하고 그것에 대해 얘기하며, 자신의 생명 자체도 포함하여 모든 것을 남에게 줄 수 없을 때는 자신의 죄를 느껴야 하고 결코 자기를 속여서는 안 된다.

그런데 철저한 자기희생이라는 것은 과연 그렇게 무서운 것일까? 빈곤의 밑바닥은 그렇게 깊은 것이 아닌데도, 우리는 종종 우물 속에 빠진 어리석은 아이 같은 짓을 하고 있다. 그 아이는 우물이 깊을 것으로 생각하고 밤새도록 두 팔로 매달려 있지만, 실은 발아래 바닥이 있는 곳까지는 반 아르신(역주—1아르신은 71.12센티미터)밖에 되지 않는 것이다.　　　　　　　톨스토이

11월 18일

1

선은, 받는 자에게 필요한 정도나 베푸는 자의 희생의 정도로 헤아릴 수 있는 것이 아니다. 오직 주는 자와 받는 자 사이에 성립되는 신과의 합일의 정도에 의해서만 헤아릴 수 있다.

2

삶은 반드시 선하고 행복한 것이 아니다. 좋은 삶만이 선하고 행복하다.

세네카

3

사람들이 자신이 받은 선보다 자신이 입은 피해를 더 많이 생각하는 것은 자연의 이치이다. 그러므로 선은 금방 잊혀지지만, 모욕은 좀처럼 잊혀지지 않는다.

세네카

4

우리가 대가를 기대하면서 의무를 행할 때, 그것은 선이 아니라 기만에 찬 선의 모형, 선의 유사품이다.

키케로

5

비난과 불명예가 거꾸로 너를 덮치지 않도록 남을 비방하지 말라. 악령은 앞에서 덤벼들지만 비방은 언제나 뒤에서 몰래 덮친다.

분노에 몸을 맡기지 말라. 분노에 몸을 맡긴 사람은 자신이 할 일을 잊고 자신의 선행을 놓치기 마련이다.

육욕을 삼가라. 육욕의 결과는 병마와 후회뿐이다.

자신의 삶을 해치지 않기 위해 마음에 질투를 품지 말라.

치욕을 당하고 그것 때문에 죄에 빠져서는 안 된다.

근면하고 과묵하며, 자신의 노동으로 살고, 자기가 생산한 것 중에서 가난한 사람들을 위해 저축하라. 그러한 습관은 네 행위에서 가장 가치 있는 것이 될 것이다.

남의 재물을 훔치지 말고 자신의 일을 게을리하지 말라. 자신이 일하여 먹지 않고 남으로 하여금 자기를 부양하게 하는 자는 식인종이라고 해야 마땅하다.

교활한 사람과는 논쟁하지 말고 멋대로 하게 내버려두는 것이 낫다.

탐욕스러운 사람과는 사귀지 말라. 그런 자의 가르침을 믿지 말라.

어리석은 자와는 시비를 따지지 말라. 악인한테서는 돈을 빌리지 말라. 비방하기 좋아하는 자와는 함께 일하지 말라.　　　　　　　　　동양의 금언

6

우리가 시금석으로 삼아 모든 행위의 도덕성을 비춰봐야 하는 순수도덕이 무엇이냐는 질문을 받는다면, 나는 그저 철학자들만이 이 문제의 해결을 우물쭈물 미루고 있다고 대답하지 않을 수 없다. 왜냐하면 건전한 인간의 상식에 있어서 이 문제는, 추상적이고 일반적인 논의에 의해서가 아니라, 우리가 행한 행위의 선악을 오른손과 왼손을 구별하는 것처럼 정확하게 판별한다는 사실에 의해, 이미 오래 전에 해답이 나와 있기 때문이다.　　　　　　　　　칸트

7

그들이 너를 더욱 사랑하도록 네 친구에게 선을 행하라. 그들이 언젠가는 네 친구가 되도록 네 적들에게 선을 행하라.

네가 적에 대해 얘기할 때 그가 언젠가는 친구가 될 날이 올지도 모른다는 것을 기억하라.　　　　　　　　　클레오부드

8

모든 사람은 정도의 차이는 있지만 서로 대립하는 두 경계의 어느 하나에 접근하고 있다. 즉 하나는 자기만을 위한 생활이고 또 하나는 신만을 위한 생활이다.

9

하나의 선행을 다음 선행으로 연결시켜서 그 사이에 틈새가 전혀 없도록 하는 것, 이것이야말로 행복한 생활이라고 나는 부르고 싶다.

10

우리가 진심으로 선을 실천하는 것은, 자기도 모르는 사이에 자기 자신한테서 나가 그 사람 속에서 살 때이다.

11월 19일

1

인간이 저지른 물질적인 악은 이 세상에서는 그것을 저지른 자에게 돌아오지 않을지 모르지만, 그러한 나쁜 행위를 부른 나쁜 감정은 반드시 그 사람의 마음에 흔적을 남겨, 무언가의 형태로 그를 괴롭힐 것이다.

2

죄 없는 사람은 아무리 큰 이익을 얻을 수 있다 해도 남에게 슬픔을 주지 않기 위해 배려한다.

죄 없는 사람은 자신에게 악을 행한 자에게도 악을 행하지 않도록 배려한다.

만약 어떤 사람이 아무 까닭도 없이 자신을 미워하는 사람을 같이 미워한다면, 그는 결국 지울 수 없는 죄책감만 갖게 될 것이다.

악을 행하는 자들에 대한 형벌은 그에게 커다란 선을 베풂으로써, 자신의 행위를 부끄럽게 여기게 하는 데 있다.

자신의 이웃을 자신과 마찬가지로 고통에서 벗어나게 하려고 노력하지 않으면, 아무리 학식이 있다 한들 그것을 어디에 쓴단 말인가?

사람이 아침에 남에게 악한 마음을 품는다면, 저녁에는 악이 그를 찾아올 것이다.
　　　　　　　　　　　　　　　　　　　　　　　　　　　인도의 쿠랄

3

사계절이 저마다 각각의 특징을 보여주듯, 모든 자의 행위가 그를 절로 자신에게 어울리는 상태로 이끌고 간다.

모욕을 받은 사람은 편안하게 잠을 이루고 기쁨 속에 눈을 뜨며, 기쁨 속에 살 수 있지만, 남을 모욕한 자는 파멸할 것이다.

아무리 괴로울 때라도 화내지 않도록 하라. 행위로건 생각으로건 어떤 사람도 모욕하지 말라. 누군가를 불쾌하게 만드는 말을 하지 않도록 하라. 그것들은 모두 행복을 달성하는 데 방해가 된다. 인도의 마누법전

4

우리는 악이 세상과 맺어져 있다 해서 그 세상에서 달아나서는 안 된다. 악은 우리의 것, 진리의 법칙에 대한 우리의 무지의 결과이다. 진리의 법칙에 대한 무지는 우리를 이 세상에서 불행하게 만들고, 가는 곳마다 불행하게 만든다. 무엇보다 우리의 무지에서 해방되도록 노력하자. 그러면 우리의 불행은 저절로 물러갈 것이다. 류시 말로리

5

악인은 남을 해치기 전에 자기 자신부터 해치는 법이다. 아우구스티누스

6

인간은 하늘이 내리는 불행은 피할 수 있지만, 스스로 부른 불행은 피할 수 없다. 동양의 속담

7

언제나 지독한 우울 속에 있을 수 있는 권리를 확보하려는 듯, 특별히 불행한 생활 속에 자신을 가두려고 애쓰는 사람들이 있다. 그들은 그것을 위해 언제나 기를 쓰며 집요하게 움직이고 돌아다닌다. 이 사람들의 가장 큰 만족, 가장 큰 요구는, 삶의 기쁨을 만나자마자, 곧바로 거기에 집요하게 우울한 작용을 하여 그 기쁨에 찬물을 끼얹는 것이다. 그러한 사람들은 매우 불행하지만, 그 불행의 책임이 바로 자기 자신에게 있음을 깨달아야 한다.

8

선을 행할 수 있을 때 그것을 행하지 않는 자는 결국 괴로워하게 된다.

사디

누구나 자기가 남에게 이렇게 되라고 가르치는, 그런 사람이 스스로 되도록 노력해야 한다. 자기를 이기는 자가 다른 사람들도 이길 수 있다. 자기를 이기는 것이 가장 어려운 일이다.

10

자기만이 자신의 주인, 어떤 주인이 따로 있으랴? 자신이 만들고 자신으로부터 생기며 자신에게 기인하는 죄는 어리석은 자를 파괴해버린다. 마치 다이아몬드가 다이아몬드를 깨는 것처럼. 스스로 죄를 지으면 스스로 더러워지고, 스스로 죄를 짓지 않으면 스스로 깨끗해진다. 남을 이롭게 하는 것이 아무리 중요하다 해도, 자신을 이롭게 하는 것을 소홀히 해서는 안 된다.   법구경

어떠한 물질적 행복도 악을 범함으로써 영혼이 입는 손실을 보상할 수는 없다.

11월 20일

설사 사람들의 선한 생활이 악한 생활을 보내고 있는 사람들에게 사랑이 아니라 박해를 불러일으킨다 해도, 그것은 그 생활의 올바름에 대한 확신을 흔들지 못할 뿐만 아니라 반대로 그 올바름에 대한 움직일 수 없는 증거가 되어준다.

너희를 법정에 넘겨 주고 회당에서 매질할 사람들이 있을 터인데 그들을 조심하여라. 또 너희는 나 때문에 총독들과 왕들에게 끌려 가 재판을 받으며 그들과 이방인들 앞에서 나를 증언하게 될 것이다. 그러나 잡혀 갔을 때에 '무슨 말을 어떻게 할까?' 하고 미리 걱정하지 말아라. 때가 오면 너희가 해야 할 말을 일러 주실 것이다. 말하는 이는 너희가 아니라 너희 안에서 말씀하시는 아버지의 성령이시다.   마태복음 제10장 17~20절

3

죽음조차도 온 힘을 다해 정의를 위해 싸우는 자의 승리를 방해할 수는 없다. 그렇다면 싸워라. 굽힐 줄 모르는 올바른 마음이여, 결과를 생각하지 말고 전진하라. 그리고 네가 그것을 위해 싸우는 정의의 승리를 확신하라. 파멸하는 것은 오직 부정이며, 옳은 것은 결코 패배하지 않는다. 왜냐하면 그것은 너의 의지에 의해서가 아니라 영원한 신의 법칙에 의해 이루어지는 것이기 때문이다.

칼라일

4

정신력에 의해 극복된 선의 길에서의 장애물은 나에게 새로운 힘을 준다. 선의 달성에 대한 장애물로 생각되었던 것이 저절로 선이 되어, 출구조차 보이지 않던 곳에 갑자기 밝은 길이 열리기 시작한다. 마르쿠스 아우렐리우스

5

'최후까지 인내하는 자는 구원받으리라.'

우리는 왜 이렇게 조금만 더 노력하면 목적이 달성되는 곳에서 절망하고, 주저앉고, 심지어는 뒷걸음질까지 치는 것인지!

6

모든 박해는 그리스도교적 순종으로 참고 견디기만 하면 박해자의 의도와는 정반대로 작용하게 마련이다. 사람들은 숲 속의 불을 감추려고, 나뭇잎과 풀, 삭정이, 장작 등을 닥치는 대로 그 불 위에 덮어서 발로 밟지만, 그럴수록 불은 더욱 더 타오르고 빛은 더욱 더 멀리 퍼지게 된다.

7

박해와 그것으로 인한 고뇌는 그리스도교의 율법을 지키는 데 없어서는 안되는 조건이다. 마찰이 모든 노동의 긴장도를 나타내듯, 외면적인 고뇌의 정도는 그리스도에 대한 우리의 추종의 정도를 나타낸다.

8

박해는 모든 인위적인 지주(支柱)를 파괴하고, 인간이 의지하고 살아가야 할 신앙을 표면으로 불러낸다는 점에서 소중하다.

9

박해 속에서 위험한 것은, 고통이 아니라 자신에 대한 연민과 그것으로 인해 박해자에 대해 좋지 않은 감정을 갖게 되는 일이다.

10

사람들의 사랑을 구하지 말라, 그들이 미워한다 해도 두려워하지 말라. 사람들은 종종 악이기 때문에 사랑하고 선이기 때문에 미워한다. 인간이 아니라 신의 칭찬을 받을 수 있도록 노력하라.

11월 21일

1

우리가 이 세상에서 이루어야 할 특별한 위업이 따로 있는 것이 아니다. 우리의 전 생애가 위업이 아니면 안 된다.

2

아침에 눈을 뜰 때마다 오늘은 무슨 좋은 일을 할까 스스로 묻도록 하라. 그리고 이윽고 태양이 서쪽으로 기울면, 나에게 예정된 삶의 일부도 함께 사라지는 거라고 생각하라.　　　　　　　　　　　　　　　　　인도의 격언

3

인간의 선덕은 그 사람의 특별한 노력이 아니라 하루하루의 행위에 달려 있다.　　　　　　　　　　　　　　　　　　　　　　　　　　파스칼

4

신에게 봉사하는 것이 사람에게 봉사하는 것보다 좋은 점은, 사람 앞에서는 자기도 모르게 잘 보이고 싶어지고 나쁘게 보이면 화가 나지만, 신 앞에서는

그럴 일이 없다는 것이다. 신은 네가 어떤 사람인지 알고 있으며, 신 앞에서는 아무도 너를 비방할 수 없으므로, 너는 굳이 겉모습을 장식할 필요 없이 실제로 더 나은 사람이 되도록 노력하면 된다.

5

매일 아침의 여명이 우리의 삶의 시작이 되게 하고, 매일 저녁의 일몰이 삶의 마지막이 되게 하라. 그 짧은 삶의 하나하나에, 다른 사람들에게 행한 사랑의 행위의 각인과, 자기 자신에 대한 선한 노력의 각인이 남도록 하라. 존 러스킨

6

나는 신이 사용하는 도구이고, 나의 진정한 행복은 신의 사업에 참여하는 것이다. 그리고 또 나는 나에게 주어진 도구인 나의 영혼을 정돈하고, 정결히 하고, 예민하게 하고, 올바르게 하여야만 비로소 신의 사업에 동참할 수 있다.

7

아무리 복잡하고 까다로운 일이라도, 인간과 상관없이 오로지 신의 심판 앞에 두면 당장 간단명료해지고 만다.

8

인생의 의의는 우리를 이 세상에 보낸 힘이 우리에게 원하는 것을 가장 잘 실천하는 데에 있다. 그렇게 하고 있는지 아닌지를 아는 것은 언제나 가능하다. 양심이 그것을 지적해 줄 테니까. 그러므로 오로지 양심에 귀 기울이며 그것을 더욱 더 예민하게 가꿀 필요가 있다.

9

신에게 봉사할 때 우리의 모든 행위는, 그것이 중요한 행위이든 중요하지 않은 행위이든 그 의의의 무게에 아무 차이가 없다. 우리는 우리의 행위가 어떻게 이용되는지 알지 못하며, 다만 그 행위를 해야 한다는 사실만 알고 있을 뿐이다.

11월 22일

1

인간은 스스로 만족하는 일이 적어서, 자신의 내면적 생활을 개선하기 위해 노력하면 할수록, 외면적, 사회적 생활에서도 두각을 나타내게 된다.

2

우리는 특정한 사람들이 다른 사람들, 즉 보통사람들의 생활을 멋대로 지배하는 것이 당연하다는 사고방식에 너무나도 길들여져서, 조금도 의심하려 들지 않는다. 그러나 그러한 사고방식은, 종교적인, 따라서 자유로운 사람들 사이에는 절대로 존재할 수 없을 것이다. 그러한 사고방식은 한 사람 또는 몇몇 사람이 모든 사람을 지배하는 것이 당연하다고 인정하는 데서 나온다.

그러한 미망은 원래 어떤 사람들—그것도 대다수 사람들—이, 어떤 사람들—그것도 도덕적으로 가장 열등한 소수의 사람들—에게 복종하지 않으면 안된다는 근거가 전혀 없으므로 완전히 난센스일 뿐만 아니라, 남에게 좋은 영향을 주는 실제적인 효과를 거둘 수 있는 유일한 방법은 자기 자신을 바로잡는 것임에도 불구하고, 그 미망은 자신의 자세를 바로잡아야 한다는 사람들의 의식을 약화시킨다는 점에서 특히 유해하다.

3

대의제(代議制)에 의한 지배의 목적은 큰 사회정의를 실현하는 것이 아니라, 사람들이 나쁜 지배에 굴종하면서 그것을 불평할 권리를 가지지 못하도록 하는 데 있다.

4

만약 장로들이 너에게 "파괴하라"고 말하고, 젊은이가 "건설하라"고 말하거든 건설하지 말고 파괴하라. 장로들이 말하는 파괴는 건설이고 젊은이가 말하는 건설은 파괴이므로.

탈무드

5

헌법조문 같은 건 아무 짝에도 쓸모없다. 그것은 주인과 노예의 계약서이다.

우리의 과제는 노예의 지위향상이 아니라 노예제를 폐지하는 것이다. 게르셴

6

한 사람이 많은 사람을 지배할 권리가 없을 뿐만 아니라, 많은 사람이 한 사람을 지배할 권리도 없다. 블라디미르 체르트코프

7

진리란 무엇인가? 진리는 대다수 사람들에게 진짜처럼 보이는 것, 찬성과 반대의 투표수로 결정되는 것에 불과하다. 칼라일

8

투표수의 많고 적음이 정의의 척도가 될 수는 없다. 실러

9

우리는 총칼을 고문도구가 놓여 있는 박물관의 선반에 진열하는 것은 물론, 곧 경찰기구와 투표함도 그 뒤를 따르게 될 것임을 알지 않으면 안 된다.

어니스트 크로스비

10

이곳의 바닷가에 앉아 절벽에 부딪쳐 부서지는 파도 소리에 귀를 기울일 때, 나는 내가 모든 의무에서 해방되고, 전 세계의 국민들 역시 내가 없어도 자기 나라의 헌법을 재검토할 수 있을 거라고 느낀다. 소로

11

절대로 무엇을 세우지 말고 늘 무엇을 심어라. 왜냐하면 세우는 경우에는 자연이 너의 노동의 결과물을 파괴하며 너를 방해할 테지만, 심는 경우에는 자연은 네가 심은 것을 모두 성장시키고 도와줄 것이다. 정신세계도 이와 마찬가지이다. 그러므로 인간이 일시적으로 정한 규칙과 너의 욕망이 아니라, 인간 본연의 영원한 법칙에 따라 행동하라.

11월 23일

1

인생의 의의를 결정하는 것은, 사람이 신을 향해 무엇 때문에 자기를 이 세상에 보냈느냐고 물을 때는 매우 난처하고 해결하기 어려운 과제가 되지만, 자기 스스로를 향해 무엇을 해야 하느냐고 물을 때는 매우 간단해진다.

2

언제 어느 때 끝날지 모르는 삶이 비참한 웃음거리가 되지 않기 위해서는, 삶의 의미가 그 지속기간의 길고 짧음과는 관계없이 무언가의 의의를 가지지 않으면 안 된다.

3

나그네들은 여인숙의 방과 마당을 더럽히고 부수고 난 뒤, 자신들에게 방과 마당을 마음대로 쓰게 한 여인숙 주인을 비난한다. 이와 같이 사람들은 이 세상의 악에 대해 신을 비난한다.

4

현명한 사람에게는, 자기보다 높은 존재의 본성에 대해 이러쿵저러쿵 떠드는 것도, 자기보다 낮은 존재의 본성에 대해 그렇게 하는 것도 어울리지 않는 일이다. 인간이 자기보다 높은 존재를 다 알 수 있다고 생각하는 것은 지나친 오만이며, 자기보다 낮은 존재에 모든 관심을 기울일 수 있다고 생각하는 것은 지나친 굴욕이다. 자신의 영원한 상대적 위대함과 왜소함을 인정하는 것, 신에 다다를 힘은 없지만 신에게 복종하는 것에 만족하는 것, 자기보다 낮은 생물을 사랑과 자비로 대하면서, 그 동물적 욕망을 가지지 않고 그것을 모방하지 않는 것, 그것이 신에 대해서는 경건함이고 그 피조물에 대해서는 선량함이며, 자기 자신에 대해서는 현명함이다. 　　　　　　　　　　　　　　　존 러스킨

5

삶의 의의를 외면한 채 살고 싶다면 딱 한 가지 길이 있다. 담배, 술, 아편에 절어 육체적 마비상태 속에서 살거나, 갖가지 유흥과 모든 종류의 오락에 빠

져 감성적 마비상태 속에서 살면 된다.

6

이 세계는 결코 허구의 세계가 아니다. 단순한 시련을 위한 속세도 아니고, 더 나은 영원한 세계로 안내하기 위한 속세도 아니다. 그것 역시 영원한 세계의 하나, 아름답고 즐거운 세계, 우리가 우리와 함께 사는 사람들과 우리 뒤에 살게 될 모든 사람들에게 아름답고 즐거운 곳이 되게 할 수 있는 세계, 아니, 반드시 그렇게 되어야 할 세계이다.

7

영혼의 완성이 우리의 유일한 목적이라는 것은, 죽음을 생각하면 그 밖의 모든 목적이 무의미해지는 것만 봐도 알 수 있다.

8

인생의 의의를 잘 모르고 이해하지 못하는 것을 뭔가 고상하고 비극적인 것으로 생각해서는 안 된다. 인생의 의의를 모르는 사람은, 좋은 책을 열심히 읽고 있는 독서친구를 찾아와서도 그가 무엇을 하고 있는지 모르는 사람과 같다. 사람들이 좋은 책을 읽고 있는데도 귀를 기울이지 않고 이해도 하지 못하며 그들 사이를 여기저기 서성거리고 있는 사람은, 고상하고 비극적인 인물이 아니라 우스꽝스럽고 어리석고 가련한 인물이라 해야 할 것이다.

11월 24일

1

이웃에 대한 물질적 도움보다 그를 정신적으로 지지하는 것이 바로 자선이라고 할 수 있다. 정신적 지지는 무엇보다 먼저 이웃을 비난하지 않고 그 인간적 존엄성에 경의를 표하는 것이다.

2

가난한 사람들이 짜증내고 화를 내는 것을 보면 동정하라. 바로 눈앞에서 잘 먹고 잘 입은 사람들이 걸어가는 것을 보면, 초라한 집에서 사는 가난한 사

람들이 그 가난을 견디는 것이 얼마나 어려운 일인지 생각하라.   성현의 사상

3

너희가 자신에게 남는 것뿐만 아니라 생활에 필요한 것까지 가난한 사람에게 베풀었다고 해서, 그것으로 자신을 자비로운 인간으로 생각해서는 안 된다. 진정한 사랑은 거기서 더, 너희가 마음속에 그들의 자리를 만들어 줄 것을 요구하고 있다.   성현의 사상

4

비방과 험담에 귀를 기울이지 않는 사람이 진정으로 자비로운 사람이다.

5

증거도 없이 이웃에 대한 나쁜 얘기를 믿거나, 그 말을 남에게 옮겨서는 안 된다.   페인

6

선한 사람은 반드시 악인에게 화를 낸다고 테오프라스트는 말했다. 만약 그렇다면 선한 사람일수록 더 많이 화를 내야 한다는 얘기가 되는데, 실제로는 그 반대로 선한 사람일수록 온화하고, 화를 내지 않으며, 아무도 미워하려 하지 않는다. 총명한 사람은 미망에 빠진 사람을 미워하지는 않는다. 그렇지 않으면 그는 자기 자신을 미워해야 할 것이다. 그는 그 자신이 얼마나 자주 선덕에 반하는 행위를 했는지, 자기가 한 얼마나 많은 행위가 겸허하게 심판을 받아야 할 성질의 것인지 생각하면, 자신에게 화가 날 것이다. 왜냐하면 올바른 재판관은 자신의 이웃을 심판하는 것과 똑같이 자기 자신도 심판할 것이기 때문이다.

'나는 완전무결하다'고 말할 수 있는 사람은 아무도 없으며, 남 앞에서는 나는 무죄라고 말해도 자신의 양심 앞에서는 그렇게 말할 수 없는 법이다. 그러므로 미망에 빠진 사람을 만나면 너그럽게 사랑을 가지고 대하며 비난하지 않고, 그가 올바른 길로 돌아갈 수 있도록 하는 것이 훨씬 인간적인 방법이다. 실제로 길을 잃은 나그네가 우리를 찾아오면, 우리는 그를 쫓아내지 않고 바

른 길을 가르쳐주지 않는가?

미망에 빠진 자에게 바른 길을 가르쳐 주는 것은 우리의 의무이다. 우리는 나 자신을 위해, 그리고 다른 사람들을 위해 진지하게 설득하여야 하며, 절대로 화를 내서는 안 된다. 자신의 환자에게 화를 내는 의사가 어디 있겠는가?

세네카

7

바르게 살라, 화를 내지 말라, 요구하는 자에게는 주어라. 그는 너희에게 많은 것을 요구하는 것이 아니다. 이 세 개의 길을 걸음으로써 너는 성인에게 가까이 다가갈 수 있다.

부처의 금언

8

자신의 이웃이 죄악에 빠진 것을 보고 화를 내고, 선을 사랑한다는 명분 아래 그에게 악의를 품는 자가 있다면, 그에게는 신에 대한 사랑을 바탕으로 한 진정한 자비심이 없는 것이다. 왜냐하면 신으로부터 태어난 것은 모두 평화와 관용의 각인이 찍혀 있어, 우리의 눈을 우리 자신의 결점으로 향하게 하기 때문이다.

성현의 사상

9

자비와 온유와 자기부정에 의해 너는 모든 적의 무장을 해제할 것이다. 장작이 떨어지면 어떤 불이라도 꺼지고 만다.

실론 불교

10

네가 범한 수치스러운 죄의 기억을 어둠 속에 숨기지 말고, 오히려 이웃을 심판하게 되었을 때 네가 그것을 이용할 수 있도록 늘 준비해 두어라.

이레째 읽을거리

미리엘 주교

1815년 샤를르 프랑수아 비앙브뉘 미리엘은 D교구의 주교였다.

어느 날 저녁 주교의 집 문을 두드리는 사람이 있었다.

"들어오시오" 하고 주교는 말했다.

문은 밖에서 힘껏 떠민 것처럼 기세 좋게 활짝 열렸다.

한 사나이가 들어와서 한 걸음 들어서더니 문도 닫지 않고 섰다. 그는 등에 바랑을 지고 두 손에 지팡이를 짚고 있었다. 얼굴은 화난 듯하면서도 대담하고 거친, 그리고 지친 듯한 표정이었다. 난로의 불빛이 그의 모습을 비추었다.

주교는 조용히 그를 바라보았다. 무슨 일로 왔느냐고 물으려는 순간, 그 사나이는 지팡이에 몸을 의지하며 늙은 주교를 빤히 바라보면서 말했다.

"저, 나는 장 발장이라는 사람입니다. 전과자지요. 19년 동안 징역생활을 했어요. 석방된 지 나흘이 됐는데 지금 뽕따를리에로 가는 길입니다. 그곳으로 가라는 지시를 받았거든요. 뚤롱을 떠난 지 벌써 나흘쨌데 오늘은 80리를 걸었습니다. 여기 와서 한 여인숙에 들어갔더니 내 여행허가증이 노란색이라고 쫓겨났습니다. 다른 여인숙에 가봤지만 거기서도 받아 주지 않았어요. "나가!"라고 하더군요. 그래서 감옥에 갔더니 거기서도 수위가 넣어 주지 않았습니다. 개집에 갔더니 개마저 짖어대며 나를 쫓아내더군요. 마치 사람처럼 내가 누구인지 알고 있는 것 같았어요. 들판으로 나가 별을 안고 자려고 했지만 캄캄한 데다 비가 올 것 같아서 어디든 처마 밑에서라도 잘 요량으로 마을로 되돌아왔습니다. 그리고 정말로 돌벤치 위에 누워서 자려는데 어느 친절하신 부인께서 이 집을 가리키면서 "저 문을 두드려 보시우!" 하고 일러 주기에 이곳에 찾아온 겁니다. 여기는 뭣하는 곳입니까, 여관집인가요? 나는 돈을 109프랑 가지고 있습니다. 내가 19년 동안 감옥에서 일해 번 돈이지요. 돈은 내겠습니다. 여기 이렇게 있으니까요. 나는 무척 피곤합니다. 80리나 걸어온 데다 아무것도 먹지 못했어요. 여기서 재워주시겠습니까?"

"마글르와르 부인." 주교는 하녀에게 말했다. "그릇을 한 사람 분 더 내와요."

사나이는 두세 걸음 나아가 테이블 위에 있는 램프 앞으로 다가갔다.

"잠깐만요" 하고 그는 주교의 진심을 알 수 없다는 듯한 표정으로 말했다. "내가 징역살이를 하고 나온 죄수라고 한 말을 이해하셨습니까? 감옥에서 방금 나왔어요." 그는 호주머니에서 노란 종이를 꺼내어 펼쳤다. "이게 내 여행허가증입니다. 보세요, 노랑색이죠. 이것 때문에 나는 어디에 가나 쫓겨납니다. 읽어 보시겠습니까? 나는 글을 읽을 줄 알아요. 감옥에서 배웠지요. 감옥에서는 희망자에게 글을 가르치는 학교가 있거든요. 보세요, 이렇게 씌어 있습니다. "장발장, 징역을 마쳤음, 출생지는? 하기는 이런 거야 당신한테는 아무 상관없겠지요. 징역 19년. 그 가운데 5년은 도둑질을 한 죄, 14년은 그간 네 번이나 탈옥을 기도한 죄에 의함. 매우 위험한 인물임. 이래서 누구든지 다 나를 쫓아냈는데

당신은 나를 받아주시는 겁니까? 여기보다 마구간 같은 곳은 없나요?"

"마글르와르 부인. 손님용 침대에 흰 시트를 깔아 놓구려."

마글르와르 부인은 주교가 시키는 대로 방에서 나갔다. 주교는 손님에게 말했다.

"자, 앉아서 불을 쬐시오. 저녁을 드시는 동안에 잠자리를 준비시키겠소."

나그네는 비로소 상황을 이해한 모양이었다. 음울하게 굳은 그의 얼굴이 놀랍기도 하고 의아스러우면서도 기쁜 표정으로 바뀌었다. 그리고 몸둘 바를 모르겠다는 듯 말했다.

"그래요? 아, 이렇게 고마울 데가! 여기 있어도 괜찮단 말인가요? 나를 쫓아내지 않으시는군요! 징역을 살고 나온 사람을 너라고 부르지 않고 '당신'이라고 불러 주시다니! 다른 사람들처럼 개새끼, 저리 꺼져, 하고 말하지 않으시다니! 난 당신이 나를 쫓아낼 거라고 각오하고 있었어요. 그래서 내가 어떤 사람인지 처음부터 말씀드린 겁니다. 그런데 당신은 저녁을 먹게 해주시고 여느 사람과 마찬가지로 이부자리를 깐 침대를 준비해주시는군요! 나는 지난 19년 동안 침대에서 자본 적이 없습니다! 당신은 정말 친절하신 분이군요! 그런데 주인장, 당신의 이름은? 숙박료는 얼마든지 달라는 대로 내겠어요. 당신은 정말 훌륭한 분이군요. 당신이 이 가게의 주인이시죠?"

"나는 신부입니다." 주교가 대답했다.

"신부!" 징역살이를 하고 나온 사나이는 반문했다. "그럼 틀림없이 이 커다란 성당의 주교님이시군요. 내가 왜 이렇게 멍청하지? 머리에 쓰고 계신 그 둥근 모자를 몰라보다니!"

이렇게 말하면서 그는 바랑과 지팡이를 한쪽 구석에 놓고 여행 허가증을 호주머니에 넣은 다음 의자에 앉았다.

그가 말하는 동안 주교는 일어나서 열려 있던 문을 닫았다.

마글르와르 부인이 돌아왔다. 그녀는 1인분의 그릇을 더 가져와 테이블 위에 차렸다.

"마글르와르 부인, 식기를 좀더 불 가까이에 놔야지." 주교는 이렇게 말한 뒤 이번에는 손님에게 덧붙였다. "당신도 무척 추우셨겠소. 알프스의 밤바람은 차니까요."

그가 '당신'이라는 말을 그 침착하고 부드러운 목소리로 말할 때마다 징역을 살고 나온 사나이의 얼굴이 환하게 밝아졌다.

죄수에게 '당신'이라고 부르는 것은 목마른 사람에게 물을 한 대접 주는 것과 같다. 굴욕을 당한 사람은 존경에 굶주리고 있는 법이다.

"이 램프는 아무래도 너무 어두운 것 같군!" 주교가 말했다.

마글르와르 부인은 그 말뜻을 알아차리고, 주교의 침실로 가서 은촛대를 가져와, 거기에 불을 붙여 테이블 위에 놓았다. 그녀는 주교가 손님이 있을 때 거기에 촛불을 켜는 걸 좋아한다는 것을 알고 있었다.

"정말 친절하신 분이군요. 나를 경멸하지 않고 받아주셨어요. 내가 어디서 왔는지 어떤 사람인지 숨기지 않고 말씀드렸는데도." 사나이가 말했다.

주교는 죄수의 손을 다정하게 잡고 말했다. "당신은 자신이 누구인지 밝힐 필요가 없었어요. 이 집은 내 집이 아니라 하느님의 집입니다. 이 집 문은 들어오는 사람에게 이름이 있느냐고 묻지 않고 마음에 슬픔이 있느냐고만 묻습니다. 당신은 지금 괴로워하고 있어요. 굶주리고 목말라하고 있어요. 그렇다면 잘 오신 겁니다. 내가 당신을 이 집에 받아들인 것이 아닙니다. 이 집의 주인은 비바람을 피할 곳이 필요한 사람입니다. 여기 있는 것은 모두 당신의 것이에요. 당신의 이름을 알아서 뭐하겠습니까? 실은 당신이 이름을 말하기 전에 당신을 어떻게 불러야 하는지 나는 알고 있었습니다."

사나이는 놀라서 눈이 휘둥그레졌다.

"정말입니까? 내 이름을 알고 있었단 말입니까?"

"그럼요. 당신을 나의 형제라 불러야 한다는 걸 알고 있었습니다."

"아, 저는 여기 들어올 때 무척 배가 고팠는데, 신부님 말씀에 하도 놀라 배가 고픈 줄도 모르겠군요!"

주교는 그를 바라보면서 말했다.

"당신은 고생을 많이 하셨지요?"

"예, 붉은 죄수복에 발에는 사슬에 묶인 쇳덩어리, 침대로 쓰는 널빤지, 추위와 더위, 고역, 채찍질, 사소한 과오에 대해 이중의 족쇄와 수갑, 말대꾸를 잘못 하면 금고실, 잠자리에서는 물론 병원에 들어가서조차 쇠사슬에 매여 있었습니다. 개, 차라리 개가 더 행복할 겁니다! 그런 세월이 19년이었으니까요. 지금 나는 마흔여섯 살입니다. 그런데, 이제 그 노란 여행허가증을 가지고 마음대로 살라는 겁니다!"

"그랬군요. 당신은 정말 슬픈 곳에서 나오셨습니다. 하지만 내 말을 들어보세요. 하늘에는 올바른 백 사람의 때묻지 않은 흰옷보다 회개한 한 죄인의 눈물 젖은 얼굴을 위해 더 많은 기쁨이 준비되어 있습니다. 만약 당신이 그 고통스러운 곳에서 세상 사람들에 대한 원한과 증오의 마음을 가지고 나왔다면 당신은 가엾은 사람일 것입니다. 하지만 온유하고 평화롭고 겸손한 마음을 가지고 나왔다면 당신은 누구보다 훌륭한 사람이에요."

그러는 동안 마글르와르 부인은 저녁상을 다 차려 놓았다. 물과 기름과 빵과 소금으로 된 수프, 베이컨 조금, 한 조각의 양고기, 무화과, 신선한 치즈, 그리고 한 덩어리의 커다란 호밀빵. 그녀는 또 의논도 없이 주교의 여느 때 식사에다 모프 포도주 한 병을 곁들여 내었다.

주교의 얼굴에는 갑자기 손님을 대접하는 주인다운 즐거운 표정이 떠올랐다.

"어서 듭시다." 그는 손님에게 음식을 권할 때에는 으레 그렇듯 쾌활하게 말했다.

주교는 기도를 올린 다음 손수 수프를 접시에 따랐다. 손님은 게걸스럽게 먹기 시작했다.

"아무래도 식탁에 뭔가 빠진 것 같은데." 주교가 말했다.

사실 마글르와르 부인은 꼭 필요한 3인분의 그릇밖에 내놓지 않았다. 하지만 손님이 왔을 때에는 은그릇을 있는 대로 다 내놓는 것이 이 집의 관습이었다.

마글르와르 부인은 곧 눈치 채고 말없이 나갔다. 그리하여 곧 주교가 원하는 은그릇이 식탁에 둘러앉은 각자의 테이블보 위에 보기 좋게 차려지자 찬란하게 빛나기 시작했다.

저녁 식사를 마치고 주교는 테이블 위에서 은촛대를 하나는 자기가 들고 또 하나는 손님에게 쥐어 주면서 말했다.

"자, 이제 방으로 안내하겠습니다."

사나이는 그의 뒤를 따라갔다. 그들이 침실을 지날 때 마글르와르 부인은 주교의 침대 머리맡에 있는 다락에 은그릇을 넣어두는 중이었다. 그녀는 매일 밤 자기 전에 그렇게 하고 있었다.

주교는 손님을 침실로 안내했다. 거기에는 깨끗한 침대가 준비되어 있었다. 주교는 촛대를 조그만 테이블 위에 놓고 잘 자라고 말한 뒤 방에서 나갔다.

대성당의 종이 두 시를 쳤을 때 장 발장은 잠을 깼다. 그가 눈을 뜬 것은 이부자리가 너무 푹신해서였다. 그는 지난 20년 동안 푹신한 잠자리에 누워본 적이 한번도 없었다. 그래서 옷도 벗지 않고 누운 것인데 너무도 부드러운 감촉이 오히려 깊은 잠을 방해한 것이다. 이 생각 저 생각이 그의 머리를 스쳤다. 그 중에서도 하나의 생각이 끊임없이 되돌아와서는 다른 생각을 덮어 버렸다. 그것은 다름이 아니라 마글르와르 부인이 식탁 위에 차렸던 여섯 개의 은그릇과 커다란 수프용 스푼이었다. 그것은 지금 그가 있는 데서 불과 몇 걸음밖에 안 되는 곳에 있었다. 아까 주교의 침실을 지나올 때 하녀가 그것을 침대 머리맡의 다락에 넣는 것을 보았다. 그는 그 장소를 잘 봐두었는데 식당에서 침실 쪽으로 가다가 바로 오른쪽에 있었다. 옛날 은으로 만들어진 그 묵직한 은그릇을 팔면 19년 동안 징역살이에서 번 것의 곱절이나 되는 돈이 생길 것이다.

그는 꼬박 한 시간을 동요와 마음의 투쟁 속에서 보냈다.

세 시 종이 울렸다. 그는 눈을 뜨고 침대에서 몸을 일으켰다. 그리고 손을 뻗어 침대 한구석에 내던져 두었던 바랑을 만져 보았다. 다음에는 두 다리를 바닥에 내리고 앉았다.

그는 그 자세로 잠시 동안 생각에 잠겨 있다가, 이윽고 일어서서 다시 또 잠시 주저하는 것처럼 귀를 기울였다. 집안은 고요했다. 그는 곧 신을 호주머니 속에 쑤셔 넣고 바랑을 끈으로 묶은 뒤 어깨에 짊어졌다. 숨을 죽이고 조심스럽게 걸음을 옮겨 주교의 침실인 옆방으로 갔다. 침실문은 열려 있었다. 주교는 문을 잠그지도 않았던 것이다. 장 발장은 모자를 푹 눌러쓰고 주교 쪽은 처다보지도 않고 곧장 다락으로 다가갔다. 다락문에는 열쇠가 그대로 꽂혀 있었다. 그는 그것을 열었다. 맨 먼저 눈에 들어온 것은 은그릇이 담긴 바구니였다. 그는 그것을 움켜쥐자마자 더 이상 조심할 필요도 없다는 듯이 발소리도 전혀 신경 쓰지 않고, 급히 창문으로 달려가서, 지팡이를 꼭 잡고 창문턱을 뛰어넘었다. 그리고 은그릇을 바랑에 집어넣고는 부리나케 마당을 가로지르고 울타리를 넘어 어둠 속으로 사라졌다.

이튿날 아침 해가 뜰 무렵 주교는 뜰을 거닐고 있었다. 마글르와르 부인이 새파랗게 질린 얼굴로 허둥대며 달려왔다.

"주교님, 그 사람이 은그릇을 가지고 달아났어요. 보세요, 여기를 뛰어넘어 달아났나 봐요!"

주교는 한참 동안 말없이 서 있더니 이윽고 생각에 잠겨 있던 눈을 들고 차분하게 말했다.

"우선 스스로 이렇게 물어봐야 할 것이오, 그 은그릇이 과연 우리의 것인지. 내가 오랫동안 그것을 가지고 있었던 건 옳지 못한 일이었소. 그건 가난한 사람들의 것이오. 그리고 그 사람은 가난한 사람이었고."

잠시 뒤 주교는 전날 밤 장 발장이 저녁을 먹은 식탁에서 아침을 먹고 있었다.

그가 식탁에서 일어나려고 할 때 문을 두드리는 소리가 들려왔다.

"들어오시오." 주교가 대답했다.

문이 열렸다. 세 남자가 한 남자의 목덜미를 붙잡고 있었다. 세 남자는 헌병이고 한 남자는 장 발장이었다.

주교는 자신의 늙은 몸이 허락하는 한 빠른 걸음으로 그들에게 다가가 장 발장을 보면서 말했다.

"아, 당신이었군요! 당신을 다시 만나게 돼서 다행입니다. 내가 촛대도 드리겠다고 했는데, 그건 왜 식기와 함께 가져가지 않으셨소? 촛대도 식기와 마찬가지로 은으로 된 것인데!"

장 발장은 눈을 들고 뭐라고 형언할 길 없는 표정으로 미리엘 주교를 쳐다보았다.

"그럼, 이 자의 주장이 사실이었군요, 주교님." 한 헌병이 말했다. "순찰을 하다가 이 자를 만났는데, 탈주자 같은 행색을 하고 있기에 붙잡아서 검문했더니 이 은그릇이 나와서."

"그래서 이 사람이 당신들에게 말했겠지요." 주교는 미소를 지으며 말했다. "이것은 자기를 하룻밤 재워 준 늙은 신부가 준 것이라고. 그런데도 당신들은 이 사람을 붙잡아 여기까지 끌고 왔군요. 오해를 한 겁니다."

"그럼 이 자를 놔줘도 괜찮다는 말씀입니까?"

"물론이지요."

헌병들은 장 발장을 풀어 주었다.

"정말로 나를 풀어주는 겁니까?" 그는 꿈속에서 잠꼬대라도 하는 것처럼 얼떨떨한 목소리로 말했다.

"그래, 석방이야, 못 들었나?" 헌병 중 한 사람이 말했다.

"잠깐만 기다리시오." 주교가 장 발장에게 말했다. "떠나기 전에 당신의 촛대를 가지고 가시구려, 자."

그는 난로에 다가가서 은촛대를 집어 장 발장에게 주었다.

장 발장은 온몸을 부들부들 떨고 있었다. 그는 기계적으로 촛대를 받아들고 넋이 나간 것처럼 그것을 쳐다보았다.

"그럼 잘 가시오!" 주교가 말했다. "그런데 형제여, 한 가지 말해둘 것이 있어요. 다음에 다시 올 때는 마당을 통해서 들어올 필요가 없어요. 언제라도 앞문으로 출입해도 괜찮습니다. 이 집 문은 낮이고 밤이고 잠겨 있지 않으니까요."

그리고 헌병들을 돌아보며 이렇게 말했다.

"여러분은 이제 그만 돌아가셔도 됩니다."

헌병들은 물러갔다. 장 발장은 정신이 아득해지는 느낌이었다.

주교는 그에게 다가가서 속삭이는 소리로 말했다.

"잊으면 안 됩니다, 절대로 당신이 한 약속을 잊으면 안 됩니다. 당신은 그 돈을 정직한 사람이 되기 위해 쓰겠다고 약속한 거예요."

장 발장은 자기가 무슨 약속을 했는지 알지 못했으므로 어리둥절했다. 주교는 한 마디 한 마디에 힘을 주어 엄숙하게 계속했다.

"장 발장, 나의 형제여, 오늘부터 당신은 악을 떠나 선의 나라로 들어가는 겁니다. 나는 당신의 영혼을 샀어요. 나는 당신의 영혼 속을 암담한 생각과 파멸의 정신에서 끌어내어 하느님께 맡겼습니다." 빅토르 위고

11월 25일

1

오늘날, 전쟁이 무익할 뿐 아니라 얼마나 어리석고 잔인한지 모르는 사람이 없지만, 그런데도 여전히 전쟁이 그치지 않고 있는 것은, 사람들이 자신 한 사람 한 사람의 행위를 통해서가 아니라, 일반적인 정치적 결정에서 그 해결을 구하고 있기 때문이다.

2

19세기가 새로운 길을 걸어가려 하고 있음은 인정하지 않을 수 없다. 이 시대의 사람들은 국제적인 법률과 재판이 존재해야 한다는 것, 한 나라가 한 나라에 대해 저지르는 범죄는 그것이 아무리 대규모의 것이라 해도, 개인이 개인에 대해 저지르는 범죄에 못지않게 증오해야 마땅한 것임을 이해하기 시작했다.

케틀리

3

인간의 여러 가지 행위를 피상적으로가 아니라 근본적으로 연구해보면, 결국 다음과 같은 슬픈 생각에 도달하지 않을 수 없다. 즉, 지상에서 악의 나라를 유지하기 위해 얼마나 많은 생명이 희생되고 있으며, 군대의 존재가 그 악을 얼마나 조장하고 있는가 하는 것이다.

군대제도라는 것은 원래부터 필요 없는 것이며, 대부분의 사람들이 그것을 순순히 받아들이는 것은 그들의 어리석음 탓이며, 또 그들이 몇 사람밖에 되지 않는 교활하고 부패타락한 사람들이 자신들을 착취하는 대로 내버려 두기 때문이라는 것을 생각하면 놀라움과 슬픔을 금할 수가 없다. 패트릭스 라로크

4

이 지구상의 주민들은 아직까지도 참으로 어리석고 생각이 얇고 둔감하여, 여러 문명국의 신문은 매일같이 가상적국에 대항해 군사동맹을 맺으려는 각국 수뇌들의 외교활동과 전쟁준비 기사로 장식되어 있고, 한편으로 국민은, 한 사람 한 사람의 생명이 자기 자신의 것이라는 사실도 모르는 듯, 마치 도살장에 끌려가는 가축처럼 권력자들의 횡포를 눈감아주고 있다.

이 이상한 별의 주민들은 모두 국가, 국경, 국기라고 하는 것이 당연히 있어야 한다는 신념을 세뇌당하며 자라기 때문에, 인류 동포의 의식이 매우 약하며, 조국이라는 언어 앞에서는 그 의식은 완전히 소멸해버린다. 분명히, 의식 있는 사람들이 마음을 합치면 그러한 상황은 순식간에 달라질 것이다. 왜냐하면 개인적으로는 아무도 전쟁을 바라지 않기 때문이다. 그러나 세상에는 수백만의 기생충들을 거느린 정치적 도당이라는 것이 있는데, 그 기생충들에게는 전쟁이 꼭 필요한 것이어서, 그들이 사람들의 마음이 하나로 합쳐지는 것을 방해하고 있다. 플라마리옹

5

사람들은 꿀통을 놓고 그 위에 튼튼한 동아줄로 잡아맨 통나무를 매달아 곰을 잡는다. 곰은 꿀을 먹을 양으로 통나무를 휙 밀어젖힌다. 그러면 밀어제쳐진 통나무는 되돌아와서 냅다 곰을 때릴 수밖에. 곰은 화가 나서 더 세게 통나무를 밀어제친다. 통나무도 한결 더 세게 곰을 때린다. 이런 식으로 통나무가 곰을 때려죽일 때까지 계속되는 것이다. 그런데 인간은 적어도 이 곰보다는 영리해야 하지 않을까?

6

전쟁은 살인이다. 살인을 하기 위해 사람들이 아무리 많이 모이든, 또 그들이 자신들을 뭐라고 부르든, 살인은 역시 세상에서 가장 나쁜 죄악이다.

7

정부의 권력이 인정되어 정부가 국민을 지배하고 세금을 부과하며 재판제도를 만들어 사람들을 벌할 권리가 인정되는 한, 전쟁은 결코 사라지지 않을 것이다. 전쟁은 정부 권력이 낳은 결과이다.

11월 26일

1

한 자루의 초가 다른 초의 심지에 불을 붙여, 결국 한 자루의 초로 인해 수천 자루의 초가 타듯, 하나의 마음이 다른 마음에 불을 붙여 수천 명의 마음

이 타오르게 된다.

2

인간은 어차피 완성에 이르지 못한다고 말하며, 네가 선을 향해 나아가는 것을 포기하게 하려는 사람들을 경계하라.

3

너희 속에 선량한 감정을 불러일으키는 영향을 받아들이는 것을 결코 무익한 것으로 여겨서는 안 된다.
존 러스킨

4

아주 작은 악을 인간의 본성으로 믿기보다는, 지극히 원대하여 도달할 수 없는 선을 그렇게 믿는 것이 한결 낫다.

5

좋은 책을 읽으면 좋은 감화를 받는다. 좋은 예술을 가까이 해도 역시 좋은 감화를 받는다. 그러나 가장 강력한 감화를 주는 것은 선한 생활의 모범이다. 그러므로 사람들의 선한 생활은 선한 생활을 영위하는 사람들에게만이 아니라, 그러한 생활을 보고, 알고, 훗날에 얘기를 듣는 사람들에게도 큰 행복이 된다.

6

원래 선량하고 현명하며 올바른 사람이, 자기가 하고 있는 일, 이를테면 전쟁, 육식, 형사재판 같은 것의 불법성과 범죄성을 알고 있으면서도, 자신이 악으로 인정하고 있는 그 일을 아무렇지도 않게 계속하고 있는 경우를 우리는 자주 본다. 어째서 이런 놀라운 현상이 생기는 것일까? 그것은 그 사람이 자신의 양심과 이성의 요구 이상으로 강한 암시의 영향 아래 행동하기 때문이다. 그리고 그러한 암시가 그 사람을 더욱 강하게 지배하여, 점점 더 악을 행하게 되는 경우도 있는가 하면, 반대로 그 암시가 점점 약해지고 이성의 요구가 더 강해지면, 이윽고 동요가 시작되어 마지막에는 이성이 승리를 거두는 경우도 있다.

7

만약 어떤 사람에게 그가 나쁜 생활을 하고 있다는 것을 이해시키고 싶으면, 자신이 선한 생활을 해보여라. 말로 설득하려 해서는 안 된다. 사람들은 직접 눈으로 볼 수 있는 것을 믿는 법이다.　　　　　　　　　　　　소로

8

사람은 혼자서 방황하지 않는다. 누구든지 방황하기 시작하면, 그 방황을 주위 사람들에게까지 퍼뜨리는 법이다.　　　　　　　　　　　세네카

9

설교로 사람들을 선으로 이끌기는 어렵지만, 실례로 이끄는 건 쉬운 일이다.
　　　　　　　　　　　　　　　　　　　　　　　　　　세네카

10

영혼에 유해한 사람들과의 교류는 두려워하고 피하며, 좋은 사람들과의 교류는 존중하고 구하라.

11월 27일

1

만일 네가 정욕의 노예가 된다면, 그러한 욕망은 자신의 영혼과는 원래 인연이 없는 것이며, 단지 일시적으로 뛰어 들어와 그 진정한 본성을 너한테서 가리는 어두운 그림자에 지나지 않는다는 것을 명심하라.

2

자기 자신의 등불이 되어라. 자신을 위한 피난처가 되어라. 너의 등불을 켜놓고 다른 피난처를 찾지 말라.　　　　　　　　　　　　부처의 말

영혼은 자신의 빛으로 내부로부터 비쳐지고 있는 투명한 공 같은 것이다. 그 불은 영혼 자체를 위한 모든 빛과 모든 진리의 원천일 뿐만 아니라, 외부의 모든 것을 비쳐 준다. 그러한 상태에서 영혼은 자유롭고 행복하다. 오직 외적인 것에 대한 편애만이 그 매끄러운 표면에 물결을 일으키고 흐리게 하여 빛을 왜곡하고 지우기도 한다. 　　　　　　　　　　　　마르쿠스 아우렐리우스

모든 사람들의 마음에는 자비와 수치와 죄를 미워하는 감정이 있다. 우리는 저마다 수양을 통해 그 감정을 강화할 수도 있고 약화시킬 수도 있다. 이러한 감정은 손과 발처럼 인간의 일부이다. 그리고 손과 발처럼 단련할 수 있다.

우산(牛山)에는 아름다운 나무가 자라고 있다. 그 줄기를 자르면 끊임없이 새로운 싹이 난다. 그러나 만일 그곳에 가축을 풀어놓는다면 산은 당장 벌거숭이가 될 것이다. 산이 벌거숭이가 되는 것은 자연스러운 일이 아니다. 영혼의 타락도 마찬가지이다. 우리가 자신의 천박한 욕망에 우리 마음속의 자비와 수치와 죄를 미워하는 감정의 싹을 다 먹어치운 뒤, 인간의 마음속에는 그런 감정은 원래 없는 거라고 말하는 것은 잘못된 것이 아닐까? 하늘의 법칙을 안다는 것은 우리 속의 고귀한 본성을 발전시키는 것을 말한다. 　　　　　맹자

너 자신 속에, 너의 마음에 선의 샘물이 있다. 그 샘물은 네가 그것을 퍼내면 퍼낼수록 더욱 콸콸 솟아날 것이다. 　　　　　　　　마르쿠스 아우렐리우스

인간의 영혼은 그 속에서 신의 예지의 모습을 볼 수 있는 거울이다.

　　　　　　　　　　　　　　　　　　　　　　　　　존 러스킨

색정의 유혹을 느끼거든 이내 자신의 신성을 불러내라. 자신의 신성이 흐려졌음을 느끼거든 이내 정욕의 포로가 되었음을 알고 그것과 싸워야 한다.

11월 28일

1

생명은 죽음에 의해 완전히 소멸되는 것이 아니라 모습을 바꿀 뿐이다.

2

하루의 고뇌는 그날 하루로 족하다. 자신의 삶을 의혹과 공포 속에서 낭비하지 말라. 현재의 의무를 잘 수행하는 것이, 앞으로의 몇 시간 또는 몇 세기를 위한 최선의 준비임을 믿고, 열심히 자신의 일에 종사하라.

지금의 우리에게는 미래는 언제나 환상처럼 여겨진다. 중요한 것은 삶의 길이가 아니라 깊이이다. 문제는 삶을 지속시키는 것이 아니라, 모든 고귀한 영혼의 행위처럼 영혼으로 하여금 시간을 초월하게 하는 것이다. 우리가 최선을 다해 삶을 살고 있을 때 시간 같은 것은 아무런 문제도 되지 않는다.

예수는 영원한 생명에 대해 아무것도 설명하지 않았지만, 그가 끼친 영향은 세상 사람들로 하여금 시간을 초월하게 하여, 그들 자신을 영원한 존재로 느끼게 했다.

에머슨

3

인간이 살고 있는 집은 부서지고 사라질 수도 있다. 그러나 영혼이 자신을 위해 깨끗한 사상과 선한 행위로 지은 집은 영원히 사라지지 않으며, 그런 집에 사는 자를 해칠 수 있는 것은 아무것도 없다.

류시 말로리

4

내세를 믿을 수는 없지만, 현재의 삶이 불멸이라는 것은 믿어도 좋을 뿐만 아니라, 똑똑히 확인할 수도 있다.

5

불멸에 대한 신앙은 논리가 아니라 우리의 삶의 방식에 의해 주어진다.

6

미래의 필연성에 대한 믿음은 추론에 의해 주어지는 것이 아니라, 우리가 어떤 사람과 손을 잡고 살아갈 때, 갑자기 그 사람이 어딘지 모를 곳으로 사라지고, 우리가 그 사람이 사라진 심연 옆에 서서 그것을 들여다볼 때 얻어지는 것이다.

7

죽음에 직면하여 우리가 느끼는 공포는, 우리가 인생을 이해하는 진실성의 지표이다. 우리의 죽음에 대한 공포가 적으면 적을수록 우리의 자유, 평화, 영혼의 힘에 대한 의식, 그리고 삶의 기쁨은 더욱 커진다. 죽음의 공포에서 완전히 해방되어, 현재의 삶과 진실하고 무한한 삶의 동일성을 완전히 의식했을 때, 거기에는 어떤 것에도 파괴되지 않는 평화가 있다.

11월 29일

1

말은 곧 행위이다.

2

결코 마음에 없는 말을 해서는 안 된다. 결코 실없는 말로 우리의 영혼을 흐리게 해서는 안 된다.
성현의 사상

3

적이 친구보다 더 유익할 때가 있다. 왜냐하면 친구들은 종종 우리의 결점을 용서하지만, 적은 대개 그것을 지적해 우리의 주의를 그쪽으로 돌리게 해주기 때문이다.

그러므로 적의 비난을 못들은 척해서는 안 된다.

4

허영심이 아무리 들끓어도 스스로 그것을 잘 알기만 하면, 그것이 허영임을 자기 자신에게 들려주는 것이 그 허영심이 말하는 것을 믿는 것보다 낫다는 것을 깨달을 수 있다. 그리고 전자의 경우가 더 많은 자기희생과 수양을 필요로 하므로, 후자의 경우보다 더 많은 참된 명예를 준다는 것도 알게 될 것이다.

칸트

5

현자는 말만으로 남을 존중하지 않고, 보잘것없는 사람이 한 말이라고 무시하지도 않는다.　　　　　　　　　　　　　　　　　중국의 금언

6

인간의 혀는 인간의 뇌리에 떠오르는 생각을 전하는 데는 충분한 기능을 하지만, 진실하고 깊은 감정의 영역에서는 서툰 통역자에 지나지 않는다.

코슈트

7

어떠한 말도 그것을 듣는 사람이 받아들일 수 있는 의미밖에 가지지 않는다. 우리는 파렴치한 사람에게 염치의 의미를 설명할 수 없고, 사랑과 인연이 없는 사람에게 사랑의 의미를 설명할 수도 없다. 이러한 말들의 의미를 그들에게 이해시키려고 아무리 노력해도, 끝내 염치와 사랑을 표현하는 말을 찾아내지 못할 것이다.　　　　　　　　　　　　　　　　　존 러스킨

8

어떠한 목적일지라도 거짓말은 결코 정당화될 수 없다.

11월 30일

1

온유한 사람은 자아를 떠나 신과 하나가 된다.

2

천하에 물보다 약한 것은 없지만, 아무리 강한 것이라도 물을 이길 수는 없다. 약한 것이 흔히 강한 것을 이기고, 부드러운 것이 흔히 단단한 것을 이긴다. 천하에 이를 모르는 사람은 없지만 이를 실천하는 사람도 없다.　　　노자

3

자신이 처한 상황에 억지로 저항하는 자는 상황 쪽에서도 그에게 저항하고, 거기에 양보하는 자는 상황도 역시 그에게 양보한다.

만약 네가 처한 상황이 마음에 들지 않는다 해도, 거기에 저항하지 말고 물 흐르듯 되는 대로 맡기는 것이 좋다. 상황을 거스르는 자는 상황의 노예가 되지만, 거기에 순응하는 자는 그 주인이 되기 때문이다.　　　　　　탈무드

4

현자는 선을 행하면서 사람들 눈에 띄지 않게 하며, 아무도 몰라주더라도 결코 서운해 하지 않는다.　　　　　　공자

5

사디가 말했다. "나는 파르티아 지방에서 호랑이를 타고 가는 사람을 만났다. 나는 깜짝 놀라 그 자리에서 옴짝달싹할 수 없었다. 그러자 그 사람이 나에게 말했다. '사디여! 놀라지 말라. 다만 너의 머리를 신의 멍에에서 빼지 않도록 하여라. 그러면 어떤 것도 너의 멍에에서 자기의 머리를 빼지 못할 것이다'라고."

6

인간은 있는 그대로의 모습으로 있고자 할 때는 매우 강하지만, 인간보다 높이 되고 싶어할 때는 참으로 힘없는 존재가 된다.　　　　　　루소

7

사람은 겸손의 덕이 높아질수록, 원뿔형의 꼭대기에서 밑변을 향해 내려가고 있는 것과 같다. 밑으로 내려가면 내려갈수록 그 정신세계의 원은 더욱 커진다.

8

세상에서 가장 약한 자가 세상에서 가장 강한 자를 정복한다. 그러므로 겸손의 덕과 침묵의 이익은 크다. 그러나 세상에서 몇 안 되는 자들만이 겸손의

덕을 지니고 있다. 　　　　　　　　　　　　　　　노자

9

사람은 겸손할수록 자유롭고 강하다.

12월

12월 1일

1

여성은 그 근본적인 인생의 사명에 있어서 남성과 다를 바가 없다. 그 사명은 신에 대한 봉사이다. 다른 것이 있다면 단지 그 봉사의 대상뿐이다. 분명히 인생에 있어서의 여성의 사명은 남성의 사명과 똑같으며, 신에 대한 봉사는 동일한 방법, 즉 사랑에 의해 실현되기는 하지만, 대부분의 여성에게 이 봉사의 대상은 남성보다 한정되어 있다. 그 대상은 차례차례 새롭게 태어나는 신의 사업을 위한 일꾼들을 사랑으로 키우고 가르치는 일이다.

2

사치스러운 여성들이여, 만약 너에게 다음의 어느 쪽을 원하느냐고 물으면 뭐라고 대답하겠는가? 깨끗하고 건강하며 아름다운 육체에 초라한 옷을 입겠느냐? 아니면 불구인 데다 병든 육체에 번쩍이는 황금의 옷을 걸치고, 화려하게 치장하고 다니겠느냐? 그래, 너는 사치스러운 옷보다는 육체의 건강과 아름다움을 훨씬 더 바라지 않을까? 육체에 대해서는 그렇게 원하는 그대가, 어째서 정신에 대해서는 반대를 원하는 것이냐? 추악하고 더럽고 혐오스러운 정신을 반짝이는 황금옷으로 장식한들 무슨 소용이 있단 말인가? 그것은 바로 어리석음의 극치가 아닐까?

이오안 즐라토우스트

3

여성의 선량함에는 한이 없지만 그 사악함에도 한이 없다.

좋은 아내는 남편에게 참으로 값진 선물이요, 악한 아내는 그에게 악성 종양과도 같다.

탈무드

4

온화하고 말수가 적은 언행은 여성이 지닐 수 있는 최상의 장식물이다.

5

대도시를 지나가며 일류 백화점에서 몇 백만 명의 노동자들의 생명까지 앗아가기도 하는 가혹한 노동의 산물인 몇 백만 원어치나 되는 상품들이 팔리고 있는 것을 보라. 그것들은 모두 여성들이 쓰는 아무 짝에도 소용없는 사치품들이다. 여성들이 자신들의 생각 없고 쓸데없는 사치가 얼마나 큰 해악을 낳는지 이해한다면 얼마나 좋을까!

6

여자는 아름다우면 아름다울수록 더욱 정결해야 한다. 여성은 정결에 의해서만, 자신의 아름다움이 낳는 위험한 해악에 대항할 수 있다.　　　　레싱

7

남편이 아내를 선택하는 것이 아니라 아내가 남편을 선택하는 것이다. 자기가 낳을 자식들을 위해 더 좋은 아버지를 찾아주려거든 여자도 무엇이 선이고 무엇이 악인지 알아야 한다. 세상의 여성들은 무엇보다 가장 먼저 그것부터 배워야 한다.

8

자신에게 주어진 모성으로서의 자기를 희생하여 모든 힘을 만인에 대한 사랑이라는 형태로 신에게 바치는 진정으로 순결한 처녀는, 인간 중에서도 가장 훌륭하고 행복한 존재이다.

9

자기희생보다 여성의 특성에 잘 어울리는 것은 없다. 반대로, 여성의 이기주의만큼 나쁜 것도 없다.

완전성이라는 것은 남녀에게 동일하며, 사랑의 완전성이 곧 그것이다. 남자는 사랑의 지혜와 신뢰에 있어서 여성보다 뛰어나다고 흔히 말하지만, 여성은 사랑에 의한 자기희생에 있어서 언제나 남자보다 뛰어나다.

이레째 읽을거리

여성

남성이나 여성이나 모든 인간의 사명은 세상 사람들을 위해 봉사하는 데 있다. 인간으로서의 덕의(德義)를 아는 사람이라면, 이 일반적인 명제에 반대할 사람은 아무도 없을 것이다. 이 사명을 받들어 실천함에 있어, 그것을 달성하는 수단, 즉 무엇으로 사람들에게 봉사할 것인가 하는 점에서 남성과 여성의 차이가 있을 뿐이다.

남성은 생활필수품을 생산하는 육체적 노동과 자연을 정복하기 위해 자연의 법칙을 연구하는 정신활동과, 생활의식의 설정, 인간관계의 규정 같은 사회적 활동을 통해 사람들에게 봉사한다. 남성에게는 사람들에게 봉사할 수 있는 방법이 참으로 다양하다. 아이를 낳고, 젖을 물리고 키우는 것을 제외한 모든 인간 활동이 그 봉사의 범위에 들어간다. 한편 여성은 앞에서 말한 남성과 같은 방법으로도 봉사할 수 있지만, 그 본질적인 신체 구조에서 유일하게 남성이 할 수 없는 방법에 사명을 느끼고 끌려간다.

인류에 대한 봉사는 자연히 두 개의 부문으로 나누어진다. 하나는 현재 살고 있는 사람들의 행복을 증대시키는 일이고, 또 하나는 인류 자체를 존속시키는 일이다. 전자는 주로 남성의 사명이다. 왜냐하면 그들은 후자의 방법으로는 봉사할 수 없기 때문이다. 후자는 주로 여성의 사명이다. 왜냐하면 그녀들에게만 그것이 가능하기 때문이다. 그 차이를 잊거나 무시해서는 안 되며, 그것을 잊고 무시하는 것은 죄악(말도 안 되는 오류)이라고 할 수 있다. 그 점에서 남성의 의무와 여성의 의무의 차이는, 인간이 그렇게 만든 것이 아니라 필연적인 남녀 양성의 차이에서 생긴다. 그리고 거기에서 또, 남성과 여성의 선덕과 악덕에 대한 평가의 차이, 모든 시대에 존재했고 지금도 존재하고 있는, 그리고 인간 속에 이성이 존재하는 한 결코 없어지지 않는 평가의 차이가 생기는 것이다.

자기 생활의 대부분을 자신에게 어울리는 여러 가지 육체적, 정신적, 사회적 활동 속에서 보내는 남성이나, 생활의 대부분을 자신들에게만 가능한 출산과 수유, 육아 같은 활동 속에서 보내는 여성이나, 모두 자신들이 해야 할 일을 하고 있고 자신들의 본령에 합당한 일을 하고 있으므로, 사람들의 존경과 사랑을 받을 거라고 느끼는 것은 예나 지금이나 다를 바가 없다.

남성의 사명은 다양하고 광범위하며, 여성의 사명은 단순하고 좁지만, 그 대신 깊다. 따라서 수백 가지의 의무를 가진 남성은 그 중 몇 개 또는 몇 십 개쯤은 저버려도 여전히 어느 정도 자신의 사명을 다한, 나쁘지 않은 유익한 인물로 남지만, 의무의 수가 적은 여성의 경우는, 그 중의 하나라도 저버리면 당장 수백 가지 의무 중의 수십 개를 저버린 남성보다 도덕적으로 낮은 평가를 받는 것은, 옛날이나 지금이나 마찬가지이다. 그것이 늘 사람들의 일반적인 의견이었고 앞으로도 그럴 것이다. 바로 그것이 자연의 이치이기 때문이다.

남성은 신의 의지를 수행하기 위해, 육체노동과 사상과 도덕으로 신에게 봉사하지 않으면 안 된다. 그 모든 것을 구사하여 남성은 자신의 사명을 수행할 수 있다. 한편 여성으로서 신에게 봉사하는 방법은 주로, 거의 예외 없이 자식을 통해서이다(왜냐하면, 여자 말고는 자식을 낳을 수 없으므로). 남성은 자신이 창조한 것으로 신에게 봉사할 사명을 가지고 있고, 여성은 자신의 자식을 통해서만 봉사할 사명을 가지고 있는 것이다.

따라서 여성 속의 자식에 대한 애정은 도저히 논리적으로 따질 수 없는 예외적인 애정이며, 그것은 어느 세상에서나 어머니인 여성과 떼어놓을 수 없는 것이다. 이 어린 자식에 대한 애정은 결코 이기주의가 아니며, 노동자가 자신이 만든 물건이 아직 자신의 손에 있을 때 그것에 대해 느끼는 애정과도 같다. 자신의 노동의 대상에 대한 애정이 없다면 어떻게 일을 할 수 있겠는가.

어머니의 경우도 이와 마찬가지이다. 수많은 활동을 통해 사람들에게 봉사할 사명이 있는 남성도 자신의 일을 하는 동안 그 일을 사랑하는 법이다. 자신의 자식을 통해 사람들에게 봉사할 사명이 있는 여성 역시, 자식을 낳고 젖을 먹이며 키우는 동안 어찌 그것을 사랑하지 않을 수 있으랴.

신과 사람들에게 봉사한다는 공통된 사명에 있어서는, 봉사의 형태는 달라도 남녀는 완전히 평등하다. 그 평등한 까닭은, 한쪽의 봉사는 또 한쪽의 봉사와 마찬가지로 중요하여 한쪽이 없이는 나머지 한쪽도 생각할 수 없고, 서로가 서로의 조건이 되어 있으며, 실제적인 봉사를 위해서는 남성이나 여성이나 진리를 아는 것이 필요하니 진리를 알지 못하면 남성의 행위도 여성의 행동도 모두 무익한 건 말할 것도 없고 인류에게 오히려 유해하다는 점에 있다. 남성에게는 남성으로서 다양한 일을 해야 하는 사명이 있지만, 그 일이 유익하고 육체적, 정신적, 사회적 활동의 성과가 있는 것은, 그것이 오로지 진리와 타인의 행복을 위해 이루어졌을 때뿐이다.

여성의 사명도 마찬가지이다. 여성이 자식을 낳고 젖을 먹여 양육하는 것이 인류에게 유익한 것은, 단지 자신의 기쁨을 위해서만 그렇게 하는 것이 아니라 미래의 인류에 대한 봉사자를 키우기 위해 그렇게 할 때뿐이며, 그 자식들의 교육이 진리와 만인의 행복을 위해 이루어질 경우, 바꿔 말하면 여성이 자식들을 사람들의 가장 선한 종이 되도록 키울 경우뿐이다.

"그럼 결혼을 하지 않아 자식이 없는 여성과 과부의 경우는?"

여성들이 남성의 다양한 노동에 참여하는 것은 멋진 일이다.

자식을 다 키우고도 아직 힘이 남아 있는 여성은, 모두 남자의 일에 참여할 수 있을 것이다. 그런 일에 대한 여성의 도움은 무척 귀중하다. 그러나 자식을 낳을 능력이 있는 젊은 여성이 남성적인 일에 종사하고 있는 것을 보면, 늘 마음이 안타깝다. 그런 여성을 보면, 마치 연병장과 산책로를 만들기 위해 비옥한 흑토에 자갈을 까는 모습을 보는 것 같다. 아니, 그 이상으로 마음이 아프다. 왜냐하면 토지는 그저 곡물밖에 생산할 수 없지만, 여성은 더 이상 평가할 수 없는 무엇, 그 이상의 것은 아무것도 없는 무엇—즉 인간을 낳기 때문이다. 그것은 오로지 여성만이 할 수 있는 일이다. 　　　　　　　　　　　톨스토이

누이들

1

1882년 5월 3일 르아브르 항에서 중국해를 향해 삼장선(三檣船 역주—세 개의 돛을 단 배) '바람의 성모(聖母)' 호가 출범했다. 이 범선은 중국에서 짐을 부린 뒤 새 짐을 싣고 부에노스아이레스로 가서, 거기서 다시 브라질로 상품을 싣고 갔다.

우리는 항구에서 항구로의 이동과 배의 파손, 수리, 몇 달씩 이어지는 무풍(無風), 항로에서 멀리 밀어내는 비바람, 그 밖에 돌발적인 해상사고와 재난 등등이 배의 순조로운 항해를 방해하여, 4년 동안이나 타국의 바다를 헤매고 다닌 끝에, 1886년 5월 8일에야 간신히 미국제 통조림이 든 생철상자를 싣고 마르세유 항에 도착했다.

르아브르에서 출항했을 때는 선장과 조수, 열네 명의 선원이 승선하고 있었

다. 항해를 하는 동안 선원 한 명이 죽고 네 명의 선원은 갖가지 사고로 실종되어, 프랑스로 돌아왔을 때는 아홉 명이 남아 있었다. 범선에는 죽은 선원 대신 두 명의 미국인과 한 명의 흑인, 그리고 싱가포르의 한 술집에서 만난 한 명의 스웨덴인이 고용되어 있었다.

배의 돛이 걷히고, 삭구(索具)는 돛대에 열십자로 비꺼러매어졌다. 예인선이 다가와 헐떡이는 소리를 내면서, 그것을 다른 배들이 정박해 있는 곳으로 끌고 갔다. 바다는 잔잔하고, 물가에서는 희미하게 잔물결이 일고 있었다. 범선은 다른 배들 틈으로 비집고 들어갔다. 거기에는 전 세계에서 모여든, 온갖 형태와 의장(艤裝)을 한 크고 작은 배들이, 부두를 따라 뱃전이 서로 맞닿을 듯 들어서 있었다. '바람의 성모' 호는 새로운 동료에게 자리를 내준 이탈리아의 이장선(二檣船)과 영국의 범선 사이로 들어갔다.

선장은 세관과 항구 안의 관리들과 입항 절차를 마친 뒤 선원들의 반을 하룻밤 동안 휴가를 주어 상륙시켰다.

따뜻한 여름밤이었다. 시 전체가 휘황찬란한 불빛에 싸여 있는 마르세유의 시가지를 걸어가니, 곳곳의 부엌에서 맛있는 음식 냄새가 진동하고, 사방에서 사람들이 떠드는 소리, 마차바퀴가 삐걱거리는 소리, 즐겁게 고함치는 소리가 들려왔다.

'바람의 성모' 호에서 내린 선원들은 넉 달 만에 처음으로 흙을 밟았다. 그렇게 막상 육지에 오르자, 도시에 처음 올라온 시골뜨기처럼 둘씩 짝을 지어 쭈뼛거리며 시내를 걸어갔다. 그들은 부두에서 가장 가까운 거리를 뭔가를 찾는 것처럼 탐색하듯 기웃거렸다. 그들은 넉 달째 여자를 구경하지 못했던 것이다.

가장 선두에 선 것은 건강하고 거침없는 젊은이 셀레스탱 뒤클로였다. 그는 상륙할 때마다 동료들의 안내역을 맡고 있었다. 그는 좋은 곳을 물색할 줄 알았고, 빠져야 할 때 빠지는 요령도 알고 있었으며, 선원들이 상륙했다 하면 으레 벌어지기 마련인 싸움에 말려드는 일도 없었지만, 혹시 휘말려들어도 결코 동료를 두고 혼자만 달아나지 않고 용감하게 맞서 싸웠다.

선원들은 오랫동안, 마치 보이지 않는 배수로처럼 바다를 향해 뻗어가며, 움막과 헛간의 역한 냄새를 풍기고 있는 어두운 거리를 어슬렁거리며 돌아다녔다. 마침내 셀레스탱은 문마다 등불이 걸려 있는 한 좁은 골목길을 골라 그곳으로 들어갔다. 선원들은 싱글거리며 웃거나 콧노래를 흥얼거리면서 따라갔다.

각등의 우윳빛 유리에 커다란 글씨로 숫자가 적혀 있고, 현관의 나지막한 천장 밑 짚의자 위에 앞치마를 걸친 여자들이 앉아 있었다. 그녀들은 선원들을 보자 골목 한복판으로 달려 나와, 가로막고 서서 저마다 자기 집으로 끌어당겼다.

그런가 하면 어떤 집 현관 안의 문이 활짝 열리더니, 몸에 꼭 끼는 올이 성긴 무명바지에 짧은 치마, 금몰로 장식한 검은 비로드 가슴받이를 걸친, 거의 알몸이나 다름없는 여자가 나타났다. "이봐요, 미남자들, 일루 좀 와봐요!" 하며 저만치서 부르기도 하고, 때로는 직접 달려 나와 선원 중의 한 사람을 붙잡고 열심히 문 쪽으로 잡아당기기도 했다. 그녀는 마치 거미가 자기보다 힘이 센 파리를 거미줄로 유인할 때처럼 그에게 꼭 들러붙었다. 젊은이는 가볍게 저항했고, 다른 선원들은 어떻게 되어가는지 보자하고 구경하고 있었다. 그러자 그때, 셀레스탱 뒤클로가 "여기가 아니야. 들어가지마, 좀 더 가야 해" 하고 소리쳤다. 젊은이는 그 명령에 따라 간신히 여자를 뿌리쳤다. 이렇게 하여 선원들은 화난 여자가 욕설을 퍼붓는 소리를 들으면서 다시 걸음을 옮겼다. 골목 속에 울려 퍼지는 시끄러운 소리를 듣고 다른 여자들도 뛰어나와 선원들에게 달려들어, 쉰 목소리로 각자 손님의 환심을 사려고 아양을 떠는 것이었다.

이리하여 그들은 앞으로 앞으로 나아갔다. 허리에 찬 칼을 찰랑거리는 병사들과 홀로 단골가게에 들어가는 상인 또는 점원으로 보이는 남자를 만났다. 다른 골목에도 같은 각등이 켜져 있었지만, 선원들은 집집마다 밑으로 흐르는 악취 풍기는 구정물을 튀기면서 앞으로 나아갔다. 이윽고 뒤클로는 다른 데 보다 조금 나은 가게 앞에서 걸음을 멈추고 동료들을 안으로 안내했다.

2

선원들은 유곽의 홀에 자리를 잡았다. 그리고 각자 창녀를 하나씩 골라 밤새도록 붙어 있었다. 그것이 유곽에서의 관습이었다. 세 개의 테이블을 한데 붙이고 우선 여자들과 함께 술부터 거나하게 걸친 선원들은, 곧 여자들과 함께 이층으로 올라갔다. 스무 개의 다리에서 울리는 투박한 단화 소리가 오랫동안 나무계단 위에서 요란하게 들려온 뒤, 이윽고 모두 좁은 문을 열고 각자 방으로 들어갔다.

그런 다음 다시 아래로 내려와 마시고는, 한참 뒤에 또 이층으로 올라갔다.

여흥이 한창 무르익어가고 있었다. 반년 치 급료가 네 시간의 방탕한 놀음으로 모두 날아가고 말았다.

11시 가까이 되자 그들은 완전히 술에 취해 눈에 핏발이 서고, 자기도 무슨 소린지 알 수 없는 말을 고래고래 소리 지르고 있었다. 노래를 부르는 자도 있고 고함을 치는 자도 있고, 주먹으로 테이블을 쾅쾅 내리치거나 술을 병째 들이붓는 자도 있었다. 셀레스탱 뒤클로는 그들의 한 가운데 있었다. 몸집이 크고 통통하며 뺨이 빨간 여자가 그의 무릎 위에 앉아 있었다. 그도 다른 동료들 못지않게 많이 마셨지만, 아직 완전히 취해 있지는 않았다. 많은 생각들이 뇌리에 떠올랐다가 사라졌다. 그는 감상적인 기분이 되어 자신의 짝과 무슨 얘기를 할까 생각하고 있었다. 그러나 어떤 생각이 떠올랐다가도 이내 다시 사라져버려, 도저히 그것을 확실하게 붙잡아 말로 표현할 수가 없었다.

그는 웃으면서 말했다.

"음, 저어, 그래, 아가씨 여기 얼마나 있었지?"

"여섯 달쯤요" 하고 여자가 대답했다.

그는 만족스럽다는 듯이 고개를 끄덕여보였다.

"그래, 어때, 재미있어?"

그녀는 잠시 생각했다.

"뭐, 이제 이 생활에 익숙해졌어요" 하고 그녀는 말했다. "어쨌든 먹고 살아야 하니까요. 하녀나 세탁부가 되는 것보다는 낫죠."

뒤클로는 그것도 만족스럽다는 듯이 크게 고개를 끄덕였다.

"넌 마르세유 출신이 아니지?"

여자는 그렇다는 표시로 머리를 좌우로 흔들어 보였다.

"먼 곳에서 왔어?"

여자는 고개를 끄덕였다.

"어디서 왔는데?"

여자는 뭔가를 생각하는 듯이 고개를 갸우뚱했다.

"페르피냥에서 왔어요."

"그래?" 뒤클로는 그렇게 말한 뒤 입을 다물었다.

"당신은 선원인가요?" 이번에는 여자가 물었다.

"그래, 우린 모두 선원이야."

"그럼 먼 곳에 갔다 왔나요?"

"응, 상당히 먼 곳까지 갔지. 그리고 많은 것을 보았어."

"틀림없이 세계를 한 바퀴 돌았겠군요."

"한 바퀴가 아니라 두 바퀴도 돌았을걸?"

여자는 뭔가 기억해내려는 듯 생각에 잠겼다.

"많은 배도 만나고?"

"물론이지."

"그럼 혹시 '바람의 성모' 호라는 배를 만난 적 없어요? 그런 배가 있는데."

그는 여자가 자신의 배의 이름을 말했기 때문에 놀랐지만, 한번 놀려주자는 생각이 들었다.

"만나다마다, 지난주에도 만났는걸."

"정말? 정말 만났어요?" 그렇게 말하는 여자의 얼굴이 순식간에 새파랗게 질렸다.

"정말이지 않고."

"거짓말 아니에요?"

"신께 맹세코 절대 거짓말 아니야."

"그럼 그 배에서 셀레스탱 뒤클로라는 사람을 만나진 않았어요?" 하고 여자가 물었다.

"셀레스탱 뒤클로?" 그 말을 듣고 그는 그냥 놀란 정도가 아니라 거의 까무러칠 정도였다. 이 여자가 어떻게 내 이름을 알고 있단 말인가!

"그 사람을 알고 있어?" 하고 그가 물었다.

여자 쪽도 아무래도 뭔가에 깜짝 놀란 것 같았다.

"아니에요, 내가 아니고 그 사람을 알고 있는 여자가 한 사람 있어요."

"어떤 여잔데? 이 집에 있어?"

"아니, 하지만 이 근방에 있어요."

"이 근방 어디?"

"바로 근처예요."

"뭐하는 여잔데?"

"그냥 보통여자요, 나 같은."

"그 여자, 뒤클로한테 무슨 볼일이 있대?"

"그런 건 난 몰라요. 아마 한 고향사람이겠죠."

두 사람은 서로를 뚫어지게 쳐다보았다.

"그 여자를 만나보았으면 좋겠는걸" 하고 그가 말했다.

"왜요? 무슨 할 말이라도 있나요?"

"할 말이 있지."

"무슨 말을?"

"셀레스탱 뒤클로를 만났다고."

"당신, 셀레스탱 뒤클로를 만났어요? 그 사람, 잘 있던가요?"

"물론 잘 있어. 그래서?"

여자는 입을 다물고 다시 생각에 잠겼다가, 이윽고 조용한 목소리로 말했다.

"'바람의 성모' 호는 어디로 가고 있죠?"

"어디냐고? 마르세유."

"정말이에요?" 하고 여자가 큰 소리로 외쳤다.

"정말이지 않고."

"당신은 뒤클로를 알고 있나요?"

"방금 알고 있다고 말했잖아."

그녀는 또다시 생각에 잠겼다.

"네, 그렇군요. 잘 됐어요" 하고 그녀는 나직한 목소리로 말했다.

"그 사람한테 뭔가 볼일이라도 있어?"

"그 사람을 만나면 말해주세요. 아니, 그럴 것 없어요."

"도대체 무슨 말인데?"

"아니에요, 아무것도 아니에요."

물끄러미 여자를 응시하던 그는 점점 불안해졌다.

"그럼 넌 그 사람을 알고 있는 거야?"

"아니에요, 몰라요."

"그런데 왜 그런 말을 하지?"

여자는 대답은 하지 않고 갑자기 일어나서, 안주인이 앉아 있는 카운터로 달려가, 레몬을 집어 그것을 둘로 잘라 컵 속에 즙을 짜 넣었다. 그런 다음 거기에 물을 타서 셀레스탱에게 가지고 왔다.

"자, 이거 마셔요." 그녀는 아까처럼 다시 그의 무릎 위에 올라앉았다.

"이건 왜?" 그녀한테서 컵을 받아 들며 그가 물었다.

"술 깨라고, 그러면 얘기하겠어요. 어서 마셔요."

그는 그것을 쭉 들이켠 다음 옷소매로 입을 닦았다.

"이제 말해 봐, 들을 테니까."

"당신은 나를 만난 것을 그 사람한테 말하지 않겠죠? 누구한테서 이런 얘기를 들었는지 말하지 않을 거죠?"

"그래, 좋아, 말하지 않겠어."

"맹세해요!"

그는 맹세했다.

"절대로?"

"절대로."

"그렇다면 그 사람에게 말해줘요. 그의 아버지도 돌아가시고 어머니도 돌아가시고, 그리고 형님도 역시 죽었다고요. 열병이었어요. 한 달 사이에 세 사람이나 죽었어요."

뒤클로는 온 몸의 피가 한꺼번에 심장으로 몰리는 것 같은 느낌이었다. 무슨 말을 해야 할지 몰라 한동안 묵묵히 있다가 이윽고 입을 열었다.

"그게 정말이야?"

"네, 정말이에요."

"누구한테서 들었지?"

여자는 그의 어깨에 두 손을 얹고 그의 눈을 똑바로 들여다보았다.

"아무한테도 말하지 않겠다고 맹세해요."

"아까 맹세했잖아. 하느님께 맹세코 말하지 않겠어."

"난 그 사람의 여동생이에요."

"프랑수아즈!" 하고 그가 소리쳤다.

그녀는 그의 얼굴을 가만히 들여다보다가, 입술을 희미하게 움직이며 거의 들릴락말락하는 목소리로 말했다.

"그럼 당신은 셀레스탱 오빠?"

두 사람은 마치 돌이 된 것처럼 꼼짝도 하지 않고 서로의 눈을 응시했다.

그들의 주위에서는 모두들 술에 취해 고래고래 고함을 지르고 있었다. 컵 부딪치는 소리와 손뼉을 치는 소리, 구두 뒷굽을 쾅쾅 울리는 소리, 여자들의 교성이 시끄러운 노랫소리와 한데 뒤섞였다.

"어떻게 이런 일이!" 뒤클로는 여자가 겨우 알아들었을 만큼 낮은 목소리로 말했다.

갑자기 여자의 눈에서 눈물이 쏟아졌다.

"네, 다 죽어버렸어요. 세 사람 모두 한 달 사이에."

그녀는 애기를 계속했다. "정말로 나, 어떻게 해야 할지 몰랐어요. 아무도 없이 혼자 남아 약값과 의사의 진료비, 장례식 비용으로 모든 것을 팔아치우고 정리하고 나니, 남은 건 달랑 내 몸뚱아리뿐이었어요. 그래서 카쇼 나리의 집에 하녀로 들어갔어요. 오빠도 기억하고 있죠? 그 절름발이 말이에요. 그때 난 겨우 열다섯 살이었어요. 오빠가 집을 나갔을 때는 열넷이었죠. 난 결국 카쇼 나리와 죄를 짓고 말았어요. 정말 바보였죠. 그 다음에는 공증인의 집에 애보기로 들어갔어요. 이 공증인도 역시 마찬가지였어요. 처음에는 나에게 방도 구해주고 살림을 차려 주었지만 그것도 오래가지 못했어요. 그 사람은 나를 버렸고, 난 사흘 동안 아무것도 먹지 못하고 아무도 거들떠보는 사람도 없어서, 결국 이곳의 다른 여자들과 마찬가지로 이런 곳에 흘러 들어오고 말았어요."

그렇게 말하는 그녀의 눈과 코에서 눈물이 넘쳐서 뺨을 타고 입속으로 흘러들어갔다.

"아아! 우리가 도대체 무슨 짓을 저질렀담!"

"난 오빠도 벌써 죽었을 줄 알았어요." 그녀는 흐느끼는 사이사이 그렇게 말했다. "내 잘못이 아니에요" 하고 그녀는 속삭이듯 말했다.

"넌 어째서 날 알아보지 못했니?" 그도 역시 속삭이는 목소리로 말했다.

"어떻게 알아봐요? 내 탓이 아니에요." 그녀는 한층 더 심하게 흐느껴 울었다.

"난 널 알아볼 수가 없지. 내가 집을 떠날 무렵의 너는 지금과는 완전히 딴판이었으니까. 어째서 네 쪽에서 알아보지 못했을까?"

그녀는 절망적으로 손을 내저었다.

"아! 난 매일 수많은 남자의 얼굴을 보면서 살고 있기 때문에, 모두 똑같은 얼굴로 보이는 걸요."

그는 심장이 터질 것처럼 아프게 죄어 와서, 마치 세게 얻어맞은 어린아이처럼 비명을 지르며 울고 싶었다.

그는 일어서서 그녀를 자기 몸에서 떼어놓고, 그 선원다운 큼직한 두 손으로 그녀의 머리를 감싸며 누이의 얼굴을 가만히 응시했다

그의 뇌리에 조금씩 옛날 누이의 모습이 떠오르더니, 마침내 그녀가 묻어준 아버지와 어머니와 형과 함께 집에 남기고 떠났을 때의 그 작고 가녀린, 명랑한 소녀의 모습이 선명하게 떠올랐다.

"그래, 넌 프랑수아즈야! 내 동생!" 하고 그가 말했다.

그러자 갑자기 그의 목구멍에서 술 취한 사람의 딸꾹질 같은 통곡이, 비통한 사나이의 통곡이 치밀어 올라왔다. 그는 누이의 머리를 놓고, 컵이 날아가 산산조각이 되도록 강하게 테이블을 내리치더니, 짐승이 짖는 것 같은 목소리로 울부짖었다.

동료들이 놀라서 그를 돌아보았다.

"아니 저런, 엉망으로 마셔댔군 그래!" 하고 누군가가 말했다. "이봐! 뒤클로, 무슨 소릴 질러대는 거야! 자, 다시 한 번 이층으로 가자구" 하며 다른 한 남자가 한 손으로 셀레스탱의 소매를 붙잡고, 다른 손으로는 새빨간 얼굴에 까만 눈을 반짝이며, 앞섶을 풀어혜친 장밋빛 비단 속옷차림으로, 까르르 웃고 있는 자신의 여자를 끌어안으면서 말했다.

뒤클로는 갑자기 입을 다물더니, 숨을 죽이고 뚫어지게 동료들을 쳐다보았다. 그리고 으레 싸움을 시작하려 할 때의 일종의 이상야릇하고 결연한 표정을 지으며, 비틀비틀 여자를 안고 있는 선원에게 다가가더니, 그와 여자 사이에 미친 듯이 뛰어들어 두 사람 사이를 갈라놓았다.

"떨어져! 이 여자가 네 누이라는 걸 모르겠어? 그녀들은 모두 누군가의 누이라구, 이봐! 이 여자가 내 누이동생 프랑수아즈야. 하하핫!" 그는 마치 웃고 있는 것 같은 목소리로 통곡하면서 비틀비틀 걸음을 옮기다가, 두 팔을 번쩍 위로 치켜들면서 콰당! 하고 마룻바닥에 엎어졌다. 그리고 마치 빈사상태에 빠진 사람처럼 허덕이면서, 팔다리를 퍼덕거리며 바닥 위를 뒹굴었다.

"그를 재워야 해" 하고 동료 가운데 한 사람이 말했다. "이대로 밖에 나갔다가는 유치장 신세라구."

사람들은 셀레스탱을 업고 이층에 있는 프랑수아즈의 방으로 옮겨 그녀의 침대에 눕혔다. 　　　　　　　　　　　　　　　모파상 작, 톨스토이 다시 씀

12월 2일

1

'살인하지 말라'는 계율은 단순히 사람을 죽이는 것뿐만 아니라 생명을 가진 모든 것을 죽이는 것에 대해 한 말이다. 이 계율은 시나이산 위에서 들려오기 전부터 사람들의 마음속에 새겨져 있었다.

2

어떤 말로 채식주의를 반대하든, 우리 인간은 양과 닭을 죽이는 것을 불쌍하게 여기며, 제 손으로 죽일 바에는 차라리 고기를 먹지 않겠다는 사람이 대부분일 것이다

3

"만일 양이나 토끼를 불쌍히 여겨야 한다면 늑대나 쥐도 불쌍히 여겨야 한다"고 채식을 반대하는 사람들은 말한다. 거기에 대해 채식주의자들은, "그렇다, 우리는 그런 동물들도 가엾게 여기고 있고 또 동정하려고 애쓰고 있다. 그래서 그들을 죽이지 않고 그 피해를 막을 수 있는 방법을 찾고 있고, 그것은 틀림없이 발견될 거라고 생각한다"고 채식주의자들은 대답한다. 만일 너희들이 곤충에 대해서도 똑같은 말을 한다면, 우리가 그것에 대해 직접적인 연민의 정을 느끼지는 않는다 하더라도(리히텐베르크는 생물에 대한 우리의 연민의 정은 동물의 크기에 비례한다고 했다), 그들에 대해서도 그것을 느낄 수는 있고(바로 실비오 펠리코가 거미에 대해 느낀 것처럼), 죽이지 않고 그들에 대처하는 방법도 찾을 수 있을 거라고 말할 것이다.

"하지만 식물에도 또한 생명이 있지 않은가, 당신들은 바로 그 식물의 생명을 빼앗고 있다" 하고 채식 반대론자들은 또 말한다. 그러나 바로 그 말이야말로 무엇보다 채식주의의 본질을 잘 표현하고 있으며, 그 요구를 만족시킬 수 있는 방법을 보여준다. 이상적인 채식주의는 과일을 먹는다. 즉 씨앗을 감싸고 있는 과육을 먹는 것에 지나지 않는다. 사과, 복숭아, 수박, 호박, 딸기 등등이 그것이다. 위생학자들은 그러한 것들을 건강에 가장 좋은 먹거리로 인정하고 있고, 그런 것을 먹으면 식물의 생명을 빼앗는 일이 없다. 그리고 그 맛있는 과일, 즉 씨앗을 감싸고 있는 과육을 사람들이 따 먹음으로써 씨앗이 사방에 퍼

져, 그 식물을 더욱 증식시킨다는 점에도 커다란 의미가 있는 것이다.

4

문화의 발달과 인구의 증가에 따라, 사람들은 인간을 먹는 습관에서 동물을 먹는 습관으로, 동물을 먹는 습관에서 곡물과 근채류를 먹는 습관으로, 다시 그 습관에서 과일을 먹는 가장 자연스러운 습관으로 이행할 것이다.

5

광대한 땅이 사유재산으로 점유되고 있는 것이 과일을 사치품으로 만들고 있다. 토지의 분배가 공평해질수록 과일의 생산은 늘어난다.

6

글을 읽는 것도, 그것이 사람들에게 생명에 대한 사랑을 가르쳐주지 않는다면 결코 진정한 교양이라고 할 수 없다.

존 러스킨

7

물질적, 정신적 양면에서의 육식의 어리석음과 부당함, 유해함은 최근에 더욱 명백해져서, 이제 육식은 이론적이 아니라, 단지 오래전부터의 전통과 관습의 타성에 의해 이어지고 있을 뿐이다. 따라서 지금은 이미 다 알고 있는 육식의 폐해에 대해 사람들에게 설명할 필요가 없다. 그것은 때가 되면 저절로 끝날 것이다.

12월 3일

1

예술은 한 사람이 다른 사람에게, 일정한 수단을 가지고 의식적으로 자기가 경험한 감정을 전달하는 것이며, 그 결과 다른 사람들에게 그 감정이 전달되어 그들도 또한 그것을 느끼는 것이다.

2

진정한 예술 작품은 그것을 접하는 사람의 의식 속에서 그와 예술가가 한 마음이 되고, 나아가서는 그와 예술가뿐만 아니라 그 작품을 접하는 다른 모든 사람들과 한마음이 되는 작용을 한다. 바로 거기에 개개인과 타자의 분열로부터의 해방과 고독으로부터의 해방이 있고, 바로 이러한 개개인과 타자의 융합 속에 예술의 매력과 공적이 있다.

3

사상적 저술은 이미 잘 알려져 있는 것을 되풀이하는 것이 아니라, 새로운 의견, 새로운 사상을 전달할 때 비로소 사상적 저술이라고 할 수 있는데, 바로 그와 마찬가지로, 예술작품도 그것이 인간의 삶 속에 새로운 감정을 가져다줄 때 비로소 예술작품이라 할 수 있다.

4

예술은 인류의 진보를 위한 두 기관 중의 하나이다. 언어를 통해서 인간은 서로의 사상을 주고받으며, 또 예술작품을 통해서 단순히 현재의 사람들뿐만 아니라 미래의 사람들과도 감정을 주고받는다.

지식이 점점 완성되어 가듯, 바꿔 말하면, 더욱 진실하고 더욱 필요한 지식이 그릇되고 불필요한 지식을 몰아내듯, 감정에 있어서도, 예술작품에 의해 더욱 높고 더욱 뛰어나며, 인류의 복지에 더욱 필요한 감정이, 그보다 저급하고 불필요한 감정을 몰아낸다.

바로 거기에 예술의 사명이 있다.

5

에머슨은, 음악은 인간의 영혼에서 가장 위대한 것을 표현하는 것이라고 말했다. 그것은 모든 진정한 예술 작품에도 해당되는 말이다.

6

예술은 모든 사회적 토양에서 피는 꽃이다. 현대 그리스도교계의 상류계급 같은, 잔인한 기생충들의 사회에 피는 꽃은 아름다운 꽃일 수가 없다. 그것은 필연적으로 타락하여 일그러진 꽃이 될 것이다.

최근에 갈수록 부패하고 타락해 가고 있는 현대사회의 예술이 바로 그러하다.

7

'현재의 그리스도교계에서, 잘못된 예술이든 좋은 예술이든, 실제로 예술이라는 이름으로 불리고 있는 것은 모조리 없애버리는 것이 좋지 않을까' 하는 문제가 제기된다면, 나는 지혜롭고 도덕적인 사람이라면 누구나, 그 옛날 플라톤이 그의 국가론에서 말한 것과 같은, 또 그리스도교계와 이슬람계의 스승들이 한결같이 말한 것과 같은 결론을 내릴 거라고 생각한다. 즉, '현대에 볼 수 있는 타락한 예술과 사이비 예술이 언제까지나 세상을 어지럽힐 바에는, 차라리 예술이라는 것 자체가 없어지는 것이 낫다'고.

8

현재 학문과 예술에 종사하는 사람들은 자신의 사명을 완수하지 못하고 있고, 또 앞으로도 완수할 수 없을 것이다. 왜냐하면 그들은 자신의 의무를 권리로 착각하고 있기 때문이다.

9

현대의 우아하고 퇴폐적인 예술은 민중의 노예상태 위에서만 태어나는 것이며, 그것은 그 노예상태가 유지되는 동안만 지속될 것이다.

12월 4일

1

신을 사랑하고 이웃을 사랑하라는 것이 율법의 전부라는 것은 정말 옳은 얘기이다. 그러나 이웃에 대한 사랑에는 그것을 위한 개별적인 기회가 필요하다. 이웃은 존재할 때도 있고 존재하지 않을 때도 있지만, 신은 항상 존재한다. 따라서 인간은 홀로 광야나 감옥에 있을 때도, 또 하다못해 추억과 상상과 사색 속에서도, 신을 사랑하고 그 모든 발현을 사랑함으로써 사랑의 율법을 수행할 수 있다.

2

모든 사람의 가슴 속에 신의 영혼이 살고 있음을, 너에게 생명을 준 신의 영혼이 살고 있음을 잊어서는 안 된다. 또 그렇기 때문에, 누구의 영혼이든 신성불가침한 것이며, 우리는 그것을 사랑할 뿐만 아니라 존중해야 한다.

3

말은 그 빼어난 다리의 힘으로 적에게서 달아날 수 있다. 말이 불행한 것은 수탉처럼 울지 못할 때가 아니라 자신에게 주어진 것, 즉 그 다리를 잃었을 때이다. 개는 예민한 후각을 가지고 있다. 개는 자신에게 주어진 그 후각을 잃었을 때는 불행하지만, 새처럼 날지 못한다 해서 불행하지는 않다. 이와 마찬가지로 인간도 또한 곰이나 사자나 흉악한 사람을 힘으로 이기지 못했을 때 불행한 존재가 되는 것이 아니라, 자신에게 주어진 것, 즉 선함과 분별심을 잃었을 때 비로소 불행해진다. 그런 사람이 진정으로 불행하고 동정 받아야 할 존재이다.

인간이 죽는 것이나 돈과 집과 재산을 잃는 것은 그리 슬퍼할만한 일이 아니다. 그런 일들은 원래 인간에게 속한 것이 아니다. 인간이 자신의 진정한 재산, 즉 인간적인 존엄성을 잃는 것, 그것이야말로 참으로 슬퍼해야 할 일이다.

에픽테토스

4

사람들 앞에서든 혼자 있을 때든, 결코 양심에 어긋나는 일을 해서는 안 된다.

5

오늘날의 사람들은 무엇보다 먼저 자신 속의 인간을 존중해야 한다는 것을 잊고 있다. 인간의 최고의 특질은 그가 정신적 안정상태에 있을 때 그 의식이 이성의 원천과 교류하여, 무한한 영적 생명과 융합할 수 있다는 데 있다. 그런데도 사람들은 이 원천에서 직접 영혼의 양식을 길어 올리려 하지 않고, 마치 거지처럼 고인 물 한 국자를 서로 동냥하고 있다.

에머슨

6

우리들 가운데 아무리 보잘것없어 보이는 존재도 뭔가 천부적인 재능을 가지고 있게 마련이다. 그리고 그게 아무리 평범하게 보일지라도 역시 우리 인간의 특질이므로, 올바르게 사용될 때는 전 인류를 위한 선물이 될 수 있다.

존 러스킨

7

우리들 각자에게는 이웃에 대한 의무 외에 신의 아들로서의 자기 자신에 대한 의무가 있다.

12월 5일

1

인류는 오래 존속하면 할수록 갖가지 미망에서 해방되어, 삶의 법칙이 더욱더 단순하게 보일 것이다.

2

현대는 그야말로 비판의 시대이다. 그런데 종교와 입법은 일반적으로 비판을 피하고 싶어한다. 그래서 종교는 그 신성함의 힘을 빌리고, 입법은 그 외면적인 위대함의 힘을 빌리는 것이다.

그러나 그렇게 함으로써 종교와 입법은, 자신에 대한 사람들의 의혹을 부채질해 사람들의 참다운 존경을 받을 수 없게 된다. 왜냐하면 이성은 자유롭고 공개적인 판단을 거친 것만 존경하기 때문이다.

칸트

3

선교사들은 인도에서 그리스도교를 전파하려고 열심히 노력하고 있다. 그러나 과연 그리스도교가 인도에, 인도가 지난 날 겪었던 운명보다 더 나은 운명을 안겨줄 수 있을까? 인도에, 인도가 현재 가지고 있는, 또는 유사 이전부터 가지고 있었던 것 이상의 지적인 힘과 정신적인 힘을 줄 수 있을까? 과연 그리스도교 안에는 이슬람 이상으로 지고한 편재자(遍在者), 전지자, 전능자의 개념이 존재할까? 아담과 이브와 함께 에덴의 동산을 거닐면서도 그들에게서 조금 떨어진 곳에 있었기 때문에 그들의 대화를 듣지 못했던 신, 자신의 하늘의 요새가 탑의 건설자 따위로부터 공격을 받았다고 놀라 허둥대고, 늙은이들과 함께 구운 양고기를 먹고, 온갖 하찮은 일로 노발대발하며 끊임없이 자기가 창조한 인간들의 잘못을 저주하는 신, 그러한 신의 관념이, 눈에 보이지 않는 전지전능한 존재, 자신의 의지를 전 세계 곳곳에서 보여주는 존재라는 관념에 비해, 어딘가 지고한 점이 있는 것일까? 그렇다면 그리스도는 신이며, 설사 육체를 가지고 지상에 내려와서, 죽은 뒤 다시 부활하여 사람들의 죄를 자신의 희생으로 속죄했다고 운운하는 신앙은 무엇이란 말인가? 하지만 그런 것은, 참으로 높고 참으로 위대한 존재를 죽기로 예정된 인간의 행위 속에 끌어들이는 것은 신성모독이 아닐까? 정말 이보다 더 눈먼 행위가 있을까? 인도인이 그리스도의 강림을 믿어야 한다면, 어째서 크리슈나와 라마의 강림을 믿어서는 안 되는 것일까? 어째서 크리슈나와 라마가 아니라, 기어이 그리스도만을 믿어야 하는 것인가? 원래 신은 인류의 참으로 신성한 경전에 씌어져 있는 것처럼, 육체를 가지지 않고 태어나는 일도 없으니(요한복음 제4장), 육체를 가지고 강림할 수도 없다. 부활의 가르침은 옛날이야기 그 이상도 이하도 아니다. 정말 죽은 것이라면, 그 죽은 자가 무덤에서 나올 이유가 없다. 또 속죄의 가르침에 이르러서는 애초의 시작부터 공정한 개념에 어긋나는 것이다.

류시 말로리

4

모든 것을 연구하되, 이성에 그 첫 번째 자리를 내주어라.   피타고라스

5

인생은 자신의 사명에 대한 진실을 더 많이 파악하고 더욱 더 그 진실을 좇아서 사는 것이다. 그릇된 종교는 모두 자신들의 책과 전설 속에(베다, 성서, 코란 등) 확실하게 완성된 더할 나위 없는 진리가 있고, 그 진리에 따라 사는 방법(신앙, 제물, 기도, 은총 등)도 있다고 한다. 따라서 진리를 탐구할 필요도 없고 자기 생활의 개선을 위해 노력할 필요도 없다는 것이다.

참으로 놀라운 이야기가 아닌가!

6

이성이 사람들의 전설을 파괴하는 것을 두려워할 필요는 없다. 이성은 진리와 맞바꾸지 않고서는 아무것도 파괴하지 못한다.

12월 6일

1

우리가 미망에 빠지는 것은 올바르게 생각할 수 없어서가 아니라 그릇된 생활을 하고 있기 때문이다.

2

무지는 절대로 악을 낳지 않는다. 가장 무서운 것은 미망이다. 사람들이 미망에 빠지는 것은 무지 탓이 아니라 자신을 유식한 자로 과대평가하기 때문이다.

루소

3

모든 미망은 독약이니 해롭지 않은 미망이란 있을 수 없으며, 하물며 아름답고 신성불가침한 미망은 더더욱 있을 수 없다.

게다가 끊임없이 환멸이라고 하는 다모클레스의 칼이 위에서 대롱거리고 있는 위안이 도대체 무슨 소용 있으랴. 안전한 것은 진리뿐이다. 진리만이 튼튼하며, 진리만이 의지가 된다. 진리 안에서만 위안이 있고, 진리만이 깨지지 않는 금강석이다. 인간을 허위에서 해방하는 것은 무언가를 빼앗는 것이 아니라 무언가를 주는 것이다. 허위가 허위임을 아는 것은 바로 진리를 안 것과 다름없다. 미망은 반드시 해악을 끼친다. 그러므로 미망은 거기에 빠져 있는 자에게 나쁜 영향을 미치지 않을 수 없다.

쇼펜하우어

4

우리는 우리의 사상을 통해 세계를 본다. 즉, 있는 그대로의 세계가 아니라, 우리의 사상이 거기에 준 빛을 통해 그것을 보는 것이다. 증오는 우리가 그것을 보는 눈을 마치 검은 안경을 쓴 것처럼 어둡고 우울한 것으로 만든다.

류시 말로리

12월 1045

5

논박할 수 없는 미망이 있다. 미망에 빠져 있는 사람에게는 그 사람의 마음을 비춰주는 지식을 주지 않으면 안 된다. 그러면 미망은 저절로 사라질 것이다.

6

인간의 나쁜 습관의 하나는, 자기 자신을 사랑하고 자신을 소중히 하며, 자신의 행복만을 바라는 것이다. 그러나 자기 자신만 사랑하는 것은 옳은 일이 아니다. 위대해지고 싶지만 자기가 왜소하다는 것을 안다. 행복해지고 싶지만 불행하다는 것을 안다. 완성된 인간이 되고 싶지만 자신이 매우 불완전한 인간이라는 것을 안다. 사람들의 사랑과 존경을 받고 싶지만, 그의 결점이 사람들의 감정을 자극하여 경멸을 불러일으킨다. 자신의 소망이 이루어지지 않는 것을 알면 그는 극도의 죄악에 빠진다. 그는 자신의 마음에 탐탁지 않은 진실을 증오하게 되어 그 진실을 말살하려 하지만, 도저히 불가능한 일임을 알고, 가능한 한 자신의 마음과 타인의 가슴 속에서 하다못해 진실을 왜곡하려고 기를 쓰게 된다. 그렇게 하여 자신의 결점을 타인으로부터도 자기 자신으로부터도 숨기려는 것이다.

파스칼

7

인간 안의 영혼과 육체의 투쟁은 모든 사람에게 동일하며, 사람들은 모두 똑같은 미망에 빠진다. 그리고 모두가 미망에 빠져 있는 것을 보면 사람들은 더욱 그 속에 빠져들어, 대다수의 사람들이 빠져 있는 것을 이유로 그 미망을 의심할 여지없는 진실로 생각하게 된다.

8

굶주린 사람에게 먹을 것을 주고 옷이 없는 사람에게 옷을 주며 병든 사람을 문병하는 것은 모두 선행이지만, 그것과 비교도 할 수 없는 큰 선행은 미망에 빠져 있는 사람을 거기서 구제해주는 일이다.

12월 7일

1

인간의 육체적 생명은 참으로 깨닫기 어려운 듯 보이지만, 잘 관찰하면 그야말로 변화의 연속이다. 그러나 극히 어린 시절에 일어나는 그 변화의 시작과 죽음을 동반하는 그 끝은 인간의 관찰이 미칠 수 없는 것이다.

2

정말 잘 들어 두어라. 밀알 하나가 땅에 떨어져 죽지 않으면 한 알 그대로 남아 있고 죽으면 많은 열매를 맺는다. 누구든지 자기 목숨을 아끼는 사람은 잃을 것이며 이 세상에서 자기 목숨을 미워하는 사람은 목숨을 보존하며 영원히 살게 될 것이다.   요한복음 제12장 24~25절

3

생명은 끊임없이 그 겉모습을 바꾼다. 사물의 겉모습밖에 보지 않는 무지몽매한 인간만이 일정한 형태의 생명을 가진 존재가 사라지면 생명 자체가 소멸했다고 생각한다. 실은, 일정한 형태의 생명이 사라지는 것은 오로지 새로운 형태로 나타나기 위해서이다. 애벌레가 사라지고 새롭게 나비가 되어 나타난다. 어린아이가 사라지고 대신 청년이 나타난다. 동물적인 인간이 사라지고 새롭게 정신적인 인간이 나타나는 것과 같다.   류시 말로리

4

도토리는 가지, 잎, 줄기, 뿌리, 즉 모든 외형, 모든 고유한 형태를 잃었지만, 그 속에 자신이 포기한 모든 것을 되찾을 수 있는 생산력을 간직한 상수리나무 자체가 아니고 무엇이겠는가? 그러한 외형적인 빈곤은 어디까지나 겉모습에 지나지 않는다. 자신의 영원한 모습으로 돌아가는 것 그것이 곧 죽는 것이다. 죽는 것은 사라지는 것이 아니라 자신의 잠재적 가능성으로 돌아가는 것이다.   아미엘

5

우리는 이미 한번, 미래를 알 수 없는 것 이상으로 현재를 알 수 없었던 상태에서 되살아난 것은 아닐까? 전생의 삶이 현재의 삶에 이어져 있는 것처럼, 현재의 삶은 미래의 삶에 이어지는 것이다.　　　　　　　　　　　리히텐베르크

6

너는 변화가 두려우냐? 세상에 변하지 않는 것은 아무것도 없다. 장작이 재로 변하지 않으면 물을 데울 수 없고, 음식도 형태가 변하지 않으면 자양분이 될 수 없다. 이 세계의 삶 자체가 바로 변화이다. 너를 기다리고 있는 변화가 사물의 자연적인 과정상 필연적인 의미를 가지는 것임을 깨달아야 한다. 인간의 참된 본성을 거스르는 행위를 하지 않고, 모든 일에서 그 본성이 이끄는 대로 행동하도록 전념하라.　　　　　　　　　　　　　마르쿠스 아우렐리우스

7

이 세상의 만물은 자라서 꽃을 피우고 다시 그 뿌리로 돌아간다. 자기의 뿌리로 돌아가는 것은 자연과 합일하는 안정상태로 돌아가는 것이다. 자연에 합일하는 것은 영원을 의미한다. 그러므로 육체가 소멸하는 것에는 아무런 위험도 없다.

〈역주—도덕경 제16장 '치허극장(致虛極章)'에서〉

8

죽음은 우리의 영혼이 깃드는 형태의 변화이다. 형태와 그 형태 속에 깃든 것을 혼동해서는 안 된다.

12월 8일

1

그리스도교의 가르침 속에 표현되어 있는 신의 법칙을 실천하는 것은 얼마나 쉬워 보이는가! 그런데도 우리는 그 실천에서 이렇게 멀리 떨어져 있다니!

"'살인하지 말라. 살인하는 자는 누구든지 재판을 받아야 한다'고 옛 사람들에게 하신 말씀을 너희는 들었다. 그러나 나는 이렇게 말한다. 자기 형제에게 성을 내는 사람은 누구나 재판을 받아야 하며 자기 형제를 가리켜 바보라고 욕하는 사람은 중앙법정에 넘겨질 것이다. 또 자기 형제더러 미친놈이라고 하는 사람은 불붙는 지옥에 던져질 것이다.'"

"'간음하지 말라'고 하신 말씀을 너희는 들었다. 그러나 나는 너희에게 이렇게 말한다. 누구든지 여자를 보고 음란한 생각을 품는 사람은 벌써 마음으로 그 여자를 범했다.'"

"또 '거짓 맹세를 하지 말라. 그리고 주님께 맹세한 것은 다 지켜라'고 옛 사람들에게 하신 말씀을 너희는 들었다. 그러나 나는 이렇게 말한다. 아예 맹세를 하지 말라. 하늘을 두고도 맹세하지 말라. 하늘은 하느님의 옥좌이다. 너희는 그저 '예' 할 것은 '예' 하고 '아니오' 할 것은 '아니오'라고만 하여라. 그 이상의 말은 악에서 나오는 것이다.'"

"'눈은 눈으로, 이는 이로'라고 하신 말씀을 너희는 들었다. 그러나 나는 이렇게 말한다. 앙갚음하지 말아라. 누가 오른뺨을 치거든 왼뺨마저 돌려대고 또 재판에 걸어 속옷을 가지려고 하거든 겉옷까지도 내 주어라. 누가 억지로 오 리를 가자고 하거든 십 리를 같이 가 주어라. 달라는 사람에게 주고 꾸려는 사람의 청을 물리치지 말아라.'"

"'네 이웃을 사랑하고 원수를 미워하여라'고 하신 말씀을 너희는 들었다. 그러나 나는 이렇게 말한다. 원수를 사랑하고 너희를 박해하는 사람들을 위하여 기도하여라. 그래야만 너희는 하늘에 계신 아버지의 아들이 될 것이다. 아버지께서는 악한 사람에게나 선한 사람에게나 똑같이 햇빛을 주시고 옳은 사람에게나 옳지 못한 사람에게나 선한 사람에게나 똑같이 비를 내려 주신다. 너희가 자기를 사랑하는 사람들만 사랑한다면 무슨 상을 받겠느냐? 세리들도 그만큼은 하지 않느냐? 또 너희가 자기 형제들에게만 인사를 한다면 남보다 나을 것이 무엇이냐? 이방인들도 그만큼은 하지 않느냐? 하늘에 계신 아버지께서 완전하신 것같이 너희도 완전한 사람이 되어라.'"

마태복음 제5장 21~22, 27~28, 33~34, 37~48절

3

그리스도의 5계명 중에는 신의 법칙을 실천하기 위한 조건이 표현되어 있으며, 그 실천을 방해하는 것이 지적되어 있다. 세상 사람들이 그 5계명에 따르기만 하면 지상에 신의 나라가 세워지는 것이다. 그리고 그것을 따르는 것은 우리처럼 교육으로 그르친 자에게도 어려운 일이 아니다. 지상의 모든 어린이들을 이 5가지 계율로 가르친다면 어떨까?

4

종교가 쉬지 않고 나아가야 할 목표는 도덕에의 접근이다. 신학상의 의견은 변해도 행위에 대한 사람들의 신념은 변치 않는 것이다.　　　　　　　에머슨

5

인생의 섭리는 현자에게 처음에는 분명하지 않다가도 그것을 추구해갈수록 점차 분명해진다. 인생의 섭리는 범인에게는 분명해 보이지만, 그것을 좇아 나아갈수록 점차 흐릿해진다.　　　　　　　공자

〈역주―이 말을 「논어」에서 찾는다면 〈헌문(憲問)〉 제14의 "子曰 君子는 上達하고 小人은 下達이니라"일 것이다〉

6

동서고금의 모든 사람들을 다스리는 오직 하나뿐인 영원불변의 법칙이 있다. 그 법칙을 따르지 않는 자는 자기를 부정하고 인간의 본성을 무시하는 자로, 그런 사람은 인간의 형벌은 피할 수 있을지 모르지만, 인간의 것보다 더욱 무거운 벌을 자신에게 부르게 될 것이다.　　　　　　　키케로

7

우리가 아는 데까지 최선을 다해 신의 법칙을 실현하는 데는 노력이 필요한데, 그 노력은 인간이 하는 것이며, 아무리 느릴지라도 우리는 분명히 그 실현에 점점 다가가고 있다.

이레째 읽을거리
〈열두 사도의 가르침〉 서문

1883년 그리스의 대주교 브리에니는 콘스탄티노플에서 고대그리스도교와 관련된 고문서 속에서 '열두 사도의 가르침' 또는 '열두 사도에 의해 사람들에게 전해진 주의 가르침'이라는 제목의 글을 발견했다. 교회의 일부 성직자들로부터 신성시되고 있는 이 글은 그때까지는 제목만 알려져 있었다.

이 글에는 그리스도교의 본질이 들어 있는데, 〈마태복음〉의 산상수훈과 〈루가복음〉 제6장 가운데에 기술되어 있는 진리와 가르침이 다른 말로, 그리고 약간의 보충과 설명을 덧붙여서 기록되어 있다. 이를테면 구하는 자에게는 주라는 가르침에는 다음과 같이 덧붙이고 있다. '계율에 좇아 주는 사람은 행복하다. 그는 의인(義人)이기 때문이다. 그러나 그것을 받는 자는 불행하다. 가난하여 받는 것은 죄가 없지만 가난하지도 않은데 받는 자는 무엇 때문에 받았는지 밝히지 않으면 안 된다. 마찬가지로 자선은, 땀을 흘린 손에서 나올 때만, 즉 주는 자의 노동에 의한 것이 주어질 때만 진정한 자선이라 할 수 있다.'

그것은 제4장에서 더욱 분명하게 얘기되고 있다. 거기에는 그리스도교도는 어떠한 것도 자신의 재물로 여겨서는 안 되며, 가난한 자를 돕는 것은 오직 자신의 노동에 의해서만 가능하다고 되어 있다.

또한 이 글 속에는 그리스도교도는 사람들에 대해 각자의 정신상태에 따라 어떻게 접해야 하는지, 복음서에서는 볼 수 없는 매우 중요하고 훌륭한 가르침이 있다. '누구도 미워하지 말라. 그러나 어떤 자는 충고하고, 어떤 자를 위해서는 기도하며, 또 어떤 자는 진심으로 사랑하라'는 것이 그것이다.

어떤 자에게는 충고하라는 가르침은 명백하게, 지금은 무지나 유혹 때문에 미망에 빠져 있지만 충고의 말로써 바른 길로 돌아가게 할 수 있는 사람들에게 해당하는 말이다. 또 기도하라는 것은 충고하고 훈계해도 효과가 없는 사람들의 경우이다. 그것은 분명히 복음서 안에서 돼지에게 진주를 주지 말라고 한 것과 관련이 있다. 여기서는 그 사상이 더욱 부드럽고 친절하게 설명되어 있으니, 그러한 사람도 완전히 외면하지는 말고 그들을 위해 기도하며, 즉 그들의 진정한 행복을 기원하며, 그들이 마음을 연다면 언제라도 손을 내밀 수 있도록 준비하고 있으라는 가르침이다. 진심으로 사랑하라는 것은, 동일한 신앙으로 맺어져 있는 사람들의 경우가 분명하다.

6장에 얘기되어 있는, 가르침을 받아들이려 하지 않는 사람들의 반박에 대해 어떻게 대답해야 할지에 대한 가르침 또한 중요하고 새롭다. '실천할 생각이면 전부를 다 실천하지 않으면 거짓이다'라고 그들은 반박할 것이다. '그러나 전부를 실천해야 한다면 사는 것을 포기하지 않으면 안 된다. 그런 일은 불가능하다.'

거기에 대한 대답은 다음과 같다.

'신의 가르침을 반대로 설명해 너를 그 바른 길에서 벗어나게 하려는 자에게는 마음을 허락하지 말라. 네가 주의 멍에를 지겠다면 너는 완전해야 한다. 만약 그럴 수 없다면 네가 할 수 있는 데까지 하라.'

이러한 여러 가지 새롭고 훌륭한 가르침 외에, 이 글에는 세례를 주는 것에 대한 명확한 지시도 들어 있다. 즉 위에서 말한 가르침을 상대에게 말하고(따라서 세례를 받는 자는 성인이 아니면 안 된다), 성부와 성자와 성령의 이름으로 세례를 주는 것이다. 또 성찬식에 대해서도 그것은 공동의 식탁에서 바쳐지는 감사의 기도이며, 특별히 신비적인 의미는 없다는 것이 설명되어 있다.

기도에 대해서도 복음서와 마찬가지로 '하늘에 계신 우리 아버지' 하고 기도하라고 했다. 또한 사제나 부사제를 뽑는 것도 단순히 교단의 임원을 뽑는데 지나지 않기 때문에, 특별히 어떤 사람이 어떤 사람의 머리 위에 손을 얹고 그 사람을 성직에 서임하라는 말은 어디에도 없다.

그 밖에도 사도와 예언자에 대한 여러 가지 규정이 있는데, 그것은 모두 현재의 교회의 규정과는 완전히 동떨어진 것이다.

이리하여 수많은 학자들에 의해 1세기 말, 또는 2세기 초의 책, 즉 〈루가복음〉보다 훨씬 오래되고 〈요한복음〉과 동시대의 그리스도교적 문헌으로 인정된 것이 세상에 나왔다. 이 글은 원시그리스도교 시대의 사람들의 목소리이며, 그리스도교의 도덕적, 실천적 측면에 대한 우리의 지식이 올바르다는 것을 뒷받침하고 해명하고 보강하는 것으로, 많은 점에서, 또 가장 본질적인 점에서, 현재의 무너져가는 교회의 가르침과는 일치되지 않는 것이다. 그런데 어떠한가? 그러한 역사적 문서의 발견은 당연히 그리스도교계에 커다란 파문을 불러일으켰어야 마땅하다. 그리스도교도들은 당장 이 글에 달려들어, 내용을 검토하고, 그 진의를 파악하여 자신들의 교의와 대조하고, 그것을 토대로 그 교의를 수정했어야 한다. 그런 다음 이 글을 수백만 부 인쇄해 모든 사람들에게 나눠주고 교회 안에서도 그것을 읽었어야 한다.

그런데 그런 일은 전혀 일어나지 않았다. 열명 가량의 학자가 이 글을 교회 사와 일반역사의 입장에서 조사하고, 거짓해설을 전문으로 하는 몇몇 신부들이 몇 가지 의견을 내놓았는데, 그 의견에 따르면, 현재의 교회의 교의가 옳고 이 글에 적혀 있는 것은 옳지 않다 하여, 결국 '12사도에 의해 사람들에게 전해진 주의 가르침'의 발견, 즉 원시그리스도교 시대의 성인들의 목소리는 그리스도교계에, 어느 발굴에서 비너스상의 조각이 발견되었을 때보다 훨씬 미미한 인상밖에 주지 못했던 것이다.

만약 머리가 이상해진 가련한 니체나 베를렌 같은 사람의 유고(遺稿)인지 뭔지가 발견되었다면, 몇 십만 부씩 인쇄되어 전 세계에 뿌려졌을 것이다. 그런데 그토록 신앙으로 삼고 있는 그리스도의 말씀이 발견되면, 우리는 그저 그것이 우리의 중요한 일을 방해하지 않도록 가능한 한 빨리 거기서 달아나려 할뿐이다.

그것은 마치 다음의 성서의 말과 같다.

'이 백성이 마음의 문을 닫고

귀를 막고

눈을 감은 탓이니,

그렇지만 않다면

그들이 눈으로 보고

귀로 듣고

마음으로 깨달아 돌아 서서

마침내 나한테 온전하게 고침을 받으리라'

(이사야서 제6장 9~10절, 마태복음 제13장 15절)

그러나 다행히도 일반 대중 가운데, 그 1세기 무렵의 이 목소리를 매우 중요하다고 여기고, 그 속에 그들의 생활을 비춰보아, 그들에게 힘을 주는 진리가 한결 선명하고 한결 정확하게 적혀 있는 것을 발견하고 기뻐하는 사람들이 있다.

톨스토이

〈열두 사도에 의해 사람들에게 전해진 주의 가르침〉

두 길이 있으니 하나는 생명의 길이요 또 하나는 죽음의 길이다. 그 두 길 사이에는 커다란 차이가 있다. 그중 생명의 길은 다음과 같다.

첫째로 너를 창조한 신을 사랑하라.

둘째로 네 이웃을 너 자신처럼 사랑하라. 따라서 남이 너에게 하기를 바라지 않는 행동은 너도 남에게 하지 말라.

이 두 마디에 들어 있는 가르침은 다음과 같다.

1

첫 번째 계율—너를 창조한 신을 사랑하라.

너희를 저주하는 자를 축복하고, 너희의 적을 위해, 너희를 공격하는 자를 위해 기도하며, 너희를 박해하는 자를 위해 단식하라. 왜냐하면 너희를 사랑하는 자들만 사랑하는 것은 선이 아니기 때문이다. 이방인들도 그렇게 행동하지 않느냐? 그들은 자민족을 사랑하고 타민족을 미워한다. 그러므로 그들에게는 적이 있다. 너희가 너희를 미워하는 자들을 사랑할 때 너희에게는 적이 없을 것이다.

육체적, 세속적 자극을 경계하라.

만일 네 오른뺨을 치는 자가 있거든 그에게 다른 뺨도 돌려대라. 그러면 너는 완전한 사람이 될 것이다. 만일 어떤 사람이 너에게 자기와 함께 1베르스타의 길을 갈 것을 강요하거든 그와 함께 2베르스타의 길을 가거라. 만일 네 겉옷을 빼앗는 자가 있거든 속옷도 내주어라. 만일 너에게서 네 것을 가져간 자가 있거든 도로 찾아오지 말라, 왜냐하면 그것은 원래 해서는 안 될 짓이기 때문이다. 너에게 구하는 사람이면 누구에게나 주어라. 그리고 그것을 돌려달라고 요구하지 말라. 아버지이신 신은 그가 모든 사람들에게 준 것을 모든 사람이 가지기를 바라기 때문이다. 계율을 따르는 사람은 행복하다. 그는 의인이기 때문이다. 그러나 공연히 받고자 하는 자는 불행하다. 왜냐하면 가난하여 받는 자만이 올바르기 때문이다. 가난하지 않으면서 받는 자는 자기가 무엇 때문에 받았는지를 밝혀야 한다. 마몬(재물의 신—역주)의 그물에 걸린 자는 자신이 한 행위 때문에 고통을 당할 것이다. 그리고 마지막 것을 버릴 때까지 그것에서 벗어나지 못할 것이다. 거기에 대해서는 이렇게 씌어 있다. 너의 자선은 네가 그것을 누구에게 줄 것인지 알기 전에 네 손에서 땀처럼 떨어지게 하라고.

2

두 번째 계율. 네 이웃을 너 자신처럼 사랑하라. 바꿔 말하면, 남이 너에게 하기를 바라지 않는 행동은 너도 남에게 하지 말라.

살인하지 말라, 간음하지 말라, 어린아이의 마음을 더럽히지 말라, 방탕하지 말라, 훔치지 말라, 요술을 하러 가지 말라, 독살하지 말라, 낙태하지 말라, 갓난애를 죽이지 말라, 네 이웃이 가진 것을 탐내지 말라, 맹세하지 말라, 거짓 증언을 하지 말라, 더러운 말을 입에 담지 말라, 더러운 생각을 품지 말라, 두 마음을 가지지 말라, 한 입으로 두 말 하지 말라, 일구이언은 죽음의 그물이다. 거짓되고 공허한 말을 하지 말고, 항상 진심으로, 해야 할 말만 하라. 탐내지 말라, 빼앗지 말라, 속이지 말라, 음울하지 말라, 오만하지 말라, 네 이웃에게 악의를 품지 말라, 아무도 미워하지 않고, 어떤 자는 충고하고, 어떤 자를 위해서는 기도하며, 어떤 자는 진심으로 사랑하라.

3

나의 자녀들이여! 모든 악과 악에 가까운 것을 피하라. 성내지 말라, 노여움은 살상으로 이어진다. 격정에 사로잡히거나 말다툼을 하고 흥분하지 말라. 이러한 모든 것에서 살상이 일어나기 마련이다. 나의 자녀들이여! 색욕을 피하라, 색욕은 방탕으로 이끈다. 더러운 말을 입에 담지 말며 너에게 필요하지 않은 것은 보지 말라, 이것은 간음으로 이끈다. 나의 자녀들이여! 점을 치지 말라, 왜냐하면 그것은 우상숭배로 이끌기 때문이다. 요술을 부리지 말라, 마술을 부리지 말라, 주술을 부리지 말라, 또 그와 비슷한 일에 끼어들지 말라, 왜냐하면 그것은 우상숭배이기 때문이다.

나의 자녀들이여! 속이지 말라, 속이는 건 도둑질로 이끌기 때문이다. 탐욕과 허영에 사로잡히지 말라. 이러한 것도 마침내는 도둑질로 이끈다. 나의 자녀들이여! 불만을 품지 말라, 불만에서 욕지거리가 나온다. 자기만족에 빠지지 말라. 비방하지 말라. 이러한 것도 욕지거리로 이끌기 때문이다. 온유한 사람이 되어라, 온유함이야말로 땅을 이어받는 것이기 때문이다. 참을성 있고 자비로우며 독실하고 겸손하며 선량한 사람이 되어라. 그리고 어떠한 때이건 네가 들은 이 말들을 경건하게 상기하라. 자기를 높이지 말고 자기의 마음속에 교만심을 키우지 말라. 네 마음을 높은 사람이나 권력의 자리에 있는 사람에게 향하지 말고, 올바르고 겸손한 사람들에게 향하라. 무슨 일이든 신의 뜻임을 알고, 너에게 무슨 일이 일어나든 그것을 행복으로 알라.

<h2 style="text-align:center">4</h2>

나의 자녀들이여! 너에게 신의 말씀을 가르쳐주는 사람을 밤이고 낮이고 떠올리며, 그를 주님처럼 공경하라. 왜냐하면 너에게 주에 대해 가르쳐주는 사람이 있는 곳에 주님도 계시기 때문이다. 언제나 성자들을 찾아 그들의 말 속에서 네 마음의 평화를 찾아내기 위해 그들과 교류하라. 사람들의 분열을 바라지 말고 서로 미워하는 사람들을 화합하게 하라. 정의에 의하여 그들을 판단하여, 지체의 높고 낮음에 구애받지 말고 솔직하게 그들의 죄를 지적하라. 한 입으로 두말 하지 말라, 이것도 좋고 저것도 좋다고 말해서는 안 된다.

받을 때는 손을 내밀지 말고, 줄 때는 손을 오그리지 말라. 네가 네 손으로 번 것을 자기 죄의 속죄로서 남에게 주어라. 주기를 망설이지 말라, 그리고 한 번 주었거든 아까워하지 말라. 왜냐하면 너는 네 선에 대해 무엇이 그 좋은 보상인지를 알 것이므로. 가난한 사람들로부터 얼굴을 돌리지 말고, 네가 가지고 있는 것의 전부를 네 형제들과의 공유물로 생각하며, 어느 것 한 가지도 내 것이라고 부르지 말라. 왜냐하면 너희 가운데 불멸의 것이 공유되고 있다면, 너희에게 육체적인 것은 더더욱 공유되어야 하기 때문이다. 자신의 아들 또는 딸의 지도를 게을리하지 말고, 어릴 때부터 신을 두려워하는 마음을 길러주어라. 아랫사람들을 턱으로 부리지 말라. 그들도 너와 같이 신을 믿고 있다. 그렇지 않으면 그들은 자포자기한 나머지 그들과 너희의 위에 있는 신을 두려워하지 않게 될 것이다. 그러므로 너희는 상대의 얼굴을 보고 명령하지 말고, 너의 영혼이 지정하는 자에게 명령하지 않으면 안 된다.

모든 위선과 신을 거스르는 모든 것을 미워하라. 주의 계율을 저버리지 말고, 네가 받은 계율에 아무것도 더하지 말며 아무것도 빼지 말라. 죄를 저질렀으면 신을 믿는 사람들을 향해 그것을 참회하고, 마음에 악의를 품은 채 기도

하려 하지 말라.

이것이 생명의 길이다.

5

죽음의 길은 다음과 같다.

무엇보다 먼저 그것은 불행과 더러움과 추악함으로 가득 차있다. 살인, 간음, 음탕, 방종, 도둑질, 우상숭배, 요술, 독살, 약탈, 기만, 위선, 두 마음, 교활, 오만, 증오, 도취, 탐욕, 더러운 말, 선망, 거만함, 거드름, 허영, 선인의 박해자, 진리의 증오자, 허위의 애호자, 정의에 대한 보상을 인정하지 않는 자, 선을 붙잡을 줄 모르고 올바른 판단을 내릴 줄 모르는 자, 선한 일에 마음을 쓰지 않고 나쁜 일에 생각을 달리는 자, 온유와 인내를 모르는 자, 하찮은 일에 매달리는 자, 세속적인 대가를 바라는 자, 가난한 사람을 동정하지 않고, 괴로운 사람과 함께 괴로워하지 않는 자, 자신들을 창조한 창조자를 모르는 자, 아이들을 죽이거나 유혹하는 자, 신의 얼굴을 파괴하는 자, 가난에 허덕이는 사람을 외면하고, 지친 사람에게 더욱 가혹한 노동을 강요하는 자, 부자에게 아첨하고 가난한 사람을 부당하게 심판하는 자—가는 곳마다 죄인들로 넘치고 있다.

나의 자녀들이여, 이러한 자들을 경계하라!

아무도 너를 이 가르침의 길에서 벗어나게 하지 못하도록 조심하라.

서로 사랑하라(어느 청년단에 보내는 메시지)

마지막으로 작별함에 있어서 나는(내 나이가 되면 사람들과의 만남은 모두 마지막 작별입니다), 우리의 생활이 현재 대부분의 사람들이 생각하고 있듯이 악이고 슬픔이 아니라, 신이 원하고 있고 우리 모두가 원하고 있는 것이 되기 위해, 바꿔 말하면, 마땅히 그래야 하듯이 선이고 기쁨이기 위해 사람들이 어떻게 살아야 하는가에 대한 내 의견을 간단하게 얘기할까 합니다.

그것은 요컨대, 사람이 자신의 생명을 어떻게 이해하고 있는가에 대한 문제입니다. 만일 사람들이 자신의 생명은 자신의 '나' 속에, 즉 이반과 페트르와 마리아 속에 주어져 있고, 무릇 인생의 주안점은 그 자신의 '나'에게, 즉 이반과 표트르와 마리아에게 가능한 한 많은 기쁨과 만족과 행복을 얻게 하는 것이라고 이해한다면, 인생은 언제나 모든 사람에게 불행한 것, 싸움이 끊이지 않는 것이 될 것입니다.

왜 불행하고 왜 싸움이 끊이지 않는 것일까요? 그 사람이 원하는 것은 다른 사람들도 모두 원하기 때문입니다. 그런데 모든 사람들이 가능하면 많이 가지기를 원하고 있는 그 행복은, 모두 같은 것이기 때문에 결코 모든 사람에게 골고루 돌아가지 않습니다. 그래서 사람들이 각자 자기만을 위해 산다면, 서로 다투고 증오하며 싸우는 것은 피할 수 없는 일이고, 그러므로 그들의 생활이 행복하지 않게 되는 것입니다. 때로는 자신이 원하는 것을 얻을 수는 있어도 그 욕망에는 한계가 없어서, 더 많이 얻으려고 혈안이 됩니다. 어디 그뿐이겠습니까? 애써 손에 넣은 것을 남에게 빼앗기지 않으려고 노심초사하고, 자신이 가지지 못한 것을 손에 넣은 사람들을 시기하기도 합니다.

그렇게 사람들이 자신의 생명을 저마다 자신의 육체 속에 있는 것으로 이해한다면 그들의 생활은 불행하지 않을 수 없습니다.

실제로 현재 그런 사람들에게는 인생은 불행한 것이 되고 있습니다. 그런데 실은 인생은 그런 것, 즉 불행한 것이어서는 안 됩니다. 인생은 우리의 행복을 위해 주어져 있고, 우리도 모두 인생을 그렇게 이해하고 있습니다. 그렇게 인생이 행복하기 위해서는, 사람들은 우리의 진정한 생명은 결코 육체 속에 있지 않고, 육체에 깃드는 정신 속에 있다는 것, 우리의 행복은 육체에 아첨하며 육체가 원하는 대로 하는 것이 아니라, 우리 속에도 다른 모든 사람들 속에도 깃들어 있는 동일한 정신이 원하는 대로 하는 데 있다는 것을 깨닫지 않으면 안 됩니다. 그 정신은 자신의 행복을, 즉 정신의 행복을 원합니다. 그런데 이 정신은 모든 사람 속에 있으며 동일하기 때문에, 또한 모든 사람의 행복을 원하게 되는 거지요. 모든 사람의 행복을 원한다는 것은 만인을 사랑한다는 것입니다. 우리가 사람들을 사랑하는 것을 방해하는 것은 아무도, 그리고 아무것도 없습니다. 인간은 사랑하면 할수록, 그 인생은 자유와 기쁨으로 가득 차게 됩니다.

인간은 아무리 노력해도 자신의 육체를 충분히 만족시킬 수 없습니다. 왜냐하면 육체에 필요한 것은 언제나 손에 들어오는 것이 아니며, 손에 들어온다 하더라도 그것을 위해서는 타인과 경쟁하지 않으면 안 되기 때문입니다. 그런데 정신을 만족시키는 것은 언제라도 가능합니다. 정신에 필요한 것은 사랑뿐이며, 사랑을 위해서는 누구하고도 싸울 필요가 없습니다. 그뿐만이 아니라, 오히려 사랑하면 사랑할수록 사람들과 친해지게 됩니다. 그렇듯 누구도 사랑을 방해할 수는 없고, 어떤 사람이든 사랑하면 할수록 스스로 행복과 기쁨을 맛볼 뿐만 아니라, 다른 사람들에게도 행복과 기쁨을 주는 법입니다.

그러므로 사랑하는 형제들이여, 마지막으로 작별함에 있어서 여러분에게 말하고 싶은 것은, 이미 모든 성인들과 현인들, 그리고 그리스도까지, 요컨대 전 세계의 성현들이 여러분에게 가르치고 있는 것, 즉, 우리의 생활이 불행한 것은 우리 자신 탓이라는 것, 우리를 이 세상에 보낸 힘, 우리가 신이라 부르고 있는 힘은, 우리를 괴롭히기 위해 우리를 이 세상에 보낸 것이 아니라, 우리 모두가 원하는 행복을 손에 넣을 수 있게 하기 위해 그렇게 했다는 것, 그리고 우리가 그 행복을 손에 넣지 못한다면, 그것은 우리가 인생을 올바르게 이해하지 못하고 잘못된 행동을 하고 있는 것, 바로 그것 때문이라는 것입니다.

그런데 우리는 세상이 나쁘다, 세상이 잘못되어 있다고 불평을 하며, 사실은 세상이 잘못되어 있는 것이 아니라 우리가 해야 할 일을 하지 않고 있다는 것은 생각하려 하지 않습니다. 바로 술에 취한 사람이 술집이 너무 많아서 이렇게 취해버렸다고 불평을 하는 것과 같습니다. 실은 그와 같은 술꾼이 많이 있기 때문에 술집이 늘어난 것일 뿐인데도 말입니다.

인생은 사람들의 행복을 위해 주어진 것으로, 다만 그것을 위해서는 인생을 올바르게 살아야 하는 것입니다. 사람들이 서로 질투하지 않고 서로 사랑하기만 하면, 인생은 모든 사람에게 한없는 행복이 될 것입니다.

지금 곳곳에서 끊임없이 지금의 세상이 잘못되어 있기 때문에 우리의 생활도 잘못되고 불행해졌으니까, 세상을 몽땅 개조해야 한다, 그러면 우리의 생활도 좋아질 것이라고 주장하는 목소리가 들려오고 있습니다.

사랑하는 형제들이여, 여러분은 그런 말을 믿어서는 안 됩니다. 세상의 체제만으로 자신들이 행복해지고 불행해진다고 생각해서는 안 됩니다. 세상의 체제를 개조하는 것에 열중하고 있는 사람들의 의견이 모두 다르고, 갑론을박, 어떤 자가 이런 것이 최선이라고 말하면, 어떤 자는 그것은 최악의 체제이며 자신들이 주장하는 것이 최선이라고 말하고, 또 어떤 자는 다시 그것을 반박하여, 자신들이 최선이라고 생각하는 안을 주장하고 있는 실정에 대해서는 여기서는 언급하지 않도록 하겠습니다.

설사 가장 좋은 체제라는 것이 있고, 그것이 최선의 대안이라는 것을 모두가 인정한다 해도, 모두가 그 체제에 따라 살려면 어떻게 해야 할까요? 모두가 잘못된 삶의 방식에 익숙해져서, 잘못된 삶의 방식을 사랑하고 있을 때, 어떻게 그 체제를 유지할 수 있을까요? 실제로 우리는 잘못된 삶의 방식에 익숙해져서, 잘못된 삶의 방식을 사랑하며 우리의 손에 닿는 모든 것을 오염시키고 있으면서도, 세상의 체제가 좋아지면 우리의 삶도 좋아질 거라고 말하고 있습니다. 인간이 올바르지 않은데 어떻게 좋은 체제가 성립될 수 있을까요?

그러므로 그러한 가장 좋은 체제가 있다고 해도, 그것을 성립시키려면 사람들 자신부터 개선되지 않으면 안 됩니다. 그런데 사람들은 여러분에게, 여러분이 지금처럼 잘못된 생활을 하면서, 그 좋은 체제를 성립시키기 위해 사람들과 투쟁하며 사람들에게 폭력을 행사하고, 사람들을 죽이기도 한다면—바꿔 말하면, 여러분 자신이 지금보다 더 잘못된 인간이 된다면, 그 뒤 멋진 삶이 찾아올 거라고 약속하는 실정입니다.

사랑하는 형제들이여, 그런 말은 절대로 믿어서는 안 됩니다. 사람들의 생활이 좋아질 수 있는 방법은 오직 한 가지, 사람들 자신이 좋아지는 것입니다. 만약 사람들이 좋아지면, 저절로 좋은 사람들의 좋은 사회가 출현할 것입니다.

오래 전부터 사람들은, 좋은 사회체제를 통해 사악한 사람들을 선량하게 만들 수 있다는 잘못된 생각을 해왔습니다(썩은 밀로 좋은 빵을 구울 수 있는 것처럼). 이 잘못된 생각은 지금까지 사람들에게 커다란 해악을 끼쳐왔고, 실제로 지금도 해악을 끼치고 있습니다. 전에는 그러한 기만행위를 하는 것은 권력자들뿐이었습니다. 그들은 지금까지도 재산몰수니 감금이니 사형 같은 온갖 폭력행위를 통해, 나쁜 사람들이 사는 세계를 평화로운 사회로 만들려고 노력해 왔고(적어도 노력하고 있다고 말해왔고), 지금도 노력하고 있습니다. 현재 혁명가들이 하고 있는 것이 바로 그것으로, 그들은 여러분에게 혁명에 대한 참여를 호소하고 있습니다.

사랑하는 형제들이여, 절대로 거기에 속아서는 안 됩니다. 황제나 대신, 경감이나 순경 같은 권력자들은 자기들 멋대로 나쁜 짓을 하게 내버려 두십시오. 여러분은 지금까지 나쁜 짓을 하지 않았던 것처럼, 지금도 어디까지나 도덕적으로 깨끗해야 합니다. 그것과 동시에, 혁명가들의 유혹에 넘어가 폭력행위에 참여함으로써, 자신의 도덕성에 상처를 주지 않도록 노력하십시오.

여러분과 모든 사람들의 구원은, 죄 많은, 폭력적인 사회혁명이 아니라 정신의 혁명 속에 있습니다. 그러한 정신혁명에 의해서만, 우리 한 사람 한 사람은 자신을 위해, 또 사람들을 위해 사람들이 바랄 수 있는 한의 최대의 행복, 최선의 사회를 건설할 수 있습니다. 인간의 마음이 간절히 원하는 진정한 행복은, 미래의, 폭력에 의해 유지되는 사회체제 속에 주어지는 것이 아니라, 현재 우리가 어디서나, 또 생사의 어느 순간에나, 사랑을 통해 손에 넣을 수 있는 것입니다.

이 행복은 옛날부터 우리에게 주어져 있는 것이지만, 사람들은 그것을 이해하지 못하고, 그것을 붙잡으려 하지 않았습니다. 그러나 이제 그것을 받아들이지 않으면 안 될 때가 왔습니다. 왜냐하면, 첫째로 우리의 생활의 추악함과 괴로움이 극에 달하여 더 이상 버틸 수 없게 되었기 때문입니다. 두 번째로 진정한 그리스도교가 이제 더욱 더 명확해져서, 우리가 우리의 구원을 위해 그것을 인정하고 받아들이지 않을 수 없는 시기에 와 있기 때문입니다.

우리의 구원은 이제 오직 하나, 다음과 같은 것을 인정하는 것에 있습니다. 즉, 우리의 진정한 생명은 우리의 육체 속이 아니라, 우리 속에 사는 신의 영혼 속에 있다는 것, 따라서 우리가 지금까지 우리의 육체적 생활(개인적 생활이든 사회적 생활이든)의 개선에 기울여 온 노력을, 인간에게 진정으로 필요하고 진정으로 중요한 단 한 가지—즉 우리 한 사람 한 사람이 우리를 사랑하는 사람들뿐만 아니라, 그리스도도 말했듯, 모든 사람에 대한, 특히 우리가 모르는 사람, 우리를 미워하는 사람들에 대한 사랑까지 마음에 키우는 일에 기울여야 한다는 것입니다.

지금 우리 생활의 실상은 그 일과 너무나 멀리 떨어져 있어서, 맨 먼저 자신의 모든 노력을 세속적인 일이 아니라 우리의 눈에 보이지 않는, 익숙하지 않은 단 한 가지 일, 즉 모든 사람에 대한 사랑을 향해 기울이라는 것은 도저히 불가능한 것처럼 여겨집니다.

그러나 그것은 단순히 그렇게 생각하는 것에 지나지 않습니다. 모든 사람에 대한 사랑, 우리를 미워하는 자에 대한 사랑조차 이웃과의 싸움과 그들에 대한 증오에 비하면 인간의 영혼에 훨씬 더 자연스러운 것입니다. 지금 우리의 인생관을 바꾸는 것이 불가능한 것이 아니라, 오히려 지금 우리가 보내고 있는, 모든 사람이 모든 사람의 적이라는 증오에 찬 생활을 계속하는 것이 불가능합니다. 그러한 인생관의 변화는 단순히 불가능하지 않기만 한 것이 아니라, 오히려 그 반대로, 그 변화만이 사람들을 그들을 괴롭히는 불행에서 구원할 수 있으며, 그래서 그것은 언젠가는 반드시 이루어질 것이 틀림없습니다.

사랑하는 형제들이여, 왜, 무엇 때문에 여러분은 자기 자신을 괴롭히는 것입니까? 부디 여러분에게는 최대의 행복이 예정되어 있다는 것을 알고, 그것을 받아들이십시오. 그것은 모두—여러분 자신의 내부에 있습니다. 그것은 참으로 쉽고, 참으로 간단하고, 참으로 기쁜 것입니다.

그러나 어쩌면 가난하고 괴로워하고 학대받는 사람들은 말할지도 모릅니다. "그거야, 돈과 권력이 있는 사람들에게는 그것도 좋을지 모르지. 부자와 권력자에게는 적이 자신들의 권력에 복종하는 한 그들을 사랑하는 것도 쉬울 테니까. 하지만 우리처럼 고통 받고 있는 자, 학대받고 있는 자에게는 그건 어려운 일이야" 하고. 그러나 그것은 잘못된 생각입니다. 사랑하는 형제들이여, 인생관을 바꾸는 것은 권력자와 부자에게나, 노예와 가난한 자에게나, 모두 필요한 일입니다. 오히려 노예와 가난한 자가 부자보다 더 쉽다고 할 수 있습니다. 노예와 가난한 자는 자신의 처지를 바꾸지 않고도, 다만 사랑에 반하는 일만 하지 않으면, 나아가서 그러한 폭력적 행위에 가담하지만 않으면 되며, 그러면 현재의 사랑에 반하는 체제는 저절로 쓰러질 것입니다.

그런데 권력자에게는 이 사랑의 가르침을 받아들이고 실천하는 것은 훨씬 어려운 일입니다. 그 가르침을 실천하기 위해 그들은, 자신들이 소유한 권력과 부의 유혹을 물리치지 않으면 안 됩니다. 그것은 그들에게는 더더욱 어려운 일이지요. 가난한 사람과 노예에게는 단지 새로운 폭력행위를 하지 않기만 하면, 그리고 무엇보다도 낡은 폭력행위에 가담하지 않기만 하면 됩니다.

인간이 성장하듯이 인류도 성장합니다. 사랑의 의식은 지금까지도 성장해왔고, 지금도 성장하고 있으며, 이제는 그것이 우리를 구원하고 우리의 생활의 기초가 될 거라는 사실을 모를 수가 없는 데까지 성장했습니다. 현재 일어나고 있는 일들은 추악하고 폭력적이며 사랑에 반하는 삶의 단말마 같은 경련입니다.

무엇보다 현재, 이러한 모든 싸움과 모든 증오, 모든 폭력기구가 단지 인류를 불행에 빠뜨리는 무의미한 기만에 지나지 않는다는 것이, 이미 불을 보듯 명백해지지 않았습니까? 그리고 그러한 불행으로부터의 간단하고 쉽고도 유일한 구제법은 모든 사람의 삶의 근본원리인 사랑을, 조금도 무리하지 않고도 필연적으로 최대의 악을 최대의 선으로 바꾸는 사랑의 원리를 의식하는 것임이 명백해지지 않았습니까?

사도 요한이 최고령에 달했을 때, 사랑의 감정에 휩싸여, 쉬지 않고 "서로 사랑하라!"는 말을 되풀이하여 그 감정을 표현했다는 전설이 있습니다. 노령이, 바꿔 말하면 일정한 한계까지 산 한 인간의 생명이 그런 표현을 한 것입니다. 바로 그와 같이 일정한 한계에 달한 인류의 생명도 그렇게 표현할 것입니다.

참으로 간단명료한 얘기가 아닙니까? 우리는 살아갑니다, 즉 태어나서 성장하여 어른이 되고, 노인이 되고, 마침내 죽습니다. 과연 우리의 일생의 목적이 우리 자신 속에 있는 것일까요? 결코 그렇지 않습니다. 그렇다면 인간은 도대체 무엇인가, 하고 나는 스스로에게 묻습니다.

대답은 단 한 가지, 나는 사랑하는 존재라는 것입니다. 그리고 처음에는 자신만을 사랑하는 것처럼 보이지만, 한참 살면서 한참 생각하면 스쳐 지나가는 생명, 죽어가는 존재인 자신을 사랑하는 것은 불가능하며 무익하다는 것을 알 수 있습니다. 나는 자신을 사랑해야 하고, 또 사랑하고 있다고 느끼기도 합니다. 그러나 자신을 사랑해보고서야, 나는 나의 사랑의 대상이 실은 사랑할 만한 가치가 없다는 것을 느끼지 않을 수 없습니다. 그래도 나는 사랑하지 않을 수가 없습니다. 사랑이야말로 생명이니까요.

그렇다면 어떻게 하면 좋을까요? 타인을, 이웃을, 친구를, 자신을 사랑해주는 사람을 사랑하면 될까요? 처음에는 그것이 사랑의 요구를 만족시켜주는 것처럼 생각됩니다. 그러나 그 사람들도 첫째로 불완전한 존재이며, 두 번째로 시시각각 변화하는 존재이며, 무엇보다도 죽어가는 존재입니다. 그럼 도대체 무엇을 사랑해야 할까요?

대답은 단 한 가지, 모든 사람을 사랑하는 것, 사랑의 근원을 사랑하는 것, 사랑을 사랑하는 것, 신을 사랑하는 것입니다. 사랑하는 상대를 위해서도 아니고 자신을 위해서도 아니고, 사랑 자체를 위해 사랑하는 것입니다. 그것만 깨달으면 인생에서의 악은 당장 소멸하고, 인생의 의미가 명료하고 기쁜 것이 될 것입니다.

"야, 그것 참 좋은 일이다, 그보다 더 좋은 얘기는 없을 거야" 하고 사람들은 말할 것입니다. "모두가 그렇게 한다면, 사랑하는 것, 사랑을 위해 사는 것은 매우 좋은 일이지. 하지만 나는 사랑하고 살며 모든 것을 남에게 주는데, 다른 사람들은 자기만을 위해, 자신의 육체만을 위해 산다면, 나는 도대체 어떻게 되는 거야? 게다가 나만이 아니야, 내 가족, 내가 사랑하는 사람들, 사랑하지 않을 수 없는 사람들은 어떻게 되는 거지? 사랑에 대한 설교는 옛날부터 있어 왔지만, 아무도 실천하지 않았잖아. 또 실천할 수도 없어. 사랑을 위해 자신의 생명을 바친다는 건, 기적이라도 일어나서 모두가 일제히 지난날의 세속적이고 육체적인 생활을 영적이고 정신적인 생활로 바꿨을 때 비로소 가능한 거야. 그렇지만 그런 기적이 일어날 리가 없으니 결국은 말뿐이지. 사실은 공허한 설교에 지나지 않아."

사람들은 그런 식으로 말하며 여전히 그 잘못된 낡은 생활에 만족하려 합니다. 그러나 입으로는 그렇게 말해도 마음속으로는 그들도 자신들이 잘못되어 있다는 것을 알고 있습니다. 그들은 자신들의 논리가 잘못되어 있다는 것을 알고 있습니다. 왜 잘못되어 있는 것인가 하면, 세속적, 육체적 생활을 위해서는 모두가 일제히 자신의 생활을 바꿀 필요가 있지만, 정신적인 생활과 신과 모든 사람에 대한 사랑을 위해서는 그럴 필요가 없기 때문입니다.

사랑은 그 결과에 따라 사람에게 행복을 주는 것이 아니라, 사랑 자체에 의해 행복을 주는 것입니다. 남이 어떤 행동으로 나올지, 일반적으로 현상의 세계에서 무슨 일이 일어날지 하는 것과는 전혀 상관없이 행복을 줍니다. 사랑이 인간에게 행복을 주는 것은, 인간은 사랑함으로써 신과 하나가 되어, 자신을 위해서는 아무것도 바라지 않고, 자신이 가지고 있는 모든 것을, 자신의 전 생명을 남에게 주기를 바라며, 그렇게 자신을 신에게 바치는 것에 행복을 느끼기 때문입니다. 그러므로 다른 사람들이 무엇을 하든, 세상에 무슨 일이 일어나든, 그의 행위가 거기에 영향을 받는 일은 없습니다.

사랑하는 것은 자기를 신에게 맡기는 것, 신이 원하는 바를 실천하는 것입니다. 그런데 신은 사랑이고, 모든 사람들의 행복을 원하고 있으므로, 사람이 자신의 계율을 지킴으로써 소멸하기를 원할 리가 없습니다.

사랑하는 사람은 사랑하지 않는 사람들 사이에 홀로 있어도 소멸하지 않습니다. 또 설사 그리스도가 십자가에 못 박혀 죽은 것처럼 죽는 일이 있다 해도, 그의 죽음은 그 자신에게는 기쁘고 사람들에게는 의미 깊은 죽음이며, 세속적인 사람들의 경우처럼 절망적이고 무의미한 것이 아닙니다.

그러므로, 모두가 그렇게 하지 않고 나 한 사람만 그렇게 하는 거라면 사랑에 몸 바치지 않겠다는 것은, 잘못된 구실에 지나지 않습니다. 그것은 바로 자신과 자신의 아이들을 먹여 살리기 위해 일하지 않으면 안 되는 사람이, 다른 사람들이 일하지 않는다고 해서 나도 일하지 않겠다고 하는 것과 같은 것입니다.

사랑하는 형제들이여, 우리의 생활을 우리의 내부에 있는 사랑의 강화에 두고, 세상은 세상이 원하는 대로, 즉 하늘이 명하는 대로 그 길을 걸어가도록 맡겨둡시다. 그렇게 함으로써 우리는 자기 자신에게도 최대의 행복을 주고, 사람들에게도 내가 할 수 있는 한의 선을 베풀게 되는 것임을 믿으십시오.

그것은 참으로 간단하고 쉽고 기쁜 일입니다. 한 사람 한 사람이 오직 사랑하기만 하면, 자신을 사랑하는 사람들뿐만 아니라, 모든 사람들을 특히 그리스도교가 가르치는 것처럼 자신을 미워하는 사람까지 사랑하면, 우리의 인생은 끝없는 기쁨이 되어, 미망에 빠진 사람들이 헛되이 폭력에 의지하여 해결하려는 모든 문제가 해결될 뿐만 아니라, 문제 같은 건 아예 존재조차 하지 않게 될 것입니다. '우리는 자신의 형제를 사랑함으로써 죽음에서 삶으로 옮겨가는 것을 안다. 형제를 사랑하지 않는 자는 영원한 생명을 얻지 못하고, 자신의 형제를 사랑하는 자만이 자신의 내부에 영원한 생명을 유지한다'고 하는 성서의 말씀 그대로입니다.

사랑하는 형제들이여, 마지막으로 한 마디만 덧붙이겠습니다.

무릇 사물은 그것을 실생활에서 경험해보지 않으면 그 좋고 나쁨을 알 수가 없습니다. 만약 누가 농부에게 호밀은 이랑을 파고 파종하는 것이 좋다고 말하거나, 양봉가에게 벌통은 틀을 만들어 하는 것이 좋다고 말하면, 현명한 농부와 양봉가라면, 정말로 그런지 실험해보고, 그 결과에 따라 그 말에 따르고 따르지 않고를 결정할 것입니다.

실생활도 모두 이와 같습니다. 사랑의 가르침을 실생활에 얼마나 적용할 수 있는지 한번 실험해 보십시오. 무엇보다 일단 직접 해볼 일입니다. 일정한 기간이라도 좋으니까, 아무튼 모든 것에서 사랑의 요구에 따르겠다는 맹세를 세워보십시오. 무슨 일에서나 무엇보다 먼저 상대가 도둑이든 주정꾼이든, 횡포를 부리는 윗사람이든 아랫사람이든, 모든 사람과 접촉할 때 애정을 잃지 않고, 상대와 교류할 때 자신에게가 아니라 상대에게 무엇이 필요한지를 생각하는 삶을 살아보십시오. 그렇게 일정한 기간 살아본 뒤에, 그동안 자신이 괴로 웠는지 어땠는지, 자신의 생활이 더 나빠졌는지 아니면 좋아졌는지 자문해 보고, 그 결과에 따라 실제로 사랑의 실천이 우리의 생활을 행복하게 하는지, 아니면 그저 말뿐인 것인지 하는 결론을 내리는 겁니다.

부디 시험해보십시오. 자신에게 가해지는 악에 대해 악으로 갚는 대신 부디 선으로 악을 갚도록, 남의 험담을 하지 않도록, 가축과 개에게도 잔인하게 대하지 않고 친절과 사랑을 담아 접하도록 노력해보십시오. 그런 식으로 하루, 이틀 또는 그 이상(실험이라 생각하고) 해보고, 그동안의 여러분의 정신상태를 지난 날의 정신상태와 비교해보십시오. 그렇게 하면 여러분은 전의 우울하고 화나고 무겁던 기분에서 밝고 즐겁고 기쁜 기분이 되었음을 알 수 있을 것입니다. 또 그런 식으로 두 달, 석 달 살아보면, 여러분의 정신적 기쁨이 자꾸자꾸 커져서, 여러분이 하는 일도 점점 성취되는 것을 느낄 수 있을 것입니다.

사랑하는 형제들이여, 부디 그것을 한 번 실험해 보시기 바랍니다. 그러면 사랑의 가르침이 단순한 말뿐이 아니라, 실제로 중요한 일, 모든 사람들에게 가장 친근하고 이해하기 쉽고 중요한 일임을 알 수 있을 것입니다. 톨스토이

12월 9일

1

인간의 사명은 모든 사람에 대한 봉사이며, 특정한 사람을 위해 일부 사람에게 해를 끼치지 않을 수 없게 되는 봉사여서는 안 된다.

2

그리스도교도에게는 애국심이 이웃에 대한 사랑에 방해가 되고 있다. 고대 사회에서, 가족에 대한 사랑이 애국심에 희생되지 않으면 안 되었던 것처럼, 그리스도교 사회에서 애국심은 이웃에 대한 사랑의 희생이 되지 않으면 안 된다.

3

자기 인생의 의미를 알려고 하지 않는 사람들의 맹목이 자연에 반하는 것이

라면, 신을 믿는다고 하면서 사악한 생활을 하는 사람들의 맹목은 한결 더 무서운 것이다. 거의 모든 사람이 그 둘 가운데 하나에 해당된다. 　　　파스칼

4

만일 인간이 진정한 본성을 잃어버린다면 그때그때 편리한 모든 것이 그의 본성이 된다. 그것은 마치 진정한 행복을 잃어버리면 그때그때 편리한 모든 것이 그의 행복이 되어 버리는 것과 같다. 　　　파스칼

5

악인의 마지막 피난처는 애국심이다. 　　　사무엘 존슨

6

애국심은 미덕이 아니다. 국가라는 시대착오적인 미신 때문에 자신의 생명을 희생시키는 것은 우리의 의무가 될 수 없다. 　　　테오도르

7

오늘날 애국심은 모든 사회악과 개인의 추행을 정당화하는 구실이 되고 있다. 우리는 조국의 행복이라는 이름 아래 그 조국을 존경할만한 것으로 만들어주는 모든 것을 거부하도록 교육받고 있다. 우리는 애국심이라는 이름 아래, 개개인을 타락시키고 국민 전체를 파멸로 이끄는 모든 파렴치한 행위에 종사해야 한다. 　　　비처

8

사람들은 자신의 욕심을 위해 많은 악을 저지르고, 가족을 위해 더욱 많은 악을 저지르지만, 애국심을 위해서 가장 무서운 잔학행위, 이를테면 간첩행위, 민중에 대한 가렴주구, 비참하기 그지없는 살육의 전쟁을 저지르면서, 심지어 그것을 자행하는 사람들은 그러한 잔학행위를 자랑하기도 한다.

9

오늘날처럼 전 세계의 민족들이 서로 교류하고 있는 시대에, 단순히 자기

나라에 대한 편협한 사랑을 호소하며, 언제든지 다른 나라와 전쟁을 할 수 있도록 준비해야 한다고 호소하는 것은 바로, 지금 평화롭게 살고 있는 사람들에게 자기 마을만을 사랑하라고 설득하며, 각 마을에 군대를 소집하고 요새를 쌓는 행위와 같다. 전에는 한 나라의 국민을 하나로 이어준 조국에 대한 배타적인 사랑도, 사람들이 이미 모든 교통기관과 무역, 산업, 학문, 예술, 특히 도덕적 의식에 의해 결합되어 있는 현대에는 사람들을 결속시키지 못하고 오히려 분열시킬 뿐이다.

10

애국심도 자기 가족에 대한 사랑과 마찬가지로 인간의 자연스러운 본성이지만 결코 미덕이 아니며, 그것이 도를 넘어서 이웃에 대한 사랑을 파괴하게 된다면 오히려 죄악이라 하지 않을 수 없다.

11

현대인들에게 애국심은 너무나 부자연스러운 것이어서, 억지로 고취하지 않으면 생기지 않는다.

그래서 정부와, 애국심을 이용하려는 무리가 요란스럽게 그것을 부추기고 있는 것이다. 그들은 이미 애국심 같은 건 느끼지 않는 사람들과, 그것이 오히려 불리한 사람들에게 그것을 부추긴다. 속지 않도록 조심할 일이다.

12월 10일

1

아주 흔한, 그리고 아주 큰 불행으로 이끄는 유혹의 하나는 "다들 그렇게 한다"는 말로 표현되는 유혹이다.

2

"사람을 죄짓게 하는 이 세상은 참으로 불행하다. 이 세상에 죄악의 유혹은 있게 마련이지만 남을 죄짓게 하는 사람은 참으로 불행하다. 손이나 발이 죄를 짓게 하거든 그것을 찍어 던져 버려라. 두 손과 두 발을 가지고 영원한 불 속에 던져지는 것보다는 차라리 불구의 몸이 되더라도 영원한 생명에 들어가는 편이 더 낫다. 또 눈이 죄를 짓게 하거든 그것을 빼어 던져 버려라. 두 눈을 가지고 불붙는 지옥에 던져지는 것보다는 한 눈을 잃더라도 영원한 생명에 들어가는 편이 더 낫다."

마태복음 제18장 7~9절

3

뭔가 좋은 일을 하려고 할 때마다 방해를 하는 것은 "우리는 우리가 처한 사회적 지위라는 것을 생각하지 않을 수 없다"는 생각이다.

그러한 구실을 대는 사람들의 대부분에게, 자신들의 실생활에서 '하늘의 섭리에 따라' 주어진 지위를 유지한다는 것은, 그들이 자신들의 재력이 허락하는 한 많은 마차와 하인들과 드넓은 집을 계속 소유한다는 것이다. 그런데 만약 하늘이 그들을 그러한 지위에 두었다면(실제로 그런지는 심히 의심스럽지만), 하늘은 또 그들에게 스스로 그 지위를 포기하기를 원하고 있을 것이다.

레위의 직업은 세금을 거두는 것이었고, 베드로는 갈릴리 호수의 어부였으며, 바울은 유대교 신자로 부유한 지식인이었다. 그들은 모두 이러한 지위를 버렸다. 버리는 것이 당연하다고 여겼기 때문이다.

존 러스킨

4

손을 다치지 않았을 때는 뱀독에 닿아도 아무 탈이 없다. 건강한 손에는 독도 위험한 것이 아니다. 이와 같이 스스로 악을 행하지 않는 자에게는 악도 아무런 해가 없다.

부처의 잠언

5

"낡은 옷에다 새 천조각을 대고 깁는 사람은 없다. 그렇게 하면 낡은 옷이 새 천조각에 켕기어 더 찢어지게 된다. 또 낡은 가죽 부대에 새 포도주를 담는 사람도 없다. 그렇게 하면 부대가 처져서 포도주는 쏟아지고 부대도 버리게 된다. 새 포도주는 새 부대에 담아야 둘 다 보존된다."

마태복음 제9장 16~17절

6

벗어나기가 고통스러울 정도로 자신을 죄 많은 직무에 묶어두는 것은, 인간에게 매우 위험한 상태라고 할 수 있다. 처음에는 자신의 죄를 의식하고 부끄럽게 여기지만, 곧 그것에서 벗어나기가 어려워지고, 나중에는 죄에서 벗어나면 세상의 여론 속에서 자신이 멸망하게 될 거라고 여기게 된다. 죄의 첫 번째 계단에서 멈추지 않는 자는 결국 마지막 계단까지 올라가게 되는 법이다.

박스터

7

우리에게 특별한 존경을 요구하는 사물을 만나면, 옷을 벗기듯 그것을 추앙하는 말들을 모두 벗겨내는 것이 좋다. 외면적인 치장은 자주 이성을 왜곡시키기 때문이다. 자신이 지금 고귀한 일을 하고 있다고 굳게 믿고 있을 때가 가장 속고 있는 것이다.

마르쿠스 아우렐리우스

8

한 노인에게 악의 유혹이 손길을 뻗쳐왔다. 왜 신은 이 세상에 악의 존재를 허락했을까 하는 생각이 그를 괴롭혔다. 그리하여 그는 신을 비난했다.

어느 날 그는 꿈을 꾸었다. 눈부시게 아름다운 화관(花冠)을 손에 든 천사가 하늘에서 내려와 두리번거리며 그것을 씌워줄 사람을 찾고 있었다. 노인은 가슴이 뛰었다. 그는 천사에게 말했다. "어떻게 하면 그 아름다운 화관을 쓸 수 있습니까? 그것을 쓸 수 있다면 무슨 일이든지 하겠습니다."

그러자 천사가 말했다. "여기를 보아라." 그리고 돌아서서 북쪽을 가리켰다. 노인이 그 쪽을 보자 커다란 먹구름이 보였다. 먹구름은 하늘의 절반을 덮으며 아래로 내려오고 있었다. 별안간 먹구름이 둘로 딱 갈라지더니 검은 에티오피아 인의 무리가 노인을 향해 몰려오는 것이 보였다. 그들의 맨 뒤에는 무서운 형상을 한 커다란 에티오피아 인이 있었는데, 그 거대한 다리로 대지에 우뚝 서서, 머리는 산발을 하고 눈매는 사납고 입술이 시뻘건 그 얼굴이 하늘에 닿을 정도였다. "저 대군과 싸워 이기면 너에게 이 화관을 씌워 주리라."

노인은 두려움에 떨면서 말했다. "어떤 자하고도 싸울 수 있고 또 싸우겠습니다만, 두 발로 땅을 밟고 머리로 하늘을 받치고 있는 저 엄청나게 큰 에티오피아 인만은 인간의 힘이 미치지 못합니다. 저 자하고는 싸울 수 없습니다."

"어리석은 자여!" 하고 천사가 말했다. "저 거대한 에티오피아 인에 대한 두려움 때문에 네가 싸우려 하지 않는 저 조그만 에티오피아 인들은 모두 조그만 인간의 욕정과 번뇌이며, 싸워서 이길 수 있는 것이다. 그리고 저 거대한 에티오피아 인은 그러한 작은 인간적인 욕망과 번뇌에서 태어난 이 세상의 악이며, 네가 그것 때문에 신을 비난한 것, 특별히 싸울 필요가 없는 것, 전혀 실체가 없는 것이다. 욕망과 번뇌를 극복하라. 그러면 이 세상의 악도 저절로 사라질 것이다."

전설

9

잘못된 수치심은 악마가 즐겨 쓰는 무기이다. 악마는 그 수치심을 이용해 잘못된 교만 이상으로 성공을 거둔다. 그는 잘못된 교만으로는 그저 악을 부추길 뿐이지만, 잘못된 수치심으로는 선을 저지할 수 있다.

존 러스킨

10

이 세상에 악은 없다. 악은 모두 우리의 마음속에 있으며, 이것을 물리치는 것은 어려운 일이 아니다.

12월 11일

1

모든 노동 가운데 가장 즐거운 것은 땅을 일구는 노동이다.

2

세상의 모든 민족은 결국 언젠가 그들의 정신적 지도자들이 이미 오래 전에 파악한 진리를 알게 될 것이다. 그것은 바로 인류의 첫 번째 미덕은 자신의 불완전성을 인식하고 지고한 존재의 법칙에 따르는 것에 있다는 진리이다. '너는 흙에서 태어나 흙으로 돌아간다'는 것이, 우리가 자신의 육체에 대해 인식하는 첫 번째 진리이다.

두 번째 진리는 우리는 우리가 태어난 흙을 갈아야 하며, 그것은 우리의 중대한 의무라는 것이다. 그 노동과 그것이 우리와 동식물 사이에 성립시키는 관계 속에, 우리의 높은 능력의 발달과 최대의 복지를 위한 근본적인 조건이 들어 있다. 이 노동이 없이는 인간의 평화와 지능과 정신력의 발달은 도저히 기

대할 수 없다. 존 러스킨

3

시장에서 빵을 사는 사람은 어버이를 잃은 갓난아기에 비유할 수 있다. 많은 유모가 그에게 젖을 주지만 갓난아이는 여전히 배가 고파 운다. 그러나 이와는 반대로 자기 자신이 경작한 밀로 만든 빵을 먹는 자는 어머니의 따뜻한 품 안에서 자라는 갓난아이와 같다. 탈무드

4

노동자와 장인은 모두 성서에서 얘기되었듯 훗날 반드시 농사를 짓는 일로 되돌아갈 것이다.

'노젓는 사공들이 모두 배에서 내리고, 선원들, 바다 사공들이 모두 육지에 올라.'(에제키엘 제27장 29절) 탈무드

5

최고의 음식은 너희 자신이나 너희의 자식들이 일해서 얻은 음식이다.

마호메트

6

'이마에 땀 흘려 네 빵을 얻어라.' 이것이 불변의 육체의 법칙이다. 여자는 자식을 낳고 남자는 이마에 땀 흘려 일한다는 법칙이 주어져 있다. 여자는 그 법칙을 벗어날 수 없다. 설사 여자가 자기가 낳지 않은 아이를 양자로 삼는다 해도, 그것은 역시 남의 자식이며 어머니로서의 기쁨은 얻을 수 없다. 남자의 노동도 이와 마찬가지다. 만일 남자가 자기가 일해 얻은 것이 아닌 빵을 먹는다면 그는 모든 노동의 기쁨을 잃게 될 것이다. 본다료프

7

헛되이 신을 섬기는 것만 자랑하는 자보다, 제 손으로 일해 먹고 사는 사람이 훨씬 더 존경 받을 가치가 있다.

개미의 노동정신을 본받으라는 충고를 받는 건 인간으로서 수치스러운 일

이지만, 그 충고에 따르지 않는 것은 두 배로 부끄러운 노릇이다.　　　탈무드

8

농부는 인간에게 어울리는 직업 가운데 하나가 아니다. 농업이야말로 모든 사람에게 어울릴 뿐만 아니라, 최대의 독립성과 행복을 주는 유일한 직업이다.

12월 12일

1

선량함은 모든 것을 정복하지만 자기 자신만은 어떤 것에도 정복당하지 않는다.

2

모든 것에 저항할 수 있지만 선량함에 대해서는 저항할 수 없다.　　　루소

3

개인의 생활과 세상살이의 협조와 통일을 주장하는 것은, 악을 비난하는 것이 아니라 선을 찬양하는 것이다. 사람들은 악을 비난하고 악을 행하는 사람을 비난한다. 그러나 그러한 악과 악을 행하는 자에 대한 비난은 다만 악을 증대시킬 뿐이지만, 악을 무시하고 오로지 선에만 마음을 쓰면 악은 저절로 사라진다.　　　류시 말로리

4

선행에 목적이 있다면 그것은 이미 선이 아니다. 대가를 예상하고 이루어진 경우에도 역시 선이 아니다. 선은 인과율을 초월한 것이 아니면 안 된다.

5

햇불과 불꽃의 불이 태양 앞에서는 빛을 잃어버리듯, 우리의 지능도(설사 천재로 불리는 지능이라도) 또 아름다움도, 마음으로부터의 선량함 앞에서는 빛을 잃어버린다.　　　쇼펜하우어

6

한없는 부드러움은 진정으로 위대한 사람들의 천성이자 재산이다. 존 러스킨

7

연약한 식물이 단단한 흙을 뚫고 바위가 갈라진 틈을 지나 자생한다. 선량함도 그것과 같다. 어떠한 쐐기도, 어떠한 망치도, 어떠한 무기도 선량하고 성실한 사람은 이기지 못한다. 소로

8

인간이 있는 곳에는 그에게 선을 행할 기회도 있다. 세네카

9

우리는 우리의 마음에 드는 자, 우리를 칭찬하는 자, 우리에게 선을 행하는 자를 사랑하고 있는 것 같지만, 사실은 그것은 진정한 사랑이 아니라 편애 또는 이익의 교환이다. 그가 우리를 칭찬하기 때문에 우리도 그를 칭찬하고, 그가 우리에게 선을 행하므로 이쪽에서도 보답하는 것이다. 그런 감정이 반드시 나쁜 것이 아니지만, 진정한 사랑이 아니고 신의 사랑이 아니다. 우리가 어떤 사람을, 우리의 마음에 든다거나 우리에게 선을 행했기 때문이 아니라, 그 사람 속에서 모든 사람들 속에 깃들어 있는 신의 영혼을 보기 때문에 사랑할 때, 비로소 우리는 신의 사랑, 진정한 사랑으로 사랑하는 것이다.

그때 비로소 우리는, 그리스도가 가르친 것처럼, 단순히 우리를 사랑하는 사람들뿐만 아니라, 우리에게 있어서나 세상에 있어서 해로운 악인, 곧 우리의 원수도 사랑하고 또 사랑할 수 있다. 그러한 사랑은 그 사람들이 사악하고 우리를 미워하고 있다 해서 줄어드는 것이 아니라, 반대로 더욱 강하고 더욱 견고해진다. 왜냐하면 증오의 포로가 된 사람에게는 더 많은 사랑이 필요하기 때문이다. 그 사랑이 일부 사람에 대한 편애와 우리를 사랑하는 사람에 대한 사랑에 비해 더 견고한 까닭은, 우리가 사랑하는 상대에게 어떤 변화가 일어나든 우리의 사랑은 변함이 없기 때문이다.

10

독설에 대해 부드러운 말로 대답하고, 모욕에 대해 선으로 갚으며, 오른쪽 뺨을 맞으면 왼쪽 뺨도 내미는 것은, 악의를 없앨 수 있는 가장 확실하면서도 쉬운 방법이다.

12월 13일

1

신앙은 실제의 삶이 그것과 일치되고, 어떤 경우에도 그것과 모순 되지 않을 때, 비로소 진정한 신앙이라 할 수 있다.

2

"나의 형제 여러분, 어떤 사람이 믿음이 있다고 말하면서 그것을 행동으로 나타내지 못한다면 무슨 소용이 있겠습니까? 그런 믿음이 그 사람을 구원할 수 있겠습니까? 어떤 형제나 자매가 헐벗고 그날 먹을 양식조차 떨어졌는데 여러분 가운데 누가 그들의 몸에 필요한 것은 아무것도 주지 않으면서 '평안히 가서 몸을 따뜻하게 녹이고 배부르게 먹어라'고 말만 한다면 무슨 소용이 있겠습니까? 믿음도 이와 같습니다. 믿음에 행동이 따르지 않으면 그런 믿음은 죽은 것입니다. 이렇게 말하는 사람도 있을 것입니다. '당신에게는 믿음이 있지만 나에게는 행동이 있소. 나는 내 행동으로 내 믿음을 보여 줄 테니 당신은 행동이 따르지 않는 믿음이라는 것을 보여 주시오.' 영혼이 없는 몸이 죽은 것과 마찬가지로 행동이 없는 믿음도 죽은 믿음입니다."

야고보서 제2장 14~18, 26절

3

진리보다 그리스도교를 더 사랑하는 사람들은 머지않아 그리스도교보다 자신의 교회 또는 자신의 종파를 더 사랑하게 되고, 결국은 자기 자신을 세상에서 가장 사랑하게 된다.

콜리지

4

본질적으로는 신을 섬기는 방법은 오직 하나밖에 없다. 그것은 자신의 의무

를 다하고 이성의 모든 법칙에 따라 행동하는 것이다.　　　리히텐베르크

5

세속적인 명예나 외면적인 신성함을 위한 종교 행사에는 아무런 가치가 없으며, 그것은 잘못된 가르침에서 비롯된다. 고행처럼 자신을 학대하고 남을 학대하는 행사도 잘못된 가르침에서 비롯되었다. 육체의 참회는 정결이고, 언어의 참회는 항상 선의로 진실을 얘기하는 것이며, 사상의 참회는 자기를 다스리고 영혼을 정화하며 선에 마음을 바치는 일이다.　　　마하바라타

6

밤에 자는 잠이 편안하도록 낮 동안 부지런히 일하라. 너의 노후가 편안하도록 젊은 날을 보람차게 보내라.　　　인도의 속담

7

신앙심이 약한 자는 다른 사람에게 신앙심을 불러일으킬 수 없다.　　　노자
(역주―도덕경 제17장에 '믿음이 부족하면 믿게 할 수 없다'고 되어 있다)

8

종교가 두 번째 자리밖에 차지하지 않은 사람은 종교를 전혀 가지지 않은 사람이다. 신은 인간의 마음속에서 많은 것과 공존할 수 있지만, 자신이 두 번째 자리에 앉는 것은 용납하지 않는다. 신에게 두 번째 자리를 내주는 것은 전혀 자리를 주지 않는 것과 같다.　　　존 러스킨

9

인간은 인간의 삶과 전 세계의 삶의 궁극적인 목적을 이해할 수 없다. 그것은 마치 목재를 나르는 노동자가 그 집의 형태와 목적을 모르는 것과 같다. 그러나 자기가 그 건설에 참여하고 있는 집이 매우 계획적이고 훌륭하며, 그에게 있어서나 세상에 있어서나 꼭 필요하다는 것은 알 수 있고, 또 알고 있다. 그것이 바로 신앙이다.

자신의 말이든 남의 말이든 말을 믿지 말고 자신의 행위와 남의 행위를 믿어라.

12월 14일

1

인간의 영혼에는 신성이 있다.

2

인간은 자신의 마음에 신이 살고 있는 정도에 따라 신을 볼 수 있다. 17세기의 신비적인 시인 안젤루스가 말했듯 내가 신을 보는 눈은 그대로 신이 나를 보는 눈이다.

아미엘

3

인간의 영혼은 곧 신의 등불이다.

탈무드

4

어느 날 강 속의 물고기들이, 물고기는 물 속에서밖에 살 수 없다고 얘기하고 있는 인간들의 목소리를 들었다. 그 말을 들은 물고기들은 무척 놀라서, 도대체 물이 뭔지 아는 물고기가 없느냐고 서로 물어보았다. 그러자 한 영리한 물고기가 말했다. "바다 속에 공부를 많이 해서 지혜로운 늙은 물고기가 한 마리 있는데 무엇이든 다 알고 있다더군. 우리 바다로 헤엄쳐 가서 그 노인한테 물이 무엇인지 물어보자." 그리하여 물고기들은 지혜로운 물고기가 살고 있는 바다에 가서, 물은 어떤 것이며 어떻게 하면 물에 대해 알 수 있는지 물어보았다. 지혜로운 늙은 물고기가 말했다. "물이란 우리가 그것에 의해 살고 있는 것, 그리고 그 속에서 살고 있는 것이다. 너희들이 물을 모르는 것은, 너희들이 그 속에서 살며 그것에 의해 살고 있기 때문이지."

그와 같이 사람들도 신에 의해 살고, 신 속에 살고 있으면서 신을 모르고 있다.

수피

5

자신의 사상을 하늘 높이 올리는 자에게는 매일 매일이 밝고 화창하다. 구름 위에는 언제나 태양이 빛나고 있으니까.

6

신의 영혼은 우리 마음을 사로잡아 우리 마음에 스며든다. 신은 우리에게 너무 가까이 있기 때문에 우리의 눈에 보이지 않는 것이다. 또 신이 우리 가까이 있는 것은, 우리가 신을 인식할 수 있게 하기 위해서 일뿐만 아니라, 신이 우리에게 작용하고 영향을 주어 우리에게 그 신성을 전하기 위해서이다. 그것이 아버지인 신의 커다란 은총이다.   채닝

7

만약 네가 무언가를 원하고 무언가를 두려워한다면, 그것은 네가 자신 속에 사는 사랑의 신을 믿고 있지 않기 때문이다. 만약 네가 그것을 믿고 있다면, 너는 아무것도 원하지 않을 것이다. 왜냐하면 네 속에 사는 신이 원하는 것은 모두 실현될 것이기 때문이다. 또 너는 아무것도 두려워하지 않을 것이다. 왜냐하면 신에게는 아무 것도 두려운 것이 없기 때문이다.

8

영혼의 본성은 참으로 심오하여, 우리가 아무리 그것을 알고자 해도 절대로 그것을 정의할 수 없다.   헤라클레이토스

9

우리 인간의 힘을 자연의 힘과 비교해보면, 우리는 운명의 하잘것없는 노리개에 지나지 않음을 알 수 있다. 그러나 만약 우리가 자신을 물질적 피조물과 비교하지 않고, 자기 내부에 창조주의 영혼을 인식한다면, 우리는 스스로가 모든 물질적 세계와 같은 척도로 잴 수 있는 것이 아니라 만물에 임하는 영혼과 동질의 것임을 알게 될 것이다.   에머슨

10

너에게 어떤 일이 일어나든 자신과 신의 합일을 의식하는 한 결코 불행하지 않다.

12월 15일

1

진실은 그 자체가 선은 아니지만 모든 선에 있어 없어서는 안 될 필수조건 이다.

2

거짓말에는 두 종류가 있다. 처음부터 거짓임을 알면서도 거짓말을 하는 것 이 자신에게 유리하기 때문에 하는 의식적인 거짓말과, 도저히 진실을 말할 수 없을 때 본의 아니게 하게 되는 거짓말이다.

3

오직 미망만이 인위적인 지지를 필요로 한다. 진리는 스스로 자립하는 것 이다.

4

진리의 기쁨보다 더 큰 기쁨은 없고, 진리의 감미로움보다 더 감미로운 것은 없다. 진리의 기쁨은 그 어떤 기쁨보다 크다.　　　　　　　　　부처의 지혜

5

완전한 진실을 말할 수 있는 사람은 아무도 없다. 왜냐하면 인간 속에는 언 제나 온갖 종류의 모순 대립하는 욕구가 있으며, 그것이 서로 싸우면서 강해 지기도 하고 약해지기도 하므로, 그 하나하나를 정확하게 표현하는 것은 도저 히 불가능하기 때문이다.

6

미망은 일정한 기간 동안만 지속될 뿐이지만, 진리는 아무리 공격 받고, 사

람들로부터 은폐되고, 모략과 궤변과 회피와 그 밖의 모든 허위에 둘러싸여 있어도 영원히 진리이다.

7

끊임없이 진실을 행하고 말하고 생각하는 것을 배워야 한다. 그것을 배우기 시작하는 자만이, 우리가 얼마나 진실에서 멀리 떨어져 있는지 이해할 수 있다.

8

거짓말은 모든 실생활에 나쁜 영향을 미친다. 이를테면 헌 것을 새것이라 하고 팔거나, 흠이 있는 물건을 그렇지 않은 듯이 속여 팔고, 어차피 돌려주지 않을 거면서 빚을 갚겠다고 약속하는 등등이 그것이다. 그러나 그러한 거짓말은, 정신적 것에 관한 거짓말에 비하면 아무것도 아니다. 이를테면, 신이 아닌 것을 신이라고 속이고, 영혼에 행복을 주지 않는 것을 마치 영혼을 구원하는 것처럼 주장하며, 올바른 것, 선량한 것을 죄 많은 것, 사악한 것처럼 말하는 것이 그것이다. 그러한 경우의 거짓말이 가장 큰 죄악이다.

9

죄를 짓지 않는 인간, 완벽하게 올바른 인간은 아무도 없다. 인간의 차이는 어떤 사람은 전혀 죄가 없고 올바른 인간이고, 어떤 사람은 죄악과 부정으로 똘똘 뭉친 사람이라는 것이 아니라, 어떤 사람은 가능한 한 죄를 짓지 않고 올바른 생활을 하려고 노력하고, 어떤 사람은 그런 노력을 하지 않는다는 점에 있다.

해리슨과 그의 '선언'

해리슨은 그리스도교의 빛을 받은 자로서, 먼저 실제적인 목적, 즉 노예제도와의 투쟁에 발을 들여놓은 뒤, 곧 노예제도의 원인이, 우연히 그리고 일시적으로 아메리카 남부 사람들이 수백만 명의 흑인을 지배한 것에 있는 것이 아니라, 옛날부터 우리 모두가 일부 사람들이 다른 사람들에게 폭력을 휘두를 권리를 인정해 왔다고 하는, 참으로 비그리스도교적인 사실에 있다는 것을 깨달았다. 그 권리를 인정하는 구실은, 세상에는 항상 악인이 있으며, 그들은 폭력에 의해, 즉 같은 악에 의해 퇴치하거나 줄일 수 있다는 것이었다. 그것을 깨달은 해리슨은 노예제도와 싸우기 위해 노예의 고통스러운 생활과 노예 소유자의 잔인함, 시민으로서의 인권의 평등성 같은 것을 거론하지 않고, "폭력으로 악에 저항하지 말라"(non-resistance)고 하는 영원한 그리스도교적 법칙을 제시했다.

해리슨은 노예제도 폐지운동의 가장 진보적인 투사들이 이해하지 못하는 것을 이해하고 있었다. 즉 노예제도 폐지를 위한 유일하고 반박을 허용하지 않는 대의명분은, 어떠한 조건하에서도 한 인간이 다른 한 인간의 자유를 빼앗을 권리가 없다는 것을 이해하고 있었다. 노예폐지론자는 노예제도는 불법적이고, 불공평하며, 잔인하고, 사람들을 타락시킨다는 주장을 내세웠고, 옹호론자도 이에 지지 않고 노예제도 폐지가 시기상조라는 것, 노예해방이 여러 가지의 위험하고 유해한 결과를 초래할 것이라는 주장을 내세웠다. 그리고 양쪽 다 상대방을 설득하지 못했다. 해리슨은 흑인노예의 존재는 일반적인 폭력기구 속의 단순한 일환에 지나지 않는다는 것을 깨닫고, 누구라도 받아들이지 않을 수 없는 보편적인 원칙을 제창했다. 즉, 어떤 사람도 어떤 구실로도 자신과 같은 인간 형제를 폭력으로 지배할 권리가 없다는 대원칙이었다. 해리슨은 노예는 당연히 해방해야 한다는 주장보다, 어떤 인간, 어떤 집단일지라도 타인에게 힘으로 무언가를 강요할 권리가 없다는 주장에 역점을 두었다. 노예제도에 맞서 투쟁하기 위해 그는 세계의 모든 악과 투쟁한다는 원칙을 제창한 것이다.

해리슨에 의해 제창된 이 원칙은 반박의 여지가 없는 것이었지만, 그것은 기존의 사회제도를 뿌리째 뒤흔들고 파괴하는 것이었기 때문에, 그런 제도하에서 지위에 연연하는 사람들은 그의 '선언'을 두려워하고, 그 이상으로 그것이 실생활에 적용되는 것을 두려워하여, 애써 그것을 묵살하고 회피하며, 어떻게든 그 '선언'이 성립되지 않고, 또 인류생활의 복지를 모조리 파괴할 것처럼 보이는 무저항의 원칙이 실생활에 적용되지 않는 가운데, 자신들의 목적을 달성하려고 노력했다.

그렇게 폭력의 불법성을 인정하는 것을 회피한 결과 일어난 것이, 저 골육상잔의 남북전쟁이었다. 그리고 그것은, 문제를 외면적으로 해결함으로서 모든 전쟁에 따르기 마련인 인심의 황폐화를 초래하여, 아메리카 민족의 생활 속에 이전과 다를 바 없는 악을 새로이 불러들였다. 그 결과 문제의 본질은 해결되지 않은 채, 이제 미합중국 사람들은 새로운 형태의 같은 문제에 직면해 있다. 그때는 어떻게 해서 흑인들을 노예 소유자들의 손아귀에서 해방시킬 것인가가 문제였지만, 지금은 어떻게 해서 백인들의 폭력에서 흑인들을 보호하고, 흑인들의 폭력에서 백인들을 보호할 것인가 문제가 된 것이다.

이 새로운 형태의 문제는 물론 흑인에 대한 개인적인 폭력이나 미국 정치가들의 고의적인 자유주의 정책을 통해 해결되는 것이 아니라, 반세기 전에 해리슨이 제창한 원칙을 실생활에 적용함으로써만 해결되는 것이다.

사람들이 그것을 원하든 원하지 않든, 그들은 오로지 그 원칙 아래서만 인간들이 서로 상대를 노예로 삼고 억압하는 것에서 해방될 수 있다. 또 그들이 원하든 원하지 않든, 이 원칙은 인간의 생활 속에 이루어지고 있고, 또 앞으로 이루어질 모든 진정한 완성의 밑바탕에 존재하고 있다.

사람들은 이 무저항의 원칙을 실생활에 전면적으로 적용하면, 그토록 비용을 들이고 그토록 노력하여 쌓아올린 사회질서가 당장 무너질 것처럼 생각하고 있지만, 그들은 이 무저항의 원칙은 폭력적 원칙이 아니라 사랑과 협조의 원칙이며, 사람들을 강요하는 성질의 것이 아님을 잊고 있는 것이다. 이 원칙은 오로지 자유로운 정신에 의해서만 받아들여질 수 있다. 그것이 사람들의 자유로운 정신에 의해 받아들여져서 실생활에 적용되는 정도에 따라, 인류사회의 진정한 진보가 이루어진다.

해리슨은 처음으로 이 원칙을 인간사회의 형성을 위한 규칙으로 선언했다. 바로 그 점에 그의 위대한 공적이 있다.

그가 그때 미국에서의 평화적인 노예해방이라는 목적은 달성하지 못했지만, 인류 전체가 폭력의 지배에서 해방될 수 있는 길을 우리에게 제시한 것은 분명한 사실이다.　　　　　　　　　　　　　　　　　　　　　　　　톨스토이

세계평화 확립협회의 회원에 의해 채택된 강령선언
1838년, 보스턴에서

우리는 그 어떤 인간적인 지배권도 인정하지 않는다. 우리는 인류에 대한 유일한 왕, 유일한 입법자, 유일한 심판자, 지배자만을 인정할 뿐이다. 우리는 전 세계를 조국으로 인정하고, 전 인류를 형제로서 사랑한다. 우리는 우리나라를 사랑하는 것처럼 다른 나라들도 사랑한다. 우리나라 국민의 이익과 권리는 우리에게 전 인류의 이익과 권리 이상으로 중대하지는 않다. 따라서 우리는 애국심이 우리 민족에게 가해진 모욕과 손해에 대한 복수를 정당화하는 것을 용납하지 않는다.

지상의 모든 정부는 신에 의해 수립되고 축복받았으며, 미합중국과 러시아, 터키 등에 존재하는 정부는 모두 신의 뜻에 합당한 것이라는 교회의 가르침은, 신성모독인 동시에 어리석기 짝이 없는 것이라고 해야 마땅하다. 이 가르침에 의하면, 우리의 창조주는 공정하지 않은 존재, 악을 내세우고 이를 장려하는 존재가 되고 만다. 어떤 나라의 정권이라 할지라도, 그것이 외적에 대해 그리스도의 가르침과 모범에 따라 행동한다고는 아무도 확신할 수 없을 것이다. 그러므로 그들의 정권 활동은 신의 용인을 받지 못하며, 따라서 그들의 정권은 신에 의해 수립된 것이 아니므로, 이를 폭력에 호소하지 않고 사람들의 정신적 갱생에 의해 타도해야 한다.

우리는 단순히 전쟁 자체—침략전쟁이든 방위전쟁이든—뿐만 아니라, 모든 군비, 즉 모든 병기창의 설치, 요새의 구축, 군함건조 따위도 비그리스도교적이고 또 불법적임을 인정한다. 우리는 모든 상비군, 모든 군사령부의 존재, 전승, 곧 적군의 패배를 축하하는 기념비 종류, 모든 전리품, 모든 공훈축하행사, 모든 무력에 의한 합병이 비그리스도교적이고 불법적임을 인정한다. 나아가서 우리는 민중에게 병역을 요구하는 모든 국가적 법규가 비그리스도교적이고 불법적임을 인정한다.

이와 같은 모든 이유에 의해 우리는 병역뿐만 아니라, 우리로 하여금, 투옥 또는 사형의 위협 아래 사람들을 멋대로 지배하는 직무에 종사하게 하는 것은 불가능함을 선언한다. 그러므로 우리는 스스로 나아가, 모든 국가적 기관과 관계를 끊고 모든 정치, 모든 세속적 명예와 지위를 거부한다.

스스로 국가기관 내의 직무에 종사하는 것을 인정하지 않는 우리는, 마찬가지로 타인도 그 자리를 선택해서는 안 된다고 믿는다. 또 우리는 타인이 우리로부터 빼앗은 것을 되찾기 위해, 사람들과 법정에서 싸워서는 안 된다고 믿는다. 우리는 "속옷을 가지려고 하거든 겉옷까지도 내주어야"(마태복음 제5장 40절) 하며, 그에 대해 결코 폭력을 휘둘러서는 안 된다고 생각한다.

우리는 '눈에는 눈, 이에는 이'라는 구약의 계율은 예수 그리스도에 의해 폐기되었다는 것, 그리고 신약의 가르침에 의하면 그 모든 신봉자에 대해 어떠한 경우에도 예외 없이, 적에게 복수하는 대신 이를 용서해야 한다는 말씀을 믿는다. 강제적으로 금전을 강요하고, 투옥하고, 유형 또는 사형에 처하는 것은 명백하게 용서가 아니라 복수이다.

인류의 역사는 육체적 폭력이 도덕적 갱생을 촉진하는 것이 아니라는 것, 인간의 범죄에 빠지기 쉬운 경향은 오직 사랑에 의해서만 억제된다는 것, 악은 오직 선을 통해서만 멸할 수 있다는 것, 악으로부터 자신을 방어하기 위해 폭력에 의지해서는 안 된다는 것, 사람들에 대한 진정한 안전보장은 오직 선과 인내와 자비 속에 있다는 것, 온유한 자만이 땅을 이어받을 것이며, 칼을 들고 일어서는 자는 칼로 말미암아 죽는다는 것, 그러한 모든 것의 증거로 가득 차있다.

그러므로 생명과 재산과 자유와 사회의 평화와 개개인의 행복을 가능한 한 확실하게 보장하기 위해서도, 또 왕 중의 왕, 주 중의 주인 지상자(至上者)의 뜻을 준수하기 위해서도, 우리는 마음을 다해 악으로 악을 갚지 말라는 기본적인 가르침을 수용하고, 신의 뜻을 표현하고 있는 이 가르침이 생각할 수 있는 모든 경우에 적용되어, 궁극적으로는 모든 악의 힘을 이길 것임을 믿는다.

우리는 혁명적 교의를 설하려는 것이 아니다. 혁명의 정신은 복수와 폭력과 살육의 정신이다. 그것은 신을 두려워하지 않고 개인을 존중하지 않는다. 우리는 그리스도의 정신으로 채워지기를 원한다. 악으로 악을 갚지 않는다는 우리의 기본적 계율에 따르는 한, 우리는 음모를 획책하고, 반란을 기도하며, 폭력에 호소할 수 없다. 우리는 복음서의 요구에 반하지 않는 한, 모든 정부의 법률과 명령에 따를 것이다. 우리의 저항은 다만 우리의 불복종에 대해 내려질 형벌에 흔쾌히 순종하는 것뿐이다. 우리는 우리에게 가해지는 모든 공격을 저항하지 않고 견디려 하며, 동시에 우리 자신도 이 세상의 악을, 사회의 상층에서든 하층에서든, 정계에서든 정부 내에서든, 또는 종교계에서든, 끊임없이 공격하며, 우리에게 가능한 모든 수단을 사용하여 지상의 모든 나라가 주 예수 그리스도의 유일한 나라에 통합될 수 있도록 노력할 것이다.

우리는 복음서와 그 정신에 어긋나는 것, 그래서 마땅히 폐기되어야 할 것은, 지금 당장 모두 폐기하는 것이 당연하다고 믿는다. 그러므로 우리가 칼을 쟁기의 보습으로, 창을 낫으로 다시 벼릴 때가 올 거라는 예언을 믿는 이상, 우리는 세월을 헛되이 보내지 말고 능력에 따라 지금 당장 그것을 이루어야 한다.

우리의 사명은 우리에게 모욕과 박해, 고난, 심지어 죽음조차 부를지도 모른다. 오해와 매도와 비방이 우리를 기다리고 있다. 우리는 폭풍에 직면할 것이다. 오만과 위선과 야심과 잔인성이, 모든 지배자와 권력자들이, 모조리 한 덩어리가 되어 우리를 멸하려 할 것이다. 우리가 힘닿는 데까지 따르려 하는 구세주에 대해서도, 사람들은 그러한 행동으로 나왔다. 그러나 우리는 그러한 공포 앞에 주춤해서는 안 된다. 우리는 인간을 의지하지 않고, 전능한 주에게 매달릴 뿐이다. 우리가 인간의 비호를 거절하는 이상, 오직 하나 '세상을 이기는 신앙' 외에 무엇이 우리를 보호해 줄 수 있으랴! 우리는 우리를 찾아오는 시련에 물러서지 않고, 오히려 주 그리스도의 고난을 함께 하는 것을 기쁨으로 여길 것이다.

이상과 같은 모든 이유에서, 우리는 우리의 영혼을 신께 맡기고, 그리스도의 이름 아래 집과 형제자매와 아버지, 어머니, 아내, 자식, 또는 전답을 버리는 자는, 그것의 백배를 돌려받고 영원한 생명을 얻을 것이라고 한 복음서의 말을 믿는다.

이리하여 우리는 이 선언문에 표명된 주의(主義)와 강령이, 우리를 방해하려는 모든 세력을 타파하고, 반드시 전 세계의 승리를 가져올 것임을 확신하고, 또 인류의 이성과 양심에, 특히 우리의 몸을 맡기는 신의 권능에 기대를 걸면서 여기에 서명하는 바이다.

12월 16일

1

사람들 사이에 사랑을 전파하는 것만이 현재의 사회구조를 개선할 수 있다.

2

모든 인간은 서로 멸망시키지만 그와 동시에 서로 사랑하며 돕는다. 이 세상의 삶은 파괴욕에 의해 유지되고 있는 것이 아니라, 우리 마음의 언어로 사랑이라고 부르는 상호유대의 감정에 의해 유지되고 있다.

이 세계의 삶의 발전과정에 눈을 돌리면, 그곳에 나타나 있는 것은 상호협조의 법칙뿐이다. 모든 역사는 이 유일한 인류협조의 법칙이 점점 확실하게 모습을 드러내는 과정에 지나지 않는다.

3

사랑이라는 것은 위험한 말이다. 가족에 대한 사랑이라는 이름으로 온갖 사악한 행위가 저질러지고, 조국에 대한 사랑이라는 이름으로 더욱 사악한 행위가 자행되며, 인류에 대한 사랑이라는 이름으로 가장 큰 사악한 행위가 일어나고 있다. 사랑이 인간 생활에 의의를 주고 있음은 이미 오래 전부터 알고 있지만, 도대체 그 사랑이라는 것은 무엇일까? 이 문제는 지금까지 끊임없이 동서고금의 현자들에 의해 해답이 제시되어 왔지만, 그것은 언제나 부정적인 답이었다. 즉, 흔히 사랑이라 불리며 사랑이라는 이름으로 통하고 있는 것은 진정한 사랑이 아니라는 것이다.

4

사랑은 우리가 마치 서로 이방인이나 적처럼 살고 있는 이 피폐하고 낡은 세상에 새로운 희망을 준다. 사랑은 사람들의 마음을 따뜻하게 하여, 그들은 당장 정치가들의 쓸모없는 외교활동과 거대한 군대, 수많은 요새가 얼마나 쉽게 사라지는지 목격할 것이다. 그리고 자신들의 조상은 어떻게 저런 불필요하고 사악한 것을 위해 그토록 오랫동안 고생을 해왔을까 이상하게 여길 것이다.

에머슨

5

인류사회의 여러 가지 큰 문제에 적용되는 사랑의 힘은 이제 진부한 것이 되어 잊혀지고 말았다. 역사상 한두 번 사랑이 적용되었고, 그때 커다란 성공을 거두었을 뿐이다. 그러나 언젠가는 사랑이 인간생활의 보편적인 법칙이 되어, 오늘날 사람들이 겪고 있는 모든 불행이 사라질 날이 반드시 올 것이다.

에머슨

6

사람들이 신성한 것으로 여기고 있는 것, 이를테면 사람들에게 성찬(聖餐)과 성해(聖骸), 성전(聖典)에 대한 외경심을 일깨우는 것이 좋은 일이고 실제로 일깨우고 있다면, 어린이와 생각이 얕은 사람들에게, 상상속의 것이 아니라 실제로 모두가 이해하기 쉽고 모두에게 기쁨을 주는 인간애의 감정을 일깨우는 것은, 그 몇 갑절이나 필요한 일일 것이다. 그러나 언젠가 그 날이 올 것이다. 그리스도가 때가 오기만을 기다리고 있었다고 한 바로 그 때, 사람들이 타인과 타인의 노동의 결과를 멋대로 지배하는 것을 자랑하지 않고, 타인에게 공포감과 선망의 감정을 불러일으키는 것을 기뻐하지 않으며, 자신들이 모든 사람을 사랑하는 것을 자랑하고, 타인으로부터 아무리 가혹한 처사를 당해도 역시 자신들을 모든 악에서 벗어나게 해주는, 그 사랑의 감정을 느끼는 것을 기뻐할 때가 올 것이다.

7

중국의 현자 가운데 맹자와 비교되는 묵자(墨子)가 있다. 그는 권력자들에게 힘과 부와 권력과 위세에 대한 존경심이 아니라, 사랑에 대한 존경심을 사람들에게 고취하라고 충고했다. 그는 말했다. "사람들은 부와 명성을 사랑하도록 교육받았기 때문에 그것을 사랑하고 있습니다. 그들이 사랑을 사랑하도록 가르쳐보십시오. 틀림없이 사랑을 사랑하게 될 것입니다."

공자의 제자인 맹자가 그 말에 찬성하지 않고 거기에 반박해, 묵자의 가르침은 묵살되고 말았다. 그러나 그 뒤 2천년이 지난 오늘날, 그 가르침은 바로 그것과 똑같은 말을 하는 진정한 그리스도교의 빛을 사람들로부터 가리는 것이 사라진 뒤에, 우리 그리스도교 사회에서 실현될 것이다.

8

사람들의 행위를 선행과 악행으로 나누는 의심할 여지없는 기준이 있다. 그 행위가 사람들의 사랑과 합일을 증대시킨다면 그것은 선행이고, 불화와 분열을 조장한다면 악행이다.

9

불화와 전쟁과 형벌과 증오의 시대를 대신하는 융화와 관용과 사랑의 시대는 반드시 온다. 왜냐하면 사람들은 이미 증오는 영혼에 있어서나 육체에 있어서나, 또 개인에 있어서나 사회에 있어서나 유해한 것이며, 사랑은 각 개인과 모든 사람들에게 내적, 외적으로 행복을 준다는 것을 알고 있기 때문이다. 그 시대는 다가오고 있다. 그것이 오게 하는 데 전력을 다하고, 그것을 멀리 밀어내는 일은 애써 삼가는 것이 우리의 의무이다.

12월 17일

1

자신은 남으로부터 분리된 존재이며, 남도 역시 각각 서로에게서 분리된 존재라는 의식은, 시간과 공간이라는 생활조건에서 나온 표상에 지나지 않는다. 그러한 서로의 거리가 사라지면 사라질수록, 우리는 살아 있는 모든 것과의 합일을 느낄 수 있고, 우리의 삶은 더욱 즐겁고 기쁜 것이 된다.

2

몸은 한 지체로 된 것이 아니라 많은 지체로 되어 있습니다. 발이 "나는 손이 아니니까 몸에 딸리지 않았다"고 말한다 해서 발이 몸의 한부분이 아니겠습니까? 또 귀가 "나는 눈이 아니니까 몸에 딸리지 않았다"고 말한다 해서 귀가 몸의 한 부분이 아니겠습니까? 만일 온 몸이 다 눈이라면 어떻게 들을 수 있겠습니까? 또 온 몸이 다 귀라면 어떻게 냄새를 맡을 수 있겠습니까? 눈이 손더러 "너는 나에게 소용이 없다"고 말할 수도 없고 머리가 발더러 "너는 너에게 소용이 없다"고 말할 수도 없습니다. 그뿐만 아니라 몸 가운데서 다른 것들보다 약하다고 여겨지는 부분이 오히려 더 요긴합니다. 한 지체가 고통을 당하면 다른 모든 지체도 함께 아파하지 않겠습니까? 또 한 지체가 영광스럽게 되면 다른 모든 지체도 함께 기뻐하지 않겠습니까?

고린도전서 제12장 14~17, 21~22, 26절

3

큰 가지에서 잘려나간 작은 가지는 결국 나무 전체에서 잘려나간 것이 된다. 사람도 남과 불화를 일으키면 인류 전체에서 떨어져 나가게 된다. 그러나 작은 가지는 사람에게 잘려 큰 가지에서 잘려나가지만, 사람은 자신의 증오와 악의로 인해 스스로를 이웃으로부터 떼어놓는 것인데, 사실은 그것이 바로 자기 자신을 인류 전체에서 떼어놓는 것임을 깨닫지 못하고 있다. 그러나 사람들을 한 형제로서 공동의 삶으로 초대한 신은, 불화 뒤에도 다시 화목할 수 있는 자유를 그들에게 주었다.

마르쿠스 아우렐리우스

4

자기 존재의 행복을 느끼지 않는, 하늘과 땅을 창조한 신은, 다음에는 그 행복을 느끼는, 사색하는 많은 구성분자로 이루어진 전체적 존재를 창조하고자 했다. 인간은 모두 그 존재의 구성분자이며, 행복하기 위해서는 자신의 의사와 전체적 존재를 다스리는 보편적인 의사의 일치를 생각하지 않으면 안 된다.

그런데 인간은 종종 자신이 속한 전체적 존재를 보려 하지 않고, 자신을 전부라고 생각하고 오직 자신에게만 속하는 것으로 착각하여, 자신을 중심적 존재로 삼으려 한다. 그러나 그런 상태에 있는 인간은 전체에서 떨어져 나간 신체의 일부분과 같은 것으로, 이미 생명을 잃고 항상 미망 속에 있으며, 자기 존재의 의미를 알지 못한 채 우왕좌왕하게 된다. 그가 마지막으로 자신의 사명을 이해하게 될 때, 비로소 그는 자신으로 돌아가서, 자신은 전체가 아니라 전체적 존재의 한 구성분자라는 것, 구성분자라는 것은 전체적 존재의 생명을 통해, 또 그 생명을 위해 사는 것을 의미한다는 것, 전체적 존재에서 떨어져 나간 구성분자의 생명은 죽어서 소멸할 수밖에 없다는 것, 오로지 이 전체적 존재를 위해서만 자신을 사랑하지 않으면 안 된다는 것, 더 정확하게 말하면, '오로지 그 전체적 존재를 사랑하지 않으면 안 된다. 왜냐하면 생명은 오직 그것 속에, 또 그것을 통해 존재하기 때문'이라는 것을 깨닫는다.

자신에게 어떠한 애정을 가져야하는지 결정하기 위해서, 우리는 모두 전체적 존재를 이루는 구성분자이므로 사색하는 구성분자들로 이루어진 전체적 존재를 먼저 마음에 떠올리고, 그 뒤 각각의 구성분자로서 어떻게 자신을 사랑해야 하는지 결정해야 한다.

전체로서의 신체는 손을 사랑하고, 손에도 의지가 있다면 신체 전체를 사랑하듯 자신도 사랑할 것이다. 거기서 도를 넘은 사랑은 모두 부당한 사랑이다. 만약 손과 발에 자신의 의지가 있다면, 전체로서의 신체에 따라 움직여야 비로소 질서 있는 움직임이 나올 것이다. 그렇지 않으면 반드시 혼란과 불행이 일어나게 된다. 그러므로 손발은 신체 전체의 행복을 원할 때 비로소 자신들도 행복해질 수 있다.

우리 구성분자는 자신들의 일치의 행복과 놀라운 협조의 행복을 느끼지 못하고, 자연이 얼마나 고심하여 그들에게 협조의 정신을 불어넣고, 그들의 성장과 존재를 위해 배려하고 있는지 느끼지 못한다. 만약 그들에게 마음이 주어져서, 그 마음이 자신에게 주어진 음식을 자신만이 독점하고 다른 구성분자에게 주지 않는 데 악용된다면, 그것은 부정할 뿐만 아니라 불행하며, 서로 사랑하기는커녕 오히려 증오하게 될 것이다. 그들의 행복과 의무는, 그들이 함께 거기에 속하며, 그들을 그들이 자신을 사랑하는 것 이상으로 사랑하는 전체적인 영혼과의 조화로운 활동에 있다. ──파스칼

5

우리가 다른 모든 존재와 하나가 되었다는 의식은 우리 내부에 사랑이 되어 나타난다. 사랑은 자기 생명의 확대이다. 사랑하면 사랑할수록 우리의 삶은 더욱 넓고 충실하며 즐거운 것이 된다.

12월 18일

1

인류는 쉬지 않고 완성을 향해 나아가고 있지만, 그것은 저절로 나아가는 것이 아니라, 개개인이 자신을 완성시키기 위해 치르고 있는 노력의 선물이다. 천국은 노력을 통해 얻을 수 있다.

2

혜롯왕, 그 이름은 권력자, 독재자, 누구한테도 아무런 의무를 지지 않고, 모든 사람에게 그에 대한 의무를 부과한 특수한 성격의 남자, 미래에 올 왕에 의해 왕좌를 빼앗기는 과거의 왕의 대명사이다. 미래의 왕에 대한 소문만 듣고도 그는 공포에 빠진다. 그는 도대체 무슨 짓을 했던 것일까?

그는 먼저 간계를 꾸미고 속임수를 쓴다. 그리고 그 기만에 이어 살육이 시작된다. 그는 수많은 사람들을 닥치는 대로 죽이고, 아직 젖도 떼지 않은 갓난아기까지 죽인다. 왜냐하면 어디에 있는지 모르는 아기가 두렵기 때문이다. 그 아기를 확실하게 죽이기 위해서는 다른 방법이 없었기 때문이다. 그래서 그 아기를 죽이기 위해 모든 아기를 죽이라고 명령한다.

그러나 그 아기는 죽지 않는다. 미래의 왕은 과거의 왕과 싸우기 위해 계속 살아있을 것이다. 그리고 그것은 길고긴 싸움이 될 것이다. 세기에서 세기로, 혜롯에서 혜롯으로, 고뇌와 눈물과 피 속에서, 자식과 아버지의 죽음 속에서, 어머니의 통곡과 모든 사람의 고뇌 속에서 오랫동안 이어질 것이다. 그러나 너희들은 그러한 고난에 주춤해서는 안 된다. 낙담하지 말고 용기를 내기 바란다. 두려워하지 말고, 의심하지 말고, 지치지 말고, 쉬지 않고 싸워주기 바란다. 미래의 왕은 반드시 마지막 승리를 거둘 것이므로.　　　　　　　　　　라므네

3

흔히 지금까지의 생활을 개선하고 악을 뿌리 뽑아 정의로운 삶을 살려는 노력은 전혀 무익하며, 그런 것은 인류의 진보에 따라 저절로 이루어진다고 말하는 사람들이 있다. 그것은 마치 사람들이 배를 타고 가다가, 사공들이 물가에 도착해 배에서 내려버린 뒤에도, 보트에 남은 사람들은 지금까지 배가 움직이고 있었던 것처럼 이제부터도 움직일 거라고 생각하고 노를 잡으려 하지 않는 것과 같다.

4

이 세상의 삶에 휴식은 없고, 또 있을 리도 없다. 인생은 그것을 향해 다가갈 수는 있어도 도달하는 것은 꿈도 꿀 수 없는 목적을 향한 전진이기 때문에 휴식이 없는 것이다. 휴식은 덕의에 반하는 것이다. 나도 그 의무가 무엇인지

확실하게 보여줄 수는 없다. 그러나 그것이 무엇이든, 그것은 존재하고 있고 또 존재하지 않을 수 없다. 그것이 없으면 인생은 무의미하다. 그리고 그것을 인정하는 것은 곧 신을 부정하는 것이다. 뿐만 아니라, 그것은 인생을 사악하고 저속한 유희로 인정하는 것이다.　　　　　　　　　　　　　　　주세페 마치니

5

인류의 모든 역사는, 신은 논리에 의해서가 아니라 오로지 신을 따름으로서만 이해될 수 있다는 것, 이 세상에 영원한 질서가 존재한다는 것은 그 질서에 따라 살아본 뒤에야 비로소 확실해진다는 것, 우리는 오직 그런 방법을 통해서만 이 세상에서의 신의 뜻을 인식할 수 있다는 것, 그러한 반박의 여지가 없는 진리를 증명하고 있다.　　　　　　　　　　　　　　　　　　　　존 러스킨

6

우리 인간만이 이 세상에 정의를 이룰 수 있다. 자연의 모든 힘도 우리가 없으면 아무것도 할 수 없다. 만약 의식적 존재의 집합체인 인류가 그것을 하지 않는다면 아무도 할 자가 없다.　　　　　　　　　　　　　　　　히지츠키

7

만약 우리가 사물을 지금의 상태 그대로밖에 있을 수 없다고 인정한다면, 우리는 세상을 과거의 상태에 머물게 하는 힘에 대한 동조자가 될 것이다.

그러나 만약 우리가 그 힘에 지지 않는다면, 우리는 세계를 바꾸는 힘의 일부가 될 것이다.　　　　　　　　　　　　　　　　　　　　　　솔터

8

대부분의 사람들은 생각이라는 걸 하지 않고 살아간다. 그들은 생존경쟁을 위해 온 힘을 다 쏟고 있어서 생각할 시간도 없이 단순히 현실을 당연한 것으로 받아들인다.

사회개혁자의 과제가 매우 어렵고 그 진로가 험난한 것도 그 때문이다. 위대한 진리를 옹호하기 위해 맨 처음 목소리를 높이는 사람들이, 상류계층의 조소와 일반서민의 저주를 받는 것도 그 때문이며, 사람들에게 박해 받고 고통

받으며, 수난의 옷을 입고 가시관을 써야 하는 것 또한 그 때문이다.

헨리 조지

9

이 세상의 삶을 전반적으로 개선하는 사업에 대한 우리의 참여가 아무리 작고 보잘것없는 것이라 할지라도 그것은 꼭 필요한 것이다. 왜냐하면 사람들의 그러한 사소한 노력에서 우리가 누리고 있는 행복을 향한 모든 작용이 일어나기 때문이다. 그러므로 비록 아무도 쳐다보지 않고 아무도 재촉하지 않아도, 적당히 넘기지 말고 진지하게 고삐를 잡아당겨라.

12월 19일

1

진정한 행복은 언제나 우리 안에 있다. 그것은 물체의 그림자처럼 선한 생활에 항상 따르기 마련이다.

2

신은 우리를 더욱 선하게, 더욱 행복하게 할 수 있는 모든 것을, 우리의 눈 앞에 또는 우리 가까이에 갖다 두었다.

세네카

3

자신의 생명을 정신적 자기완성 속에 두는 사람은 불만을 느끼는 일이 없다. 자신이 원하는 것은 언제나 자신의 지배 아래 있기 때문이다.

파스칼

4

진정한 행복은 선행 그 자체이다.

스피노자

5

진정한 삶을 이해하지 못하는 사람들의 활동은, 언제나 쾌락의 획득을, 고뇌의 회피를, 피할 수 없는 죽음으로의 도피를 향하고 있다.

그러나 쾌락에 대한 욕망은 타인과의 투쟁에 박차를 가하고, 고뇌에 대한 감수성을 키우며 죽음을 끌어당긴다. 그 죽음이 다가오는 것을 보지 않기 위해 그들이 알고 있는 방법은 오직 하나, 더욱 더 쾌락을 좇는 것이다. 그러나 쾌락에는 한계가 있어, 그 한계를 넘으면 쾌락도 고뇌로 바뀌고 더욱 더 다가오는 죽음에 대한 공포로 바뀌어버린다.

진정한 삶을 이해하지 못하는 사람들의 고뇌의 근본적인 원인은, 그들이 모든 사람이 공평하게 나눠가질 수 없는, 남으로부터 힘으로 빼앗지 않으면 안되는 것을 쾌락으로 생각하는 데 있다. 남으로부터 그들에게 필요한 것을 힘으로 빼앗는 것은, 사람들에게 참된 행복을 주는 유일한 것인 모든 사람에 대한 선, 모든 사람에 대한 사랑의 가능성을 빼앗는 것이다.

그러므로 그러한 쾌락을 얻기 위해 기울이는 노력이 크면 클수록 인간에게 가능하고 유일한 행복인 사랑은 더욱 불가능해진다.

6

두 종류의 행복이 있다. 하나는 정신의 평화(결백한 양심), 또 하나는 언제나 밝은 마음이 그것이다. 전자는 사람이 자신에게 아무런 가책도 느끼지 않고, 세속적인 행복이 덧없음을 똑똑히 의식할 때 생기는 정신상태이며, 후자는 자연이 준 선물이다.　　　　　　　　　　　　　　　　　　　　칸트

7

설사 그것이 우리에게 운명의 따뜻한 손에 의해 주어지든 차가운 손에 의해 주어지든, 인생의 한 순간 한 순간을 가능한 한 최상의 것이 되게 하는 것, 이것이 바로 삶의 예술이며, 이성적 존재자의 진정한 특권이다.　리히텐베르크

8

자신은 선을 실천하고 있는데도 불행을 느낀다는 사람은, 신을 믿고 있지 않거나, 그가 선으로 생각하고 있는 것이 실제로는 선이 아니거나, 그 둘 중의 하나이다.

12월 20일

1

교회에 의한 그리스도교의 왜곡은, 신의 나라가 실현되는 것을 우리로부터 멀어지게 했다. 그러나 그리스도교의 진리는, 젖은 나뭇가지가 잠시 불기운을 줄이지만, 곧 불기운이 나뭇가지를 말려 다시 불길이 일어나는 모닥불과 같다. 그리스도교의 진정한 의의는 이미 모든 사람에게 분명해져서, 그 영향은 그것을 가리려 하는 기만보다 강하다.

2

예수가 전한 종교를 예수를 대상으로 한 종교로부터 해방시켜야 한다. 우리는 영원한 복음의 핵심이자 원리인 의식형태를 인식했을 때는, 그것을 영원히 지키지 않으면 안 된다.

외딴 마을의 어두운 등불과 횃불의 행렬이 찬란한 태양 앞에서 빛을 잃는 것처럼, 언제 어디서 갑자기 일어났다고 하는 하잘것없고 수상쩍은 기적 같은 것은, 정신생활의 법칙 앞에서는, 또 신에 의해 인도되는 인류 역사의 장대한 전개 앞에서는 완전히 그 빛을 잃을 것이다.   아미엘

3

내 눈에는 인간에 대한 신뢰를 바탕으로 한 새로운 종교가 보인다. 그것은 우리 마음속의, 지금까지 아무도 들여다본 적이 없는 심연에 호소하는 종교이고, 인간은 대가를 기대하지 않고 선을 사랑할 수 있다고 가르치는 종교이며, 신적 본원이 인간에게 내재해 있다고 말하는 종교이다.   솔터

4

우리에게 필요한 것, 모든 사람에게 필요한 것, 우리의 시대가 오늘날 사로잡혀 있는 이기주의와 회의와 부정의 늪에서 빠져나오기 위해 요구되고 있는 것, 그것은 우리의 정신이 개인적 목적 때문에 방황하는 것을 중지하고, 모든 사람이 동일한 신분, 동일한 법칙, 동일한 목적을 인식하며 함께 나아갈 수 있는 신앙이다. 구태의연하고 시대착오적인 신앙의 폐허 위에 태어난 모든 강력한 신앙은, 현재의 사회체제를 개혁한다. 왜냐하면 모든 강력한 신앙은 필연적

으로 인간 활동의 모든 분야에 적용되기 때문이다. 인류는 '아버지의 나라가 오게 하시며 아버지의 뜻이 하늘에서와 같이 땅에서도 이루어지게 하소서'라는 주기도문의 말을 다양한 표현, 다양한 어조로 끊임없이 되풀이하고 있다.

주세페 마치니

5

오직 자신만을 사랑하는 사람들이 있다. 그것은 증오의 사람이다. 왜냐하면 자신만을 사랑한다는 것은 다른 사람들을 미워하는 것이기 때문이다.

자신과 동등한 존재를 참지 못하여, 항상 명령하고 지배하고 싶어 하는 오만한 사람들이 있다.

언제나 황금과 명예와 쾌락만을 지칠 줄 모르고 찾아다니는 탐욕스러운 사람들이 있다.

늘 약자를 노리며 힘과 계략으로 그를 수탈하거나, 과부와 고아를 제물로 삼는 약탈자가 있다.

폭력적인 사상으로 가득 찬 살인자들이 있다. 그들은 사람들을 향해 너희들은 우리의 형제라고 말하면서도, 그들이 자신들의 계획을 반대하고 있다는 의심이 생기면, 형제라 부른 그들을 죽이고 그들의 피로 자신의 율법을 기록한다.

악인 앞에서 두려움에 떨며 그 손에 입을 맞춤으로써 악인으로부터의 박해를 벗어나려는 비겁한 사람들이 있다.

이와 같은 사람들은 모두 이 지상에서의 평화와 안전과 자유를 파괴한다.

그러나 그 박해자들도, 민중의 지지를 얻지 못하고 그들 주위에 아무도 없다면 무슨 일을 할 수 있겠는가?

만약 그들이 민중을 노예상태에 묶어두는 데, 그러한 민중의 노예상태가 자신들에게 이익을 주는 사람들의 협조밖에 얻지 못한다면, 그 소수의 사람들이 수많은 민중 전체에게 어느 정도의 힘을 미칠 수 있을까?

신의 지고한 예지는 민중이 항상 전제주의에 대항할 수 있도록 이 세상을 창조하였다. 민중이 그 지고한 예지를 이해하기만 하면 전제주의는 불가능해진다.

그러나 이 세상의 권력자들은 신의 지고한 예지에 대해, 이 세상의 왕, 즉 악마의 지혜로 대항했고, 민중 박해자의 왕인 악마는 그들에게 전제주의를 유지하기 위한 지옥의 간계를 가르쳤다.

악마는 그들에게 말했다. "너희들은 이렇게 하라. 먼저 집집마다 젊고 힘센 자들을 모아 그들에게 무기를 주고 싸우도록 가르치는 것이다. 그렇게 하면 그들은 자기 아버지와 형제들과도 싸울 것이다. 왜냐하면 내가, 그것이 바로 너희들의 명예라고 가르쳐 두었으니까. 나는 그들에게 명예와 충절이라는 우상을 만들어 줄 것이다. 그 우상의 율법은 절대 복종이다. 그들은 그 우상을 숭배하고 그 율법에 맹종할 것이다. 왜냐하면 내가 그들의 머리를 혼란시키고 세뇌시켜 둘 것이기 때문이다. 그러므로 너희들은 조금도 걱정할 필요가 없다."

그래서 민중의 박해자들은 악마가 시키는 대로 했고, 악마는 민중의 박해자들에게 약속한 대로 해주었다.

민중은 그 무기를 사용하여 자신의 형제를 죽이고, 아버지를 가두고, 자신에게 젖을 먹여준 어머니까지 잊어버리게 되었다. 그들에게 "모든 성스러운 것의 이름으로, 너희에게 내려지는 명령이 얼마나 부정하고 잔인한지 생각해보라"고 말하는 사람들이 있으면, "우리는 생각하지 않는다, 다만 복종할 뿐이다"라고 대답한다.

또 "도대체 너희들에게는 너희 아버지와 어머니와 형제에 대한 사랑은 없느냐?"라고 묻는 사람이 있으면, 그들은 "우리는 사랑하지 않는다, 다만 복종할 뿐이다"라고 대답한다.

또 그들에게 신과 그리스도에 대해 얘기하는 자가 있으면, 그들은 "우리의 신은 나라에 대한 충절과 명예다"라고 말한다.

정말 진심으로 여러분에게 말하고 싶다. 이것보다 무서운 유혹은 지금까지 한 번도 없었다.

그러나 이 징병제도라는 저주에도 이제 종말이 다가오고 있다.

악마와 민중의 박해자가 이 세상에서 물러갈 때, 그런 때가 머지않아 올 것이다.

라므네

6

신의 나라가 오는 것을 보려고 기대해서는 안 된다. 그러나 그것이 오는 것을 의심해서도 안 된다. 신의 나라는 쉬지 않고 가까이 다가오고 있다.

7

교회그리스도교는 불완전하고 일방적이고 형식주의적이기는 하지만, 그래도 그리스도교는 그리스도교라는 식으로 생각해서는 안 된다. 교회그리스도교는 그리스도교가 아닐 뿐만 아니라 진정한 그리스도교의 가장 흉악한 적이다. 오늘날 이 교회그리스도교라는 것은 진정한 그리스도교에 대해 현행범으로 체포된 범인과 같은 입장에 있다. 그에게 남겨진 길은 단 두 가지, 자살하거나 새로운 범죄를 저지르는 것이다. 그러므로 그 입장이 아무리 절망적이라도, 교회그리스도교는 당분간 그 무서운 범죄행위를 더 계속할 것이다.

12월 21일

1

인간은 그 의식이 가장 높은 곳에 있을 때 고독하다. 그 고독은 때로는 이상하고 낯설며 괴롭게 느껴질 때가 있다. 그래서 생각이 부족한 사람은 여러 가지 기분전환을 시도하며, 괴로운 고독의 의식에서 도피하고자 의식의 높은 곳에서 바닥을 향해 내려가고 만다. 이에 반해 생각이 깊은 사람들은 기도를 통해 그 높은 곳에 계속 머물러 있다.

2

신이 우리에게 원하는, 신에 대한 우리의 자세는, 인생에서 신의 뜻을 끊임없이 실천하는 것이다. 그러나 이 세상의 다양한 이해관계와 우리의 수많은 번뇌가, 끊임없이 우리를 그 실천에서 멀어지게 한다. 그것을 아는 우리는, 신에 대한 자신의 언어에 의한 외면적인 표현, 즉 기도에 매달려, 자신이 신에게 속해 있다는 생생한 의식을 마음에 불러일으키려고 노력한다. 그러한 기도는 우리에게 죄와 의무를 떠올리게 하는데, 우리가 유혹을 받았을 때 그러한 기도의 심정으로 돌아가면 그 유혹에서 벗어날 수 있다.

3

개체는 유한하다. 그러므로 신은 결코 개체일 수가 없다. 그런데 기도는 신에 대한 호소이다.

개체가 아닌 것에 어떻게 호소한단 말인가?

천문학자들은 정말로 움직이는 것은 그들의 시야를 움직이는 것처럼 보이는 별자리가 아니라, 자신들이 천문대와 망원경을 설치한 지구라는 것을 알고 있지만, 역시 지구의 움직임이 아니라 별자리의 움직임을 기록한다. 그렇게 할 수밖에 없는 것이다. 기도도 바로 그것과 같다. 신은 개체가 아니다. 그러나 나는 개체이기 때문에, 자신과 신의 관계를 신이 개체가 아닌 것을 알면서도 개체와의 관계로 표현할 수밖에 없다.

4

수직갱도에 떨어져 구출될 가망이 없는 자, 얼음 속에 갇혀 얼어 죽어가고 있는 자, 바다 가운데서 굶어 죽어가고 있는 자, 또는 독방에 감금되어 있는 자, 아니면 단순히 자연사하고 있는 자, 귀도 들리지 않고 눈도 보이지 않는 자, 이런 사람들은 만약 기도가 없다면 남은 시간을 어떻게 살아갈 수 있을까?

5

이 세상의 삶 속에서 헛되이 행복을 찾아 헤매다가 지치고 피곤한 손을 신에게 내미는 순간, 그가 느끼는 기쁨을 어떻게 표현할 수 있을까!

6

번뇌가 그들을 완전히 사로잡고 있을 때나, 모든 생활이 신에 대한 봉사로 채워져 있을 때는, 인간은 기도가 없이도 살 수 있다. 그러나 번뇌와 치열하게 싸우고 있는 사람이나, 자신의 의무를 수행하기에는 아직 거리가 먼 사람에게는, 기도는 살아가는 데 없어서는 안 되는 조건이다.

12월 22일

1

사회구조의 개선을 방해하는 가장 큰 원인은, 그것을 사회의 외면적 형식의 변경을 통해서만 달성할 수 있다는 생각이다. 그러한 잘못된 생각은 사람들의 활동을 사람들의 생활 개선에 도움이 되지 않는 것으로 향하게 함으로써 오히려 그것에 도움이 되는 것으로부터 떼어놓고 만다.

2

사회생활은 사람들의 의식 위에 구축되는 것이지 학문 위에 구축되는 것이 아니다. 문명은 무엇보다 먼저 도덕적인 문제이다. 만약 성실함이 없으면, 또 인간의 권리와 의무에 대한 존경과 이웃에 대한 사랑이 없으면, 다시 말해 사람들에게 선덕이 없으면, 모든 것이 위험해지고, 모든 것이 무너질 것이다. 학문도 예술도 영화도 산업도 미사여구도 경찰도 세관도, 토대가 없는 공중누각을 받칠 수는 없다. 단순히 타산에 따라 공포정치에 의해 유지되는 국가는 추악하고 불안정한 구조물에 지나지 않는다. 일반대중의 도덕성만이 모든 문명의 견고한 기초를 이룬다. 그리고 그 건물 네 귀퉁이의 주춧돌 구실을 하는 것이 의무이다. 조용히 나의 의무를 다하며 사람들에게 좋은 모범을 보여주는 사람이야말로, 그것을 통해 그들에 대해 알 수 없는 미래의 빛나는 세계를 구원하고 이를 지탱하는 자이다. 아홉 명의 의인이 더 있었으면 소돔을 구할 수 있었지만, 민중을 타락과 멸망에서 구하기 위해서는 수천 명의 선인이 필요하다.

아미엘

3

인류의 사상이 지향해야 할 참된 방향은 정치적 또는 종교적인 새로운 법률을 정하는 것이 아니라, 각 개인의 도덕적 존엄성을 인정하는 것에 있다. 그러한 사상의 흐름이야말로 다같이 독단주의와 권위주의의 구덩이에 빠지는, 장님이 장님을 이끄는 가련한 시도보다 인류의 진보에 훨씬 더 많은 공헌을 할 수 있다.

예이츠

4

문제는 결코 그리스도교인가 사회주의인가 하는 선택에 있는 것이 아니다.

애초에 이 두 가지를 똑같은 것으로 논할 수는 없다. 그만큼 이 양자 사이에는 본질적인 차이가 있기 때문이다.

그리스도교는 이 세계의 영원한 의미와 신성, 또 거기에 따른 우리의 영적 본질인 불멸성과 인간의 사명을 가르치고, 동시에 그 결과로서 올바른 물질적 만족의 방법을 가르치는 것이다.

한편 사회주의는 그리스도교와 비교하여 작은, 노동자 계급의 물질적 수요라는 2차적인 문제를 안고 있는데 지나지 않으며, 따라서 인생의 의미는 무엇인가 하는 크나큰 문제 밖에 서 있다고 할 수 있다.

그리스도교와 사회주의는 양립할 수 있는가 하고 물을 수는 있다. 그러나 그리스도교와 사회주의 중 어느 쪽을 선택해야 하는가 하는 질문은 성립되지 않는다.　　　　　　　　　　　　　　　　　　　　　　표도르 스트라호프

5

무정부주의자들이 현체제를 부정하는 것도, 지금의 세상에서 권력자의 폭력만큼 나쁜 것은 없다고 주장하는 것도, 모두 옳은 말이다. 그러나 그들은, 혁명으로 무정부사회를 수립할 수 있다고 생각한다는 점에서 크게 잘못되어 있다. 무정부 사회는 국가 권력의 보호를 필요로 하지 않는 사람들이나, 국가 권력의 행사 내지 그것에의 참여를 부끄럽게 생각하는 사람들이 점점 늘어남에 따라 비로소 수립되는 것이다.

6

우리는 무엇보다 먼저 인간이 되어야 하며, 그 다음에 국민이 되어야 한다. 선을 대하듯 법률에 대해 존경심을 품는 것은 바람직하지 않다. 법률은 결코 사람들을 더 정의롭게 만들지 않으며, 오히려 그것을 중시한 결과 선량한 사람들이 부정을 저지르게 되는 것이다.　　　　　　　　　　　　　소로

7

우리 인간은 모두 한 아버지의 아들이며, 이 지상에 단 하나뿐인 보편적인 율법을 실현하기 위해 보내졌다는 것, 우리 각자는 자기 자신을 위해서가 아니라 남을 위해 살아야 한다는 것, 인생의 목적은 얼마나 행복해지는가에 있는 것이 아니라, 스스로 최선을 다해 선량해지고, 남도 그렇게 되도록 도와주는 것에 있다는 것, 어디서 그것을 만나든, 모든 부정과 미망과 항상 싸우는 것은 우리의 권리일 뿐만 아니라, 그것을 게을리하고 외면하는 것은 중대한 죄악인, 우리의 전 인생에 대한 의무임을 깨닫지 않으면 안 된다.　　　주세페 마치니

무정부 사회란 공공기관이 전혀 사회를 가리키는 것이 아니라, 사람들을 폭력으로 복종시키는 기관이 없는 사회를 가리킨다. 폭력을 배제하지 않으면 이성적인 인간사회의 건설이 불가능하다는 것은 누구나 다 알 수 있는 이치가 아닌가?

9

사회적인 과제는 처음부터 한계가 없는 것이다.   빅토르 위고

기만에 찬, 폭력적이고 강제적인 법률을 인정하고 그것에 따르면, 정의를 확립할 수 없을 뿐만 아니라 부정을 줄일 수도 없다.

미치광이

여관에 도착해 쉬고 있자니 날씨가 너무 더워 나는 발코니에 나가 앉았다. 눈앞에 뙤약볕에 달궈진 길이 기다란 실처럼 뻗어 있는 것이 보였다. 그 길은 산자락을 가느다란 나선형으로 휘감고 있었다. 빨간 술이 장식된 몇 필의 노새가 방울소리를 울리면서 술통을 싣고 한 발 한 발 조심스럽게 걸음을 옮기고 있었다. 그 느릿한 행렬이 달려온 역마차에 의해 흐트러졌다. 역마차의 마부가 채찍을 휘두르며 큰소리로 고함을 치자, 노새의 행렬은 바위투성이의 산기슭에 몸을 바싹 붙였고, 술통을 운반하는 마부들이 욕설을 퍼붓는 가운데, 역마차는 뽀얗게 일어나는 먼지 속에서 이쪽으로 다가와, 내가 앉아 있는 발코니 밑에서 멈춰 섰다. 마부가 말에서 내려 말을 마차에서 풀기 시작했다. 근위병 모자를 쓴 뚱뚱한 여관주인은 마차문을 열고, 마부석에서 자고 있던 하인이 깜짝 놀라 눈을 뜨고 기지개를 켜며 마차에서 채 내려오기도 전에, 마차 안의 신분이 높은 손님에게 두어 번 인사를 했다.

"저렇게 마부석에서 잠을 자고 저렇게 기분 좋게 기지개를 켤 수 있는 건 아마 러시아 사람뿐일 걸." 그렇게 생각한 나는 그 사내의 얼굴을 자세히 쳐다보았다. 먼지 때문에 다갈색이 된 노란 머리, 길게 뻗어 얼굴 중간쯤에서 콧수염과 맞붙어버린 구레나룻, 그 밖의 동작 하나하나에서 보이는 민족적 특징 전체가, 그 낯선 사내가 틀림없이 탐보프 지방이나 펜자 혹은 시베리아 지방 출신이 틀림없다는 결정적인 확신을 나에게 주었다. 아무리 논리적으로 생각하고 아무리 어리석다고 생각해도, 먼 타국에서 뜻밖에 동포를 만나면 역시 반가운 마음이 앞선다. 잠시 뒤 마차 안에서 서른 살쯤 된 혈색 좋고 밝고 건강해 보이는 얼굴의 남자가 내려왔는데, 그 표정에는 전혀 걱정거리가 없고, 위장은 튼튼하며, 약간 신경이 둔한 면이 드러나 있었다. 끈 달린 승마용 코안경을 걸친 그는 좌우를 번갈아 둘러본 뒤 어린아이처럼 들뜬 목소리로 마차 안의 동행자에게 소리쳤다.

"야! 참 좋은 곳입니다, 아니, 정말 멋진 곳이에요! 이곳이 바로 이탈리아로군요. 보십시오, 하늘이 저렇게 파랄 수 있다니! 꼭 사파이어 같아요! 여기까지 오면 진짜 이탈리아에 온 겁니다!"

"자네는 아비뇽에서부터 이미 그 말을 여섯 번이나 했어!" 하고 그의 동행자는 천천히 마차에서 내리면서 지친 듯 신경질적인 목소리로 말했다.

그 동행자는 상대방보다 나이가 훨씬 많은, 여위고 키 큰 남자였다. 몸 전체가 통일된 색깔을 한 복장으로, 연한 초록색 외투에 바래지 않은 삼베 모자를 쓰고, 원래 금발인 머리는 먼지가 내려앉아 새하얀 데다, 생기 없는 눈이 밝은 눈썹에 가려 있어 초췌하고 병적으로 보이는 얼굴은, 창백하다기보다 차라리 황록색이라고 하는 게 나을 것 같았다.

그 가련한 모습의 남자는 경탄과 만족의 표정을 조금도 보이지 않고, 말없이 상대가 가리키는 방향을 바라보았다.

"보세요, 저게 올리브입니다, 모두 올리브예요!" 하고 젊은 남자가 말했다.

"올리브의 초록색은 정말 지루하고 단조로워." 녹색 일색의 남자가 말했다. "우리나라의 자작나무 숲이 훨씬 더 아름답지."

젊은 남자는 어이구 정말 처치곤란이군! 하고 말하고 싶은 듯이 고개를 설레설레 저으며 하늘을 올려다보았다. 어디선가 본 적이 있는 얼굴인데 어디서 보았는지는 영 생각이 나지 않았다. 도대체가 외국에서 러시아 사람을 알아본다는 건 쉬운 일이 아니다. 그들은 러시아에서는 독일인처럼 턱수염을 깎고 다니다가도, 유럽에서는 당장 러시아식으로 턱수염을 기른다.

그러나 오래 생각할 필요는 없었다.

젊은 남자는 올리브를 반가워했을 때와 같은 들뜨고 구김살 없는 표정으로 나에게 달려와서 러시아어로 소리쳤다.

"아니, 이것 참 뜻밖이군요! '산과 산은 결코 만나지 않지만' 하는 속담은 정말 맞는 말인가 봅니다(역주—산과 산은 결코 만나지 않지만 사람과 사람은 언젠가는 만난다는 속담). 그런데 날 못 알아보는 것 같군요. 옛 친구를 잊은 겁니까?"

"아! 이제 확실히 생각났어요. 이거 너무 많이 변해 있어서, 턱수염을 다 기르고. 게다가 풍채가 좋아지고 남자답게 혈색이 도는 게 얼굴이 좋군요."

"'건강한 육체에 건전한 정신'이라고 할까요?" 하고 그는 늑대도 탐낼 것 같은 가지런한 치아를 드러내며 즐거운 듯 웃었다.

"당신도 변했어요. 조금 늙으신 것 같군요. 세월의 흔적인가요? 그러고 보니 벌써 4년이나 됐군요. 세월이 많이 흘렀죠."

"그렇군요. 그런데 이런 곳에는 무슨 일로?"

"환자와 함께 여행을 하고 있습니다."

그는 모스크바 대학 출신 의사로, 대학에서 해부학 조수로 지낸 적이 있는데, 내가 해부학을 하기 5년 전부터 알고 지내던 사이였다. 그는 착하고 봉사를 좋아하며 매우 근면하여, 열심히 기존학문에 매진하고 있었다. 즉, 남이 풀어주지 않은 문제에는 전혀 관심이 없고, 그 대신 이미 해답이 나와 있는 문제에 대해서는 모르는 게 없는 사람이었다.

"그럼 저 초록색 복장을 한 사람이 당신의 환자란 얘기군요. 저 사람을 도대체 어디로?"

"오, 저 사람은 정말 보기 드문 환잡니다. 아마 이 이탈리아에도 저런 환자는 좀처럼 만나볼 수 없을 걸요. 한 마디로 말해 매우 특이해요! 원래는 머리가 좋은 사람인데, 이 부분이 약간 이상해져서(그렇게 말하면서 그는 자신의 이마를 가리켜보였다), 내가 지금 그것을 치료중이지요. 나와 함께 이곳에 왔지만, 내가 그만 당신하고 아는 사이라는 얘길 해버렸기 때문에, 지금 완전히 겁에 질려 있어요. 심한 우울증 환잡니다. 때로는 며칠씩 입을 열지 않다가, 또 때로는 하여간 온 몸의 털이 곤두설 것 같은 말을 하지요. 모든 걸 부정해 버리거든요. 요컨대 하는 말이 극단적이에요. 나는 원래 교양 없는 여자들의 미신적인 얘기 같은 건 믿지 않지만, 그래도 뭔가가 있는 것 같아요. 하지만 저 사람은 정말 조용하고 얌전한 사람입니다. 외국에 나가고 싶어하지 않았지만, 친척들이 합세해 귀찮으니까 내보내기로 한 거죠. 무슨 말을 지껄일지 몰라서 늘 마음을 졸여 왔거든요. 하인과 하녀들까지 경찰에 불려가서 조서를 쓸 지경이니까요. 저 사람은 시골에 가고 싶다고 했는데, 누이와의 재산분배 문제가 아직 해결되지 않아서요. 그러니 저 사람 누이는 깜짝 놀랐지요. 농부들한테 공산주의라도 부추기면 그야말로 소작료도 거둘 수 없게 될 테니까요. 그래서 마침내 외국행을 승낙하게 된 건데, 꼭 가야 한다면 이탈리아 남부로 가고 싶다고 한 겁니다. 잘된 일이지요! 그래서 칼라브리아를 향해 출발하게 되었고, 나도 주치의로서 동행하게 된 겁니다. 하지만 하필이면 칼라브리아라니, 그곳에는 도둑과 성직자 말고는 아무 것도 없어요. 그래서 난, 이것 좀 보세요, 도중에 마르세유에서 권총을 하나 샀습니다. 4연발 회전식으로요, 아시죠?"

"아, 알아요. 그건 그렇고 미친 사람하고 늘 함께 있다는 건 보통 힘든 일이 아니겠군요."

"하지만 저 사람은 이상한 짓을 하거나 난동을 부리지는 않습니다. 저 사람 나름대로 저에게 호의도 가지고 있어요. 하기는 자기 말에 대한 반박은 용납하지 않지만요. 하지만 나는 완전히 만족하고 있습니다. 모든 비용을 저쪽에서 부담하고 있는 데다 1년에 천 루블이나 받으니까요. 담배도 내 돈으로 살 필요가 없어요. 그런 면은 철저하게 배려해 주고 있지요. 게다가 외국을 두루 구경하는 것도 나쁘지 않거든요. 어쨌든 저 괴상한 환자를 한번 봐 주겠습니까. 환자를 이곳으로 데리고 오지요. 뭐, 괜찮지 않습니까, 어차피 또 곧 작별할 거니까요. 저 사람, 실은 매우 좋은 사람이고 머리도 굉장히 좋은데 다만."

"정신만 온전하다면."

"바로 그겁니다. 아, 정말 당신을 난처하게 만드는 일은 없을 겁니다. 또 저 사람에게는 기분 전환이 필요하니 아마 도움이 될 거예요."

"아니, 벌써 나를 환자의 약 대용으로 사용하려는 게요?" 하고 말하려는데 그는 이미 복도를 부리나케 뛰어가고 있었다.

나는 그의 희망과 타인의 의사를 무시하는 러시아식 태도에 거부반응을 표하고 싶었지만, 한편 그 옆은 초록색 복장을 한 공산주의자 지주에게 관심이 끌렸기 때문에, 그냥 기다리기로 했다. 그 사람은 쭈뼛거리고 부끄러워하는 태도로 발코니로 올라와서, 필요 이상으로 정중하게 인사를 하면서 신경질적인 웃음을 지었다. 굉장히 빠르게 움직이는 안면근육이 슬픈 표정에서 우스꽝스러운 표정으로, 다시 얼이 빠진 듯한 표정으로 시시각각 변하는데, 뭐라 표현하기 어려운 이상한 분위기를 띠고 있었다. 거의 어디도 보지 않고 있는 눈에는, 무언가에 지그시 마음을 집중시키는 습관, 커다란 내면적 활동의 습관이 드러나 있었는데, 그것은 눈썹 위에 깊이 새겨진 주름에서도 볼 수 있었다. 뇌가 두개골을 통해 저런 이마를, 저런 주름을 새겨서 밀어낸 것에는, 분명 깊은 사연이 있을 듯, 하루아침에 저렇게 될 수는 없는 일이었다. 또 얼굴 근육의 쉴 새 없는 움직임에도 원인이 있을 것이다.

"예브게니 니콜라예비치" 하고 의사가 그를 불렀다. "소개하겠습니다. 이런 곳에서 만나서 정말 놀랐지만, 전에 함께 고양이와 개를 해부했던 옛 친구입니다."

예브게니 니콜라예비치는 웃음을 지으면서 입안으로 중얼거리듯이 말했다.

"만나서 반갑소. 우연히…… 생각지도 않게……실례가 되지 않을는지."

"그런데 기억하고 있습니까?" 하고 의사가 말을 계속했다. "둘이서 수위인 스이체프의 개의 기관신경을 잘라 보았죠. 그랬더니 그 개가 기침을 한 일!"

예브게니 니콜라예비치는 찌푸린 얼굴을 창문으로 돌리며 두어 번 헛기침을 한 뒤 나에게 물었다.

"러시아를 떠난 지 몇 년이나 되죠?"

"5년쨉니다."

"그럼 이곳 생활에는 이제 익숙해졌겠군요."

예브게니 니콜라예비치는 그렇게 물으면서 얼굴을 붉혔다.

"예, 그럭저럭."

"그렇군요. 하지만 외국생활이란 정말 불쾌하고 지루하군요."

"국내생활도 그렇지요" 하고 의사는 무신경한 투로 말했다.

그때 느닷없이 예브게니 니콜라예비치가 큰 소리로 웃기 시작하더니, 간신히 진정되자 더듬거리는 목소리로 말했다.

"필립 다닐로비치는 이렇게 늘 나와 논쟁을 합니다. 하하핫! 내가 지구는 별 중에서도 실패작이거나 병에 걸린 거라고 말하면, 이 사람은 그런 어리석은 말이 어디 있냐고 하지요. 그런데 도대체 외국에서나 자기 나라에서나 사는 것이 이렇게 지루하고 불쾌한 이유를 뭐라고 설명하면 좋을까요?" 그렇게 말하더니, 그는 다시 이마의 혈관이 붉게 팽창할 정도로 크게 웃었다.

의사는 정말 바보 같다는 듯이 빙글거리면서 나에게 눈짓을 했다. 나는 병자가 가엾어졌다.

"어째서 병에 걸린 별이 있으면 안 된단 말이오?" 예브게니 니콜라예비치는 새삼 진지한 얼굴로 물었다. "인간도 병에 걸리는데."

"그건 별에는 감각이 없기 때문입니다" 하고 의사가 나를 대신하여 대답했다. "신경이 없으면 통증도 없으니까요."

"그럼 우리는 어떤가? 병에는 신경 같은 건 별로 필요가 없네. 포도도 감자도 병에 걸리지 않나? 나는 지구는 곧 폭발하거나 궤도를 이탈해서 날아가 버릴 거라고 생각하네. 이상한 표현일지 몰라도, 칼라브리아 마을도, 겨울궁전에 있는 니콜라이 파블로비치 황제도, 우리도, 또 필립 다닐로비치도 모두 날아가 버리고, 그런 권총 같은 건 결국 필요 없게 될 거야."

그는 다시 웃기 시작하더니 굉장한 집요함으로 나에게 말했다.

"이런 식으로 살아서는 안돼요. 무슨 조치를 취해야 한다는 건 다 알고 있소. 지구도 처음부터 다시 시작해야 해요. 이대로 가다가는 아무것도 안돼요. 뭔가가 잘못되고 있소. 그것이 구성물질 속에 있는 건지, 달이 떨어져 나갔을 때 뭔가 커다란 이변이 일어난 건지, 특히 그 이후부터 이상해졌소. 처음에는 급성이었지요. 이를테면 지질학적 변동이 일어날 때의 지열 같은 것! 결국 병은 나았지만 후유증이 남은 거요. 균형이 깨지고 지구는 여기저기서 흔들리기 시작했소. 그리고 양적으로 어마어마한 것이 발생했지요. 집채만한 도마뱀, 한 장의 잎으로 매머드를 가릴 만한 양치류 같은 것. 그러나 물론 모두 멸종해 버렸소. 그런 거대한 것들이 어떻게 살아갈 수 있겠소? 그런데 이번에는 더 나쁜 일이 일어났어요. 질적인 질병이 시작된 거요. 뇌수와 신경이 극단적으로 발달하고 비대해져서 뭐가 뭔지 알 수 없게 되고 만 거지요. 역사는 인간을 멸망시켜버릴 거요. 당신이 뭐라고 말하든 틀림없이 멸망하고 말테니까 두고 보시오!"

이런 뚱딴지같은 말을 한 뒤, 예브게니 니코라예비치는 입을 다물고 말았다.

아침 식사 때, 그는 아주 조금 먹고 아주 조금 마시며, 그동안 내내 "예" 또는 "아니오"밖에 말하지 않았다. 식사를 끝내기 전 그는 보르도산 포도주를 주문했는데, 그것을 컵에 따라 약간 맛을 보고는 곧 불쾌한 듯 컵을 옆으로 밀어버렸다.

"왜 그러세요?" 하고 의사가 물었다. "맛이 없습니까?"

"맛이 없군." 환자가 그렇게 말하자, 의사는 곧 주인을 불러 항의하고 종업원에게 화를 내며, 35퍼센트나 이문을 남겨 먹으면서 이렇게 맛없는 포도주로 사람을 속이다니, 이게 무슨 폭리고 이기주의냐고 비난했다.

예브게니 니콜라예비치는 침착한 목소리로, 왜 의사가 그렇게 화를 내는지 이해할 수 없다, 할 수만 있다면 65퍼센트라도 남길 수 있는 것 아니냐, 또 맛없는 포도주라도 마시겠다는 손님이 있으면 그것을 내는 것이 당연하다고 생각한다, 등등의 말을 했다. 이러한 도덕성을 주제로 한 대화 속에서 우리의 아침식사는 끝났다.

광인은 대화의 처음부터 그 광인다운 자유분방한 말로 나를 놀라게 했다.

그는 명백하게 '마음의 상처를 받은 자'의 전형으로, 의사가 나에게, 그는 평생 큰 불행을 겪은 적이 없고 큰 심리적 충격도 경험하지 않았다고 말했음에도 불구하고, 나는 그 용감한 해부의의 심리학을 믿을 수가 없었다.

우리는 함께 제노아로 가서, 지금은 호텔로 변해버린 한 성에 묵었다. 예브게니 니콜라예비치는 나와의 대화에 특별한 흥미를 나타내지도 않았지만, 그렇다고 특별한 혐오도 보이지 않았다. 그러나 의사와는 끊임없이 논쟁을 벌이고 있었다.

암울한 우울증이 찾아오면, 그는 모두로부터 떨어져서 방안에 틀어박혀 있다가 간혹 밖으로 나왔는데, 그런 때 그의 얼굴은 황백색, 몸은 열병을 앓는 것처럼 부들부들 떨며, 때로는 눈에 눈물마저 글썽거리는 것처럼 보였다. 의사는 그의 생명을 염려해 지나치게 용의주도해져서, 면도칼과 권총을 멀리 치우고, 신경안정제로 병자를 괴롭히거나, 향기 좋은 풀을 넣은 따뜻한 욕조에 집어넣기도 했다. 병자는 분노를 억제하지 못하는 괴로운 표정을 지으며, 응석부리는 어린아이처럼 모든 걸 반박하면서도 의사의 지시에 따랐다.

기분이 좋을 때는 조용하고 말수가 적지만, 갑자기 둑이 터진 것처럼 마구말을 쏟아낼 때가 있는데, 그것이 이따금 발작적인 웃음이나 신경질적으로 목을 누르는 동작에 의해 간간이 끊어지기도 하다가, 이윽고 갑자기 다리를 걷어차인 것처럼 입을 다물어 듣는 사람을 의아하게 만들었다. 그의 기묘하고 역설적인 언동은 그에게는 구구단을 외우는 것처럼 쉬워보였다. 그의 견해는 사실, 그가 자신의 이론적 근거로 자유롭게 선택한 원리에 충실하고 논리정연한 것이었다.

그는 많은 것을 알고 있었지만, 권위자로부터의 영향은 거의 받지 않은 것 같았다. 그 점이, 툭하면 퀴비에(역주—프랑스 박물학자, 1769~1832)와 훔볼트(역주—독일 지리학자, 1769~1859)의 권위를 끄집어내는 노력파인 의사의 마음에 들지 않았다.

"어째서 내가" 하고 예브게니 니콜라예비치는 반론하는 것이었다. "훔볼트가 생각한 것처럼 생각해야 한단 말인가? 훔볼트는 현명한 사람이고, 여러 곳을 여행도 했고, 그가 본 것, 생각한 것을 아는 건 분명히 재미있지만, 나로서는 그가 생각한 것과 똑같이 생각해야 할 의무는 없다고 보네. 훔볼트가 푸른 연미복을 입었으면 나도 푸른 연미복을 입어야 하나? 아마 자네도 모세를 그런 식으로 믿고 있지는 않을 거라고 생각하는데."

"보세요, 저렇게" 하고 몹시 마음이 상한 의사는 나에게 말했다. "예브게니 니콜라예비치 씨는 종교와 학문을 구별하지 않습니다. 어떻게 생각하십니까?"

"그런 구별 같은 건 없어" 하고 병자는 단정적인 투로 말했다. "같은 것을 두 개의 말로 표현하고 있을 뿐이네."

"아니에요, 하나는 기적에 기초를 두고 있고 또 하나는 지성에 기초를 두고 있으며, 하나는 신앙을 요구하고 하나는 지식을 요구합니다."

"아니네, 둘 다 거기에 있는 것은 기적이네. 다만 종교는 기적에서 출발하지만 학문은 기적에 도착할 뿐이지. 종교는 노골적으로, 인간의 지성으로는 진리를 알 수 없으며, 일반적인 지성 외에 또 하나의 현명한 지성이 있는데 그것이 우리에게 모든 것을 얘기해 준다고 말하고 있네. 그런데 학문은 자신이 모든 걸 다 알고 있다고 착각하고 우리를 속이고만 있지만, 실제로는 둘 다 오로지 인간에게는 모든 것을 알 수 있는 능력은 절대 없으며, 그저 이것저것 조금씩 알 뿐이라는 걸 보여주고 있어. 그런데 그것을 스스로 인정하고 싶지 않아서, 인간적인 약점을 폭로하고, 어떤 사람들은 모세를 믿고 어떤 사람들은 퀴비에를 믿는 거지. 거기에 무슨 참과 거짓의 기준이 있겠나? 한쪽은 신이 어떻게 동물과 식물을 창조했는가를 말하고, 한쪽은 생명력이 동물과 식물을 창조했다고 말하지. 그러니까 그것은 실제로는 지식과 계시의 대립이 아니라 회의와 믿음의 대결이야."

"대개 병리학적 진리는 지성을 통해 유기체의 법칙에서 이끌어낼 수 있는데, 어째서 신앙에 의지하지 않으면 안됩니까?"

"법칙에서 이끌어낼 수 있는 거라면 물론 의지하지 않아도 되지만, 자네든 누구든 그런 법칙을 모르기 때문에 결국 믿고 기억하는 수밖에 없는 거네."

"당신의 논리가 너무나 당당해서" 하고 나는 놀리는 듯한 투로 그의 두 손을 잡으면서 말했다. "당신이 귀국하면 니콜라이 파울로비치가 당신을 문교부 장관에 임명하더라도 난 별로 놀라지 않을 것 같군요."

"날 비난하지 마시오, 제발 날 비난하지 말아요" 하고 그는 감정을 담아 말했다 "내 사상을 비웃지 말아주시오. 나 자신도 루소를 조롱한 적이 있고, 볼테르가 루소에게 이제 와서 네발로 기어 다니란 말이냐(역주—볼테르가 루소가 쓴 책을 읽고 나서, 네발로 기어가서 풀을 뜯어먹어야 할 것 같은 기분이 드는데, 이제 와서 어떻게 그럴 수 있느냐고 말했다는 일화가 있음)고 한 것도 알고 있소. 나는 고통스럽게 노력한 뒤 겨우 모든 악의 근원이 어디에 있는지를 알고, 그 결과 등골이 오싹해지는 걸 느꼈소. 나는 누구에게도 그것을 말하지 않고 입을 다물고 있었지만, 사람들의 고뇌와 눈물이 너무도 비참하여 차마 눈뜨고 볼 수 없어서, 마침내 진리를 더 이상 숨겨둘 수 없게 되었소. 우리는 멸망해가는 인간이오. 몇 세기에 걸친 타락의 희생자가 되어, 우리 조상의 죄를 모두 씻지 않으면 안돼요. 우리는 어디서 치료를 받아야 할까! 아마 다음 세대가 그것을 깨닫게 될 거요.”

“그렇게 되면 이제 ‘필경’ 인간의 건강회복은, 사람들이 진보하는 대신 퇴화하여 점점 오랑우탄에 가까워질 때 시작되겠군요” 하고 의사는 새 담배에 불을 붙이면서 말했다.

“동물에 가까워져도 여러 가지 시행착오 뒤 천사가 되는 것도 불가능하지 않아요. 동물은 모두 제각각 서식 장소가 정해져 있어서 다른 장소, 다른 환경으로 옮겨지면 곧 죽고 말지요. 강물은 우리에게는 더없이 쾌적하고 청결하게 느껴지지만, 그 속에 바다의 연체동물을 풀어놓아 보시오, 이내 죽어버릴 테니까. 인간은 결코 스스로 만족하고 있는 것만큼 풍부한 자질을 자연으로부터 받고 있지 않아요. 그 신경과 뇌수의 병적인 발달은 인간을 자신에게 어울리지 않는 높은 생활로 끌고 갔고, 그것 때문에 인간은 병들고 괴로워하며 죽어가는 거요! 사람들이 그 질병을 물리친 뒤에는, 그저 가만히 내버려 두면 모두 안정을 되찾아 만족하면서 행복하게 살게 될 거요. 예를 들어 인도 어딘가의 민중이 지금까지 겪어온 일련의 역사를 돌아보시오. 자연은 인도의 민중에게 모든 것을 풍요롭게 주었고, 국가적, 정치적 생활이라는 역병은 나았으며, 다른 유기체의 모든 기능에 대한 지성의 병적인 우월성은 사라졌소. 전 세계의 역사가 그들의 존재를 잊고, 그 모든 것을 망쳐버린 혐오스러운 동인도회사가 출현하기 전까지는 인간다운 생활, 인간에게 가능한 생활을 하고 있었어요.”

“하지만 말입니다” 하고 의사가 다시 끼어들었다 “일반 대중은 우리나라에서도 거의 그런 식으로 살고 있습니다.”

“그건 내 말이 옳다는 유력한 증거네. 자네가 일반 대중이라고 부르고 있는 것, 그것이 바로 인류라는 걸세. 그런데 그 일반 대중을 그들이 원하는 삶을 살 수 있게 내버려 두지를 않아요. 문제는 바로 그거요. 문명이라는 것은 무섭도록 비싼 대가를 치러야 하는 거지요. 정부와 종교와 군대는 하층계급 사람들을 굶겨 죽이려 하고 있소. 게다가 결정적으로 그들을 멸망시키기 위해, 그들의 눈앞에 자신들의 부를 과시해 보이며, 그들 속의 부자연스러운 취미와 불필요한 욕망을 부추겨, 그 결과 진정으로 필요한 것을 손에 넣는 수단까지 빼앗아 버리는 실정이오. 정말 가련하고 눈뜨고 볼 수 없는 정경 아니오? 밑에는 혹독한 노동에 지쳐 굶주림에 허덕이는 사람들이 아우성치고 있고, 위에는 사상에 휩쓸려서 온갖 욕망에 지쳐버린 사람들이, 자신들의 욕망에 대한 만족을 발견하지도 못한 채 무기력한 허탈상태에 빠져 있소. 그리고 이 두 가지 질병 사이, 두 가지 고뇌 사이에, 빈곤한 생활에서 오는 열병과 이상을 일으킨 신경에서 오는 결핵 사이에, 문명의 밝은 빛이, 문명에 길든 아이들이, 어떻게든 인생을 즐기고 있는 유일한 종류의 사람들이 있어요. 그건 도대체 누구일까? 우리나라에서 중간 정도의 지주들과 이 지방의 상인들 정도요. 그러나 자연은 모욕을 받으면 그냥 있지 않아요. 자연은 자신을 배반하는 것에는 어떤 형리보다 엄격한 보복을 가하지요."

그는 그렇게 말하면서 방안을 왔다 갔다 하다가 문득 거울 앞에 섰다.

"아, 이걸 보시오, 이 얼굴, 하, 하, 핫! 정말 끔찍한 얼굴 아니오? 러시아의 농부들 가운데 누구의 얼굴이라도 좋으니까, 내 얼굴과 한번 비교해 보시오. 블루멘바흐(역주—독일의 인류학자, 1752~1840)도 놓친 새로운 varietas(변종) '카프카스 도시형'이오. 이 형에 속하는 것은 관리, 상인, 학자, 귀족, 그 밖에 모든 백혈병환자, 갑상선비대증 환자 등등인데, 그들이 교양사회를 뒤덮고 있소. 그들은 허약하고 근육이 발달하지 않았으며, 류머티즘에 걸려 있는 데다, 어리석고, 사악하고, 인색하고, 추악하고, 아둔하고, 꼭 나처럼 서른다섯에 폭삭 늙어버려 한심하고 쓸모없는, 마치 겨울 내내 두 장의 양탄자 사이에서 자란 샐러드용 채소 같은 자들이오. 아, 불결해! 아니야, 이런 식으로 살아갈 순 없어. 이건 너무 어리석고 너무 썩었어! 자연에는 평화를 주어라! 하고 말하고 싶군. 사회제도라는 바빌론의 탑을 쌓거나, 또 새로운 탑을 쌓는 건 이제 사양하겠어! 그런 건 그냥 내버려 두면 돼! 어차피 오지도 않을 일에 골몰할 필요는 없어! '더 나은 또 하나의 자연, 또 하나의 다른 태양'의 날개에 대해 꿈꾸는 건 사랑에 빠진 소녀에게나 어울릴 거야. 자, 지금은 자연이 마련해준 부드러운 잠자리로, 신선한 공기로, 믿음직한 자율정신으로, 강인한 무정부적 자유로 돌아가야 할 때요!"

   그렇게 말한 예브게니 니콜라예비치는 얼굴이 새빨갛게 달아오르고 이마에는 핏줄이 부풀어 오르더니, 갑자기 얼굴을 찡그리며 엄격하고 진지한 얼굴로 돌아가 그대로 입을 다물고 말았다.   게르첸

12월 23일

1

진정한 예지는 인생에 적용될 수 있는 영원한 진리를 아는 것이다.

2

소크라테스는 철학을 하늘에서 끌어내려, 인생에 대해, 인간의 도의에 대해, 나아가서는 선한 행위와 악한 행위가 초래하는 결과에 대해 배울 것을 사람들에게 충고함으로써, 철학을 널리 보급시킨 최초의 사람이었다. 　　키케로

3

깨끗한 물로 씻고 닦아야 비로소 우리의 몸은 청결해진다. 인간사회의 경우도 그와 같다. 인간사회가 정신적인 의미에서 청결하고 건강해지면, 그것에 모여드는 교회와 정부의 기생충들도 청결한 몸에서 이와 벼룩이 떨어져나가듯, 저절로 떨어져나가게 된다.

4

학식과 예지는 좀처럼 양립하지 않는다. 학자는 많은 것을 알고 있지만, 대부분은 쓸모없고 의심스러운 것이다. 진정한 현자는 그렇게 많은 것은 모르지만, 그가 알고 있는 것은 모두 자신에게도 남에게도 필요한 것이며, 또 그가 알고 있다고 말한다면 그건 확실한 것이다.

5

자신의 영혼을 아는 자는 그 속의 신적 본원이 있음을 알 수 있다. 자신 속의 신적 본원을 안 뒤에는, 그는 항상 하늘로부터의 그 선물에 어울리는 행동, 어울리는 생각을 하게 될 것이다. 　　키케로

6

복음서를 읽고, 그 속의 가장 근본적이고 중요한 것과 중요하지 않고 불필요한 것을 마음으로 이해할 수 없는 사람은, 거기에 관한 논문을 아무리 연구해도 결코 그것을 구별할 수 없다. 또 그것을 구별할 줄 아는 사람은 논문 같은

것을 연구할 필요가 없다. 그 구별을 아는 것은 인생의 지침으로서 복음서가 필요한 사람이지, 학자가 되기 위해 그것을 필요로 하는 사람이 아니다.

7

현명한 사람은 박학하지 않고, 박학한 사람은 현명하지 않다.   노자

8

현대의 학자들은 학문의 본분을, 원래 그것이 있어야 할 자리, 즉 어떠해야 하는지를 결정하는 자리에 두지 않고, 실제로 어떠한지에 대한 기록에 두고 있다. 실제로 어떠한지에 대해서는, 우리는 모두 많은 것을 알고 있고 그 기록 같은 건 누구한테도 필요하지 않다. 사람들이 술을 마시고 담배를 피우면, 학문은 곧 술과 담배의 사용을 생리학적으로 정당화하는 일을 맡는다. 사람들이 서로를 죽이고 모든 사람의 땅과 생산수단을 빼앗아 극소수의 사람들에게 주면, 이 또한 학문이 즉 법률학과 경제학이 그것을 정당화한다. 사람들이 황당무계한 미신을 믿으면 신학이 곧 그것을 정당화한다. 학문의 사명은, 어떠해야 하는지를 아는 것에 있지 어떠한지를 아는 것에 있는 것이 아니다. 그런데 현대의 학문은 거꾸로, 사람들의 주의를 어떠해야 하는지의 문제에서 어떠한지로, 즉 아무한테도 필요하지 않은 것으로 돌리는 것을 최대의 사명으로 삼고 있다.

9

진정한 예지에 의해 주어진 행복은, 다른 모든 지식에 비해, 마치 사막에서 한 잔의 물이 한 자루의 황금만큼 귀하다.

12월 24일

1

유년 시절부터 정신의 발달과 육체의 쇠퇴가 시작된다. 그건 바로 두 개의 원뿔체를 서로 반대로 세워놓은 것과 같은 것으로, 육체적 힘의 쇠퇴와 정신력의 성장이 동시에 이루어지는 것이다.

2

조화로운 성장은 자연 속에서와 마찬가지로, 인간 속에서도 침묵과 고요 속에서 이루어진다. 떠들썩한 것은 모두 파괴적이고 비도덕적이며 야만적이다.

그러나 아직 소수의 사람들 외에는 진정한 정신적 성장과 발전을 위해서는 정적과 침묵의 생활이 필요하다는 것을 이해하지 못하고 있다. 대부분의 사람들은 번뇌 속에서 허덕이며 가끔 고독해지면 쓸쓸해할 뿐이다.

인간은 오직 고독과 정적 속에서만 힘찬 생명력과 성장력을 발견할 수 있다. 그리스도도 그것을 "네가 기도할 때는 너의 밀실로 들어가라"는 말로 표현했다. 세계는 평화의 실현을 위해 이 침묵 속의 성장을 절실히 필요로 하고 있다. 그런데 세계를 구원할 수 있을 것 같은 모습을 한 온갖 새로운 가르침이 수많은 목소리가 되어 구원을 약속함으로써, 세계의 진정한 정신적 성장이 방해를 받고 있다.

우리는 더욱 더 침묵 속에서 살지 않으면 안 된다. 그러면 침묵의 목소리가 우리를 자유롭게 하는 진리를 알려줄 것이다.   류시 말로리

3

진리의 빛에 한번 도달한 사람은 그 이성과 통찰력에서 끊임없이 발전한다. 진리의 빛에 도달하지 않은 사람은 끊임없이 무지와 배덕의 깊은 구렁텅이에 빠져든다.   중국의 금언

4

정신적 생활을 영위하는 사람은 나이를 먹을수록 정신적 시야가 넓어지고 의식은 선명해지지만, 세속적인 생활을 영위하는 사람은 나이와 함께 더욱더 의식이 흐려진다.   탈무드

5

더 선해지려면 우리는 나이를 먹지 않으면 안 된다. 그러면 자신이 저지른 적이 없는 과오는 없어질 것이다.   괴테

6

정신의 성숙은 빛으로 넘치는 힘보다 고귀하다. 우리의 내부에 있는 영원한 것은 시간이 우리 속에 가져다주는 파괴 작용을 이용하지 않으면 안 된다. 아미엘

7

육체적 성장은 정신적 활동을 위한 육체의 고갈과 함께 시작되는, 신과 모든 사람에 대한 봉사를 위한 준비작업에 불과하다.

8

세상의 만물은 자라서 꽃을 피운 뒤 다시 그 근원으로 돌아간다. 근원으로 돌아가는 것은 안정을 의미하고, 자연과의 조화를 의미한다. 그러므로 육체의 죽음에는 어떠한 위험도 없다. 노자

9

스스로 정신적으로 성장하고, 다른 사람들의 성장에도 도움이 되라. 그것이 인생을 사는 길이다.

10

정신적 생활과 그 성장을 의식하지 않는 사람의 현실은 무서운 것이다. 육체적 생활만 하면 반드시 멸망의 길을 걸어가 마침내 사라지지 않는가.

자신의 영적 본성을 깨닫고 그것에 의지하여 생활하라. 그러면 너는 절망 대신 무엇에 의해서도 파괴되지 않고 끊임없이 커지는 희열을 느낄 수 있을 것이다.

12월 25일

1

진정한 자선이 되기 위해서는, 사람들의 칭찬과 내세에서의 보상에 대한 기대를 하지 않아야 한다.

2

"너희는 일부러 남들이 보는 앞에서 선행을 하는 일이 없도록 하여라. 그렇지 않으면 하늘에 계신 아버지에게서 아무런 상도 받지 못한다. 자선을 베풀 때에는 위선자들이 칭찬을 받으려고 회당과 거리에서 하듯이 스스로 나팔을 불지 말라. 나는 분명히 말한다. 그들은 이미 받을 상을 다 받았다. 자선을 베풀 때에는 오른손이 하는 일을 왼손이 모르게 하여 그 자선을 숨겨 두어라. 그러면 숨은 일도 보시는 네 아버지께서 갚아 주실 것이다." 마태복음 제6장 1~4절

3

가난한 과부가 희사한 한 푼은 부자의 만금과 맞먹을 뿐만 아니라 오히려 그것이 진정한 자비이다.

오직 가난한 자, 스스로 수고하여 일하는 자만이 자선의 기쁨을 누릴 수 있고, 부유한 자와 게으른 자에게는 그 기쁨이 없다.

4

자선사업을 위한 시설은 무익하거나 오히려 유해하다. 아주 드물게 유익할 때도 있지만 결코 도덕적이지는 않다. 그러한 시설은 다만 그것을 건설하는 사람들 중에서, 이웃에 대한 동정심과 거기에서 나오는 자선의 마음에 대한 이해가 완전히 없어진 것을 나타낼 뿐이다.

5

자선은 내 집에서 시작된다. 만일 자선을 행하기 위해 어딘가로 갈 필요가 있다면, 네가 하려는 자선은 진정한 자선이라고 할 수 없다.

6

부자가 가난한 사람에게 공개적으로 자선행위를 하는 것은, 좋게 말해 예의지 결코 자선이 아니다. 누군가가 너에게 길을 물으면, 너는 예의바르게 걸음을 멈추고 가르쳐주어야 한다. 또 만약 누군가가 너에게 5코페이카나 5루블, 또는 50루블을 빌려달라고 했다 하자. 네 수중에 그만한 여유가 있다면 빌려

주어야 하지만, 만약 빌려주었다 해도 그것은 진정한 자선과는 아무런 관계도 없다.

7

물질적으로 돕는 것은 희생이 동반되어야 선이라고 할 수 있다. 그때 비로소 물질적 도움을 받은 사람은 정신적 도움을 받은 것이다.

만일 그것이 희생행위가 아니고 그저 남는 것을 준 것뿐이라면, 그것은 받는 사람을 화나게 할 뿐이다.

12월 26일

1

유년 시절에는 심리적으로 암시를 받기 쉽다. 그러므로 교육상 가장 중요한 것은 어린이에게 영향을 미치는 암시를 엄격하게 선택하는 것이다.

2

오늘날의 대부분의 사람들은 자신들은 그리스도교를 믿으며 따라서 그리스도교적 도덕을 지키고 있다고 생각하고 있다. 그러나 실제로는 이교적 도덕에 따르고 있는 것이며, 그것을 젊은 세대의 교육의 이상으로 삼고 있다.

3

인간은 어린 시절에 가장 암시를 받기 쉽다. 논리는 어른이 실제로 보여주는 본보기에 비하면 천분의 일의 영향력도 가지지 않는다.

그러므로 어린이가 보는 앞에서 잘못된 본보기를 보여주면서 그들을 훈계하는 것은 헛되고 우스꽝스러운 일이다.

4

어린이의 종교는 부모가 말로 하는 설교에서 나오는 것이 아니라, 부모의 실제 행동에서 나온다. 그들의 생활을 움직이는 내면적이고 무의식적 이념, 그것이 어린이에게 영향을 미치는 것이다. 그들의 말은 모두 잔소리와 설교, 또는 욕설까지 어린이에게는 그때 그뿐이다. 어린이는 부모의 신앙을 본능적으로 예감하고 그것을 꿰뚫어본다.

어린이는 우리가 아무리 겉모습을 꾸며도 우리의 실체를 다 간파하고 있다. 어린이가 관상쟁이라는 말을 듣는 까닭도 거기에 있다.

그러므로 교육의 근본은 먼저 자기 자신을 교육하는 것이며, 어린이의 의지를 지배하기 위해 지켜야 하는 첫 번째 원칙은 자기 자신을 지배하는 것이다.

아미엘

5

어른들은 아마 어린이들에게 동물과 그 밖의 일반적으로 연약한 존재에 대해 잔인한 짓을 해서는 안 된다고 가르칠 것이다. 그러나 어린이가 부엌에 한 걸음 들어서면, 곧 죽임을 당하여 털이 뽑힌 닭과 거위를 보게 된다. 아이들에게 도덕에 대해 아무리 그럴 듯하게 설교한다 한들, 그들의 눈앞에서 벌어지는 어른들의 야만적이고 부도덕한 행위가 정면으로 그것과 모순되어 있다면 도대체 무슨 소용이 있겠는가?

스트루베

6

욕망을 줄이는 것, 누가 뭐래도 그것을 청년들에게 가르치고 그들을 단련시켜야 한다. '욕망이 적으면 적을수록 인간은 더 행복해질 수 있다'고 하는 것은 옛날부터 변함없는 진리이다. 그런데도 아직 아무도 그것을 인정하려 하지 않고 있다.

리히텐베르크

7

안락한 생활을 추구하는 성향만큼 인간에게 불행한 것은 없다. 그러므로 어릴 때부터 어린이에게 일하는 것을 가르치는 것은 매우 중요한 교육이다.

칸트

8

어린이들에게는 겸손하고 검소한 생활과 노동과 자비를 가르치는 것이 무엇보다 중요하다. 그러나 아이들이 부모가 사치스러운 생활을 하고, 노동보다 무위도식을 좋아하고, 빈곤한 사람들 틈에서 풍요로운 생활을 하고 있는 모습을 보고 있는데, 어떻게 그런 것을 가르칠 수 있으랴.

9

어린이에 대한 도덕교육의 핵심은 좋은 본보기를 보여주는 것이다. 그러므로 선한 생활을 하라. 적어도 선한 생활을 하도록 노력하라. 우리가 선한 생활을 하는 데 성공하면 어린이들을 더욱 잘 가르칠 수 있다.

12월 27일

1

우리가 어떤 사물을 인식하는 것은 그 사물 자체를 인식하는 것이 아니라, 우리의 인식능력이 도와주는 한도 안에서 그것을 인식하는 것이다.

2

하늘과 땅은 위대하다. 거기에는 색깔과 형체와 크기가 있다. 그런데 인간의 내부에는 색깔도 형체도 수도 크기도 가지지 않는 무언가가 있는데, 그 무언가는 이성을 갖추고 있다.

만약 이 세계가 스스로 이성을 가지지 않는다고 한다면, 세계에 있어서 이성은 인간의 이성뿐이라는 얘기가 된다. 그러나 세계는 무한하고 인간의 이성은 유한하기 때문에, 인간의 이성이 전 세계의 이성일 리는 없다.

따라서 세계는 이성을 갖추고 있어야 하고, 그 이성은 무한해야 하는 것은 자명한 이치이다.

공자

3

축복받은 사람들이 사는 곳으로 천국에 대해 얘기할 때, 사람들은 보통 머리 위의 무한한 공간 속 어딘가 높은 곳을 연상한다. 그러나 그때 그들은, 우리가 사는 지구도 그 우주 공간에서 바라보면 하늘에 떠 있는 수많은 별 중 하나로 보인다는 것, 그러므로 그 우주의 주민들도 지구를 가리키면서, "저기 저 별을 보라. 저건 영원히 축복받은 장소, 우리를 위해 마련된, 우리가 언젠가는 가야 할 하늘의 집이다"라고 말할 권리가 있다는 것을 잊고 있는 것이다.

요컨대 문제는, 우리의 지성이 일으키는 기묘한 착각에 의해, 우리의 신앙의 날개는 항상 높은 곳으로 올라가는 거라고 생각하기 때문에, 아무리 높이 올라가도 언젠가는 다시 아래로 내려와, 어딘가 또 다른 세계에 발을 힘차게 내딛지 않으면 안 된다는 것을 잊고 있는 것이다.　　　　　　　　　　　칸트

4

세계가 우리 속에 반영되고 있다기보다 오히려 우리의 이성이 세계에 반영되고 있다고 해야 할 것이다. 그렇게 밖에 생각할 수가 없다.

우리는 세계 속에 질서를 인정하고 하늘의 섭리를 인정하지 않을 수 없는데, 그것은 우리의 사고 구조에서 오기 때문이다. 그러나 거기서는 아직 우리의 사색에 필요불가결한 그 무엇, 즉 질서와 섭리 같은 것이 그 자체로서 정말 존재한다는 결론을 내릴 수는 없다. 왜냐하면 외적 세계의 실제적인 구조에 대해 우리는 아무것도 모르고 있기 때문이다.　　　　　　　리히텐베르크

5

이 잘 치장된 모습을 보라. 영원하지도 않고 견고하지도 못한 온갖 생각으로 이루어진 병든 상처투성이의 육신을 보라. 이 육신은 늙고 시들면 병주머니이고 깨지기 쉬운 그릇이다. 썩은 육체는 조각으로 흩어지고, 인생은 죽음으로 끝난다. 가을에 버려진 표주박처럼 그 하얀 뼈다귀를 보고 무엇을 기뻐하랴! 뼈로 성곽을 이루고, 살과 피로 칠해진 것을, 그 속에 늙음과 죽음과 자만과 거짓이 도사리고 있다. 찬란한 임금의 수레는 닳아 없어지고, 육신도 또한 낡아간다. 그러나 선한 이의 교법은 시들지 않나니, 선한 이는 서로 교법을 전한다.　　　　　　　　　　　법구경 제11 늙음의 장

6

자기 자신을 단순한 육체적 존재로 보자마자, 인간은 당장 풀 수 없는 수수께끼, 헤어날 수 없는 모순이 되고 만다.

7

사물의 진정한 의의를 이해하기 위해서는, 눈에 보이는 모든 것을 보이지 않는 것과, 육체적인 것을 정신적인 것과 비교하는 것이 필요하다.

12월 28일

1

학문은 그 목적을 인생의 법칙을 발견하는 데 두고 있을 때는 가장 중요한 인간의 일이 되지만, 유한계급의 호기심을 부추기는 것만 연구하고 있을 때는 지극히 하찮고 어리석은 일이 된다.

2

학문이라는 것의 중요성을 인정하기 위해서는, 그 일이 유익하다는 것이 증명되어야 하지 않을까? 그런데도 학문에 종사하고 있는 사람들은 보통, 우리는 이러이러한 것을 연구하고 있으므로 그것은 반드시 언젠가 어디선가 누군가를 위해 도움이 될 것이라고 막연하게 말하고 있다.

3

종교적인 미신과 마찬가지로, 인간의 약점에 대해 아부하는 데서 생긴, 종교적 미신보다 나을 것도 못할 것도 없는 유해한 학문적 미신이라는 것이 있다.

사람들은 미망에 빠져 사악한 생활을 하고 있다. 원래 같으면 사람들은 자신의 사악한 생활에 생각이 미쳐, 어떻게든 그것을 개선하려고 노력할 것이다. 그런데 거기에 '학문'이 고개를 내민다. 정치학, 재정학, 교회학, 형법, 경찰법, 등등의 학문, 그리고 경제학, 역사학, 나아가서는 최근에 유행하는 사회학 등이 그것이며, 그들 학문에 따르면 사람들의 사악한 생활은 불변의 법칙에서 생기는 것으로, 그들이 해야 할 일은 자신들의 약점과 싸우며, 그 사악한 생활을 조금이라도 개선하기 위해 노력하는 것이 아니라, 오직 학자들이 발견한 법칙에 따른 생활의 흐름에 몸을 맡기는 것이 된다.

그러한 미신은 너무도 명백하게 인간의 상식과 양심에 반해 있어서, 만약 그것이 그토록 사람들의 사악한 생활을 변호하고 그들을 안도시키지 않았다면, 결코 받아들여지지 않았을 것이다.

4

우리에게는 인간의 육체적 생명을 이해할 수 있는 지식조차 없다. 그것을 알려면 무엇이 필요한지 생각해 보자. 육체에는 장소, 시간, 운동, 온도, 빛, 음식물, 물, 공기, 그 밖의 많은 것이 필요하다. 자연계에서는 삼라만상이 모두 밀접한 상관관계 속에 있기 때문에, 하나를 구명(究明)하지 않고서는 다른 하나를 알 수 없다. 전체를 알지 못하면 부분도 알 수 없다. 우리의 육체적 생명을 이해하는 것은 오직 우리가 그것에 필요한 모든 것을 알았을 때이다. 그러기 위해 우리는 삼라만상을 모두 다 구명해야 한다. 그러나 삼라만상은 무한하며, 인간은 무한을 구명할 수는 없다. 따라서 우리는 우리의 육체적 생명을 완전히 이해할 수 없다.

파스칼

5

천문학이니 수학이니 물리학 같은, 정신생활에 불필요한 학문을 연구하는 것은, 모든 오락과 유희, 드라이브, 산책을 즐기는 것과 마찬가지로 의무의 실천을 방해하지 않는 한 허용된다. 그러나 자신의 의무를 소홀히 하고 오락에만 빠져 있는 것이 도의에 어긋나는 것처럼, 참된 인류의 정신적 행복에 기여하지 않는 학문에 종사하는 것도 도의에 어긋난다고 할 수 있다.

6

학문이란 일반적으로 사람들이 그 이름으로 부르고 있는 것이 아니라, 사람들의 행복에 더욱 필요한, 더욱 높은 인식의 대상을 다루는 것이다.

12월 29일

1

폭력과 강제가 있는 한 전쟁은 사라지지 않는다. 폭력은 폭력에 의해서가 아니라 그것에 대한 무저항, 그것에 대한 불참에 의해서만 극복할 수 있다.

2

만일 내 병사들이 생각을 하기 시작한다면 단 한 사람도 군대에 남아 있지 않을 것이다.

프리드리히 2세

3

전쟁에 나가 사람을 죽이는 야만적인 본능이, 수천 년에 걸쳐서 열심히 길러지고 장려되어 왔기 때문에, 이제는 인간의 머리 속에 완전히 뿌리를 내리고 말았다. 그러나 언젠가 우리보다 뛰어난 인류가 그런 무서운 범죄행위를 포기할 날이 올 것이다. 그때 그 뛰어난 인류는 우리가 이렇게 자랑으로 여기고 있는 이른바 세련된 문명에 대해 어떻게 생각할까? 바로 지금 우리가 고대 멕시코 민족에 대해, 호전적인 동시에 미신적이며 또 동물적이었던 것과 그들의 식인습관에 대해 생각하는 것과 같은 생각을 하지 않을까?　　　　르투르노

4

그리하여 나는 군율이라는 것을 이해했다. 즉 하사와 병졸이 얘기할 때는 하사가 옳고, 중사와 하사가 얘기할 때는 중사가 옳으며, 준위와 중사가 얘기할 때는 준위가 옳다는 식으로, 마지막으로 원수까지 가서, 그가 만약 이이는 오($2 \times 2 = 5$)라고 말해도 맞았다고 해야 하는 것이다.

처음에는 이해하기 힘들지만, 곧 어느 병사(兵舍)에나 군율을 기록한 액자가 걸려 있고, 모두 그것을 읽고 외우는 것을 보면 그런가보다 하고 이해하게 된다. 그 액자에는 병사들이 하고 싶어할 것으로 생각되는 일, 이를테면 탈영, 병역거부, 명령 불복종 등등의 조목과 함께 사형이나 5년간의 징역 같은, 거기에 대한 벌칙이 적혀 있다.　　　　에르크만 샤트리앙

5

예를 들어 내가 흑인 노예를 한 명 샀다고 하자. 그는 가축처럼 일한다. 나는 그에게 먹을 것을 주고 허름한 옷을 입히며, 말을 듣지 않을 때는 때린다. 하지만 그것이 놀라운 일일까? 우리는 우리의 병사들에게 그보다 나은 대우를 하고 있다고 할 수 있을까? 병사들도 흑인과 마찬가지로 자유를 박탈당하고 있는 것이 아닐까?

차이라 하면 병사가 훨씬 더 싸게 먹힌다는 것뿐이다. 좋은 흑인은 지금은 적어도 500에퀴는 하지만, 병사는 아무리 좋아도 50에퀴밖에 하지 않는다. 어느 쪽이나 일정한 장소에서 벗어날 수 없고 약간의 실수에도 사정없이 맞는다. 보수도 거의 같다. 그러나 흑인은 생명의 위험에 처하는 일이 없이 처자와 함께 살 수 있다는 점에서 오히려 병사보다 낫다.　　　　아나톨 프랑스

6

전쟁은 사람들이 어떠한 폭력행위에도 가담하지 않고, 그것으로 인해 받을 박해를 감수할 각오를 했을 때 비로소 중지된다. 그것이 전쟁을 없앨 수 있는 유일한 방법이다.

이레째 읽을거리
헝가리와 세르비아, 크로아티아에 퍼져있는 나사렛파에 대하여

나사렛파의 가르침의 진수는 신약성서의 가르침, 특히 산상수훈을 따르는 것에 있다. 그들은 모든 사제제도, 문서상의 가르침, 그리고 어떠한 조직, 어떠한 제도도 인정하지 않는다. 그들의 가르침은 고정된 것이 아니라 유동적이며, 교의도 여러 단체에 여러 다양한 종류가 있는데, 심지어 하나의 단체 안에서도 자기식대로 제각각 믿는 단원들이 있었다. 그러나 그 도덕상의 가르침은 모두 동일하고, 모두 도덕적이고 절제적인 생활을 엄격하게 지키고 있었다. 그리고 인생의 중요한 법칙으로서 근면과 사람들에 대한 온화한 태도, 인욕, 폭력 행위에 대한 불참을 내세우고 있었다. 그들은 재판을 인정하지 않고, 세금을 자발적으로 내지 않으며, 선서를 하지 않고, 병역을 거부하며, 일반적으로 국가를 자신들에게 불필요한 제도로 생각했다.

주로 노동에 종사하는 사람들로 구성된 나사렛파 단체에서는, 참회하여 새로운 생활에 들어간 '영혼에 의해 다시 태어난 자'만 회원으로 받아들였다. 그래서 나사렛파 신자의 자식이라 하더라도, 성장해 스스로 신자가 되기를 원하기 전까지는 나사렛파로 인정되지 않았다.

나사렛파의 병역거부는 그들에 대한 오스트리아 정부의 박해를 떠올리게 하는데, 나사렛파는 그리스도교와 병역이 양립하지 않는다는 신념을 굳게 지키며, 그리스도의 계율을 배반하지 않기 위해 기꺼이 법적 형벌을 받았다.

나사렛파가 병역을 거부한 근거는, 그리스도가 "그러나 나는 이렇게 말한다. 누가 네 오른뺨을 치거든 왼뺨마저 돌려대라"(마태복음 제5장 39절)고 한 말과 "그러나 나는 이렇게 말한다. 원수를 사랑하고 너희를 박해하는 사람들을 위하여 기도하여라"(동 44절)고 한 말이다.

나사렛파는 지극히 평범한 젊은 청년들조차 모든 수난에 의연히 대처함으로써 박해자들을 놀라게 하고 있다. 신병으로 소집된 젊은이들뿐만 아니라 예비역까지, 즉 병역이 끝난 뒤 나사렛파가 된 사람들까지 그렇다. 그들은 군사훈련소집을 받아도 무기를 손에 드는 것을 거부한다. 그것 때문에 종신형에 처해질 수도 있다는 것을 알고 있어서, 사전에 집안일을 정리하여 아내가 혼자서도 살아갈 수 있는 방법을 강구하고, 다시는 만날 수 없을지도 모른다는 각오 아래 가족에게 작별인사를 한다. 그리고 그들의 가족들도 그 순교에 동의한다.

예를 들면 몇 년 전에, 베치바스의 요가 라도바노프라는 세르비아인이 부다페스트의 제6연대 제6중대에 편입되었을 때, 그는 자신의 신앙이 그것을 허락하지 않는다며 손에 무기를 드는 것을 거부했다. 그에게 2년의 금고형이 선고되었다. 1894년에 금고형을 선고받은 그의 형은 이미 10년이나 감옥에 있었다. 두 사람의 어머니가 두 형제 중 동생을 면회하러 갔을 때, 장관은 면회를 허가하지 않았다. 그녀는 감옥 마당에 서서 울었다. 그때 문득 한 창문에서 아들의 모습이 보이자, 그녀는 곧 아들을 향해 큰 소리로 외쳤다.

"사랑하는 내 아들아, 절대로 총을 잡아서는 안 된다!"

1895년 8월 말 세게딘 연대의 예비역들이 소집명령을 받았다. 그들에게 총이 배급되자, 그 중 두 사람이 자신들의 나사렛파 신앙에서는 그것이 허락되어 있지 않다며 총을 잡으려 하지 않았다. 올치바리라는 대위가 하느님도 군대를 사랑하고 계시고, 게다가 지금은 전쟁에 나가는 것이 아니라 훈련을 하러 가는 것뿐이니까 아무도 피를 흘리지 않는다고 말했다.

그러자 나사렛파 신자는 말했다. "그래도 사람을 죽이는 방법을 가르치기 위해 훈련을 하는 것 아닙니까!"

그래서 대위는 위협하는 방법을 생각해냈다. 그는 두 사람에게, 작년 가을 역시 한 나사렛파 신자가 총을 잡으려 하지 않았기 때문에 몇 번이나 처벌을 받고, 결국 요새감옥에 17년 동안이나 감금당하게 되었다고 얘기했다. 그러자 나사렛파 신자는 침착하게 말했다.

"설사 총살을 당한다 해도 신의 계율을 어길 수는 없습니다."

다른 예비역들이 그 두 사람의 가정을 방문해 그 얘기를 하니, 아직 나사렛파 신자가 아닌 두 사람의 아내는, 남편에게 상관의 명령을 따르라고 눈물로 설득했지만, 그래도 두 사람은 굽히지 않았다. 대위는 두 사람을 열흘 동안 미결감에 넣었다. 미결감에서 감옥으로 이송될 때 두 사람은 눈물을 흘리며 가족과 작별했다.

"부디 잘 있어요" 하고 그들은 말했다. "우리는 주 하느님의 이름을 위해, 성스러운 영혼의 순결을 위해, 생매장되는 것이오. 인간은 신의 어린양처럼 순결하지 않으면 안 되기 때문이오."

프랑코 노바크는 타메시바르에서 군에 입대하지 않으면 안 되었다. 맨 처음 다른 신병들과 함께 연병장에 갔을 때 그는 총을 드는 것을 거부했다. 그때 연병장에 있던 장군이 노바크의 주위에서 소란이 벌어진 것을 보고 말을 타고 달려와서 무슨 일이냐고 물었다. 그에게 자초지종이 보고되었다. 장군은 노바크에게 왜 총을 잡지 않느냐고 부드럽게 물었다. 노바크는 호주머니에서 작은 복음서를 꺼내며 말했다.

"당국은 이 책의 인쇄를 허락했으니, 이 안에 적혀 있는 가르침에 따르는 것도 금하지 않을 것입니다. 이 책에는 '네 이웃을 네 몸같이 사랑하라'고 되어 있습니다. 저는 구세주의 가르침에 따르기 위해 총을 잡지 않는 것입니다."

장군은 노바크의 말을 끝까지 조용히 듣고 있다가 다음과 같이 말했다.

"그러나 그 책에는 '카이사르의 것은 카이사르에게 돌리고 하느님의 것은 하느님께'라는 말도 적혀 있지 않느냐?"

노바크는 처음에는 우물거리면서 대답을 하지 못하다가, 한참 곰곰이 생각한 끝에 군모와 총과 군복을 벗어 그것을 모두 내려놓고, "자, 이것은 모두 폐하의 것입니다. 폐하의 것은 모두 폐하에게 돌려드리겠습니다" 하고 말했다.

1897년, 대 코긴다 시의 공증인에게 한 늙은 노인이 찾아왔다. 그 손에는 한 장의 종이조각이 들려 있었는데, 그것은 1848년도의 상이연금증서였다.

"이보시오" 하고 노인이 말했다. "내가 이 연금을 거절한다는 내용을 써주시오."

공증인은 깜짝 놀라 노인에게 물었다.

"왜 그러십니까, 영감님, 어디서 보물이라도 찾으셨나요?"

"그래요. 정말 맞는 말이구면" 하고 노인은 대답했다. "나는 보물을 찾았소. 나는 말이오, 공증인 선생, 나에게 이 세상의 그 어떤 보물보다 귀한 나의 하느님을, 자신의 종이 무기로 손에 넣은 빵을 먹고 사는 것을 원치 않는 하느님을 찾은 거라오."

정부가 그들에게 엄격한 처벌을 가했음에도 불구하고, 나사렛파 신자들은 자신의 신앙을 바꾸지 않았다.

12월 30일

1

모든 사람이 형제이며 평등하다는 의식은 인류에게 점점 확산돼 가고 있다.

2

"수고하고 무거운 짐 진 자들아, 다 내게로 오라. 내가 너희를 편히 쉬게 하리라"(역주—마태복음에서) 하고 말한 사람은, 그 말에 의해 모든 인류의 중심이 되었다. 왜냐하면 인류 전체가 무거운 짐을 지고 수고하고 있기 때문이다.

그 같은 무거운 짐을 지지 않고 다른 사람들에게 그것을 지우고 있는 사람, 다른 사람들의 수고와 무거운 짐을 이용하는 사람을 헤아려 보아라. 그러한 사람들이 그렇게 많은 것일까? 한 사람의 주인에 대해 백만 명의 노예, 한 사람의 행복한 자(악마적인 의미에서)에 대해 땅에 닿을 정도로 허리를 구부리고, 그 땅을 땀과 눈물로 적시는 백만 명의 사람들에 해당하는 비율일 것이다. 그 불행한 사람들은 선한 목자의 양, 그리스도의 양이며, 그리스도가 그들을 위해 생명을 버린 사람들이다. 그리스도는 그들을 자기 옆으로 부른다. 그리고 약속된 시간이 다가옴에 따라 그들은 서서히 고개를 들고 그의 목소리에 귀를 기울이며, 그를 알아보고 그의 뒤를 따르려 한다.

모든 양의 오두막에서, 모든 민족들 사이에서, 그 양들이 모여든다. 왜냐하면 그들은 모두 선한 목자에게 속해 있고, 목자가 그들을 부르고 있기 때문이다. 지친 몸으로 뿔뿔이 흩어져 있던 양들은, 늑대가 오는 것이 보이면 양들을 버리고 달아나 버리는 고용인이나, 오직 자신의 이익과 자신의 욕망 충족만을 생각하고 양을 자신들의 것으로 삼아, 그 털가죽을 입고 살을 먹는 완전한 이방인들이 없는 목장으로 그들을 데리고 가줄 진정한 주인을 하염없이 기다리며 우왕좌왕하고 있다. 선한 목자에게 왔을 때 모든 양들은 그의 앞에 모여들어 양떼도 하나, 목자도 한 사람이 된다.

그리스도가 이 지상에서 하느님의 말을 전하는 목적은, 모든 사람을 통합하여 국경을 초월한 인류형제로 만드는 것, 그들을 신과 합일하게 하는 것, 살아 있는 모든 것의 영원한 생명인 사랑의 무궁무진한 성스러운 계율 아래 그들을 하나 되게 하는 것이다.

라므네

3

우리는 우리가 정신적으로 모두 한 형제라는 것을 이해하고 있는가? 우리가 그 이념을 마음속에 품고, 그 완전성에 끊임없이 다가갈 수 있는 하늘의 아버지, 그 유일한 하늘의 아버지의 자식이라는 것을 이해하고 있는가? 과연 우리는 우리와 마찬가지로 모든 사람의 영혼 속에 동일한 신적 생명이 존재한다는 것을 인정하고 있는가? 바로 그것이야말로 진정으로 자유로운 사람들과의 유대이다.

사회구조를 개선하기 위해서는, 사람들이 서로 존중하는 새로운 관계가 필요하다. 사람들이 지금처럼 상대를 거의 동물을 보는 듯한 눈으로 바라보고 있는 한, 그들은 사람들을 동물처럼 다루는 것을 그만두지 않을 것이고, 폭력 또는 계책을 이용해 인간을 자신들의 목적달성을 위한 수단으로 삼을 것이다. 사람들이 모두 자신들이 유일한 신의 아들이라는 것을 깨닫고, 사람과 신의 관계를 깨닫고, 자신들에게 생명이 주어진 중대한 사명을 깨닫지 않는 한, 사람들의 형제관계는 성립되지 않을 것이다.

현재로서는 그러한 사상은 일종의 환상으로 취급되고, 사람들은 모두 한 형제이며 신의 아들이라는 신앙을 사람들의 마음속에서 찾아내려고 하는 인간의 스승은 몽상가로 간주된다. 그런데 참으로 간단한 이 그리스도교의 진리를 인정하기만 하면, 세상 전체가 탈바꿈하여 오늘날 우리의 상상을 초월하는 인간관계가 성립될 것이다. 사람들이 서로 상대의 정신적인 부분을 관찰하여, 아무리 신분이 비천한 인간의 영혼에도 중요한 의미가 있다는 것을 이해함에 따라 일어날 인간관계의 변화, 부드럽고 유연하며 존경과 사랑이 넘치는 인간관계, 사회의 개선에 노력하는 에너지 등을, 지금의 우리는 아무도 상상하지 못하고 있다.

하지만 그렇게 되면 그때는 지금 우리가 짐작도 하지 못하고 있는 악과 고뇌와 박해가 현재의 가장 큰 범죄행위 이상으로 우리를 분노케 할 것이다. 그때는 모든 인간이 신성하게 보여, 인간을 모욕하는 것은 신에 대한 반역행위로 간주된다. 이 진리를 깨닫는다면, 우리는 이웃에게 함부로 폭언을 하지 못할 것이다. 왜냐하면 우리는 그 이웃 속에서 신성을 보기 때문이다.

우리는 이 가르침보다 실천적인 진리는 생각할 수 없다. 그렇다, 우리에게는 새로운 발견, 천국과 지옥에 대한 발견이 아니라 우리 내부에 사는 영혼에 대

한 새로운 발견이 필요하다.   채닝

4

네가 두려워하는 사람도 너를 두려워하는 사람도 사랑할 수는 없다. 키케로

5

도덕을 얘기하면서 너희의 의무를 너희 가족과 조국의 범위 안에 한정하는 사람들은, 그 범위의 크기와 상관없이 너희에게도 타인에게도 해로운 자기애를 가르치고 있는 것이다. 가족과 조국은 더 큰 원, 전 인류라는 원 속에 포함되지 않으면 안 된다. 그것은 넘어가야 할 두 계급이기는 하지만, 그 위에 머물러 있어야 하는 성질의 것은 아니다.   주세페 마치니

6

모든 사람들 속에 사는 동일한 신적 본원의 인식에서 나오는, 전 인류와 자신의 합일에 대한 인식은, 사람들에게 개인적으로는 내면적이고 사회적으로는 외면적인 최고의 행복을 가져다 준다. 그 의식을 가장 방해하는 것은 국가적 미신, 민족적 미신, 계급적 미신, 종교적 미신이다. 오직 진정한 종교만이 그 의식을 확립할 수 있다.

12월 31일

1

과거는 이미 존재하지 않고, 미래는 아직 오지 않았다. 현재는 이미 존재하지 않는 과거와 아직 오지 않은 미래의 무한한 접점이다. 그리고 바로 그곳, 그 시간이 없는 한 점에서, 인간의 진정한 생활이 영위되고 있다.

2

"시간은 지나간다!" 우리는 보통 그렇게 말한다. 하지만 원래 시간이라는 것은 없다. 우리가 움직이는 것이다.   탈무드

3

시간은 우리 뒤에 있거나 우리 앞에 있지, 우리와 함께 있지 않다.

4

나는 영혼과 육체로 이루어져 있다. 육체에는 모든 것에 차별이 없다. 물질에는 뭔가를 식별할 수 있는 능력이 없기 때문이다. 영혼에는 영혼에서 나온 것 외에는 역시 차별이 없다. 영적인 생명은 자주독립적인 것이기 때문이다. 그러나 영적인 생명은 과거와도 미래와도 아무런 관계가 없다. 그 모든 중요성은 오직 현재에 집중되어 있다.　　　　　　　　　　　　마르쿠스 아우렐리우스

5

시간은 가장 큰 환상이다. 그것은 그것을 통해 우리가 우리의 존재, 우리의 생활을 분해하는 프리즘이며, 우리가 초시간적인 것, 이념의 세계의 것을 탐구하기 위한 형식이다. 공은 전체적으로 존재하고 있지만, 우리의 눈은 한 번에 그 전체를 다 볼 수 없다. 둘 중의 하나, 공이 그것을 보고 있는 사람의 눈앞에서 구르거나, 우리가 공 주위를 한바퀴 돌면서 보아야 한다.

첫 번째 경우는 시간 속을 회전하는 세계, 또는 회전하는 것처럼 보이는 세계이며, 두 번째 경우는 세계를 분석하는 우리의 사상, 나날이 새로워지는 우리의 사상이다. 최고의 이성에게 시간은 존재하지 않는다. 존재해야 하는 것은 실제로 존재하고 있다. 시간과 공간—그것은 유한한 존재에게 이용되기 위한 무한한 것의 미분(微分)이다.　　　　　　　　　　　　　　　　아미엘

6

과거를 기억하는 것보다 미래를 예상하는 것이 훨씬 쉬운 존재가 있을 수 있다. 실제로 곤충은 본능적으로 과거보다 미래에 의해 더 많이 이끌리고 있는 게 아닌가 하는 생각이 들 때가 있다. 만약 동물이 미래를 예감하는 능력만큼 과거를 기억하는 능력도 가지고 있다면, 어떤 곤충은 그 점에서 우리보다 뛰어날지도 모른다. 아무래도 미래를 예감하는 힘은 과거를 기억하는 힘과 늘 반비례하는 것 같다.　　　　　　　　　　　　　　　　리히텐베르크

7

우리의 정신은 육체에 깃들어 그 안에서 수와 시간과 양을 발견한다. 그리고 그것에 대해 고찰한 결과로는, 그것을 자연이라 부르고 필연이라 부를 수밖에 없다.

파스칼

8

시간이라는 것은 없다. 있는 것은 오직 무한하게 작은 현재뿐이다. 그리고 그 현재 속에서 인간의 삶이 영위된다. 그러므로 우리는 모든 정신력을 그 현재에 집중시켜야 한다.

톨스토이가 남긴 인류 지혜의 유산

'날마다 세상에서 가장 지혜로운 사람들과 교류하는 것보다 귀한 일이 또 있을까?'

〈인생이란 무엇인가〉는 레프 톨스토이가 남긴 마지막 대저작이다. 톨스토이는 1886년 이미 민중 교화를 목적으로 이 책을 편찬하기 시작했다. 그 이듬해 1887년 〈나날의 생각〉이라는 제목으로 민중 사이에 널리 보급된 철학자와 성현들의 명언과 잠언을 담은 일력(日曆)을 만들었다. 이 일력은 바로 대저작인 〈인생이란 무엇인가〉의 바탕이 된다. 1판은 1904년에 〈지혜로운 사람들의 사상〉이라는 제목으로 출간되어 개정판이 출간되기까지 모두 세 차례에 걸쳐 정정 보완 가필 과정이 이루어졌다. 이 책은 1904년에서 1910년까지 톨스토이의 생애에 3판이 인쇄되었다. 판마다 부제는 다음과 같다. 〈삶의 길〉〈인생독본〉〈나날을 위한 지혜로운 생각〉.

〈인생이란 무엇인가〉는 톨스토이의 인생관과 사상이 일목요연하게 집약된 묵상록의 형식을 띠고 있으며 또한 러시아와 더 나아가 세계 질서에 대한 강력한 비판적 의지를 담고 있다. 톨스토이는 자신이 직접 겪은 파란만장한 일생의 경험을 토대로 신앙, 도덕, 교육, 혁명, 법률, 토지제, 병역, 사형제도 등 그 시대의 종교, 사회, 정치, 경제 모든 분야에 걸친 온갖 모순과 불합리, 부조리를 신랄하게 비판하고 있다. 이는 사회 밑바닥에 도사린 무서운 죄악을 낱낱이 고발함으로써 그 내부적 원인과 통렬한 진실을 규명하려는 작가의 의도된 형식이라 할 수 있다. 톨스토이는 인간 내면의 본질적인 문제에 지대한 관심을 기울였다. 그는 인간의 모든 사회적 죄악에 대한 속죄를 기본 전제로 인생의 진면목, 인생의 의의란 오직 '선에 대한 끝없는 희구'에 있다고 말했다. 모든 인간은 사랑을 바탕으로 선을 향해 나아가야만 한다고 주장하는 것이다. 또한 이 선은 오직 진리를 통해서만 얻을 수 있는 유일한 가치라고 했다. 따라서 〈인생이란 무엇인가〉는 늘 깨어 있으려 애쓰면서 삶의 마지막 순간까지 진리를 갈구한 톨스토이 스스로 자신의 인생관을 가장 함축적으로 피력한 말이면서 동시에 이 대저작이 울리는 그의 내면의 목소리라 여겨져 이 책의 제목으로 삼게 되었다.

톨스토이의 마지막 저작이 된 이 책, 〈인생이란 무엇인가〉는 그의 체험적 인생역정과 궤를 함께하며 더욱 빛을 발한다. 그가 청장년기에 걸쳐 남긴 세계문학사상 손꼽히는 불후의 명작들은 폭풍과 격동의 사회 분위기와 맞물려 톨스토이의 변화하는 인생관을 반영하고 있다.

1828년 9월 9일, 야스나야 폴랴나의 부유한 지주 귀족 집안 넷째 아들로 태어난 레프 톨스토이는, 16살 때 까잔 대학에 입학해 어학과 법학을 공부하던 중 불현듯 '대학은 학문의 매장소(埋葬所)'라고 생각하고 1847년 대학을 중퇴한다. 청년 톨스토이는 고향으로 돌아와 소작인의 계몽과 생활개선에 노력했으나 농노제도 사회에서 그의 이상이 실현될 수 없음을 깨닫고 실의에 빠져 몇 해 동안 방탕한 생활을 일삼는다. 그 뒤 1851년 형 니콜라이가 있는 카프카즈로 가서 사관후보생으로 포병대에 입대하게 된다. 이때 처음 단편소설 〈침입〉을 쓰기 시작하며 그해 처녀작으로 기록되는 〈유년시절〉을 탈고해 작가로서 첫 발을 내딛는다.

청년기의 톨스토이는 여러 지방 전투에 참전하며 〈러시아 군인은 어떻게 죽는가〉〈지주의 아침〉 등을 완성한다. 이때 톨스토이가 주로 관심을 기울였던 문제는 농민과 교육과 전쟁이었다. 군에서 퇴역한 다음 해인 1857년, 최초의 유럽여행에서 그는 길로틴(단두대)에 의한 사형집행을 목격하고 서구 문명에 깊이 절망한다. 1862년 궁정 시의 베르스의 딸인 18살의 소피아와 결혼하고 대작 〈전쟁과 평화〉〈안나 카레니나〉를 완성하였으나, 이 무렵부터 인생의 의의와 신의 존재에 대해 심각한 사상적 동요를 경험하게 되며 정신적 대변혁기를 거쳐 마침내 종교에서 구원의 답을 찾게 된다.

톨스토이는 〈참회록〉〈그러면 우리는 무엇을 할 것인가〉 등의 논문에서 일찍이 근대문명과 국가를 부정하고 자연으로 돌아가라고 주장하는 그 자신의 독자적인 무정부주의관을 확립한다. 만년에 이르러 〈이반 일리치의 죽음〉〈크로이제르 소나타〉〈부활〉을 발표한다. 70살의 톨스토이는 〈부활〉에서 구체적으로 그즈음 사회제도와 형벌 제도에 대한 강한 문제성을 제기하며 그에 대한 허위와 위선을 적나라하게 폭로했다. 로맹 롤랑은 〈부활〉을 일컬어 "이 작품은 세기의 양심에 대한 무거운 짐이 될 것이다"라고 말했다.

위대한 문호 톨스토이는 이처럼 인간과 진리에 대한 본질적인 문제를 파고 들어 연구하는 데 온 생애를 바쳤다. 1880년 이후 그는 위선에 찬 러시아 귀족 사회와 러시아 정교에 회의를 갖고 마침내 원시 기독교 사상에 몰두, '톨스토이 주의'라고 불리는 사상을 이론화함으로서 예술가 톨스토이에서 도덕가 톨스토이로 변모한다. 이 정신적 위기와 그 극복 과정이 이른바 톨스토이의 '회심'(回心)이며, 그의 〈참회록〉에 서술된 고백 내용이기도 하다. 이때부터 톨스토이는 금욕 생활에 돌입해 1880년 중반 드디어 〈인생이란 무엇인가〉 구상이 체계화 단계에 이르게 된다. 톨스토이가 처음 〈인생이란 무엇인가〉에 대한 영감을 글로 옮기기 시작한 때는 1884년이었다. '1년 365일을 위한 세계 모든 민족의 가장 위대한 철학자들의 빛나는 지혜'가 바로 그것이다.

그해 3월 15일의 일기에 그는 적고 있다.

'나 자신이 주기적으로 되풀이해 읽을 책을 만들어야겠다. 에픽테토스, 마르쿠스 아우렐리우스, 노자, 부처, 파스칼, 신약 성경 등. 이는 모든 사람들에게 꼭 필요한 책이기도 하다.'

1885년, 톨스토이는 조수인 체르드코프에게 이런 편지를 보낸다.

'앞으로 출판될 이 책은 소크라테스, 에픽테토스, 아놀드, 파커 등의 위대한 사상가들과 교류할 수 있는 거대한 내면적인 힘과 안식, 행복을 줄 것일세. ……그들은 인간성에 관한 가장 중요한 것에 대하여, 삶의 의미에 대하여, 덕에 대하여 우리에게 들려주고 있네. ……나는 삶에 대하여, 삶의 선한 길에 대하여 그들과 직접 대화를 나눌 수 있는 책을 쓰려고 한다네.'

치밀한 구상과 세심한 고찰 과정을 거쳐 〈인생이란 무엇인가〉가 완성되기까지 장장 15년이 넘는 기간이 소요됐다. 톨스토이는 주위 사람들에게 되풀이 얘기했듯 '가장 뛰어난 저술가들 가운데서' 까다롭게 선별해 그들의 저술과 사상을 바탕으로 이 책의 내용을 구성했다. 그들의 철학적 견해와 문화적 배경 그리고 역사적 시기는 매우 폭넓고 다양하다.

톨스토이는 서문에서 이렇게 쓰고 있다.

'독자들은 이 책에서 칸트와 같은 유명한 사상가와 더불어 미국 오리건 출신의 무명 저널리스트 루시 맬러리의 사상을 발견하고 크게 놀랄 것이다.'

1904년과 1907년 사이에 톨스토이는 개정판을 썼다. 그는 1904년 6월 3일 일기에 이렇게 쓰고 있다.

'〈인생독본〉의 작업으로 분주하다. ……다른 것은 도무지 할 수 없다. ……철학자들의 생각을 선별해서 다음 순서대로 모았다. 신, 지성, 법, 사랑, 인간의 신성(神性), 믿음, 유혹, 말, 자기 희생, 영원성, 선(善), 친절, 사람과 신의 합일, 기도, 자유, 완전, 노동 등.'

1905년 8월, 톨스토이는 일기에 다음과 같이 적고 있다.

'〈인생독본〉을 개정하고 증보했다. 이제 두 배 부피가 되었다. 두 달 동안 신문과 잡지를 포함해 다른 것은 전혀 읽지 못했다. 그러나 나는 지금 매우 만족스럽다.'

이 새로운 내용은 여러 해 동안의 묵상을 통해 기록해 둔 것과 이 전의 일기장에 적어 둔 자신의 단상(斷想)을 800개쯤 더한 것이었다. 톨스토이는 하루하루의 일기를 자신의 단상으로 시작해 다른 출처의 인용문을 덧붙이고 다시 자신의 생각으로 마무리하고 있다. 또한 매주 끝에 '이레째 읽을거리'를 실어 한 주간의 도덕, 철학적 또는 종교적 주제에 상응하는 52개의 짧은 이야기들을 포함시켰다. 이 이야기는 톨스토이가 직접 쓴 것이며, 나머지는 플라톤, 부처, 도스토옙스키, 파스칼, 레스코프, 체호프 등의 글에서 발췌했거나 개작한 것이다. '이레째 읽을거리'에 등장하는 톨스토이의 산문체는 그의 초창기 소설들에서 보이는 세련미 넘치는 문체와 대조를 이룬다. 뒷날 파스테르나크와 솔제니친이 감탄해 마지않았던 이 이야기들은 명료하고 간단하고 소박한 언어로 기록되었으며 모든 일반 대중을 위해 씌어진 글이다. 톨스토이는 이 이야기들에서 형식의 단순성과 철학적 깊이를 결합시켰다. 가장 단순하고 많이 배우지 못한 사람이라도 쉽게 이해할 수 있는 책을 쓰고자 했던 톨스토이는 일찍이 몇몇 부유층과 특정 계급이 향유하는 고급문화 속의 소설쓰기에 회의를 느끼고 있었다. 톨스토이는 수백만 독자들을 즐겁게 하고 그들 민중의 삶에 실제 지침이 될 수 있는 정신적 안내서를 목표로 했다.

1904년 12월 21일에 톨스토이는 2판 교정쇄를 검토한 다음 일기에 이렇게 썼다.

'나는 〈인생독본〉을 창작할 때 세계의 가장 뛰어나고 지혜로운 사상가들과 교류하면서 내내 높은 영적·도덕적 경지를 경험했다.'

이 책은 개정판에서 〈레프 톨스토이가 매일 읽을 수 있도록 수집하고 정리한 진리와 삶과 행동에 관한 많은 저술가들의 지혜로운 생각들〉로 바뀌었다. 그리고 처음 간행될 때부터 톨스토이는 언제나 이 책을 책상 위에 가까이 두고 자주 뒤적이곤 했다. 1905년부터 1910년까지 날마다 그는 책에 제시된 그날의 생각들을 읽었고 친구들에게도 이 습관을 권했다. 1908년 5월 16일, 톨스토이는 쿠제프라에게 이런 편지를 썼다.

'지구상에서 가장 지혜로웠던 사람들과 교류하지 않고서 어떻게 살 수 있는지 이해할 수 없습니다. ……이 책을 읽기 때문에 나는 날마다 아주 행복합니다.'

톨스토이는 생애 마지막 해인 1910년에 세 번째로 개정된 이 책을 준비해 〈삶의 길〉이라는 제목으로 출간했다.

〈인생이란 무엇인가〉는 소련 치하에서 영적 측면을 지향하며 종교적 인용문이 지나치게 많다는 이유로 출간이 금지되었다가, 페레스트로이카 이후 1995년 러시아에서 다시 이 책이 출간되자 전 국민적 인기를 끌게 돼 짧은 기간 내에 300만 부 이상이 판매되는 성과를 거두었다.

톨스토이는 이 책의 1판이 간행되었을 때 매우 기뻐하며 말했다.

"내 저술은 시간이 흐르면 잊혀질지 모르지만 이 책은 절대 사람들의 기억에서 사라지지 않을 것이다."

그는 대문호임과 동시에 위대한 사상가였으며 또한 종교가였다. 그런 이유에서 그는 세계문학사상 불굴의 영예를 누리며 21세기에 들어서도 도스토옙스키와 더불어 최고의 작가라는 평가를 받고 있다.

부유한 지주 귀족의 아들로 태어나 시골 초라한 간이역에서 폐렴으로 죽기까지 톨스토이는 늘 인생에 대해 절박한 고뇌를 체험하고 거기서 얻은 사상을 현실에서 구현하려고 노력했다. 러시아의 부조리와 죄악에 대해 다른 위대한 사상가들처럼 행동하는 지성으로 대신 속죄하려고 했던 것이다.

〈인생이란 무엇인가〉는 도덕적 저술가로서 인간의 양심을 크게 뒤흔들어 놓은 톨스토이의 마지막 저작이다. 그 생애 만년을 장식하며 인간으로서 진정한 행복이 무엇인지 스스로 일생을 통해 얻은 교훈을 집대성한, 시대를 초월한 위대한 삶의 지침서이다. 또한 인류 최고의 지성들과 정신적 교류를 가능케 하는 사상, 정신, 종교, 예술의 총체적 결정판이라 할 수 있다.

톨스토이는 1910년 11월 7일 라잔 우랄 철도의 작은 간이역 아스다보(현 톨스토이역) 역장 관사에서 운명했다. 〈인생이란 무엇인가〉의 편집자였던 비류코프에 의하면, 톨스토이는 임종을 앞두고 그의 머리맡을 지키던 딸 타자냐에게 〈인생이란 무엇인가〉의 10월 28일 부분을 읽어달라고 부탁했다 한다. 그날은 톨스토이가 죽음을 앞두고 말없이 집을 나온 날이었다. 타자냐가 나직한 목소리로 글을 읽어주자 톨스토이는 중얼거렸다고 한다. "모두 나무랄 데 없어. 매우 간결하고 훌륭해. 그래, 정말 그렇군!"

이때 그가 딸 타자냐에게 읽어달라고 부탁한 10월 28일의 계명은 다음과 같다.

'고뇌는 활동에 박차를 가한다. 그리고 우리는 오로지 활동하는 가운데서만 생명을 느낄 수 있다.'　　　　　　　　　　　　　　　　　　칸트

'편안한 환경에 익숙해져서는 안 된다. 그것은 곧 과거가 될 것이니, 가진 자는 잃어버릴 것을 생각하고, 행복한 자는 괴로움을 배워두어야 하리라.'　　실러

얼마 뒤, 임종을 맞아 그가 마지막으로 남긴 말은 "진리를…… 나는 영원히 사랑한다. ……왜 사람들은……?"이었다.

우리는 젊은 날 1950년대 청계천 책방 시절 대문호 톨스토이가 심혈을 기울여 저술한 인류 지혜의 유산을 초역중역본으로 읽고 감명을 받아 러시아판 완역본을 온전한 한글문장으로 복원해내야 할 필요성을 느꼈다. 그 꿈은 러시아 문학을 전공한 채수동이 주러시아 대사관 근무를 하며 3천만 권을 소장한 세계 최대 레닌도서관을 드나들면서, 그리고 한국문학을 전공한 고산이 세계문학사상전집을 편찬하게 되면서 싹트기 시작하였다. 1958년 모스크바 국립예술문학출판소에서 완간한 〈톨스토이 저작전집〉 전 90권에서 이 대저작의 마지막 개정판인 41, 42 〈레프 니콜라이비치 톨스토이가 하루하루 나누어 읽을 수 있도록 정리한 진리와 삶과 행동에 관한 여러 저술가들의 지혜로운 생각들〉을 텍스트로, 그리고 영어판·독일어판·불어판·일어판을 참조했다. 이 본격적 대작업은 1993년 1월에 시작하여 2003년 12월에야 마무리할 수 있었다. 10년이라는 각고의 세월을 뮌헨대학원 김양순, 파리사회과학고등대학원 이희영, 치바대학원 김은희의 열정적인 도움으로 이겨낼 수 있었음에 깊은 감사를 드린다.

톨스토이 탄생 177주년을 맞으며
채수동·고산

채수동

한국외국어대학교 러시아어과 졸업. 미국 뉴욕대학교 대학원 수료(러시아문학).
미국 콜럼비아대학교 대학원 수학. 주러시아대사관 총영사. 주수단대사관 대사.
한국외국어대학교 러시아문학 강의. 지은책 〈한 외교관의 러시아 추억〉. 옮긴책
톨스토이 〈사람은 무엇으로 사는가〉 〈이반 일리치의 죽음〉 〈크로이체르 소나
타〉 도스토옙스키 〈죄와 벌〉 〈악령〉 〈카라마조프형제들〉 〈하얀밤〉

고산

성균관대학교국문학과 졸업. 성균관대학교대학원 졸업(비교문화학). 동서문화사
창간발행인 편집인. 동인문학상 운영위원회 집행위원장. 「자유문학 〈소설 청계
천〉 신인상 수상.」 지은책 전작소설 〈장진호레퀴엠〉 〈고산 삼국지〉 〈한국을 만
든 사람들〉 〈한국출판100년〉 〈열정의 출판 · 新文館 崔南善 · 講談社 野間淸治〉
〈칼럼·역사 인간 시대〉 〈고산 국어대사전〉 〈파스칼세계대백과사전〉

세계사상전집087
Lev Nikolaevich Tolstoy
A CALENDAR OF WISDOM
인생이란 무엇인가II
톨스토이/채수동 고산 옮김
동서문화창업60주년특별출판
1판 1쇄 발행/2017. 2. 20
1판 2쇄 발행/2022. 4. 1
발행인 고윤주
발행처 동서문화사
창업 1956. 12. 12. 등록 16-3799
서울 중구 마른내로 144(쌍림동)
☎ 546-0331~3 Fax. 545-0331
www.dongsuhbook.com
*

사업자등록번호 211-87-75330
ISBN 978-89-497-1602-2 04080
ISBN 978-89-497-1514-8 (세트)